福建企业年鉴 2015

FUJIAN ENTERPRISE YEARBOOK

国家统计局福建调查总队
福建省环境保护厅
福建省国家税务局
福建省企业信息中心
福建省经济和信息化委员会
中国人民银行福州中心支行
福建省地方税务局
编

图书在版编目（CIP）数据

福建企业年鉴. 2015 / 国家统计局福建调查总队等编.-- 北京 : 中国统计出版社，2015.10
ISBN 978-7-5037-7667-0

Ⅰ. ①福… Ⅱ. ①国… Ⅲ. ①企业经济－福建省－2015－年鉴 Ⅳ. ①F279.275.7-54

中国版本图书馆 CIP 数据核字（2015）第 237194 号

福建企业年鉴-2015

作　　者/ 国家统计局福建调查总队 等
责任编辑/ 佘竞雄
责任校对/ 郑　芳
封面设计/ 陈连钦
出版发行/ 中国统计出版社
地　　址/ 北京市丰台区西三环南路甲 6 号 邮政编码/100073
电　　话/ 邮购（010）63376909　书店（010）68783171
网　　址/ http://www.zgtjcbs.com
印　　刷/ 福建东南彩色印刷有限公司
经　　销/ 新华书店
开　　本/ 890mm×1240mm　1/16
字　　数/ 1530 千字
印　　张/ 28.375
版　　别/ 2015 年 10 月第 1 版
版　　次/ 2015 年 10 月第 1 次印刷
定　　价/ 380.00 元

如有印装差错，由本社发行部调换。

《福建企业年鉴—2015》
编委会组成人员

目　录

一、闽企总览

二、行业概况

三、区域概况

四、民营企业

五、专题研究

六、企业风采

七、附　录

1

闽企总览

2014年福建省企业发展概述

一、国民经济发展实现新跨越

初步核算，2014 年全省实现地区生产总值 24055.76 亿元，按可比价格计算，比上年增长 9.9%，增幅比全国平均水平高 2.5 个百分点。其中，第一产业增加值 2014.91 亿元，增长 4.4%；第二产业增加值 12515.36 亿元，增长 11.7%；第三产业增加值 9525.49 亿元，增长 8.3%。三次产业保持协调推进的势头。

二、工业发展增速居全国前列

2014 年，全省规模以上工业实现增加值 10038.20 亿元，比上年增长 11.9%，增速居全国第 3 位，东部地区第 2 位。从所有制结构看，规模以上股份制工业企业完成增加值 5601.49 亿元，增长 14.6%，占规模以上工业的 55.8%，比上年提高 6.5 个百分点，对规模以上工业增长的贡献率为 66.5%，增速、比重和贡献率均居各经济类型之首；外商及港澳台商投资企业完成增加值 3889.52 亿元，增长 8.7%；国有企业和集体企业分别增长 9.7%和 5.8%；股份合作企业则下降 1.3%。从企业规模看，大型企业为福建工业经济平稳发展贡献了较大的经济总量，全年实现增加值 2980.79 亿元，增长 14.6%，增幅比规模以上工业平均水平高 2.7 个百分点，对规模以上工业增长的贡献率为 35.8%，提高 18.7 个百分点；占规模以上工业的比重为 29.7%，提高 1.3 个百分点。小微型工业企业实现增加值 3774.48 亿元，增长 11.4%。

三、服务业发展势头较好

2014 年，全省服务业实现增加值 9525.49 亿元，比上年增长 8.3%，占 GDP 比重为 39.6%，比上年提高 0.5 个百分点。其中，金融业增加值 1449.82 亿元，增长 13.3%；交通运输仓储和邮政业增加值 1320.35 亿元，增长 10.7%；批发和零售业增加值 1961.18 亿元，增长 8.3%；住宿和餐饮业增加值 374.61 亿元，增长 4.8%。

四、固定资产投资增幅同比回落

2014 年，全省固定资产投资 18141.37 亿元，比上年增长 19.0%，增幅比上年回落 3.4 个百分点。其中，第一产业完成投资 382.78 亿元，增长 57.6%；第二产业完成投资 6467.11 亿元，增长 13.4%；第三产业完成投资 11291.48 亿元，增长 21.4%。第一产业、第三产业投资增速比第二产业投资增速分别快 44.2 个百分点和 8.0 个百分点，比全省投资增速分别高 38.6 个百分点和 2.4 个百分点。全省三次产业投资结构由上年的 1.6∶37.4∶61.0 转为 2.1∶35.7∶62.2。

工业投资结构有所改善。2014 年，全省工业完成改建和技术改造投资 1291.10 亿元，占全部工业投资的 20.6%，比上年提高 2.5 个百分点；工业投资中用于增加品种及提高质量的投资增长 18.0%，比工业投资增幅高 7.0 个百分点；高新技术产业投资增长 19.7%，增幅比上年提高 2.0 个百分点。

五、对外贸易规模和质量同步提高

2014 年，全省一般贸易出口额 810.90 亿美元，比上年增长 8.1%，占出口总额比重达 71.5%，比上年提高 1.1 个百分点，超过加工贸易 47.5 个百分点。从出口商品看，全省机电产品出口 404.12 亿美元，增长 7.5%，占出口总额的比重为 35.6%，比上年提高 0.3 个百分点。

注：本文数据均为快报数。

1-1　福建省各类企业经济活动总量所占比重

（2012-2014 年）

项　目	2012	2013	2014
一、增加值（亿元）	19701.78	21868.49	24055.76
第一产业	1776.71	1874.23	2014.80
第二产业	10187.94	11329.60	12515.36
第三产业	7737.13	8664.66	9525.60
#交通运输、仓储和邮政业	1090.07	1176.19	1320.35
批发和零售业	1670.26	1789.88	1961.18
金融业	1015.37	1264.72	1449.82
房地产业	1039.71	1095.08	1090.22
二、增加值构成（%）	100.0	100.0	100.0
第一产业	9.0	8.6	8.4
第二产业	51.7	51.8	52.0
第三产业	39.3	39.6	39.6
#交通运输、仓储和邮政业	5.5	5.4	5.5
批发和零售业	8.5	8.2	8.2
金融保险业	5.2	5.8	6.0
房地产业	5.3	5.0	4.5

1-2 福建省各类企业单位数

（2012-2014 年） 单位：个

项 目	2012	2013	2014
一、规模以上工业	**15333**	**16115**	**16744**
按轻重工业分			
轻工业	8521	9011	9367
重工业	6812	7104	7377
按注册类型分			
内资企业	11007	11851	12650
港澳台商投资企业	2740	2712	2604
外商投资企业	1586	1552	1490
按经济类型分			
国有	209	175	174
集体	326	231	179
其他	14798	15709	16391
#外商及港澳台商投资	4326	4264	4094
按规模分			
大型	408	443	446
中型	2985	2998	2929
小型	11509	12184	12681
微型	431	490	688
二、建筑业	**2959**	**3233**	**3734**
按经济类型分			
国有经济	93	68	75
集体经济	81	50	46
外商经济	6	6	5
港澳台经济	30	29	26
其他经济	2749	3080	3582

1-2 续表 1　　（2012-2014 年）　　单位：个

项　目	2012	2013	2014
按资质等级分			
#总承包	1420	1670	2033
一级及以上	161	178	199
二级	526	537	568
三级	733	955	1266
专业承包	1071	1071	1189
一级	138	140	147
二级	420	412	508
三级及不分等级	513	519	534
按行业分			
房屋建筑业	1203	1361	1603
土木工程建筑业	495	617	752
建筑安装业	369	380	401
建筑装饰和其他建筑业	892	875	978
三、限额以上批发和零售贸易、餐饮业			
（一）批发业	**3523**	**4387**	**5137**
按注册类型分			
内资企业	3415	4266	4995
国有企业	185	97	85
集体企业	37	33	40
股份合作企业	9	4	3
联营企业	8		
有限责任公司	1144	1571	1882
股份有限公司	44	62	62
私营企业	1874	2486	2915

1-2 续表 2　　（2012-2014 年）　　单位：个

项　目	2012	2013	2014
其他企业	114	13	8
港澳台商投资企业	67	77	85
外商投资企业	41	44	57
按行业分			
农、林、牧产品批发	64	100	159
食品、饮料及烟草制品批发	324	462	559
纺织、服装及家庭用品批发	951	1136	1291
文化、体育用品及器材批发	67	106	137
医药及医疗器材批发	130	135	164
矿产品、建材及化工产品批发	1418	1746	2037
机械设备、五金产品及电子产品批发	362	509	602
贸易经纪与代理	48	45	45
其他批发业	159	148	143
（二）零售业	**2731**	**3383**	**4138**
按注册类型分			
内资企业	2638	3280	4026
国有企业	70	39	36
集体企业	74	69	74
股份合作企业	9	3	2
联营企业	8	4	2
有限责任公司	878	1217	1563
股份有限公司	55	69	64
私营企业	1393	1834	2252
其他企业	151	45	33
港澳台商投资企业	35	38	51
外商投资企业	58	65	61
按行业分			

1-2 续表 3　　（2012-2014 年）　　单位：个

项　目	2012	2013	2014
综合零售	421	448	491
食品、饮料及烟草制品专门零售	354	537	713
纺织、服装及日用品专门零售	178	262	366
文化、体育用品及器材专门零售	80	123	191
医药及医疗器材专门零售	94	122	136
汽车、摩托车、燃料及零配件专门零售	931	1072	1203
家用电器及电子产品专门零售	373	436	482
五金、家具及室内装饰材料专门零售	193	240	354
货摊、无店铺及其他零售业	107	143	202
（三）餐饮业	**719**	**797**	**864**
按注册类型分			
内资企业	658	736	810
#国有企业	16	11	6
集体企业	5	4	5
有限责任公司	106	167	230
股份有限公司	7	5	4
私营企业	454	504	535
其他企业	67	44	30
港澳台商投资企业	40	39	34
外商投资企业	21	22	20
按行业分			
正餐服务业	672	745	799
快餐服务业	24	28	36
饮料及冷饮服务业	11	10	12
其他餐饮服务业	12	14	17

1-3 福建省规模以上工业分行业企业数

（2012-2014 年） 单位：个

行 业	2012	2013	2014
总 计	**15333**	**16115**	**16744**
煤炭开采和洗选业	172	159	150
黑色金属矿采选业	83	81	81
有色金属矿采选业	74	69	61
非金属矿采选业	154	160	161
农副食品加工业	897	962	1032
食品制造业	481	525	542
酒、饮料和精制茶制造业	469	511	563
烟草制品业	6	6	6
纺织业	823	879	907
纺织服装、服饰业	1201	1211	1198
皮革、毛皮、羽毛及其制品和制鞋业	1254	1288	1314
木材加工和木、竹、藤、棕、草制品业	748	719	716
家具制造业	286	292	320
造纸和纸制品业	459	444	433
印刷和记录媒介复制业	161	212	220
文教、工美、体育和娱乐用品制造业	759	870	980
石油加工、炼焦和核燃料加工业	29	27	29
化学原料和化学制品制造业	652	678	709
医药制造业	112	118	125
化学纤维制造业	82	92	100
橡胶和塑料制品业	649	695	706
非金属矿物制品业	1652	1700	1775
黑色金属冶炼和压延加工业	350	340	322
有色金属冶炼和压延加工业	135	150	152
金属制品业	488	512	556
通用设备制造业	472	523	551
专用设备制造业	419	448	481
汽车制造业	339	358	378
铁路、船舶、航空航天和其他运输设备制造业	173	180	182
电气机械和器材制造业	647	740	765
计算机、通信和其他电子设备制造业	449	474	509
仪器仪表制造业	125	134	138
其他制造业	181	184	180
废弃资源综合利用业	37	45	49
金属制品、机械和设备修理业	22	23	22
电力、热力生产和供应业	239	249	262
燃气生产和供应业	16	18	24
水的生产和供应业	38	39	45

1-4 福建省各类企业业务总量

（2012-2014 年）　　　　单位：亿元

项　目	2012	2013	2014
一、规模以上工业总产值	**29704.66**	**33853.36**	**38405.32**
按轻重工业分			
轻工业	13838.71	16078.66	18219.22
重工业	15865.95	17774.70	20186.10
按登记注册分			
内资企业	16798.19	20021.17	23605.99
港澳台商投资企业	6844.33	7537.92	8319.01
外商投资企业	6062.14	6294.27	6480.32
按经济类型分			
国有	1696.09	1665.92	1745.80
集体	373.90	233.43	200.14
股份	5219.78	7133.40	9267.22
联营	36.76	39.71	50.19
私营	9192.68	10798.87	12312.94
外商及港澳台商投资	12906.47	13832.19	14799.33
其他	278.98	149.85	29.70
按规模分			
大型	9549.86	10543.12	11171.71
中型	9295.08	10680.74	12656.73
小型	10674.58	12410.23	14094.65
微型	185.14	219.28	482.23
二、建筑业总产值	**4713.38**	**5812.37**	**7056.89**
按经济类型分			
国有经济	535.97	397.91	415.15
集体经济	84.08	100.02	102.31
外商经济	4.21	4.19	2.51
港澳台经济	57.20	63.09	76.36
其他经济	4031.92	5247.17	6460.56

1-4 续表 1　　（2012-2014 年）　　单位：亿元

项　目	2012	2013	2014
按资质等级分			
#总承包	3980.67	4959.43	6110.62
一级及以上	2415.00	3012.50	3709.39
二级	1122.31	1288.10	1479.51
三级	443.36	658.83	921.72
专业承包	443.87	502.32	578.60
一级	211.62	244.82	266.86
二级	118.43	129.59	156.63
三级及不分等级	113.82	127.91	155.11
按行业分			
房屋建筑业	3312.06	4091.53	4915.61
土木工程建筑业	821.30	1078.79	1392.37
建筑安装业	194.43	203.22	240.23
建筑装饰和其他建筑业	385.59	438.84	508.68
三、限额以上批发和零售贸易、餐饮业			
（一）批发和零售贸易业销售总额	**13785.84**	**16029.30**	**18709.01**
按注册类型分			
内资企业	12022.39	14258.93	16904.52
国有企业	2117.94	916.34	874.79
集体企业	69.05	69.61	82.06
股份合作企业	14.85	8.86	6.86
联营企业	33.29	3.72	0.26
有限责任公司	4254.73	6644.97	7771.67
股份有限公司	1741.01	2001.01	2253.18
私营企业	3469.21	4569.23	5883.44
其他企业	322.31	45.19	32.26
港澳台商投资企业	451.29	469.98	528.92

1-4 续表 2 （2012-2014 年） 单位：亿元

项 目	2012	2013	2014
外商投资企业	1312.16	1300.39	1275.57
按行业分			
批发业			
农、林、牧产品批发	100.94	114.87	151.83
食品、饮料及烟草制品批发	1488.76	1626.10	1919.28
纺织、服装及家庭用品批发	1814.37	2129.49	2446.35
文化、体育用品及器材批发	66.34	132.45	182.80
医药及医疗器材批发	256.94	273.54	355.39
矿产品、建材及化工产品批发	5668.44	6881.31	8016.52
机械设备、五金产品及电子产品批发	665.75	735.94	816.92
贸易经纪与代理	176.76	150.82	159.50
其他批发业	517.37	585.60	712.73
零售业			
综合零售	521.84	577.77	606.23
食品、饮料及烟草制品专门零售	133.94	193.12	260.84
纺织、服装及日用品专门零售	101.46	124.95	216.02
文化、体育用品及器材专门零售	96.35	121.97	149.45
医药及医疗器材专门零售	71.05	120.40	133.01
汽车、摩托车、燃料及零配件专门零售	1692.28	1798.15	1979.28
家用电器及电子产品专门零售	231.36	245.91	266.24
五金、家具及室内装饰材料专门零售	119.15	131.89	182.01
货摊、无店铺及其他零售业	62.74	85.02	154.61
（二）餐饮业营业收入	**147.53**	**158.90**	**146.16**
正餐服务业	106.85	113.91	101.65
快餐服务业	37.56	41.02	38.90
饮料及冷饮服务业	1.00	1.11	1.18
其他餐饮服务业	2.12	2.86	4.43

1-5 福建省规模以上工业分行业工业总产值

（2012-2014 年） 单位：亿元

行 业	2012	2013	2014
总 计	**29704.66**	**33853.36**	**38405.32**
煤炭开采和洗选业	147.21	118.11	120.92
黑色金属矿采选业	125.75	127.65	142.62
有色金属矿采选业	87.60	86.13	72.28
非金属矿采选业	159.24	184.37	213.89
农副食品加工业	1821.29	2138.76	2433.34
食品制造业	818.21	949.01	1115.40
酒、饮料和精制茶制造业	593.61	706.64	779.69
烟草制品业	231.93	242.52	266.46
纺织业	1482.94	1840.98	2148.33
纺织服装、服饰业	1408.21	1549.13	1708.66
皮革、毛皮、羽毛及其制品和制鞋业	2424.76	2672.59	2975.53
木材加工和木、竹、藤、棕、草制品业	648.80	720.90	823.58
家具制造业	299.04	335.41	370.53
造纸和纸制品业	758.64	849.25	912.43
印刷和记录媒介复制业	143.39	217.13	256.80
文教、工美、体育和娱乐用品制造业	848.04	1101.92	1291.09
石油加工、炼焦和核燃料加工业	781.02	655.08	1093.09
化学原料和化学制品制造业	1102.57	1321.25	1746.68
医药制造业	193.11	227.34	250.83
化学纤维制造业	588.81	732.20	897.24
橡胶和塑料制品业	1197.95	1349.28	1468.17
非金属矿物制品业	1981.72	2304.89	2616.71
黑色金属冶炼和压延加工业	1564.98	1745.70	1905.68
有色金属冶炼和压延加工业	810.56	955.76	1261.62
金属制品业	643.62	762.32	883.62
通用设备制造业	757.12	845.47	958.41
专用设备制造业	522.37	629.80	701.54
汽车制造业	854.07	941.11	972.67
铁路、船舶、航空航天和其他运输设备制造业	305.94	344.97	401.22
电气机械和器材制造业	1336.12	1557.47	1667.33
计算机、通信和其他电子设备制造业	2795.03	2998.53	3123.90
仪器仪表制造业	134.60	155.45	173.65
其他制造业	201.12	226.36	248.39
废弃资源综合利用业	36.24	51.43	65.98
金属制品、机械和设备修理业	101.55	112.52	118.69
电力、热力生产和供应业	1627.57	1867.12	1931.41
燃气生产和供应业	135.48	192.04	243.96
水的生产和供应业	34.46	36.76	42.98

1-6 福建省各类企业从业人员

（2012-2014 年） 单位：万人

项目	2012	2013	2014
一、规模以上工业	**413.69**	**423.90**	**419.17**
按轻重工业分			
轻工业	258.38	265.69	264.01
重工业	155.31	158.21	155.16
按规模分			
大型	108.15	114.23	110.99
中型	165.54	163.52	158.21
小型	138.74	144.33	147.22
微型	1.26	1.81	2.75
二、建筑业	**249.64**	**300.60**	**321.76**
按经济类型分			
国有经济	12.49	10.97	14.48
集体经济	4.50	5.70	5.89
联营经济			
股份制经济			
外商经济	0.09	0.08	0.09
港澳台经济	1.54	0.67	0.66
其他经济	231.03	283.18	300.64
按资质等级分			
#总承包	167.83	206.78	230.03
一级及以上	91.53	113.13	130.77
二级	52.32	59.19	60.73
三级	23.98	34.46	38.53
专业承包	17.55	19.90	20.74
一级	6.45	8.05	8.18
二级	5.95	6.00	6.35
三级及不分等级	5.15	5.85	6.21
按行业分			
房屋建筑业	160.14	197.08	210.75
土木工程建筑业	29.09	41.17	44.55
建筑安装业	8.63	8.35	9.47
建筑装饰和其他建筑业	51.79	54.00	56.99

注：工业从业人员为从业人员年平均人数；建筑业从业人员为年末从业人员数。

1-7 福建省规模以上工业分行业从业人员

（2012-2014 年）　　　　单位：个

行　业	2012	2013	2014
总　计	**413.69**	**423.90**	**419.17**
煤炭开采和洗选业	5.42	4.54	4.14
黑色金属矿采选业	1.02	1.11	1.03
有色金属矿采选业	0.91	0.93	0.78
非金属矿采选业	2.04	2.33	2.19
农副食品加工业	17.70	19.51	20.07
食品制造业	12.70	13.88	14.14
酒、饮料和精制茶制造业	8.72	10.45	10.69
烟草制品业	0.47	0.48	0.51
纺织业	20.76	22.33	22.42
纺织服装、服饰业	41.09	39.30	37.48
皮革、毛皮、羽毛及其制品和制鞋业	67.00	66.05	64.08
木材加工和木、竹、藤、棕、草制品业	9.88	9.71	9.34
家具制造业	6.58	6.19	6.37
造纸和纸制品业	10.26	9.90	9.03
印刷和记录媒介复制业	2.56	3.54	3.61
文教、工美、体育和娱乐用品制造业	19.58	21.01	21.43
石油加工、炼焦和核燃料加工业	0.61	0.76	0.92
化学原料和化学制品制造业	8.83	9.43	9.63
医药制造业	2.84	3.01	3.09
化学纤维制造业	2.83	3.53	3.92
橡胶和塑料制品业	17.08	17.26	17.44
非金属矿物制品业	33.64	33.42	33.08
黑色金属冶炼和压延加工业	9.49	9.91	9.31
有色金属冶炼和压延加工业	4.65	4.85	4.89
金属制品业	8.94	8.99	9.25
通用设备制造业	11.30	11.55	11.35
专用设备制造业	7.57	7.97	7.82
汽车制造业	10.27	10.48	10.21
铁路、船舶、航空航天和其他运输设备制造业	4.30	4.34	4.19
电气机械和器材制造业	18.07	19.52	19.52
计算机、通信和其他电子设备制造业	28.25	29.08	28.28
仪器仪表制造业	3.36	3.61	3.62
其他制造业	5.71	5.71	5.75
废弃资源综合利用业	0.40	0.40	0.33
金属制品、机械和设备修理业	0.86	0.85	0.80
电力、热力生产和供应业	6.67	6.61	6.96
燃气生产和供应业	0.38	0.43	0.51
水的生产和供应业	0.94	0.94	0.99

注：从业人员为从业人员年平均人数。

1-8 福建省内资企业工商登记注册情况

（2014年）　　　　单位：个

项目	年末企业单位合计	#企业法人	年末注册资本（金）（亿元）	本年开业数	本年注销数
总计	**59559**	**26619**	**10253.39**	**666**	**368**
农、林、牧、渔业	**1794**	**1334**	**96.51**	**16**	**20**
农业	536	457	26.23	12	
林业	513	463	34.72	1	
畜牧业	76	66	3.07		
渔业	161	155	28.14		
农、林、牧、渔服务业	508	193	4.35	3	20
采矿业	**363**	**296**	**37.83**	**4**	
煤炭开采和洗选业	84	71	10.09	1	
黑色金属矿采选业	46	31	11.44		
有色金属矿采选业	42	38	7.04		
非金属矿采选业	167	141	6.39	1	
开采辅助活动	4	4	2.32		
其他采矿业	20	11	0.55	2	
制造业	**4982**	**4402**	**1372.82**	**23**	**24**
农副食品加工业	298	238	20.35	2	
食品制造业	183	147	20.47	2	
酒、饮料和精制茶制造业	136	126	13.54		
烟草制品业	11	10	113.58		
纺织业	152	142	15.96	1	1
纺织服装、服饰业	242	206	21.85	2	
皮革、毛皮、羽毛及其制品和制鞋业	188	176	13.93	1	
木材加工和木、竹、藤、棕、草制品业	269	248	15.46		
家具制造业	94	85	3.33	2	1
造纸和纸制品业	197	181	37.17		

1-8续表1　　(2014年)　　单位：个

项　目	年末企业单位合　计	#企业法人	年末注册资本（金）（亿元）	本　年开业数	本　年注销数
印刷和记录媒介复制业	287	262	8.28		5
文教、工美、体育和娱乐用品制造业	177	165	43.48		1
石油加工、炼焦和核燃料加工业	14	14	185.40		
化学原料和化学制品制造业	211	189	107.52		
医药制造业	49	46	12.85		
化学纤维制造业	6	6	3.09		
橡胶和塑料制品业	234	217	14.16		
非金属矿物制品业	600	532	89.25	2	4
黑色金属冶炼和压延加工业	60	58	83.97		
有色金属冶炼和压延加工业	39	37	37.87	1	
金属制品业	244	206	38.35	1	1
通用设备制造业	263	238	41.17		1
专用设备制造业	203	177	23.85	2	1
汽车制造业	81	70	30.89		
铁路、船舶、航空航天和其他运输设备制造业	84	77	22.52	1	2
电气机械和器材制造业	204	188	66.80	1	2
计算机、通信和其他电子设备制造业	131	122	258.90	2	2
仪器仪表制造业	56	53	6.33	1	
其他制造业	161	131	14.81	2	1
废弃资源综合利用业	87	40	1.93		2
金属制品、机械和设备修理业	21	15	5.77		
电力、热力、燃气及水的生产和供应业	**2050**	**1549**	**839.99**	**12**	**13**
电力、热力生产和供应业	1438	1093	697.12	4	13
燃气生产和供应业	158	36	18.23	3	
水的生产和供应业	454	420	124.64	5	
建筑业	**3493**	**1317**	**748.43**	**41**	**29**
房屋建筑业	1291	412	203.62	11	15
土木工程建筑业	783	382	406.82	10	5

1-8续表2 （2014年） 单位：个

项　目	年末企业单位合计	#企业法人	年末注册资本（金）（亿元）	本年开业数	本年注销数
建筑安装业	226	99	25.09	2	
建筑装饰和其他建筑业	1193	424	112.90	18	9
批发和零售业	**19777**	**6470**	**869.98**	**196**	**147**
批发业	9653	5035	788.12	85	58
零售业	10124	1435	81.86	111	89
交通运输、仓储和邮政业	**3427**	**1231**	**656.61**	**30**	**13**
铁路运输业	88	20	109.82	1	
道路运输业	1044	606	223.89	15	3
水上运输业	221	155	92.53	3	1
航空运输业	75	22	105.18		3
管道运输业	2	1	0.30		
装卸搬运和运输代理业	532	234	71.13	6	5
仓储业	267	180	29.92	2	1
邮政业	1198	13	23.84	3	
住宿和餐饮业	**927**	**534**	**50.01**	**10**	**15**
住宿业	610	401	45.50	4	5
餐饮业	317	133	4.51	6	10
信息传输、软件和信息技术服务业	**1822**	**348**	**141.16**	**20**	**16**
电信、广播电视和卫星传输服务	1279	45	78.12	1	10
互联网和相关服务	78	25	5.81	1	1
软件和信息技术服务业	465	278	57.24	18	5
金融业	**8214**	**324**	**711.58**	**61**	**5**
货币金融服务	5381	152	412.56	44	4
货币市场服务	363	31	102.15	4	
保险业	2200	5	1.14	10	1
其他金融业	270	136	195.73	3	
房地产业	**2370**	**1964**	**1399.70**	**25**	**12**
房地产业	2370	1964	1399.70	25	12

1-8续表3 （2014年） 单位：个

项 目	年末企业单位合计	#企业法人	年末注册资本（金）（亿元）	本年开业数	本年注销数
租赁和商务服务业	**5785**	**3930**	**2693.74**	**156**	**49**
租赁业	267	201	21.37	11	5
商务服务业	5518	3729	2672.38	145	44
科学研究和技术服务业	**1832**	**1095**	**218.39**	**36**	**13**
研究和试验发展	289	225	64.03	11	2
专业技术服务业	1236	642	126.42	16	7
科技推广和应用服务业	307	228	27.94	9	4
水利、环境和公共设施管理业	**586**	**493**	**182.30**	**8**	**1**
水利管理业	132	107	59.79	4	
生态保护和环境治理业	103	85	10.21		1
公共设施管理业	351	301	112.31	4	
居民服务、修理和其他服务业	**1504**	**813**	**126.82**	**9**	**8**
居民服务业	783	440	110.17	1	4
机动车、电子产品和日用产品修理业	291	158	3.05	4	1
其他服务业	430	215	13.60	4	3
教育	**78**	**61**	**3.12**	**1**	**1**
教育	78	61	3.12	1	1
卫生、社会工作	**51**	**38**	**5.30**	**2**	
卫生	30	18	4.86	2	
社会工作	21	20	0.44		
文化、体育和娱乐业	**465**	**394**	**53.28**	**16**	**1**
新闻和出版业	54	48	24.32		
广播、电视、电影和影视录音制作业	155	132	6.93	6	
文化艺术业	130	120	13.08	7	1
体育	44	38	5.53	1	
娱乐业	82	56	3.43	2	
其他	**39**	**26**	**45.78**		**1**

1-9 福建省内资企业工商登记注册变化情况

（2013-2014 年）　　单位：个

项　目	2013		2014		2014 年比上年增长（%）
	绝对数	比重（%）	绝对数	比重（%）	
年末企业数	57510	100.0	59559	100.0	3.6
#企业法人	25342	100.0	26619	100.0	5.0
年末注册资金（亿元）	8225.76	100.0	10253.39	100.0	24.6
本年开业数	3227	100.0	666	100.0	-79.4
本年注销数	1748	100.0	368	100.0	-78.9
一、国有企业					
年末企业数	9408	16.4	9072	15.2	-3.6
#企业法人	4637	18.3	4492	16.9	-3.1
年末注册资金（亿元）	459.89	5.6	427.49	4.2	-7.0
本年开业数	255	7.9	24	3.6	-90.6
本年注销数	207	11.8	71	19.3	-65.7
二、集体企业					
年末企业数	15018	26.1	14835	24.9	-1.2
#企业法人	7559	29.8	7281	27.4	-3.7
年末注册资金（亿元）	101.82	1.2	99.91	1.0	-1.9
本年开业数	361	11.2	81	12.2	-77.6
本年注销数	498	28.5	62	16.8	-87.6
三、公司					
年末企业数	30669	53.3	33367	56.0	8.8
#企业法人	12043	47.5	13853	52.0	15.0
年末注册资金（亿元）	7542.24	91.7	9588.55	93.5	27.1
本年开业数	2600	80.6	554	83.1	-78.7
本年注销数	893	51.1	233	63.3	-73.9
四、其他企业					
年末企业数	2415	4.2	2285	3.9	-5.4
#企业法人	1103	4.4	993	3.7	-10.0
年末注册资金（亿元）	121.82	1.5	137.44	1.3	12.8
本年开业数	11	0.3	7	1.1	-36.4
本年注销数	150	8.6	2	0.6	-98.7

1-10 福建省私营企业工商登记注册情况

（2014 年）

项　目	年末企业数（个）	投资者人数（人）	雇工人数（人）	注册资本（出资金额）（亿元）
总　计	**535960**	**1053223**	**3849545**	**27239.83**
农、林、牧、渔业	19936	40432	143645	782.69
采矿业	1484	3616	14802	68.18
制造业	103434	204212	1205981	5596.30
电力、热力、燃气及水的生产和供应业	4801	19591	34136	163.55
建筑业	30264	55066	235139	2231.34
批发和零售业	197933	362833	1166459	6618.65
交通运输、仓储和邮政业	13524	25677	88322	605.38
住宿和餐饮业	8071	12619	65657	166.76
信息传输、软件和信息技术服务业	21220	42502	115185	681.43
金融业	2878	9485	12983	894.20
房地产业	12272	25767	82212	1946.58
租赁和商务服务业	70907	155534	387699	5597.10
科学研究和技术服务业	24151	51349	139036	1265.40
水利、环境和公共设施管理业	2060	4420	13511	149.82
居民服务、修理和其他服务业	14657	25114	85719	233.20
教育	719	1630	4727	9.20
卫生和社会工作	920	1232	7918	31.32
文化、体育和娱乐业	6703	12100	46270	198.29
其他	26	44	144	0.43

1-11　福建省个体户工商登记注册情况

（2014年）

项　目	年末户数（户）	从业人员（人）	资金数额（亿元）
总　计	**1402741**	**2964270**	**1033.25**
农、林、牧、渔业	27134	94034	137.49
采矿业	937	3743	2.94
制造业	87741	331332	96.52
电力、热力、燃气及水的生产和供应业	886	2635	4.27
建筑业	1407	4434	1.84
批发和零售业	982938	1784481	607.08
交通运输、仓储和邮政业	8048	19825	6.89
住宿和餐饮业	131134	356598	87.35
信息传输、软件和信息技术服务业	5224	8862	1.67
金融业	6	12	
房地产业	3957	10292	1.72
租赁和商务服务业	16987	36318	15.37
科学研究和技术服务业	3991	9103	1.89
水利、环境和公共设施管理业	107	348	0.18
居民服务、修理和其他服务业	120441	270816	56.38
教育	227	675	0.15
卫生和社会工作	1830	4697	1.47
文化、体育和娱乐业	9741	26058	10.02
其他	5	7	

1-12 福建省外资企业工商登记注册情况

（2014 年）

项　目	年末企业数（个）	注册资本（认缴出资金额）（亿美元）	投资总额（亿美元）
总　计	**24524**	**969.66**	**1774.90**
农、林、牧、渔业	645	19.58	34.70
采矿业	34	1.19	1.83
制造业	11921	560.41	1072.46
电力、热力、燃气及水的生产和供应业	178	21.84	66.96
建筑业	216	9.33	19.11
批发和零售业	5107	62.18	93.78
交通运输、仓储和邮政业	597	35.25	73.79
住宿和餐饮业	1021	14.69	25.41
信息传输、软件和信息技术服务	852	11.73	21.07
金融业	315	32.53	21.45
房地产业	1100	117.54	203.51
租赁和商务服务业	1553	47.35	68.64
科学研究和技术服务业	487	14.05	25.17
水利、环境和公共设施管理业	81	7.25	15.60
居民服务、修理和其他服务业	221	6.18	15.20
教育	6	0.05	0.09
卫生和社会工作	9	0.93	2.53
文化、体育和娱乐业	178	6.86	12.68
其他	3	0.71	0.92

2

行业概况

2-1 工业

2-1-1 采矿业

2014年，福建省规模以上采矿业实现工业总产值549.71亿元，实现工业增加值234.25亿元，实现出口交货值3.98亿元；主营业务收入达540.54亿元，实现利润总额33.68亿元。从销售情况看，福建省全部采矿业仍以省内市场销售为主，省内市场销售比重达81.5%；其次是省外市场，销售比重为17.8%，比上年略有下降；境外市场销售比重仍然较小，仅为0.7%。分行业看，煤炭开采和洗选业、黑色金属矿采选业、有色金属矿采选业、非金属矿采选业均以省内市场销售为主；在4个行业中，仅非金属矿采选业有销往境外市场，但比重较低，仅为1.5%。2013-2014年福建省规模以上采矿业主要经济指标见下表。

从全国看，2014年在煤炭市场需求不旺、产能建设超前、进口规模依然较大等多重因素下，煤炭市场供大于求矛盾突出，库存增加，价格下滑，效益下降导致企业经营压力加大。全年原煤产量为38.7亿吨，比上年下降2.5%，这是我国煤炭产量自统计局发布公报数据以来的首次下降。

据中国煤炭工业协会统计，2014年全国铁路发运煤22.9亿吨，比上年减少3044万吨，下降1.3%；煤炭企业年末库存煤量约8700万吨，比年初增长2.6%；重点发电企业年末库存煤量9455万吨，增加1409万吨，增长17.1%；全年进口煤炭29122万吨，减少3580万吨，下降10.9%；出口574万吨，减少177万吨，下降23.5%；净进口2.85亿吨，减少3400万吨，下降10.7%。

2014年，全国煤炭产业景气指数比上年微跌0.2点，景气值为95.9，继续维持低位运行，预警指数连续8个季度走平。

2014年，我国煤炭市场价格从年初开始大幅下滑，直至10月份以后才小幅回升。中国煤炭价格指数年初为161.8，年末下滑至137.8。

2014年，全国煤炭工业发展亮点频出。一是煤炭市场化改革取得了新进展。首先，国家发展和改革委员会印发了《关于深化推进煤炭交易市场体系建设的指导意见》，进一步明确了煤炭交易市场体系建设的指导思想、监管办法等一系列措施；其次，发布了鄂尔多斯价格指数，全国煤炭价值指数体系逐步完善，依托互联网、大数据，全国煤炭交易数据平台建设稳步推进。二是煤炭结构调整取得了进展。截至2014年末，全国煤矿数量1.1万处，比2005年减少了1.4万处，产量比重由35.7%提高到了66.5%，大煤矿数量增加，生产的集中度提高了。三是行业自主创新能力显著增强。截至2014年末，全行业建成国家重点实验室13个，国家工程实验室7个，国家工程研究中心8个，国家工程技术研究中心4个，国家能源研发中心3个，国家能源重点实验室5个，国家级企业技术中心28个，国家安全生产技术支撑中心实验室10个。

（摘编：朱翔）

美元，增长70多倍。

三是管理水平提升快。泉州现有的22家糖果出口企业全部建立了与国际接轨的HACCP（危害分析和关键控制点）体系，先后有7家企业通过BRC（英国零售商协会）认证，质量管理水平不断提升。

罐头食品制造业

2014年，福建省罐头食品制造业实现销售收入297.10亿元，销往省内、省外、境外三大市场的比重分别为31.0%、33.4%和35.6%。

福建省是全国罐头生产大省。2014年，全省规模以上企业生产罐头269.48万吨，比上年增长7.1%。

漳州是福建重要的罐头生产和出口基地，罐头出口量约占全国出口量的20%。其中，蘑菇罐头出口量占全国同类产品出口量近80%，竹笋、芦笋、荔枝、龙眼等罐头出口量均占全国50%以上。近年来，漳州罐头产业转型态势明显，市场开拓实现突破：燕麦类罐头、养殖类水产罐头和午餐肉罐头实现首次出口，分别输往台湾、香港和马来西亚；海捕鱼罐头成功进入欧盟市场；鲍鱼罐头出口日本实现零突破，首单超25万美元。据漳州检验检疫局统计，2014年1-11月，漳州罐头产品共出口15216批，货值4.7亿美元。目前，漳州罐头产品远销156个国家和地区，遍布世界各地。

（摘编：林晓霞）

福建省规模以上农副食品加工业主要经济指标

（2013-2014年）　　单位：亿元

指标	2013	2014	指标	2013	2014
工业总产值	2138.76	2433.34	流动资产年末数	752.25	857.62
工业增加值	465.45	528.31	利润总额	132.67	129.89
主营业务收入	2084.12	2356.45	利税总额	215.29	224.75
资产总额	1111.36	1291.36	本年应交增值税	76.03	87.40
固定资产净值年末数	235.17	262.42			

福建省规模以上食品制造业主要经济指标

（2013-2014年）　　单位：亿元

指标	2013	2014	指标	2013	2014
工业总产值	949.01	1115.40	流动资产年末数	274.63	314.25
工业增加值	255.36	316.20	利润总额	70.16	84.33
主营业务收入	920.09	1076.53	利税总额	104.52	121.56
资产总额	543.97	605.92	本年应交增值税	30.09	32.02
固定资产净值年末数	129.81	132.79			

2-1-3 酒、饮料和精制茶制造业

截至2014年末，福建省规模以上酒、饮料和精制茶制造业资产总额达 470.87 亿元，比上年末增长 11.8%。全年完成工业总产值 779.69 亿元，比上年增长 6.4%；实现工业增加值 273.58 亿元，增长 6.5%；出口交货值 12.98 亿元，下降 3.5%；实现主营业务收入 813.71 亿元，增长 5.7%。从销售区域看，酒、饮料和精制茶制造业销售收入中销往省内市场的比重最高，为 51.9%；其次是省外市场，为 43.7%；境外市场仅为 4.4%。2013-2014年福建省规模以上酒、饮料和精制茶制造业主要经济指标见下表。

从全国看，伴随着经济大环境陷入疲软，全国饮料行业的增长速度也出现了明显下滑。2014 年，全国酒、饮料和精制茶制造业产销增幅均回落。全年全国规模以上酒、饮料和精制茶制造业工业增加值比上年增长 6.5%；实现主营业务收入 16232.00 亿元，增长 7.0%；实现利润总额 1603.10 亿元，下降 3.1%；三项指标增幅分别比上年回落 3.7 个百分点、5.1 个百分点和 10.9 个百分点。

饮料制造业

2014 年，福建省饮料制造业实现销售收入 281.47 亿元，比上年增长 8.6%；销往省内、省外和境外市场的比重分别为 57.9%、37.3%和 4.8%，其中省外市场销售比重比上年提高 6.9 个百分点。全年规模以上企业软饮料产量达 536.18 万吨，增加 40.58 万吨。

从产品质量看，据福建省食品药品监督管理局通报结果显示，2014 年下半年共抽检福建省 657 家次企业生产的碳酸饮料、果汁及蔬菜汁类、茶饮料、蛋白饮料、固体饮料、瓶（桶）装饮用水等产品 768 批次，不合格样品数为 77 批次，样品不合格率为 10.0%。

从企业竞争力情况看，据 2014 年全国市场研究机构中商情报网产业研究院公布的“2014 中国饮料百强企业排名”名单，福建省 3 家企业入围，分别是：厦门银鹭食品有限公司（第 2 位）、厦门太古可口可乐饮料有限公司（第 78 位）、福建省台福食品有限公司（第 82 位）。

从国内需求看，碳酸饮料国内需求逐年小幅下降，瓶装饮用水销量较为稳定，茶饮料需求增速较快。目前饮料行业产品种类层出不穷。其中，果汁产品占整个中国软饮料市场的四分之一，仅 2011 年，有超过 1000 种新口味和新包装的果汁产品上市。与果汁产品销量规模相当的还有茶饮料和碳酸饮料，同样品种众多，竞争激烈。

分省市看，我国饮料年产量超过 30 万吨的省市多数为东部沿海省市。其中，广东和浙江约占全国总产量的 30%。

2001 年至 2014 年间，全国饮料市场一直保持两位数增长。2015 年全国饮料市场将呈以下发展趋势：

一是小规格产品将越来越多，尤其是 200mL-300mL 铝罐市场。目前，全国饮料行业在包装规格上主要以 500mL 左右 PET 包装、1L 以上分享装和 310mL 左右易拉罐产品占据主导地位。但是从整个饮料发展的趋势来看，消费者从追求温饱型消费向质量型消费过渡，尤其对于城市消费人群来说，小而美的产品将越来越多的赢得他们的关注。

二是口感上以轻口味饮料前景较好。饮料销售的好坏很大程度上取决于产品的口感。从目前市场上热销的产品来说，维生素饮料等功能性饮料保持快速增长，不仅满足了人们夏天购买饮料解渴的诉求，又满足了年轻人对丰富口感的追求。预计 2015 年，轻口味轻功能饮料将继续保持高速增长。

三是小品类饮料掘金潜力大。目前大品类的饮料增长乏力，相比较而言，小品类特色饮料小而美的特点和价值更加凸显。

精制茶加工业

从全国看，2014 年受市场需求放缓及自身发展阶段转换等影响，中国纺织行业延续了“十二五”以来增速逐年放缓的态势。全年规模以上纺织业实现工业增加值比上年增长 6.7%，比规模以上工业平均水平低 1.6 个百分点；实现主营业务收入 38091.30 亿元，增长 7.0%；实现利润总额 2065.80 亿元，增长 3.6%。纺织服装、服饰业实现工业增加值增长 7.2%，比规模以上工业平均水平低 1.1 个百分点；实现主营业务收入 20769.80 亿元，增长 8.0%；实现利润总额 1247.30 亿元，增长 10.5%。全年规模以上纱产量累计为 3379.20 万吨，增长 5.6%；布产量累计为 893.70 亿米，下降 0.4%。

2014 年，全国纺织品服装出口总体平稳增长。据海关统计，全年纺织品服装累计贸易额 3250.4 亿美元，比上年增长 4.5%。其中，出口 2984.9 亿美元，增长 5.1%；进口 265.5 亿美元，下降 1.7%；累计顺差 2719.4 亿美元，增长 5.8%。纺织品服装在全国外贸中所占比重为 7.6%，其中出口占 12.7%，进口占 1.4%。分月份看，各月出口均保持平稳态势，除 2 月份下降较多外，年中各月均呈现较快水平增长，年底两个月出现小幅下降。

分出口企业类型观察，2014 年全国民营企业出口 1945.5 亿美元，比上年增长 9.7%，超过平均增幅；占出口总额的比重达到 65.2%，比上年提高 2.8 个百分点。国有企业和三资企业的出口占比分别下降至 11.9%和 22.8%。在全国 8 万余家出口企业中，国有企业和三资企业合计占比已不足四分之一，民营企业则接近八成。

分出口市场观察，2014 年我国对欧盟出口额达到 586.6 亿美元，比上年增长 13.6%，增幅位居传统市场第 1 位。对欧盟纺织品和服装出口全部实现增长，增幅分别为 9.3%和 14.8%。其中，主要商品针、梭织服装出口量近 80 亿件(套)，增长 11.1%，出口平均单价为 5 美元/件（套），上涨 14.4%。受美国经济持续稳健复苏的影响，我国对美纺织品和服装出口创新高，全年我国对美出口额达到创记录的 447.4 亿美元，增长 7.5%，增幅为近 3 年新高。

（摘编：林晓霞）

福建省规模以上纺织业主要经济指标

（2013-2014 年）　　　　单位：亿元

指标	2013	2014	指标	2013	2014
工业总产值	1840.98	2148.33	流动资产年末数	637.92	729.95
工业增加值	441.23	496.05	利润总额	114.40	113.96
主营业务收入	1780.57	2060.45	利税总额	155.49	158.32
资产总额	1195.90	1360.64	本年应交增值税	35.06	37.37
固定资产净值年末数	364.95	420.56			

福建省规模以上纺织服装、服饰业主要经济指标

（2013-2014 年）　　　　单位：亿元

指标	2013	2014	指标	2013	2014
工业总产值	1549.14	1708.66	流动资产年末数	693.76	738.40
工业增加值	485.67	515.98	利润总额	130.12	134.96
主营业务收入	1499.38	1653.99	利税总额	188.44	191.99
资产总额	1037.53	1099.95	本年应交增值税	49.05	47.69
固定资产净值年末数	238.05	205.51			

2-1-5　皮革、毛皮、羽毛及其制品和制鞋业

2014 年，福建省规模以上皮革、毛皮、羽毛及其制品和制鞋业完成工业总产值 2975.53 亿元，完成工业增加值 919.80 亿元，实现主营业务收入 2884.05 亿元，利润总额达 226.15 亿元，实现利税总额 328.85 亿元。全年全省皮革、毛皮、羽毛及其制品和制鞋业销往省内、省外和境外市场的销售收入占全部销售收入的比重分别为 30.7%、36.5% 和 32.8%。全省鞋类出口额为 122.68 亿美元，比上年增长 6.1%。2013-2014 年福建省规模以上皮革、毛皮、羽毛及其制品和制鞋业主要经济指标见下表。

2014 年，福建省制鞋行业面对全球经济增速减缓的现状，改变思路，发挥优势，重在创新转型，并通过互联网、物联网的平台改变传统产业的生产和经营模式，走在全球制造业智能化的行列中。制造行业的龙头企业发挥带头作用，引领全行业提升。安踏（中国）有限公司推行多品牌战略，拓展儿童、FILA 等业务，推动创新增长，继续保持中国第一运动品牌的地位。据该公司年报数据显示，2014 年营业收入为 89.23 亿人民币，比上年增长 22.5%，业绩创历史新高；毛利增长 32.5%。根据公司 2015 年第三季度订货会数据，已连续 7 个季度实现了订货金额增长。三六一度（中国）有限公司以“互联网思维”与百度在线网络技术（北京）有限公司达成战略合作，成立“大数据创新实验室”，共同研究和管理用户真实的数据，研发和生产用户需求的数字化产品，为用户提供无限的增值服务。该公司 2014 年业绩出现了明显好转，营业额达 39.06 亿元人民币，增长 9.0%。福建匹克集团有限公司 2014 年盈利能力达到近三年的最佳水准，实现营业收入 28.40 亿元，增长 8.7%。其中，海外市场营业收入增长 22.5%，占总营业额的 23.0%。在《全国大型零售企业级消费品市场 2014 年度监测报告》中，匹克篮球鞋以 9.6%的市场占有率位列同行业第一，连续 7 年蝉联此殊荣。此外，特步、鸿星尔克等许多知名品牌企业都主动变革调

整，紧跟市场发展需求进行自主创新，构建新的盈利模式。

从全国情况看，2014年我国皮革、毛皮及制品和制鞋业呈现增速放缓、平稳增长的态势，销售、利润、出口等主要指标均保持增长，但增速全面缩至个位数，且增速整体回落。

据中国皮革协会统计，2014年全国规模以上皮革、毛皮及其制品和制鞋业完成销售收入1.3万亿元，比上年增长9.1%，增速回落1.5个百分点。制鞋、制革、箱包三大子行业的销售收入合计占比约为79%，增速均低于行业平均水平，且增速出现不同程度的回落。其中，制鞋行业增长8.9%，增速回落0.5个百分点；制革行业增长5.9%，增速回落3.4个百分点；箱包行业增长7.9%，增速回落3.1个百分点。实现利润总额831.2亿元，增长8.6%，增速回落4.9个百分点。制鞋、制革、箱包、皮衣四大子行业合计占比约为82%，除制鞋业增速加快1.2个百分点外，制革、箱包、皮衣增速分别回落26.5个百分点、0.9个百分点和10.1个百分点。

2014年，全国规模以上轻革产量5.9亿平方米，比上年增长0.6%。皮革服装产量8665.6万件，增长16.1%；浙江、河北、福建三省名列前茅，合计占比67.7%。皮鞋产量达45亿双，增长3.1%；福建、浙江、广东三省合计占比72.7%。

从出口情况看，我国皮革、毛皮、羽毛及其制品和制鞋业对国际市场的依赖度依然偏高，受人民币升值以及劳动力成本提升等因素的影响，我国皮革、毛皮、羽毛及其制品和制鞋业国际竞争力不断弱化，订单开始向周边地区转移，这些因素都导致出口增速放慢。2014年，我国皮革、毛皮、羽毛及其制品和制鞋业出口额达889亿美元，比上年增长7.2%，增速回落1.8个百分点，出口增速连续3年回落。鞋类产品依然是皮革、毛皮、羽毛及其制品和制鞋业出口的主角，全年出口额为538.4亿美元，占60.6%，增长11.8%，对出口增速贡献为6.9%；而皮革服装、旅行用品及箱包、毛皮服装、皮面皮鞋对出口增速贡献为-0.1%、-0.6%、0.8%、2.1%。箱包占行业出口总额的30.1%，从2014年4月起出口首现下滑，全年出口下降1.7%，为2009年以来首次下滑。

（摘编：张琛）

福建省规模以上皮革、毛皮、羽毛及其制品和制鞋业主要经济指标

（2013-2014年）

单位：亿元

指标	2013	2014	指标	2013	2014
工业总产值	2672.59	2975.53	流动资产年末数	951.17	1091.24
工业增加值	837.16	919.80	利润总额	208.63	226.15
主营业务收入	2651.81	2884.05	利税总额	312.27	328.85
资产总额	1468.65	1615.60	本年应交增值税	84.59	82.64
固定资产净值年末数	291.11	295.09			

2-1-6 木材加工和木、竹、藤、棕、草制品业

截至 2014 年末，福建省共有规模以上木材加工和木、竹、藤、棕、草制品业企业 716 家，占全省规模以上工业的 4.3%。全年完成工业总产值 823.58 亿元，出口交货值达 58.58 亿元，实现主营业务收入 802.77 亿元，利润总额达 43.12 亿元。全年全省木材加工和木、竹、藤、棕、草制品业销售收入销往省内、省外及境外三大市场的比重分别为 43.0%、44.3%和 12.7%。与上年相比，省内市场和境外市场比重分别提高了 0.1 个百分点和 1.6 个百分点，省外市场比重下降了 1.7 个百分点。2013-2014 年福建省规模以上木材加工和木、竹、藤、棕、草制品业主要经济指标见下表。

据福建省林业厅统计，2014 年福建林产品出口保持增长，主要林产品完成出口交货值 265.56 亿元，比上年增长 9.7%，增幅比上年回落 5.4 个百分点；木材产量略有减少，完成 565.54 万立方米，下降 1.4%；林产品产量有增有减，其中人造板产量保持小幅增长，完成 1416.21 万立方米，增长 5.2%。林产品价格总体下滑，个别产品波动较大，其中中纤板每立方米约下跌 100 元，刨花板每立方米约下跌 40 元-70 元，木质活性炭每吨约下跌 770 元，松香每吨约下跌 2500 元。

2014 年，全省新增境内外上市涉林企业 3 家、累计 22 家；新增“中国驰名商标”8 件、累计 31 件；现有国家林业产业化龙头企业 10 家，省级以上龙头企业共 176 家。

从全国情况看，据全国林业统计年报分析报告数据显示，2014 年全国原木产量 7553.46 万立方米，薪材产量 679.84 万立方米。锯材产量为 6836.98 万立方米，比上年增长 8.6%。木片、木粒加工产品 4314.09 万实积立方米，增长 9.6%。人造板总产量为 27371.79 万立方米，增长 7.1%。

在全部人造板产量中，胶合板 14970.03 万立方米，比上年增长 9.1%，占 54.7%；纤维板 6462.63 万立方米，与上年基本持平，占 23.6%，其中中密度纤维板产量为 5682.57 万立方米；刨花板产量 2087.53 万立方米，增长 10.8%，占 7.6%；其他人造板 3851.60 万立方米（细木工板占 62.0%），增长 8.6%，占 14.1%。

从分省情况看，东部地区林业产业总产值为 26456.97 亿元；中部地区林业产业总产值为 11593.94 亿元；西部地区林业产业总产值为 11211.39 亿元；东北地区林业产业总产值为 4770.65 亿元。中、西部地区林业产业增长速度最快，增速都超过 20%。东部地区林业产业总产值所占比重最大，占全部林业产业总产值的 49.0%。林业产业总产值超过 3000 亿元的省份共有 6 个，分别是广东、山东、福建、江苏、广西和浙江。山东、江苏、广西、安徽、河南、河北、广东 7 省（区）产量均超过 1000 万立方米，7 省（区）人造板产量共计 21073.54 万立方米，占全国人造板总产量的 77.0%。

从进出口情况看，受美国经济稳健复苏，同东盟、欧盟以及南非、墨西哥、印度等新兴国家市场林产品贸易良好发展的影响，全国林产品进出口贸易额再创历史新高。据海关统计，2014 年全国林产品进出口贸易额为 1399.5 亿美元，比上年增长 8.4%。其中，出口额 722.0 亿美元，增长 11.3%；进口额 677.5 亿美元，增长 5.5%。

（摘编：张琛）

福建省规模以上木材加工和木、竹、藤、棕、草制品业主要经济指标

（2013-2014 年）　　单位：亿元

指标	2013	2014	指标	2013	2014
工业总产值	720.90	823.58	流动资产年末数	165.69	175.89
工业增加值	206.05	235.54	利润总额	42.96	43.12
主营业务收入	704.76	802.77	利税总额	66.27	67.34
资产总额	291.31	311.96	本年应交增值税	19.04	19.07
固定资产净值年末数	81.74	83.97			

2-1-7　家具制造业

截至 2014 年末，福建省共有规模以上家具制造业企业 320 个，占全省规模以上工业的 1.9%。全年完成工业总产值 370.53 亿元，主营业务收入 363.53 亿元，利润总额达 24.10 亿元。全年全省家具制造业销售收入销往省内、省外及境外三大市场的比重分别为 25.7%、40.2%和 34.1%。与上年相比，省内、省外市场的比重分别提高了 2.8 个百分点和 0.8 个百分点，境外市场的比重下降 3.6 个百分点。2013-2014 年福建省规模以上家具制造业主要经济指标见下表。

据中商情报网统计数据显示，2014 年福建省家具产量 1.27 亿件，比上年增长 3.0%，占全国总产量的 16.3%。

从全国看，据海关统计，2014 年我国家具累计出口值在轻工主要商品出口中占 8.7%，居第 5 位；家具出口值增速由上半年的下降 5.8%转为增长 0.6%。

分产品观察，2014 年家具行业 9 类商品中，坐具及其零件、木家具、金属家具、其他材料制家具及家具零 4 类商品的累计出口值合计占家具行业的 96.4%；与上年相比，坐具及其零件、木家具的占比呈现出继续扩大的态势，分别比上年提高了 0.9 个百分点和 3.0 个百分点；金属家具、其他材料制家具及家具零件的占比则进一步下降，分别下降了 1.8 个百分点和 2.3 个百分点。

分省份观察，2014 年家具行业出口额居前 10 位的地区依次是广东、浙江、江苏、福建、上海、山东、河北、江西、天津及辽宁。其中，仅广东和浙江 2 个地区的累计出口额合计占到了全国家具行业出口总额的 67.4%；上述 10 个地区中，河北的出口值增速达到了 18.5%，天津和浙江的增速接近 10%，江苏、上海、山东、福建及广东 5 个地区呈个位数低位增长，而江西和辽宁 2 个地区表现出了大幅度下降，分别下降了 30.7%和 23.0%。

分企业观察，2014 年 1-11 月我国家具及其零件出口额在 1 亿美元以上的有 30 家，比上年同期增加了 4 家，增幅达 15.4%。家具出口额排名前 20 的企业合计出口家具 38.3 亿美元，占同期我国家具出口总额的 8.2%，提高了 0.8 个百分点。在家具出口额排名前 20 的企业中，广东企业 12 家，浙江企业 4 家，江苏、上海、福建、江西企业各 1 家。

（摘编：张琛）

福建省规模以上家具制造业主要经济指标

（2013-2014 年）　　单位：亿元

指标	2013	2014	指标	2013	2014
工业总产值	335.41	370.53	流动资产年末数	145.45	149.14
工业增加值	90.46	109.21	利润总额	21.87	24.10
主营业务收入	329.54	363.53	利税总额	33.18	36.54
资产总额	226.55	234.94	本年应交增值税	9.09	10.01
固定资产净值年末数	40.77	43.44			

2-1-8 造纸和纸制品业

截至 2014 年末，福建省共有规模以上造纸和纸制品业企业 433 个，占全省规模以上工业的 2.6%。全年完成工业总产值 912.43 亿元，出口交货值为 35.49 亿元，主营业务收入为 841.20 亿元，利润总额达 64.80 亿元。全年全省造纸和纸制品业销往省内、省外和境外市场的比重分别为 55.8%、36.8%和 7.4%。与上年相比，省内销售比重下降 3.2 个百分点，省外市场和境外市场比重分别提高 0.8 个百分点和 2.4 个百分点。2013-2014 年福建省规模以上造纸和纸制品业主要经济指标见下表。

2014 年，福建省机制纸产量为 653.91 万吨，比上年的 617.58 万吨，增幅从上年的下降 0.5%转为增长 5.9%，比全国平均增幅（2.8%）高出 3.1 个百分点，产量在全国排名仍然位居第 6 位。

从全国看，2014 年我国制浆造纸和纸制品业整体保持平稳发展，全年造纸和纸制品业实现主营业务收入 13513.58 亿元，比上年增长 6.4%；利润总额 698.99 亿元，下降 1.4%。全国纸浆（原生浆，下同）产量为 1645.60 万吨，增长 1.5%；机制纸和纸板（外购原纸加工除外，下同）产量为 1.18 亿吨，增长 2.8%；纸制品产量为 6634.90 万吨，增长 9.0%。

从地区情况看，2014 年纸浆产量位居前六位的分别是山东（572.6 万吨）、河南（245.9 万吨）、广西（180.8 万吨）、广东（156.0 万吨）、海南（143.0 万吨）、湖南（104.7 万吨），这六大重点纸浆生产地区产量合计 1402.9 万吨，占全国总产量的 85.3%。全年机制纸及纸板产量过千万吨的前四个地区分别是广东（2070.7 万吨）、山东（1981.6 万吨）、浙江（1693.7 万吨）、江苏（1336.8 万吨），合计 7082.8 万吨，占全国总产量的 60.1%。全年广东（966.9 万吨）、浙江（734.4 万吨）、河南（681.1 万吨）、江苏（535.6 万吨）4 个省份的纸制品产量明显领先于其他地区，合计产量约 2918.1 万吨，约占全国总产量的44%。产量前十位的地区中除山东下降1.2%外，广东（10.2%）、河南（16.3%）、福建（11.4%）、河北（11.6%）的增速均为两位数。

从进出口情况看，据海关统计，2014年全国纤维素浆、废纸、纸和纸板及其制品进口总金额为223.8亿美元。其中，进口额最大的10个国家分别为美国53.45亿美元、加拿大29.27亿美元、巴西22.49亿美元、日本15.04亿美元、印度尼西亚13.69亿美元、智利11.53亿美元、俄罗斯8.94亿美元、英国8.72亿美元、芬兰8.48亿美元、瑞典6.84亿美元，占总进口额的79.7%。出口总金额为188.2亿美元。其中，出口额最大的10个国家和地区分别为美国36.02亿美元、中国香港22.89亿美元、日本13.65亿美元、英国9.13亿美元、澳大利亚8.78亿美元、伊朗7.54亿美元、马来西亚5.83亿美元、越南5.69亿美元、新加坡5.12亿美元、印度5.02亿美元，占总出口额的63.6%。

（摘编：张琛）

福建省规模以上造纸和纸制品业主要经济指标

（2013-2014年）

单位：亿元

指标	2013	2014	指标	2013	2014
工业总产值	849.25	912.43	流动资产年末数	423.73	454.90
工业增加值	233.07	225.46	利润总额	69.86	64.80
主营业务收入	783.52	841.20	利税总额	102.55	97.85
资产总额	741.45	775.55	本年应交增值税	28.18	29.13
固定资产净值年末数	197.58	215.87			

2-1-9 印刷和记录媒介复制业

2014年，福建省规模以上印刷和记录媒介复制业完成工业总产值256.80亿元；工业增加值72.46亿元；实现主营业务收入252.33亿元；利润总额17.67亿元。从销售区域看，全年福建省印刷和记录媒介复制业销售收入中销往省内市场比重最高，为65.2%；其次是省外市场，为25.7%。分行业看，印刷、装订及印刷相关服务均以省内市场销售为主，省内市场销售比重分别为65.2%、96.7%；记录媒介复制主要销往省外市场，省外市场销售比重为60.0%。2013-2014年福建省规模以上印刷和记录媒介复制业主要经济指标见下表。

近年来，福建省印刷业稳步发展，通过海峡西岸印刷工业园区的建设，企业间优势互补、资源共享，化解风险、降低成本，实现个体与群体的高速发展，做大做强了一批重点骨干企业，不仅实现产品档次、技术含量、创新能力的升级，还提高了产品配套能力，全省印刷企业整体素质提升显著。

2015年，福建省出台了《福建省印刷企业转型升级扶持项目管理暂行办法》，这是福建省首次出台针对印刷企业转型升级的扶持政策。该政策对福建省印刷企业转型升级扶持资金的申请条件、扶持内容、评审程序、项目绩效考评和资金管理等作了规定，对以下几类印刷企业将安排专项资金扶持，加快企业转型升级：一是坚持实施绿色印刷、严格按国家确定的绿色印刷标准组织生产的印刷企业；二是积极应用先进技术，努力发展数字印刷、网络印刷等新兴业态的印刷企业；三是加强企业新产品新材料研发、有较强自主创新能力的印刷企业；四是大力实施“走出去”战略、努力拓展境外市场的印刷企业；五是积极创新经营管理机制、履行社会责任、取得较好社会效益和经济效益的印刷企业。

从全国情况看，2014年全国规模以上印刷和记录媒介复制业工业增加值比上年增长10.0%，比规模以上工业平均水平高1.7个百分点；主营业务收入6643.20亿元，增长9.5%；利润总额515.20亿元，增长9.2%。

（摘编：朱翔）

福建省规模以上印刷和记录媒介复制业主要经济指标

（2013-2014年）

单位：亿元

指标	2013	2014	指标	2013	2014
工业总产值	217.13	256.80	流动资产年末数	78.01	93.91
工业增加值	61.63	72.46	利润总额	16.96	17.67
主营业务收入	213.16	252.33	利税总额	25.16	27.06
资产总额	143.13	169.85	本年应交增值税	6.80	7.72
固定资产净值年末数	39.69	41.70			

2-1-10 文教、工美、体育和娱乐用品制造业

2014年，福建省规模以上文教、工美、体育和娱乐用品制造业完成工业总产值1291.09亿元，工业增加值378.86亿元，出口交货值449.20亿元，实现主营业务收入1258.29亿元，利润总额达86.95亿元。2013-2014年福建省规模以上文教、工美、体育和娱乐用品制造业主要经济指标见下表。

体育用品制造业

2014年，福建省规模以上体育用品制造业销售收入为133.71亿元。从销售情况看，全省全部体育用品制造业销售收入中销往省内、省外和境外三大市场的比重分别为16.8%、22.7%、60.5%，其中省外市场销售比重比上年提高4.7个百分点。

厦门出口健身器材质量安全示范区2012年7月开始创建，并于2015年1月通过国家级验收，成为全国首个国家级出口健身器材质量安全示范区。截至2014年末，示范区内共有健身器材企业（含配套企业）90多家，直接从业人数达1万余人，其中出口生产企业60余家。示范区内还搭建了面积达480平方米的实物展示平台，实现健身器材“线上、线下”双平台展示，区内多家企业获得中国驰名商标、福建省著名商标、福建名牌产品等荣誉称号。

从全国来看，据中国体育用品联合会统计，2014年我国体育用品行业（运动服、运动鞋、运动器材及相关体育产品的制造和销售）增加值达2418.00亿元，比上年增长15.9%，在连续8年保持行业规模持续扩大的同时，自2011年后首次实现两位数增长。全年全国体育用品行业进出口总额首次突破200亿美元大关，达到200.85亿美元，实现贸易顺差178.59亿美元。进口额为11.13亿美元，增长1.8%；出口额为189.72亿美元，增长8.3%。

玩具制造业

2014年，福建省规模以上玩具制造业完成工业总产值71.82亿元，出口交货值达38.98亿元，实现主营业务收入67.41亿元，实现利润总额3.21亿元。从销售情况看，全省玩具制造业省内、省外、境外市场销售比重分别为11.1%、23.7%和65.2%，其中省外市场和境外市场销售比重分别比上年提高1.8个百分点和2.8个百分点。

从全国看，据海关统计，2014年我国玩具产品进出口总额为144.94亿美元，比上年增长14.2%。其中，出口额为141.37亿美元，增长14.2%；出口数量为301.07亿个，增长8.3%；出口平均单价为0.47美元，增长5.4%。进口额3.57亿美元，增长13.0%；进口数量为2.78亿个，增长10.0%；进口平均单价为1.29美元，增长2.7%。分主要出口地区观察，2014年我国对美国出口48.18亿美元，增长11.7%，占我国玩具出口总额的34.1%；对香港出口8.72亿美元，下降2.2%，占6.2%；对英国出口8.51亿美元，增长17.2%，占6.0%；对欧盟出口32.43亿美元，主要集中在英国、德国、荷兰、法国、西班牙、比利时、意大利、波兰、丹麦、捷克，以上10个国家占到我国对欧盟全部出口额的89.5%。其中，对英国出口最多，达8.51亿美元，增长17.2%，占26.2%；其次是对德国出口5.40亿美元，增长13.2%，占16.7%；对荷兰出口3.34亿美元，增长36.6%，占10.3%。分出口省份观察，我国玩具的主要出口省市分别为广东省、浙江省、江苏省、上海市、山东省和福建省。全年广东省出口95.26亿美元，增长12.6%，占我国玩具出口总额的67.4%；浙江省出口17.30亿美元，增长30.3%，占12.2%；江苏省出口11.83

亿美元，增长10.8%，占8.4%；上海市出口4.44亿美元，增长5.2%，占3.1%；山东省出口3.16亿美元，增长16.1%，占2.2%；福建省出口3.16亿美元，增长5.4%，占2.2%。分贸易方式观察，全年一般贸易出口71.88亿美元，占50.8%，增长27.9%；加工贸易出口52.11亿美元，占36.9%，增长1.3%。其中，来料加工装配贸易出口11.55亿美元，下降16.5%；进料加工贸易出口40.55亿美元，增长7.9%。分出口企业观察，全年我国玩具出口总家数为6326家，增长6.7%。其中，广东玩具出口企业2079家，增长8.4%；浙江1525家，增长3.4%；江苏834家，增长4.8%；上海499家，增长2.0%；山东285家，增长11.8%；福建245家，下降2.8%。

工艺美术品制造业

2014年，福建省规模以上工艺美术品制造业完成工业总产值1028.91亿元，出口交货值达327.11亿元，实现主营业务收入1008.81亿元，实现利润总额74.24亿元。从销售情况看，全省工艺美术品制造业省内、省外、境外市场销售比重分别为25.6%、35.3%和39.1%，其中省外市场销售比重比上年提高3.8个百分点。

从全国看，据中国轻工工艺品进出口商会统计，2014年我国轻工工艺品进出口额达8322.60亿美元，比上年增长10.0%。其中，出口额6615.80亿美元，增长7.8%；进口额1706.80亿美元，增长19.3%。分产品观察，我国传统大宗轻工工艺品出口总额排名前列的分别是珠宝首饰出口622.10亿美元，增长26.8%；鞋类出口562.50亿美元，增长10.8%；家具出口527.20亿美元，增长0.6%；塑料制品出口395.70亿美元，增长4.8%；箱包出口271.20亿美元，下降1.7%；陶瓷出口220.70亿美元，增长15.2%；纸张纸浆出口179.50亿美元，增长11.5%；玻璃制品出口160.40亿美元，下降1.0%；玩具出口141.40亿美元，增长14.2%。

（摘编：朱翔）

福建省规模以上文教、工美、体育和娱乐用品制造业主要经济指标

（2013-2014年）　　单位：亿元

指标	2013	2014	指标	2013	2014
工业总产值	1101.92	1291.09	流动资产年末数	317.77	378.54
工业增加值	314.79	378.86	利润总额	77.91	86.95
主营业务收入	1082.22	1258.29	利税总额	109.53	123.41
资产总额	495.00	607.56	本年应交增值税	24.18	28.90
固定资产净值年末数	109.31	129.42			

2-1-11 化学原料和化学制品制造业

2014年，福建省规模以上化学原料和化学制品制造业完成工业总产值 1746.68 亿元；工业增加值 312.20 亿元；出口交货值达 105.09 亿元；实现主营业务收入 1665.32 亿元；实现利润总额 49.65 亿元。从销售区域看，全省化学原料和化学制品制造业以省内市场和省外市场销售为主，省内市场和省外市场销售比重均超过 40%，分别为 49.2%、43.0%，境外市场销售比重不足 10%。与上年相比，省内市场销售比重下降 0.5 个百分点，省外市场销售比重提高 1.3 个百分点，境外市场销售比重下降 0.8 个百分点。2013-2014 年福建省规模以上化学原料和化学制品制造业主要经济指标见下表。

分主要产品观察，福建省规模以上化学原料和化学制品制造业产量比上年增长较快的产品有碳酸钠（产量 0.89 万吨，增长 39.1%）、合成洗涤剂（产量 16.36 万吨，增长 22.5%）；下降幅度较大的产品有农用氮、磷、钾化学肥料（产量 48.71 万吨，下降 10.1%）。

从全国看，2014 年在国际经济复苏缓慢、国内经济增速放缓的形势下，全国规模以上化学原料和化学制品制造业运行总体平稳，主要指标保持增长，但增幅均比上年有所回落。其中，工业增加值比上年增长 10.3%，增幅比上年回落 1.8 个百分点，在全国 41 个大类行业中处于上游水平，居行业第 12 位；实现主营业务收入 82780.00 亿元，增长 8.5%，增幅回落 4.4 个百分点，居行业第 20 位；实现利润总额 4146.80 亿元，增长 1.7%，增幅回落 9.3 个百分点，居行业第 26 位。从主要产品产量看，除农用氮磷钾化肥（折纯）产量下降 0.7%，其他产品产量均增长。其中，增长较快的是合成洗涤剂、初级形态的塑料、合成橡胶，增幅均在 10%以上，分别为 10.8%、10.3%、10.1%；其次是氢氧化钠（烧碱）和乙烯，分别增长 7.9%、7.6%；增幅最低的是化学农药原药，仅增长 1.4%。

（摘编：朱翔）

福建省规模以上化学原料和化学制品制造业主要经济指标

（2013-2014 年）

单位：亿元

指标	2013	2014	指标	2013	2014
工业总产值	1321.25	1746.68	流动资产年末数	543.58	651.01
工业增加值	278.48	312.20	利润总额	52.85	49.65
主营业务收入	1288.22	1665.32	利税总额	96.44	116.53
资产总额	1187.82	1476.32	本年应交增值税	38.47	60.31
固定资产净值年末数	262.44	527.97			

2-1-12 医药制造业

2014年，福建省规模以上医药制造业完成工业总产值250.83亿元，出口交货值达18.24亿元，实现主营业务收入226.84亿元，实现利润总额26.85亿元。从销售区域看，全省医药制造业仍以省外市场销售为主，省外市场销售比重达59.3%，比上年下降0.7个百分点；其次是省内市场，比重为32.2%，提高2.2个百分点；境外市场销售比重较低，不足10%，比上年略有下降。分行业观察，化学药品原料药制造业、化学药品制剂制造业、中药饮片加工业、中成药生产业、生物药品制造业均以省外市场销售为主，兽用药品制造业、卫生材料及医药用品制造业以省外市场和境外市场销售为主。2013-2014年福建省规模以上医药制造业主要经济指标见下表。

近年来，福建省医药产业结构调整取得了一定成效，部分领域在国内同行业中处于领先地位。从药品种类观察，一是抗生素类产品：福建省福抗药业股份有限公司是我国庆大霉素和金霉素的最大生产商，并分别获美国FDA和欧盟COS认证。丽珠集团福州福兴医药有限公司是我国卡那霉素最大生产商，占据国内市场份额50%以上。二是维生素类产品：厦门星鲨药业集团有限公司是我国维生素E的骨干生产企业，国内市场份额达18%；厦门金达威集团股份有限公司是我国最大的辅酶Q10生产厂家，产品主要以中间体原料出口美国和欧洲。三是生物基因工程药物类产品：厦门特宝生物工程的重组人粒细胞刺激因子注射液、重组人粒细胞巨噬细胞刺激因子、重组人白介素Ⅱ和厦门北大之路鼠神经生长因子等均是福建省占有国内40%以上市场份额的优势蛋白药物，此外还自主研发了国际首个防治戊型肝炎疫苗，并在厦门上市。四是特色中药产品：漳州片仔癀系列产品、水仙牌风油精，厦门中药厂的新癀片、八宝丹，福建金山生物制药股份有限公司的麝香正骨酊等都是福建省特色优势中药产品。

2014年，为贯彻落实福建省政府《关于加快医药产业发展十二条措施通知》的精神，促进全省"三品一械"企业做大做强，福建省食品药品监督管理局采取5项措施积极贯彻落实该十二条措施。一是出台了《促进福建省医药健康产业相关发展的实施细则》《第二类医疗器械快速审批程序》《关于促进药品现代物流发展的意见》来推进生物医药产业、医疗器械产业、药品物流业的快速发展。同时，推进零售药店"四证合一"，截至2014年末，福建省零售药店共换发新证8057家，换证率达100%。二是开展两次全省研发项目摸底调查，全面掌握药品研发动向。加大药品注册初审力度，对企业申报注册资料中发现的较大技术缺陷等问题进行审评，在鼓励新药研发的同时做好药品注册监管工作。三是积极促进企业兼并重组做大做强，截至2014年末，全省已完成5家企业的兼并重组。四是推进物流现代化，允许省内外药品生产企业和已取得《药品经营许可证》的药品流通企业，委托具有第三方药品物流资质的企业储存、配送其生产经营的药品。五是积极争取对台先行先试政策。支持厦门对台交流先行先试，将质量体系考核、委托加工、注册现场检查等部分权限委托厦门市食品药品监管局，对入驻厦门的"三品一械"台资企业开辟"快速通道"。

从全国看，据海关统计，2014年我国医药保健品进出口总额达980.00亿美元，比上年增长9.3%，再创历史新高。其中，出口550.00亿美元，增长7.4%；进口430.00亿美元，增长11.8%；对外贸易顺差119.00亿美元，下降6.0%。

（摘编：朱翔）

福建省规模以上医药制造业主要经济指标

（2013-2014年）　　　　单位：亿元

指标	2013	2014	指标	2013	2014
工业总产值	227.34	250.83	流动资产年末数	128.65	143.33
工业增加值	77.18	92.29	利润总额	26.26	26.85
主营业务收入	209.98	226.84	利税总额	36.26	37.73
资产总额	226.37	260.31	本年应交增值税	8.53	9.26
固定资产净值年末数	51.31	52.97			

2-1-13　橡胶和塑料制品业

截至 2014 年末，福建省共有规模以上橡胶和塑料制品业企业 706 个，全年完成工业总产值 1468.17 亿元，出口交货值达 199.71 亿元，实现主营业务收入 1434.72 亿元，实现利润总额 111.81 亿元。全年全省橡胶和塑料制品业销售收入中销往省内市场的比重最高，为 41.0%，比上年下降 6.9 个百分点；省外市场销售比重为 39.0%，提高 8.2 个百分点；境外市场销售比重为 20.0%，下降 1.3 个百分点。分行业观察，橡胶制品业主要销往省外市场，销售比重达 61.0%；塑料制品业主要销往省内市场，销售比重达 46.8%。2013-2014 年福建省规模以上橡胶和塑料制品业主要经济指标见下表。

据海关统计，2014 年福建省出口塑料制品 59.32 万吨，比上年增长 4.5%，出口额 24.18 亿美元，增长 14.6%；出口新的充气橡胶轮胎 18.98 万吨，下降 5.0%，出口额 6.21 亿美元，下降 16.2%。

分项目观察，仙游循环经济示范园再生塑料产业基地项目是 2014 年福建省重点在建项目，该项目立足塑料回收再利用、改性材料、塑料制品三大领域，实行“圈区管理”，推行清洁生产，重点发展塑料母料、农用塑料、包装塑料、建筑塑料、工程塑料以及助剂等产业，全面导入 ISO9001：2000 质量管理体系、ISO14001：2004 环境管理体系、OHSAS18001 职业安全卫生管理体系以及 5S 现场管理体系，打造海峡西岸最大的再生塑料园区，力争成为国家级循环经济示范园区。

分企业观察，福建佳通轮胎有限公司以生产和销售子午线轮胎为主，2014 年轮胎产量为 1804.75 万条，比上年下降 0.9%；轮胎销售量为 1783.07 万条，下降 1.1%。

从全国看，2014 年全国规模以上橡胶和塑料制品业工业增加值比上年增长 8.6%，比规模以上工业平均水平高了 0.3 个百分点；主营业务收入 29569.90 亿元，增长 8.0%；实现利润总额 1782.00 亿元，增长 2.8%。截至 2014 年末，全国规模以上橡胶和塑料制品业资产总额达 19869.10 亿元，比上年末增长 10.3%。

分行业观察，塑料制品业是我国轻工业的支柱产业。据海关统计，2014 年全国出口塑料制品 951 万吨，比上年增长 6.1%；出口额 370.89 亿美元，增长 5.1%。进口初级形态的塑料 2535 万吨，增长 3.0%；进口额 515.73 亿美元，增长 5.0%。

据中国橡胶工业协会轮胎分会对 46 家会员单位统计，2014 年 10 月轮胎产量下降幅度达 17.0%，是当年单月产量同比首次下降。轮胎行业 2014 年以来一直维持较高库存，进入 10 月后一些企业选择关闭或停产部分生产线，这也是造成产量下降的原因。据中国橡胶工业协会轮胎分会 2014 年 11 月份的统计数据显示，截至 11 月末，会员企业轮胎库存额达 197 亿元，同比增长 18.3%。

2014 年，随着国际贸易保护主义抬头，我国轮胎面临的贸易摩擦形势依然十分严峻。6 月 3 日，美国钢铁工人联合会（USW）向美国商务部和美国国际贸易委员会（ITC）提出申请，要求对来自中国的乘用及轻卡轮胎启动反倾销和反补贴调查，并指控倾销幅度为 60.2%、补贴幅度为 25.7%。11 月 24 日，美国商务部公布反补贴初裁结果；12 月 22 日，又修正了反补贴初裁税率。两家强制应诉企业的初裁税率分别是 11.7%和 12.5%，其余企业为 12.0%。据海关统计，中国出口美国涉案产品交货值为 33.37 亿美元，是迄今为止轮胎行业遭受贸易救济措施中金额最大的一次，涉及国内企业上千家，其中生产企业 68 家，影响中国轮胎及相关行业产业工人近百万人。

继美国“双反”案后，欧亚经济委员会在俄罗斯雅罗斯拉夫轮胎厂、俄罗斯下卡姆斯克轮胎厂、白俄罗斯轮胎厂等 6 家俄白哈关税同盟境内的汽车轮胎生产厂家的申诉下，也展开了对中国卡车轮胎的反倾销调查。

（摘编：林舒）

福建省规模以上橡胶和塑料制品业主要经济指标

（2013-2014 年）　　单位：亿元

指标	2013	2014	指标	2013	2014
工业总产值	1349.28	1468.17	流动资产年末数	505.94	528.29
工业增加值	371.70	404.19	利润总额	126.95	111.81
主营业务收入	1332.73	1434.72	利税总额	179.19	159.67
资产总额	901.88	955.05	本年应交增值税	43.93	40.29
固定资产净值年末数	246.69	271.95			

2-1-14 非金属矿物制品业

截至 2014 年末，福建省共有规模以上非金属矿物制品业企业 1775 个，全年完成工业总产值 2616.71 亿元，完成出口交货值 301.46 亿元，主营业务收入达 2576.86 亿元，实现利润总额 212.23 亿元。全年非金属矿物制品业销售收入中销往省内市场比重为 46.8%，销往省外市场比重为 37.1%，销往境外市场的比重为 16.1%。分行业观察，水泥、石灰和石膏制造业，石膏、水泥制品及类似制品制造业主要销往省内市场，销售比重均达 90%以上；耐火材料制品制造业，砖瓦、石材等建筑材料制造业主要销往省外市场，销售比重均达 50%以上。2013-2014 年福建省规模以上非金属矿物制品业主要经济指标见下表。

从全国看，2014 年全国规模以上非金属矿物制品业增加值比上年增长 9.3%，比规模以上工业平均水平高了 1.0 个百分点；实现主营业务收入 56646.10 亿元，增长 9.9%；实现利润总额 3924.60 亿元，增长 3.9%。截至 2014 年末，全国规模以上非金属矿物制品业资产总额达 44674.80 亿元，比上年末增长 10.5%。

水泥制造业

截至 2014 年末，福建省共有规模以上水泥、石灰和石膏制造业企业 91 个，全年完成工业总产值 317.36 亿元，产销率为 98.8%，实现主营业务收入 311.60 亿元；石膏、水泥制品及类似制品制造业企业 281 个，全年完成工业总产值 397.28 亿元，产销率为 99.6%，实现主营业务收入 391.11 亿元。全年水泥、石灰和石膏制造业销售以省内市场为主，销往省内市场的比重为 92.9%，销往省外市场的比重为 7.1%，没有销往境外市场；石膏、水泥制品及类似制品制造业销往省内市场的比重为 98.1%，销往省外市场比重为 1.8%，销往境外市场的比重为 0.1%。

分企业观察，2014 年福建水泥股份有限公司紧抓项目技改和建设，永安建福 A 组磨技改、福州炼石 2#磨技改及漳州水泥厂 2#磨系统并联提升改造已陆续投产。福建省海泥股份有限公司水泥熟料生产线、福建省宁德建福建材有限公司年产 150 万吨水泥粉磨生产线均实现投料试生产，合计新增水泥产能 400 万吨。全年福建水泥股份有限公司生产熟料 628.59 万吨，生产水泥 761.67 万吨，分别比上年增长 23.1%和 22.7%，销售水泥和熟料 783.14 万吨，增长 21.9%。

从全国看，据中国水泥协会统计，2014 年全国新增投产水泥熟料生产线共有 54 条，合计年度新增熟料产能 7030 万吨，比上年减少 2400 万吨，下降 25.0%。新增 54 条熟料生产线中，日产 5000 吨以上熟料生产线 31 条，日产 4000 吨 4 条，日产 2500 吨-4000 吨 17 条，日产 2000 吨 2 条，平均规模达到日产 4200 吨。截至 2014 年末，全国新型干法水泥生产线累计 1758 条(含部分已停产但未拆项目)，设计熟料产能达 17.7 亿吨，累计产能比上年增长 4.0%。

砖瓦、石材等建筑材料制造业

截至 2014 年末，福建省共有规模以上砖瓦、石材等建筑材料制造业企业 1083 个，全年完成工业总产值 1346.96 亿元，产销率为 97.3%，完成出口交货值 140.67 亿元，主营业务收入达 1319.07 亿元，实现利润总额 118.47 亿元。全年砖瓦、石材等建筑材料制造业省内市场的销售收入占该行业全部销售收入的 30.8%，比上年下降 4.2 个百分点；销往省外市场的比重为 50.4%，提高 4.3 个百分点；销往境外市场的比重为 18.8%，下降 0.1 个百分点。

从全国看，自 2005 年跃居世界第一大石材生产国、出口国、消费国之后，石材行业迄今已连续

8年保持着高速增长，持续拉动全球石材业的发展。据《2015 年中国石材产业白皮书》显示，2014 年全国规模以上石材企业实现主营业务收入达 3980 亿元，比上年增长 12.7%；利润总额达 328 亿元，增长 4.3%。

陶瓷制品制造业

截至 2014 年末，福建省拥有规模以上陶瓷制品制造业企业 153 个，全年从业人员平均人数为 7.86 万人，完成工业总产值 250.36 亿元，产销率为 102.3%，完成出口交货值 113.50 亿元，主营业务收入达 255.53 亿元，实现利润总额 17.19 亿元。全年陶瓷制品制造业销往境外市场的比重为 44.1%，比上年下降 0.9 个百分点；销往省内市场的比重为 20.2%，下降 4.9 个百分点；销往省外市场的比重为 35.7%，提高 5.8 个百分点。

据海关统计，2014 年福建省出口陶瓷 109.0 亿元人民币（下同），比上年增长 24.4%。全年陶瓷出口主要特点：一是一般贸易方式出口占据主导地位。全年一般贸易方式出口 107.1 亿元，增长 25.2%，占同期陶瓷出口总额的 98.2%。二是民营企业为出口主力军。全年民营企业出口陶瓷 96.2 亿元，增长 28.6%，占同期陶瓷出口总额的 88.2%。同期，外商投资企业出口 8.7 亿元，下降 8.1%，占 7.9%；国有企业出口 4.1 亿元，增长 22.5%，占 3.8%。三是主要出口美国、欧盟和东盟。全年对美国出口陶瓷 21.7 亿元，增长 22.7%，占同期陶瓷出口总额的 19.9%；对东盟出口 17.7 亿元，增长 33.8%，占 16.3%；对欧盟出口 17.3 亿元，增长 33.1%，占 15.8%。

从全国看，陶瓷是我国出口产品中遭遇国际贸易摩擦的“重灾区”，我国遭遇各国反倾销调查由来已久。2014 年以来，我国陶瓷遭遇的贸易摩擦有增无减，巴西自 2014 年 1 月 17 日起正式对中国产陶瓷餐具实施反倾销措施，将在 5 年内对我国产陶瓷餐具每公斤征收 1.84 美元-5.14 美元的反倾销税；埃及对我国陶瓷出口企业延长征收反倾销税至 2018 年 2 月 24 日；墨西哥于 2014 年 1 月 14 日起对我国产每公斤低于 2.6 美元的陶质和瓷质整套及零散餐具征收反倾销税；韩国贸易委员会决定对自中国进口的瓷砖再次启动反倾销日落复审调查；巴基斯坦宣布自 2014 年 4 月 5 日起对自中国进口的瓷砖征收为期 4 个月的临时反倾销税。

玻璃制造业

截至 2014 年末，福建省共有规模以上玻璃制造业企业 26 个，全年完成工业总产值 108.36 亿元，完成出口交货值 30.32 亿元，主营业务收入达 110.82 亿元，实现利润总额 26.50 亿元；玻璃制品制造业企业 51 个，全年完成工业总产值 92.01 亿元，完成出口交货值 14.23 亿元，主营业务收入达 89.20 亿元，实现利润总额 5.55 亿元。

分企业观察，福耀玻璃工业集团股份有限公司是福建省专业生产汽车安全玻璃和工业技术玻璃的大型工业集团。2014 年，福耀玻璃工业集团股份有限公司继续加大研发投入，研发费用占公司营业收入的比重达 4.0%，比上年提高 0.6 个百分点。在工艺技术、设备技术、功能化产品、仿真应用、行业标准、专利申报及授权等方面推动持续创新；报告期内有 112 项专利技术（其中发明专利 25 项）获得国家专利局授权。全年全公司汽车玻璃销量比上年增长 10.4%。

从全国看，据工信部统计，2014 年全国平板玻璃产量 7.9 亿重量箱，比上年增长 1.1%；钢化玻璃产量 4.2 亿平方米，增长 15.1%。

（摘编：林舒）

福建省规模以上非金属矿物制品业主要经济指标

（2013-2014 年）　　　　　　　　单位：亿元

指标	2013	2014	指标	2013	2014
工业总产值	2304.89	2616.71	流动资产年末数	787.95	898.23
工业增加值	652.41	762.40	利润总额	189.66	212.23
主营业务收入	2276.39	2576.86	利税总额	280.60	311.20
资产总额	1616.08	1817.65	本年应交增值税	70.73	78.78
固定资产净值年末数	501.46	532.04			

2-1-15 冶金行业

冶金行业包括黑色金属矿采选业、有色金属矿采选业、黑色金属冶炼和压延加工业、有色金属冶炼和压延加工业 4 个行业。2014 年，福建省冶金行业实现产品销售收入 3294.76 亿元，比上年增长 13.3%。其中，销往省内市场比重为 56.7%，比上年提高 0.1 个百分点；销往省外市场比重为 39.5%，提高 0.4 个百分点；销往境外市场比重为 3.8%，降低 0.5 个百分点。

分行业观察，黑色金属冶炼和压延加工业产品销售收入为 1846.15 亿元，以省内市场销售为主，省内市场销售比重达 66.7%；有色金属冶炼和压延加工业产品销售收入为 1220.76 亿元，以省外市场销售为主，省外市场销售比重达 56.6%；黑色金属矿采选业、有色金属矿采选业产品销售收入分别为 149.39 亿元、78.46 亿元，均以省内市场销售为主，省内市场销售比重分别为 87.7%、73.8%。

分规模观察，截至 2014 年末，福建省规模以上冶金行业共有企业 616 个，资产总额达 2311.38 亿元。全年完成工业总产值 3382.20 亿元，完成工业增加值 690.14 亿元，实现主营业务收入 3235.37 亿元，实现利润总额 113.18 亿元。2013-2014 年福建省规模以上冶金行业主要经济指标见下表。

分产品观察，黑色金属冶炼和压延加工业列入统计的 4 种产品中，除粗钢产量比上年下降 8.8% 外，其余 3 种产品产量均比上年增长。其中，生铁产量 907.70 万吨，增长 5.0%；钢材产量 3019.64 万吨，增长 8.5%；铁合金产量 37.45 万吨，增长 7.3%。有色金属冶炼和压延加工业列入统计的十种有色金属产量合计达 38.85 万吨，下降 4.1%。

从全国看，截至 2014 年末，全国冶金行业资产总额达 115493.60 亿元，比上年末增长 6.7%。其中，黑色金属冶炼和压延加工业资产总额为 64873.70 亿元，增长 4.0%；有色金属冶炼和压延加工业资产总额为 35261.20 亿元，增长 10.6%；黑色金属矿采选业资产总额为 10159.30 亿元，增长 8.5%；有色金属矿采选业资产总额为 5199.40 亿元，增长 11.9%。全年实现主营业务收入 141456.60 亿元，比上年增长 2.8%。4 个行业中，有色金属矿采选业、有色金属冶炼和压延加工业主营业务收入增长，黑色金属矿采选业、黑色金属冶炼和压延加工业不同程度下降。全年实现利润总额4501.80亿元，下降6.8%。4个行业中，除有色金属冶炼和压延加工业利润总额增长2.5%外，其余3个行业利润总额均下降。

分行业观察，2014年全国黑色金属冶炼和压延加工业生产经营呈现3个特点。一是产量小幅增长，增幅较大幅度回落。全年粗钢产量8.2亿吨，比上年增长0.9%，增幅比上年回落6.6个百分点；钢材（含重复材）产量11.3亿吨，增长4.5%，增幅回落6.9个百分点。二是价格持续下行。截至2014年末，中国钢铁协会CSPI钢材综合价格指数为83.1，环比下降2.2点，降幅为2.6%；比上年末下降16.1点，降幅达16.2%。三是出口大幅增长，出口单价下降明显。全年出口钢材9378万吨，增长50.5%；出口平均价格约为755.3美元/吨，每吨下降了98.7美元，下降幅度为11.6%。有色金属冶炼和压延加工业生产经营呈现生产增长趋缓、投资增幅回落、出口稳步增长、节能降耗水平进一步提高四大特点。一是产量持续增长，增幅略有回落。10种有色金属产量为4417万吨，增长7.2%，增速回落2.7个百分点。10种产品产量七增三降。除铅下降5.5%、锑下降14.5%、海绵钛下降12.5%外，其余7种产品产量均增长。其中，镍产量为27.84万吨，增长27.0%，增幅居10种产品首位；精炼铜产量795.86万吨，增长13.7%；原铝产量2438.20万吨，增长7.7%；锌产量582.69万吨，增长6.9%；锡产量18.69万吨，增长21.6%；汞产量0.23万吨，增长19.6%；镁产量87.39万吨，增长12.7%。二是投资放缓，结构有所优化。全年完成固定资产投资6912.50亿元，增长4.6%，增幅回落15.2个百分点。其中，铝冶炼固定资产投资618.60亿元，下降17.8%。三是出口稳步增长。全年出口771.60美元，增长40.9%。但贸易摩擦有所加剧，国外针对我国出口的铝材、铝合金轮毂等反倾销诉讼时有发生。四是节能降耗水平进一步提高。随着节能减排技术的广泛应用，全国铝锭综合交流电耗降为13596千瓦时/吨，下降144千瓦时/吨，节电35亿千瓦时；铜、铅、电解锌冶炼综合能耗分别为251.8千克标准煤/吨、430.1千克标准煤/吨、896.6千克标准煤/吨，分别下降16.2%、6.0%、1.0%。

（摘编：赵清）

福建省规模以上冶金行业主要经济指标

（2013-2014年）　　单位：亿元

指标	2013	2014	指标	2013	2014
工业总产值	2915.24	3382.20	流动资产年末数	1025.60	1032.49
工业增加值	608.93	690.14	利润总额	127.94	113.18
主营业务收入	2830.12	3235.37	利税总额	233.71	232.96
资产总额	2227.85	2311.38	本年应交增值税	93.59	105.21
固定资产净值年末数	671.64	726.66			

2-1-18 汽车制造业

截至 2014 年末，福建省规模以上汽车制造业资产总额达 698.54 亿元。全年实现主营业务收入 934.50 亿元；实现利润总额 54.59 亿元。从销售区域看，全年全省汽车制造业销售收入中销往省外市场的比重最高，为 59.9%，比上年下降 2.3 个百分点；其次是省内市场，为 25.3%。分行业看，汽车整车制造业、改装汽车制造业、电车制造业、汽车零部件及配件制造业主要销往省外市场，省外市场销售比重均在 50%以上；低速载货汽车制造业和汽车车身、挂车制造业主要销往省内市场，省内市场销售比重均在 70%以上。2013-2014 年福建省规模以上汽车制造业主要经济指标见下表。

2014 年，我国汽车市场延续 2013 年发展态势，保持平稳增长。汽车产销稳中有增，新能源汽车发展取得重大进展，大企业集团产销规模整体提升，汽车产业结构进一步优化。主要有以下几个特点：一是汽车产销量继续保持世界第一。据中国汽车工业协会统计，我国汽车市场平均每月产销突破 190 万辆，全年累计产销超过 2300 万辆。全年全国累计生产汽车 2372.29 万辆，比上年增长 7.3%；销售汽车 2349.19 万辆，增长 6.9%。其中，乘用车产销 1991.98 万辆和 1970.06 万辆，分别增长 10.2%和 9.9%；商用车产销 380.31 万辆和 379.13 万辆，分别下降 5.7%和 6.5%。二是新能源汽车发展取得重大进展。全国有 300 多款新能源车型上市，全年生产新能源汽车 8.39 万辆，增长近 4 倍，其中 12 月生产 2.72 万辆，创造了全球新能源汽车单月产量最高纪录，标志着我国新能源汽车产业发展从导入期进入成长初期。三是 1.6 升及以下排量乘用车市场稳定发展。1.6 升及以下排量乘用车市场占有率基本持平，小排量汽车市场占有率逐步回升。全年 1.6 升及以下排量乘用车共销售 1314.60 万辆，增长 10.3%；占乘用车销售市场的 66.7%，增长 0.2 个百分点；占汽车销售市场的 56.0%，增长 1.8 个百分点。四是大企业集团产业集中度进一步提高。全国销量前十名的汽车企业集团共销售汽车 2107.65 万辆，占汽车销售总量的 89.7%，汽车产业集中度增长 1.7%。五是乘用车自主品牌市场份额下降。全年自主品牌乘用车销售 757.33 万辆，增长 4.1%，占乘用车销售市场的 38.4%，市场份额下降 2.1 个百分点。其中，自主品牌轿车销售 277.44 万辆，下降 17.4%，市场份额下降 5.6 个百分点。

（摘编：朱翔）

福建省规模以上汽车制造业主要经济指标

（2013-2014 年）

单位：亿元

指标	2013	2014	指标	2013	2014
工业总产值	941.11	972.67	流动资产年末数	423.49	440.89
工业增加值	220.48	234.90	利润总额	57.87	54.59
主营业务收入	917.27	934.50	利税总额	103.15	96.84
资产总额	694.73	698.54	本年应交增值税	32.10	31.88
固定资产净值年末数	160.40	160.68			

2-1-19 铁路、船舶、航空航天和其他运输设备制造业

2014年，福建省规模以上铁路、船舶、航空航天和其他运输设备制造业完成工业总产值 401.22 亿元，实现出口交货值 121.52 亿元，利润总额 18.80 亿元。从销售区域看，全年全省铁路、船舶、航空航天和其他运输设备制造业销售收入中销往三大市场的比重比较接近，分别为 33.3%、34.4%和 32.3%。分行业看，铁路运输设备制造业，航空、航天器及设备制造业主要销往省内市场，省内市场销售比重均在 50%以上；船舶及相关装置制造业销往省内市场与境外市场比重相当，省内市场比重超过 40%；摩托车制造业主要销往省外市场，省外市场销售比重在 60%以上；潜水救捞及其他未列明运输设备制造业主要销往境外市场，境外市场销售比重在 60%以上。2013-2014 年福建省规模以上铁路、船舶、航空航天和其他运输设备制造业主要经济指标见下表。

船舶制造业是福建省铁路、船舶、航空航天和其他运输设备制造业中的主要行业。据福建船舶工业协会统计，2014 年福建省规模以上船舶工业企业完成工业总产值 280.10 亿元，比上年增长 8.0%；实现产品销售收入 197.80 亿元，增长 12.0%；实现利润总额 10.00 亿元，增长 11.0%。全年福建船企造船完工 1027 艘，总吨位 91 万吨，艘数增长 23.0%；承接新船订单 806 艘，总吨位 82 万吨，签订合同金额为 185.60 亿元；手持订单 532 艘，吨位 114 万吨，合同金额为 379.50 亿元。分主要企业观察，福建省船舶工业龙头企业——福建省船舶工业集团有限公司完成工业总产值 100.40 亿元，增长 31.0%，占全省船舶工业总产值的 35.8%；实现出口产值 95.20 亿元，增长 34.0%；实现产品销售收入 90.60 亿元，增长 25.0%；实现利润总额 4.40 亿元，增长 18.0%。分主要地区观察，福州地区完成工业总产值 48.60 亿元；实现产品销售收入 22.30 亿元，增长 2.0%；实现利润总额 1.70 亿元，增长 25.0%。宁德地区完成工业总产值 52.10 亿元，增长 3.0%；实现利润总额 1215.00 万元，增长 2.0%。龙海地区完成工业总产值 23.70 亿元，增长 4.0%。

从全国看，据中国船舶工业协会统计，截至 2014 年末，全国承接新船订单 5995 万载重吨，比上年末下降 14.2%。新接订单量受市场萎缩影响，呈现前高后低态势；手持订单量 14890 万载重吨，增长 13.7%。前三季度手持订单量持续增长，第四季度受新接订单量下降的影响，逐月回落。全年全国造船完工 3905 万载重吨，下降 13.9%，降幅比上年收窄 10.8 个百分点。受应交船舶数量减少的影响，前三季度造船完工量同比降幅较大，第四季度则逐步企稳回升。

据海关统计，2014 年全国完工出口船 3311 万载重吨，比上年下降 7.3%，降幅缩小 20.6 个百分点；承接出口船订单 5551 万载重吨，下降 14.3%；截至 2014 年末，手持出口船订单 14280 万载重吨，增长 23.7%。出口船舶分别占全国造船完工、新接订单、手持订单量的 84.8%、92.6%和 95.9%。

截至 2014 年末，全国规模以上铁路、船舶、航空航天和其他运输设备制造业资产总额达 14909.40 亿元，比上年末增长 9.0%。全年工业增加值比上年增长 12.7%，比规模以上工业平均水平高 4.4 个百分点；实现主营业务收入 15568.40 亿元，增长 14.0%；实现利润总额 955.30 亿元，增长 20.5%。

（摘编：朱翔）

2-1-21 计算机、通信和其他电子设备制造业

电子信息产业作为福建的三大支柱产业之一，是推动福建省经济增长和结构转型的重要基础产业。福建省电子信息制造业规模多年居全国前十位，其中金融支付POS机的市场占有率全国第一；厦门宸鸿科技有限公司、戴尔计算机（中国）有限公司、友达光电股份有限公司、福建捷联电子有限公司、华映光电股份有限公司、冠捷显示科技有限公司、达运精密工业股份有限公司等7家企业产值超百亿元；福建省电子信息集团、福大自动化科技有限公司和厦门宏发电声股份有限公司等入榜中国电子信息百强企业。

2014年，全省规模以上计算机、通信和其他电子设备制造业完成工业总产值3123.90亿元，实现主营业务收入2969.70亿元，实现利润总额140.92亿元、利税总额180.07亿元。从销售区域看，全年全省计算机、通信和其他电子设备制造业销售收入中销往境外市场的比重最高，为62.2%，比上年提高2.6个百分点；其次是省外市场，为22.8%。分行业看，视听设备制造业、电子器件制造业仍以境外市场销售为主，境外市场销售比重均在80%以上；通信设备制造业、其他电子设备制造业以省外市场销售为主，省外市场销售比重均在50%以上。2013-2014年福建省规模以上计算机、通信和其他电子设备制造业主要经济指标见下表。

2014年，我国电子信息产业整体保持平稳增长。总体看，经济运行态势稳中向好，结构调整不断优化，产业升级势头初显，质量和效益稳步提升，有力促进了社会信息化发展水平的提高和两化深度融合，并为国民经济在新常态下保持平稳运行发挥了积极作用。

一是产业规模稳步扩大。据工信部统计，2014年全国规模以上电子信息产业企业个数超过5万家，其中电子信息制造业企业1.87万家，软件和信息技术服务业企业3.80万家。全年销售收入总规模达到14.00万亿元，比上年增长13.0%；其中，电子信息制造业实现主营业务收入10.30万亿元，增长9.8%；软件和信息技术服务业实现软件业务收入3.70万亿元，增长20.2%。在硬件产品制造方面，手机、微型计算机和彩色电视机产品产量分别达到16.30亿部、3.50亿台和1.40亿台，分别增长6.8%、-0.8%和10.9%，占全球出货量比重均达半数以上。

二是投资总额增长放缓，投资结构持续改善。2014年，全国电子信息制造业500万元以上项目完成固定资产投资额12065.00亿元，比上年增长11.4%，增速回落1.5个百分点，低于同期工业投资增速1.5个百分点；本年新开工项目8028个，增长1.0%，增速回落4.0个百分点。分行业看，在信息产业移动化趋势下，通信设备行业完成投资1085.00亿元，增长21.0%，成为全行业投资增速最快领域，电子元器件、专用设备等上游产业投资增速快于全行业平均水平，特别是集成电路行业在上年基数较高的情况下，完成投资额644.50亿元，增长11.4%。分地区看，中西部地区投资加速明显，完成投资3959.00亿元和2013.00亿元，增长16.9%和22.1%，高于平均水平6.5个百分点和10.7个百分点，比重均提高1.5个百分点。

三是内销比重进一步提升，内需市场对产业影响增强。2014年，随着国内面板、集成电路及部分电子元件产业的升级，电子元器件的国内配套率明显提高，电子元件和电子器件行业的内销产值占比达57.5%和39.4%，分别比上年提高2.6个百分点和2.5个百分点。此外，内资企业的内销产值占比达80.7%，中小型企业内销产值占比72.2%，对国内市场的依赖度仍较高。

四是外贸方式、市场及主体多元化发展。2014

年，全国电子信息产品进出口总额达 13237.00 亿美元，比上年下降 0.5%，增速低于全国外贸进出口 3.9 个百分点。其中，出口 7897.00 亿美元，增长 1.2%，占全国外贸出口比重为 33.5%，下降 1.8 个百分点。进口 5340.00 亿美元，下降 2.8%，占全国外贸进口比重为 27.1%，下降 1.1 个百分点。分贸易方式观察，一般贸易比重持续提高，出口额 1784.00 亿美元，增长 17.8%，增速高于平均水平 16.6 个百分点，比重提高 3.2 个百分点，保税仓库进出境货物及边境小额贸易等贸易方式出口增势突出，分别增长 55.6%和 61.4%；分出口地区观察，对主要贸易伙伴出口保持增长，对新兴市场的开拓速度加快，对越南、阿联酋和俄罗斯的出口增速分别达到 25.4%、34.3%和 14.0%。

五是中西部发展持续推进。2014 年，全国规模以上电子信息制造业中，中西部地区分别实现销售产值 12574.00 亿元和 9376.00 亿元，分别比上年增长 25.9%和 26.2%，增速分别高于平均水平 15.6 个百分点和 15.9 个百分点，在全国所占总比重达到 21.1%，比上年提高 2.1 个百分点。

六是产业效益逐步向好，盈利能力不断提高。2014 年，我国规模以上电子信息制造业实现利润总额 5052.00 亿元，比上年增长 20.9%。产业平均销售利润率 4.9%，低于工业平均水平 1.0 个百分点，但比上年提高 0.4 个百分点。

七是重点领域不断取得技术突破。在集成电路领域，28 纳米处理器成功制造；国内首款智能电视 SoC 芯片研发成功并量产，改变了我国智能电视缺芯局面。国内首条、世界第二条 8 英寸 IGBT（绝缘栅双极型晶体管）专业生产线建成投产，打破国外垄断，有效提升我国在船舶、电网以及轨道交通车辆方面的智能化水平。自主可控国产软件系统已基本具备国产化替代能力，上下游企业“抱团”竞争，应用推广取得新进展。

截至 2014 年末，全国规模以上计算机、通信和其他电子设备制造业资产总额达 58168.50 亿元，比上年末增长 15.6%。全年全国规模以上计算机、通信和其他电子设备制造业工业增加值比上年增长 12.2%，比规模以上工业平均水平高 3.9 个百分点；实现主营业务收入 84518.00 亿元，增长 8.9%；实现利润总额 3868.30 亿元，增长 17.1%。

（摘编：朱翔）

福建省规模以上计算机、通信和其他电子设备制造业主要经济指标

（2013-2014 年）　　单位：亿元

指标	2013	2014	指标	2013	2014
工业总产值	2998.53	3123.90	流动资产年末数	1200.25	1260.23
工业增加值	655.51	689.21	利润总额	120.19	140.92
主营业务收入	2934.09	2969.70	利税总额	157.09	180.07
资产总额	1798.80	1861.15	本年应交增值税	29.88	32.25
固定资产净值年末数	320.56	370.47			

2-1-22 仪器仪表制造业

2014年，福建省规模以上仪器仪表制造业完成工业总产值173.65亿元，实现主营业务收入168.39亿元，利税总额达14.73亿元，实现利润总额10.13亿元。从销售区域看，全年全省仪器仪表制造业销售收入中销往境外市场的比重最高，为53.6%；其次是省外市场，为30.1%。分行业看，专用仪器仪表制造业主要销往省内市场，通用仪器仪表制造业、其他仪器仪表制造业主要销往省外市场，钟表与计时仪器制造业、光学仪器及眼镜制造业主要销往境外市场。2013-2014年福建省规模以上仪器仪表制造业主要经济指标见下表。

分主要企业观察，福建上润精密仪器有限公司正式承担福建省2014年科技重大专项专案——“高端仪表阀门及管接件关键技术研发及产业化”的研究，该专案属于先进装备高新技术开发与应用，旨在实现国家战略产业重大技术装备的关键零部件的国产化。

从全国看，2014年全国规模以上仪器仪表制造业工业增加值比上年增长9.4%，比规模以上工业平均水平高1.1个百分点；实现主营业务收入8185.70亿元，增长11.0%，总量达近五年最高值；实现利润总额686.70亿元，增长9.7%。截至2014年末，全国规模以上仪器仪表制造业资产总额达6923.80亿元，比上年末增长13.4%。

据上海仪器仪表协会数据显示，2014年全国仪器仪表进出口总额为838.44亿美元，比上年增长7.0%，其中进口482.25亿美元，增长5.5%；出口356.20亿美元，增长9.0%。从主要进出口省份看，广东省为进出口第一大省，仪器仪表进出口总额为238.29亿美元，增长2.4%，其中进口102.12亿美元，增长2.4%；出口136.17亿美元，增长2.4%。全国仪器仪表主要省市进出口占有率排名前三的分别为：广东28.4%、江苏19.1%、上海16.0%。

目前，中国仪器仪表行业面临的严重问题便是高端仪器的自主研发状况落后的现象。据统计，我国90%以上的高端仪器都需要依赖进口。因此，提高中国科技型企业的仪器研发力度，是当前仪器仪表行业发展的关键。

（摘编：朱翔）

福建省规模以上仪器仪表制造业主要经济指标

（2013-2014年） 单位：亿元

指标	2013	2014	指标	2013	2014
工业总产值	155.45	173.65	流动资产年末数	76.72	77.52
工业增加值	44.35	50.63	利润总额	10.34	10.13
主营业务收入	152.16	168.39	利税总额	14.51	14.73
资产总额	113.79	119.02	本年应交增值税	3.37	3.89
固定资产净值年末数	24.42	27.00			

2-2 建筑业

2014年，福建省建筑业实现增加值2112.03亿元，比上年增长11.0%，占全省GDP的8.8%，比重比上年提高0.3个百分点。具有资质等级的总承包和专业承包建筑业企业全年完成总产值6689.21亿元，增长22.5%，增幅全国排名第1位；完成固定资产投资206.00亿元，增长155.8%；实现利润总额227.05亿元，增长22.5%；税金总额236.08亿元，增长22.5%；新签合同额为7530.00亿元，增长19.0%，位列全国第2位。分设区市观察，福州完成产值占全省35.6%、泉州占17.3%、厦门占13.2%。2011-2014年福建省建筑业企业主要经济指标见下表。

2014年，全省建筑业企业省外市场开拓取得良好成绩。全年完成省外产值2417.00亿元，比上年增长20.8%，外向度全国排名前列，占全省建筑业总产值的36.1%。

为贯彻落实《福建省人民政府关于进一步支持建筑业发展壮大十条措施的通知》，2014年福建建筑业扎实推进住房城乡建设系统改革创新、依法行政，发展与规范并重，市场和现场共管，全面开展工程质量和队伍素质“双提升”三年行动。利用3年的时间，强化建设各方主体责任，推行施工生产标准化；创新监管方式，提升监管效率；推进诚信体系建设，构建“优胜劣汰”竞争机制；夯实行业科技人才基础，推进建筑产业现代化。此外，福建省住房城乡建设厅还进一步简化优化各类审批程序，通过清理、下放、简化及增加即办件等方式，深化审批改革、再造办事流程、推行标准服务，强化“马上就办”意识，方便企业及群众，提高行政审批效率。从2014年7月1日起，全面推行资质申报和审批信息公开，接受社会和群众监督。通过上述深入改革，全省建筑业企业队伍进一步壮大。截至2014年末，全省现有企业5108家，其中特级总承包企业4家、一级总承包企业267家。特、一级企业全年完成产值约占全省总产值的54%，其中产值50亿元以上企业达到13家，合计完成产值约1118亿元，3家产值超百亿，最高的达到180多亿元。

从全国看，2014年全国建筑业深入贯彻落实党的十八大和十八届三中全会精神，主动适应经济发展新常态，全面深化改革，加快转型升级，积极推进建筑产业现代化，整体发展稳中有进，发展质量不断提升。具有资质等级的总承包和专业承包建筑业企业全年完成建筑业总产值17.67万亿元，比上年增长10.2%；房屋建筑施工面积125.00亿平方米，增长10.4%。从施工和新开工项目情况看，施工项目计划总投资96.88万亿元，增长11.1%；全年新开工项目计划总投资40.65万亿元，增长13.6%；新开工项目415482个，增加53199个。

注：本文数据均为快报数。

（摘编：朱翔）

福建省建筑业企业主要经济指标

（2011-2014 年）

项　目	2011	2012	2013	2014
一、企业单位数（个）	**2734**	**2959**	**3233**	**3734**
二、总产值（亿元）	**3873.87**	**4713.38**	**5812.37**	**7056.89**
增加值	1180.79	1627.40	2044.89	2331.32
竣工产值	2215.23	2597.08	3343.32	3813.81
三、房屋施工面积（万平方米）	**35674.45**	**41821.78**	**48254.03**	**57385.67**
#本年新开工	16628.65	16476.39	19483.34	20244.86
四、房屋竣工面积（万平方米）	**10943.78**	**12343.77**	**13860.99**	**15392.71**
#住宅	6772.69	7407.13	9301.91	9814.99
五、年末从业人员（万人）	**219.09**	**249.64**	**300.60**	**321.76**
六、全员劳动生产率（元/人）				
按总产值计算	120330	182738	183213	204770
按增加值计算	36678	63094	64457	67648
七、工资总额（亿元）	**890.32**	**1282.62**	**1624.25**	**1809.63**
八、财务指标（亿元）				
资本金合计	663.86	769.54	941.60	1145.32
流动资产年末数	1643.98	2029.75	2547.03	3054.96
固定资产原值	370.07	434.08	489.69	553.14
固定资产净值	282.90	334.92	381.68	401.49
企业总收入	3647.99	4392.40	5396.68	6409.51
工程结算收入	3627.84	4373.98	5374.51	6391.91
工程结算成本	3247.24	3912.71	4791.78	5675.54
利润总额	127.02	152.82	187.17	235.38
工程结算利润	245.39	302.06	385.79	479.91
利税总额	266.64	319.26	392.07	480.77

2-3　服务业

2-3-1　批发和零售业

2014 年，福建省消费品市场销售平稳较快增长。全年社会消费品零售总额 9205.55 亿元，比上年增长 12.9%。

分经营地观察，城镇消费品零售额 8418.25 亿元，增长 12.9%；乡村消费品零售额 787.31 亿元，增长 13.5%。

分消费形态观察，商品零售额 8165.90 亿元，增长 13.6%；餐饮收入额 1039.66 亿元，增长 8.3%。

分地区观察，地区之间差距进一步缩小。2014 年，福建省各设区市社会消费品零售额发展差距缩小，零售额增幅居全省前三位的依次是福州、龙岩和南平，分别比上年增长 14.6%、14.1%和 12.9%，增幅最高与增幅最低的差距由上年 5.1 个百分点缩小至 4.6 个百分点。从零售额总量看，居全省前三位的依次是福州、泉州和厦门，三市共实现零售额 6198.18 亿元，占全省零售额比重达 67.3%，与上年持平。

分销售业态观察，无店铺零售业态高速增长。2014 年，全省无店铺零售业态实现零售额 163.76 亿元，比上年增长 98.2%。其中，网上商店实现零售额 139.20 亿元，增长 125.3%；电话购物实现零售额 2.38 亿元，增长 157.9%。有店铺零售业态实现零售额 3619.57 亿元，增长 13.7%。其中，规模最大的是专业店，实现零售额 1661.01 亿元，增长 10.4%。

分销售类别观察，基本生活类商品消费增长较快。据对限额以上批发零售企业统计，2014 年全省粮油、食品、饮料、烟酒类商品实现零售额 674.90 亿元，比上年增长 23.0%，其中蔬菜、水产品、干鲜果类分别增长 42.2%、37.9%和 35.0%；服装、鞋帽、针纺织品类商品实现零售额 397.15 亿元，增长 38.4%，其中鞋帽类增长 62.5%。吃、穿类商品增幅比全省社会消费品零售总额增幅分别高 10.1 个百分点和 25.5 个百分点。

分企业规模观察，市场聚集度不断提升。2014 年，全省限额以上企业实现零售额 4625.96 亿元，比上年增长 17.8%，拉动全省社会消费品零售总额增长 8.6 个百分点，对社会消费品零售总额增长的贡献率达 66.3%，占社会消费品零售总额的比重由上年的 48.2%提高至 50.3%。截至 2014 年末，全省共有限额以上商贸企业（单位）和个体经营户 11358 家，比上年增加 1236 家。

从全国看，2014 年全国全社会消费品零售总额 26.24 万亿元，比上年增长 12.0%，扣除价格因素，实际增长 10.9%。按经营地统计，城镇消费品零售额 22.64 万亿元，增长 11.8%；乡村消费品零售额 3.60 万亿元，增长 12.9%。

在限额以上企业商品零售额中，通讯器材类比上年增长 32.7%，中西药品类增长 15.0%，建筑及装潢材料类增长 13.9%，家具类增长 13.9%，日用品类增长 11.6%，文化办公用品类增长 11.6%，粮油、食品、饮料、烟酒类零售额增长 11.1%，服装、鞋帽、针纺织品类增长 10.9%，化妆品类增长 10.0%，家用电器和音像器材类增长 9.1%，汽车类增长 7.7%，石油及制品类增长 6.6%。

注：本文数据均为快报数。

（摘编：林舒）

2-3-2 铁路、道路、水上、航空运输业

2014年，福建省交通运输行业深入贯彻落实福建省委、省政府决策部署，坚持“稳中求进”工作总基调，按照稳增长、调结构、促改革、惠民生的要求，加快发展“四个交通、两个体系”，新常态下行业运行总体平稳，交通运输各项事业实现稳中有进。

一、旅客运输平稳增长

2014年，公路仍是福建省居民出行的主要选择方式。全年全省公路运输完成客运量4.86亿人，占全省旅客发送总量的80.1%，居第1位；铁路运输完成客运量0.83亿人，占13.7%，航空运输完成客运量0.20亿人，占3.3%，水路运输完成客运量0.18亿人，占2.9%，分别居第2位、第3位、第4位。

（一）铁路运输

2014年，福建省铁路旅客运输增长较快。全年铁路运输完成客运量8345万人，比上年增长28.4%，增幅分别比公路、水路、航空高出24.8个百分点、23.6个百分点和18.8个百分点，增幅位居各种运输方式之首；旅客周转量284.97亿人公里，增长36.2%。

（二）公路运输

2014年，福建省公路旅客运输平稳增长。全年公路运输完成客运量4.86亿人，比上年增长3.6%；旅客周转量334.95亿人公里，增长1.3%。

（三）水路运输

2014年，福建省水路旅客运输平稳增长。全年水路运输完成客运量1794万人，比上年增长4.8%；旅客周转量2.87亿人公里，增长0.9%。

（四）民航运输

2014年，福建省民航完成客运量2036万人，比上年增长9.6%；旅客周转量278.17亿人公里，增长14.8%。5个民航运输机场完成旅客吞吐量3382.05万人次，增长5.2%。其中，福州机场完成旅客吞吐量935.34万人次，增长4.8%；厦门机场完成旅客吞吐量2086.38万人次，增长5.6%。

二、货物运输总体增长

2014年，福建省公路、水路、航空货物运输平稳增长，铁路货运持续低迷。其中，公路运输完成货运量82573万吨，比上年增长18.2%；水路运输完成货运量25782万吨，增长11.3%；铁路运输完成货运量3403万吨，下降7.0%；航空运输完成货邮运输量21万吨，增长9.0%。

（一）铁路运输

2014年，货运受经济增速放缓、大宗物资需求减少、铁路货运运价调整、公路货运竞争激烈等因素影响，全年全省铁路货运量3403万吨，比上年下降7.0%；货物周转量149.80亿吨公里，下降9.1%。

（二）公路运输

2014年，福建省公路货运高速增长。全年公路完成货运量82573万吨，比上年增长18.2%；货物周转量974.80亿吨公里，增长18.7%。

（三）水路运输

2014年，福建省水运货物运输量25782万吨，比上年增长11.3%；货物周转量3655.72亿吨公里，增长23.7%。

（四）民航运输

2014年，全省完成货邮吞吐量达47万吨，比上年增长4.5%。福州、厦门、晋江、武夷和冠豸山5个机场完成货邮吞吐量47.12万吨，增长4.5%。其中，福州机场完成货邮吞吐量12.14万吨，增长10.2%；厦门机场完成货邮吞吐量30.64万吨，增长2.3%。

三、港口货物吞吐量平稳增长

2014年，全省港口完成货物吞吐量4.95亿吨，比上年增长7.9%。其中，沿海港口完成4.92亿吨，增长8.1%；内河港口完成374.54万吨，下降14.1%。

全年港口完成外贸货物吞吐量2.10亿吨，比上年增长13.1%；完成集装箱吞吐量1270.71万标准箱，增长8.7%；完成液体散货吞吐量4600.39万吨，增长69.3%；完成干散货吞吐量2.39亿吨，增长6.4%；完成集装箱吞吐量（按重量计算）1.65亿吨，增长10.8%；完成滚装汽车吞吐量（按重量计算）354.29万吨，下降30.0%。

从主要货类看，全年港口完成煤炭及制品吞吐量8667.53万吨，石油、天然气及制品吞吐量3988.26万吨，金属矿石吞吐量5153.48万吨，矿建材料8566.39万吨，分别比上年增长10.8%、65.4%、24.5%、-12.6%。

四、对台运输稳步推进

2014年，闽台海上直航稳步推进，在对台湾台北、基隆、台中、高雄等四个主要港口海上客滚班轮航线全覆盖的基础上，扶持培育“中远之星”“海峡号”稳定运营，新增“丽娜轮”运营平潭至台北客滚航线。全年完成客运量 171.54 万人，货物吞吐量 2377.86 万吨，集装箱吞吐量 82.20 万标准箱，分别比上年增长 12.4%、4.5%和 5.3%。

五、固定资产投资总体下降

2014 年，福建省完成公路水路固定资产投资 835.47 亿元，比上年增长 0.2%，占全社会固定资产投资的 4.5%。全省 23 个东部省定扶贫县完成公路水路交通固定资产投资 84.29 亿元，下降 26.0%。

（一）公路建设

2014 年，福建省完成公路建设投资 696.55 亿元，比上年增长 0.3%。其中，高速公路建设完成投资 361.14 亿元，下降 14.3%。完成国省道、农村公路“安保工程”6704 公里，改造危桥 432 座。东部省定扶贫县完成公路建设投资 83.75 亿元，下降 25.7%，占全省公路建设投资的 12.0%。

（二）水运建设

2014 年，福建省水运工程完成投资 101.85 亿元，比上年下降 7.0%。其中，港口项目 90.65 亿元，航道项目 11.21 亿元，分别下降 7.3%和 2.2%。新增货物通过能力 3968 万吨。东部省定扶贫县完成水运建设投资 0.54 亿元，下降 25.0%。

（三）运输站场建设

2014 年，全省运输站场建设完成投资 13.41 亿元，比上年增长 21.7%。其中，运输枢纽站场建设 13.17 亿元，增长 22.9%；农村客运站点建设 2363 万元，下降 21.2%。

（四）交通支持系统建设

2014 年，交通支持系统建设完成投资 3.20 亿元，比上年增长 38.4%。其中，信息化项目 6265 万元，内河安全应急救助 1280 万元，港口支持保障（装备、基地项目）建设 15762 万元，交通综合执法建设 4069 万元，环保试点建设 4583 万元。

（五）公共运输配套设施建设

2014 年，福建省公共运输配套设施建设完成投资 20.45 亿元，比上年增长 29.0%。其中，城市公交车辆更新购置 9.50 亿元，公交站场建设 3.68 亿元，农村客运车辆更新购置 1.11 亿元，甩挂运输车辆购置 6.16 亿元。

六、交通基础设施建设更加完善

（一）公路

截至 2014 年末，全省公路总里程 101189.60 公里，比上年末增加 1654.92 公里。公路密度 83.35 公里/百平方公里，提高 1.36 公里/百平方公里。等级公路里程 82907.10 公里，增加 1998.40 公里。

等级公路占公路总里程81.9%，提高0.6个百分点。其中，二级及以上公路里程14020.46公里，增加356.04公里，占公路总里程13.9%，提高0.1个百分点。截至2014年末，全省高速公路里程4053.02公里，比上年末增加117.60公里。其中，国家高速公路2676.48公里，增加2.50公里。全省高速公路车道里程18422.29公里，增加603.94公里。

（二）内河航道

截至2014年末，全省内河航道通航里程3245.28公里。其中，等级航道1268.65公里，占总里程的39.1%，与上年持平。其中，四级及以上高等级航道443.8公里，占总里程的13.7%，与上年持平。各等级内河航道通航里程分别为：一级航道107.84公里，二级航道20.25公里，三级航道52.05公里，四级航道263.66公里，五级航道204.57公里，六级航道46.18公里，七级航道574.1公里。各水系内河航道通航里程分别为：闽江水系1972.80公里，九龙江水系454.43公里，其他水系818.05公里。

（三）港口

截至2014年末，全省港口拥有生产用码头泊位558个，比上年末减少5个（新增20个、报废25个）。其中，沿海港口生产用码头泊位472个，比上年末减少5个；内河港口生产用码头泊位86个，与上年末持平。

全省港口拥有万吨级及以上泊位154个，比上年末增加9个。其中，沿海港口万吨级及以上泊位154个，增加9个。

七、交通运输装备水平稳增长

（一）公路营运汽车

截至2014年末，全省拥有公路营运汽车29.57万辆，比上年末增长7.6%。拥有载货汽车27.75万辆、193.90万吨位，分别比上年末增长8.3%和17.7%。其中，普通货车20.61万辆、82.91万吨位，分别增长6.1%和15.0%；专用货车8282辆、10.29万吨位，分别增长4.3%和0.9%。

（二）城市客运车辆

截至2014年末，全省城市及县城拥有公共汽电车15224辆、16640标台，分别比上年末增长7.6%和7.8%，其中BRT车辆202辆，增长2.0%。按车辆燃料类型分，其中柴油车、天然汽车、汽油车分别占67.9%、20.8%和2.0%。出租汽车运营车辆23384辆，增长5.1%。城市客运轮渡33艘，增长6.5%。

2015年5月，福建省运输管理局发布2014年度福建省道路运输及运输辅助企业排行榜。在福建道路客运企业排行榜中，泉州市汽车运输总公司客运量居客运量排行榜第1位；福建龙洲运输股份有限公司车辆数、资产总额均排名第1位。在福建道路货运企业排行榜中，晋江佳云物流有限责任公司居货运量排行榜第1位，福建盛辉物流集团有限公司居货运周转量、资产总额排行榜第1位。2014年福建省道路运输企业排名前十位企业情况见表2-3-2-1至2-3-2-6。

（摘编：林舒）

表 2-3-2-1 福建省道路客运企业客运量前十名排行榜

（2014 年）

排名	企业名称	排名	企业名称
1	泉州市汽车运输总公司	6	漳州市长运集团有限公司
2	福建龙洲运输股份有限公司	7	武夷交通运输股份有限公司
3	福建省汽车运输有限公司	8	福建省邵武闽运交通运输有限公司
4	宁德市汽车运输有限公司	9	福建莆田汽车运输股份有限公司
5	福建闽通长运股份有限公司	10	厦门特运集团有限公司

表 2-3-2-2 福建省道路客运企业车辆数前十名排行榜

（2014 年）

排名	企业名称	排名	企业名称
1	福建龙洲运输股份有限公司	6	漳州市长运集团有限公司
2	宁德市汽车运输有限公司	7	福建闽通长运股份有限公司
3	福建省汽车运输有限公司	8	福建莆田汽车运输股份有限公司
4	泉州市汽车运输总公司	9	厦门特运集团有限公司
5	武夷交通运输股份有限公司	10	福建省福鼎市汽车运输有限公司

表 2-3-2-3 福建省道路客运企业资产总额前十名排行榜

（2014 年）

排名	企业名称	排名	企业名称
1	福建龙洲运输股份有限公司	6	福建闽通长运股份有限公司
2	福建省汽车运输有限公司	7	武夷交通运输股份有限公司
3	厦门特运集团有限公司	8	福建莆田汽车运输股份有限公司
4	宁德市汽车运输有限公司	9	泉州市汽车运输总公司
5	漳州市长运集团有限公司	10	莆田中旅交通运输有限公司

表 2-3-2-4　福建省道路货运企业货运量前十名排行榜

（2014 年）

排名	企业名称	排名	企业名称
1	晋江佳云物流有限责任公司	6	龙岩市新农机汽车运输有限公司
2	厦门嘉信发运输有限公司	7	泉州晋江陆地港港务有限公司
3	福建盛辉物流集团有限公司	8	永春华福运输有限公司
4	龙岩市曹溪联合运输有限公司	9	福建福达物流有限公司
5	福建宏途渣土运输有限公司	10	泉州市英豪物流有限责任公司

表 2-3-2-5　福建省道路货运企业货物周转量前十名排行榜

（2014 年）

排名	企业名称	排名	企业名称
1	福建盛辉物流集团有限公司	6	龙岩市新农机汽车运输有限公司
2	福建盛丰物流集团有限公司	7	龙岩市曹溪联合运输有限公司
3	福建青顺汽车运输有限公司	8	永定县顺利联合运输有限公司
4	福建星泰安物流有限公司	9	厦门晋华货运代理有限公司
5	泉州市英豪物流有限责任公司	10	福建兄弟物流有限公司

表 2-3-2-6　福建省道路货运企业资产总额前十名排行榜

（2014 年）

排名	企业名称	排名	企业名称
1	福建盛辉物流集团有限公司	6	厦门宏高货运有限公司
2	福建盛丰物流集团有限公司	7	厦门港务运输有限公司
3	福建华威现代物流有限公司	8	福建兄弟物流有限公司
4	泉州晋江陆地港港务有限公司	9	福建福达物流有限公司
5	福建德志物流有限公司	10	福建宏途渣土运输有限公司

2-3-3 邮政业

2014年，福建省邮政业服务经济社会发展的基础性作用进一步增强，行业的影响力持续扩大。全年全省邮政业业务总量完成162.67亿元，比上年增长42.6%；邮政业业务收入（不包括邮政储蓄银行直接营业收入）完成120.20亿元，增长21.9%。

分业务类型观察，各类业务持续下滑。2014年，全省函件业务量完成18030.17万件，比上年下降16.2%；完成包裹业务量154.24万件，下降13.0%；完成订销报纸业务73124.44万份，下降0.5%；完成订销杂志业务3751.29万份，下降9.9%；完成汇兑业务459.84万笔，下降25.6%。

2014年，福建省快递业务快速增长。全年快递服务企业业务量完成6.54亿件，比上年增长46.9%，占全国快递业务量的4.7%；快递业务收入完成81.08亿元，增长31.7%，占全国快递业务收入的4.0%。快递业务收入在行业中占比继续提升。全年快递业务收入占行业总收入的比重为67.5%，比上年提高5.0个百分点。同城、异地、国际及港澳台快递业务持续增长。全年同城快递业务量完成9490.28万件，增长39.2%；实现业务收入7.21亿元，增长39.0%。异地快递业务量完成54599.90万件，增长47.9%；实现业务收入55.13亿元，增长27.6%。国际及港澳台快递业务量完成1327.12万件，增长65.3%；实现业务收入13.13亿元，增长21.9%。

从全国看，据国家邮政局统计，2014年邮政业业务总量完成3696.1亿元，比上年增长35.6%。全年邮政业业务收入（不包括邮政储蓄银行直接营业收入）完成3203.3亿元，增长25.7%。分业务类型观察，全年全国函件业务量完成56.1亿件，下降11.5%；包裹业务量完成6024万件，下降13.0%；订销报纸业务完成191.2亿份，下降1.6%；订销杂志业务完成10.8亿份，下降5.4%；汇兑业务完成1.3亿笔，下降32.4%。

2014年，全国快递业务快速增长。全年全国快递服务企业完成业务量139.6亿件，比上年增长51.9%。快递业务收入在行业中占比继续提升，全年全国快递业务收入占行业总收入的比重为63.9%，比上年提高7.3个百分点。

分地区观察，全国同城快递业务增势强劲，异地快递业务快速增长，国际及港澳台快递业务稳定增长。全年全国同城快递业务量完成35.5亿件，比上年增长55.1%；实现业务收入265.9亿元，增长59.8%；异地快递业务量完成100.9亿件，增长52.0%；实现业务收入1130.6亿元，增长36.4%；国际及港澳台快递业务量完成3.3亿件，增长24.7%；实现业务收入315.9亿元，增长16.7%。同城、异地、国际及港澳台快递业务量占全部比例分别为25.4%、72.3%和2.3%，业务收入占全部比例分别为13.0%、55.3%和15.4%。与上年相比，同城快递业务比例继续上升。

分企业类型观察，民营快递企业持续快速发展。全年国有快递企业业务量完成18.7亿件，实现业务收入达300亿元；民营快递企业业务量完成119.5亿件，实现业务收入达1541亿元，居各企业类型首位；外资快递企业业务量完成1.4亿件，实现业务收入204.2亿元。国有、民营、外资快递企业业务量市场份额分别为13.4%、85.6%和1.0%，业务收入市场份额分别为14.7%、75.3%和10.0%。与上年相比，民营快递企业市场份额持续提升。

分省份观察，快递业务量排名前五位的省份依次是广东、浙江、江苏、上海和北京，其快递业务量合计占全部快递业务量的比重达到69.4%。快递业务收入排名前五位的省份依次是广东、上海、浙江、江苏和北京，其快递业务收入合计占全部快递业务收入的比重达到70.7%。

分城市观察，快递业务量排名前十五位的城市依次是广州、上海、北京、深圳、杭州、金华（义乌）、东莞、苏州、成都、南京、泉州、武汉、温州、宁波和台州，其快递业务量合计占全部快递业务量的比重达到62.6%。快递业务收入排名前十五位的城市依次是上海、深圳、广州、北京、杭州、苏州、东莞、金华（义乌）、南京、成都、宁波、武汉、泉州、天津和温州，其快递业务收入合计占全部快递业务收入的比重达到64.9%。

截至2014年末，全行业拥有各类营业网点13.8万处，比上年末增长10.4%，设在农村的有4.4万处。其中，快递服务营业网点13.2万处，增长12.1%。全国拥有邮政信筒信箱14.2万个，减少4308个；拥有邮政报刊亭总数2.8万处，减少3817处。

截至2014年末，全国邮政邮路总条数2.3万条，比上年末增加707条。邮路总长度（单程）630.6万公里，增加40.8万公里。全国邮政农村投递路线9.1万条，减少170条；农村投递路线长度（单程）377.6万公里，增加3.1万公里。全国邮政城市投递路线5.8万条，增加3284条；城市投递路线长度（单程）143.5万公里，增加15.3万公里。全国快递服务网路条数14万条，增长33.4%；快递服务网路长度（单程）3071.8万公里，增长35.2%。

注：以上数据均来自2014年全国及福建省邮政业统计公报。

（摘编：林舒）

福建省邮政业业务基本情况

（2010-2014年）

项　目	2010	2011	2012	2013	2014
函件（亿件）	5.52	2.45	2.46	2.15	1.80
邮政业务总量（亿元）	35.98	59.31	78.69	114.10	162.67
快递业务量（万件）	10069.00	15765.00	22594.00	44536.00	65417.31
集邮业务（万枚）	3526.30	3378.00	5267.00	5606.00	5423.00

注：2010年数据以2005年为不变价计算；2011年数据以2010年为不变价计算。

2-3-4 住宿和餐饮业

2014 年，福建省住宿和餐饮业完成增加值 374.61 亿元，比上年增长 4.8%；完成固定资产投资 226.45 亿元，增长 3.4%。全省限额以上住宿餐饮业企业营业额增长 6.6%，增幅虽然比上年提高 2.6 个百分点，但形势依然不容乐观。在全省 1549 家限额以上住宿餐饮法人企业中，有 42.9%的企业营业额比上年下降，其中营业额超亿元的 47 家住宿餐饮企业共实现营业额 117.34 亿元，比上年增长 5.0%，比全省平均水平低 1.6 个百分点，对全省住宿餐饮企业营业额增长拉动作用减弱。

截至 2014 年末，全省共有星级酒店 419 家，其中五星级酒店 49 家，四星级酒店 147 家，三星级酒店 188 家。分设区市看，泉州星级饭店共有 98 家，其中五星级 12 家，四星级 35 家，三星级 48 家；厦门星级饭店共有 83 家，其中五星级 19 家，四星级 26 家，三星级 31 家；福州星级饭店共有 58 家，其中五星级 8 家，四星级 21 家，三星级 25 家。

从全国看，据全国星级饭店统计公报数据显示，截至 2014 年末，全国星级饭店统计管理系统 12803 家星级饭店中，有 12037 家经营情况数据通过省级旅游行政管理部门审核，除停业的 857 家饭店外，有 11180 家完成了 2014 年经营数据的填报。其中，五星级饭店 745 家，四星级饭店 2373 家，三星级饭店 5406 家。

2014 年，全国星级饭店亏损额达 59.21 亿元，超过 1999 年 57 亿元的亏损，成为有记录以来的最大亏损年。五星级饭店的净利润由 2010 年 60.18 亿元，2011 年 64.83 亿元，2012 年 54.78 亿元，2013 年 29.96 亿元急转直下，2014 年 745 家五星级饭店净利润仅为 5.68 亿元。2014 年，全国星级饭店营业收入 2151.45 亿元，比上年下降 6.2%。

（摘编：林舒）

福建省旅游星级饭店情况

（截至 2014 年末）

地　区	五星	四星	三星	二星	一星
福州市	8	21	25	4	
厦门市	19	26	31	7	
莆田市	1	8	5		
三明市	3	12	20	6	
泉州市	12	35	48	3	
漳州市	2	9	17	5	
南平市	2	16	14	7	1
龙岩市	1	16	16		
宁德市	1	4	12	2	

2-3-5 电信业

2014年，福建继续深化"数字福建•宽带工程"建设，将宽带和4G建设纳入城乡规划、土地利用总体规划、新型城镇化发展规划、城市市区公共服务设施和市政基础设施规划，列入各级重点建设项目，简化审批手续；积极推进民生信息化、数字家庭和社区信息化建设与推广，加快将三网融合业务双向进入扩大至全省；加快发展手机电视、网络电视等新兴业务。全年全省电信业完成电信业务总量694.82亿元，比上年增长11.2%；完成电信业务收入436.44亿元，下降3.8%。全省非话业务收入达276亿元，占全部收入比重由上年59.2%上升到63.2%。

截至2014年末，全省电话用户总数达5210万户，全年累计减少77万户。其中，3G电话用户达1512万户，净增186万户，占移动用户的比重为35.4%，比上年末提高4.6个百分点；4G电话用户318万户，居全国第12位。全省互联网用户为3859万户，净增287万户，其中移动互联网用户2960万户，净增223万户。全省固定与移动融合业务用户488万户，净增约2万户；物联网终端用户17万户，减少6万户，手机支付用户103万，净增75万户。

截至2014年末，福建省光缆线路长度73.8万公里，比上年增长5.4%，长途业务电路368万个2M，增长38.3%。移动电话交换机容量7895万户，增长2.2%；移动电话基站13.9万个，增长41.8%，其中3G电话基站数5.2万个，增长15.6%。互联网宽带接入端口1619万个，增长12.5%。WLAN公共运营接入点（AP）25万个。

从全国看，据工信部统计，2014年我国电信固定资产投资规模为3992.6亿元，达到自2009年以来投资水平最高点。全年新建光缆线路300.7万公里，光缆线路总长度达到2046万公里，比上年增长17.2%，比上年回落0.7个百分点，整体保持较快的增长态势。2014年，全国电话用户净增3942.6万户，总数达到15.6亿户，增长2.6%，比上年回落5.0个百分点。其中，移动电话用户净增5698.0万户，总数达12.9亿户，移动电话用户普及率达94.5部/百人，提高3.7部/百人。全国共有10个省市的移动电话普及率超过100部/百人，分别为北京、辽宁、上海、江苏、浙江、福建、广东、海南、内蒙古和宁夏，其中海南、宁夏首次突破100部/百人。固定电话用户总数2.5亿户，比上年减少1755.5万户，普及率下降至18.3部/百人。

（摘编：林舒）

福建省电信业业务基本情况

（2010-2014年）

项目	2010	2011	2012	2013	2014
电信业务总量（亿元）	1158.22	454.19	516.21	553.44	694.82
本地电话用户（万户）	1046.00	1015.00	1017.00	984.00	933.32
移动电话用户（万户）	3022.00	3553.00	4049.00	4303.00	4276.73
互联网用户（万户）	2388.00	2872.00	3461.00	3590.00	3859.04

2-3-6 软件和信息技术服务业

2014年，福建省信息消费规模2650亿元，比上年增长约19%。2014年6月，工信部公布的2014年（第十三届）中国软件业务收入前百家企业业务收入达4751亿元，其中华为技术有限公司以1216.27亿元的软件业务收入名列首位，中兴通讯股份有限公司和海尔集团公司分别以462.80亿元和401.25亿元名列第2位、第3位。福建省4家企业入围，全都位于福州，分别是福州福大自动化科技有限公司（第16位）、福建星网锐捷通讯股份有限公司（第51位）、福建新大陆科技集团有限公司（第54位）、福州瑞芯微电子有限公司（第67位）。

从全国看，据工信部统计，2014年我国规模以上电子信息产业企业数超过5万家，其中电子信息制造业企业1.9万家，软件和信息技术服务业企业达3.8万家。全年完成销售收入总规模达到14.0万亿元，比上年增长13.0%；其中，软件和信息技术服务业实现软件业务收入3.7万亿元，增长20.2%。

2014年，我国规模以上电子信息产业中，软件和信息技术服务业收入增速快于电子信息制造业10多个百分点，软件业比重达到26.6%，比上年提高1.6个百分点，比“十一五”末提高9.1个百分点，对传统制造业的渗透带动作用进一步增强。

出口方面，2014年我国软件和信息技术服务业实现出口达545亿美元，比上年增长15.5%，增幅比上年回落3.5个百分点。其中，嵌入式系统软件出口和外包服务出口增长平稳，增长11.1%和14.9%，分别提高8.9个百分点和1.0个百分点。

科研创新方面，一是企业创新意识和能力不断增强。2014年，第28届中国电子信息百强企业和第13届软件业务收入前百家企业研发投入强度分别达4.8%和6.5%，高出行业平均水平2.0个百分点和1.5个百分点，全年研发经费增长均超过收入增速。企业专利成果丰硕，华为技术有限公司首次进入全球创新机构百强，京东方科技集团股份有限公司2014年新增专利申请量超过5000件。参与国际标准制定的话语权不断增强，2014年我国积极主导制定了在云计算、物联网、射频连接器、同轴通信电缆等领域的国际标准，对自主技术和产品走出去起到了重要的推动作用。二是在重点技术领域不断取得突破。集成电路领域，28纳米处理器成功制造；国内首款智能电视SoC芯片研发成功并量产，改变了我国智能电视缺芯局面。国内首条、世界第二条8英寸IGBT（绝缘栅双极型晶体管）专业生产线建成投产，打破国外垄断，有效提升我国在船舶、电网以及轨道交通车辆方面的智能化水平。自主可控国产软件系统已基本具备国产化替代能力，上下游企业“抱团”竞争，应用推广取得新进展。

（摘编：林舒）

2-3-7 金融业

2-3-7-1 2014年福建省经济金融运行分析报告

一、宏观经济环境分析

2014年，全球经济温和增长，但主要经济体增长出现分化。发达经济体复苏态势各异，主要新兴市场经济体经济增长普遍放缓。中国经济在新常态下保持平稳运行，呈现出增长平稳、结构优化、质量提升、民生改善的良好态势。

（一）全球经济复苏势头增强，主要发达经济体货币政策分化明显

美国经济增长渐趋稳固，实际GDP稳步增长，消费市场平稳运行，消费信心指数不断攀升。物价总体保持平稳，就业市场显著改善。2014年，美国首次申请失业救济人数稳定在30万人左右，略好于2008年国际金融危机之前的繁荣时期。欧元区经济复苏不稳，通缩压力较大。2014年，欧元区经济增速由上年的负增长转变为微增0.9%。消费市场逐渐回暖，内需取代外需成为经济复苏的主动力。受能源价格下跌拖累，物价涨幅较低，同欧央行2%的政策目标渐行渐远。失业率仍居高不下。日本经济增速起伏无常，上半年骤起骤落，下半年反弹乏力，二、三季度连续负增长，陷入技术性衰退。两人及以上的劳动者家庭的月消费性支出下降，物价涨幅及失业率均处于低位。英国经济保持增长，工业生产增速比上年大幅提升，消费出现加快增长迹象，失业率略有下降。主要经济体货币政策差异较大，美国退出量化宽松政策（QE），欧元区和日本则加大货币政策宽松力度。

主要新兴市场经济体经济增速放缓。金砖五国除印度略有加快外，中国、巴西和南非经济增长放缓，俄罗斯经济接近“零增长”。通货膨胀形势也出现分化，俄罗斯物价上涨并处于高位，巴西和南非出现下降，但巴西仍在高位运行。新兴经济体就业形势总体仍较严峻。

受美国经济持续向好、美联储退出QE及欧央行、日本央行加大放松货币政策等影响，美元指数持续上行。截至2014年末，美元指数收于90.3，比上年末增长12.6%。货币市场利率先抑后扬。美元3月期LIBOR比上年末回落0.5%，但比年内最低水平（5月6日）提高10.9%；美元隔夜LIBOR比上年末增长7.2%，但比年内最低水平（9月30日）增长5.4%。原油等大宗商品价格明显下挫。在美元走强、供给充分及需求减弱的影响下，2014年末NYMEX（纽约商业交易所）原油、LME（伦敦金属交易所）铜、CBOT（芝加哥期货交易所）大豆价格，分别比上年末下跌45.6%、14.8%和20.8%。

（二）中国经济运行处于合理区间，经济结构调整出现积极变化，物价水平基本平稳，城镇就业持续增加

2014年，中国GDP增长7.4%，符合预期目标。全年经济平稳增长，四个季度增速分别为7.4%、7.5%、7.3%和7.3%。先行指标中全社会用电量和工业用电量保持增长态势，全年PMI综合指数（制造业采购经理指数）均处于荣枯线上方，显示经济仍处于扩张状态。

投资增速回落，但仍处于高位。全年固定资产投资（不含农户）比上年名义增长15.7%，增速比上年回落3.9个百分点。市场销售平稳增长，全年社会消费品零售总额名义增长12.0%，增速回落1.1个百分点。进出口小幅增长，全年进出口总额增长3.4%，增速回落4.2个百分点；出口增长6.1%，增速回落1.8个百分点；进口增长0.4%，增速回落6.8个百分点。进出口相抵，实现顺差

23489 亿元人民币。

居民消费价格温和上涨，主要城市住房价格普遍下跌。2014 年，居民消费价格比上年上涨 2.0%，涨幅比上年下降 0.6 个百分点。分类别看，食品价格上涨 3.1%、衣着价格上涨 2.4%、居住价格上涨 2.0%，这三者是推高物价的主要因素。股票市场整体向好，年末上证综指和深成指分别收于 3234.7 点和 11014.6 点，分别比上年末上涨 52.9% 和 35.6%。

2014 年，人民银行继续实施稳健的货币政策，更加注重松紧适度，创新调控思路和方式，为经济结构调整与转型升级营造中性适度的货币金融环境。货币供应量适度增长，人民币贷款多增，社会融资规模微降。截至 2014 年末，广义货币（M2）比上年末增长 12.2%，增速比上年末回落 1.4 个百分点；狭义货币（M1）增长 3.2%，增速回落 6.1 个百分点。全年社会融资规模 16.46 万亿元，比上年减少 8598 亿元。其中，人民币贷款增加 9.78 万亿元，多增 8900 亿元。

二、福建经济比较分析

2014 年，受国内外市场需求乏力等因素影响，福建经济增长继续放缓，工业、投资、消费等指标延续前三、四年的回落态势，但主要经济指标仍然优于全国平均水平。

（一）经济增长缓中趋稳，三产增速先抑后扬

2014 年，福建经济稳定增长。据初步统计，全年全省生产总值 24055.76 亿元，按可比价格计算比上年增长 9.9%，增幅比上年回落 1.1 个百分点。一季度全省 GDP 增速（9.4%）创 2009 年来最低水平，二季度后逐渐回升。与全国平均水平相比，福建生产总值增幅高出 2.5 个百分点，但高于全国的幅差比 2013 年有所收窄。

第一产业平稳增长，强农惠农政策得到落实。2014 年，第一产业增加值增长 4.4%，增速与上年持平，高于全国平均水平 0.3 个百分点。粮食总产量 667 万吨。实现千个现代农业重点项目，新增设施农业 29.88 万亩，农作物良种覆盖率 97.3%。农业产业化经营稳步推进，428 家省级重点龙头企业实现销售收入增长 1.4%，带动 372 万户农户增收。

第二产业增速稳中趋缓，主要工业行业运行持续分化。受市场需求不足、产品价格下跌、劳动力成本上升等因素影响，福建第二产业增速由 2010 年的 18.1%逐年下滑至 2014 年的 11.7%。全年规模以上工业累计完成增加值 10038.2 亿元，比上年增长 11.9%，增幅比上年回落 1.2 个百分点，但比全国平均水平高 3.6 个百分点。全年全部工业对 GDP 的贡献率为 56.0%，提高 2.0 个百分点。2014 年，全省 38 个工业大类行业仅 13 个行业增速较上年有所加快，其余 25 个行业增速回落。

第三产业增速下滑，房地产业增加值负增长。受房地产等行业下滑等因素影响，2014 年福建第三产业仅比上年增长 8.3%，比上年回落 1.3 个百分点，创 27 年来新低。分行业看，交通运输仓储和邮政业增加值增长 10.7%，提高 3.1 个百分点；金融业增加值增长 13.3%，回落 2.8 个百分点，但占第三产业比重已上升至主要行业第 2 位；房地产业增加值下降 2.6%，回落 20.0 个百分点，占第三产业比重为 11.4%，下降 2.9 个百分点。

（二）投资拉动作用明显，出口低位增长

2014 年，内需尤其投资仍为经济增长的主要拉动力。投资保持较快增长，但增速逐年回落；消费需求平稳，网络消费高速增长；主要出口市场分化明显，出口低速增长。

投资增速逐年回落，制造业投资较为乏力。2014 年，福建省固定资产投资（不含农户）比上年增长 19.0%，增速降至 10 年来新低，比上年回落 3.4 个百分点，但高于全国平均水平 12.8 个百分点。房地产开发投资增速先扬后抑。2014 年，全省房地产开发投资增长 23.3%，回落 7.8 个百分点。前三季度房地

产投资增速呈现逐季加快态势，四季度有所减缓。

消费增速保持平稳，网络销售高速增长。2014年，全省社会消费品零售总额比上年增长12.9%，比上年回落1.1个百分点，连续3年呈现小幅回落，但高于全国平均水平0.9个百分点。全省限额以上企业零售额增长17.8%，其中食品、衣着类消费增长保持强劲，网络销售高速增长，全省限额以上单位实现网上零售额191.79亿元，增长102.3%。

出口形势较为严峻，传统商品出口下降。2014年，福建出口增长6.6%，连续第3年呈现个位数增长。其中，民营经济出口增长9.7%，比上年加快4.5个百分点。多年来，福建出口规模在全国的排名稳居第6位，与排名前五位的省份相比，2010-2014年间差距有所收窄。

（三）消费价格温和上涨，中心城市房价由涨转跌

2014年，全省居民消费价格总水平（CPI）比上年上涨2.0%，涨幅比上年回落0.2个百分点，与全国平均水平持平。

工业生产资料价格持续下降，农资价格相对平稳。2014年，福建工业生产者出厂价格比上年下降1.4%，工业生产者购进价格下降1.7%，降幅比上年均略有收窄。2014年，农业生产资料价格下降0.5%，与上年持平。

中心城市房价由涨转跌，销售低迷对房价影响显著。2014年，福建三大中心城市房价受销售低迷影响，涨幅逐月收窄直至下降。9月份起福州、泉州房价月度同比出现下降态势，厦门涨幅也逐月回落。12月，福州、泉州商品房销售价格同比分别下降5.3%和5.7%，厦门则上涨2.1%，但较1月份收窄13.9个百分点。

（四）财政收支增势趋缓，工业经济效益有所下滑

2014年，全省地方公共财政收入增长11.5%，比上年回落7.8个百分点；其中，地方级税收收入增长9.9%，回落9.7个百分点，与经济增长基本相适应。在实施“营改增”改革、加大结构性减税力度的背景下，营业税仅增长5.5%，增值税、企业所得税及土地增值税增速均超过10%。从行业结构方面看，房地产业税收增长7.2%，对税收增长的贡献率达16.8%，分别回落31.8个百分点和31.2个百分点。2014年，全省公共财政支出增长7.6%，回落9.6个百分点，是1992年以来首次降至个位数；其中，与改善民生相关的支出占全省财政支出的比重达73.2%，比上年提高1.0个百分点，教育、医疗卫生、交通运输等方面支出增长较快。

工业利润保持增长，但增速有所减缓。2014年，福建规模以上工业企业利润增长5.3%，增速高于全国平均水平2.0个百分点，但比上年下降4.1个百分点；同时亏损企业亏损额增长20.3%，企业减产面扩大。

居民收入继续增加，实际增速略有回落。2014年，全省城镇居民人均可支配收入扣除价格因素实际增长6.8%，增幅比上年回落0.2个百分点。农民人均可支配收入扣除价格因素实际增长8.8%，增幅比上年回落0.9个百分点。

三、福建金融比较分析

2014年，福建省金融运行平稳。银行存款继续增加，但增长明显乏力，增量处于2009年以来的低位，增速创13年来新低；贷款增量继续扩大，重点投向工业、基础设施、个人购房等领域。大型企业贷款增量显著扩大，中型企业贷款增长平稳，但小微企业贷款增长未能实现“两个不低于”。贷款利率在央行降息后出现明显回落。银行业资金运用充分，存贷比创20年来新高。不良贷款呈现“双升”。金融市场多数产品成交大幅增长，直接融资增加明显，保险市场增长较快。人民币跨境结算业务持续增长。

（一）各项存款增量大幅减少，年末增速创13年来新低

截至2014年末，全省本外币存款余额增长

10.1%，增速比上年末和2014年6月末分别下降5.4个百分点和4.1个百分点。全年全省新增存款2919亿元，比上年少增938亿元，增量处于2009年以来的低位。全年存款大幅少增，与存款偏离度管理政策逐渐显效密切相关，部分银行在年末冲存款时点的动力减弱。

从存款来源结构看，个人存款和单位存款均明显少增，财政性存款大幅多增。2014年，全省中资机构个人存款增加845.30亿元,比上年少增589.80亿元，这主要由于收益率较高的理财产品、互联网金融、年末股市大幅走强等分流了存款尤其是居民储蓄。2014年，单位存款增加1218.00亿元，少增888.60亿元。单位存款大幅少增，究其主要原因：一是在经济景气持续回落的环境下，企业的应收账款等资金占用增多；二是部分银行出于防控风险考虑，收缩银行承兑汇票、信用证等表外业务规模，造成全年单位保证金存款大幅少增468.79亿元；三是存款偏离度管理政策实施后，部分银行年（月）末拉单位存款冲时点的动力减弱。2014年，财政存款增量比上年显著扩大，其他存款增量则明显减少。

从期限结构看，个人定期存款占比明显上升，单位活期存款占比提高。2014年，全省金融机构个人定期存款增量占个人存款增量的65.5%，比上年提高22.3个百分点；个人非定期存款增加290.5亿元，少增524.7亿元。2014年，单位定期存款大幅少增588.5亿元，与此同时，单位活期存款虽然少增，但占单位存款增量的比重提高11.2个百分点。

（二）银行贷款增量继续扩大，投向结构变化较为明显

2014年，福建省金融机构积极贯彻稳健的货币政策，多渠道支持福建经济发展。全年全省金融机构本外币贷款增加3791.13亿元，比上年多增350.27亿元。分季度看，一至四季度贷款增量占全年的比重分别为31.8%、23.1%、21.7%、23.5%。

对公贷款明显多增，个人贷款少增。2014年，全省金融机构公司类贷款增加2036.4亿元，占金融机构各项贷款增加额的53.7%，比上年多增519.7亿元。2014年，个人贷款增加1563.7亿元，少增376.6亿元；其中，个人生产经营性贷款少增182.7亿元，个人消费贷款少增193.9亿元。

对公贷款投向看，基础设施和房地产业贷款明显多增，生产流通领域贷款少增。2014年，全省基础设施贷款增加630.1亿元，比上年多增369.7亿元，占公司类贷款增量的30.9%，占比提高13.7个百分点；房地产业贷款增量占比也由上年的12.4%上升至20.1%。制造业贷款和批发零售业贷款则分别少增81.8亿元和276.9亿元。

从贷款的企业类型投向看，大型企业贷款明显多增，中型企业贷款增加平稳，但小微企业贷款少增。截至2014年末，全省小微企业贷款（含个人经营性贷款，下同）余额比上年末增长12.2%，低于全省各项贷款平均增速3.5个百分点。2014年，全省大型企业、中型企业、小微企业贷款增量占全部企业贷款的比重分别为24.6%、26.0%、49.4%，分别比上年多增457.30亿元、多增8.82亿元和少增185.94亿元。

中长期贷款大幅多增，短期贷款少增。2014年，全省中资机构中长期贷款增加2820.4亿元，比上年多增773.8亿元，占全部贷款增量的比重提高14.4个百分点。其中，中长期单位固定资产贷款增加1006.8亿元，多增599.5亿元，单位固定资产贷款多增积极支持了省内重点项目等建设和企业固定资产的更新改造。2014年，短期贷款增加694.5亿元，占全部贷款增量的比重下降20.3个百分点。短期贷款中，个人贷款少增292.5亿元，单位经营贷款多增119.1亿元，贸易融资多减408.7亿元。

（三）贷款利率在央行降息后回落明显，货币市场资金价格震荡下行

2014年1-3月，全省人民币贷款加权平均利率在7.6%附近波动，4-10月利率抬升至7.7%附近波动，11月份在降息作用下回落至7.6%，12月份进一步降至7.2%。从占比看，全年执行下浮、基准和上浮利率贷款占比，分别比上年提高0.7个百分点、下降5.4个百分点和提高4.6个百分点。年内人民银行加大“支农”“支小”再贷款与再贴现发放力度，短期流动性调节工具（SLO）、常备借贷便利（SLF）、中期借贷便利（MLF）等新型货币工具陆续推出，为货币市场注入充裕流动性，推动货币市场利率下行。2014年直贴加权平均利率近6.0%，比上年下降0.1个百分点；转贴现加权平均利率5.1%，下降0.04个百分点。

（四）银行业资金运用充分，不良贷款出现“双升”

截至2014年末，福建省银行业金融机构本外币余额存贷比创20年来的新高，比上年末提高4.6个百分点，高于全国平均水平20.4个百分点。按五级分类，年末福建省银行业金融机构不良贷款余额和不良贷款率比年初分别增加213亿元和提高0.5个百分点。全年福建省银行业金融机构实现利润增长8.9%。

（五）金融市场平稳运行，多数产品成交大幅增长

银行间市场交易总量增长明显。2014年，全省同业拆借、债券回购、现券交易三项成交总额比上年增长52.2%。银行间拆借市场净拆出资金3406.67亿元，少拆出3443.47亿元；银行间债券市场净融入资金37216.44亿元，多融入23736.84亿元。企业发债融资再创新高，据初步统计，2014年福建企业在国内发行债券融资970.10亿元。票据融资总量下降，截至2014年末，福建省票据融资总量（含承兑、贴现、转贴现）比年初减少66.76亿元。

人民币跨境结算业务实现快速增长，企业参与面不断扩大。2014年，全省银行业机构共办理跨境人民币结算业务3567.34亿元，比上年增长123.7%。其中，经常项下人民币结算业务量增长79.5%，资本项下人民币结算业务量增长261.7%。截至2014年末，全省参与跨境人民币结算业务的企业达5932家，较年初增加2055家；开办跨境人民币结算业务的银行分支机构累计达792家，较年初增加173家。

福建企业股票融资增多。2014年，福建企业通过发行股票募集资金278.9亿元，比上年增加239.7亿元。保险市场保持较快增长。2014年，福建保险业实现保费收入685.8亿元，增长19.3%，高于全国平均水平1.8个百分点；各项赔款与给付累计支出215亿元，增长14.8%。

四、经济金融热点关注

相关机构研究认为，2015年全球经济增速将略快于2014年，世界贸易增速继续回升。与此同时，中国经济增长将在新常态下运行，改革持续深化，经济结构将进一步得到优化。当前福建发展迎来融入“一带一路”国家战略、自由贸易试验区获批等重大发展机遇，2015年全省经济仍有望保持较快增势，但经济增长的结构调整压力、金融资源配置结构性不均衡、金融运行风险继续增大等热点情况和问题值得关注。

（一）经济平稳运行面临较大的结构调整压力

其一，服务业发展较为滞后，2014年福建第三产业比重（39.6%）低于全国8.6个百分点。且房地产业对第三产业增长的拖累较大。全年房地产业增加值下降2.6%，与上年大幅增长17.4%形成了鲜明的反差。其二，经济增长对投资依赖大。全年福建固定资产投资与GDP之比为76.7%，比上年高5.3个百分点。其三，工业增长对传统行业的依赖度高，高新技术行业增长乏力。全年福建高技术产业增加值增长10.2%，低于全省规模以上工业增速1.7个百分点，也低于全国高技术产业增速2.1个百分点；福建高技术产业增加值占规模以上工业的比重仅为9.1%，低于全国1.5个百分点。其四，固定资产投资对房地产业的依赖度偏高。全年福建房地产开发投资占固定资产投资（不含农户）的比例为25.2%，高出全国6.3个百分点。全年福建房地产开发投资增长23.3%，高出全国12.8个百分点。与此同时，制造业投资明显减缓。全年福建制造业投资增长9.9%，比上年回落13.5个百分点，低于同期全省固定资产投资（不含农户）增速9.1个百分点。其五，企业亏损增加，“两金”占用增多。1-11月，福建规模以上工业中有1361家企业发生亏损，亏损额合计137.45亿元，同比增长20.3%；应收账款净额3608.09亿元，增加245.31亿元；产成品存货1387.07亿元，增加173.43亿元。企业亏损和资金占用的增加，是导致企业资金面趋紧、银行存款增长乏力的重要因素。

（二）金融资源配置结构性不均衡有所加剧

受信贷资产质量持续下降、部分企业尤其小微企业不景气等影响，2014年福建金融资源配置结构性不均衡有所加剧，主要体现在两个方面：一是小微企业贷款少增，中型企业贷款增长平稳，大型企业贷款明显多增；二是生产流通领域贷款增量占比下降，基础设施、房地产业贷款增量占比上升明显。全年制造业和批发零售业贷款增量占公司类贷款比重分别比上年回落13.2个百分点和20.3个百分点，而基础设施和房地产业贷款增量占比则分别提高13.7个百分点和7.7个百分点。这种金融资源配置在不同类型企业和不同行业上的不均衡，导致金融资源区域配置也出现失衡，欠发达地区和县域贷款增量占比下降。2014年，三明、龙岩和南平合计新增贷款占全省的比重比上年下降2.2个百分点，全省58个县域新增贷款占全省的比重下降3.5个百分点。

（三）金融运行风险继续增大

其突出表现在信贷资产质量持续下降，自2012年下半年以来全省不良贷款出现持续“双升”，2013年、2014年不良贷款额分别比上年增加159.43亿元、212.98亿元，不良贷款率分别提高0.5个百分点、0.5个百分点。当前各类潜在风险和问题不容忽视：

其一，各项垫款和关注类贷款大幅增加。截至2014年末，福建省各项垫款比年初增加39.67亿元。由于目前微观主体经营尚未实现根本改善，部分垫款转变为不良贷款的可能性较大。作为不良贷款的先行指标，全年关注类贷款增加490.85亿元，也反映出贷款整体质量向下迁徙的态势未改。

其二，企业担保链风险频发极易引发信贷风险传导。福建省以轻资产的中小企业为主，近些年担保公司担保、企业间互保和关联担保等保证担保方式，已成为福建省内中小企业获得银行授信的重要途径。但是，这种担保尤其是关联企业相互提供担保，会形成复杂的担保圈链，在经济下行期容易引发信贷风险传导，并逐渐演变成担保链中关联企业乃至整个行业和整个区域内关联企业间的风险积聚，一旦担保风险缓释功能失效，易产生一损俱损的“多米诺骨牌”效应。据初步统计，2014年上半年福建省内企业因涉及资金链、担保链问题而新增的不良贷款约占全省不良贷款新增额的24%。

其三，商业银行理财产品快速发展存在风险隐患。2014年9月末，福建省商业银行理财产品中，投向地方政府融资平台、房地产、“两高一剩”行业等领域的资金余额同比增长92.5%；其中，跨市场交叉性理财产品的快速发展更是提高了银行业、证券业、保险业之间风险传染的概率。2014年前三季度，全省商业银行发行银证合作理财产品募集资金同比大幅增长163.6%。

其四，良好的金融生态遭遇挑战。当前随着全省不良贷款“双升”压力的增大，亟需关注银行处置不良资产过程中面临的道德风险上升、企业和个人恶意不还款增多的现象。

（执笔：杨长岩 李春玉 宋科进 余静 银小柯 陈婧敏）

2-3-7-2 福建省金融机构本外币各项存款和贷款余额

（2010-2014 年）

单位：亿元

项目	2010	2011	2012	2013	2014
各项存款	18753.23	21571.60	25057.75	28938.81	31858.43
#单位存款	5335.54	10805.52	12647.76	14807.43	16052.99
#活期存款	3657.34	5235.68	5739.76	6257.46	6440.97
定期存款	1678.20	2109.47	2521.70	3148.92	3774.01
个人存款	8258.16	9287.23	10974.23	12414.05	13257.23
各项贷款	15920.84	18982.82	22427.46	25963.45	30051.27
境内贷款	15920.84	18854.75	22223.33	25708.43	29724.46
#短期贷款	6720.44	8314.79	10237.02	11678.60	12684.40
中长期贷款	8638.27	10173.24	11424.77	13492.98	16330.12
境外贷款		128.08	204.13	255.01	326.81

注：2011 年始，单位存款和个人存款的数据均包括保证金存款。

2-3-7-3 福建省金融机构人民币各项存款和贷款余额

（2010-2014 年）

单位：亿元

项目	2010	2011	2012	2013	2014
各项存款	18309.45	21055.49	24283.68	28043.82	30747.61
#单位存款	5124.36	10447.07	12026.83	14080.41	15163.69
个人存款	8101.02	9137.03	10827.27	12255.38	13086.72
各项贷款	15231.36	18165.19	21209.82	24487.53	28417.70
境内贷款	15231.36	18107.56	21145.72	24425.61	28354.98
#短期贷款	6594.50	7836.03	9451.96	10752.70	11785.72
中长期贷款	8372.64	9906.51	11133.74	13137.82	15861.63
票据融资	256.22	359.97	525.77	458.78	578.07
境外贷款		57.63	64.10	61.93	62.72

注：2011 年始，单位存款和个人存款的数据均包括保证金存款。

2-3-7-4 福建省金融机构现金投放回笼情况

（2003-2014 年）　　单位：亿元

年份	投放（+）回笼（-）	年份	投放（+）回笼（-）
2003	322.61	2009	7.01
2004	34.05	2010	80.44
2005	63.17	2011	45.73
2006	81.56	2012	-1.80
2007	64.27	2013	43.30
2008	10.60	2014	-26.84

2-3-7-5 福建省金融机构存、贷款余额占全国比重

（2003-2014 年）　　单位：%

年份	存款比重	贷款比重	年份	存款比重	贷款比重
2003	2.58	2.47	2009	2.47	3.03
2004	2.55	2.52	2010	2.56	3.13
2005	2.55	2.62	2011	2.61	3.26
2006	2.66	2.85	2012	2.66	3.33
2007	2.59	3.07	2013	2.70	3.39
2008	2.54	3.08	2014	2.71	3.46

2-3-7-6 福建省各金融机构人民币存款余额

（2010-2014 年）

单位：亿元

名称	2010	2011	2012	2013	2014
中国人民银行	624.13	652.00	615.62	777.85	1014.60
中国工商银行	2206.84	2490.38	2790.76	2979.84	3067.15
中国农业银行	2569.00	2762.26	3047.63	3334.24	3397.70
中国银行	1583.18	1732.70	1987.26	2231.42	2278.65
中国建设银行	3214.83	3542.11	3979.04	4423.73	4514.01
国家开发银行	158.92	161.65	219.47	148.06	251.71
中国进出口银行		0.18	1.87	5.10	11.11
中国农业发展银行	45.77	46.96	83.45	79.23	97.97
交通银行	439.06	530.76	600.56	711.10	702.71
中信银行	525.97	620.60	657.74	820.14	825.19
中国光大银行	281.60	325.47	402.54	476.37	530.81
华夏银行	101.34	129.80	161.12	196.10	198.59
广发银行				10.85	52.01
平安银行			267.11	373.48	418.23
招商银行	455.80	556.91	647.91	728.70	874.79
上海浦东发展银行	116.32	230.97	281.88	334.24	399.31
兴业银行	1771.61	2044.11	2430.25	2692.50	3036.18
中国民生银行	397.25	483.75	679.81	859.02	938.97
恒丰银行	51.72	81.06	66.69	128.40	162.03
城市商业银行	1058.39	1279.52	1208.44	1732.40	2019.13
农村合作机构	1726.06	2144.74	2603.71	3207.22	3745.97
村镇银行	5.68	11.20	18.71	50.65	99.99
信托投资公司	0.37				
中国邮政储蓄银行	808.30	957.58	1131.95	1248.29	1354.89
中资财务公司	29.72	39.49	77.38	128.10	144.70

注：以上金融机构不含外资银行；2012 年平安银行与深圳发展银行合并为平安银行，2012 年之前的数据并入城市商业银行；农村合作机构包括农村商业银行、农村信用社、农村合作银行。

2-3-7-7 福建省各金融机构人民币贷款余额

（2010-2014 年） 单位：亿元

名称	2010	2011	2012	2013	2014
中国工商银行	2357.10	2712.57	3014.08	3325.60	3612.35
中国农业银行	2052.54	2328.48	2597.83	2915.02	3288.61
中国银行	1319.32	1522.43	1754.57	2019.26	2159.23
中国建设银行	2472.00	2802.07	3118.52	3529.81	4310.49
国家开发银行	1044.87	1309.36	1561.89	1830.88	2126.84
中国进出口银行		177.62	264.16	334.15	428.13
中国农业发展银行	289.80	373.70	430.21	482.23	551.04
交通银行	342.64	391.18	445.27	497.48	571.64
中信银行	448.17	506.91	569.94	676.63	729.28
中国光大银行	306.18	368.23	417.95	468.54	510.36
华夏银行	75.98	111.78	137.26	167.26	203.29
广发银行				9.52	63.18
平安银行			251.56	280.11	324.42
招商银行	414.28	485.05	585.97	673.57	792.25
上海浦东发展银行	82.10	165.63	247.08	308.33	361.51
兴业银行	1422.14	1765.08	2261.36	2662.95	3058.85
中国民生银行	420.95	461.27	533.12	598.65	669.37
恒丰银行	28.16	41.45	33.18	68.72	78.02
城市商业银行	602.64	726.26	617.27	893.33	1110.52
农村合作机构	1172.92	1410.48	1696.63	2054.01	2465.68
村镇银行	8.81	15.59	25.89	45.48	91.73
信托投资公司	4.40	4.75	5.49	3.15	2.20
中国邮政储蓄银行	120.02	189.55	303.18	426.75	627.55
中资财务公司	21.80	26.42	54.99	65.84	108.13

注：以上金融机构不含外资银行；2012 年平安银行与深圳发展银行合并为平安银行，2012 年之前的数据并入城市商业银行；农村合作机构包括农村商业银行、农村信用社、农村合作银行。

2-3-7-8 福建省银行业发展综述

2014年，福建省银行业深化银行业改革，优化金融服务，有效防控风险，为福建经济社会发展提供了有力支持。

据中国银行业监督管理委员会福建监管局（以下简称“福建银监局”）公布数据显示，2014年福建省银行业规模稳步增长，资产总额突破5万亿元，至2014年末达到5.97万亿元，比上年末增长20.3%。存贷款平稳增长，均突破3万亿元，截至2014年末，福建银行业各项存款余额3.05万亿元，增长8.9%；各项贷款余额3.01万亿元，增长15.8%。

一、台资银行、消费金融公司“零突破”

2014年，福建银监局“引银入闽”工程实现重大突破，引进了台湾合作金库银行、华南银行、彰化银行，以及汇丰银行、渤海银行等境内外金融机构到福建设立分行；兴业消费金融公司顺利开业；获准筹建七匹狼集团财务公司。引进外资银行数量为历年之最，尤其是实现了台资银行、消费金融公司在福建全省“零的突破”。加快村镇银行组建步伐，全年共组建村镇银行13家，已获银监会备案批复组建规划的村镇银行达到55家，覆盖全省90%的县域。

二、社区银行建设走在全国前列

2014年，福建银监局引导辖区中小商业银行按照“持牌经营、有限功能、风险可控、成本可算、错时服务”的组建模式，加快发展社区支行。2014年，共组建社区支行140家，目前辖区社区支行累计达225家。据统计，辖内社区支行平均开业175天，晚间客流量占比达40%；网均金融资产余额7898万元，中老年客户贡献度超过70%，个人户均金融资产约为传统支行的4倍，深受居民欢迎。

三、为福建重点项目提供融资1312亿元

2014年，福建银监局会同福建省发展和改革委员会召开2场重点项目融资对接会，在宁德、漳州等地召开银行与项目业主座谈会，搭建资金供求对接平台，帮助协调解决融资问题。认真贯彻福建省委、省政府关于“抓产业兴龙头”的部署，引导辖内银行业机构助力全省产业转型升级和重点项目建设，2014年通过信贷和非信贷渠道为福建省重点项目提供融资1312亿元，比上年增加340亿元。

四、小微企业信息系统建设成效初显

2014年，福建银监局继续加快打造省、市、县三级小微企业信息体系。在省级层面，指导福建省银行业协会上线了小微企业金融产品查询平台，覆盖辖区27家银行业金融机构的128个小微企业金融服务产品（系列），进一步增强银行金融产品信息透明度。在市级层面，协助泉州市政府建成泉州市中小微企业信用信息交换共享平台，整合导入13万多家中小微企业、近500万条涉及工商、税务等部门的基础信息数据，缓解银企信息不对称问题。在县级层面，指导龙岩银监分局联合连城县政府建设县域金融与企业信息服务平台，目前连城县信息平台已将连城县具备贷款主体资格的1754家小微企业全部纳入，整合政府13个职能部门信息，已有166家小微企业通过平台成功对接贷款9.7亿元。截至2014年末，全省小微企业贷款余额为8492.28亿元，比年初增加1163.31亿元，比上年末多增121.47亿元；比上年末增长15.9%，高出各项贷款平均增速0.1个百分点，实现了“两个不低于”目标。

五、涉农贷款连续7年实现“两个不低于”目标

福建银监局引导银行业机构重点结合福建山海资源优势，推动完善林权、土地承包经营权等产权流转、评估、风险分担机制，大力推广林权、土地承包经营权、宅基地使用权、海域使用权等“四权”抵押贷款业务，全辖创新农村金融产品101种。林权、海域使用权抵押贷款等持续走在全国前列，贷款余额分别达78.67亿元和81.65亿元。截至2014年末，全省涉农贷款余额10140.82亿元，比年初增加1590.86亿元，比上年末多增239.78亿元，比上年末增长19.0%，高出各项贷款平均增速3.3个百分点，涉农贷款连续7年实现“两个不低于”。

六、银团合作实现全省县域全覆盖

2014年，福建银监局联合团省委积极整合银行业资源和团组织资源，进一步巩固和推广福建省首创的“银团合作”模式。启动第四批挂职工作，从27个银行业机构遴选118位青年干部分赴省、市、县89个团组织挂职，实现了省市县“三级联挂”和全省县域全覆盖。积极推动送金融知识下乡和农村青年创业贷款等工作。福建“银团合作”先行先试的实践获得团中央和中央金融团工委领导的充分肯定，“银团合作”福建模式已在全国7个省300多个县试点推广。

七、辖区银行业继续保持安全稳健运行

在复杂多变的经济金融环境下，福建银监局强化了信用风险防控，督促指导银行业通过清收、转让、重组、核销等多种方式，加大不良贷款处置力度，2014年共处置不良贷款393亿元，是2013年的4.5倍。制定《2014年福建银行业机构案件防控工作的实施意见》，组织银行业机构开展案防全面自查和非法集资风险排查，基层营业机构覆盖面达100%。组织开展风险排查，引导合规经营，防范外部风险向银行业传染。辖区银行业机构风险总体可控，继续保持安全稳健运行。

八、银行业消费者权益保护工作稳步推进

2014年，福建银监局成立银行业消费者权益保护处，进一步完善组织架构，理顺消费者投诉处理机制，切实维护广大消费者权益。组织对12家银行业机构开展服务收费专项检查，共查纠不规范、质价不符收费4.28万笔、3038万元。督导银行业机构加强服务收费管理，先后取消收费项目672项，精简收费项目290项，降低收费标准222项。

2-3-7-8-1 福建省部分银行发展概况

中国人民银行福州中心支行

2014年，中国人民银行福州中心支行传导和落实稳健的货币政策，加强地方法人金融机构信贷调控，制定出台《宏观调控管理办法（试行）》，扩充实施微调的影响因子，完善调控规则，全年预调微调21次。发挥定向降准优化信贷资源配置的功能，直接增加金融机构的信贷可用资金约160亿元。累计调增地方法人金融机构当年合意新增贷款额度186亿元，全年地方法人金融机构实际新增人民币贷款798.08亿元，比上年多增251.78亿元，增量主要投向小微企业、"三农"等实体经济领域。制定下发《关于稳中求进改革创新，进一步深化金融服务实体经济发展的若干意见》，选择重点地区、重点金融机构部署推进各类专项信贷工作。继续推进福建企业银行间市场发债工作，在省内首次发行专项支持保障房的债务融资工具，创新丰富金融债券发行品种。推动金融改革，深化闽台金融合作。

一、服务实体经济

联合福建省发展和改革委员会召开两场全省重大项目融资对接会，共向金融机构推荐950个项目达5265亿元融资需求，同时梳理汇编170种融资产品供企业和项目业主选择，全年银行业金融机构对省级重点项目发放贷款达1117亿元，年末省级在建重点项目贷款余额1776.80亿元。联合福建省金融工作办公室、福建省经济和信息化委员会等主办第十二届"6•18"金融创新与服务推介会，促成3家金融机构或融资服务机构与19家企业或政府部门，达成23项、总金额632.85亿元的战略合作协议及融资协议，协议资金主要用于中小企业、科技创新企业以及重点建设项目、城市基础设施建设等。引导金融机构运用金融手段支持企业通过兼并重组和技术改造实现转型升级，年末并购重组贷款余额50.92亿元，比上年末增长39.5%。支持文化产业、节能环保产业等新兴产业加快发展，年末全省文化产业贷款余额245.71亿元，增长9.6%；牵头制定《福建省排污权质押贷款业务管理办法（试行）》，发挥排污权抵押担保功能，推进绿色信贷产品创新，拓宽节能环保企业融资渠道。制定出台《关于信贷支持福建省"三农"重点领域发展的工作意见》，在全国率先建立金融机构涉农贷款投放目标责任制、县域新设金融机构贷款投放承诺制度、新型农业经营主体"主办行"服务机制，年末涉农贷款余额增长19.0%，高出本外币各项贷款平均增速3.3个百分点，多增239.78亿元，实现了增量和增速"两个不低于"的目标；推动组建林权收储担保机构，实行"林权抵押+收储"的贷款模式，年末林权抵押贷款余额62.72亿元，规模居全国第2位；在全省18个县（市）推进农村土地承包经营权抵押贷款试点，选择在城镇化程度高的地区开展农民住房财产权抵押贷款试点，年末农村土地承包经营权抵押贷款余额0.66亿元，全年累计放额1.57亿元，年末农民住房财产权抵押贷款余额11.63亿元。建立辖内小微企业信贷政策导向效果评估制度，配合省政府制定出台《关于进一步降低企业融资成本，防控企业信贷风险措施的通知》，引导金融机构减费让利，降低企业融资成本；鼓励金融机构创新小微金融产品和服务，年末小微企业金融服务专营机构逾300家，小微企业专属金融产品逾200种。推动组建省级保障房投融资平台，年末保障性住房开发贷款余额比上年末增长109.6%，多增93.15亿元；引导金融机构改善居民购买首套自住房和首套改善性住房的金融服务，当年商业银行首套住房贷款笔数占比持续维持在90%以上，年末个人住房贷款余额增长22.3%；完善促就业小额贷款政策扶持体系，全年发放各类促就业小额贷款 4.49 亿元；在省内上线运行生源地信用助学贷款电子化管理系统，实现生源地助学贷款网上申贷，全年发放生源地信用助学贷款比上年增长15.4%，年末余额10.20亿元，增长24.1%；推动以财政资金为担保的扶贫小额贷款业务，破解扶贫贷款到户难题，全年扶贫小额担保贷款试点县新增 5 个，累计已达 13 个。继续拓宽直接融资渠道，全年推动企业在银行间市场发行短期融资券、中期票据、定向债务融资工具等合计126期，融资金额达738亿元，分别增加42期和218.7亿元，其中促成保障房发债融资创新取得突破，共发行保障房非公开定向债务融资工具 30 亿元；引导地方法人金融机构增强主动负债意识，厦门国际银行和厦门农村商业银行分别发行30亿元、6亿元的二级资本债券，厦门银行发行 30 亿元的小微企业贷款专项金融债券。

二、维护金融稳定

重点加强对省内大型问题企业、钢贸企业、民间非法金融活动、企业资金链断裂等重要风险点的监测和排查，全年省内人民银行系统累计报告涉险企业41家，涉及金额91.22亿元。及时向上级行、政府相关部门等预警金融风险 26 次，涉及信贷资金59.80亿元，配合地方政府妥善处置泉州某企业非法高息吸存等各类风险事件。完成对省内 13 家法人金融机构的同业业务现场督查，并代人民银行总行起草完成全国 36 家分支机构同业业务督查情况总报告。作为人民银行总行金融稳定局确定的五家试点行之一，完成华福证券有限责任公司经营稳健性专项现场评估，组织开展部分市（县）保险分支机构稳健性现场评估。主动开展东亚银行等在福州筹建分支机构的管理与服务，引导新设金融机构完善内控制度、强化内部管理、规范业务行为，促进新设金融机构健康可持续发展；加强重大事项报告管理工作，全年累计收到各类金融机构重大事项报告 118 次；完成对辖区 31 家银行业金融机构的综合评价，督促评价等级较差的机构采取整改措施，并对浙江稠州商业银行福州分行开展综合执法检查。推动金融稳定工作创新，建立完善存款保险制度研究小组，承接人民银行总行布置的有关工作任务；制定《人民银行福州中心支行实施存款保险制度应对预案》，确保存款保险制度在辖内平稳推出。深化金融生态县创建试点，省内创建试点面不断扩大。完善县域金融生态图谱，绘制完成全省首张“县、乡、村”三级金融生态图谱。

三、提升金融服务

首次完成金融业综合统计全国试点并向省内推广，指导辖区城市商业银行、农村合作金融机构和外资银行实现存、贷款统计标准化的全面落地，被人民银行总行确定为全国存贷款综合抽样统计试点单位。基本完成银行机构向二代支付系统切换，实现以法人为节点的“一点接入、一点清算”；完成中央银行会计核算数据集中系统（ACS）及其综合前置子系统在福建上线运行，实现人民银行会计核算管理的科学化、集中化和信息化；全年商业汇票电子化率19.6%，比上年提高7.2个百分点，比全国平均水平高7.0个百分点；农村支付体系建设不断深入，年末全省共设立银行卡助农取款服务点 23796 个，业务金额比上年末增长 81.6%，推动小额信贷移动展业科技创新试点，发展涉农移动金融服务；金融 IC 卡发卡量和使用率大幅提升，全年新增金融 IC 卡占新增银行卡的 86.5%，金融IC卡消费交易额占银行卡消费交易总额的20.0%；加强银行卡收单市场管理，妥善处置省内利用信用卡预授权类交易套取高额额外信用额度的风险事件。发挥“双牵头”作用，颁布《福建省公共信用信息系统建设总体方案》，推动福建省公共信用信息平台上线试运行；开展“福建省征信业务网上服务大厅”推广工作，试点上线机构信用代码管理信息系统，实现征信业务网络化办理和档案电子化管理；金融信用信息基础数据库收录全省各类企业30.45万户，增长5.0%，涉及人民币贷款余额增长4.2%，收录全省自然人2406.36万人，增长1.9%，涉及人民币贷款余额增长15.0%。小微企业和农村信用体系建设有序推进，年末累计建立小微企业信用档案10.67万户，其中2.26万户企业获得银行融资，分别增长1.9%和24.9%；建立农户信用档案512.5万户（约占农户总数的75.6%），对已建档的195.29万户农户累计发放贷款4011.6亿元；积极培育征信市场和信用评级业务，年末完成信贷市场信用评级企业3778家，其中借款企业评级3654家、小额贷款公司35家、融资性担保公司89家。推动国库信息化建设，联合地税部门、兴业银行开展异地税款电子缴库试点，启动开发国库集中支付业务电子对账系统；在全国率先组织开发国库现场执法检查系统，并在部分省市推广；制定并下发《福建省国库业务现场检查指导意见》，组织全省各级国库统一开展对农业银行代理国库业务的执法检查。落实小面额现金供应主办银行、主办网点制度，实现小面额现金供应主办银行网点乡镇全覆盖，年末共有5661个金融机构营业网点开设小面额人民币兑换“绿色通道”；推进硬币供应自助服务环境建设，年末已投入使用的硬币自助兑换机80台；扩大ATM终端多券别人民币取款便民服务试点，年末银行业机构共布设安装10元券ATM机42台，50元券ATM机8台；加强对台反假人民币工作，改善人民币冠字号码查询管理，建立打击假币犯罪警银协调机制，维护良好的货币流通环境。协助人民银行总行制定《反洗钱监督管理办法》，推进反洗钱“法人监管”改革试点，在全国率先实现省级农村信用社系统按照新标准、通过新系统向反洗钱中心报送数据；作为人民银行总行唯一指定分支行，协助举办全国首期证券（期货）、保险业反洗钱高级管理培训班，组织做好全国首批银行业反洗钱合规官颁证；在全国首创构建义务主体洗钱风险“三维”评估体系，被人民银行总行反洗钱局采纳；构建跨部门反洗钱长效协作机制，与福建省公安厅签订《反洗钱合作备忘录》，创新开展支付机构反洗钱监管；全年共收集重点可疑交易线索431条，立案率提高11.5%；上报反洗钱中心研判线索17条，由反洗钱中心移送公安部14条，分别增长88.8%、100.0%；反洗钱调查立项38项，累计开展调查279次，协助破案15起，增长达25%。正式在福建省开通12363金融消费权益保护咨询投诉电话，集中、统一受理与人民银行职责相关的金融消费咨询与投诉，年末共受理投诉104笔、咨询113笔，满意度和办结率均超过90%。

四、推进金融改革

推动地方法人金融机构适应利率市场化改革，增加流动性来源渠道与优化负债资源配置，全年福建海峡银行、泉州银行和厦门农商银行累计发行同业存单221.4亿元；跟踪评估农业银行“三农金融事业部”适用差别化存款准备金率政策情况，全省28家“三农金融事业部”经人民银行总行考核达标。积极推动中国（福建）自由贸易试验区申报工作，提出推进金融领域开放创新的措施意见。促成福州市海西现代金融中心区获批，构建辐射全省、功能齐全、水平较高的现代金融集聚区。深化泉州金融服务实体经济改革，推动建立福建省首个跨部门信用信息共享平台，实现19个政府部门共计13.29万户小微企业、近500万条基础信息数据入库；促成泉州获批成为全国首批小微企业信用体系建设试验区，推进泉州开展泉台跨境人民币使用、外商投资企业资本金结汇管理方式改革以及跨境电子商务外汇支付业务等三项试点；稳妥推进民间资本设立融资服务机构，支持民间融资登记试点，形成不同的民间融资登记服务模式。推进沙县农村金融制度改革，作为全国6个农村金融制度改革试验区之一，沙县在组建村级担保基金、设立农村专业担保公司、建立普惠金融体系和农村信用体系等方面取得新成效。

五、深化闽台金融合作

机构互设合作方面，台湾合作金库商业银行、彰化商业银行和华南商业银行获准筹建福州分行，台湾第一商业银行获准筹建厦门分行，成为福建省首批获批筹建的台资银行全资大陆一级分行；海西首家两岸合资证券投资基金管理有限公司——圆信永丰基金公司在厦门正式运营，首支两岸合作的人民币私募股权投资基金——华创基金在平潭正式开业，台湾第一金控集团旗下一银租赁独资设立一银租赁（厦门）有限公司，成为福建省首家纯台资金融机构。货币业务合作方面，全年新台币兑换量达到8.45亿元新台币，增长11.4%。闽台人民币代理清算群规模不断扩大，年末全省银行业机构已与台湾地区37家跨境人民币业务参加行，签订人民币代理结算清算协议并开立账户，人民币代理清算账户余额比上年末增长187.4%；推动建立两岸人民币现钞直接调运清算机制，中国银行承办的两岸人民币现钞调运业务正式启动，累计调运24.64亿元。支持闽台人民币双向贷款业务首例试点，东南汽车成功争取台湾地区“中国信托银行”和永丰银行离岸人民币贷款额度3亿元。联合平潭综合实验区管委会和福建省金融学会，共同主办“第六届海峡论坛•两岸金融合作（平潭）论坛”，参与此届论坛的台湾地区金融界代表的人数和所涉行业均创历届之最。

（执笔：王勉）

国家开发银行福建省分行

2014 年，国家开发银行福建省分行紧紧抓住中央支持福建进一步加快经济社会发展的难得机遇，主动适应经济发展新常态，全力服务稳增长、调结构、惠民生、防风险，各主要经营指标创历年新高。全年实现融资总量 1106 亿元，其中贷款发放 534 亿元；年末分行资产总额2186亿元，其中贷款余额1922 亿元；本息回收率达 100%，不良贷款率 0.04%。

一、服务福建加快发展战略，银政合作取得新成效

围绕中央支持福建进一步加快经济社会发展的战略部署，深化与福建省政府合作，成功召开了双方高层联席会，并签署合作金额为 6000 亿元的《合作备忘录》，明确重点支持的领域和项目。全年评审承诺棚改、公路、电力、水利、土储等项目贷款 967 亿元；国务院支持福建加快发展的 57 个重大项目，分行已评审承诺 872 亿元。拓展融智服务，紧扣政府热点，组织开展闽台深度融合、厦漳泉大都市区同城化等重点规划编制和课题研究，与福建省发展和改革委员会联合编制并发布《福建省新型城镇化发展系统性融资规划（2014-2020 年）》。

二、支持重点领域和薄弱环节，融资总量再创新高

积极争取总行规模倾斜，加大对福建加快发展的支持力度，当年人民币贷款规模新增 251 亿元，创历年新高；通过资产证券化腾出规模 17 亿元。全年发放贷款 534 亿元，比上年增加 129 亿元，增长 32.0%。构建项目多渠道资金来源，通过表外业务引导 281 亿元资金支持重大重点项目建设；通过债券发行、夹层投资、票据承兑等直接融资 121 亿元；实现理财等其他融资 171 亿元。

三、打好棚改攻坚战，民生业务扎实推进

鼎力支持棚户区改造，推动成立省级、省会城市专项融资平台，搭建棚改统贷机制和贷款运作模式。全年共评审承诺棚改项目贷款 395 亿元，发放棚改专项贷款 112 亿元，全省占比 90% 以上；其中，省级平台评审承诺贷款 79 亿元，发放 19 亿元；省会城市平台评审承诺贷款 287 亿元，发放 70 亿元。关注民生领域，发放中小企业贷款 19 亿元、水利贷款 15 亿元、现代农业贷款 6 亿元，向原中央苏区县和省级重点扶贫开发县发放贷款 144 亿元，发放涉台项目贷款 29 亿元，发放分行首笔生源地助学贷款。

四、支持福建融入“一带一路”，国际合作业务稳步开展

积极支持福建 21 世纪海上丝绸之路核心区建设，开展福建融入“一带一路”投融资规划等课题研究，巴新国家规划咨询报告通过终期论证，通过规划先行构造培育一批能源资源和互联互通基础设施项目；配合福州市政府推动设立海上丝绸之路基金。全年评审承诺外汇贷款 7 亿美元，发放 16 亿美元，余额新增 10 亿美元，外汇贷款余额居省内同业第一。配合国家领导人高访，巴新经济适用房、埃德伍水电站等项目签约纳入高访成果。创新厦门大学马来西亚分校项目融资模式，破解高校海外办学融资难题，助推我国教育“走出去”。

五、发挥综合经营优势，金融服务水平不断提高

加强综合经营，全年为省市重点企业承销债券 13 支，承销金额突破百亿元，债券承销市场占有率居省内同业前列。加强与国家开发银行子公司的业务合作，实现企业债、夹层投资、融资租赁等协同资金到位 41 亿元。拓展同业合作，全年销售金融债、信用债 37 亿元。全年实现利润 41 亿元，比上年增加 7 亿元，增长 20.0%。 （执笔：林小雪）

中国建设银行股份有限公司福建省分行

截至2014年末，全分行各项贷款余额3437.3亿元，当年新增396.6亿元；一般性存款余额3570.0亿元，当年新增134.8亿元，其中个人存款新增125.7亿元，企业存款新增9.1亿元；不良贷款余额37.5亿元，比年初增加21.2亿元，不良贷款率1.1%。

一、多渠道筹融资

争取总行向福建区域倾斜信贷资源，当年追加本外币贷款规模120.0亿元。加快信贷投放，当年累计投放贷款2045.0亿元，当年新增贷款396.6亿元，居全国建设银行系统第5位，增幅达到13.1%，高出全国建设银行平均水平2.5个百分点，占同业四行新增的39.5%。利用信托、租赁、直投等多渠道融通资金。当年仅通过投资银行渠道为客户融资达192亿元，比上年增加达88亿元。

二、支持重点项目及产业转型升级

2014年，支持福建省重点项目157个，授信金额635.9亿元，比年初新增70.5亿元；贷款余额222.5亿元，比年初新增74.5亿元。搭建"助保贷"平台，为小微企业产业集群提供融资服务。截至2014年末，已在省、市、县三个层级签订27个合作协议，搭建了25个"助保贷"平台，支持助保贷客户479户，累计发放贷款16.1亿元。服务城镇化建设。城镇化建设贷款业务开办2年来，累计审批通过城镇化建设项目21个，涉及贷款金额103.7亿元，发放城镇化建设贷款31.8亿元。当年设立助农取款点439个，增设31个离行式自助银行。服务闽台经贸合作。2014年成功开立了建设银行台北分行的人民币清算账户，当年与其合作办理换币贴现通、委托付款等业务达70亿元。率先成立中国建设银行"海峡两岸跨境金融中心"。服务外贸企业。截至2014年末，为企业办理各类跨境贸易融资产品1129笔，金额207.6亿元，开出融资性保函387笔，金额21.4亿美元。

三、服务民生改善

加大支持住房特别是普通住宅和保障性住房建设力度。截至2014年末，房地产开发贷款余额为264.2亿元，其中普通住宅项目和保障性住房项目开发贷款占到98.4%。当年发放个人住房贷款399.7亿元，其中支持经济适用房、保障性住房楼盘项目59个，发放个人贷款共计3.5亿元。重点支持各类个体工商户创业和经营，发放助业贷25.3亿元。支持教育、卫生、医疗、文化、节能等民生领域。截至2014年末，节能减排行业贷款余额289.5亿元，其中支持风电项目13个、支持垃圾焚烧发电项目10个；教育行业贷款余额30.6亿元，市场占比超过50%；卫生行业贷款余额27.8亿元，重点支持60家医院建设；文化行业贷款余额达36.6亿元。开办汽车分期、安居分期、账单分期、现金分期等多种信用卡分期付款业务，2014年信用卡分期交易额146.5亿元，直接拉动消费约200亿元。拓宽服务渠道，推广自助银行、网上银行、手机银行等便捷的金融服务。截至2014年末，共有自助银行731个，在运行自助设备4281台；个人网银客户815万户，交易量达3.4亿笔；企业网银客户13.9万户，交易量达3720万笔；手机银行客户713万户，交易量达3.6亿笔。

四、维护地方金融稳定

认真贯彻福建省委、省政府关于促进金融平稳运行和防控企业信贷风险等一系列举措，落实"五不"要求，对可持续经营的企业积极予以增贷支持；对困难企业按照"分类处理、区别对待"的要求，统一步调，共同化解潜在的风险隐患。当年共处置不良贷款36.6亿元，资产质量保持当地四行最好。

（执笔：周卉）

中国工商银行股份有限公司福建省分行

2014年末，全分行本外币各项贷款余额较年初增加210.65亿元，增长7.9%。其中，通过公司贷款、理财投资等表内外渠道新增近200亿元；本外币公司贷款余额同业占比保持商业银行第一。

一、支持实体经济

积极支持福建省在建续建重点项目，全年共对40个省重点项目投放76.57亿元贷款，并通过非信贷渠道为省级重点项目累计提供35.91亿元的融资。其中，对高速公路行业新增项目贷款31.76亿元，融资余额列四大国有银行首位。加大对战略性新兴产业、先进制造业、现代服务业、文化产业的信贷支持力度，"新四大产业"贷款比年初增加80亿元。着力解决小微企业融资难题，稳步推进"万家小微企业成长计划"，全年累放小微企业贷款315.07亿元。积极支持"三农"经济发展，涉农贷款全年新增82.53亿元。进一步加大对平潭综合实验区支持力度，作为四大银行中唯一一家为平潭管委会的基础设施建设提供了一笔10亿元的平潭股权基金，年末平潭综合实验区支行各项贷款新增额居同业第一。

二、业务创新

坚持客户为中心，以前瞻性的视野深入推进业务产品创新，不断提高综合金融服务能力和客户满意度。推进"商行+投行""表内+表外""境内+境外"运作，成功办理了全国首单股票收益权场内质押式回购业务、第一笔特定债权投资业务；与证券公司等机构开展新三板业务合作，以顾问身份参与企业新三板挂牌工作；发行了首款私人银行区域投融资产品"福建之星"。截至2014年末，金融资产服务业务余额142.65亿元，有效满足了客户和市场的新型金融需求。与18家本行境外机构开展了结构性融资、正反向汇兑通及双币证等产品合作，有效满足了外商投资和"走出去"企业的金融需求。创新健康行业服务模式，与莆系民营医院总商会签署一揽子战略合作协议，有效解决了民营医疗机构的融资需求。

三、便民金融

不断推陈出新，提升个人金融服务的内涵和品质，持续强化民生领域金融服务能力。紧跟互联网金融步伐，推进工银e支付、工行融e购电商平台等业务发展，满足了客户对互联网金融业务的需求。开发投产了银医一卡通应用系统、漳州市公租房租金收缴业务系统、电话POS跨行转账项目、公共事业缴费POS项目、"榕城通"卡ATM终端圈存项目、手机银行"掌上汇"项目等，金融服务让百姓生活更加便捷。重点支持以个人按揭为主的个人贷款发展，个人住房贷款比年初增加179.75亿元，有效满足市民购房资金需求。通过品种多样的信用卡产品，满足广大客户消费资金需求。2014年，信用卡发卡量新增17.2万张；信用卡贷款比年初增加55.1亿元，增幅居全国第3位；分期付款新增18.29亿元；消费额比上年提高44.4%，增量居全国第3位，7个地市消费额进入全国消费30强。

四、服务提升

围绕"打造服务质量最佳银行"的目标，精简流程、优化渠道，全方位提升服务品质和效率。优化信贷审批流程，全面实施信用卡审批集中管理，建立限时审批责任制，提高了审批效率。优化对公开户流程和业务集中处理系统，实现了客户服务"一个客户、一次填单、一次输密"，业务处理效率和客户体验明显改善。组建了数据分析师团队，通过自上而下的数据挖掘，提升精准服务和精准管理水平。成立了个金、公司、机构三大业务推进委员会，促进部门协调、信息共享和服务力量整合，快速解决为客户提供综合服务过程中遇到的问题和障碍。加强渠道建设，全年优化网点 34 家，完成全辖最后一家分理处和一家储蓄所的升格，为广大客户提供便捷高效的金融服务渠道。全力推进网点运营标准化改革，加快自助银行、电子渠道建设，并利用快捷发卡机、外出营销终端、存富宝机具的布放，延伸服务渠道，增强客户服务能力。加强服务精细化管理，实施了网点效率提升精确制导工程，依托排队管理系统，建立实时监测和预警响应机制，完成了“网点服务响应远程支持平台”建设，有效提升网点服务效率。2014 年，4 家网点从全国银行业 20 多万家银行网点中脱颖而出，被中国银行业协会授予“中国银行业文明规范服务千佳示范单位”，数量同业第一，5 家获五星级网点称号。

五、社会责任

对内，坚持以人为本，加大对特困员工的帮扶力度，关心员工身心健康，组织实施员工帮助计划项目（EAP）。对外，积极参与社会公益事业，看望慰问了屏南县代溪镇官岭村、寿宁管垅乡傍洋村等贫困山区，发动捐助“母亲 1+1”公益活动；开展各类志愿者服务活动，普及市民金融知识和金融风险意识，仅 2014 年共组织各项金融消费者权益保护知识宣传活动 600 多次，受众客户达 65 万多人，切实保护了金融消费者合法权益。积极落实就业创业扶持政策，建立“青年就业创业见习基地”，有序吸收优秀在校大学生来本行进行实地岗位见习，帮助在校大学生们积累工作经验、增强择业认识，提升从事金融职业的认知度，提高青年就业创业能力。推进绿色金融服务，大力推广电子账单，取消纸质账单打印，践行零碳信用卡，积极打造环保节约的企业形象。

（执笔：陈梅金）

招商银行福州分行

2014年，招商银行福州分行围绕总行“轻型银行”和“一体两翼”战略部署，立足海西经济区域特色，发挥产品特色和业务优势，各项业务实现快速发展，成立15年来保持安全运营无案件、无事故。截至2014年末，分行总资产达535.77亿元，各项自营存款余额436.91亿元，各项贷款余额355.17亿元。在福建银监局历年的监管评级中，分行均排名当地中小股份制银行首位。

一、支持海西建设

贯彻招商局集团与福建省政府签署的《深化战略合作框架协议》，落实与福州、莆田等地市政府签订的战略合作协议以及与福建省委宣传部签署《金融创新支持文化创新合作备忘录》，加强银政合作，支持地方经济发展；运用债券承销、“助保贷”等新兴产品，利用本行跨境平台等资源优势，有效拓宽企业融资渠道，为福建企业客户提供全方位的金融支持；加大对全省重点建设项目和优质企事业法人的授信支持力度，在对福州地区能源交通、装备制造、文投旅游、城乡建设与生态环保等产业的重点项目给予充足资金支持的同时，积极提供财务顾问、信贷融资、资金管理、投资银行、项目股权合作等金融服务。

二、服务小微企业

响应国家支持小微企业政策号召，结合海西区域市场和产业集群特点，运用生意贷、展翼通、网贷通等产品，创新推广“招行惠结算”网银费用全免活动，为中小企业提供零成本的网银结算服务；针对中小企业缺少固定资产抵押、资金需求频繁的特点，先后推出供应链金融、“随借随还”自助贷款等服务；针对省内新三板挂牌、待挂牌企业逐渐增多的情况，推出“三板贷”产品，满足企业挂牌不同时段资金需求。截至2014年末，行标小企业和小微企业贷款余额达172.71亿元。

三、网点建设

积极开展网点建设工作，福州东门支行、仓山支行以及莆田荔城支行正式对外营业，江南水都等7家社区支行的选址租赁工作顺利完成，为本行着力打造便民金融服务第一品牌打下良好的基础。与此同时，全面提升网点硬件水平，在全辖所有网点布设苹果三件套，推出了手机银行3.0版、掌上生活4.0版、网上银行7.0、微信银行、“一闪通”“小企业E家”等一系列服务创新，为客户提供便捷的互联网金融服务。

四、客户服务

丰富客户增值服务体系，发挥最佳零售银行的优势，发行地产基金、股权质押信托等多期高收益理财产品，为公众提供财富管理、消费金融、跨境金融等服务。多措并举强化服务意识，开展内训师“服务礼仪”送教上门活动，规范网点服务标准。

（执笔：李诗婷）

福建海峡银行

经济新常态催生金融新常态。2014年，福建海峡银行积极主动应对挑战，深入贯彻国家宏观经济政策和金融监管要求，认真按照福建省委、市委提出“做大、做强、做特、做优”的指示，明晰市场定位，深化改革转型，强化风险管控，提升服务水平，经营管理工作取得明显成效。

一、业务发展有突破

2014年，福建海峡银行存款等主要指标增速高于全国、全省平均水平，发展平稳向上。截至2014年末，存款余额635.62亿元，较年初增长10.7%；贷款余额459.90亿元，较年初增长15.3%。2014年，实现利润达9.94亿元，扣除多核销的利润比上年增长25.0%。缴纳税收突破5亿元，达5.54亿元，增长24.0%。截至2014年末，福建海峡银行资产总额突破千亿，达1078.34亿元，比上年末增长27.8%。

二、经营转型有成效

围绕做大做强做特做优，制定未来五年发展规划；主动作为，积极筹措资金，“输血”实体经济，新增省市重点项目授信额度220.00亿元，发放25.00亿元；新设城镇化金融部、文化产业金融部，实施零售支行转型和公司团队改革，提供专业化、特色化服务；重新规划后的资金与同业条线实现考核利润9.60亿元，是上年全年的2.4倍；开发“迷你贷”微贷产品，发放1083笔，金额2.18亿元，规划升级市民卡，做有效客户，做市民金融。

三、风险管理有举措

按照“全流程、全覆盖”要求，健全完善全面风险管理架构和体系；实施总行集中评审，提高评审专业和效率；创设售后服务，实施“双卡”（售后服务卡、授信廉洁卡）工程，提升厅堂人气；不良资产集中清收，全力化解风险；以合规重塑风险文化，开展为期一年的“合规发展”主题教育实践活动，合规保护自己，成就海峡银行。2014年，贷款不良率1.7%，低于全省1.8%的水平。

四、保障机制有活力

完善机构布局，开业南平分行，筹建厦门分行，推进实施等级支行、等级团队制度，赋予分支行更灵活高效的用人权，初步激活分支机构活力。按照市场化原则建立和培养职业化团队，加大人才引进，启动人事管理、薪酬体系改革，激活团队活力。开发集中作业中心（一期）等项目，建立内部资金与外部贷款定价管理机制和资金转移定价系统，重新激活科技、资源配置活力。

五、品牌文化有提升

营造安和乐利的团队文化，员工收入与业务收入同步增长，人工成本比上年增长17.0%，个人所得税缴纳增长20.6%；认真开展群众路线教育实践活动，提出了42条具体整改措施并实施推进。与团省委合作建立“青年就业创业见习基地”，设立行庆日，成立“海峡慈善基金”，传递正能量，主流媒体关注发布正面报道60多篇。

（执笔：刘新斌）

2-3-7-9　福建辖区证券业发展综述

一、2014年福建辖区资本市场概况

2014年，福建辖区（不含厦门，下同）资本市场总体平稳有序运行，上市公司质量稳步提升，证券期货经营机构持续发展壮大，直接融资渠道有效拓宽，场外市场建设有效推进。

（一）上市公司整体质量稳步提高

截至2014年末，辖区共有上市公司61家，总资产达49119.72亿元，净资产为4180.79亿元，分别比上年末增长21.2%、24.0%，分别居全国第4位和第8位。2014年，辖区上市公司累计实现营业收入3771.44亿元、净利润625.77亿元，分别比上年增长16.4%、17.3%；平均每股收益0.78元、平均净资产收益率16.5%，分别是全国平均水平的1.4倍和1.3倍。

（二）证券期货经营机构持续发展壮大

截至2014年末，辖区共有证券公司2家，期货公司3家，基金公司2家，证券投资咨询公司2家，证券、基金、投资咨询子公司或分公司31家（含筹建3家），证券期货营业部306家（含筹建11家）。截至2014年末，2家法人证券公司资产总额为827.10亿元，净资产为165.48亿元，分别比上年末增长107.9%、10.6%；3家法人期货公司资产总额为52.69亿元，净资产为5.98亿元，分别增长49.7%、8.6%。2014年，2家法人证券公司、3家法人期货公司分别实现净利润20.33亿元、0.38亿元，分别比上年增长117.4%、8.1%；全辖区证券营业部代理买卖证券总额68606.22亿元，期货营业部期货成交金额82651.14亿元，分别增长50.2%、13.2%。兴业证券、华福证券均被评为A类AA级，兴证期货首次被评为A类A级。2014年，新增福州集佳油脂有限公司（菜籽粕）等3个期货交割仓库。

（三）直接融资渠道有效拓宽

2014年，辖区上市公司、挂牌企业累计实现直接融资超过650亿元。其中，新增2家上市公司，首发融资13.17亿元；5家次上市公司通过定向增发、发行优先股等方式实现股权再融资169.79亿元；25家次上市公司通过发行公司债、短期融资券、中期票据等各类债券，融资472亿元；3家新三板挂牌公司定向融资2559.80万元；海交中心为福建挂牌企业提供融资13.05亿元。截至2014年末，辖区还有5家企业已过会待发行，9家企业已向证监会申报IPO，合计拟融资53.93亿元；32家上市公司启动再融资工作，拟再融资813.22亿元。

（四）场外市场建设取得重要进展

截至2014年末，辖区有新三板挂牌企业23家，另有12家企业在挂牌审核程序中，70多家企业与主办券商签约启动了改制挂牌相关工作。海交中心挂牌企业超过1200家，托管总股本6.08亿股，中心与省内13家银行签订了战略合作协议，合计授信额度达205亿元。另外，私募投资基金呈现出较好的发展趋势。截至2014年末，辖区已完成登记的私募基金管理人36家，已备案私募基金33只，管理规模达64.17亿元。

二、促进证券行业发展采取的措施

2014年，福建证监局大力推进监管转型，认真履行一线监管职责，创新监管思路和手段，加强和改进日常监管，有效维护了辖区资本市场的持续健康稳定发展。

（一）简政放权，稳步推进监管转型

一是落实简政放权。简化证券期货机构事前监管，全年取消、合并、简化备案类事项80项；完善后续监管衔接，整合行政许可类工作规程7项，修订业务监管工作规程11项，增订事后检查工作规程2项；及时发现并责令纠正不合规备案类事项2件

次。简化上市公司和拟上市公司事前监管，发文废止8份文件。

二是推行阳光审批。组织开发涵盖行政许可等“五项监管职能”和代销金融产品等“五个公示平台”的“双五工程”信息系统。全年公示证券期货机构行政许可审核进度表94期，覆盖93件审批事项的接收、受理和决定全过程。公示采取的上市公司行政监管措施7项，辅导备案企业信息41个，证券产品信息1324个，证券投资顾问830人，曝光非法证券投资机构和非法咨询公司145家。

（二）强化监管，坚决遏制市场违法违规行为

一是强化问题导向现场检查。全年对7家上市公司开展年报现场检查，对29家次上市公司专项核查，并延伸检查16个中介机构执业项目，检查发现问题269项，对1家公司立案稽查，对公司及相关中介机构采取6项行政监管措施；全年完成5家证券期货公司和44家证券期货营业部现场检查，发现问题53项，对相关机构当事人采取了下发警示函等行政监管措施，督促限期整改并予以分类考核扣分。

二是强化稽查执法联动。全年共开展案件调查37起，移送涉非线索2起，在本局互联网站公布非法网站、博客等链接145条。综合防控内幕交易，组织1500多人分期分批参观内幕交易警示教育展；督促有关市场主体报送了27次累计2253人次内幕信息知情人名单。

三是强化查审衔接配合。建立健全案件复核和案情沟通反馈制度，认真执行审理人员回避、主审一合议、逐层复核、及时公开接受监督、重大疑难问题征询意见等行政程序，严格依法开展案件审理和处罚工作。全年共对4个案件进行审理并执行了相应的行政处罚程序。

（三）促进规范，不断提升市场主体发展质量

一是紧盯上市公司信息披露。创新开展前期勘察、评说公司等年报审核方法，发现问题208项。加大对临时公告、媒体报道和股价异动的跟踪核实力度，累计编撰舆情周报42期，审阅媒体报道2461条，核实67家次公司的负面舆情153条，督促32家次公司发布澄清公告7条、股价异动公告32条，发表微博评论115条、转发256条，报送舆情16条。

二是推动证券期货机构合规经营。自主开展“强化合规风控，推进转型发展”“强化内部控制规范，夯实合规经营基础”等专项活动。督促证券期货机构完善以净资本为核心的风控指标监控体系，强化流动性监测，全年完成综合监管月报分析3516次，客户交易结算资金监控662次，风险监控系统监控662次，舆情监测3458次。督导证券期货机构开展信息系统应急演练994次，妥善解决了12起信息系统故障事件。

三是督导市场主体归位尽责。每半年召开上市公司、证券、期货、信息安全4个监管例会，编发4类监管简报，通报存在问题，提出监管要求，督促尽责履职。对7家上市公司开展公司治理回头看，督促对11名责任人启动问责程序。

（四）完善机制，努力探索投资者保护新路径

一是加强投资者保护宣传。组织开展“中小投资者权益保护宣传月”“整治非法证券集中宣传”“投资者教育进校园”等专项活动。督促证券期货机构举办投保活动1104场，督促7家上市公司举办投资者开放日活动，答复221个现场和网络提问。

二是完善投资者保护机制。督导完善投资者适当性制度，要求证券机构建立健全产品与服务风险等级划分等“四项制度”，督导自查并开展检查。建立中小投资者信息库，促进投资者意见征求机制常态化。推动设立福州仲裁委员会证券期货仲裁中心，拓展投资者维权渠道。畅通互联网举报平台、信访渠道和12386热线，完善投资者诉求处理机制。

（五）注重服务，积极发挥支持实体经济作用

一是鼓励上市公司做大做强。通过举办专题培训、深入公司调研指导、组织中介对接、编发典型案例、召开座谈会、加大培育服务力度等方式，引导上市公司和拟上市公司借力资本市场加快发展，实现转型升级。支持32家次公司实现直接融资654.96亿元，19家次上市公司完成或正在实施并购重组，已公告金额111.05亿元。

二是支持证券期货机构创新发展。积极落实创新会议精神，鼓励证券期货公司增资扩股和业务创新。支持证券公司申请并获得新三板做市商、互联网证券、权益类互换、港股通等业务资格。推动兴证期货获批基金代销业务资格。开展“期货走进企业”活动，推动期货经营机构走访调研企业964家，制定套期保值方案125个，举办培训145场。

三是推动场外市场发展壮大。积极培育新三板，在全辖20个市区县举办培训25场次，参训企业近1400家，走访座谈后备企业178家；推动全国股转系统与福建省发展改革委签订合作备忘录，推动12个市区县政府新出台新三板优惠政策；全年新增新三板挂牌企业23家。收集130家私募管理人信息，建立私募基金基础数据库。支持海峡股权交易中心发展。

（执笔：陈张玲）

2-3-7-9-1　福建辖区上市公司情况一览表

（2014 年）

上市公司简称	总股本（万股）	总市值（万元）	每股收益（元）	净资产收益率（%）
华映科技	77910.29	1230203.46	0.32	9.46
闽福发 A	94858.56	1273001.86	0.23	10.58
平潭发展	84740.70	1434660.11	0.08	6.39
三木集团	46551.96	253708.17	0.03	0.97
永安林业	20276.03	271901.54	-0.10	-6.30
阳光城	128423.55	1781234.69	1.22	27.30
泰禾集团	101717.80	1673257.80	0.77	22.20
漳州发展	52008.62	321413.27	0.16	6.17
中国武夷	38945.24	420608.64	0.29	8.10
闽东电力	37300.00	325629.00	0.07	1.67
新大陆	52033.67	1464227.38	0.54	15.80
七匹狼	75567.00	673301.97	0.38	6.15
众和股份	63525.82	602859.99	0.02	1.29
国脉科技	86500.00	525920.00	0.06	4.26
浔兴股份	15500.00	245675.00	0.50	11.78
冠福股份	62889.39	553426.67	0.01	0.42
三钢闽光	53470.00	329375.20	0.06	1.19
游族网络	27571.00	1331954.87	1.67	73.78
福晶科技	28500.00	286710.00	-0.05	-2.53
鸿博股份	29818.60	458013.70	0.09	3.24
圣农发展	91090.00	1152288.50	0.08	2.42
太阳电缆	45225.00	323358.75	0.37	14.00
星网锐捷	35106.00	958744.86	0.69	11.64
*ST 元达	27000.00	223290.00	-1.21	-56.22
榕基软件	62220.00	655176.60	0.04	1.64
天广消防	45644.12	560053.34	0.28	9.99
泰亚股份	17680.00	254768.80	-0.30	-8.42
海源机械	16000.00	240480.00	0.02	0.32
闽发铝业	17180.00	320407.00	0.21	3.64
雪人股份	16000.00	276960.00	-0.05	-0.71

2-3-7-9-1 续表　　　　　　　　　　（2014 年）

上市公司简称	总股本（万股）	总市值（万元）	每股收益（元）	净资产收益率（%）
兴业科技	24313.50	308052.05	0.49	7.57
福建金森	13868.00	257944.80	0.34	6.89
龙洲股份	20800.00	184496.00	0.10	1.94
海欣食品	14140.00	243066.60	0.13	2.30
中能电气	15420.70	185356.81	0.20	4.04
青松股份	38592.00	265512.96	0.14	9.00
元力股份	13600.00	147.696.00	0.06	1.63
纳川股份	41587.65	291113.55	0.12	4.48
富春通信	18090.00	223049.70	0.08	3.68
福建高速	274440.00	1045616.40	0.22	7.89
冠城大通	119334.21	966607.07	0.63	14.70
青山纸业	106184.16	388634.03	0.03	2.11
*ST 南纸	72142.00	375859.80	-0.78	-147.85
福日电子	38028.07	350238.57	0.29	8.02
龙净环保	42762.00	1496670.00	1.08	15.63
片仔癀	16088.46	1410636.08	2.73	16.21
福能股份	125834.73	1184104.83	0.73	24.35
凤竹纺织	27200.00	193664.00	0.04	1.59
惠泉啤酒	25000.00	227500.00	0.13	3.03
龙溪股份	39955.36	410741.07	0.12	2.34
福耀玻璃	200298.63	2431625.41	1.11	26.68
东百集团	34322.26	307527.44	0.43	12.83
实达集团	35155.84	177536.99	-0.11	-28.90
福建水泥	38187.37	347123.16	0.13	4.12
兴业银行	1905233.68	31436355.64	2.47	20.60
兴业证券	520000.00	7862400.00	0.34	12.87
九牧王	57463.72	741281.92	0.61	7.83
紫金矿业	2157281.37	5341685.63	0.11	8.42
永辉超市	325443.56	2834613.44	0.26	13.79
贵人鸟	61400.00	1029064.00	0.51	17.57
南威软件	10000.00	236800.00	1.16	14.83

2-3-7-9-2 福建辖区上市公司经营效益情况

（2013-2014 年）

年份	加权平均每股收益（元）		整体平均净资产收益率（%）	
	福建辖区	全国	福建辖区	全国
2013	0.74	0.55	16.88	13.58
2014	0.78	0.55	16.54	12.71

2-3-7-9-3 福建辖区企业在证券市场融资情况

（2013-2014 年）

年份	年底累计上市公司家数（家）			当年融资企业数（个）			当年融资金额（亿元）		
	福建辖区	全国	占全国比重（%）	福建辖区	首发	再融资	总计	首发	再融资
2013	59	2489	2.37	4		4	64.13		64.13
2014	61	2613	2.33	12	2	10	262.46	13.17	249.29

注：再融资家数及金额为股权再融资及发行公司债券家数及金额。

2-3-7-9-4 福建辖区证券公司发展情况

（1991-2014 年）

年份	证券公司				期货公司		
	企业数（个）	交易量（笔）	交易金额（亿元）	开户数（万户）	企业数（个）	交易金额（亿元）	开户数（万户）
1991	2						
1992	2						
1993	2						
1994	3	579109	89.93	1.76			
1995	3	511853	73.27	2.75			
1996	3	2915385	2370.83	6.11			
1997	3	5023838	2052.47	11.54			
1998	3	6272101	2551.03	14.44			
1999	3	6403338	2551.30	28.40			
2000	3	7735686	3298.08	39.82			
2001	3	3846792	1472.50	50.10			
2002	3	3714922	1709.51	53.48			
2003	3	3832845	3337.75	71.96			
2004	3	4614592	2757.72	76.64			
2005	3	3943657	1465.43	81.24			
2006	2	10161965	4855.01	91.87			
2007	2	57629015	23554.77	137.76			
2008	2	45616621	14167.39	149.19			
2009	2		37004.93	239.66			
2010	2		24166.49	235.00	2	30200.00	1.04
2011	2		24389.23	156.74	2	51629.19	1.32
2012	2		21542.25	230.88	3	135552.60	1.77
2013	2		32442.47	325.22	3	241545.01	3.64
2014	2		68806.22	395.22	3	200882.11	4.26

注：证券公司开户数为资金开户数；以上数据不包括厦门。

2-3-7-9-5 福建省部分证券公司发展概况

兴业证券股份有限公司

2014年，兴业证券股份有限公司积极把握市场机遇和行业发展趋势，各项传统业务和创新业务均取得较快发展，经营业绩实现了较大幅度的增长。全年合并报表营业收入56.09亿元，比上年增长81.0%，归属于母公司股东净利润17.82亿元，增长166.0%。其中，母公司报表营业收入43.63亿元，净利润15.07亿元，分别增长81.8%和151.0%，远高于行业（63.0%和119.0%）和上市券商（65.0%和108.0%）平均增长水平，营业收入和净利润均排名行业第17位，排名较年初分别上升2位和1位，市场份额分别从2013年的1.5%和1.4%上升到2014年的1.7%和1.6%。

公司多渠道筹措资金，完成短融券、次级债、公司债和收益凭证的发行，共募集资金181.5亿元，资本实力进一步增强。截至2014年末，公司合并报表总资产734.88亿元，比上年末增长102.5%，归属于母公司股东净资产146.83亿元，增长12.9%；母公司报表资产总额651.88亿元，增长105.9%，市场份额1.6%，净资产总额139.75亿元，增长10.8%，市场份额1.5%，净资本135.71亿元，增长45.8%，各项风险控制指标符合监管要求，分类评价继续保持目前行业最高等级A类AA级。

一、公司主营业务情况

（一）私人财富管理业务稳步增长

2014年，公司代理买卖证券业务净收入13.58亿元，行业排名第20位，较年初上升1位，市场份额从2013年的1.1%上升到2014年1.6%。托管A股市值5185亿元，比年初增长76.4%，行业排名第18位，市场份额从2013年的1.2%上升到2014年1.4%。产品销售353亿元，比上年增长70.53%。融资融券余额138亿元，比年初增长228.0%，行业排名第19位，市场份额从2013年的1.2%上升到2014年1.4%。股票质押和约定购回合计余额149亿，比年初增长153.0%，行业排名第6位。

（二）机构客户投资服务业务积极拓展服务客户的广度和深度

2014年，公募基金综合席位分仓收入行业排名13位，比上年上升1位，市场份额从2013年的3.0%上升到2014年的3.4%。服务公募基金、QFII/RQFII、保险社保和企业年金119家，比年初增加34家，其中QFII/RQFII等境外客户19家，比年初增加14家；服务保险公司20家，社保1家，比年初增加12家；服务的大客户150家，比年初增加60家，大客户资产343亿元，比年初增长190.0%。研究服务竞争力继续提升，在2014年“新财富”评选中，研究所荣获“本土最佳研究团队”第6名，比上年上升1位；在策略研究等三个领域荣获第1名，机构销售荣获“最佳销售团队”第1名。主经纪商业务也在积极推进中，公司已经获得证券投资基金托管业务资格，截至2014年末，托管产品6只、托管规模9.44亿元，其中运营外包服务产品4只，规模2.05亿元。

（三）机构客户融资服务业务保持良好的发展态势

2014年，公司承销业务净收入（不含保荐）4.02亿元，比上年增长39.0%，行业排名第15位，比上年上升1位。股权融资13家，市场份额2.0%，累计融资额107.15亿元，市场份额2.5%，融资额和家数行业排名分别为第18位和第12位；债权融资业务完成31只企业债、公司债和中小企业私募债的发行，市场份额2.7%，累计融资额184.45亿元，市场份额2.3%，融资额和家数行业排名分别为第13位和第8位；并购及财务顾问业务完成17家，财务顾问业务净收入0.7亿元，增长84.0%，行业排名27位，较年初上升6位，在中国证券业协会2014年度证券公司从事上市公司并购重组财务顾问业务执业能力专业评价中获得A类评级。

（四）资产管理业务推进产品创新与发行工作，业务规模继续增长

积极开展新产品发行和持续营销，大力推进产品创新，特别是定增类产品和上市公司员工持股计划在行业内处于领先地位，共发行29只定增类产品，规模37.58亿元；完成7单上市公司员工持股计划。资产管理业务净收入2.31亿元，比上年增长121.3%，行业排名第19位，较年初上升1位，市场份额从2013年的1.5%上升到2014年的1.9%。管理资产总规模1474.3亿元，较年初增长44.7%，行业排名第19位；其中，集合产品总规模123.55亿元，突破百亿元，比上年末增长160.3%，行业排名第12位，较年初上升9位，市场份额从2013年的1.3%上升到2014年的1.9%。

（五）证券投资业务抓住二级市场阶段性机会，取得较好收益

固定收益类投资业务投资收益率18.2%，权益类投资业务投资收益率29.0%，衍生品期货套利业务投资收益率14.2%，投资类收益市场份额从2013年的1.9%上升到2014年的2.3%。

（六）场外业务稳妥有序推进

获得全国中小企业股份转让系统做市业务资格以及权益类收益互换业务资格。2014年，完成17家新三板推荐挂牌项目，行业排名第25位，市场份额从2013年的1.3%上升到2014年的1.4%。柜台交易产品达40只，行业排名第8位。新三板做市业务顺利推进，已经为14家新三板挂牌企业提供做市交易服务。

二、子公司经营情况

各子公司总体保持良好经营态势。兴业全球基金公司规模和盈利大幅增长，2014年管理基金资产1142.39亿元，比上年大幅增长190.3%，其中公募基金资产规模913.97亿元，行业排名第16位，比上年提升14位。2014年，实现营业收入10.17亿元，净利润3.28亿元，分别增长61.0%和43.0%。兴证期货公司业务保持增长，2014年客户期末权益39.81亿元，较年初增长74.0%。2014年，实现营业收入2.24亿元，净利润0.36亿元。兴业创新资本公司继续做好自有资金、兴烨创投、新一代基金投资及投后管理工作，平潭创投基金及其管理公司已经完成设立工作。2014年，资产管理规模23.79亿元，项目投资情况良好；实现营业收入6621万元，净利润2657万元。兴证香港公司各项业务持续向好，已实现扭亏为盈。2014年，托管客户资产61.30亿港元，期货业务累计客户数459户、客户保证金规模2亿港元，资产管理业务设立3只RQFII产品，管理规模达11亿元，投行业务完成4单财务顾问业务和8单承销业务项目。

三、公司内部控制与风险管理情况

公司全面风险管理体系基本架构建设取得初步成效，制定了风险偏好声明、风险容忍度指标、风险限额指标，加强公司操作风险管理体系建设，完善全面风险管理信息系统。建立健全以风控经理为重点的双线管理风控模式，加强风控经理队伍建设。加强流动性风险和信用风险管理，落实流动性风险管理措施和流程，监测流动性风险限额，开展流动性风险压力测试；认真落实事前、事中、事后信用风险管理，完善信用风险管理方法。积极组织、推动、落实专项监管工作，认真落实完成内部控制与合规管理专项工作。2014年公司未出现重大风险事件。

（执笔：赵路）

信达证券股份有限公司

信达证券股份有限公司（以下简称“信达证券”）成立于2007年9月，由中国信达资产管理股份有限公司作为主要发起人，联合中海信托股份有限公司和中国中材集团有限公司，在承继中国信达投资银行业务和收购原汉唐证券、辽宁证券的证券类资产基础上设立，注册资本15.11亿元。2011年2月，公司注册资本增至25.69亿元。

信达证券秉承“崇德精业、诚信为本、规范经营、创新发展”的经营理念，以“客户利益至上”为经营原则，以“专业创造价值”为核心价值观，通过服务、产品、技术的创新，为客户提供专业、优质的服务，实现公司与客户的共同发展。

信达证券坚持“以人为本”的用人理念，努力营造“公开、公平、公正”的用人环境，高度重视员工培训和员工职业生涯规划，倾力打造优秀人才脱颖而出的竞争平台，建立和谐共进、充满活力、富于创新的员工文化，为公司的可持续发展提供生生不息的动力。

一、公司主要业务

（一）主营业务

公司业务资格齐备，拥有全部传统证券业务牌照和多种创新业务资格；公司服务平台完善，旗下拥有信达期货有限公司、信风投资管理有限公司、信达创新有限公司、信达澳银基金管理有限公司等4家金融服务子公司，3家分公司、81家证券营业部遍布全国。

公司以信达金融系统为依托，为企业提供一揽子金融解决方案。公司数年来通过债务重组、改制、引入PE投资、IPO、业务重组、公司债、企业债、股票增发等持续不断的服务，帮助企业成长发展。公司以打造精品项目为己任，为客户和投资者负责。

公司通过资产管理、证券经纪、信用交易、投资顾问、期货经纪、基金管理等业务平台，为客户打造全方位理财服务体系。利用遍布全国的业务网络，公司为超过100万客户提供快速稳定的交易通道、准确及时的投资资讯和超过60家金融机构发行的上千款金融产品。

2011年，公司首创客户保证金现金管理产品，拉开了证券行业客户现金系统性管理的序幕，为行业指明了新的利润蓝海。2012年和2014年，公司分别承销100亿元和200亿元资产管理公司金融债券，开创资产管理公司融资新渠道。

（二）投行业务

公司投资银行业务是在承继中国信达资产管理公司相关业务、团队、市场资源和经验基础上发展而来的。投资银行团队历史上承销与保荐业务取得了不俗的业绩，成功完成了20多家企业股票承销和财务顾问业务；2007年，担任了中国建设银行A股IPO的保荐、主承销工作。

公司债券融资业务拥有企业债（城投类、产业类）、公司债、金融债、中小企业私募债、中小企业集合债、资产支持证券等主承销资质，可以为客户提供全谱系的标准化债务融资服务以及根据客户需求提供量身定制的非标准化等结构性融资服务。公司累计债券主承销金额近500亿元人民币。

公司企业融资业务从企业发展初期的战略方向选择，到不同发展阶段的融资需求解决、再到IPO上市、借壳上市或“新三板”“四板”挂牌，再到上市后的再融资或挂牌后的定向增资，均可为企业提供相应的保荐、推荐或财务顾问服务。公司充分发挥证券公司在股权收购、资产重组、股权融资等方面的专业特长，为企业提供更为系统、灵活的融资方案。

（三）资管业务

公司以“规范、专业、创新、高效”作为开展客户资产管理业务的基本准则，坚持以“稳健经营、规范管理、强化风险控制、审慎投资、客户至上和创新领先”的投资原则，通过鲜明的投资风格、科学的投资管理模式、完备的风险控制体系、规范的操作流程，不断优化服务意识和质量，为客户提供高质高效的保值增值服务，并实现了资产管理规模的快速发展。

公司发行的理财产品线涵盖了FOF型产品、混合型产品、货币型产品、普通债券型产品和分级债券产品，形成了丰富完备的产品线。公司首创客户保证金现金管理产品——现金宝集合资产管理计划，被称之为“信达模式”，在业内产生了积极深远的影响。

（四）经纪业务

公司经纪业务积极探索由卖方业务向卖方、买方协同发展的全新商业模式转变，搭建以客户需求为导向，整合一体化业务链，最终形成一个客户、一个账户、系列产品、全面服务的统一服务体系，为各类客户提供一站式、综合化、差异化、个性化的产品和服务。与此同时，电子化交易、研究咨询、信达基金港等支持平台体系给公司的经纪业务发展提供了有力保障。

公司依托信达资产强大的金融背景，拥有丰富的投融资经验和类型齐备的金融产品，可以为各类型投资者提供资产配置的选择。

公司历经多年打磨，打造了一支知识全面、素质过硬的服务团队，能够为客户提供证券投资、金融市场资讯、理财产品等方面的专业建议，是客户财富稳健增长的“好伙伴”。

（五）期货业务

公司全资子公司信达期货有限公司（简称信达期货）注册资本3亿元人民币，总部设在杭州，下设14家营业部。经营范围包括商品期货经纪、金融期货经纪和期货投资咨询业务。信达期货是国内规范化、信誉高的大型期货公司之一。信达期货拥有中国金融期货交易所全面结算会员资格及上海、大连、郑州商品交易所三大期货交易所的全权会员资格，可为客户代理所有已上市品种的标准期货合约交易，向客户提供交易、结算、交割、信息咨询、培训等服务。

二、网点布局

信达证券按照现代企业制度建设的要求，建立了完善的组织架构和精简高效、权责明晰的组织管理体系，在北京、上海、深圳、广州、沈阳、成都等30个城市设立了证券服务机构。随着业务的发展，信达证券将进一步完善网点布局，构建更加科学高效的机构网络，使得公司能够在多个层面及时、准确的了解资本市场的信息，把握好市场发展的脉动，为投资者提供更加专业和针对性的服务，实现公司与客户的共同发展。

三、获奖情况

——“现金宝”理财产品荣获证券时报“怀新投资杯”中国最佳财富管理机构暨第五届中国最佳证券经纪商评选之“中国最佳资管创新产品”。

——获评东方财富网“2012年度最佳经纪业务证券公司”称号。

——被《理财周报》评为“2012中国券商[金方向]奖榜单之2012中国券商最佳资产管理团队”。

——获评2012中国金牌高成长企业及投行领导人峰会之“中国新锐投行”。

——荣获上海证券交易所2012年度“引导理性投资”年度评选优秀组织奖。

——荣获中国农业发展银行“2012年度优秀债券承销商”。

——“2014年度中国资本金桥奖”评选中荣获“最值得信赖证券公司”。

——2014年荣获东方财富风云榜“最佳投顾业务证券公司”奖。

——在新浪全景第二届全国投顾大赛中荣获“最具投顾实力券商”等奖项。

——2015年被评为首都文明单位标兵。

（执笔：游希）

2-3-7-10　福建省保险业发展综述

2014年，福建保险业完成了福建省委、省政府下达的保费收入比上年增长20%的任务。保险市场秩序总体稳定，全辖区未发生区域性、系统性风险，行业综合实力明显提升。

2014年，福建省保费收入规模首次突破500亿元，增速居全国第8位，高于全国平均水平2.3个百分点，24家保险公司增速超过20%。产险公司累计实现承保利润11亿元，承保利润率6.8%，高于全国平均水平6.0个百分点，居全国第6位。人身保险公司新单保费占比、新单期缴率等质量指标均优于全国平均水平。截至2014年末，福建省保险业总资产超过1200亿元，比年初增长14.0%。全省持有寿险保单的人比上年增长9.6%，接近1400万人次。全省保险业累计纳税达12亿元，增长20.0%，高于福建省地方税收增幅近10个百分点。

全行业以新观念、新产品、新服务为推动手段，获得政府认可、社会支持、百姓欢迎。据中国保监会福建监管局公布数据显示，2014年福建保险业顺利启动了福州、泉州两地小微企业贷款保证保险试点。出口信保为231.6亿美元的出口贸易提供了收汇保障，并通过保单融资业务协助出口企业获得银行贷款约44亿美元。保险资金在闽投资运用总额超过500亿元，当年新增81.3亿元。在参与社会管理方面，启动产品质量安全、电动车、食品安全以及电梯和充装气瓶等责任险试点，出台养老机构责任险、环境污染责任险的实施意见。与福建省公安厅建立了警保协作、共同打击保险领域违法犯罪的制度机制。在福建省内6个设区市51个县开办城乡居民大病保险，受托管理9个县（市）“新农合”，城镇职工大病保险也基本覆盖全省。新增茶叶种植、淡水养殖等保险试点，推动生猪价格指数保险，推进设施蔬菜和育肥猪保险等。农房保险连续9年全省覆盖，水稻种植保险和森林综合保险承保率均超过90%，高于全国平均水平。

2014年是保险业发展史上具有里程碑意义的一年。《加快发展现代保险服务业的若干意见》和《关于加快发展商业健康保险的若干意见》相继出台，为建设保险强国提供了制度保障。在福建省委、省政府的大力支持下，福建省政府即与中国保监会签署了合作备忘录，随后，《福建省加快发展现代保险服务业十二条措施》下发，成为全国第9个提出具体贯彻意见的省份。

尽管当前保险业发展面临着千载难逢的历史机遇和政策红利，但仍不能忽视结构单一，影响保险功能发挥的严峻挑战。截至2014年末，福建省车险市场占比高达74%，但增速比上年下降近3个百分点，且低于全国平均增速。非车险发展缓慢，连续3年保费占比低于全国平均水平。银保业务一枝独秀，2015年1-2月银邮渠道保费已占据人身险市场半壁江山，达到48.7%。尽管如此，人身险的保费增速也仅有9.8%。对银邮渠道的过度依赖严重影响人身险业务的可持续增长。在银邮渠道业务发展受限，而个险业务又因队伍弱、产能低、后劲不足无法发挥出业务发展的增长源作用时，势必导致人身险业务发展出现较大的萎缩。据保监会产险部粗略统计，2012年新车承保贡献率高达94%，2013年降至76%，2014年进一步降至74%。

2-3-7-10-1　福建省保险系统机构数

（2005-2014 年）

年份	财产保险公司			人寿保险公司		
	机构数（个）	职工人数（万人）	代理制销售人员数（万人）	机构数（个）	职工人数（万人）	代理制销售人员数（万人）
2005	505	0.56	0.40	971	0.66	5.03
2006	590	0.71	0.59	998	0.72	4.77
2007	783	0.81	0.86	1078	0.87	5.35
2008	1022	1.02	1.46	1218	1.15	7.59
2009	1022	0.99	1.51	1352	1.13	9.16
2010	891	1.01	1.29	1327	1.30	8.30
2011	897	1.15	1.13	1372	1.23	8.09
2012	928	1.26	1.13	1400	1.24	8.32
2013	961	1.29	1.15	1395	1.20	9.21
2014	991	1.49	1.14	1400	1.35	9.88

2-3-7-10-2　福建省保险公司业务经济技术指标

（2005-2014 年）　　单位：亿元

年份	保险金额		保费收入		赔款及给付	
	财产保险公司	人寿保险公司	财产保险公司	人寿保险公司	财产保险公司	人寿保险公司
2005	19503.20	14043.86	41.37	107.72	27.23	13.32
2006	26623.37	14472.18	52.36	121.99	27.78	17.03
2007	33331.54	26183.30	69.44	147.92	37.02	31.89
2008	58799.91	37200.85	81.21	209.47	49.57	40.61
2009	77706.63	37163.26	96.19	234.46	56.00	38.73
2010	71367.89	43103.10	132.74	290.87	65.44	37.46
2011	70943.49	31104.60	158.51	273.90	76.88	47.02
2012	100495.39	36089.27	184.40	293.30	94.73	55.08
2013	13779.21	44153.69	216.04	358.81	110.26	77.06
2014	163508.78	58991.13	251.71	434.11	130.14	84.85

注：2012 年起保险金额为有效保单保险金额，保费为原保险保费收入。

2-3-7-10-3 福建省部分保险公司发展概况

中国人寿保险股份有限公司福建省分公司

中国人寿保险股份有限公司福建省分公司是中国人寿下属一级分公司，主要经营福建省（不含厦门）的人寿保险、健康保险、意外伤害保险等各类人身保险业务，现行市场销售近100个险种，构筑了集储蓄、保障、年金、医疗、理财分红为一体的产品体系，是福建保险市场唯一一家年度保费收入上百亿公司。截至2014年末，全省共有87家分支机构，其中市级分公司8个，县市区支公司78个，拥有营销服务部517个、银邮渠道代理网点2036个，公司员工3257人，销售队伍29678人，是福建机构最全、人员最多、业务规模最大、资产实力最强的寿险公司。

近年来，公司坚持稳中求进，实施聚焦突破，深化改革创新，推进转型升级，不断迈向“品牌福建、富员强司”目标，各项工作呈现持续提升的良好态势。2014年，公司实现总保费121.42亿元，比上年增长2.0%，市场份额32.8%，领先主要竞争对手11.7个百分点。公司不断创新服务举措，改进和完善服务流程，提升服务质量，深入开展柜面服务升级达标活动，实行“一站式”服务；建立业务处理早晚班运行保障机制，业务处理时效在行业内、系统内保持领先；大力推广电话核保工作，开通24小时核保咨询服务电话；在系统内率先启用柜面标准化集成电子设备，全面推广免填单服务，大力推广电子化投保方式，方便客户随时随地投保；加强客户信息真实性排查工作，全面完成历史保单客户信息清理工作；全面推广服务流程体验活动，强化柜面服务意识，推进柜面直销服务。在总公司委托的第三方满意度调查中，公司客户服务总体满意度综合考评得分高于全国平均水平；加强投诉处理跟进、督导及指导力度，规范投诉处理流程，完善总经理接待日制度，改季度接待日为月度接待日，实现投诉处理率100%。持续强化员工队伍建设，提升专业化服务水平，加大考核力度和专业技能培训力度，通过现场培训、视频培训及岗位技能竞赛等持续提升队伍专业技能；倡导“合规为先”的理念，紧盯“零案件、零处罚、低风险”目标，严格按制度办理、按流程做事，强化重点风险管控，加大监督检查和指导力度，较好守住了不发生系统性、区域性风险的底线。

公司持续重视社会责任的履行和社会价值的实现，始终秉持社会责任与业务发展并重的理念，积极主动融入海西建设，充分发挥保险的风险保障功能。积极参与城镇居民大额补充医疗保险、新型农村合作医疗保险、农村居民特困医疗求助，不断扩大商业保险参与社会保障服务范围，提升服务水平，截至2014年末，为全省81.6万计生户、244.8万人提供计划生育家庭意外伤害保险，保障金额2036.7亿元；大病保险覆盖人群达222.7万人，报销7060人次；新农合经办业务和特困医疗救助服务受托管理基金达3.13亿元，服务人数110.1万人，补偿人次达47万人。公司倡导“厚德善行”企业文化，长期热心于各项扶贫帮困公益活动，积极开展全省生育关怀暨纪念第十届“母亲节”慰问活动、“牵手国寿、传递爱心”公益捐助等各类活动，与福建省见义勇为基金会联合开展2014年春季见义勇为助学活动，为26位受助对象发放助学金73800元；连续4年开展捐书助学活动，被福建省教育系统关工委授予“模范单位”荣誉称号，彰显了中国人寿“以人为本、关爱生命、创造价值、服务社会”的企业使命，展现了“撒播爱心、造福社会”的价值理念。

（执笔：卢星星）

中国平安人寿保险股份有限公司福建分公司

2014年，中国平安人寿保险股份有限公司福建分公司紧紧围绕“抓服务、严监管、防风险、促发展”的全保会精神，秉承总公司“队伍为基　部署未来”的战略规划，坚持执行“队伍为基　持续成长”的经营思路，全年实现业务规模、内涵价值与服务品质的协调发展。

2014年，公司总保费收入达到95.8亿元，比上年增长24.4%。其中，个险业务总保费收入80.7亿元，增长18.0%；银保业务总保费收入9.4亿元，其他业务渠道总保费收入计5.8亿元。总保费市场份额21.5%，有效客户数约267万人，缴纳税金18674万元，赔付支出达14亿元，各项指标稳居福建人身险市场前列。目前平安人寿在福建（含厦门）设有福建分公司、厦门分公司，下辖泉州中心支公司、漳州中心支公司、龙岩中心支公司、三明中心支公司等8家中心支公司，14家支公司，1家营业部及149家营销服务部，合计174家分支机构。分公司内勤员工将近1879人，保险代理人27613人。

2014年，公司以队伍建设为基础，严格落实周运作节奏，围绕基础管理、提升队伍收入、人力发展、营业部的自主经营等方面入手，推动业务、人力规模双优发展。紧跟市场变化及客户的需求，推出了少儿险“守护星”、防癌险“爱无忧”、医疗险“安康医疗”等新产品，满足客户多方位的需求。特别是防癌险“爱无忧”的推出，形态简单，价格便宜，保障充分，符合市场及客户的需求，深受客户的欢迎。客户服务方面，公司通过强化客户服务管理、业务员后援支持双向驱动，打造服务竞争优势，推行全流程服务支持，提升客户服务体验，为客户和业务员提供简单便捷、友善安心P-STAR五星服务。福州客服中心被福建保险行业协会评为“福建保险业优质服务窗口”，在质量万里行的评选中，被评为“优级窗口”。持续贯彻监管要求，开展并按时完成了年度案件风险预防与警示教育、信息真实性、销售误导滚动自查自纠、代签名和代抄录专项治理、案件风险管理等各项合规工作。同时还将合规管控融入日常工作，前后线以及共同资源的相关系统及制度方面均为合规经营提供有力保障。并通过晨会、张贴海报、邮件、培训会议等形式，对公司的合规、内控、反洗钱等工作进行宣导，要求内外勤员工在经营工作中掌握、运用合规知识，管控合规风险。

2014年，公司秉承“执善心 筑大业”的慈善理念，持续开展各项品牌公益活动。响应监管单位号召，积极参加“7•8”保险公众宣传系列活动，向社会大众传播寿险的意义和功用。携手福建省血液中心，举行主题为“泛爱众”无偿献血活动，参加人数达100多人，献血量近三万毫升。组织城市长跑活动，3000余名爱跑者一起完成了3公里的城市长跑路线，以实际行动倡导绿色健康生活方式，此次活动中，平安人寿以每一位受邀并完赛的客户名义捐建平安小球场。公司还不间断关注偏远地区的教育事业，分别对龙岩梅溪平安希望小学、漳州南靖长教平安希望小学、莆田仙游度尾平安希望小学进行了探视和校舍维护，为孩子们创造更好的学习生活环境。同时，积极开展“高校励志计划”活动，参加福州市保险行业协会倡导的捐书活动。积极践行平安作为企业公民应尽的社会责任。

（执笔：陈群）

中英人寿保险有限公司福建分公司

中英人寿保险有限公司福建分公司于2005年12月9日正式成立，是首家进驻福建的外资寿险公司。公司实行多元化的渠道策略，包括个人营销、银行保险、经代营销、直效与电话行销在内的四个销售渠道，为不同类别的客户、不同层面的需求提供寿险服务。

2014年，公司实现保费收入35625万元，比上年增长7.8%。新单保费为8392万元，下降8.9%。总保费收入目前在福建省内外资寿险公司中位列第1位。2014年，公司理赔支出1014万元，增长20.1%；满期给付9441万元，增长7.9倍；年金给付468万元，增长13.4%。

公司高度重视保险消费者权益保护工作，不断优化售后服务环节，提升服务质量及服务效率，保障保险消费者合法权益。同时积极开展各类活动，提升保险消费者的保险意识和维权意识。

——为保障客户权益、倾听客户声音，中英人寿总公司持续开展每月客户满意度回访活动，同时还进行半年度、年度的客户满意度调查项目，总公司聘请知名第三方调查机构分别对全国1200位投保人客户进行随机电话访问（其中福建分公司投保人客户随机回访135位），了解客户整体满意度。对在调查当中收集到的客户意见，均逐一由客服人员再次进行电话回访和跟进，根据客户提出的意见和建议整理成书面报告，并制定具体改善行动方案，以不断提升公司的服务水平，为广大保险消费者提供更优质、更贴心的服务。

——2014年8月起，公司根据《中国保监会关于开展人身保险失效保单清理专项工作的通知》的相关工作要求，对目前尚存的失效及永久失效保单逐步展开风险排查、追踪提醒客户尽快办理复效或退保等手续，保障客户保险消费权益，对跟进过程中发现的异常情况及客户反馈，及时调查处理，化解矛盾纠纷，避免矛盾升级。

——公司紧紧围绕“保险，让生活更美好”的主题，通过搭建形式多样的保险知识传播平台、保险优质服务展示平台、保险消费者权益维护平台，宣传普及保险知识、倡导科学理性的保险消费观念、努力提高客户风险意识和维护自身权益的能力，树立良好社会形象，为保险业的发展营造良好氛围。尤其是在3·15活动月期间，公司积极参加监管机构及行业协会举办的保险消费者权益保护活动，通过现场公众宣传活动及短信、微信等多种形式，宣传保险理念，普及保险知识。同时，在3·15前一周，每日执行高管服务日制度，由高管们亲自接待来访客户，倾听客户声音，切实解决来访客户需求，保障客户权益。

——公司积极响应中国保监会和福建保监局关于开展“7·8全国保险公众宣传日”活动的决定，按照2014年“爱无疆，责任在行”的活动主题，通过开展客户座谈会、邀请客户参观职场、微信问卷调查赠送增值服务及短信发送、职场宣传等多种方式相结合，邀请广大客户通过各种渠道走近保险公司、了解保险行业，倾听社会公众对保险行业的期待和心声，向社会公众普及保险知识，介绍保险功能作用，让社会公众真切感受“保险，让生活更美好”。

——2014年，公司陆续推出特色增值服务的内容和形式，传递关爱，提升客户服务体验感受：

1.2014年4月正式上线官方微信服务号。如使用中英人寿微信服务号可以提供在线咨询服务，客户或准客户可按指引发送所需咨询的问题类别代码获得指引，与中英人寿灵活互动。同时，客户可以随时随地享受自助服务：如点击“尊享服务”菜单中的“保单查询”，客户可自助进行保单信息查询、修改联系信息、预约投保，还可通过此次中英人寿重点打造的“理赔百宝箱”功能获得理赔指引，对于特定津贴型产品，客户更是可通过微信上传理赔资料，快速申请理赔，所上传资料经审核如符合赔付条件，理赔款将自动转入客户指定账户。微信理赔功能依托新的通讯技术，打破了时间和空间的限制，让客户切切实实感受到服务的贴心、便捷，得到客户的高度好评和赞许。未来，中英人寿将继续拓展微信服务号功能，给客户带来更多触手可及的美妙体验。

2. **2014 年 10 月，中英人寿与“春雨医生”健康咨询网站达成战略合作。**不管是否为中英人寿客户，只需关注或绑定中英人寿官方微信服务号，即可通过“爱健康”菜单中的“身体健康”，进行在线咨询自己的身体健康问题，春雨医生 24 小时在线，对提问的疾病或症状给予专业分析和建议。

3. **2014 年以来，中英人寿与国际 SOS 进一步深度拓展双方的合作领域，致力于为中英客户带来更全面、更专业、更贴心的保障与关爱。**与此同时，积极组织开展 24 小时电话家庭医生和全球紧急援助服务客户体验及推广活动，推动客户更深入了解公司增值服务，既传递公司对客户的关爱，也不断将客户服务往专业化、透明化方向推进。活动开展以来，得到客户的一致好评，加深了客户对公司品牌的信任度和忠诚度。

4. **2014 年陆续开展各类有意义的客户活动。**如品酒会、“星星点灯•关爱留守儿童公益计划”志愿者参与活动、观影等活动，增强了与客户间的互动性，通过服务体验，使得客户对公司文化有了新的认识和了解。

强强联手打造的中英人寿，秉承英方股东英杰华集团 300 多年专业保险经验，以高效的多元化行销体系，适合不同客户需求的优质保险产品及强大的服务支持系统，立足福建市场，致力于为广大客户提供优质全面的寿险服务。公司将进一步深耕机构发展、加强企业文化建设，提升客户服务品质，维护保险消费者权益，借助海西经济发展的有利形势，持续推进公司健康发展。

（执笔：许陈涛）

中国平安财产保险股份有限公司福建分公司

2014年，中国平安财产保险股份有限公司福建分公司在总公司“科技引领、拥抱变革”战略方针的指引下，积极进取，努力提升业务技能和经营管理水平，狠抓服务品质，在实现公司价值的同时努力为客户创造和传递价值，在服务海峡西岸经济区和建设和谐社会中发挥了应有的作用。

2014年，公司秉持“两法驱动、客户导向、专业价值、务实创新”理念，通过规则引领、中台驱动等一系列动作进行管理变革，不断提升经营管理水平和销售业绩。全年公司累计实现保费收入39.96亿元，比上年增长22.9%，市场份额20.7%，纳税贡献逾5.5亿元，进一步巩固了福建省第二大财产保险公司的地位。

业绩发展的同时，公司更持续关注客户服务品质提升。2014年6月，依托互联网技术，公司全面推行车险E理赔手持终端，对简易车损人伤类案件，实现了车险现场查勘定损、现场收单支付一步到位的极速理赔体验。2014年末，车险理赔模式再次转型升级，即改变以“车”为中心的理赔模式，向以“客户”为中心的线上理赔服务转变，并通过线下为主、线上为辅的多通道理赔服务模式，为客户带来更加简单、便捷、精准的车险理赔服务新体验。12月26日，这一“新高铁”理赔系统在福州、福清机构率先上线。该系统上线一小时内，共接报案4笔，并在1小时内全部结案支付成功，其中最快结案支付时长仅为12分42秒。

7月23日，台风“麦德姆”在福清高山镇登陆。公司提前部署应对，累计投入查勘人力263人，查勘车185辆，施救车91辆，24小时待命，全力以赴投入抗风救灾工作。麦德姆台风期间，公司累计接到相关报案538笔，当年共支付相关台风赔款315.04万元，结案率99.4%。其中，车险报案全部完成结案支付，最快1笔车险赔案处理经使用E理赔手持终端，全程仅用时17分钟，实现了公司抗风救灾理赔时效新突破。10月8日，福州某运输公司所属客车在广东揭阳沈海高速上发生被追尾，造成4人死亡、多人受伤的重大交通事故。当天，分公司立即启动重大事故应急预案，车、财联动，主动联系客户，帮助客户报案，并委托揭阳、汕头医疗查勘人员前往医院核查受伤人员身份信息及伤亡情况。考虑到本次事故案情重大、伤亡人员众多，为解客户燃眉之急，在交警部门暂未出具交通事故责任认定书的情况下，秉承以人为本原则，分公司开通绿色理赔通道，在一周内完成首笔100万元预赔款的支付，并积极帮助客户开展人伤调解。2014年，公司累计支付赔款18.3亿元，切实发挥保险救灾的基础功能，积极服务海峡西岸建设。

与此同时，公司深入贯彻落实福建省重大项目融资对接会会议精神，充分发挥平安集团在“资金、产品、渠道、网点、平台”的综合金融优势，以融资服务为介入点，积极为福建省政府、各地市、开发区等企业（省、市重点项目）搭建融资对接平台。当年，公司主动邀请平安集团旗下其他专业子公司，为福建省内有融资需求的40家企业提供服务支援，其中已成功落地武夷实业、新龙马汽车、福建六建等6个融资项目，落地融资规模逾6.3亿元；正在跟进中的储备项目18个，融资需求逾45亿元。

此外，公司还积极投身社会公益事业，践行企业公民职责。5月27日，联合福建8家平安专业公司，共同举办“泛爱众”2014年爱心献血活动；5月30日，携手福建省关心下一代工作委员会、福建省高院等单位开展“温暖童心 共筑梦想”活动，向贫困儿童及服刑人员未成年子女送祝福；9月10日至10月10日，推出“一元微公益，平安助学情”爱心助学活动，集内外部爱心之力，向漳州南靖县长教平安希望小学提供了2万元的援建基金、6640

元特困生助学金、一个爱心图书角及 2600 多件文体学习用品；12 月，联合南平市交警支队、南平市 FM88.8 电台共同举办“绿色出行，平安回家”大型交通知识宣传活动，倡导广大交通参与者文明出行、安全出行；联合晋江残联举办“寒冬送暖”活动，向贫困残疾人捐献被褥等过冬用品，以实实在在的公益之举，勇担社会责任。

凭借创新的服务举措、高效的理赔服务、稳健的经营发展，2014 年公司获得社会各界颁发的多个荣誉奖项：3 月 18 日，在福建省主流媒体《东南快报》牵头主办“第三届福建消费者信赖金融机构”评选中，第 3 次荣登“最信赖金融机构”榜单，并成为唯一上榜的财产保险公司；4 月 10 日，凭借年纳税总额 22797.48 万元，连续 3 年跻身福建省 2013 年度“纳税百强”榜单，排名第 55 位，较上年提升 41 个位次；10 月 27 日，在中国质量万里行促进会对福州市保险行业的产品售后（公众公共）、窗口单位服务质量的明察暗访中，获颁中国质量万里行促进会颁发的“优（A)”级最高评定；11 月 30 日，公司被福建省地方税务局直局税务分局、福州市国家税务局、福州市地方税务局评为“2012-2013 年度”纳税信用 A 级企业。8 月 20 日，公司总经理以全票成功当选福建省保险行业协会第五届会长。此外，分支公司多名员工荣获“福建省五一劳动奖章”“南平市十佳保险精英”等称号。

（执笔：王映薇）

2-3-8 房地产业

2014年，受全国房地产市场普遍下滑的影响，全省房地产开发投资增速明显回落，商品房销售面积持续下降，开发商资金情况偏紧，项目建设进度放缓，去库存的压力进一步加大。下半年，福建省政府出台《关于促进房地产市场平稳健康发展的若干意见》，各设区市也陆续出台相关政策措施，及时稳定了房地产投资增长速度，商品房销售量降幅逐渐收窄。

2014年，全省房地产开发投资4567.40亿元，比上年增长23.3%，增幅比上年回落7.8个百分点。按构成分，建安投资2922.73亿元，增长22.5%，增幅回落10.8个百分点；土地购置费支出1170.49亿元，增长36.6%，增幅提高12.1个百分点，对全省房地产开发投资增长的贡献率为36.3%，拉动投资增长8.5个百分点。土地购置费带动作用增强主要是受2013年新项目开工后土地购置费陆续入统和往年开工项目的部分土地购置费分摊的叠加影响。另一方面，建安投资的增幅回落，反映了市场开发建设的整体进度放缓。

受上年基数偏大及宏观走势的双重影响，2014年以来全省商品房销售持续下降，但从2014年下半年后，销售面积降幅逐步收窄。2014年，全省商品房销售面积4119.48万平方米，增速由一季度的下降18.0%、上半年的下降14.7%、前三季度的下降17.2%缩小到全年下降11.9%。其中，住宅销售面积下降16.0%，办公楼下降14.4%，商业营业用房增长18.3%，其他房屋增长23.7%。分设区市看，除厦门商品房销售面积略增0.4%外，其他各地均有不同程度的下降，福州下降23.2%，莆田下降10.3%，三明下降9.8%，泉州下降11.8%，漳州下降3.0%，南平下降9.0%，龙岩下降26.0%，宁德下降3.5%。

2014年，全省房屋施工面积30051.77万平方米，比上年增长14.3%，增幅比上年回落10.2个百分点。其中，住宅施工面积增长10.6%，回落10.5个百分点；办公楼施工面积增长32.8%，回落5.3个百分点；商业营业用房面积增长20.6%，回落13.1个百分点；其他房屋面积增长20.0%，回落9.4个百分点。主要年份福建省房地产开发投资完成情况见下表。

2014年，全省房屋新开工面积6754.06万平方米，比上年下降6.1%，与上年增长34.6%形成较大反差。

从全国看，2014年全国房地产开发投资95036亿元，比上年增长10.5%。其中，住宅投资64352亿元，增长9.2%；办公楼投资5641亿元，增长21.3%；商业营业用房投资14346亿元，增长20.1%。

2014年，全国房地产开发企业房屋施工面积726482万平方米，比上年增长9.2%。其中，住宅施工面积515096万平方米，增长5.9%。房屋新开工面积179592万平方米，下降10.7%，降幅扩大1.7个百分点。其中，住宅新开工面积124877万平方米，下降14.4%。房屋竣工面积107459万平方米，增长5.9%，增速回落2.2个百分点。其中，住宅竣工面积80868万平方米，增长2.7%。

2014年，全国商品房销售面积120649万平方米，比上年下降7.6%。其中，住宅销售面积下降9.1%，办公楼销售面积下降13.4%，商业营业用房销售面积增长7.2%。

注：本文数据均为快报数。

（摘编：林舒）

福建省房地产开发投资完成情况

项目	2000	2005	2010	2013	2014
企业数（个）	1922	2596	3634	3187	3280
完成投资额（亿元）	207.37	540.39	1818.86	3702.97	4567.40
本年资金来源（亿元）	276.86	803.93	2631.31	5767.04	5726.13
#国内贷款	44.78	156.85	432.46	747.66	752.62
利用外资	24.94	14.81	18.17	21.58	23.32
自筹资金	54.21	217.15	1099.64	2016.51	2479.19
施工面积（万平方米）	3422.88	6107.75	14189.73	26287.28	30051.77
本年新开工面积（万平方米）	1102.85	2196.57	4679.56	7193.01	6754.06
#住宅	891.87	1727.38	3399.53	4795.83	4193.81
本年竣工面积（万平方米）	1009.36	1576.16	2242.47	3369.76	3583.57
#住宅	771.81	1304.85	1715.87	2338.06	2568.02
土地购置面积（万平方米）	901.07	1822.55	1540.42	1591.13	1294.16
商品房销售额（亿元）	168.96	605.09	1611.32	4232.08	3763.52
#住宅	119.39	481.90	1300.13	3410.57	2939.58
商品房销售面积（万平方米）	810.65	1913.84	2575.62	4676.16	4119.48
#住宅	675.73	1720.56	2139.26	3957.46	3324.10

2-3-9 旅行社及相关服务业

2014 年，福建旅游业坚持“百姓富•生态美”的有机统一，围绕“1135”旅游产业发展总体思路，充分发挥生态和对台优势，着力创新引领发展，推进公共服务体系建设，促进旅游产业转型升级。全年全省接待入境游客 544.98 万人次，比上年增长 6.4%。其中，接待外国人 195.06 万人次，增长 9.4%；台湾同胞 225.39 万人次，增长 5.5%；港澳同胞 124.53 万人次，增长 3.6%。在入境旅游者中，过夜游客 486.10 万人次，增长 6.2%。国际旅游外汇收入 49.12 亿美元，增长 7.4%。全年全省接待国内旅游人数 22887.70 万人次，增长 17.1%；国内旅游收入 2405.84 亿元，增长 20.1%。全省旅游总收入 2707.67 亿元，增长 18.4%。

据福建省旅游局统计，截至 2014 年末，全省共有旅行社 849 家，其中一般社 766 家，出境社 82 家，外资旅行社 1 家。

2015 年 2 月 9 日，中国国家标准化管理委员会发布《旅行社出境旅游服务规范》和《旅行社服务通则》两项国家标准，于 2015 年 8 月 4 日起实施。

《旅行社出境旅游服务规范》国家标准对组团社出境旅游产品提出了具体的产品要求和设计要求，规范了组团社《旅游产品计划说明书》具体内容；对营销服务、出境旅游组团合同文本、组团社的履约义务、安全保障义务、领队接待服务以及应急问题处理等作出了具体规定；对包括奖励旅游和同业合作两种新兴业态的服务作出了特别规定。该标准要求组团社应建立健全应急预案和应急处理机制，建立保持畅通的沟通渠道，维护旅游者的合法权益。该标准还要求组团社对旅游者的投诉应认真受理、登记记录，依法作出处理。组团社应设专职人员负责处理旅游者投诉。对于重大旅游投诉，组团社主要管理人员应亲自出面处理。组团社应建立健全投诉档案管理制度。

《旅行社服务通则》国家标准对旅游产品的基本分类、新产品开发、产品说明书、产品设计等提出了要求；从营业环境、销售人员、销售原则、销售方法、报名手续等方面对产品销售作出了规定；从服务的具体环节、发生争议的处理、导游领队的管理、突发事件的处理等方面对旅游服务进行了规范；强调了旅行社应当建立内部管理机制，引导旅行社规范发展。该标准还规定，对旅游者进行行前告知与安全提示，严格履行合同约定，导游、领队不应以任何借口脱离团队，中断提供旅游服务，损害旅游者权益。

2015 年，福建旅游工作思路是围绕全面打响“清新福建”品牌，着力构建“清新福建”旅游产品、公共服务、品牌推广三大体系，推动旅游产品向观光休闲度假并重，旅游服务向优质服务，传统营销方式向创新营销方式三大转变；推进区域、产业、闽台三大融合，加快旅游业科学发展跨越发展。

（摘编：林舒）

福建省旅游业发展情况

（2010-2014 年）

项　目	2010	2011	2012	2013	2014
国内旅游人数（万人次）	**11417.07**	**13595.01**	**16659.74**	**19542.03**	**22887.70**
住宿设施接待人数	5902.00	7140.22	8078.39	8854.94	9917.23
居民家庭接待人数	599.81	695.00	1123.62	1673.25	2019.23
一日游游客人数	4915.26	5759.79	7457.73	9013.84	10951.43
国内旅游收入（亿元）	**1135.07**	**1361.66**	**1702.44**	**2003.41**	**2405.84**
外省游客消费	655.16	769.63	922.62	1034.66	1057.92
本省多日游游客消费	342.28	425.00	512.55	620.39	962.23
一日游游客消费	137.63	167.03	267.27	348.36	385.69
国内游客构成（%）					
一、按性别分					
男	57.0	57.2	56.0	60.4	54.0
女	43.0	42.8	44.0	39.6	46.0
二、按年龄分					
14 岁以下	0.9	1.2	1.1	0.9	1.2
15-24 岁	18.8	17.2	16.5	29.7	24.6
25-44 岁	54.9	53.5	53.4	53.1	54.3
45-59 岁	20.4	22.9	23.7	14.8	17.8
60 岁以上	5.0	5.2	5.3	1.5	2.1
国内游客消费构成（%）					
交给旅行社	11.5	10.7	11.1	11.2	7.8
长途交通	24.0	23.6	23.0	17.2	17.9
住宿	17.1	16.5	16.5	21.7	20.8
餐饮	12.5	13.9	13.5	14.7	16.8
购物	17.0	17.5	18.8	14.8	13.9
游览	5.9	5.9	5.7	4.8	6.2
娱乐	5.1	5.3	4.7	5.2	5.7
市区交通	2.3	2.1	2.1	2.0	4.5
邮电通讯	1.2	1.0	1.0	0.7	
其他	3.4	3.5	3.5	7.7	6.4

注：由于 2012 年泉州市旅游局进行旅游普查，故调整 2010 年和 2011 年国内旅游人数和收入及分项数。

2-3-10　2014年福建税收收入主要统计指标

2-3-10-1　福建省三大产业

（2014

项　目	合　计	国　内 增值税	一般纳税 人增值税	国　内 消费税	营业税	企　业 所得税	个　人 所得税
合　计	39862472	8761439	8476337	2411941	5817251	8340217	2166858
一、第一产业	34770	6862	5013		4143	6480	5475
二、第二产业	19774667	6571752	6511416	2200083	1528214	3191229	751497
（一）采矿业	520036	217964	197697		15586	95485	30024
煤炭开采和洗选业	175832	114336	96214		13441	24134	11362
石油和天然气开采业	1399						1236
黑色金属矿采选业	131619	28292	28173		248	7044	880
有色金属矿采选业	140539	42201	41994		100	45883	12980
非金属矿采选业	59321	32403	31031		1355	13589	1845
其他采矿业	11326	732	285		442	4835	1721
（二）制造业	15179172	5453792	5416247	2200083	49854	2006229	402426
农副食品加工业	211488	145783	145482		1203	31925	5800
食品制造业	232742	135440	135037		1579	59205	10777
酒、饮料和精制茶制造业	276868	146375	145950	51666	736	56743	4895
烟草制品业	1658986	270401	270400	1200035	274	58619	7937
纺织业	312432	190547	189148		1176	55802	23991
纺织服装、服饰业	676163	419741	407115		1320	167703	25316
皮革、毛皮、羽毛及其制品和制鞋业	831734	539028	537670		925	203157	28478
木材加工和木、竹、藤、棕、草制品业	83894	58078	57052	18	880	7251	3482
家具制造业	108591	67633	65426		726	16605	7474
造纸和纸制品业	238887	130113	129850		1932	72775	7932
印刷和记录媒介复制业	65560	38012	37475		847	15007	2895
文教、工美、体育和娱乐用品制造业	159302	106073	105362		1107	24492	4984
石油加工、炼焦和核燃料加工业	1074962	123983	123981	872041	933	2200	6223
化学原料和化学制品制造业	255246	142820	142606	59	899	67256	11020
医药制造业	112513	60220	60219		498	34655	5900
化学纤维制造业	67208	37159	37087		1371	15178	2143
橡胶和塑料制品业	425128	225781	225024	11139	1461	129328	11162

税收收入情况

年）　　　　　　　　　　　　　　　　　　　　　　　　　　单位：万元

城市维护建设税	房产税	印花税	城镇土地使用税	土地增值税	车辆购置税	车船税	耕地占用税	契税	其他个税
1064252	**619052**	**297715**	**383358**	**2133747**	**889387**	**147828**	**318646**	**1266597**	**5244184**
661	**2613**	**1781**	**1649**	**602**	**2148**		**1032**	**1313**	**11**
625543	**247373**	**114911**	**207075**	**30422**	**9032**	**42**	**60324**	**44028**	**4193142**
11567	**1372**	**987**	**1839**	**257**	**333**	**1**	**133**	**81**	**144407**
6412	256	314	622	199	66		35	11	4644
	4		44		64		51		
1627	369	131	162		15		13	11	92827
1769	500	312	545	58	72		31	33	36055
1404	192	125	355		26	1	3	26	7997
355	51	105	111		90				2884
474178	**218973**	**78106**	**187400**	**15996**	**7732**	**10**	**39942**	**28001**	**4016450**
6288	7771	4093	6582	159	80		686	1118	
9854	6110	1816	5627	390	209		1146	585	4
8223	3568	772	3142	86	2		456	182	22
115715	3779	1009	1179		38				
10535	11294	4112	10972	81	448		2263	1211	
28855	11229	4825	8443	327	737		1576	1381	4710
26522	13196	5057	12390	898	459	1	714	909	
4381	2475	954	4284	238	39		1327	486	1
4497	4051	1047	4160	350	457		1064	525	2
7511	8182	2126	7081	401	68		344	422	
2697	2484	478	1821	271	849		40	159	
6758	6393	1102	5696	699	22		1421	549	6
59246	980	1687	3908	724	12		1024	1993	8
7303	6393	3739	7446	1185	127	1	4506	2128	364
4092	2757	501	2267		52		1220	351	
1483	3307	1867	2752	1059	45		516	254	74
17910	13153	3337	9326	354	83		1235	854	5

项 目	合 计	国内增值税	一般纳税人增值税	国内消费税	营业税	企业所得税	个人所得税
非金属矿物制品业	699423	426716	419088		3629	135588	41981
黑色金属冶炼和压延加工业	169615	122682	122336		1817	16196	4100
有色金属冶炼和压延加工业	121646	63290	63233		581	34738	4302
金属制品业	297345	156037	154606		2790	79799	14383
通用设备制造业	461292	230740	229855		2204	46283	14570
专用设备制造业	344307	129030	128660		1202	45379	9559
汽车制造业	644732	311730	311663	64534	1468	83322	14480
铁路、船舶、航空航天和其他运输设备制造业	488747	174179	173942	591	872	26609	3338
电气机械和器材制造业	803404	388524	388249		3173	185980	41652
计算机、通信和其他电子设备制造业	880967	466137	465715		9404	277566	52725
仪表仪器制造业	69135	39725	39685		827	15829	4477
其他制造业	3406855	107815	104331		4020	41039	26450
（三）电力、热力、燃气及水的生产和供应业	**1519157**	**895163**	**893557**		**16595**	**454445**	**53646**
电力、热力生产和供应业	1342831	830730	829220		10061	371154	48927
燃气生产和供应业	125878	44442	44441		3722	68619	2454
水的生产和供应业	50448	19991	19896		2812	14672	2265
（四）建筑业	**2556302**	**4833**	**3915**		**1446179**	**635070**	**265401**
房屋建筑业	1034286	152	116		538591	317358	97062
土木工程建筑业	354674	926	750		201362	79167	36274
建筑安装业	637265	2070	1731		401798	109643	76912
建筑装饰和其他建筑业	530077	1685	1318		304428	128902	55153
三、第三产业	**20053035**	**2182825**	**1959908**	**211858**	**4284894**	**5142508**	**1409886**
（一）批发和零售业	**3657523**	**1554265**	**1432647**	**211767**	**75758**	**719976**	**152598**
批发业	2966391	1165141	1131817	199178	49609	596532	98831
零售业	691132	389124	300830	12589	26149	123444	53767
（二）交通运输、仓储和邮政业	**617854**	**223378**	**207928**		**37578**	**189362**	**76130**
交通运输业	542411	210909	196478		31702	163064	67003
仓储业	45319	6530	5852		2489	16949	2915

年）　　　　　　　　　　　　　　　　　　　　　　单位：万元

城市维护建设税	房产税	印花税	城镇土地使用税	土地增值税	车辆购置税	车船税	耕地占用税	契税	其他个税
22232	18322	4814	22093	779	73	2	4141	2314	16739
7493	5631	2503	4879	1962	4		121	1999	228
3607	7577	3017	3337		38		266	354	539
11972	11728	4122	10835	808	136		3020	1708	7
9624	7632	1905	7428	412	844		1851	988	136811
6249	6174	1412	5672	255	48	2	1680	780	136865
13135	7931	2589	6502	964	53		665	548	136811
2529	2145	705	3126	445	6		249	332	273621
20893	9912	3913	8189	987	121		2084	1144	136832
31530	20171	9134	8177	1505	1124		1558	1908	28
4087	1980	550	1241	122	8		130	159	
18957	12648	4920	8845	535	1550	4	4639	2660	3172773
53459	**19825**	**9227**	**10951**	**2515**	**179**	**6**	**1293**	**741**	**1112**
48821	17072	7349	6491	846	36	3	881	336	124
3235	748	1426	682		113	3	80	354	
1403	2005	452	3778	1669	30		332	51	988
86339	**7203**	**26591**	**6885**	**11654**	**788**	**25**	**18956**	**15205**	**31173**
31897	2526	9018	1489	8483	333	1	6485	6794	14097
11819	981	5692	3208	1797	176		5382	834	7056
23655	1876	6375	844	569	44	19	2619	6059	4782
18968	1820	5506	1344	805	235	5	4470	1518	5238
438048	**369066**	**181023**	**174634**	**2102723**	**878207**	**147786**	**257290**	**1221256**	**1051031**
118123	**55143**	**72977**	**20264**	**24788**	**8618**	**41**	**5392**	**11196**	**626617**
87713	35953	58916	13245	21983	1657	36	3663	8327	625607
30410	19190	14061	7019	2805	6961	5	1729	2869	1010
16916	**24127**	**7178**	**11190**	**6227**	**14956**	**1103**	**6311**	**3202**	**196**
15315	16433	6062	7204	4782	14851	1091	2295	1504	196
829	4252	924	3260	1445	48	12	4016	1650	

项　目	合　计	国　内 增值税	一般纳税 人增值税	国　内 消费税	营业税	企　业 所得税	个　人 所得税
邮政业	30124	5939	5598		3387	9349	6212
（三）住宿和餐饮业	**269515**	**321**	**48**		**158067**	**33496**	**30408**
住宿业	126767	58			67988	16075	10394
餐饮业	142748	263	48		90079	17421	20014
（四）信息传输、软件和信息技术服务业	**699170**	**140618**	**135356**		**91003**	**311419**	**82691**
电信、广播电视和卫星传输服务业	431680	84402	83653		80131	198299	41078
互联网和相关服务	5068	799	542		638	504	2261
软件和信息技术服务业	262422	55417	51161		10234	112616	39352
（五）金融业	**3999208**	**3135**	**2581**	**91**	**1353164**	**1903027**	**440199**
货币金融服务	3231972	2303	1820	91	1122838	1709367	276965
资本市场服务	196024	115	72		30075	66550	91780
保险业	407340	28			164236	21886	58215
其他金融业	163872	689	689		36015	105224	13239
（六）房地产业	**7350307**	**1232**	**851**		**2092338**	**1563810**	**228977**
（七）租赁和商务服务业	**827748**	**77068**	**41737**		**219927**	**184361**	**115132**
租赁业	37138	7253	2768		7516	10897	2358
商务服务业	790610	69815	38969		212411	173464	112774
（八）科学研究和技术服务业	**276670**	**59188**	**47061**		**27456**	**52423**	**42184**
（九）居民服务、修理和其他服务业	**565094**	**32427**	**21232**		**174552**	**113974**	**78884**
（十）教育	**62312**	**298**	**255**		**11394**	**11754**	**32702**
（十一）卫生和社会工作	**60485**	**5**	**1**		**2094**	**4079**	**47795**
（十二）文化、体育和娱乐业	**111773**	**16225**	**15159**		**20534**	**20988**	**28701**
#新闻和出版业	20616	8915	8610		727	2384	6316
广播、电视、电影和影视录音制作业	14026	6668	6212		716	3312	1618
体育	27121	45	37		2536	9465	12572
娱乐业	43893	119	94		14298	5154	7086
（十三）公共管理、社会保障和社会组织	**574678**	**1875**	**269**		**6891**	**6010**	**49495**
（十四）其他行业	**980698**	**72790**	**54783**		**14138**	**27829**	**3990**

年）

单位：万元

城市维护建设税	房产税	印花税	城镇土地使用税	土地增值税	车辆购置税	车船税	耕地占用税	契税	其他个税
772	3442	192	726		57			48	
10658	21288	639	3590	6370	3075	2	472	1107	22
4536	16158	378	2796	6089	799	1	461	1014	20
6122	5130	261	794	281	2276	1	11	93	2
20889	14155	3355	3575	315	29385		384	1380	1
13190	10522	1200	2563	42	51			202	
331	191	251	66		27				
7368	3442	1904	946	273	29307		384	1178	1
92169	29566	17821	2510	2532	450	146323	2292	5920	9
75667	24136	13010	1892	2074	162		42	3425	
2302	1744	400	366	343	7	2		2331	9
11061	2595	2564	199	82	49	146321		104	
3139	1091	1847	53	33	232		2250	60	
132432	111580	42389	97134	1939200	867	8	105619	1029629	5092
21507	44719	13478	15096	58978	1128	36	40654	35018	646
935	4868	607	1443	109	289	7	11	646	199
20572	39851	12871	13653	58869	839	29	40643	34372	447
6155	4678	3188	4537	1139	177	1	13154	62299	91
13641	30819	7462	10855	17884	1603	50	23055	59621	267
794	2233	203	470	1513	584		191	176	
160	831	565	111	4457	196		47	142	3
2340	4641	372	2125	14567	172		362	742	4
641	1020	85	224	55	-13			262	
381	958	106	119	3	99			46	
177	1305	27	484	136	9		306	55	4
949	836	59	1072	14203	8			109	
996	22337	10489	1708	11411	1627	209	35468	8090	418072
1268	2949	907	1469	13342	815369	13	23889	2734	11

2-3-10-2 福建省分企业类型

（2014

项 目	合 计	内资					
		小 计	国 有 企 业	集 体 企 业	股份合 作企业	联 营 企 业	#国 有 控 股
一、税收收入合计	**39862472**	**26427951**	**4126412**	**162933**	**249273**	**18543**	**6559**
增值税收入	13698977	6835623	1840987	29977	6673	6652	2234
#一般纳税人	8476337	5248741	754189	28468	6458	6563	2234
小规模纳税人	285102	147277	6361	1509	215	89	
消费税收入	2520997	1836469	994094	9	12		
营业税	5817251	5171937	363008	32949	51169	1938	119
企业所得税	8340217	6146265	466716	63767	148814	3789	652
个人所得税	2166858	1673656	118007	9402	31387	3213	2547
资源税	119549	115117	6460	1319	249	14	
城市维护建设税	1064252	787312	76759	3715	3509	1345	622
房产税	619052	438647	45977	10094	2509	484	245
印花税	297715	240515	14132	869	1180	92	26
城镇土地使用税	383358	282373	15913	2951	1161	245	104
土地增值税	2133747	1636651	45472	7208	889	12	10
车船税	147828	143698	4252	13	89	43	
车辆购置税	889387	148507	8776	486	455	621	
烟叶税	78041	78041	78041				
耕地占用税	318646	290884	17519	107	43	82	
契税	1266597	602256	30299	67	1134	13	
二、非税收入合计	**7226788**	**5983946**	**634284**	**68976**	**18821**	**4960**	**1974**
教育费附加收入	505125	372945	34795	1922	1833	594	267
地方教育附加	336160	247983	23094	1278	1224	391	179
文化事业建设费收入	8950	6875	29	28	8		
税务部门罚没收入	2569	2125	100	85	4	1	
残疾人就业保障基金	85592	68600	4934	451	425	166	116
社会保险基金收入	6028966	5057580	555244	63135	14077	3336	1081
基本养老保险基金收入	3386245	2802329	407825	40350	4286	1793	473
失业保险基金收入	312116	255078	31047	3074	1206	445	301
基本医疗保险基金收入	2002142	1731296	94259	16691	7821	973	276
工伤保险基金收入	164791	133359	10845	1636	422	54	16
生育保险基金收入	129829	101675	7822	1140	331	71	15
其他社会保险基金收入	33843	33843	3446	244	11		
其他非税收入	259426	227838	16088	2077	1250	472	331
地方水利建设基金收入	88004	80028	6009	646	389	362	327
价格调节基金收入	143034	127543	9387	1366	851	84	1
其他收入	28388	20267	692	65	10	26	3
附列资料：工会经费收入	**84289**	**61423**	**3557**	**560**	**462**	**42**	**11**

税收收入情况

年）　　单位：万元

企业				港澳台投资企业	#国有控股	外商投资企业	#国有控股	个体经营	附列资料：乡(镇)企业
股份公司	#国有控股	私营企业	其他企业						
17231845	**5215877**	**3909459**	**729486**	**5117314**	**357453**	**6269725**	**856342**	**2047482**	**4391742**
3481059	547390	1426667	43608	2885124	10405	3833485	137392	144745	617540
3061653	547370	1372773	18637	1691593	10405	1511187	137392	24816	605038
60238	20	53894	24971	12317		5579		119929	12502
840529	330774	1817	8	94731	5749	588728	534429	1069	3085
3934157	1262887	677244	111472	263943	87229	161303	35715	220068	1039580
4532292	1869765	866329	64558	1156745	3498	1037207	44143		921345
1099130	348790	246570	165947	110410	20852	169043	43430	213749	377371
86688	44878	13317	7070	2689	3	270	16	1473	39320
586191	218032	105148	10645	106528	19455	151418	21743	18994	159900
268978	82860	62908	47697	91737	20471	65167	11961	23501	133456
163993	39909	43262	16987	25504	4162	25019	4441	6677	63393
200640	48893	54638	6825	54675	10534	41716	7421	4594	125693
1292825	285786	252165	38080	285913	171108	164577	14070	46606	435915
138603	57324	317	381	2719	121	1380	380	31	6760
38862		67658	31649	726		115		740039	
138216	42376	18902	116015	4394	106	6356	844	17012	143705
429682	36213	72517	68544	31476	3760	23941	357	608924	324679
3086825	**846782**	**696219**	**1473861**	**553015**	**98944**	**607820**	**123129**	**82007**	**854971**
274305	102286	54412	5084	51985	9282	71066	10141	9129	92143
182820	68485	36136	3040	34684	6213	47414	6779	6079	61182
3451	150	3307	52	350	76	222	39	1503	2459
1220	111	543	172	53	22	114	70	277	835
42015	12199	10914	9695	8638	1427	8238	1880	116	11093
2426943	635485	541208	1453637	446993	79809	466092	98222	58301	645166
1493694	388379	327970	526411	267220	46494	276648	57327	40048	380391
153005	47739	29275	37026	26259	3457	28595	4924	2184	31063
652294	170658	149888	809370	124413	25901	133087	31333	13346	185068
65944	15058	18875	35583	15558	2258	14524	2551	1350	29136
59732	11620	15156	17423	13543	1699	13238	2087	1373	16551
2274	2031	44	27824						2957
156071	28066	49699	2181	10312	2115	14674	5998	6602	42093
48157	16111	23531	934	2790	1308	3915	1957	1271	16115
90546	11170	24384	925	3568	742	6592	4030	5331	25978
17368	785	1784	322	3954	65	4167	11		
41926	**7779**	**13178**	**1698**	**11900**	**1518**	**10725**	**1853**	**241**	**18828**

2-3-10-3 福建省营业税分企业

（2014

项目	合计	内资					
		小计	国有企业	集体企业	股份合作企业	联营企业	#国有控股
一、建筑业	1446179	1401634	132090	15673	10759	1190	23
房屋建筑业	538591	527786	38342	7109	8438	13	
土木工程建筑业	201362	198840	31561	2139	547	175	23
建筑安装业	401798	388290	45415	3475	1259	305	
建筑装饰和其他建筑业	304428	286718	16772	2950	515	697	
二、交通运输、仓储及邮政业	37578	34718	7140	369	10	6	6
（一）交通运输业	31702	29937	4311	353	10	2	2
铁路运输业	3320	3320	2200	109			
道路运输业	18756	18635	1818	183	2	1	1
水上运输业	1840	1694	171	16		1	1
航空运输业	5429	5364	36				
管道运输业							
装卸搬运和运输代理	2357	924	86	45	8		
（二）仓储业	2489	1479	333	16		4	4
（三）邮政业	3387	3302	2496				
三、住宿和餐饮业	158067	86682	5350	1077	113		
住宿业	67988	47171	4873	676	104		
餐饮业	90079	39511	477	401	9		
四、信息传输、软件和信息技术服务业	91003	69560	8471	5	259	15	
电信、广播电视和卫星传输服务	80131	59525	8464		259	6	
互联网和相关服务	638	628					
软件和信息技术服务业	10234	9407	7	5		9	
五、金融业	1353164	1330167	107366	1239	39561	34	
货币金融服务	1122838	1109139	97795	1239	39049		
资本市场服务	30075	29443	424				
保险业	164236	158539	4244				
其他金融业	36015	33046	4903		512	34	
六、房地产业	2092338	1704878	51400	5040	54	39	20
七、租赁和商务服务业	219927	190761	10292	2318	112	251	39
（一）租赁业	7516	5955	329	262	60		
（二）商务服务业	212411	184806	9963	2056	52	251	39
广告业	1227	1200	13				
知识产权服务	68	60	15				
旅行社及相关服务	4082	4013	441	6	2		
其他商务服务业	207034	179533	9494	2050	50	251	39
八、科学研究和技术服务业	27456	26407	3207	266	16	9	1
九、居民服务、修理和其他服务业	174552	155289	9475	3832	97	215	2
十、教育	11394	11316	1520	175	2	7	
十一、卫生和社会工作	2094	2006	3	16			
十二、文化、体育和娱乐业	20534	14899	386	51		5	5
十三、其他行业	182965	143620	26308	2888	186	167	23

类型税收收入情况

年）　　　　　　　　　　　　　　　　　　　　　　　　　　　　　　　　单位：万元

企业								
股份公司	#国有控股	私营企业	其他企业	港澳台投资企业	#国有控股	外商投资企业	#国有控股	个体经营
965743	51635	260340	15839	15101	3435	4957	1177	24487
370844	17293	101421	1619	5727	3040	763		4315
130922	21141	30707	2789	10		603	427	1909
259448	4216	69828	8560	5713	346	1425	87	6370
204529	8985	58384	2871	3651	49	2166	663	11893
26148	13249	929	116	821	236	2000	970	39
24608	12818	545	108	690	236	1063	267	12
1011	295							
16047	9650	486	98	83	78	32	18	6
1491	1008	5	10	65	7	81	49	
5328	1676			4	4	61	58	
731	189	54		538	147	889	142	6
1055	410	66	5	97		889	695	24
485	21	318	3	34		48	8	3
49780	10183	28031	2331	18421	6202	17935	3722	35029
29369	7723	10370	1779	8594	2545	8989	2379	3234
20411	2460	17661	552	9827	3657	8946	1343	31795
48534	18105	10233	2043	9972	3709	11363	4969	108
39711	14721	9048	2037	9573	3704	10938	4692	95
510	46	118						10
8313	3338	1067	6	399	5	425	277	3
1179653	801283	2266	48	9930	1840	12697	3244	370
969576	712119	1457	23	5233	1610	8262	2690	204
28802	16574	204	13	456	76	176	90	
154295	58423			3656	154	2041	260	
26980	14167	605	12	585		2218	204	166
1322927	285469	295703	29715	180215	68320	75932	17026	131313
129816	34350	32583	15389	7410	815	12477	273	9279
2882	449	1192	1230	264	35	900	54	397
126934	33901	31391	14159	7146	780	11577	219	8882
696	148	432	59					27
27		18						8
2996	722	224	344	167		1		1
123215	33031	30717	13756	7079	780	11576	219	8846
15217	2012	3353	4339	538		80		431
99015	13549	18448	24207	2090	288	2553	527	14620
2258	403	1529	5825	1		15	15	62
277		171	1539					88
6586	685	6081	1790	1329	303	1881	198	2425
88203	31964	17577	8291	18115	2081	19413	3594	1817

2-3-10-4 福建省企业所得税分企业

（2014

项目	合计	内资					
		小计	国有企业	集体企业	股份合作企业	联营企业	#国有控股
合计	**8340217**	**6146265**	**466716**	**63767**	**148814**	**3789**	**652**
（一）采矿业	**95485**	**90116**	**9624**	**808**	**30**		
煤炭开采和洗选业	24134	24134	4015	368			
黑色金属矿采选业	7044	7044	800	177			
有色金属矿采选业	45883	45612	131	9			
非金属矿采选业	13589	13181	4677	254	30		
其他采矿业	4835	145	1				
（二）制造业	**2006229**	**775366**	**41136**	**4500**	**989**	**1025**	**343**
农副食品加工业	31925	22090	87	55	4	1	
食品制造业	59205	38667	190	483	19	1	
酒、饮料和精制茶制造业	56743	9107	2	78	13		
烟草制品业	58619	58619	30955				
纺织业	55802	30876	24	60	17	340	29
纺织服装、服饰业	167703	48403		25	12		
皮革、毛皮、羽毛及其制品和制鞋业	203157	60891		48	31	143	
木材加工和木、竹、藤、棕、草制品业	7251	5251	1	142	25	4	
家具制造业	16605	10256	2	5	2		
造纸和纸制品业	72775	14500	24	64	34		
印刷和记录媒介复制业	15007	9886	307	192	9		
文教、工美、体育和娱乐用品制造业	24492	9400	11	101	7		
石油加工、炼焦和核燃料加工业	2200	1703		1			
化学原料和化学制品制造业	67256	44137	200	102	9		
医药制造业	34655	24542	18	86	9	69	69
化学纤维制造业	15178	3164		43			
橡胶和塑料制品业	129328	26606	2	63	102		

类型税收收入情况

年）　　　　　　　　　　　　　　　　　　　　　　　　　　　　　　　　　　　　　单位：万元

企业							
股份公司	#国有控股	私营企业	其他企业	港澳台投资企业	#国有控股	外商投资企业	#国有控股
4532292	**1869765**	**866329**	**64558**	**1156745**	**3498**	**1037207**	**44143**
73859	**59588**	**5498**	**297**	**625**	**209**	**4744**	**4594**
17952	15711	1502	297				
4599	3943	1468					
44139	39094	1333		230	209	41	2
7070	839	1150		395		13	
99	1	45				4690	4592
493187	**37875**	**233407**	**1122**	**586871**	**2818**	**643992**	**5006**
17611	672	4332		3696		6139	
34434	451	3540		10182		10356	
6670	217	2344		7585	1009	40051	734
27664	741						
10501	2150	19747	187	18638		6288	
24009	51	24356	1	110870		8430	
38867	662	21802		105668		36598	
2860	27	2219		1186	-514	814	3
7984	21	2263		3304		3045	
9048	1	5330		30674		27601	
6944	-19	2434		3687		1434	
5589	3	3692		9735		5357	
754	80	948		260	211	237	34
20202	3508	23624		13854	223	9265	173
23944	10851	416		7365		2748	
451	-5	2670		8358		3656	
18041	73	8398		48329		54393	

2-3-10-4 续表 1 (2014

项　目	合　计	内资					
		小　计	国　有企　业	集　体企　业	股份合作企业	联　营企　业	#国　有控　股
非金属矿物制品业	135588	100231	291	306	459	443	237
黑色金属冶炼和压延加工业	16196	8653	56	360	36		
有色金属冶炼和压延加工业	34738	23503	8	10	8		
金属制品业	79799	41774	2	47	32	9	
通用设备制造业	46283	17775	860	50	46	2	2
专用设备制造业	45379	15765		11	9		
汽车制造业	83322	8861	55	12	36		
铁路、船舶、航空航天和其他运输设备制造业	26609	14510	5905	6			
电气机械和器材制造业	185980	48303	392	2105	61	6	
计算机、通信和其他电子设备制造业	277566	38826	55	3	6	6	6
仪表仪器制造业	15829	11207	1	9	1		
其他制造业	41039	27860	1688	33	2	1	
(三)电力、热力、燃气及水的生产和供应业	**454445**	**350804**	**94516**	**4655**	**319**	**188**	**162**
电力、热力生产和供应业	371154	281636	91956	4179	314	36	11
燃气生产和供应业	68619	57542	414	3	1		
水的生产和供应业	14672	11626	2146	473	4	152	151
(四)建筑业	**635070**	**610953**	**27583**	**6771**	**8984**	**238**	**4**
房屋建筑业	317358	316583	7417	3422	8182	7	
土木工程建筑业	79167	78803	10230	1168	324	22	4
建筑安装业	109643	105393	5831	1171	286	117	
建筑装饰和其他建筑业	128902	110174	4105	1010	192	92	
(五)批发和零售业	**719976**	**602501**	**207373**	**2658**	**103**	**202**	**18**
批发业	596532	509042	205829	1482	52	133	16
零售业	123444	93459	1544	1176	51	69	2
(六)交通运输、仓储和邮政业	**189362**	**143123**	**10213**	**665**	**12**	**150**	**44**

年）

单位：万元

企业				港澳台投资企业		外商投资企业	
股份公司	#国有控股	私营企业	其他企业		#国有控股		#国有控股
54150	1755	44535	47	27375		7982	
9393	6580	-1192		1590		5953	
22610	-122	867		4688		6547	1383
22396	1086	19269	19	20583	1081	17442	
10640	329	6177		5850		22658	
8921	94	6819	5	16022		13592	1
6222	23	2536		18201	804	56260	2570
7021	3920	1077	501	2427	4	9672	2
36058	1280	9676	5	56196		81481	
34338	3426	4066	352	39872		198868	106
9915		1281		2803		1819	
15950	20	10181	5	7873		5306	
245402	**127696**	**4614**	**1110**	**72468**		**31173**	**2662**
180197	123188	3874	1080	64228		25290	8
56712	704	412		6752		4325	2654
8493	3804	328	30	1488		1558	
430717	**33488**	**132911**	**3749**	**22588**	**7**	**1529**	
229722	18768	67207	626	741		34	
50434	8429	15537	1088	22		342	
72720	3408	24059	1209	4017		233	
77841	2883	26108	826	17808	7	920	
305751	**42917**	**85748**	**666**	**41051**	**66**	**76424**	**2630**
241389	32270	59551	606	32682		54808	10
64362	10647	26197	60	8369	66	21616	2620
107717	**53007**	**21621**	**2745**	**16492**		**29747**	**13585**

2-3-10-4 续表 2 （2014

项　目	合　计	内资					
		小　计	国有企业	集体企业	股份合作企业	联营企业	#国有控股
交通运输业	163064	131568	9821	648	12	150	44
仓储业	16949	3223	392	17			
邮政业	9349	8332					
（七）住宿和餐饮业	**33496**	**19006**	**1013**	**267**	**22**		
住宿业	16075	8266	891	171	17		
餐饮业	17421	10740	122	96	5		
（八）信息传输、软件和信息技术服务业	**311419**	**116332**	**1270**	**28**	**2**	**4**	
电信、广播电视和卫星传输服务	198299	73975	1257			1	
互联网和相关服务	504	494					
软件和信息技术服务业	112616	41863	13	28	2	3	
（九）金融业	**1903027**	**1801227**	**11351**	**37091**	**137935**		
货币金融服务	1709367	1662029	6447	37090	137935		
资本市场服务	66550	55949	470	1			
保险业	21886	21563	571				
其他金融业	105224	61686	3863				
（十）房地产业	**1563810**	**1258477**	**28016**	**2188**	**12**	**1839**	
（十一）租赁和商务服务业	**184361**	**173368**	**8810**	**1794**	**165**	**81**	**80**
租赁业	10897	7820	814	330	47		
商务服务业	173464	165548	7996	1464	118	81	80
（十二）科学研究和技术服务业	**52423**	**50038**	**12314**	**410**	**114**	**26**	
（十三）居民服务、修理和其他服务业	**113974**	**92574**	**10974**	**1449**	**100**	**36**	**1**
（十四）教育	**11754**	**11462**	**1489**	**147**	**1**		
（十五）卫生和社会工作	**4079**	**4058**	**1**	**6**	**16**		
（十六）文化、体育和娱乐业	**20988**	**11600**	**163**	**36**			
（十七）公共管理、社会保障和社会组织	**6010**	**6008**	**442**	**55**			
（十八）其他行业	**34309**	**29252**	**428**	**239**	**10**		

年） 单位：万元

企业 股份公司	#国有控股	私营企业	其他企业	港澳台投资企业	#国有控股	外商投资企业	#国有控股
100799	52498	17393	2745	15266		16230	4428
2129	502	685		1159		12567	9157
4789	7	3543		67		950	
12796	1859	4546	362	7270		7220	
5440	1243	1527	220	4514		3295	
7356	616	3019	142	2756		3925	
92825	50119	18935	3268	96523		98564	1934
56284	41289	13534	2899	92155		32169	
380	237	114				10	
36161	8593	5287	369	4368		66385	1934
1606831	1258422	7595	424	22419	337	79381	13456
1479006	1215227	1501	50	11049	327	36289	13286
55160	32996	313	5	10533	10	68	20
20992	9161			1		322	
51673	1038	5781	369	836		42702	150
917989	146977	302815	5618	253192	61	52141	181
129721	38227	26708	6089	4853		6140	1
5688	138	641	300	2002		1075	
124033	38089	26067	5789	2851		5065	1
20025	2434	5174	11975	1600		785	6
60127	2020	9514	10374	18864		2536	50
914	61	881	8030	215		77	
991	564	1794	1250	0		21	
6635	610	1919	2847	9271		117	33
1589	627	373	3549	0		2	
25216	13274	2276	1083	2443		2614	5

2-3-11　2014年福建省环境状况公报

一、综述

2014年，在福建省委、省政府坚强有力的领导下，全省环保系统和有关部门认真贯彻落实党的十八大和十八届三中、四中全会精神，全面深化环保领域改革，正确处理经济发展与环境保护、严格监管与优质服务的关系，深入实施生态省战略，加快建设生态文明先行示范区，各项重点工作持续加强。在经济社会快速发展的同时，环境质量继续保持在较优水平。12条主要水系水质保持优良，23个城市空气质量均达到二级标准。城市声环境基本保持稳定，辐射环境质量总体保持良好。森林覆盖率继续位居全国首位，生态环境状况指数继续保持在全国前列。

同时，全省环境形势仍不容乐观，经济社会发展与资源环境压力的矛盾仍较突出，面临着保持现有环境质量、深入推进污染减排、防范环境风险的三大压力。维护生态环境安全，建设机制活、产业优、百姓富、生态美的新福建任务艰巨。

二、水环境

全省水环境质量总体保持良好水平。主要水系水质保持优良，城市内河水质有所改善，个别集中式生活饮用水源地水质下降，主要湖泊水库水质变差，近岸海域海水水质保持稳定。

十二条主要水系

全省 12 条主要水系共设置 135 个省控水质监测断面，其中行政区间交界断面 49 个。按《地表水环境质量标准》（GB 3838-2002）评价，水质状况为优。水域功能达标率为 98.1%，比上年下降 0.3 个百分点；Ⅰ类-Ⅲ类水质比例为 94.7%，下降 0.5 个百分点。

◆闽江　闽江水质为优，水域功能达标率和Ⅰ类-Ⅲ类水质比例分别为 99.7%和 98.8%，前者与上年持平，后者比上年提高 0.6 个百分点。闽江各河段中，建溪、富屯溪、干流南平段、干流福州段的水域功能达标率均为 100%，沙溪为 98.9%。与上年水域功能达标率相比，建溪、富屯溪、干流南平段持平，干流福州段提高了 1.4 个百分点，沙溪下降了 1.1 个百分点。

◆九龙江　九龙江水质良好，水域功能达标率和Ⅰ类-Ⅲ类水质比例分别为 90.8%和 86.7%，分别比上年下降 0.9 个百分点和 2.5 个百分点。九龙江各河段中，北溪龙岩段、北溪漳州段和西溪的水域功能达标率分别为 88.9%、85.7%和 97.6%。与上年水域功能达标率相比，北溪龙岩段、北溪漳州段持平，西溪下降 2.4 个百分点。

◆其他水系　木兰溪、萩芦溪、交溪、霍童溪、敖江、晋江、漳江和东溪水域功能达标率均为 100%，汀江为 96.3%、龙江为 95.8%。与上年水域功能达标率相比，龙江提高了 4.1 个百分点，汀江下降了 3.7 个百分点，木兰溪、萩芦溪、交溪、霍童溪、敖江、晋江、漳江和东溪持平。

城市内河

全省城市内河水域功能达标率为 87.9%，比上年提高了 8.0 个百分点。长乐、泉州、龙海、龙岩和福安等 5 个城市内河水域功能达标率均为 100%。

集中式生活饮用水源地

9 个设区市的 30 个集中式生活饮用水源地水质达标率为 84.5%，比上年下降 14.9 个百分点。平潭综合实验区的 1 个集中式生活饮用水源地水质达标率为 100%，与上年持平。14 个县级市的 25 个集中式生活饮用水源地水质达标率为 99.8%，提高了 0.1 个百分点。44 个县城的 61 个集中式生活饮用水源地水质达标率为 100%，与上年持平。

主要湖泊水库

全省 11 个主要湖泊水库水域功能达标率为 56.5%，比上年下降 2.8 个百分点。

福州西湖水质为Ⅴ类，达到相应的水域功能要求；厦门筼筜湖水质为海水劣四类，未能达到相应的水域功能要求。

莆田东圳水库、三明泰宁金湖、三明安砂水库和宁德古田水库水质均达到相应的水域功能要求，泉州惠女水库和龙岩棉花滩水库部分水质未能达到相应的水域功能要求，福州东张水库、福州山仔水库和泉州山美水库水质未能达到相应的水域功能要求。

以湖泊水库综合营养状态指数评价，福州西湖为轻度富营养状态，其余湖泊水库均为中营养状态。

近岸海域海水

根据《海水水质标准》(GB 3097-1997)，按站位比例评价，全省近岸海域一类、二类水质占 57.6%，比上年下降 3.0 个百分点，三类水质占 12.1%，四类和劣四类水质占 30.3%。按面积比例评价，符合第一类及第二类海水水质标准的海域面积占全省近岸海域面积的比例为 65.1%，提高了 1.2 个百分点，第三类、第四类和劣四类比例分别占 9.6%、9.3%和 16.0%。

根据 2011 年省政府批准实施的《福建省近岸海域环境功能区划（修编)》，按近期（2011-2015 年）水质保护目标评价，全省近岸海域环境功能达标率为 46.8%，与上年持平；按功能区类别评价，环境功能达标率为 64.5%，比上年提高 3.2 个百分点。

6 个沿海设区市中，按水质保护目标评价，漳州海域功能达标率最高，为 90.9%；宁德和厦门海域最低，为 16.7%。按功能区类别评价，漳州海域功能达标率最高，为 100%；厦门海域达标率最低，为 16.7%。

10 个主要港湾中，按水质保护目标评价，围头湾、东山湾和诏安湾功能达标率为 100%，其他港湾不同程度低于水质保护目标要求；按功能区类别评价，湄洲湾、围头湾、东山湾和诏安湾功能达标率为 100%，其它港湾不同程度低于功能区划要求。

措施与行动

福建省政府出台《关于进一步加强重要流域保护管理切实保障水安全的若干意见》（闽政文[2014]27 号）和《福建省河长制实施方案》（闽政办[2014]120 号)，全面推行“河长制”，加强流域水环境保护。制定《福建省集中式饮用水水源保护区划定、调整与取消工作规则》，规范水源保护区划定和调整工作。出台《福建省实行最严格水资源管理制度考核工作实施方案（试行)》，全面启动最严格水资源管理制度考核工作。出台《关于进一步加强饮用水源环境保护工作的若干措施》，明确进一步加强水源环境保护的 9 条措施。

开展全省 718 个集中式饮用水水源地环境状况评估和饮用水源环境执法后督查，督促福州西北区水厂水源地、龙岩黄岗水库等一批市级水源地开展环境整改。

全年新扩建城镇污水处理厂 28 座，新增日处理能力 44.6 万吨，新建改建污水管道约 1000 公里。截至 2014 年末，全省共建成城镇污水处理厂 132 座，日处理能力 461.5 万吨，其中城市 94 座，日处理能力 416.7 万吨，乡镇污水处理厂 38 座，日处理能力 44.8 万吨。“六江两溪”1 公里范围内新增 51 个乡镇建成污水处理设施，全省新增 23 个省级试点镇建成污水处理设施。

开展海洋环保责任制考核，严格审核近岸海域环境功能区划的修编。

三、大气环境

全省城市环境空气质量保持优良水平。酸雨污染仍较普遍。

城市空气质量

按照《环境空气质量标准》（GB 3095-1996）评价，全省城市环境空气质量保持优良水平，23个城市空气质量均达到或优于国家环境空气质量二级标准，其中武夷山和福鼎2个城市环境空气质量达到一级标准。

根据全省9个设区市发布的环境空气质量日报结果统计，全省设区市优、良天数比例为99.0%，较上年下降了0.4个百分点。各设区市优、良天数比例均大于96.0%。

福州、厦门和泉州作为实施空气质量新标准的城市，按照《环境空气质量标准》（GB 3095-2012）评价，2014年福州、厦门和泉州达标天数比例分别为92.0%、95.3%和95.3%，在全国74个城市中，福州、厦门空气质量排名分别为第7位、第8位。泉州环境空气质量达到二级标准，但福州和厦门环境空气质量均超过二级标准，主要原因是厦门细颗粒物年均浓度超标，福州、厦门二氧化氮日均值的第98百分位数超标。

酸雨

全省降水pH年均值为5.1，比上年上升0.1个pH单位；酸雨出现频率为46.7%，下降1.3个百分点。全年降水pH最低值为3.4，出现在长乐市。

措施与行动

贯彻落实《福建省大气污染防治行动计划实施细则》，建立责任分工、考核办法、日常调度、台帐管理、预警通报、空气质量排名等工作机制。认真落实国家《燃煤锅炉节能环保提升改造工程实施方案》，分解落实任务，强化调度督查，完成国家下达的2014年燃煤小锅炉淘汰任务。

全面实行机动车环保标志管理，督促各地划定并不断扩大“非绿标车”限行范围，制定《福建省黄标车及老旧车淘汰工作方案》，完成国家下达的年度淘汰任务。建设重污染天气监测预警应急体系，制定发布《福建省大气重污染应急预案》，建立大气重污染天气应急省际联席会议制度。建立预警预报中心以及环境空气质量预报会商及预警联动制度，开展全省区域24小时的空气质量预报，及时研究分析污染天气成因，采取相应对策措施。2014年度，全省大气环境质量持续保持优良并有所改善，其中可吸入颗粒物（PM_{10}）年均浓度比上年下降7.6%。

出台《关于实施环保电价及环保设施运行监管工作的通知》，从严进行考核。实行水泥行业氮氧化物减排绩效评估制度，倒逼水泥企业提升运行管理水平。

四、声环境、辐射环境、固体废物

城市声环境质量继续保持稳定。

声环境

◆道路交通噪声

全省23个城市道路交通噪声平均等效A声级为68.0分贝。其中，9个城市道路交通声环境质量属于“好”，13个城市道路交通声环境质量属于“较好”，1个城市道路交通声环境质量属于“一般”。

◆区域环境噪声

全省23个城市区域环境噪声平均等效A声级为56.2分贝。其中，13个城市区域声环境质量属于“较好”，10个城市区域声环境质量属于“一般”。

◆措施与行动

2014年中、高考期间，全省各级环境监察机构现场执法检查6127人次，受理噪声扰民投诉案件1443起，查处率100%，立案处罚44件，下达整改通知书52份。

固体废物

全省工业固体废物年产生量为4840.29万吨，综合利用率为88.6%。

全省危险废物产生量28.23万吨，危险废物综合利用量10.47万吨，处置量14.10万吨，贮存量5.00万吨。

全省危险废物经营单位 35 家，其中危险废物综合利用单位 24 家，医疗废物处置单位 5 家，同时处置危险废物及医疗废物的单位 2 家，工业危险废物处置单位 3 家，工业危险废物收集单位 1 家。

措施与行动

出台《福建省危险废物监管工作指南》，明确工作目标、监管职责和任务，为实施危险废物环境日常监管工作提供了行动纲领。制定《福建省危险废物规范化管理工作方案》，将危险废物规范化管理工作纳入常态化管理，对全省177家危险废物产生企业和经营单位规范化管理情况进行督查考核；对存在问题企业的整改情况进行后督查，抽查危险废物产生、经营企业91家；对检查督查中存在突出问题的18家企业进行省级挂牌督办，并对其中10家企业进行媒体曝光，对3家存在严重问题的企业依法进行处罚，处罚金额48万元。

加强危险废物处置能力建设，建立危险废物处置工程项目调度制度，定期通报29个项目进展情况，适时召开调度会，并就项目建设和管理中存在的问题约谈相关设区市人民政府，现已建成13个项目。

加强机构建设，福建省废物管理中心更名为福建省固体废物和化学品环境管理技术中心，增加了化学品环境监管职能；莆田市环保局等设立固体废物及化学品环境管理中心。

强化培训工作，举办两期专题培训班，培训环保系统人员和企业危险废物管理人员406人；督查考核期间举办11场培训班，培训基层环保监管人员和企业管理人员1300多人。加强信息化建设，福建省固体废物管理信息系统2014年1月起试运行，共有3236家企业注册固废信息系统。厦门、泉州、漳州等3个地市率先开展危险废物转移电子申报工作，全年共170家危险废物产生源单位开展危险废物的电子转移联单。

全年新扩建垃圾无害化处理设施2座，日处理能力1000吨。截至2014年末，全省共建成生活垃圾无害化处理厂70座，日处理规模2.6万吨，其中焚烧发电厂17座，日处理规模1.4万吨，占处理能力53.8%。加快城乡生活垃圾转运设施建设，验收压缩式垃圾转运站118座，配套垃圾运输车110辆。厦门后坑垃圾分拣中心通过住建部科技示范工程验收。

辐射环境

辐射环境质量总体保持良好。

◆环境电离辐射

福州晋安、连江、厦门和三明 4 个辐射环境自动监测站实时连续 γ 辐射空气吸收剂量率（未扣除宇宙射线响应值）测值范围为 79.7-184.0 纳戈瑞/小时，均保持在天然本底水平涨落范围内。全省陆地瞬时 γ 辐射空气吸收剂量率、福州市气溶胶和沉降物的总 α 、总 β 活度浓度与历年相比未见明显变化，均为正常环境水平。全省地表水和地下水的天然放射性核素浓度与 1983-1990 年全国环境天然放射性水平调查结果处于同一水平。6 个饮用水源地的天然放射性核素活度浓度与历年相比未见明显变化，总 α 、总 β 活度浓度均低于《生活饮用水卫生标准》（GB 5749-2006）规定的限值。近岸海域海水人工放射性核素锶-90 和铯-137 活度浓度均远低于《海水水质标准》（GB 3097-1997）规定的限值。土壤中人工放射性核素活度浓度与历年相比未见明显变化，天然放射性核素活度浓度与 1983-1990 年全国环境天然放射性水平调查结果处于同一水平。省放射性废物库和 4 家辐照中心均运行良好。

宁德核电厂周围环境电离辐射

2014 年，宁德核电厂辐射环境监督性监测系统运行正常，实时连续环境 γ 辐射空气吸收剂量率（未扣除宇宙射线响应值）的测值范围为 70.9-175.9 纳戈瑞/小时，均在当地天然本底水平涨落范围内。核电厂外围环境空气、气溶胶、沉降物、降水、饮用水、地下水、海水等环境介质中，放射性核素活度浓度与核电厂运行前本底值及对照点相比，处于同一水平。

环境电磁辐射水平

城市环境电磁辐射综合场强与历年相比未见异常，远低于《电磁辐射防护规定》(GB 8702-1988）中公众照射导出限值。开展监测的广播电视设施天线周围敏感点的电磁辐射水平低于《电磁辐射防护规定》（GB 8702-1988）中的公众照射导出限值，开展监测的高压输变电设施周围敏感点的工频电场强度和工频磁感应强度均低于《500kV 超高压送变电工程电磁辐射环境影响评价技术规范》（HJ/T 24-1998）中的居民区工频电场评价标准和全天候辐射时的工频磁场限值。

措施与行动

全面加强核与辐射安全监管，开展全省放射源安全检查专项行动，排查辐射安全隐患，确保环境安全。各级环保部门共出动2630余人次，对位于宁德核电、福清核电等工作现场的26家移动γ 射线探伤单位以及省内354家固定放射源使用单位开展专项监督检查，督促72家单位落实整改要求，及时收贮23家单位的60枚闲置放射源。全年共举办3期辐射安全与防护初级培训班和1期中级培训班，培训企业、医院等单位的辐射从业人员570人次。

配合环保部（国家核安全局）加强对宁德、福清核电厂的监督检查。开展核电厂辐射环境监督性监测，定期发布辐射环境监测旬报、月报、季报和年报。2014年5月，福清核电厂辐射环境监督性监测系统的前沿监测站和8个监测子站投入试运行。2014年12月，宁德核电厂辐射环境监督性监测系统通过总体验收并投入运行。

全年共发放辐射安全许可证294份，审批放射性同位素转让申请170份，办理放射源异地使用备案44份、放射源回收（收贮）备案77份和豁免备案17份。省放射性废物库全年共收贮废旧放射源116枚。

五、生态环境

全省生态环境质量继续保持在优良水平，森林覆盖率继续位居全国首位，生态环境状况指数继续保持全国前列。

土地利用

全省耕地面积 133.84 万公顷。全年耕地补充面积超过批准占用面积 613 公顷，实现了耕地占补平衡。基本农田保护面积 114.00 万公顷，保护率为 85.2%。

水土流失治理

全省完成水土流失综合治理面积256万亩，占年度下达任务200万亩的128.0%，“十二五”以来累计完成水土流失综合治理面积941万亩，提前超额完成900万亩规划治理任务。

森林

全省森林面积 801.27 万公顷，森林覆盖率 66.0%，活立木总蓄积 6.67 亿立方米，森林蓄积 6.08 亿立方米。划定生态公益林面积 286.13 万公顷。

全年共发生森林火灾 130 起，受害面积 1145.10 公顷，受害率和发生率分别为 0.13‰和 1.46 次/10 万公顷。

森林病虫害发生面积 23.12 万公顷，成灾面积 0.74 万公顷，成灾率 0.97‰。

海洋

全省近岸海域布设 89 个监测站位，海洋沉积物质量总体良好，大部分监测站位海洋沉积物质量符合《海洋沉积物质量》（GB 18668-2002）第一类标准。4 个监测站位粪大肠菌群含量、6 个监测站位铜含量超出海洋沉积物质量第一类标准，超标率分别为 4.5%和 6.7%。在全省主要海湾 17 个区域采集 17 个牡蛎或缢蛏样品，所有样品中总汞、六六六和麻痹性贝毒含量均符合《海洋生物质量》（GB

18421-2001）第一类标准。石油烃、滴滴涕、铅和砷含量均符合海洋生物质量第二类标准。

自然保护

截至2014年末，全省共建立自然保护区90个，其中，国家级16个，省级21个；自然保护区总面积44.8万公顷。建成森林公园178个，其中国家级30个，省级127个，县级21个；森林公园总面积达18.8万公顷。建设国家湿地公园5处，总面积5295.48公顷。列入世界自然与文化遗产名录1处，国际重要湿地名录1处，国家重要湿地名录6处。

截至2014年末，全省已经建立世界地质公园2个，国家地质公园14个，省级地质公园2个，上述地质公园总面积42.73万公顷，其中国家级以上地质公园面积42.07万公顷，省级地质公园面积0.66万公顷。

措施与行动

出台《福建省水土保持补偿费征收使用管理办法》，依法征收省级水土保持补偿费5200万元，比上年增长12%。

2014年，省级安排水土流失专项治理资金3.40亿元，用于开展22个重点县、100个重点乡镇和水土保持生态村等水土流失综合治理项目。争取中央水土流失专项治理资金2.29亿元，用于国家水土保持重点建设工程和中央预算内水土保持投资项目。永春县、尤溪县创建“国家水土保持生态文明工程”通过水利部评审。

深入贯彻落实《国务院办公厅关于进一步加强林业有害生物防治工作的意见》，进一步加强林业有害生物防灾减灾体系建设，推进社会化防治服务组织建设，提升林业有害生物防控能力；落实防控责任，强化监测预警、检疫御灾、防治减灾及应急处置，确保全面完成“十二五”提出的林业有害生物成灾率控制在3‰以下、无公害防治率达83%以上的防控目标。

福建汀江源自然保护区于2014年12月经国务院办公厅批准为国家级自然保护区。漳平南洋湿地公园获批为国家湿地公园试点。

全年新增无公害农产品产地231个，产品212个；绿色食品产品115个；农产品地理标志8个。

全省新建农村户用、联户、养殖小区集中供气沼气工程1.817万户；新增大中型沼气工程项目23个；新增92个乡村沼气服务网点。

加强野生动植物和湿地保护的宣传力度。持续开展2月2日“世界湿地日”、3月3日“世界野生动植物日”、3月25-31日“爱鸟周”和10月“保护野生动物宣传月”活动。

六、气候变化、自然灾害

气候与水资源

2014年，全省平均气温、降水、日照均属正常，气候总体属正常。年平均气温20.0℃，分别比常年和上年偏高0.5℃和0.1℃；平均年降水量1672.7毫米，较常年偏多18.5毫米，比上年偏少112.6毫米；平均日照时数1799.7小时，较常年偏多97.6小时，比上年偏多5.4小时。

自然灾害

全省陆地及近海地区共发生3.0级及以上地震15次。本年度最大地震为2014年3月14日莆田仙游ML3.8级地震。陆地地震4次均发生在仙游，震级分别为ML3.8、ML3.3、ML3.1、ML3.0；台湾海峡地区发生ML3.0级以上地震11次，最大的地震为2014年1月14日台湾海峡中部ML3.8级。

2014年，全省共发现赤潮9起，累计影响面积713.5平方公里，赤潮高发期集中在5月，赤潮发生海域主要在霞浦、黄岐、平潭、莆田和厦门等。主要赤潮优势种为无毒的东海原甲藻和夜光藻。赤潮未造成渔业直接经济损失。

2014年，气象灾害总体较轻。我省出现6次寒潮、5次强对流、22场暴雨、6个台风登陆或影响以及夏秋连旱。暴雨洪涝灾害造成直接经济损失27.4亿元，南平、三明、宁德3市灾情较重；台风灾害主要由“麦德姆”和“海贝思”造成，直接经济损失16.5亿元，主要受灾地区为宁德、福州和漳州。据统计，2014年主要气象灾害共造成我省155.8万人受灾，因灾死亡16人，直接经济损失44.7亿元。

措施与行动

2014年，全省气象部门共发布预警信号11806次，接收达3亿人次，共启动低温应急响应1次，暴雨应急响应8次，台风应急响应6次。

2014年，全省人工影响天气共组织2架次跨区域飞机人工增雨作业，飞行里程1386公里，催化面积3.05万平方公里，8个设区市52个县（市、区）共开展增雨防雹作业835次，发射火箭弹5202枚，燃烧烟条92根。“空地结合”作业增加有效降水近十亿方，减轻并抵御了冰雹灾害，为缓解当地旱情、增加水库蓄水和服务“三农”发挥了重要作用。人工影响天气作业成为我省防灾减灾和空中云水资源开发利用的重要措施之一。

七、专栏

环境立法

《福建省水土保持条例》经福建省十二届人大常委会第九次会议表决通过，自2014年7月1日起施行。

《福建省排污许可证管理办法》经2014年7月25日省人民政府第25次常务会议通过，自2014年9月1日起施行。

起草《福建省核电厂辐射环境保护办法（草案）》，列入省政府立法计划。

依法行政

建立行政权力清单，梳理88项行政权力和6项公共服务事项，保留省级环保行政审批事项8项，保留行政处罚等行政权力29项。

环保目标责任制

坚持环境质量和问题导向，突出重点和应用，改革现有考核内容、方式和应用，组织开展《环保目标责任书》2014年度考核，省政府办公厅通报考核结果，名次如下：泉州、厦门、三明、福州、宁德、莆田、漳州、南平、龙岩、平潭。

环境改革

2014年5月23日，福建省政府正式出台了《关于推进排污权有偿使用和交易工作的意见（试行）》（闽政[2014]24号），福建省环保厅会同省财政厅、物价局、法制办、海交中心等部门出台了8个配套文件，并成功组织开展两次交易。

2014年9月，福建省政府批准印发了《福建省生态功能红线划定工作方案》（闽环发[2014]23号），在福建省开展生态功能红线划定工作。福建省环保厅会同福建银监局、福建保监局、厦门保监局，联合制定下发《福建省环境污染责任保险试点工作实施意见》，在泉州和三明开展试点。

生态省建设

至2014年末，泉州市在全省率先通过国家生态市技术评估，长泰县、南靖县、永春县、德化县、泰宁县等5个县获得国家生态县命名，厦门、泉州、福州、三明获得省级生态市命名。全省519个乡镇获得国家级生态乡镇命名；57个县（市、区）获得省级以上生态县命名。

主要污染物减排

将污染减排作为统筹经济社会可持续发展，建设生态文明的重要内容强力推进。对全省重点减排项目进展情况每月调度、每季督查、定期通报、及时预警、跟踪督办，拓展提升污水处理、重点行业废水深度治理和脱硫脱硝、集中供热、清洁燃料替代等减排工程项目。

出台《重点减排县（市、区）单列考核办法》，落实属地管理责任。出台《推进排污权有偿使用和交易工作的意见》及配套文件，试点排污权交易制度，构建政策体系，推进排污权交易常态化。

2014年，全省化学需氧量、氨氮、二氧化硫、氮氧化物分别比2013年减排1.4%、1.7%、1.4%、6.1%，全面完成年度减排目标。

重点流域整治

组织实施“闽江、九龙江、敖江流域水环境综合整治年度计划”，全年共完成155个重点项目，推进龙岩市铁锰矿采选、南平延平区畜禽养殖等污染整治。对闽江、九龙江、敖江等重点流域水环境进行现场巡查，省级环保部门累计出动巡查150天次，506人次，巡查饮用水源保护区59个，检查企业265家，畜禽养殖场70家。将福州市西北区饮用水源地、泉州南安新垵水库饮用水源保护区、南平新建村饮用水源保护区等存在问题的饮用水源地进行挂牌督办，推动饮用水源地环境问题的整治。

重金属污染防治

组织开展全省《重金属污染综合防治“十二五”规划》2013年度考核，将考核结果通报各地，促进强化实施责任。制定实施规划2014年度实施方案，全面执行重金属污染防治工作档案、减排台帐、定期调度、预警和通报等工作制度，加大推进力度，完成规划内项目44个，90家国有控股企业通过强制性清洁生产公示或验收。加强对涉重企业的监管，深入开展电镀、铅锌采选等行业整治，共查处348家性质恶劣的违法案件，将90个涉重金属企业环境违法问题列入省级挂牌督办，对32个涉重金属环境刑事案件移送公安机关侦办。

行政执法

组织开展环保专项行动，2014年全省共出动执法人员80998人次，检查企业29865家次，查处环境违法企业9453家次，立案处罚违法排污案件2065件，处罚金额4742万，挂牌督办突出环境问题313个，在媒体曝光64家冒黑烟企业，向公安机关移送涉嫌环境污染犯罪案件152件。

群众环境污染投诉

2014年，全省共受理“12369”举报件22488件，办结22452件，办结率为99.8%。

排污收费

2014年，全省排污费征收入库金额达4.54亿元，其中上缴中央国库4540.04万元，上缴省级国库5581.4万元。

环保投入

2014年，全省安排省级以上环境保护专项资金97964万元，其中争取中央资金40269万元，省级财政投入资金57695万元。启动环境监管能力建设项目，强化环境监测、执法、应急水平。进一步加大重大环保项目投入力度，提升环境治理效果，有效改善环境质量。

清洁生产与循环经济

公布201家强制性清洁生产企业名单，全年完成106家清洁生产审核评估，全省强制性清洁生产咨询机构增至40家。

公布15个循环经济试点城市、26个试点园区和205家试点企业名单，探索、总结发展循环经济的模式和经验，推动全省循环经济工作全面展开。落实资源综合利用税收政策，全年完成119家资源综合利用企业（产品）认定。

环境监测

完成各项环境质量监测，定期公布全省及各辖区环境质量状况。完成环境空气质量新标准第三阶段监测工作，全省9个设区市全部向公众实时公开空气质量监测数据。加快推进全省环境监测能力建设，全省共立项开工55座水质自动站、45座环境空气自动站。加强减排监测体系建设，实现国控企业自行监测数据网络填报及实时公开。进一步规范监测人员持证上岗考核工作，明确职责分工。继续开展全省重点整治小流域水质监测等专项监测。

武夷山大气背景值监测

2014年，新增了二氧化碳、甲烷、氧化亚氮、黑炭和能见度等大气背景监测项目，各项目的年平均浓度如下：二氧化硫 2.5μg/m³，二氧化氮 3.9μg/m³，一氧化碳 0.385mg/m³，臭氧 90.3μg/m³，PM_{10} 为 27.0μg/m³，$PM_{2.5}$ 为 17.2μg/m³，二氧化碳 399.0ppm，甲烷 1.93ppm，氧化亚氮 335.1ppb，黑炭 0.827μg/m³，背景区域空气质量保持稳定。

核事故应急管理

修订《福建省核应急预案》，增编福清核电厂分册和军队支援我省核电厂事故的“一厂一案”，完善核应急预案体系。成功举行“融安—2014”全省第二次核事故应急演习，共投入参演人员 1900 多人，大型救援装备 200 余辆（台），演习被国家评估团评为优秀。签订闽、粤、桂、琼核应急合作协议，建立核应急跨区域合作机制。协助国际原子能机构在福州举办“严重事故条件下核应急准备与响应地区培训班”，促进核应急工作的国际交流。

突发环境事件

2014 年，我省共发生突发环境事件 20 起，其中因违法排污引发的较大突发环境事件 1 起、一般突发环境事件 2 起；因交通事故引发的较大突发环境事件 1 起、一般突发环境事件 6 起；因生产安全事故引发的次生一般突发环境事件 10 起。全省无重大或特别重大突发环境事件发生。

环境科技

福建省质监局批准发布福建省地方标准《合成革与人造革工业污染治理工程技术规范》（DB35/T1452-2014）。

由科技部立项、福州大学牵头承担的国家科技支撑计划 2014 年环境领域项目“纺织印染行业清洁生产及废水循环利用技术与示范”启动实施。福建省科技厅启动实施“市政污泥及餐厨垃圾资源化综合利用技术研究与示范”省科技重大专项专题。

福建省科技厅批准尤溪县列为福建省可持续发展实验区进行建设。至 2014 年末，全省共建有 5 个国家级可持续发展实验区和 13 个省级可持续发展实验区。

福建龙净环保股份有限公司主持的“电袋复合除尘技术及产业化”项目获国家科技进步奖二等奖。厦门三维丝环保股份有限公司承担的三维非对称氟醚复合滤料关键技术及应用项目获得 2014 年度国家环境保护科学技术奖二等奖。

环境信息化建设

制定《福建省环境信息化顶层设计和信息化能力建设三年行动方案》，推进信息化能力建设。建设包含水、大气、污染源、核与辐射环境在线监控在内的“环保在线监控数据共享平台”，实现实时数据对接和展示。

建设项目环境管理

出台《福建省建设项目环境影响评价文件分级审批管理规定（2014 年版）》，进一步简政放权。编制《福建省环境影响评价机构及其环评人员信用管理办法》和《环境影响评价机构规范建设项目环评中介服务工作指南》，强化市场中介组织管理。

全省共审批 11091 个建设项目的环评文件，对 4696 个建设项目开展了环保设施竣工验收。

环保产业

完成 2011 年福建省环境保护及相关产业基本情况调查并发布《2011 年福建省环境保护相关产业状况公报》。全省 2011 年环保相关产业经营收入 949.18 亿元，年增幅超过 25%。

3 家环保企业的 7 项技术和应用案例被列入《2014 年国家鼓励发展的环境保护技术目录》。

第十二届中国•海峡项目成果交易会环保展成功举办，省内外 19 家环保企业的 41 项大气污染治理技术成果参加展示，对外发布技术需求 20 项。

环境宣传与教育

围绕我省生态文明建设、重大环保工作进展与成效、重要环保举措、百姓关注的环境热点难点问题等内容，组织省级以上主流媒体宣传报道我省环保新闻1200余条目。围绕新修订《环保法》，采取讲座、视频会议、网络知识竞答等丰富多彩的宣传教育活动，受众面覆盖全省城乡，有效推动了新环保法实施。编印发放各类生态文明科学知识环保宣传资料（品）近15万份。

组织开展第二批全国中小学环境教育社会实践基地创建工作和培训工作。承办各类环保培训班共7班次，参训人员1000余人。组织开展了以“百姓富生态美”环保宣教进乡村为特色的各类“六•五”世界环境日宣传月系列活动共200余项。开展全国中学生水科技发明比赛等9项国家级环境宣教活动和网络环保主题竞答活动等6项省级环境宣教活动，获得“我们的环保行为—2014年金鹰全国中小学生环保绘画大赛”优秀组织单位一等奖。继续推进和提升“千名青年环境友好使者”福建行动项目，

组织开展多项环保公益活动，全省10余所高校8000余名大学生环保志愿者参与，受影响公众达数万人次。

对外合作与交流

进一步加强与德国、日本、斯洛伐克、荷兰、美国、加拿大、以色列等国家和港澳台地区的环保交流与合作关系。利用“9•8”投洽会平台，成功举办“第9届福建省环境保护项目洽谈会”，签订5项重要对外合作协议。选派核与辐射管理及技术人员赴日研修。继续开展加拿大湖库富营养化技术试点工程。举办第七届福建省“绿色世界”少年儿童艺术创作比赛，精选23件优秀作品参加斯洛伐克“绿色世界”国际大赛。实施环保国际履约项目，推进地方消耗臭氧层物质淘汰能力建设项目。继续加强闽台环保技术、学术交流，深化闽台生态乡镇结对活动。组团参加澳门国际环保合作发展论坛暨展览和香港国际环保博览会，推进闽港澳环保产业对接合作。

（资料来源：福建省环境保护厅）

2-3-11-1 福建省环境统计主要指标

（2013-2014 年）

指标名称	计量单位	2013	2014
一、煤炭消费总量	**万吨**	**8140.67**	**8259.46**
#工业	万吨	7949.61	8079.10
生活	万吨	115.58	121.56
二、主要污染物排放总量控制			
1.二氧化硫排放量	万吨	36.10	35.60
#工业	万吨	34.20	33.76
生活	万吨	1.90	1.83
2.化学需氧量排放量	万吨	63.90	62.98
#工业	万吨	8.12	7.76
生活	万吨	34.56	34.32
3.烟（粉）尘排放量	万吨	25.94	36.79
#工业	万吨	24.06	34.92
生活	万吨	0.98	0.97
4.氨氮排放量	万吨	9.09	8.93
#工业	万吨	0.61	0.55
生活	万吨	5.23	5.21
5.工业烟（粉）尘排放量	万吨	24.06	34.92
6.工业固体废物排放量	万吨	0.05	0.04
三、工业“三废”排放及处理情况			
1.工业废水排放量	亿吨	10.47	10.21
2.一般工业固体废物综合利用量	万吨	7543.88	4277.69
3.工业废气排放量	亿立方米	16183.24	18383.25
四、城市环境基础设施建设情况			
1.污水处理厂数	个	230	258
2.污水设计处理能力	万吨/日	466.24	489.77
3.污水实际处理量	亿吨	12.48	13.78
生活污水处理量	亿吨	11.14	12.13
工业废水处理量	亿吨	1.34	1.65
五、环境影响评价			
1.当年开工建设的建设项目数	个	11576	
执行环境影响评价制度的建设项目数	个	11576	

2-3-11-2　福建省工业污染治理项目建设情况

（2014 年）

指标名称	计量单位	本年实际
一、工业企业数	**个**	**276**
二、老工业污染源项目治理本年施工总数	**个**	**231**
#工业废水治理项目	个	69
一般工业固体废物治理项目	个	62
噪声治理项目	个	3
其它治理项目	个	30
三、老工业污染源治理项目本年完成投资	**万元**	**423817.45**
#工业废水治理项目	万元	117693.88
一般工业固体废物治理项目	万元	8699.12
噪声治理项目	万元	720.00
其它治理项目	万元	112308.84
#排污费补助	万元	1608.46
政府其他补助	万元	269.87
企业自筹	万元	421939.12
#银行贷款	万元	105909.38
四、老工业污染源治理项目本年竣工总数	**个**	**219**
#工业废水治理项目	个	54
一般工业固体废物治理项目	个	59
噪声治理项目	个	5
其它治理项目	个	40
#老工业污染源废水治理项目新增处理能力	万吨/日	18.04
老工业污染源废气治理项目新增处理能力	万立方米/时	1170.86
老工业污染源固废治理项目新增处理能力	万吨/日	1.12

2-3-11-3 各行业重点调查工业污染排放及处理利用情况

（2014 年）

指标	工业企业数（个）	工业废水排放量（万吨）	工业废水处理量（万吨）	工业废气排放量（亿立方米）	烟（粉）尘产生量（吨）	烟（粉）尘排放量（吨）
煤炭开采和洗选业	87	1955.65	2870.79	0.02	159.03	151.18
黑色金属矿采选业	68	1040.40	2049.24	14.94	1464.95	901.03
有色金属矿采选业	118	838.55	5081.26	8.84	170.90	78.63
非金属矿采选业	42	508.42	412.05	3.68	909.88	538.15
其他采矿业	1	0.10	0.11	0.06	1.86	0.19
农副食品加工业	562	3254.55	2865.93	73.75	28539.37	2774.05
食品制造业	309	2625.81	2534.33	44.62	13174.02	1525.69
酒、饮料和精制茶制造业	102	1559.13	1735.15	38.40	15438.18	1634.57
烟草制品业	6	37.93	67.29	54.06	9179.52	367.60
纺织业	359	10847.22	12231.21	193.08	63608.89	4914.63
纺织服装、服饰业	140	1162.72	1276.42	15.12	4576.57	611.28
皮革、毛皮、羽毛及其制品和制鞋业	182	826.28	926.19	54.84	6488.09	1336.86
木材加工和木、竹、藤、棕、草制品业	323	382.03	290.17	231.79	122628.27	8174.45
家具制造业	64	69.28	69.28	13.86	1273.69	243.28
造纸和纸制品业	300	10312.92	19499.45	306.64	203621.66	8291.11
印刷和记录媒介复制业	29	20.53	19.96	3.29	1410.25	157.64
文教、工美、体育和娱乐用品制造业	97	172.18	153.13	6.83	935.39	69.62
石油加工、炼焦和核燃料加工业	11	1657.72	1837.61	530.61	93659.12	2098.92
化学原料和化学制品制造业	345	6921.48	23803.09	546.44	378165.45	11844.13
医药制造业	49	852.03	801.10	21.74	4898.60	611.84
化学纤维制造业	23	2933.02	3095.15	92.74	43341.70	1139.41
橡胶和塑料制品业	190	531.39	620.38	267.70	18577.56	3850.32
非金属矿物制品业	1197	1875.47	5582.48	4860.80	10897770.65	105581.33
黑色金属冶炼和压延加工业	99	1694.92	44936.40	4304.37	1277721.22	137137.94
有色金属冶炼和压延加工业	92	556.08	611.58	431.75	118872.50	6506.81
金属制品业	333	1099.77	2504.09	109.32	6376.62	2318.71
通用设备制造业	87	135.66	152.62	49.99	2847.48	450.84
专用设备制造业	32	112.50	126.66	43.76	632.70	60.49
汽车制造业	79	273.56	250.22	47.01	1244.21	173.07
铁路、船舶、航空航天和其他运输设备制造业	50	123.67	93.97	11.73	1687.15	1550.11
电气机械和器材制造业	119	207.06	199.38	95.98	3021.29	496.28
计算机、通信和其他电子设备制造业	95	1819.40	1955.43	868.12	91.18	47.56
仪器仪表制造业	21	149.44	124.08	9.25	16.19	4.31
其他制造业	61	115.98	96.70	19.08	5248.74	225.69
废弃资源综合利用业	42	303.03	667.03	16.28	1744.20	157.31
金属制品、机械和设备修理业	5	12.37	52.82	14.61	0.17	0.17
电力、热力生产和供应业	46	38902.36	23971.84	4977.62	5527227.61	18863.08
燃气生产和供应业	2	3.38	7.19	0.52	114.93	15.30

3

区域概况

本篇规模以上工业主要指标数据来源于各设区市公开出版物。

3-1 工业

3-1-1 各设区市工业发展概况

福州 2014年，福州市相继出台了多项惠企政策措施，包括设立2亿元应急保障金解企业近忧、兑现4亿多元奖励金助产业升级、加快“退城入园”促经济转型，全力推动工业经济稳定增长，促进产业转型升级，提高经济发展的质量和效益，引领工业经济步入内生增长、内涵发展、创新驱动的快车道。全年全市规模以上工业完成增加值1837.93亿元，比上年增长12.1%。实现利润总额396.66亿元，增长9.8%。其中，国有企业实现利润总额3.32亿元；集体企业实现利润总额1.43亿元；股份合作企业实现利润总额0.32亿元；联营企业实现利润总额12.72亿元；有限责任企业实现利润总额54.61亿元；股份有限企业实现利润总额10.05亿元；私营企业实现利润总额140.87亿元；外商及港澳台投资企业实现利润总额172.69亿元。

2014年，福州市工业经济运行呈现以下特点：

一是十大支柱产业九升一降。全市规模以上工业十大行业工业增加值总量达1288.47亿元，比上年增长11.6%，占规模以上工业增加值的70.1%。其中，化学纤维制造业增长35.4%，农副食品加工业增长15.9%，非金属矿物制品业增长14.1%，黑色金属冶炼和压延加工业增长13.9%，纺织业增长13.2%，计算机、通信和其他电子设备制造业增长8.9%，皮革、毛皮、羽毛及其制品和制鞋业增长8.2%，电气机械和器材制造业增长7.3%，电力、热力生产和供应业增长5.2%，汽车制造业下降2.6%。

二是工业投资力度加大。全部工业完成投资1168.63亿元，比上年增长12.7%，占项目（不含房地产开发）投资39.8%。

三是“两翼”优势凸显。南北两翼规模以上工业共完成工业增加值931.63亿元，比上年增长11.6%，占规模以上工业增加值的50.7%，对规模以上工业经济增长的贡献率达50.2%，拉动规模以上工业经济增长6.1个百分点。

厦门 2014年，厦门工业紧密结合“美丽厦门”战略规划的实施和“5+3+10”现代产业体系的建设，积极应对国际经济形势低迷、国内经济增速下行的严峻形势，努力促进工业经济结构调整和转型升级，工业生产稳步回升，发展良好。全年全市规模以上工业完成工业增加值1240.32亿元，比上年增长10.5%，占地区生产总值的37.9%，对地区生产总值增长的贡献率为49.4%。

2014年，全市规模以上工业完成工业总产值4905.44亿元，比上年增长10.8%。分轻重工业观察，重工业完成工业总产值3425.36亿元，增长10.3%，轻工业完成工业总产值1480.08亿元，增长12.5%，重工业与轻工业之比为2.3∶1。分注册类型观察，外商及港澳台投资企业完成工业总产值3591.43亿元，增长7.3%，增幅比规模以上工业低了3.5个百分点，占规模以上工业总产值的73.2%。其中，台资企业完成工业总产值1703.51亿元，增长11.2%，增幅比规模以上工业高了0.4个百分点，占规模以上工业总产值的34.7%。全市规模以上工业企业实现销售产值4713.53亿元，产销率为96.1%；实现出口交货值2140.14亿元，增长4.9%，出口交货值率45.4%；实现利润总额229.42亿元，增长0.4%；经济效益综合指数为223.1，提高10.3个点。其中，总资产贡献率9.7%，下降0.4个百分点；资本保值增值率107.9%，下降0.9个百分点；资产负债率51.2%，下降1.8个百分点；流动资产周转率1.8次，下降0.1次；成本费用利润率5.3%，提高0.1个百分点；全员劳动生产率21.2万元/人，增长2.1万元/人。

2014年，厦门市工业经济运行呈现以下特点：

一是企业规模和实力进一步提升。规模以上工业企业产值上亿元的有546家，占规模以上工业企业数35.1%，比上年提高4.6个百分点。全年完成工业总产值4463.23亿元，占规模以上工业总产值的91.0%，对工业经济增长的贡献率为125.7%，拉动工业增长13.6个百分点。

二是7条产业链产值过百亿。重点培育的13条产业链共完成工业总产值3307.15亿元，占规模以上工业总产值的67.4%，其中有7条产业链的产值过百亿，分别为：平板显示产业链1085.99亿元，比上年增长10.0%；计算机与通讯设备产业链713.98亿元，下降11.6%；汽车产业链357.60亿元，增长1.2%；农副产品与食品加工产业链309.02亿元，增长2.7%；输配电及控制设备产业链181.56亿元，增长6.6%；水暖及厨卫产业链的113.81亿元，首次突破百亿元，增长14.3%；烟草加工与销售产业链112.83亿元，增长8.2%。

三是电子、机械行业继续发挥支柱作用。电子、机械两大主要支柱行业共完成工业总产值3202.37亿元，比上年增长4.2%，占规模以上工业的65.3%，对工业经济增长的贡献率为63.3%，拉动工业总产值增长6.8个百分点，在工业发展中继续发挥支柱作用。其中，电子产业实现工业总产值1852.62亿元，增长1.2%，日本电气硝子8.5代玻璃基板、三安LED等项目稳步推进；机械产业实现工业总产值1349.75亿元，增长8.6%。

四是创新驱动不断强化。规模以上高新技术企业全年完成工业总产值1983.97亿元，比上年增长12.5%，占规模以上工业总产值的40.4%，高于规模以上工业总产值平均增幅1.7个百分点，对工业经济增长的贡献率为27.1%，拉动工业总产值增长2.9个百分点。全年完成工业技改投资218.55亿元，占工业投资的73.2%，增长8.7%，天马微、通达科技等技改项目投产。

莆田 2014年，在“三期叠加”和经济下行压力持续加大的背景下，莆田市坚持中央“稳中求进”的工作总基调，有针对性地出台了一系列措施，确保了全市工业经济平稳运行。全年全市规模以上工业实现工业总产值2269.93亿元，比上年增长13.3%；实现工业增加值696.23亿元，增长13.0%。

2014年，莆田市工业经济运行呈现以下特点：

一是工业对GDP贡献率高。全部工业实现工业增加值713.05亿元，比上年增长11.7%，占GDP比重为47.5%，对GDP增长的贡献率达52.4%，拉动经济增长5.8个百分点。

二是工业内部结构稳中渐优。2014年，莆田市从实际出发，加大投资力度，赛得利差别化纤维、滨海化工、祥恒包装、亿发工贸园等一大批富有莆田特色的工业项目建成投产，工业内部各行业的发展趋于合理、协调。全市规模以上工业33个行业大类有27个行业工业总产值比上年增长，增长面为81.8%。皮革、毛皮、羽毛及其制品和制鞋业，文教、工美、体育和娱乐用品制造业，农副食品加工业，化学纤维制造业，黑色金属冶炼和压延加工业五大行业对规模以上工业经济增长的贡献率均达7.0%以上。其中，皮革、毛皮、羽毛及其制品和制鞋业对规模以上工业经济增长的贡献率达24.7%，拉动规模以上工业经济增长3.3个百分点。

三是轻重工业协调发展。全市规模以上轻工业实现工业总产值1556.80亿元，比上年增长13.8%，对规模以上工业经济增长的贡献率达70.8%，拉动规模以上工业经济增长9.4个百分点。重工业实现工业总产值713.13亿元，增长12.2%，对规模以上工业经济增长的贡献率达29.2%，拉动规模以上工业经济增长3.9个百分点。

四是实施产业龙头促发展，龙头企业带动凸显。全市规模以上工业企业中，产值超亿元企业达503家，占规模以上工业企业数的48.5%；实现工业总产值2009.17亿元，比上年增长16.9%，占规模以上工业总产值的88.5%，对规模以上工业经济增长的贡献率达 109.5%，拉动规模以上工业经济增长14.6%。

五是主导产业带动明显，产业集群度进一步提高。十大规模以上工业产业集群实现工业总产值2176.98亿元，比上年增长14.0%，增速比规模以上工业总产值快0.7个百分点，对规模以上工业经济增长的贡献率为100.6%，拉动规模以上工业经济增长13.4个百分点。其中，制鞋产业工业总产值已超500亿，对规模以上工业经济增长的贡献率达23.6%，拉动规模以上工业经济增长3.1个百分点；工艺与创意产业工业总产值279.08亿元，对规模以上工业经济增长的贡献率达16.1%，拉动规模以上工业经济增长2.1个百分点。六成产业集群产值增幅快于规模以上工业平均增幅，增幅达13.9%以上。

六是新增企业成为工业经济新增长点。2014年，全市新增工业企业拉动规模以上工业经济增长3.3个百分点，成为工业经济发展新的增长极。其中，109家规模以下转规模以上的企业完成工业总产值59.52亿元，比上年增长94.1%，对规模以上工业经济增长的贡献率为10.9%，拉动全市规模以上工业经济增长1.4个百分点。2014年以来，27家新投产工业企业实现工业总产值54.90亿元，增长3.2倍，对全市规模以上工业经济增长贡献率为15.8%，拉动规模以上工业经济增长1.9个百分点。

七是民营企业对规模以上工业经济增长贡献过半。截至2014年末，全市拥有规模以上民营企业701家，占规模以上工业企业数的67.6%。累计实现工业总产值1279.34亿元，比上年增长12.0%，对规模以上工业经济增长的贡献率达51.4%，拉动规模以上工业经济增长6.8个百分点。

八是主要产品保持增长。重点监测的15种产品有11种产品产量比上年增长，增长面为73.3%。其中，钢材、涂料、原盐、家具、商品混泥土、鞋、服装分别比上年增长127.3%、32.6%、31.9%、27.0%、20.0%、15.2%和11.1%。

三明 2014年，面对复杂严峻的国内外经济环境，三明市全力做好稳增长、促转型、抓改革、惠民生等各项工作，全市工业经济发展取得新成效。全年全市规模以上工业产品销售率98.7%，比上年下降0.02个百分点；完成工业增加值805.80亿元，增长12.2%，其中股份制企业722.71亿元，增长12.9%，高于全市平均水平0.7个百分点；实现利润总额73.56亿元，下降1.0%，其中股份制企业实现利润总额67.24亿元，下降1.1%，私营企业实现利润58.86亿元，增长0.9%，国有控股企业实现利润6.89亿元，增长5.7%。

2014年，三明市工业经济运行呈现以下特点：

一是非公企业增长贡献率超九成。非公企业实现增加值690.67亿元，占规模以上工业增加值的85.7%，比上年提高1.6个百分点，对规模以上工业增长的贡献率达94.0%。

二是八大产业增速“五高三低”。八大主导产业实现增加值713.16亿元，占规模以上工业增加值的88.5%，比上年增长12.3%，对规模以上工业增长的贡献率达89.4%。其中，建材、机械、生物医药、纺织和化工产业增速分别高于全市平均水平6.6个百分点、5.8个百分点、4.9个百分点、2.2个百分点和1.7个百分点，林产、冶金和采矿产业分别低于全市平均水平2.1个百分点、4.0个百分点、5.5个百分点。

三是节能成效显著。规模以上工业综合能源消费量933.12万吨标煤，比上年下降1.1%。低能耗的轻工业实现增加值252.96亿元，占规模以上工业增加值的31.4%，而综合能源消费量仅占规模以上工业的7.6%；高耗能行业综合能源消费量820.36万吨标煤，占规模以上工业的87.9%，下降0.6%，拉动规模以上工业能源下降0.5个百分点；回收利用各类能源192.09万吨标煤，增长4.8%，占规模以上工业能源消费量的20.6%，提高1.3个百分点。

四是创新能力不断加强。2014年，三明市突出企业主体，强化政策扶持，加大资金投入，着力推进企业技术改造，延伸拓展产业链条，推动工业企业转型升级。全年全市完成工业技术改造固定资产投资677.49亿元，比上年增长30.3%，完成年度计划的121.0%，占全市工业固定资产投资近八成。全市共有94个项目列入福建省2014年省级重点技术改造项目计划，占全省669项的14.1%，年内已完成投资64.61亿元，占年度计划的111.8%，建成投产或部分投产57项。其中，福建神鹰汽车有限公司年产3000辆专用汽车生产项目建成投产；建新轮胎（福建）有限公司年产300万条全钢子午线轮胎项目年产30万套子午线轮胎生产线已投产；福建德为聚纤有限公司差别化纤维项目1号厂房建成投产；福建省源容生物科技有限公司无患子皂苷提取纯化及综合利用项目无患子皂苷提取生产线、肥皂生产线建成投产。

泉州 2014年，面对严峻复杂的经济形势，泉州市按照中央、福建省关于稳增长、促改革、调结构、惠民生的部署要求，全力保稳、求进、攻坚，积极先行先试，主动融入国家"一带一路"战略，全市工业经济持续稳健发展。全年全市全部工业实现工业增加值3185.71亿元，比上年增长11.4%，对经济增长的贡献率达65.4%。其中，规模以上工业完成工业总产值10632.77亿元，增长12.2%；实现销售产值10269.18亿元，现价增长12.6%；实现出口交货值1686.62亿元，现价增长8.3%。经济效益综合指数为253.8，提高14.7个点。其中，总资产贡献率17.4%，下降0.5个百分点；资本保值增值率109.1%，下降2.2个百分点；资产负债率49.4%，下降0.6个百分点；全员劳动生产率20.84万元/人，提高2.77万元/人；流动资产周转率2.8次，与上年持平；工业产品销售率96.6%，下降0.3个百分点。实现利润总额656.14亿元，增长6.8%，其中外商及港澳台商投资企业、股份制企业和股份合作制企业利润分别增长6.2%、8.8%和0.6%。亏损企业亏损额31.60亿元，减亏6.31亿元。

2014年，泉州市工业经济运行呈现以下特点：

一是大企业生产持续扩大。拥有工业总产值超亿元企业2062家，比上年增加171家，全年实现工业总产值9505.73亿元，现价增长17.2%，明显高于全市平均水平。

二是主要先行指标表现良好。截至2014年末，全市金融机构人民币贷款余额比上年增长16.4%，提高2.6个百分点。全年公路和水路货物运输周转量分别增长19.2%和26.1%，分别提高2.4个百分点和17.1个百分点。

三是行业增长面保持基本稳定。规模以上工业37个行业有33个行业保持增长，增长面达89.2%。

四是能源行业拉动作用显著。规模以上工业中，石油加工业实现工业增加值163.89亿元，比上年增长81.6%；燃气生产和供应业实现工业增加值10.33亿元，增长28.2%；分别拉动规模以上工业增长3.1个百分点和0.1个百分点。

五是工业内部结构呈现新变化。规模以上工业中，重工业增加值比上年增长17.0%，高于轻工业增速7.7个百分点。轻重工业比重由上年的62.3∶37.7变为60.7∶39.3。

漳州 2014年，漳州市坚持稳中求进，努力克服全国工业经济形势严峻复杂，经济下行压力加大的形势，全市工业经济呈现逆势而上、提速提效的良好走势。全年全部工业完成工业增加值1040.40亿元，比上年增长14.6%。

2014年，全市规模以上工业完成工业总产值3990.76亿元，比上年增长16.7%。实现工业增加值1087.41亿元，增长16.4%。分注册类型观察，国有及国有控股企业工业增加值增长9.0%，集体企业增长20.9%，股份制企业增长15.7%，外商及港澳台商投资企业增长17.6%，私营企业增长6.7%。分轻重工业观察，轻工业增长9.9%，重工业增长24.5%。分行业观察，农副食品加工业增长

6.3%，纺织业增长 20.4%，通用设备制造业增长 14.2%，专用设备制造业增长 22.5%，汽车制造业增长 1.9%，计算机、通信和其他电子设备制造业增长 8.1%，电气机械和器材制造业增长 11.4%。实现利润总额 315.46 亿元，增长 23.4%。其中，国有及国有控股企业 6.76 亿元，增长 20.7%；集体企业 0.32 亿元，增长 10.3%；股份制企业 168.71 亿元，增长 18.8%；外商及港澳台商投资企业 145.29 亿元，增长 29.7%；私营企业 92.61 亿元，增长 4.2%。

2014 年，漳州市工业经济运行呈现以下特点：

一是规模以上工业综合经济效益好于全省。规模以上工业实现经济效益综合指数 303.0，比上年提高 22.6 个点，比全省高出 32.6 个点，历史首次突破 300 点。7 项构成指标有 6 项优于全省，分别为总资产贡献率 22.5%，比全省高出 7.4 个百分点；资本保值增值率 109.5%，比全省高出 1.0 个百分点；资产负债率（逆指标）57.2%，比全省高出 2.7 个百分点；成本费用利润率 9.0%，比全省高出 2.8 个百分点；全员劳动生产率 26.57 万元/人，比全省增加 4.47 万元/人；产品销售率 98.3%，比全省高出 1.0 个百分点。仅有 1 项指标低于全省水平，即反映资金周转的流动资产周转率 2.7 次，比全省低 0.1 次。

二是超九成工业企业利润总额呈现正增长。规模以上工业企业中，有 1768 户实现盈利，占规模以上企业总数的 92.2%，盈利总额 333.07 亿元；亏损企业 149 户，亏损额 17.61 亿元，比上年增长 17.6%；盈亏相抵后实现利润总额 315.46 亿元，增长 23.4%，增幅比全省高出 18.1 个百分点。分县（市、区）看，除漳州开发区亏损外，均实现盈利，利润总额增幅位于全市前三位的分别是：龙文区实现 14.64 亿元，增长 43.7%；平和县实现 10.06 亿元，增长 43.5%；常山开发区实现 10.06 亿元，增长 41.5%。

三是企业亏损面呈现逐月好转。1-2 月，规模以上工业亏损面高达 12.9%，之后逐步缩窄，截至 12 月，全市规模工业共有亏损企业 149 户，亏损面降至 7.7%，比年初下降 5.2 个百分点。

四是超八成工业行业盈利增长。规模以上工业 41 个行业大类中，有 34 个行业利润总额比上年增长；4 个行业利润总额下降。在 11 个利润总额超过 10 亿元的行业大类中，有 10 个行业利润总额增长，仅汽车制造业利润总额下降。其中，利润总额增速超 50%的行业为化学原料和化学制品制造业（97.7%），电力、热力生产和供应业（64.0%）。

五是新兴主导产业呈现强劲增长。1363 家规模以上工业主导新兴产业企业共实现主营业务收入 3039.47 亿元，比上年增长 24.9%，占规模以上工业主营业务收入的比重达 79.0%；实现营业利润 237.07 亿元，增长 25.2%；实现应交增值税 185.46 亿元，增长 19.5%。其中，石化工业收入增长最为强劲，实现主营业务收入 553.68 亿元，增长 116.0%，占全市比重的 34.0%。新材料收入贡献最大，实现主营业务收入 1031.23 亿元，增长 54.6%，占全市比重的 34.0%。装备制造业利润贡献最大，实现营业利润 66.42 亿元，增长 19.7%，占全市比重的 28.0%。

六是龙头企业效益对全市拉动有力。全市共有 18 家省级和 16 家市级工业产业龙头企业，实现利润总额 97.67 亿元，比上年增长 27.0%，对全市贡献率达 34.8%，拉动全市增长 9.4 个百分点；实现应交增值税 75.56 亿元，增长 14.0%，对全市贡献率达 26.4%，拉动全市增长 3.7 个百分点。

南平 2014 年，南平市全部工业完成工业增加值 403.86 亿元，比上年增长 11.4%；完成工业总产值 1655.03 亿元，增长 12.2%；工业产品销售率 96.3%，回落 0.3 个百分点。其中，规模以上工业企业实现主营业务收入 1394.71 亿元，增长 15.5%；实现利润总额 63.39 亿元，增长 6.5%；上交税金总额 48.41 亿元，增长 9.8%；亏损企业亏损面为 7.6%，亏损企业亏损总额 8.69 亿元，下降 9.1%。

在规模以上工业35个行业大类中，增长较快的行业主要有文教、工美、体育和娱乐用品制造业增长159.8%，家具制造业增长37.3%，非金属矿物制品业增长26.8%，纺织业增长16.8%和专用设备制造业增长16.6%。

2014年，南平市工业经济运行呈现以下特点：一是龙头企业发展较好。全市拥有产值超亿元的企业422家，比上年净增加70家；实施亿元以上重点技改项目103项，竣工投产项目26个；实施龙头产业促进计划，全市有8家企业列入省级龙头企业行列。

二是五大传统产业增幅均高于全市平均水平。林产加工产业完成工业总产值433.94亿元，比上年增长12.8%；纺织服装产业完成工业总产值80.80亿元，增长17.3%；食品加工产业完成工业总产值303.90亿元，增长13.2%；冶金建材产业完成工业总产值196.04亿元，增长12.4%；机械（装备）制造产业完成工业总产值204.32亿元，增长12.6%。

三是三大工业园区产值实现较快增长。三大园区规模以上工业完成工业总产值118.61亿元，占规模以上工业总产值比重的9.9%，比上年提高0.9个百分点。其中，南平工业园区完成工业总产值76.11亿元，增长19.2%；荣华山组团完成工业总产值62.17亿元，增长23.8%；闽北经济开发区完成工业总产值12.96亿元，增长87.9%。

四是工业投资增速保持高位运行。2014年，全市工业投资完成546.78亿元，比上年增长26.7%，增速位居全省首位，比全省平均增幅高15.7个百分点。其中，采矿业完成投资14.21亿元，增长2.6%；制造业完成投资495.07亿元，增长29.8%；电力、热力、燃气及水的生产和供应业完成投资37.50亿元，增长3.7%。

龙岩 2014年，龙岩市各级各部门认真贯彻落实稳增长、促改革、调结构、惠民生，经济社会发展取得新成效，全市工业经济运行总体平稳，结构调整稳中有进，运行质量进一步提高。全年全市规模以上工业完成工业总产值1654.21亿元，比上年增长12.8%。实现工业增加值538.07亿元，增长12.5%。机械产业、有色金属产业、烟草产业、能源精化产业等“四大天王”实现工业总产值974.06亿元，现价增长11.8%；纺织产业、建材产业、光电新材料产业等“八大金刚”实现工业总产值581.31亿元，增长10.6%。其中，机械产业实现工业总产值252.87亿元，增长5.9%；有色金属产业实现工业总产值305.75亿元，增长20.2%；烟草产业实现工业总产值150.21亿元，增长10.2%；能源精化产业实现工业总产值265.23亿元，增长9.6%；纺织产业实现工业总产值85.24亿元，增长4.7%；建材产业实现工业总产值168.66亿元，增长2.4%；光电新材料产业实现工业总产值57.51亿元，下降2.9%；不锈钢及特钢产业实现工业总产值28.33亿元，增长87.2%；农副产品加工产业实现工业总产值241.57亿元，增长17.8%。实现利润总额106.21亿元，下降3.0%。其中，国有企业实现利润总额12.13亿元，下降2.9%；集体企业实现利润总额1.77亿元，增长1.5%；股份制企业实现利润总额74.07亿元，下降3.4%；外商及港澳台投资企业实现利润总额17.55亿元，下降3.0%；国有控股企业实现利润总额42.98亿元，下降19.6%。

2014年，龙岩市工业经济运行呈现以下特点：一是亿元工业企业带动突出。319家产值超亿元企业实现工业总产值1373.48亿元，比上年现价增长14.7%。

二是大中型工业企业贡献显著。125家大中型工业企业实现工业总产值924.92亿元，比上年现价增长14.3%，高于全市平均水平2.7个百分点，对规模以上工业总产值增长的贡献率达67.4%。

三是股份制企业拉动明显。占全市产值七成总量的股份制工业企业实现工业总产值1191.16亿元，比上年现价增长14.4%，高于全市平均水平

2.8 个百分点，对规模以上工业总产值增长的贡献率达 87.1%，拉动规模以上工业总产值现价增长 10.1 个百分点，成为拉动工业总产值增长的主动力。

四是重点产业持续壮大。有色金属、机械、农副产品加工、能源、建材、烟草等六大产业工业总产值超百亿，分别达 305.75 亿元、252.87 亿元、241.57 亿元、172.87 亿元、168.66 亿元、150.21 亿元，分别比上年现价增长 20.2%、5.9%、17.8%、3.4%、2.4%、10.2%。机械、有色金属、烟草、能源精化产业完成工业总产值 974.00 亿元，增长 11.8%。

宁德 2014 年，宁德市上下积极应对宏观经济下行压力，切实加强政策扶持和要素保障，围绕工业经济稳中求进、稳中提质的总基调，努力推进企业转型升级，做大做强骨干产业，顺利实现工业生产平稳较快增长。全年全市规模以上工业实现工业总产值 2736.78 亿元、工业增加值 649.91 亿元，分别比上年增长 15.5%和 15.2%。在规模以上工业 35 个大类行业中，有 25 个行业工业总产值比上年增长，10 个行业增速在 20%以上，工业总产值超 200 亿的行业有 6 个，分别为有色金属冶炼和压延加工业，黑色金属冶炼和压延加工业，电气机械和器材制造业，橡胶和塑料制品业，农副食品加工业和电力、热力生产和供应业，分别实现工业总产值 449.52 亿元、350.20 亿元、304.08 亿元、290.53 亿元、248.03 亿元、209.32 亿元，分别增长 68.4%、5.9%、-0.2%、10.6%、15.3%、24.0%。实现利润总额 142.81 亿元，下降 1.4%。其中，国有及国有控股企业 20.12 亿元，增长 39.3%；股份制企业 130.60 亿元，下降 1.0 %；外商及港澳台投资企业 10.86 亿元，下降 3.2%；私营企业 43.16 亿元，下降 12.9%。

2014 年，宁德市工业经济运行呈现以下特点：

一是亿元企业贡献率超 100%。1324 家规模以上工业企业中，工业总产值超过 1 亿元的企业共有 530 家，比上年增加 24 家，合计实现工业总产值 2347.04 亿元，增长 21.4%，占规模以上工业总产值的比重为 85.8%，对规模以上工业增长贡献率达到 112.5%，比上年提高 24.6 个百分点。其中，工业总产值超 100 亿元的企业 2 家，10 亿-100 亿元的企业 31 家，5 亿-10 亿元的企业 81 家。

二是产业集聚度持续提升。全市已形成电机电器、食品加工、发电供电、建材、船舶修造、医药化工、冶金和合成革制造等 8 个主要产业，企业数合计 1062 家，占规模以上工业企业数的 80.2%，合计实现工业总产值 2412.92 亿元，比上年增长 16.2%，增速比全市平均水平高 0.7 个百分点，占规模以上工业总产值的比重为 88.2%，对规模以上工业增长贡献率为 91.6%，提高 1.9 个百分点。其中，冶金、电机电器、食品加工等 3 个产业工业总产值超 400 亿，分别实现工业总产值 799.72 亿元、571.64 亿元、427.02 亿元。

三是新增长点企业拉动有力。市级工业经济新增长点项目企业 159 家，占规模以上工业企业数的 12.0%，合计实现工业总产值 1029.81 亿元，比上年增长 35.0%，增速比全市平均水平高 19.5 个百分点，占规模以上工业总产值的比重为 37.6%，对全市规模以上工业增长的贡献率 72.7%，户均工业总产值 6.48 亿元，是全市平均水平的 3.1 倍。其中，工业总产值过亿企业 112 家，过 10 亿企业 24 家，过百亿企业 2 家。

四是工业用电增幅全省第一。2014 年，全市工业电力消费量 94.11 亿千瓦时，创历史新高，比上年增长 24.7%，增速比全省平均水平高 16.4 个百分点，位居各设区市首位。按月度情况看，2014 年 4-12 月连续 9 个月当月工业电力消费量超过 8 亿千瓦时，其中 6 月份的 8.84 亿千瓦时为历史最高。

注：本文数据采用快报数。

（摘编：朱翔）

3-1-2 各设区市规模以上工业主要指标

（2014 年）

指 标	计量单位	福州市	厦门市	莆田市	三明市	泉州市
总 量						
企业数	个	2275	1701	1175	1753	4438
工业总产值	亿元	7495.26	4894.93	2315.01	3016.64	10699.43
主营业务收入	亿元	7130.92	4772.36	2273.48	2910.46	10323.93
资产总额	亿元	5537.33	4500.86	1363.68	1423.98	7463.74
利润总额	亿元	406.36	237.55	195.91	80.74	755.70
利税总额	亿元	653.41	397.19	263.19	159.85	1191.01
本年应交增值税	亿元	206.18	84.48	53.77	64.66	268.00
占全省比重						
企业数	%	13.6	10.2	7.0	10.5	26.5
工业总产值	%	19.5	12.7	6.0	7.9	27.9
主营业务收入	%	19.2	12.9	6.1	7.8	27.8
资产总额	%	19.8	16.1	4.9	5.1	26.7
利润总额	%	17.3	10.1	8.4	3.4	32.2
利税总额	%	16.9	10.3	6.8	4.1	30.8
本年应交增值税	%	19.2	7.8	5.0	6.0	24.9

3-1-2 续表 （2014 年）

指　标	计量单位	漳州市	南平市	龙岩市	宁德市
总　量					
企业数	个	2006	997	1034	1365
工业总产值	亿元	4042.14	1537.61	1682.31	2721.99
主营业务收入	亿元	3968.85	1450.35	1677.72	2589.38
资产总额	亿元	2993.07	998.18	1832.19	1865.32
利润总额	亿元	326.35	74.40	112.88	154.39
利税总额	亿元	574.07	127.19	266.98	227.80
本年应交增值税	亿元	231.10	43.11	61.70	63.57
占全省比重					
企业数	%	12.0	6.0	6.1	8.1
工业总产值	%	10.5	4.0	4.4	7.1
主营业务收入	%	10.7	3.9	4.5	7.1
资产总额	%	10.7	3.6	6.5	6.6
利润总额	%	13.9	3.2	4.8	6.7
利税总额	%	14.9	3.4	6.9	5.9
本年应交增值税	%	21.5	4.0	5.7	5.9

3-1-3 各设区市食品加工及制造业

食品加工及制造业包括农副食品加工业、食品制造业。其中，水产品加工业在福建食品加工及制造业中占有较大比重。目前，全省已形成了东山海捕鱼、漳州石斑鱼、宁德大黄鱼、连江藻类、福清对虾等具有区域优势、产业效益高的水产品特色产业。2014年，福建省水产品出口额继续居全国第1位。

福州 近年来，福州市不断优化水产加工经济结构，发展特色优势产业，促进水产加工业发展。2014年，福州市水产品加工产量达142.74万吨，比上年增长5.3%；实现加工产值259.69亿元。全市养殖面积近6万公顷，形成以鲍鱼、海带、南美白对虾、鳗鲡、海参、金鱼等为主导的多个特色优势产业，其中长乐是全国最大的鳗鲡出口养殖基地，福清是全省南美白对虾的重要产区，连江是全省鲍鱼养殖主要产区。截至2014年末，福州市拥有规模以上水产加工企业136家，国家级龙头企业3家，省级龙头企业44家，产值超亿元企业45家；拥有亚洲最大规模的水产品现货交易市场——海峡水产品交易中心，水产品年交易量200万吨，交易额300亿元。近年来，福州市水产品加工业品牌战略成效明显，先后被授予“中国纯天然远洋捕捞产品产销基地”“中国鱼丸之都”“中国金鱼之都”“中国鳗鲡之都”称号，全市9家水产企业获得中国名牌、中国名牌农产品、中国驰名商标，5个特色品种获批国家地理标志保护产品或国家地理标志证明商标，2家企业获得有机食品或绿色食品称号。

漳州 东山不仅是漳州也是福建重要的渔业县。在国际市场疲软的情况下，2014年东山县内抓转型升级，外拓国际市场，出口实现逆势增长。全县水产品外贸出口总额达17.5亿美元，比上年增长24.0%，总量居全国县级首位。截至2014年末，东山县水产品加工企业有241家，年水产品加工能力超过50万吨。其中，规模以上企业54家，获得中国驰名商标5家，对美HACCP认证23家，对欧盟注册5家，对俄罗斯注册7家，对韩国注册36家，对印尼注册44家，对越南注册39家。同时，东山县坚持“东山味，全球香”战略，积极拓展国际市场，全年新增古巴等16个出口市场。目前，东山水产品出口已超百种，出口国家和地区已超百个。

宁德 近年来，宁德市通过推进出口大黄鱼质量安全示范区建设，“宁德大黄鱼”品牌知名度不断提高，品牌价值不断提升，品牌评估价值达6.34亿元人民币。此外，“海上丝绸之路”拓展也为宁德市水产品带来较大的经济效益。2014年，宁德市水产品出口大幅增长，共出口水产品10.6亿美元，比上年增长50.7%。出口泰国、越南、印尼、菲律宾等国家的水产品订单也大幅增加，东南亚水产品出口额达5.56亿美元，增长达115%。

泉州 据泉州检验检疫局统计，2014年泉州检验检疫局共检验监管出口水产品6.65万吨、货值2.30亿美元，分别比上年增长19.3%和23.1%，出口量、出口值均创历史新高，产品热销五大洲30多个国家和地区。从出口市场看，传统市场反弹明显，其中菲律宾、印尼两个传统市场共出口9619万美元，增长50.9%。新兴市场开拓力度加大，出口韩国908.30万美元，增长58.3%；出口越南2125.80万美元，增长1.5倍；出口非洲市场1386.10万美元，增长74.7%。企业创新转型成效明显。其中，附加值较高的鱿鱼及其制品出口额9098.50万美元，增长21.9%，其货值占辖区水产品总出口额的39.6%；水产罐头产品出口额766.20万美元，增长103.4%。

2014年各设区市规模以上农副食品加工业、食品制造业主要指标见下表。 （摘编：林晓霞）

各设区市规模以上农副食品加工业主要指标

（2014 年）　　　　单位：亿元

地　区	企业数（个）	工业总产值	主营业务收入	资产总额
福州市	192	589.20	570.46	291.94
厦门市	67	189.09	180.31	157.73
莆田市	63	187.57	183.44	71.63
三明市	82	116.33	110.66	31.25
泉州市	46	174.85	174.45	97.79
漳州市	300	680.22	659.01	340.73
南平市	74	164.01	154.24	159.05
龙岩市	64	81.63	82.73	38.84
宁德市	144	250.43	241.15	102.38

续上表　　　　单位：亿元

地　区	利润总额	利税总额	本年应交增值税
福州市	28.22	52.01	21.38
厦门市	3.62	4.24	0.47
莆田市	14.53	17.26	2.06
三明市	2.44	4.26	1.32
泉州市	7.69	10.46	2.16
漳州市	48.09	101.67	51.70
南平市	4.43	6.78	1.94
龙岩市	1.96	2.70	0.69
宁德市	18.92	25.37	5.67

各设区市规模以上食品制造业主要指标

（2014 年）

单位：亿元

地　区	企业数（个）	工业总产值	主营业务收入	资产总额
福州市	52	106.84	103.87	60.45
厦门市	41	50.65	49.96	58.95
莆田市	29	46.76	45.41	21.25
三明市	35	85.30	80.15	29.21
泉州市	92	376.50	361.81	218.92
漳州市	183	280.60	276.34	143.09
南平市	37	68.27	62.14	35.81
龙岩市	48	57.76	57.20	21.20
宁德市	25	42.71	39.65	17.04

续上表

单位：亿元

地　区	利润总额	利税总额	本年应交增值税
福州市	8.96	11.68	2.42
厦门市	1.95	3.73	1.55
莆田市	2.70	3.92	1.04
三明市	2.33	3.29	0.80
泉州市	30.16	43.19	10.76
漳州市	24.95	38.20	12.19
南平市	5.95	8.05	1.68
龙岩市	3.05	4.42	0.96
宁德市	4.29	5.09	0.63

3-1-4 各设区市酒、饮料和精制茶制造业

精制茶加工业是福建酒、饮料和精制茶制造业的重点行业。近年福建省精制茶加工业总体呈现较快发展。

泉州 安溪是全国第一产茶大县。2014年，全县茶叶产量达5.42万吨，比上年增长6.2%，总量比上年增加0.32万吨。全年新增土地（茶园）流转面积1.7万亩。据2014中国茶叶区域公用品牌评估结果显示，安溪铁观音品牌价值已达56.16亿元。

南平 武夷山是南平茶叶的重要产区。2006年始，武夷山市委、市政府高度重视茶产业，把茶产业列为武夷山市的农业主导产业，借助武夷山“世界双遗产地”“旅游胜地”的优势，将茶产业与旅游业紧密结合在一起，促进了产业快速发展。

一是规模扩大。截至2014年末，全市有茶叶加工企业400多家，市级以上龙头企业8家，茶业专业合作社94家，茶园总面积14.89万亩（采摘面积占94.6%）。全年茶叶总产量1.41万吨。全年注册茶企业4800多家（个体工商户3000多家）。2006-2014年间，全市茶园面积增长不足60%，茶产值（含精制）却增长了15倍以上，达15.8亿元。

二是茶产业品牌逐渐形成，效应逐步显现。截至2014年末，全市有茶叶证明商标2件，驰名商标2件，著名商标36件（全年新增8件），知名商标112件，QS生产许可的企业440家，有效注册商标2249件，国际注册27件。

三是营销网络不断扩大。近年来，武夷山茶产业在全国各地大中城市建立武夷山大红袍推广中心6个（2014年增加2个），大红袍茶叶销售网点5000多个。电子商务网络迅猛发展，有武夷山茶城网、个人商务网店、微信网店等，武夷山茶叶在互联网销售的茶企有200多家。据不完全统计，武夷山115个村开设农产品电子商务网店1200多家，茶叶销售占80%以上。

受人工成本上升等因素影响，武夷山茶青价格小幅提升，导致茶叶价格上涨。2014年，核心景区范围内的水仙茶青价格22元/斤，比上年增长约10%，精制茶生产成本190元/斤，增长约10%；肉桂茶青价格100元/斤，增长约25%，精制茶生产成本900元/斤，增长约20%；大红袍（奇丹）茶青价格10元/斤，精制茶生产成本100元/斤，基本持平。景区周边范围的水仙茶青价格6元/斤，增长约50%，精制茶生产成本80元/斤，增长约30%；肉桂茶青价格15元/斤，增长约5%，精制茶生产成本170元/斤，增长约5%。其他乡镇的水仙茶青价格3元/斤，精制茶生产成本45元/斤，均与上年持平；肉桂茶青价格8元/斤，精制茶生产成本100元/斤，均与上年持平。

三明 尤溪是三明市茶产业的生产重点县之一。近年来，尤溪茶产业快速发展，培育了一批具有代表性的三大系列特色茶叶（以“七品一香”“蓬莱银螺”等为代表的尤溪绿茶，以“金云富”“碧叶馨”等为代表的尤溪特色红茶，以“沈韵”“云富”等为代表的尤溪乌龙茶等三大系列产品）。截至2014年末，全县茶叶初制加工企业近200家，其中市级龙头企业5家；通过“三品”认证的有17家企业、22个产品，其中有机茶认证的3家，GAP认证的2家；茶叶面积10.7万亩。全年毛茶产量1.17万吨，茶叶产值约4.3亿元。面积、产量、产值均占三明市的三分之一，是福建省产茶大县、闽中名优茶生产基地县和全国无公害茶叶生产示范基地县。

龙岩 近年来，龙岩市茶产业总量快速增长，现代化程度稳步提升，现已成为福建省重要的新兴

茶区。

从茶产业规模看，2014 年龙岩茶产业呈现四大特点：一是茶园面积快速增长。截至 2014 年末，全市茶叶种植面积达 24.30 万亩，是 2005 年 11.02 万亩的 2.2 倍，年均增长 9.2%，发展速度位居全省前茅。全市茶园面积超万亩的乡镇有漳平市南洋镇、永福镇、官田乡和武平县桃溪镇 4 个乡镇，有“一村一品”茶叶专业村 30 个。目前，全市连片 50 亩以上的茶场达 1480 个，有茶叶专业合作社 51 家、社员 3125 户。发展区域由以漳平、武平为主，辐射到上杭、长汀、永定、新罗、连城等县（区）。二是茶叶产量大幅提高。2014 年，全市茶叶产量 2.04 万吨，是 2005 年 0.64 万吨的 3.2 倍，年均增长 13.8%；名优茶率达 48.0%，比 2005 年的 33.0% 提高 15.0 个百分点。按可比价格计算，2014 年茶叶产值 15.13 亿元，是 2005 年 1.35 亿元的 11.2 倍，年均增长 30.8%。三是茶叶新品层出不穷。各主产区以市场为导向，先后引进并推广铁观音、金观音等 30 多个茶树新品种。特别是通过实施高山优质茶工程，开发了梁野翠芽、龙门红茶等新产品，形成了漳平水仙（饼）、武平绿茶、高山铁观音、台式乌龙茶、保健茶等五大茶类产业格局。四是茶叶品牌建设有新突破。随着“漳平水仙”“永福高山茶”“武平绿茶”等多次参加北京、上海国际茶叶博览会、海峡两岸茶博会等获得多个金奖，龙岩茶叶逐渐在国内外市场获得认可。2014 年第七届“中绿杯”全国名优茶评比活动中，福建省获得的 6 个金奖全部花落武平县，获奖产品涵盖“梁野炒绿”“梁野雪螺”“梁野翠芽”三大系列，武平绿茶得到国内资深茶叶专家的充分认可，知名度进一步提高。漳平市被国家评为“中国名茶之乡”和“全国重点产茶县”。随着龙岩茶叶的知名度不断提升，全市 952 家的茶叶企业中，有获得 QS 认证 32 家、无公害食品认证 2 家、绿色食品认证 14 家、有机食品认证 8 家。13 家茶叶企业的产品被评为省级名牌农产品称号、7 件商标获得福建省著名商标、2 件商标获得中国驰名商标。

从茶产业现代化程度看，一是龙台合作成果显著。自 1996 年第一家台资茶叶企业落户漳平市永福镇以来，至 2014 年末全市台资茶叶企业达 40 多家。台资茶企在漳平、长汀、连城等地开发标准化、无公害化茶园近 5 万亩。全市通过引进台湾新品种、制茶新工艺和制茶机械，使茶叶产品质量大大提升。目前，漳平市永福国家级台湾农民创业园，是全国除台湾省外最大的台式乌龙茶生产基地，也是福建省台商投资茶产业最集中的区域。二是观光茶园建设方兴未艾。1999 年澳商整体租赁原新罗区小池茶场，投资近亿元，建立集茶叶生产加工、观光旅游、休闲度假、茶文化宣传于一体的云顶茶园，种植茶园 1000 多亩，成为龙岩市首家以茶产业为主的全国农业旅游示范点，是目前龙岩较为热门的旅游线路之一。借鉴云顶观光茶园建设模式，2004 年漳平市九鹏溪旅游区也在九鹏溪两岸建立观光茶园，吸引了泉州、漳州、厦门等地的众多游客前往观光旅游。漳平台湾农民创业园利用园区高山气候、独特民俗以及现代化设施，开发特色观光茶园乡村旅游和高山旅游。三是现代化茶产业建设步伐加快。在实施标准化生态茶园建设方面，截至 2014 年末，龙岩市已建设标准化生态茶园建设面积 3.07 万亩。在茶叶初制厂清洁化改造方面，2014 年漳平市赤水镇啊才家庭农场等 14 家茶企实施茶叶初制厂清洁化改造，投入资金 529.20 万元。2012 年以来，武平县桃溪镇 9 家茶企完成茶叶初制厂清洁化改造，投入 1540.00 万元。

2014 年各设区市规模以上酒、饮料和精制茶制造业主要指标见下表。

（摘编：林晓霞）

各设区市规模以上酒、饮料和精制茶制造业主要指标

（2014 年）

单位：亿元

地　区	企业数（个）	工业总产值	主营业务收入	资产总额
福州市	37	82.76	87.20	39.92
厦门市	19	81.70	135.14	91.73
莆田市	11	51.71	52.97	39.34
三明市	45	43.44	41.99	23.56
泉州市	98	196.39	187.98	101.92
漳州市	59	81.76	79.40	62.46
南平市	86	76.39	70.34	36.46
龙岩市	44	27.29	25.90	13.80
宁德市	164	138.26	132.79	61.67

续上表

单位：亿元

地　区	利润总额	利税总额	本年应交增值税
福州市	6.01	10.78	3.25
厦门市	4.91	11.87	5.40
莆田市	7.84	14.41	3.70
三明市	1.86	2.94	0.47
泉州市	26.15	37.97	8.48
漳州市	8.38	12.10	2.73
南平市	5.53	8.89	2.38
龙岩市	2.06	2.58	0.29
宁德市	9.33	13.41	2.94

3-1-5 各设区市纺织及纺织服装、服饰业

纺织及纺织服装、服饰业是福建重要的支柱产业。近年来，全省各地纺织企业围绕市场需求，优化产品品种、提高产品质量、引进先进设备、加大节能减排、发展电子商务等措施，转型升级成效显著。

福州 长乐市是全国纺织业的重要基地。2014年，长乐市多措并举加快推进纺织产业转型升级。一是鼓励一批纺织化纤龙头企业经由增资裂变、股份制改造、联合兼并、资产重组等方式迅速做大体量。金纶高纤、力恒锦纶、锦江科技、金源纺织、长源纺织等龙头企业产值都已突破百亿元。长乐市8家纺织化纤企业的技术中心被认定为省级企业技术中心，16家纺织化纤企业的技术中心被认定为福州市级企业技术中心。二是针对其纺织化纤企业的竞争优势主要集中于产业中心链条的特点，重点向锦纶长丝、锦纶聚合等产业链前端延长。长乐市现拥有各类纺织企业1053家，拥有600万锭纺织规模，锦纶民用丝年产能达60万吨以上，是全国最大的化纤混纺纱生产基地和锦纶民用长丝切片生产基地，产能居亚洲之首，经编产品占全国市场份额的60%。2014年1-7月，长乐市纺织化纤行业累计完成产值达1018亿元，成为年内福州市率先突破千亿元大关的行业。三是不断推进企业技术进步，实现产业转型升级，形成一条特色鲜明、分工协作、衔接有序的完整的纺织化纤产业链，产品向高档化、高附加值方向发展，建成具有市场竞争力的千亿产业集群。

三明 2014年，三明市“三动”助力纺织行业转型升级。一是政策推动。制定出台扶持政策，设立纺织发展专项基金。二是项目带动。加大招商力度，引进龙头骨干企业入驻，带动产业转型升级步伐。如尤溪引进了以生产高档纱线为主的福建顺源纺织，总投资15.5亿元；永安引进中国通用建设“中国通用三明（永安）产业园”，打造现代纺织产业升级版。三是科技驱动。尤溪县先后与闽江学院、三明市技术学院、福建省纺织工业技术研究所、中国纺织科学研究院建立技术研发协作，推进纺织产业转型升级，提高产业技术水平和新产品的开发能力。永安市政府及相关纺织企业与省纺织工业研究所签订《科技协作协议书》，成功通过国内首个“中国聚乙烯醇（PVA）纺织品研发基地”评定。

泉州 据海关统计，2014年泉州市纺织服装出口额达人民币434.8亿元，比上年增长20.4%，占同期福建省纺织服装出口总额的33.8%；主要出口市场为欧盟、东盟、非洲。其中，民营企业出口近七成，达289.7亿元人民币，增长29.8%。近年来，在国内用工紧张、人力成本上涨、国外订单转移到东南亚市场的多重压力下，泉州纺织服装企业逐渐向越南、柬埔寨、孟加拉国、缅甸等东南亚国家迁移。据不完全统计，截至2014年末，泉州已有30多家企业在东南亚投资办厂。2015年初，泉州市政府印发《关于促进纺织鞋服行业健康发展若干措施的通知》，其中18条的政策措施为全市纺织鞋服行业的稳步发展提供了制度保障；与此同时，新的出口退税政策将部分纺织服装出口退税率由16%调至17%，再次成为提振纺织服装行业的新信号和正能量。

石狮是中国休闲服装名城。目前，石狮纺织服装产业涵盖纺织、漂染、成衣加工、辅料生产、市场营销等各个领域，形成完整的产业链。随着互联网经济的发展，纺织服装企业纷纷涉足电子商务，规模以上企业近七成拥有独立网站或网店。

2014年各设区市规模以上纺织业及纺织服装、服饰业主要经济指标见下表。

（摘编：林晓霞）

各设区市规模以上纺织业主要指标

（2014 年）

单位：亿元

地　区	企业数（个）	工业总产值	主营业务收入	资产总额
福州市	277	808.41	793.87	562.95
厦门市	60	70.18	64.88	87.37
莆田市	28	48.25	45.91	52.67
三明市	167	332.18	315.50	111.93
泉州市	264	678.76	640.74	447.80
漳州市	40	54.50	54.27	25.68
南平市	35	62.72	56.51	27.27
龙岩市	23	51.94	50.66	37.40
宁德市	13	41.38	38.11	7.57

续上表

单位：亿元

地　区	利润总额	利税总额	本年应交增值税
福州市	50.32	62.06	9.38
厦门市	2.21	3.87	1.35
莆田市	3.82	5.24	1.22
三明市	4.93	9.90	4.46
泉州市	41.04	57.42	13.68
漳州市	4.71	8.15	3.13
南平市	2.07	4.18	1.81
龙岩市	3.19	4.97	1.67
宁德市	1.66	2.53	0.65

各设区市规模以上纺织服装、服饰业主要指标

（2014 年）

单位：亿元

地　区	企业数（个）	工业总产值	主营业务收入	资产总额
福州市	71	127.44	123.86	46.87
厦门市	116	116.65	105.56	122.04
莆田市	47	85.31	82.60	32.34
三明市	50	32.97	32.37	12.56
泉州市	789	1256.95	1221.75	844.93
漳州市	40	29.92	30.02	9.55
南平市	16	13.62	13.22	5.93
龙岩市	57	36.47	35.31	23.18
宁德市	12	9.32	9.31	2.55

续上表

单位：亿元

地　区	利润总额	利税总额	本年应交增值税
福州市	4.09	8.64	4.05
厦门市	14.58	22.00	6.47
莆田市	6.79	8.74	1.27
三明市	1.81	2.83	0.79
泉州市	101.74	140.18	31.91
漳州市	2.38	3.98	1.46
南平市	0.87	1.27	0.28
龙岩市	2.49	3.84	1.22
宁德市	0.22	0.51	0.24

3-1-6 各设区市木材加工和木、竹、藤、棕、草制品业

林业是福建的一大特色、一大优势、一大潜力、一大支撑。2014年，福建省通过大力实施“以二促一带三”战略，因地制宜，培育龙头，克服经济下行的压力，在全国经济“微增长”的形势下保持林产工业经济平稳发展。

南平 截至2014年末，南平市共有规模以上木材加工和木、竹、藤、棕、草制品业企业216个；全年实现工业总产值258.90亿元，利税总额达24.04亿元。

2014年，南平市植树造林总面积37.09万亩，完成年任务数的122.3%。其中，荒山造林17.15万亩，更新造林面积9.32万亩，低产低效林改造面积10.61万亩，非规划林地造林面积0.56万亩。全市森林覆盖率74.8%，居全省前列。商品材产量165.03万立方米，比上年下降10.1%；毛竹产量13729万根，增长16.7%；篙竹产量3946万根，增长2.7%。

截至2014年末，南平市已成立林权流转交易服务平台10个、森林资源评估服务机构13家、林权抵押担保收储服务平台7个、林业科技综合服务平台10个。当年新增林业经济合作组织126个，面积12.84万亩，其中林业专业合作社111个。全年共办理林权流转面积62.9万亩，流转额5.71亿元；完成林权抵押登记面积42.54万亩，抵押贷款金额7.6亿元；商品林综合保险参保率达93.1%。此外，南平市政府还出台《南平市竹产业发展扶持资金管理办法》，新建丰产高效竹林示范片11个4414亩。

三明 截至2014年末，三明市共有规模以上木材加工和木、竹、藤、棕、草制品业企业288个；全年实现工业总产值354.73亿元，利税总额达19.93亿元。

2014年，三明市完成植树造林总面积33.95万亩，占任务的139.4%。其中，完成人工造林更新总面积24.29万亩，占任务的162.0%。全市森林覆盖率76.8%。商品材产量149.2万立方米，下降8.5%。

2014年，三明市林业产业转型升级稳步推进。全年全市完成规模以上林产工业产值557.6亿元、比上年增长9.8%，提前实现“十二五”目标。一是抓重点项目。50项投资千万元以上、22项重点技改项目开工率均达92%。二是抓新型业态。林品汇网上商城交易额0.2亿元，O2O实体市场销售额0.8亿元。竹具城与淘宝等联合营销，总产值0.4亿元。三是抓平台拓展。第十届林博会成立中国林业产业联合会林业电子商务分会，举办林品汇网上商城推介会、大学生电子商务创业竞赛、木材原料供需对接会等，签约项目143项、总投资193亿。建设海峡两岸现代林业合作实验区，新批办林企10家、总投资0.6亿美元，推广台湾“五新”成果23项、1360亩。

漳州 截至2014年末，漳州市共有规模以上木材加工和木、竹、藤、棕、草制品业企业45个；全年实现工业总产值42.19亿元，利税总额达5.72亿元。

从主要企业看，漳州合明木业有限公司历经10多年发展，引进了具有国内先进水平的胶合板制造生产加工设备，并配套了国内较为先进的热压后加工设备，已发展成为一家集技术研究、产品开发和生产于一体的胶合板生产企业，能独立完成从产品设计到成品生产的一整套工序。公司在漳州蓝田工业开发区、龙文区湘桥工业小区和芗城区浦南工业区等三地建立自有生产基地，成为漳州最大的胶合板生产基地。2014年，漳州合明木业有限公司在漳州市蓝田经济开发区完成征地50亩，着手建立“合明木业物流园”，并在福建漳州市区建立品牌运营中心，在厦门软件园二期厦门信息港设立国际事业部。

2014年各设区市规模以上木材加工和木、竹、藤、棕、草制品业主要经济指标见下表。

（摘编：张琛）

各设区市规模以上木材加工和木、竹、藤、棕、草制品业主要指标

（2014 年）　　单位：亿元

地　区	企业数（个）	工业总产值	主营业务收入	资产总额
福州市	34	37.33	36.21	17.67
厦门市	5	2.14	2.03	1.95
莆田市	23	32.57	31.53	28.75
三明市	288	354.73	347.84	92.86
泉州市	14	19.59	20.76	8.41
漳州市	45	42.19	42.03	21.12
南平市	216	258.90	250.17	99.74
龙岩市	54	46.94	44.48	29.50
宁德市	37	29.19	27.70	11.96

续上表　　单位：亿元

地　区	利润总额	利税总额	本年应交增值税
福州市	1.66	3.26	0.95
厦门市	0.03	0.08	0.04
莆田市	3.68	4.08	0.29
三明市	11.74	19.93	6.83
泉州市	2.13	2.94	0.62
漳州市	3.75	5.72	1.79
南平市	15.06	24.04	6.95
龙岩市	3.31	4.44	0.78
宁德市	1.77	2.85	0.83

3-1-7 各设区市家具制造业

漳州 截至 2014 年末，漳州市共有规模以上家具制造业企业 94 个；全年完成工业总产值 81.01 亿元，实现主营业务收入 79.36 亿元。

作为漳州家具行业主要出口产品之一的木家具，主要销往欧盟、美国、加拿大和澳大利亚等市场。随着辖区内木家具出口产业聚集力的不断增强，漳州有关部门大力促进漳州木家具出口。如漳州检验检疫局接到相关咨询或了解到企业建厂意向后，及时指定专人跟踪服务，在监管过程中指导帮扶企业提升内部管理水平，增强新增企业信心，提高接单积极性；指导企业在现场和管理软件上针对安全质量、厂区环境、溯源管理、安全卫生控制等方面建立健全质量保证体系；强化出口家具中有毒有害物质检测监控，重点加强对企业高风险原辅料供应商备案管理及有毒有害物质型式试验和抽查验证，从源头把好安全质量关；指导企业在原有传统室内家具产品生产的基础上，根据市场需求积极开拓新产品。

据漳州检验检疫局统计，2015 年 1-5 月，漳州木家具出口 4922 批、货值 1.24 亿美元，同比分别增长 6.4%和 12.2%，主要销往美国、法国、英国等地国家和地区，还新开拓了加拿大、澳大利亚、日本等市场。其中，对美国市场出口额为 5140.08 万美元，增长 13.0%；对法国市场出口额为 1078.42 万美元，增长 18.6%；对英国市场出口额 1001.39 万美元，增长 2.5%。

从主要出口企业看，漳州喜盈门家具制品有限公司是漳州出口木家具的龙头企业，出口货值排名长期居全市第一的位置。2014 年，针对企业的特点和需求，漳州检验检疫局采取“一企一策”的服务措施，通过日常监管对企业存在的薄弱环节提出整改建议，促使企业建立健全自我管控能力，改善出口产品生产条件，并积极为企业提供各类标准资料和信息，帮助企业依照不同的客户要求和行业标准规范制定新的检验作业指导书。同时，根据企业质量安全管控能力，对企业实行一级监管，减少企业出口产品抽批概率，提高通关速度，针对企业产品熏蒸需求较大的情况，积极协调相关熏蒸人员到企业现场开展相关工作，及时出具熏蒸结果报告。据统计，2015 年 1-7 月，漳州喜盈门家具制品有限公司共报检出口木制家具 557 批、货值 1557.48 万美元，同比分别增长 20.8%和 3.8%。

莆田 截至 2014 年末，莆田市共有规模以上家具制造业企业 38 个；全年完成工业总产值 43.00 亿元，实现主营业务收入 41.76 亿元。

作为全国最大木雕生产基地和三大红木古典家具主产地之一，福建仙游县被喻为红木家具市场的风向标和晴雨表，制作的古典工艺家具被称为“仙作”家具，目前市场上 80%左右的高端红木家具产品均被“仙作”包揽。仙游县现有古典工艺家具企业 4000 多家，从业人员达 16 万人，2014 年产值 330 多亿元。

2015 年初，仙游县政府提出要引导工艺企业由单纯开发高端市场产品向中高端和大众化消费并重转变，研发面向大众、适销对路的新中式、新古典家居产品。2015 年 3 月，北京龙腾阁掌门人林元仁就回到家乡仙游县榜头镇，创办了龙腾坊古典家具大排档。这种“大排档”的方式，可以接受众多红木厂家、商家加盟入驻，广泛搜罗中高端古典家具，追求纯手工制作，走批发路线，不但贴近小康家庭，还可帮助企业缓解资金压力。这些加盟厂家不仅可享受到免租经营、以厂价销售的待遇，还可共享龙腾阁的营销渠道和传承的工艺图谱、流程。此外，为了发挥行业龙头的带动作用，仙游县也在企业税收、品牌推广、产业链配套等方面实施扶持政策，支持优势企业组建营销联盟，促进中小企业与大企业协作配套、共同发展。

2014 年各设区市规模以上家具制造业主要经济指标见下表。

（摘编：张琛）

各设区市规模以上家具制造业主要指标

（2014 年）　　　　单位：亿元

地　区	企业数（个）	工业总产值	主营业务收入	资产总额
福州市	49	81.67	81.26	35.72
厦门市	36	42.93	40.81	40.01
莆田市	38	43.00	41.76	26.91
三明市	23	22.48	22.09	9.27
泉州市	34	56.22	55.59	50.70
漳州市	94	81.01	79.36	49.13
南平市	20	20.28	20.12	14.54
龙岩市	15	13.88	12.85	3.88
宁德市	11	9.05	9.69	4.78

续上表　　　　单位：亿元

地　区	利润总额	利税总额	本年应交增值税
福州市	3.01	4.85	1.15
厦门市	1.19	2.35	1.01
莆田市	3.93	5.54	1.30
三明市	0.98	1.42	0.33
泉州市	6.40	8.25	1.40
漳州市	6.04	10.37	3.89
南平市	1.27	1.96	0.52
龙岩市	0.71	1.06	0.25
宁德市	0.55	0.74	0.16

3-1-8 各设区市造纸和纸制品业

泉州 截至 2014 年末，泉州市共有规模以上造纸和纸制品企业 109 个；全年完成工业总产值 398.50 亿元，实现主要业务收入 341.04 亿元，利润总额 33.02 亿元。

2014 年，泉州市推进恒安生活用纸智能化生产基地、玖龙 50 万吨/年扩建等项目建设。改造提升高档纸、再生纸生产，逐步淘汰低效高耗、低档次和低附加值的产品，支持企业进行境外林木资源开发。生活用纸行业重点发展高档纸巾纸、湿巾纸、卫生衬纸、纸尿裤、厨房用纸、擦手纸；产业用纸行业重点发展彩印相纸、激光纸、墙体与木材装饰纸、医疗用纸、液体食品包装纸板、涂布白板纸、牛皮卡纸、纸袋纸、中高档箱纸板、高强瓦楞原纸、细瓦楞纸；文化用纸行业重点发展涂布胶印纸、铜版纸、无碳复写纸、传真纸、高精度打印纸、防伪纸。

从主要生产企业看，泉州纸业有 3 个项目被列入 2015 年福建省重点项目，分别是南安恒利特种生活用纸生产项目；晋江优雅环保壁纸生产项目；晋江恒安生活用品智能化生产基地项目。

漳州 截至 2014 年末，漳州市共有规模以上造纸和纸制品企业 98 个；全年完成工业总产值 232.84 亿元，实现主营业务收入 229.95 亿元。

从主要生产企业看，2014 年漳州市以联盛纸业（龙海）有限公司、福建希源纸业有限公司等为龙头，加快建设联盛纸业（龙海）有限公司两条年产 45 万吨牛皮箱板纸生产线，两条年产 35 万吨瓦楞原纸生产线，一条年产 40 万吨涂白板纸生产线，提高产业集中度。联盛纸业（龙海）有限公司是目前福建省产能最大的造纸企业之一。公司装备 6 条以再生资源废纸为主要原料的造纸生产线，主要生产高强瓦楞纸、牛皮箱板纸、涂布白板纸、涂布牛卡纸等。2014 年规模最大的 PM8 生产线日产能达到 2186 吨，从废纸进入生产线到成品的切割、入仓全部自动化完成。福建圣莉雅环保壁纸有限公司是漳州唯一一家生产壁纸的企业。企业主要进行 PVC 环保壁纸、合纸、布料壁纸等环保壁纸生产销售，目前年产能达到 2000 万卷 PVC 环保壁纸。

三明 截至 2014 年末，三明市共有规模以上造纸和纸制品企业 39 个；全年完成工业总产值 61.48 亿元，实现主营业务收入 59.89 亿元。

从主要生产企业看，2014 年福建铙山纸业集团有限公司竹浆纤维超薄奶面纸、福建华闽纸业有限公司乳胶纸研发荣获中国林业产业创新奖。

作为国内纸袋纸细分市场的龙头企业，福建省青山纸业股份有限公司纸袋纸国内市场占有率约 50%，产品主要销往广东和浙江两省。同时，随着公司纸袋纸品质提高，85 克-95 克两层用袋纸的市场将进一步得到拓展，公司纸机产能效应也得到持续提高。2015 年，公司计划并购纸袋纸企业股权，以发挥行业龙头作用，优化产业经营环境，努力促进行业稳定健康发展。浆粕产品线方面，公司既有传统间歇和连续生产工艺的本色硫酸盐法制浆，又有浆粕制浆，制浆技术具有相对竞争优势。2014 年下半年，该公司连续研发两个浆粕产品线的新产品，可以替代国际进口。2015 年，公司将继续按照“小品种、高附加值”原则，继续开展新品开发，以实现该产品线的产能结构优化。

2014 年各设区市规模以上造纸和纸制品业主要经济指标见下表。

（摘编：张琛）

各设区市规模以上造纸和纸制品业主要指标

（2014 年） 单位：亿元

地　区	企业数（个）	工业总产值	主营业务收入	资产总额
福州市	55	61.05	56.93	33.02
厦门市	37	29.34	27.76	60.77
莆田市	30	51.89	51.10	22.99
三明市	39	61.48	59.89	49.34
泉州市	109	398.50	341.04	338.97
漳州市	98	232.84	229.95	210.00
南平市	28	37.84	36.02	37.39
龙岩市	18	17.57	16.71	12.69
宁德市	19	21.92	21.79	10.37

续上表 单位：亿元

地　区	利润总额	利税总额	本年应交增值税
福州市	2.22	4.79	2.17
厦门市	0.11	1.04	0.81
莆田市	3.33	4.57	0.85
三明市	1.51	2.80	1.14
泉州市	33.02	44.17	9.28
漳州市	27.55	41.32	13.07
南平市	-4.03	-2.72	1.11
龙岩市	0.39	0.76	0.33
宁德市	0.69	1.12	0.38

3-1-9 各设区市医药制造业

福州 截至2014年末，福州市拥有规模以上医药制造业企业24个；全年完成工业总产值78.97亿元，实现主营业务收入64.78亿元。

近几年，福州市生物医疗产业蓬勃发展，现拥有1个国家级实验室、2个省级实验室，初步形成了生物制药、基因工程药物与基因诊断试剂、化学原料药、现代中药、医疗器械与生物医学分析仪器等医药产业门类，生物医药产业研发到生产基本配套。福州迈新生物技术开发有限公司免疫组化检测试剂市场占有率多年稳居全国第一，盐酸金霉素等部分原料药品种欧美市场占有率第一，饲料级金霉素产量居全国第3位，蜂毒研究及产业化达国际领先水平。福州泰普生物科学有限公司、福州迈新生物技术开发有限公司、福建新大陆生物技术股份有限公司等企业的基因工程药、新型疫苗与诊断试剂等达国内领先水平。

厦门 截至2014年末，厦门市拥有规模以上医药制造业企业17个；全年完成工业总产值32.37亿元，实现主营业务收入31.79亿元。

2014年，厦门市为加快生物与新医药产业发展，厦门市科技局与市发展和改革委员会、海沧区政府共同编制《厦门市推进生物与新医药产业发展工作方案》，到2020年并力争提前到2018年，厦门市生物与新医药产业实现"1111"目标，即产业总产值达到1000亿元，培育100家产值上亿元企业、搭建10个产业公共服务平台、建立1个国家级产业基地。

2014年，国家发展和改革委员会、财政部联合下文正式批准厦门生物医药产业入选国家"战略性新兴产业区域集聚发展试点"，厦门成为福建省首个，也是唯一一个入选国家"战略性新兴产业区域集聚发展试点"的城市。厦门生物医药战略性新兴产业试点领域聚焦生物技术药物、高端医用检查检验仪器、海洋生物活性物质及生物制品三大优势方向。

据《厦门市生物与新医药产业经济运行报告》显示，2014年厦门市列入统计的547家生物与新医药企业实现工业总产值286.08亿元，占全市规模以上工业总产值的5.8%，比上年提高1.3个百分点，实现销售收入282.26亿元；总产值上亿元企业增长到52家，增加13家。全市拥有已注册药品品种和规格439种、医疗器械注册产品598个；拥有生物与新医药领域专利1178件，占全省的40.7%，其中发明专利1065件。

截至2014年末，国家火炬计划生物与新医药特色产业基地、厦门生物医药港的核心区海沧区拥有生物与新医药企业190家，比上年末增加34家。全年实现工业总产值125.11亿元，比上年增长20.6%，占全市生物与新医药产业总产值的44.1%，连续3年稳居各区之首，产业集聚效应进一步显现。

三明 截至2014年末，三明市拥有规模以上医药制造业企业17个；全年完成工业总产值33.58亿元，实现主营业务收入31.77亿元。

近年来，三明市明溪县生物与新医药产业呈现集群发展态势。一是福建海西联合药业有限公司总投资2.4亿元、年产1000吨吸入式麻醉剂及中间体生产线2015年将基本竣工并试生产，到2016年可实现产值10亿元以上。二是三明海斯福化工有限公司2000吨六氟环氧丙烷及特种材料改性单体、氟聚合物加工助剂、含氟表面活性剂生产线正式建成投产，2015年可新增产值3亿元，增加利税近2000万元。三是福建泰丰医药化工有限公司年产20吨卡培他滨原料药、20吨埃索美拉锉钠原料药、400吨TM-3原料药生产线已建成并进行试生产，2015年可实现产值1亿元以上。

2014年各设区市规模以上医药制造业主要经济指标见下表。

（摘编：林舒）

各设区市规模以上医药制造业主要指标

（2014 年）

单位：亿元

地　区	企业数（个）	工业总产值	主营业务收入	资产总额
福州市	24	78.97	64.78	66.91
厦门市	17	32.37	31.79	58.18
莆田市	8	5.49	5.64	4.28
三明市	17	33.58	31.77	17.60
泉州市	14	27.17	25.18	20.13
漳州市	9	17.84	17.20	43.31
南平市	11	22.88	20.59	33.93
龙岩市	15	16.40	15.50	8.54
宁德市	10	16.13	14.38	7.43

续上表

单位：亿元

地　区	利润总额	利税总额	本年应交增值税
福州市	5.36	8.13	2.26
厦门市	5.59	7.51	1.72
莆田市	0.23	0.33	0.07
三明市	2.05	2.98	0.76
泉州市	2.34	3.61	1.12
漳州市	6.62	8.27	1.40
南平市	2.15	3.27	1.02
龙岩市	1.08	1.51	0.29
宁德市	1.42	2.13	0.61

3-1-10 各设区市非金属矿物制品业

福建省是全国建材生产大省。作为全国陶瓷四大产区及主要的集散地之一，陶瓷产业也是福建省传统产业中最具代表性的行业之一，主要分布在晋江、德化、南安、闽清等地；石材产业主要集中在厦门、南安、惠安等地。

水泥制造业

三明 随着三明经济的发展、城镇化进程的推进，三明水泥产业近10年大体经历了三个发展阶段。2004-2008年是第一阶段，这一阶段全市水泥产业发展相对缓慢且持续时间较长，产量从723万吨扩张到1120万吨，5年时间累计新增产量为397万吨，产量增速从2006年增长33.6%回落至2008年下跌1.3%；2008-2010年是第二阶段，这一阶段受淘汰落后产能影响，大量旋窑生产工艺取代立窑生产，特别是2009年受国家4万亿政策影响，水泥产量增速高达31.1%，3年间新增产量达到450万吨；2010-2013年是第三阶段，这一阶段水泥产业进入相对平稳的发展阶段，年均增产9%左右。2014年，三明地区水泥产量为2201万吨，比上年增长11.5%。

龙岩 2014年，龙岩市水泥企业节能减排取得了显著成果。据龙岩市工商联合会公布数据显示，截至2014年末，龙岩市已全部完成落后水泥产能淘汰任务。自2006年龙岩市启动关闭中心城区18家水泥企业始，全市共淘汰落后水泥企业127家、产能2480万吨（含粉磨160万吨）。年内还关停了日产1000吨新型干法熟料生产线一条。产业工艺技术结构实现优化升级。

2014年，龙岩市13家新型干法企业20条生产线共产熟料达2685万吨，比上年增长3.9%，生产水泥3084.6万吨，与上年持平。全市6家独立水泥粉磨企业共生产水泥达130万吨，全市合计水泥产量3214.6万吨。

分企业看，2014年龙岩市新型干法企业熟料产量增长5%以上的企业有华润（漳平）公司、福建塔牌公司、国产实业（福建）水泥公司和福建春驰集团公司等4家。

砖瓦、石材等建筑材料制造业

泉州 泉州南安市是全国乃至东南亚地区规模最大、种类最齐全的石材生产、出口基地，南安石材占据了中国石材的半壁江山。为更好的促进南安市石材企业的发展，2014年10月，南安市石材产业发展基金正式设立。该基金由南安石材工业协会牵头，募资对象限定为会员企业、机构投资者。这是福建省首支以私募形式设立的基金。2014年11月3日运作后，第一笔贷出1100万元。且11月3日由基金贷给企业后，11月4日企业就还款，有效缓解企业短期资金周转不足，解决了转续贷问题。截至2014年末，已办理25笔转续贷业务，19家企业成功贷到1.33亿元资金。

2014年11月8日，“中国·水头石材指数”正式发布，成为全国首个石材指数，标志着南安石材行业步入了“指数时代”。石材指数是通过对水头镇50家企业的采集分析得来的，主要包括水头石材价格指数和水头石材景气指数两个部分。石材价格指数每周发布一次，石材景气指数每月发布一次。通过石材指数及指数点评，可以了解石材产业发展态势、产品价格行情及市场变化趋势，为政府管理部门、生产厂家和经营商户、采购商及消费者提供更优质的信息咨询服务。据“中国·水头石材指数”信息系统监测，2014年12月份景气指数出现较大回落，收报于72.9点，环比下滑12.9点，跌幅15.1%；石材月价格指数为99.4点。

厦门 受全球政治经济形势影响，2014年厦门市石材进出口增长乏力。据厦门石材商会公布数据显示：全年厦门市石材进出口总额为25.61亿美元，比上年增长 1.5%。其中，出口 25.57 亿美元，增长 1.5%，增速明显放缓；进口受内需不足影响，继续下降，全年进口石材 360.00 万美元，下降 24.2%。

从出口看，2014 年厦门石材主要出口韩国、日本、美国，出口额分别为 5.49 亿美元、4.02 亿美元、1.69 亿美元，分别比上年下降 0.1%、3.7%、0.4%。从进口看，2014 年厦门石材主要从以色列、印度、意大利进口，进口额分别为 93.00 万美元、56.00 万美元、53.00 万美元，分别增长 11.0%、1.4 倍、-46.5%。

陶瓷制品业

福州 陶瓷产业是福州市闽清县最具特色的支柱产业，闽清是全省最大的电瓷出口基地和全国釉面砖重要生产基地之一。2014 年，闽清县积极推动陶瓷产业发展：一是培育和壮大陶瓷龙头企业，整合组建陶瓷企业集团，力争到 2015 年陶瓷产业年产值超 100 亿元。二是继续推动陶瓷产业转型升级，重点发展精细陶瓷特别是功能陶瓷等新型陶瓷。三是在稳定国内市场的同时开拓欧盟等新的国际市场，努力扩大英、美等国的市场份额，加大对中东、非洲和地中海等地区的出口比重，争取出口额达 3 亿美元以上。四是鼓励和引导企业开展贯标认证和争创更多的全省、全国名牌产品、名牌商标，支持和帮助闽清陶瓷行业协会注册申报“闽清陶瓷[MqTaoci.Com]”区域著名品牌。

泉州 泉州德化陶瓷生产历史悠久，是我国八大陶瓷主产区之一。近年来，德化县致力打造陶瓷产业人才聚集基地，加大引进培育陶瓷产业人才力度，实施“人才兴瓷”战略，创建大师工作室，成立大师创作团队，依靠专业院校的传授和民间师徒制传授传承陶瓷技艺，培育陶瓷人才，有效助推陶瓷产业转型升级。

德化县坚持以项目带动吸引人才。几年来，实施“国际陶瓷艺术城”“中国茶具城”“中国陶瓷文化古镇”“陶瓷文化创意园区”等重大项目建设，出台非上市企业场外挂牌融资、工业设计人才引进培养、企业人才出国考察补贴、陶瓷龙头企业培育等优惠政策，支持发展陶瓷文化创意、高端日用陶瓷、高技术陶瓷等产业，引进了陶瓷创新创业人才（团队）50 多个；先后启动了海峡两岸大学生设计工作坊，举办“五洲杯”海峡两岸大学生陶瓷工业设计大赛等活动，吸引两岸高校大学生等青年陶瓷人才 200 多名前来切磋交流陶瓷技艺。

2013 年始，德化仅用 4 个月时间就建设起陶瓷电子商务创业园，后又建立电子商务仓储物流中心和全省首个陶瓷类垂直电子商务平台——“德化商城”，吸引 80 多家企业、2000 多名电商人才入驻，成为省级电子商务示范园区，德化也跻身省级电子商务示范县。2014 年 1-11 月德化电子商务交易总额突破 10 亿元，陶瓷茶具销售占全国茶具网络市场近 80%，打造了陶瓷产业新的“增长极”。

漳州 近年来，平和县充分发挥克拉克瓷产地的地域品牌影响力和陶瓷原料的独特优势，把陶瓷产业作为平和工业园区的主导产业。2014 年，平和县国税局不断加强对陶瓷行业帮扶力度，助推企业发展，多次举办陶瓷企业的涉税业务培训和座谈会，向企业详细宣传解读税收政策规定，辅导企业健全财务核算，规避涉税风险；简化审批手续，提供上门、延时、预约、提醒等多种特色服务，确定一批重点企业为领导挂钩帮扶对象，为企业提供一对一的专人咨询服务；支持企业合法需求，加强与相关部门沟通、协作，帮助企业解决融资、用地问题，培植税源，促进陶瓷企业发展。全年平和县陶瓷行业入库税款 1376 万元，比上年增收 647 万元，增幅达 89%。

2014 年各设区市规模以上非金属矿物制品业主要经济指标见下表。

（摘编：林舒）

各设区市规模以上非金属矿物制品业主要指标

（2014 年）

单位：亿元

地　区	企业数（个）	工业总产值	主营业务收入	资产总额
福州市	254	408.94	407.36	325.44
厦门市	67	89.46	89.38	121.84
莆田市	47	53.98	52.05	27.33
三明市	161	262.76	257.19	137.80
泉州市	755	1182.32	1162.35	734.57
漳州市	192	269.32	266.49	202.12
南平市	46	57.33	55.22	36.01
龙岩市	99	158.95	154.84	186.88
宁德市	154	133.65	131.99	45.66

续上表

单位：亿元

地　区	利润总额	利税总额	本年应交增值税
福州市	48.86	63.56	11.09
厦门市	2.44	5.53	2.66
莆田市	4.98	6.67	1.36
三明市	8.30	15.65	6.29
泉州市	101.54	145.55	32.45
漳州市	22.58	38.65	14.63
南平市	3.24	5.20	1.70
龙岩市	11.00	17.18	5.36
宁德市	9.28	13.21	3.24

3-1-11 各设区市冶金行业

冶金行业包括黑色金属矿采选业、有色金属矿采选业、黑色金属冶炼和压延加工业、有色金属冶炼和压延加工业4个行业。福建省冶金行业主要分布在福州、三明、漳州、龙岩、宁德等地。

福州 截至2014年末，福州市共有规模以上冶金行业企业60个，资产总额达406.48亿元；全年完成工业总产值748.75亿元，实现主营业务收入662.96亿元，实现利润总额10.05亿元。

分行业观察，黑色金属冶炼和压延加工业是福州市冶金行业的主要行业，主营业务收入达518.02亿元，占该市冶金行业的比重为78.6%；其次是有色金属冶炼和压延加工业，主营业务收入为140.67亿元，比重为21.4%。

分销售区域观察，福州市冶金产品主要销往省内市场和省外市场，省内市场和省外市场销售比重分别为55.3%、40.9%。

三明 截至2014年末，三明市共有规模以上冶金行业企业162个，资产总额达272.01亿元；全年完成工业总产值490.05亿元，实现主营业务收入470.77亿元，实现利润总额8.46亿元。

分行业观察，黑色金属冶炼和压延加工业是三明市冶金行业的主要行业，主营业务收入达316.15亿元，占该市冶金行业的比重为68.6%；其次是黑色金属矿采选业，主营业务收入为74.27亿元，比重为16.1%。

分销售区域观察，三明市冶金产品主要销往省内市场，省内市场销售比重达80.7%。其中，黑色金属矿采选业、有色金属矿采选业、黑色金属冶炼和压延加工业3个行业均以省内市场销售为主，省内市场销售比重均在75%以上；有色金属冶炼和压延加工业以省内市场和省外市场销售为主，省内市场和省外市场销售比重分别为50.0%、32.9%。

分产品观察，三明市全年生产钢材619.5万吨、生铁604.7万吨、铁矿石原矿800.8万吨。

分企业观察，三明市钢铁行业除福建省三钢（集团）有限公司（以下简称“三钢集团”）以外，基本以中小型企业为主。114家钢铁企业中，年主营收入在4亿元及以上的企业仅16家。

受市场需求减少、原材料价格持续高位、产能过剩等多种因素影响，近年来钢铁行业状况较为低迷。三明市部分钢铁企业积极转型升级，并取得一定成效。一是通过生产工艺流程优化或引进先进的工艺设备，改良、引进清洁生产和绿色生产等相关工艺与设备等措施，由粗放型经济增长模式向集约型发展模式转变。如三钢集团“1800m³高炉高效优化研究与应用”项目，通过输送煤粉掺氧技术，使输送煤粉管道中的氧气含量达40%，喷吹煤粉燃烧率提高约8%；利用热风炉废气余热技术，日创效益约1.5万元；“十二五”期间三钢集团累计完成节能量33.18万吨标准煤。二是通过加大R&D投入、进行技术融合和技术创新等措施，实现“模仿创新”向“自主创新”的跨越。2014年，三钢集团组织13项重点技术攻关，稳步推进21项技术开发项目，提升企业竞争实力，以圆棒生产线为抓手，成功研制HPB300、Q235B、40Cr、45#圆钢等新品；PSB830、PSB785精轧螺纹开发取得突破性进展，产品附加值进一步提升；实施职工改善提案和改善成果奖励办法，充分激发全员创造潜能和创新活力，3项成果获省、市科技进步奖，2项产品获冶金行业金杯奖。三是通过并购重组、价值链重组，摒弃低附加值功能，增加新功能，提高产品的附加值，实现向价值链高端环节的攀升。四是通过规范管理提升企业形象、节约资源能源。2014年，三钢集团着力推进生产全流程降成本，吨钢工序加工费比上年降低50.26元，国产铁精矿、国产球团矿采购价格分别比行业平均采购价低32.09元/吨、21.18元/吨，进口粉矿、进口球团矿采购价格分别比行业平均采购价低 13.78 元/吨、48.44 元/吨。

漳州　截至 2014 年末，漳州市共有规模以上冶金行业企业 65 个，资产总额达 280.91 亿元；全年完成工业总产值 401.39 亿元，实现主营业务收入 395.52 亿元，实现利润总额 16.43 亿元。

分行业观察，黑色金属冶炼和压延加工业是漳州市冶金行业的主要行业，主营业务收入达 335.40 亿元，占该市冶金行业的比重为 86.2%；有色金属冶炼和压延加工业、黑色金属矿采选业所占比重较低。

分销售区域观察，漳州市冶金产品主要销往省内市场，省内市场销售比重达 82.8%。

龙岩　截至 2014 年末，龙岩市共有规模以上冶金行业企业 79 个，资产总额达 620.10 亿元；全年完成工业总产值 360.20 亿元，实现主营业务收入 402.00 亿元，实现利润总额 31.13 亿元。

分行业观察，有色金属冶炼和压延加工业是龙岩市冶金行业的主要行业，主营业务收入达 340.38 亿元，占该市冶金行业的比重为 84.9%；其次是黑色金属冶炼和压延加工业，主营业务收入为 30.34 亿元，比重为 7.6%。

分销售区域观察，龙岩市冶金产品主要销往省内市场和省外市场，省内市场和省外市场销售比重分别为 43.0%、55.1%。其中，有色金属冶炼和压延加工业、有色金属矿采选业均以省外市场销售为主，省外市场销售比重分别为 59.5%、60.4%；黑色金属矿采选业、黑色金属冶炼和压延加工业均以省内市场销售为主，省内市场销售比重分别为 91.1%、59.8%。

分企业观察，紫金矿业集团股份有限公司是全国最大的黄金生产商之一、第二大矿产铜生产商、第三大锌生产商及重要的钨、铁生产商，2014 年继续在资源战略、国际化战略方面加强竞争力，大力增加资源储备，产量持续稳定提高。全年黄金产量 158.92 吨，比上年增长 46.4%；铜产量 373612 吨，增长 12.3%；锌产量 300485 吨，增长 18.6%；银产量 316.87 吨，下降 3.3%。

宁德　截至 2014 年末，宁德市共有规模以上冶金行业企业 108 个，资产总额达 263.77 亿元；全年完成工业总产值 751.08 亿元，实现主营业务收入 684.72 亿元，实现利润总额 18.41 亿元。

分行业观察，黑色金属冶炼和压延加工业、有色金属冶炼和压延加工业是宁德市冶金行业的主要行业，主营业务收入分别为 309.46 亿元、357.42 亿元，占该市冶金行业的比重分别为 46.0%、53.1%。

分销售区域观察，宁德市冶金产品主要销往省外市场，省外市场销售比重为 70.8%。其中，黑色金属矿采选业、有色金属矿采选业均以省内市场销售为主，省内市场销售比重均在 90%以上；黑色金属冶炼和压延加工业、有色金属冶炼和压延加工业均以省外市场销售为主，省外市场销售比重分别为 62.1%、79.3%。

2014 年各设区市规模以上冶金行业主要经济指标见下表。

（摘编：赵清）

各设区市规模以上冶金行业主要指标

（2014 年）　　　　单位：亿元

地　区	企业数（个）	工业总产值	主营业务收入	资产总额
福州市	60	748.75	662.96	406.48
厦门市	32	174.26	167.96	212.81
莆田市	14	67.14	68.14	58.79
三明市	162	490.05	470.77	272.01
泉州市	54	250.92	245.29	127.25
漳州市	65	401.39	395.52	280.91
南平市	42	138.40	138.01	69.26
龙岩市	79	360.20	402.00	620.10
宁德市	108	751.08	684.72	263.77

续上表　　　　单位：亿元

地　区	利润总额	利税总额	本年应交增值税
福州市	10.05	55.24	43.64
厦门市	9.79	11.77	1.47
莆田市	2.50	3.20	0.67
三明市	8.46	21.16	9.89
泉州市	14.03	19.97	4.38
漳州市	16.43	37.88	20.01
南平市	2.40	6.20	2.94
龙岩市	31.13	45.03	9.35
宁德市	18.41	32.50	12.87

3-1-12 各设区市汽车制造业

福州 福州市青口汽车城以东南（福建）汽车工业有限公司、福建奔驰汽车工业有限公司两大汽车生产商为龙头，着力打造海西最大的汽车销售服务综合体。现已拥有 4S 品牌专营区，20 多家 4S 店相继开业。2014 年，青口汽车城（4S 店）共销售汽车 23709 辆，比上年增长 15.0%。分主要生产企业观察，从 1996 年 7 月第 1 台汽车投产至今，东南（福建）汽车工业有限公司汽车累计产销量均已突破 120 万辆，2014 年更是积极开拓海外新兴市场，相继打开多米尼加、秘鲁、智利等南美市场以及非洲市场。福建奔驰研发中心是戴姆勒集团在海外唯一的商务车研发基地，2014 年，公司一方面着力扩大经销商网络，一方面进一步提升客户对产品的满意度，销量在 2013 年创历史新高的基础上再增长 10.0%。

厦门 厦门市汽车行业以厦门金龙汽车集团为产业龙头。厦门金龙汽车集团已形成集整车与零部件制造为一体的客车生产体系，连续多年入围中国客车第一集团军。2014年，厦门金龙汽车集团围绕“整合、创新、增效”战略，扎实推进各项生产经营工作。一是抓住新能源市场的发展契机，推出一系列涵盖插电式混合动力、纯电动的新能源客车产品，累计有83款车型进入“节能与新能源汽车示范推广应用工程推荐目录”，23款车型进入“免征车辆购置税的新能源汽车车型目录”。二是加强车联网、汽车电子技术创新，推进客车电子化智能化发展，研发出坡道起步控制系统、可调限速控制系统、安全带预紧控制系统、新能源远程监控系统等多项行业领先的汽车电子技术。三是开发出自主知识产权的CAN总线仪表产品，产品竞争优势进一步提升。全年销售各型车辆89841辆，增长8.0%，其中大中型客车、轻型客车分别销售40268辆、45446辆，分别比上年增长-8.6%和31.3%，销售新能源客车3431辆。出口各类车辆26981辆，增长36.0%，保持了较大增幅，实现了中国客车历史上首次欧6高端车型的大批量出口。荣获“年度中国最具成长性企业”“中国汽车工业三十强”等称号。金龙客车、海格客车和金旅客车再度入榜“中国500最具价值品牌”，品牌价值分别达168.72亿元、144.92亿元、95.87亿元，分别居全国第124位、第134位、第204位。

龙岩 近年来，龙岩市把汽车产业作为产业主攻方向，围绕福建新龙马汽车股份有限公司等龙头企业，集中资源要素投入，完善产业链条，积极推进产业上下游协作配套，在汽车整车、专用车制造业和汽车零部件加工业以及产学研结合上均有突破。截至 2014 年末，福建新龙马汽车股份有限公司已经成功下线了 100 台 NLM469Q-AE2 发动机，发动机项目预计可于 2015 年实现全线量产。新龙马发动机项目实现了福建省汽车发动机零的突破。

三明 近年来，永安市将汽车产业作为工业发展的龙头产业，以打造千亿汽车产业集群为目标，大力推进永安汽车城建设，打造全省专业化、规模化和研发型的汽车制造基地。作为福建老汽车工业基地，2014 年永安市动工投产全省首个环保经济型新能源汽车生产项目——中科动力纯电动汽车项目，填补了福建省在该产业方面的空白。努力打造成为海西最大、我国东南区域重要的新能源汽车生产基地，截至 2015 年 5 月销售量已达 4000 多辆，累计销售额约 1.30 亿多元。

2014 年各设区市规模以上汽车制造业主要经济指标见下表。

（摘编：朱翔）

各设区市规模以上汽车制造业主要指标

（2014 年）

单位：亿元

地 区	企业数（个）	工业总产值	主营业务收入	资产总额
福州市	98	289.95	264.81	212.22
厦门市	64	237.02	236.71	232.04
莆田市	7	11.38	10.90	4.19
三明市	17	62.94	62.09	22.81
泉州市	79	84.61	80.90	55.20
漳州市	41	187.99	187.04	71.38
南平市	11	17.17	16.36	9.24
龙岩市	38	63.04	57.77	79.66
宁德市	23	18.58	17.95	11.80

续上表

单位：亿元

地 区	利润总额	利税总额	本年应交增值税
福州市	12.72	28.18	8.10
厦门市	12.10	18.54	4.84
莆田市	0.48	0.87	0.37
三明市	1.02	1.80	0.66
泉州市	4.99	7.43	1.91
漳州市	18.89	33.12	13.91
南平市	0.70	1.00	0.26
龙岩市	3.03	4.75	1.41
宁德市	0.66	1.15	0.41

3-1-13 各设区市计算机、通信和其他电子设备制造业

福州 2014年，福州市积极培育发展电子信息产业龙头企业：一是以福建捷联电子有限公司、华映光电股份有限公司为龙头，着力突破面板前段工艺、驱动和控制 IC 设计封装、整机模组一体化设计等关键技术，提高关键零组件的自制率和良品率；大力开发3D显示、柔性显示等新型显示技术，整合资源引进 OLED 生产线；推动与台湾面板、集成电路制造企业合作，保持新型显示整机制造全国优势地位。二是以福建星网锐捷通讯股份有限公司为龙头，加快推进新型智能移动信息终端产品研发和产业化，壮大产业规模。三是以飞毛腿（福建）电子有限公司为龙头，拓展新型锂离子电池应用。全年福州市电子信息产品制造业完成工业总产值850.80亿元，比上年增长7.8%。分企业观察，鸿博集团投资 30 亿元，在福州高新区选址 500 亩，建立福州国家半导体照明国际创新园项目，目标瞄准建设“国家半导体照明国际创新园”，并努力建成福建省LED国际科技合作的重要载体，预计项目建成后将引进海外高层次人才 30 人；承担 5 项国家重大科技攻关和专项；引入或建立2个国家级的联合创新重点实验室或工程技术中心；引进或重点建设 10 家以上的具有国际或国内技术领先水平的独立研发中心；到2020年实现100亿的产值规模。

厦门 近年来，厦门市光电产业大力推动创新驱动、产业生态建设等，优化产业发展环境和配套能力，推动厦门平板显示、LED 产业快速往千亿产业链（集群）迈进，力争在海西光电产业建设当中发挥龙头作用。据厦门市光电行业协会不完全统计，2014 年厦门市光电产业实现工业总产值1162.00 亿元，占海西光电半壁江山，具有较强的辐射和集聚力。以光电产业中的LED领域为例，2014年厦门 LED 直接产值 210.00 亿元，比上年增长42.9%，带动配套等相关产业规模达 650.00 亿元左右，呈现了快速发展的态势，已成为厦门市产业创新驱动、转型升级一个重要缩影。作为全国仅有的两个A类半导体基地之一，厦门已成为海西LED产业龙头，2014年厦门LED球泡灯出口额约为5亿美元，占全国LED球泡灯出口额四成左右，继续成为我国最大的高端LED球泡灯制造和出口基地。目前，厦门LED产业将逐步转型升级为世界前沿的LED外延芯片研发、制造中心，全球高端LED光源、灯具及照明系统研发、生产和出口基地，力争到2020年LED产业链（集群）达千亿规模。

泉州 近年来，泉州市高度重视微波通信产业集群建设，积极开展科技创新服务工作，推动微波通信企业相继成立了“国家级数字微波通信产业技术创新战略联盟”“福建 LED 产业技术创新战略联盟”等8个国家、省、市级产业战略联盟；引入中国工程院院士在数字微波通信产业联盟、文创公司设立了院士工作站；先后成立了“无线通信系统技术公共服务平台”等 16 个科技公共服务平台；建立了微波通信产业国家级专业实验室1个、高新技术企业28家、省级创新型（试点）企业31家、各级研发中心 31 个。2014 年，以鲤城区为核心的泉州微波通信产业集群被认定为国家第二批 22 个创新型产业集群试点之一，这也是福建省首个及唯一获批的国家级创新型产业集群试点。鲤城区共有56个微波项目列入国家创新基金产业集群扶持，并获得 3935 万元资金支持，立项数量及扶持金额均居全市、全省首位。

2014年各设区市规模以上计算机、通信和其他电子设备制造业主要经济指标见下表。

（摘编：朱翔）

各设区市规模以上计算机、通信和其他电子设备制造业主要指标

（2014 年）

单位：亿元

地　区	企业数（个）	工业总产值	主营业务收入	资产总额
福州市	105	822.21	788.24	467.30
厦门市	196	1835.43	1746.96	1084.97
莆田市	45	107.16	99.22	43.37
三明市	11	11.92	11.61	2.44
泉州市	60	162.42	144.09	148.28
漳州市	48	127.70	125.73	90.78
南平市	9	30.16	26.42	8.34
龙岩市	27	22.87	23.47	13.10
宁德市	8	4.03	3.97	2.57

续上表

单位：亿元

地　区	利润总额	利税总额	本年应交增值税
福州市	36.54	49.36	10.71
厦门市	62.10	71.45	6.65
莆田市	14.95	16.94	1.48
三明市	0.25	0.28	0.02
泉州市	10.68	17.16	5.50
漳州市	13.43	21.06	7.16
南平市	0.50	0.69	0.15
龙岩市	2.31	2.89	0.52
宁德市	0.16	0.24	0.05

3-2 建筑业

2014年，福建省各设区市建筑业克服经济下行的不利影响，努力拼搏，发展与规范并重，市场和现场共管，推动建筑业发展壮大，全省建筑业总体呈现逆势上扬。

福州 截至2014年末，福州市具有资质等级的总承包和专业承包建筑业企业有844家；全年实现建筑业增加值541.10亿元，比上年增长11.0%。

厦门 2014年，厦门市建筑业实现增加值226.80亿元，比上年增长6.7%。全市具有资质等级的总承包和专业承包建筑业企业完成总产值881.92亿元，增长18.9%。其中，建筑工程产值824.73亿元，增长29.2%；安装工程产值47.13亿元，下降51.8%；建筑企业新签合同价款1049.23亿元，增长16.5%。

莆田 2014年，莆田市建筑业继续保持稳定增长，实现增加值165.63亿元，比上年增长13.0%，占全市GDP比重为11.0%，对经济增长的贡献率为12.0%。全市具有资质等级的总承包和专业承包建筑业企业完成总产值480.37亿元，增长29.4%，其中省外入莆建筑企业完成产值124.59亿元，增长6.0%。按主要构成来分，建筑工程产值466.45亿元，增长28.5%，占全部建筑业总产值的97.1%，对资质以上建筑业总产值的贡献率为94.7%，拉动资质以上建筑业总产值增长27.8个百分点；安装工程产值6.73亿元，增长132.8%，占全部建筑业总产值的1.4%；其他产值7.19亿元，增长40.8%，占全部建筑业总产值的3.2%。从所有制结构上看，国有及国有控股建筑业企业比重下降，有限责任公司比重提升。截至2014年末，全市拥有国有及国有控股建筑企业6个，从业人员1.11万人，占全行业从业人员的5.0%，比上年末下降2.8个百分点，全年完成建筑业总产值15.92亿元，占全行业总产值的3.3%，下降1.6个百分点；拥有有限责任公司175个，比上年增加34个，从业人员16.77万人，占全行业从业人员的76.0%，比重提高6.3个百分点，完成建筑业总产值354.44亿元，占全行业总产值的73.8%，提高3.4个百分点。从重点企业来看，综合实力十强企业全年完成产值215.95亿元，增长15.8%，占全市资质以上建筑业总产值的44.9%，对资质以上建筑业总产值的贡献率为26.9%，拉动全市资质以上建筑业总产值增长7.9个百分点。分县区来看，总产值增幅居前三位的分别是北岸、湄洲岛和涵江区，增速分别为1305.7%、121.2%和35.1%；增幅居后三位的分别是仙游县、秀屿区和城厢区，增速分别为26.2%、24.3%和11.9%。其中，北岸11家建筑企业完成建筑业总产值39.69亿元，增长13.1倍；湄洲岛3家建筑企业完成建筑业总产值2.20亿元，增长121.2%；涵江区32家建筑企业完成建筑业总产值71.06亿元，增长35.1%；仙游县53家建筑企业完成建筑业总产值71.50亿元，增长26.2%；秀屿区14家建筑企业完成建筑业总产值30.38亿元，增长24.3%；城厢区58家建筑企业完成建筑业总产值134.40亿元，增长11.9%。全市具有资质等级的总承包和专业承包建筑业企业完成房屋建筑竣工价值202.16亿元，增长28.5%，增幅回落15.9个百分点。其中，住宅房屋竣工价值130.90亿元，增长7.0%，增幅回落96.6个百分点。本年新签订合同额为861.78亿元，增长21.7%。截至2014年末，莆田市建筑业从业人员 22.07 万人，比上年末增长 31.8%；全市建筑业劳动生产率为 21.76 万元/人，下降 1.8%。

三明 2014 年，三明市建筑业实现增加值 157.90 亿元，比上年增长 11.5%。全市具有资质等级的总承包和专业承包建筑业企业完成总产值 480.76 亿元，现价增长 23.2%；完成房屋施工面积 4126.15 万平方米，增长 5.9%；房屋建筑竣工面积 1853.18 万平方米，增长 48.0%。

泉州 2014 年，泉州市建筑业实现增加值 371.00 亿元，比上年增长 11.0%。全年完成具有资质等级的总承包和专业承包建筑业企业完成总产值 1155.18 亿元，增长 19.7%；完成建筑房屋施工面积 8912.17 万平方米，实行投标承包面积 6711.98 万平方米，招投标率达 75.3%；房屋竣工面积 3068.78 万平方米，增长 18.7%。截至 2014 年末，全市具有资质等级的总承包和专业承包建筑业企业有 544 个，总产值达到亿元及以上的企业 373 家，其中 5 亿元及以上的企业 43 家。

漳州 2014 年，漳州市建筑业实现增加值 207.60 亿元，比上年增长 12.5%，增速位居全省第二。全市具有资质等级的总承包和专业承包建筑业企业完成总产值 379.24 亿元，增长 26.7%，其中国有及国有控股企业 32.27 亿元，增长 12.6%。重点龙头企业发挥了支撑作用，全市 6 家一级资质企业完成建筑业产值 202.58 亿元，占全市建筑业总产值的 53.4%。“建筑之乡”龙海市完成总产值 175.72 亿元，占全市总产值的 46.3%，完成省外总产值 59.82 亿元，占全市省外总产值的 66.5%。

南平 2014 年，南平市建筑业实现增加值 124.27 亿元，比上年增长 12.0%。全市具有资质等级的总承包和专业承包建筑业企业完成总产值 145.50 亿元，增长 31.6%；完成房屋建筑施工面积 820.55 万平方米，增长 2.5%；房屋建筑竣工面积 291.75 万平方米，增长 24.2%。

龙岩 2014 年，龙岩市建筑业实现增加值 174.20 亿元，比上年增长 12.0%。全市具有资质等级的总承包和专业承包建筑业企业完成总产值 568.60 亿元，增长 21.1%；完成房屋建筑施工面积 4153.20 万平方米，增长 22.2%；房屋建筑竣工面积 1712.60 万平方米，增长 29.5%。

宁德 2014 年，宁德市具有资质等级的总承包和专业承包建筑业企业完成总产值 214.03 亿元，比上年增长 16.8%。其中，建筑工程产值 199.49 亿元，增长 13.4%；安装工程产值 12.82 亿元，增长 100.9%；其他产值 1.72 亿元，增长 84.5%。10 家资质一级建筑业企业实现总产值 84.62 亿元，增长 24.9%，产值增速低于全市平均水平的有 7 家；34 家二级企业实现总产值 67.77 亿元，下降 2.0%，产值增速低于全市平均水平的有 22 家；91 家三级企业实现总产值 61.64 亿元，增长 32.8%，产值低于全市平均水平的有 29 家。全年签订合同额 316.06 亿元，增长 12.0%。其中，上年结转合同额 93.72 亿元，下降 0.1%；本年新签合同额 222.34 亿元，增长 18.1%。截至 2014 年末，全市拥有建筑业企业 135 家，比上年增加 24 家。其中，有工作量的 129 家，增加 21 家。

注：本文数据均采用快报数。

（摘编：朱翔）

3-3 服务业

3-3-1 各设区市批发和零售业

福州 2014年，福州市实现社会消费品零售总额2991.98亿元，比上年增长14.6%。全年福州市建设改造社区便利店100家，升级改造城乡农贸市场（含农改超）38个。截至2014年末，福州市共有大中型专业批发市场49个，总面积215.56万平方米；连锁经营企业124家，连锁网点3315个。

厦门 2014年，厦门市实现社会消费品零售总额1072.94亿元，比上年增长10.0%。其中，批发业零售额79.92亿元，增长12.4%；零售业零售额865.10亿元，增长10.6%；住宿业零售额22.87亿元，增长2.5%；餐饮业零售额105.05亿元，增长5.4%。

2014年，厦门市限额以上企业零售额679.90亿元，比上年增长11.2%，占全市社会消费品零售总额的63.4%；限额以下单位实现零售额393.03亿元，增长8.1%。全年零售额超亿元的批发零售贸易企业132家，零售额536.80亿元，净增68.49亿元，增长14.6%；零售额超千万元的住宿餐饮企业87家，零售额46.62亿元，净增1.83亿元，增长4.1%。

2014年，厦门市在限额以上批发零售贸易企业商品零售额中，通讯器材类零售额17.25亿元，比上年增长26.1%；服装、鞋帽、针、纺织品类零售额58.07亿元，增长18.6%；汽车类零售额239.57亿元，增长13.5%；化妆品类零售额6.89亿元，增长6.9%；粮油、食品、饮料、烟酒类零售额76.61亿元，增长6.6%；石油及制品类零售额93.50亿元，增长4.6%；日用品类零售额17.61亿元，下降8.6%；金银珠宝类零售额13.38亿元，下降13.2%。

莆田 2014年，莆田市实现批发和零售业商品销售额480.33亿元，比上年增长12.1%。按经营地统计，城镇消费品零售额428.08亿元，增长11.7%；乡村消费品零售额52.25亿元，增长15.1%。按限额标准统计，限额以上商品零售额174.37亿元，增长19.5%，限额以下商品零售额305.96亿元，增长8.3%。

2014年，莆田市限额以上企业商品零售额中，服装、鞋帽、针、纺织品类比上年增长118.8%；家具类增长104.1%；通讯器材类零售额增长71.8%；粮油、食品、饮料、烟酒类增长43.2%，其中食品类增长20.6%；化妆品类增长41.7%；体育、娱乐用品类增长37.1%；金银珠宝类增长35.8%；日用品类增长25.1%；家用电器和音响器材类增长13.3%；汽车类增长3.7%；石油及制品类下降13.6%。

三明 2014年，三明市实现社会消费品零售总额404.63亿元，比上年增长12.3%。按经营地统计，城镇消费品零售额360.57亿元，增长12.6%；乡村消费品零售额44.06亿元，增长9.9%。按限额标准统计，限额以上批发和零售业、住宿和餐饮业零售额197.77亿元，增长16.3%；限额以下批发和零售业、住宿和餐饮业零售额206.86亿元，增长8.7%。

2014年，三明市限额以上企业商品零售额中，服装、鞋帽、针、纺织品类零售额比上年增长61.8%，日用品类增长36.0%，通讯器材类增长32.8%，文化办公用品类增长25.4%，家用电器类增长24.9%，食品、饮料、烟酒类增长24.0%，汽车类增长14.3%。

泉州 2014年，泉州市实现社会消费品零售总额2133.27亿元，比上年增长12.5%。按经营地统计，城镇消费品零售额1859.80亿元，增长12.6%；乡村消费品零售额273.47亿元，增长12.2%。按消费形态统计，商品零售额1920.30亿元，增长12.9%；餐饮收入额212.97亿元，增长9.3%。

2014年，泉州市限额以上企业商品零售额中，建筑及装潢材料类比上年增长101.3%，五金、电料类增长85.6%，服装鞋帽、针、纺织品类增长41.5%，金银珠宝类增长25.7%，食品、饮料、烟酒类增长22.7%，汽车类增长14.3%，家具类增长13.4%，中西药品类增长12.9%，石油及制品类增长11.0%，家用电器和音像器材类增长4.0%。

漳州 2014年，漳州市实现社会消费品零售总额785.53亿元，比上年增长12.0%。按经营地统计，城镇消费品零售额705.52亿元，增长12.0%；乡村消费品零售额80.01亿元，增长12.3%。

2014年，漳州市限额以上企业商品零售额中，通讯器材类零售额比上年增长157.0%，粮油类增长48.6%，服装类增长46.1%，肉禽蛋类增长39.7%，文化办公用品类增长36.7%，化妆品类增长36.4%，建筑及装潢材料类增长31.2%，家具类增长26.5%，家用电器和音像器材类增长24.2%，日用品类增长20.9%，金银珠宝类增长17.2%，汽车类增长11.8%，中西药品类下降2.9%。

南平 2014年，南平市实现社会消费品零售总额451.70亿元，比上年增长12.9%。按经营地统计，城镇实现消费品零售额395.94亿元，增长13.6%；乡村实现消费品零售额55.76亿元，增长8.0%。分行业看，批发业实现零售额22.50亿元，增长20.7%；零售业实现零售额367.95亿元，增长13.1%；住宿业实现零售额4.22亿元，增长12.2%；餐饮业实现零售额57.03亿元，增长8.6%。按限额标准统计，限额以上实现零售额162.52亿元，增长21.0%；限额以下实现零售额289.18亿元，增长8.8%。

2014年，南平市限额以上企业商品零售额中，粮油、食品、饮料、烟酒类，家具类，汽车类和中西药品类等商品的零售额增长较快，分别比上年增长了41.3%、41.2%、29.8%和20.9%。

龙岩 2014年，龙岩市实现社会消费品零售总额548.35亿元，比上年增长14.1%，扣除价格因素，实际增长12.0%。按经营地统计，城镇消费品零售额495.76亿元，增长14.1%；乡村消费品零售额52.58亿元，增长13.5%。

2014年，龙岩市限额以上企业商品零售额中，化妆品类比上年增长159.3%，服装类增长78.2%，建筑及装潢材料类增长70.3%，家具类增长43.9%，日用品类增长29.9%，通讯器材类增长25.0%，中西药品类增长22.3%，文化办公用品类增长21.2%，家用电器和音像器材类增长17.9%，汽车类增长16.4%，粮油类增长10.8%，肉禽蛋类增长11.1%，金银珠宝类增长3.9%。

宁德 2014年，宁德市实现社会消费品零售总额415.03亿元，比上年增长12.1%。按经营地统计，城镇消费品零售额364.39亿元，增长12.4%；乡村消费品零售额50.64亿元，增长10.0%。

2014年，宁德市限额以上企业商品零售额中，机电产品及设备类零售额比上年增长255.6%，建筑及装潢材料类增长85.5%，服装、鞋帽、针、纺织品类增长83.7%，粮油、食品、饮料、烟酒类增长24.8%，日用品类增长20.4%，汽车类增长15.2%。

注：本文数据均为公报数。

（摘编：林舒）

3-3-2 各设区市铁路、道路、水上、航空运输业

福州 2014年，福州市立体化交通网络不断完善，交通运输能力不断增强。截至2014年末，福州市境内公路总里程11393公里，其中高速公路总里程493公里；高速铁路总里程275公里；福州港生产性泊位114个，其中万吨级以上泊位47个；航线覆盖点日益增多，福州空港国内航线（含港澳台）74条、国际航线9条，新开辟福州—珠海—昆明、福州—义乌—合肥、福州—临沂—天津、福州—舟山—合肥、福州—浦东—纽约等5条航线。全年公路货物运输量78.17亿吨，比上年增长1.5%；水路货物运输量0.48亿吨，增长18.0%；民航货邮吞吐量12.14万吨，增长10.1%，其中货邮出港量7.04万吨，增长8.3%。公路旅客运输量1.27亿人次，增长4.6%；民航旅客吞吐量935.34万人次，增长4.8%，其中旅客出港量480.76万人次，增长4.8%；水路旅客运输量达150万人次，增长1.9%。全年港口货物吞吐量11942.63万吨，增长13.7%，其中外贸货物吞吐量5332.45万吨，增长9.7%；集装箱吞吐量221.76万标箱，增长12.1%。全年对台客运直航进出旅客16.29万人次，增长12.9%；对台直航集装箱吞吐量34.50万标箱，增长3.7%；榕台空中直航旅客吞吐量36.40万人次，增长20.6%，货邮吞吐量0.77万吨，增长17.1%。

厦门 2014年，厦门市完成旅客运输量0.79亿人次，比上年增长12.3%；旅客运输周转量324.76亿人公里，增长12.9%；货物运输量2.35亿吨，增长18.0%；货物周转量1266.57亿吨公里，增长21.4%。截至2014年末，厦门港现有生产性泊位152个（含漳州），其中万吨级以上泊位68个；全年港口货物吞吐量2.05亿吨，增长7.4%；港口集装箱吞吐量857.24万标箱，增长7.1%。

厦门空港现开通运营城市航线212条，在厦门机场通航运营的外国（地区）航空公司21家，与20个国际城市（含香港、澳门、台北、高雄）通航。2014年，厦门空港旅客吞吐量2086.38万人次，比上年增长5.6%，其中国际及地区航线旅客吞吐量244.73万人次，增长6.6%；空港货邮吞吐量30.64万吨，增长2.3%。

莆田 2014年，莆田市公路货物运输周转量375988万吨公里，比上年增长20.3%；水路货物运输周转量520079万吨公里，增长16.6%；公路旅客运输周转量398197万人公里，下降0.4%；水路旅客运输周转量1408万人公里，增长19.7%；海港口完成货物吞吐量3070万吨，增长8.7%。

三明 2014年，三明市交通运输业各种运输方式完成货运量11513.90万吨，比上年增长15.6%。其中，铁路运输完成货运量853.56万吨，下降3.0%；公路运输完成货运量10660.34万吨，增长15.1%。全年全市完成客运量3413.36万人，增长15.4%。其中，铁路运输完成客运量541.08万人，增长1.7倍；公路运输完成客运量2832.77万人，增长3.4%；水路运输完成客运量39.51万人，增长96.3%。

2014年，三明市公路累计通车里程14197公里，比上年增长1.1%，其中高速公路616公里。共有1335个行政村开通客运班车，占全部建制村的76.9%。农村公路改造、硬化9108公里，硬化路面通村率100%。

泉州 2014年，泉州市各种运输方式完成旅客运输量9929.88万人，比上年增长0.7%；旅客周转量69.94亿人公里，增长1.8%。全年全市各种运输方式完成货物运输量20859.99万吨，增长17.7%；货物周转量1336.86亿吨公里，增长26.7%。全年全市港口完成货物吞吐量11200.70万吨，增长3.7%；集装箱吞吐量完成188.45万标箱，增长10.8%。

2014年，泉州市公路通车总里程达16526.06公里，比上年增加1070.31公里。其中，二级及二级以上高级公路里程2642.52公里，高级公路中高速公路里程达532公里。公路密度达152.1公里/

百平方公里。

漳州 2014 年，漳州市完成货物运输总量 10890.68 万吨，比上年增长 14.0%；旅客运输总量 3524.92 万人次，增长 12.1%。全年港口完成货物吞吐量 5853.25 万吨，增长 5.9%，其中外贸货物吞吐量 1432.68 万吨，增长 39.3%。港口集装箱吞吐量 44.99 万标准箱，下降 25.4%。

截至 2014 年末，全市民用汽车保有量达到 31.76 万辆，比上年末增长 14.4%，其中私人汽车保有量 27.07 万辆，增长 16.2%。民用小、微型载客汽车保有量 22.90 万辆，增长 17.3%，其中私人小、微型载客汽车 20.50 万辆，增长 19.3%。

南平 2014 年，南平市旅客发送量（不含民航）2968 万人，比上年下降 11.9%；旅客周转量（不含铁路、民航）164998 万人公里，下降 19.2%。货物运输量（不含民航）3619 万吨，下降 23.4%；货运周转量（不含铁路、民航）945217 万吨公里，增长 6.5%。

截至 2014 年末，全市民用汽车保有量 68.70 万辆（包括三轮汽车和低速货车），比上年末增长 8.7%，其中私人汽车保有量 13.41 万辆，增长 16.9%。摩托车保有量 52.12 万辆，增长 7.4%。

龙岩 2014 年，龙岩市完成铁路货物运输周转量 12.08 亿吨公里，比上年下降 8.9%；公路货物运输周转量 99.89 亿吨公里，增长 18.2%。铁路旅客运输周转量 12.10 亿人公里，下降 2.6%；公路旅客运输周转量 12.30 亿人公里，增长 4.0%。

截至 2014 年末，全市公路通车总里程为 13627 公里，比上年增长 1.3%。其中，高速公路 559 公里。年末铁路营业长度 352 公里。

截至 2014 年末，全市汽车保有量达到 29.81 万辆，比上年末增长 12.2%，其中私人汽车保有量 26.12 万辆，增长 14.1%。载客汽车保有量 21.52 万辆，增长 13.8%，其中私人载客汽车达 19.63 万辆，增长 15.4%。

宁德 2014 年，宁德市完成货物运输量 4416.49 万吨，比上年增长 15.1%；货物周转量 102.95 亿吨公里，增长 19.0%；旅客运输量 7536.95 万人，增长 3.1%；旅客周转量 30.22 亿人公里，下降 2.1%。

截至 2014 年末，宁德市公路通车里程 10721.6 公里，其中等级公路 9468.52 公里，高速公路 277.79 公里。

2014 年，宁德市港口完成货物吞吐量 2448 万吨，比上年增长 8.6%。其中，外贸货物吞吐量 1122 万吨，增长 2.4%。

注：本文数据均为公报数。

（摘编：林舒）

3-3-3 各设区市邮政业

福州 2014年，福州市邮政业务平稳发展，全市完成邮政业务总量6.06亿元，比上年增长7.0%；实现邮政业务收入7.66亿元，增长7.8%。截至2014年末，全市共有邮政局（所）237处。2015年3月19日，福州市政府办公厅正式印发由福州市商务局、福州市邮政管理局、福州市财政局联合制定的《福州市2015年电子商务与物流快递协同发展试点工作实施方案》，全力促进电子商务与物流快递协同发展，主要从8个方面支持试点工作：一是完善电商物流快递规划，进一步优化电商物流空间布局；二是加快电商物流园区建设，在机场、铁路、绕城高速及其周边沿线推动2-3个电商物流园建设；三是拓展电商物流对外通道，建设航空快件集中安检、快件处理绿色通道；四是保障快递车辆便捷通行，统一城市配送车辆标准，推广使用新能源车辆；五是优化城乡末端配送网络，支持品牌快递企业建设改造标准化快递营业网点，创新配送和收发机模式，鼓励建设快递末端服务网点；六是强化信息系统支撑，建设集“数据采集、信息互联、政府监管”于一体的城市电商物流快递公益性信息服务平台；七是加大人才培养，建立以政府为主导、企业为主体、院校为支撑的人才培养体系，加快行业中、高级人才培养；八是促进电商物流快递融合发展，鼓励快递企业与本土电商企业建立长期合作关系。

厦门 2014年，厦门市完成邮政业务总量26.84亿元，比上年增长22.1%。2014年12月26日，厦门市通过了新版《厦门市邮政设施专项规划》，一是明确了邮政设施设置标准、布局规划和分期建设规划。未来邮政网点主要按街道进行布局规划，侧重岛外发展。厦门辖区规划在原有基础上增加邮政支局数量，并按网点等级增加相应的网点面积，以满足邮政营业、投递、报刊等多功能需求。二是为解决电商物流产品最后1公里进社区的难题，建议相关部门配置社区电商物流配送站，并对配送站标准及在新老社区设置办法提出建设性意见。

莆田 2014年，莆田市完成邮政业务总量2.32亿元，比上年增长18.8%；全年全市完成邮政函件业务752.41万件，包裹业务10.24万件，快递业务量达14万件。

三明 2014年，三明市邮政业业务总量3.91亿元，比上年增长21.4%；邮政业务收入4.23亿元，增长13.7%；邮政业完成邮政函件业务677.70万件、包裹业务6.47万件，分别下降46.1%和8.7%，快递业务量784.45万件，增长44.4%。

泉州 2014年，泉州市实现邮政业务收入54.45亿元，比上年增长60.8%。

漳州 2014年，漳州市完成邮政业务总量10.76亿元，比上年增长78.8%；邮政业全年完成邮政函件业务2521.15万件，包裹业务10.28万件，快递业务量2742.88万件。

南平 2014年，南平市完成邮政业务总量5.09亿元，比上年增长78.1%。

龙岩 2014年，龙岩市实现邮政业务收入3.79亿元，比上年增长6.9%。

宁德 据宁德市邮政管理局统计，2014年宁德市邮政企业和快递服务企业业务总量累计完成5.29亿元，比上年增长46.3%，增幅居全省第4位。业务收入（不包括邮政储蓄银行直接营业收入）累计完成4.53亿元，增长18.8%，增幅居全省第4位；业务总量居全省各设区市第6位，比去年前移1位；业务收入居全省各设区市第7位。

注：本文数据来源邮政管理局及各设区市公报。

（摘编：林舒）

3-3-4 各设区市住宿和餐饮业

福州 2014年，福州市住宿和餐饮业完成固定资产投资50.59亿元，比上年增长23.7%。截至2014年末，福州市共有星级酒店58家，其中五星级酒店8家。

2014年，福州市积极开展餐饮服务食品安全示范工程建设，推进中心城区小餐饮食品安全整顿规范工作，建立健全餐饮服务食品安全监管责任机制、量化分级（分类）管理制度、部门协作制度、日常巡查制度、量化评估制度、诚信等级评定制度和社会监督制度等。督促餐饮服务提供者建立健全食品安全管理制度。重点开展餐饮环节食品非法添加及滥用食品添加剂专项整治和机关企事业食堂食品安全专项整治，加强对学校食堂食品安全的监督和指导。

厦门 2014年，厦门市住宿业实现零售额22.87亿元，比上年增长2.5%；餐饮业零售额105.05亿元，增长5.4%。其中，限额以上企业零售额超千万元的住宿餐饮企业87家，零售额46.62亿元，净增1.83亿元，增长4.1%。截至2014年末，厦门市共有旅游住宿单位1908家，其中星级酒店82家，五星级酒店19家。

莆田 2014年，莆田市住宿和餐饮业完成固定资产投资额12.24亿元，比上年下降0.4%；外商直接投资2个合同项目，实际利用金额700万美元。截至2014年末，莆田市共有星级酒店14家，其中五星级酒店1家。

三明 2014年，三明市住宿和餐饮业完成固定资产投资21.10亿元，比上年下降12.5%；外商直接投资1个合同项目，实际利用金额825万美元。截至2014年末，三明市共有星级酒店41家，其中五星级酒店3家。

泉州 2014年，泉州市住宿和餐饮业完成固定资产投资15.68亿元，比上年下降8.4%；外商直接投资3个合同项目，实际利用金额300万美元。截至2014年末，泉州市共有星级酒店98家，其中五星级酒店12家。

漳州 2014年，漳州市住宿和餐饮业完成固定资产投资33.14亿元，比上年下降12.9%。截至2014年末，漳州市共有星级酒店33家，其中五星级酒店2家。

南平 2014年，南平市住宿业实现零售额4.22亿元，比上年增长12.2%；餐饮业实现零售额57.03亿元，增长8.6%。截至2014年末，南平市共有星级酒店40家，其中五星级酒店2家。

龙岩 截至2014年末，龙岩市共有星级酒店33家，其中五星级酒店1家。

宁德 2014年，宁德市住宿和餐饮业完成固定资产投资4.17亿元，比上年下降55.3%。截至2014年末，宁德市共有星级酒店19家，其中五星级酒店1家。

注：本文数据来源福建省旅游局及各设区市公报。

（摘编：林舒）

3-3-5 各设区市电信业

福州 2014年，福州市电信业务平稳发展，全市完成电信业务总量167.10亿元，实现电信业务收入108.10亿元。截至2014年末，全市固定电话用户194.60万户，移动电话用户894.60万户，其中3G电话用户287.10万户，互联网宽带接入用户207.95万户。

厦门 2014年，厦门市完成电信业务总量113.89亿元，比上年增长16.4%。截至2014年末，全市固定电话用户135.91万户，比上年末下降8.7%；移动电话用户563.77万户，下降7.8%，其中3G移动电话用户212.71万户，增长1.3%；固定互联网宽带接入用户146.09万户，增长8.2%；固定互联网拨号用户0.27万户，下降44.9%；移动互联网用户430.14万户，下降1.3%。

莆田 2014年，莆田市完成电信业务总量40.66亿元，比上年增长12.6%。截至2014年末，莆田市电话用户总数333.97万户，本年累计减少0.35万户，其中固定电话用户64.76万户，减少2.02万户；移动电话用户269.21万户，增加1.68万户。全市3G电话用户96.13万户，本年累计净增17.18万户，4G电话用户19.52万户。全市互联网用户188.39万户，净增19.39万户。

三明 2014年，三明市完成电信业务总量30.25亿元，比上年增长8.1%；实现主营业务收入20.21亿元，增长6.0%。截至2014年末，全市电话用户总数310万户，本年净增1万户，其中固定电话用户51万户，减少3万户；移动电话用户259万户，增加4万户。全市固定电话交换机容量71.2万门，与上年持平；移动电话交换机容量325万户，增长4.8%。互联网宽带接入端口85万个，下降3.8%。移动电话基站数7235个，新增1.6%。光缆线路长度达到5.91万公里，新增9.6%。

泉州 2014年，泉州市完成电信业务总量152.47亿元，比上年增长10.0%。全年固网交换机总容量437.56万门，移动通信交换机总容量1546.00万门。截至2014年末，全市城乡固定电话用户达226.19万户，移动电话用户969.28万户；互联网用户1189.08万户，其中宽带接入用户219.80万户。

漳州 2014年，漳州市完成电信业务总量64.02亿元，比上年增长7.7%。全年漳州市电信业局用交换机总容量123.28万门；新增移动电话交换机容量17.32万户，达到763.26万户。截至2014年末，全市固定电话用户91.42万户，其中城市电话用户33.97万户，农村电话用户57.45万户。新增移动电话用户138.18万户，年末达到492.83万户，其中3G移动电话用户155.68万户。固定及移动电话用户总数达到584.25万户，比上年末减少4.55万户。

南平 2014年，南平市完成电信业务收入21.30亿元，比上年增长1.4%。截至2014年末，全市固定电话用户总数达到54.3万户，比上年末减少4.2万户；移动电话用户数239.1万户，减少11.6万户。互联网用户数193.5万户，增加9.3万户。

龙岩 2014年，龙岩市实现电信业务总量36.27亿元，比上年增长6.0%。截至2014年末，全市固定及移动电话用户总数达347.6万户，增加8.6万户。其中，固定电话用户达49.4万户；移动电话用户达298.2万户。互联网用户达54.2万户，增加11.7万户。

宁德 截至2014年末，宁德市固定电话用户52.35万户，比上年末下降2.2%；移动电话用户294.54万户，下降3.9%；固定电话交换机容量71.59万门，下降19.5%；移动电话交换机容量478.01万户，增长7.4%。光缆线路长度5.85万公里，增长17.4%。

注：本文数据均为公报数。

（摘编：林舒）

3-3-6 各设区市软件和信息技术服务业

福州 2014年，福州市信息产业发展步伐不断加快。一是积极创建“中国软件名城”，加快打造“海峡软件新城”，加速推进福州软件园五期建设，力争百度91、中科（福州）数据产业园等一批重点项目落户，培育福州福大自动化科技有限公司、福建星网锐捷网络通讯股份有限公司等4家企业进入全国软件业务收入百强企业，推动福建省闽保信息技术股份有限公司、福建索天信息科技股份有限公司等7家软件企业新三板成功上市。二是积极打造行业示范工程。福州“国家数字家庭应用示范产业基地”获批，“国家安全可靠工业控制系统产业基地”“国家信息消费试点城市”创建工作加快推进。三是积极推进两化融合，全市有92个项目列入省级两化融合重点项目，总投资达281亿元。

2014年，福州经济技术开发区成功入选“国家新型工业化产业示范基地（电子信息物联网）”，至此，福州市共拥有3个信息消费领域的“国家新型工业化产业示范基地”。在被称为中国电子行业奥斯卡的第九届中国电子企业品牌价值评议中，星网锐捷品牌价值首次突破百亿，达到132.13亿元，比上年增长34.0%，正式迈入百亿强势品牌门槛，旗下子公司锐捷网络有限公司的“牛顿交换机”入选中关村在线“年度推荐产品奖”，“智分3代无线网络解决方案”入选《网络世界》“年度无线创新解决方案”。福建新大陆电脑股份有限公司的物联网感知与信息识别芯片获福建省科学技术奖技术发明奖一等奖，公司研发的基于移动终端的POS（MPOS）出货量与市场占有率均居国内第一，已广泛应用于兴业银行、民生银行、顺丰速运等企业。

厦门 2014年，厦门市紧紧围绕“创建中国软件名城，培育千亿产业链”规划，积极开展工作，软件产业发展态势良好，产业规模持续扩大、产业集聚效应凸显、企业实力不断增强、产业园区建设良好、产业环境不断完善。全年厦门市软件和信息服务继续保持快速增长势头，业务收入比上年增长24.3%，成为厦门市增速最快的产业之一。

2014年，厦门市出台《关于大力推进中国软件名城创建工作的意见》，提出到2016年，全市软件和信息技术服务业保持年均30%以上增长速度，软件业务收入超过1200亿元，软件企业超1000家的目标。到2016年，厦门市在数字内容、信息安全IC设计、数字家庭与信息消费、北斗应用、云计算及应用等领域，以及对台产业合作等方面将形成鲜明特色和优势，培育软件和信息技术服务业细分领域龙头企业3-5家，形成一批“单打冠军”。

2014年，厦门软件园二期继续保持快速增长，主要指标均超上年水平。园区企业实现销售额402.67亿元，比上年增长26.6%。

正在建设发展中的软件园三期，起步区30万平方米已竣工并全面交付107家产业企业使用，诚毅大街综合配套区15万平方米组团研发楼也完成封顶，其余部分露出地面，在建工作有序进行。截至2014年末，软件园三期意向投资企业累计391家，意向面积282.10万平方米。通过入园审核企业357家，核准面积约220.79万平方米。园区餐饮、交通、办公、休闲等各类配套同步完善，食堂、便利店、办公文印商铺，还开设咖啡厅、休闲吧、健身房等配套设施，较好的满足企业员工的办公休闲需求。已有58家企业，千余名员工已入驻起步区，2014年园区实现产值约5.76亿元。

（摘编：林舒）

3-3-7 各设区市金融业

3-3-7-1 各设区市金融机构人民币各项存款情况

（2010-2014 年）

单位：亿元

地 区	2010	2011	2012	2013	2014
合 计	**17985.12**	**20714.46**	**24283.68**	**27809.44**	**30747.61**
省 级	75.10	237.26	285.99	188.13	513.45
福州市	5909.42	6706.94	7707.28	8720.26	9439.39
厦门市	3961.84	4419.87	5151.40	5789.94	6607.25
莆田市	716.27	859.33	1062.99	1278.06	1432.30
三明市	754.47	903.29	1068.65	1184.56	1205.73
泉州市	3276.23	3779.67	4510.73	5395.86	5778.53
漳州市	1085.49	1247.83	1500.53	1829.67	2066.68
南平市	751.86	864.93	991.61	1138.94	1250.48
龙岩市	784.76	908.43	1093.96	1266.55	1376.62
宁德市	669.68	786.91	910.54	1017.47	1077.16

注：以上数据不含外资银行。

3-3-7-2 各设区市金融机构人民币各项贷款情况

（2010-2014 年）

单位：亿元

地 区	2010	2011	2012	2013	2014
合 计	**15006.91**	**17895.85**	**21209.82**	**24337.29**	**28417.70**
省 级	119.67	250.57	550.38	761.97	893.99
福州市	4953.91	5835.43	6711.77	7738.74	9331.49
厦门市	3165.14	3826.79	4555.93	5028.89	5824.12
莆田市	616.71	730.07	888.30	1067.19	1315.32
三明市	694.76	826.72	985.04	1115.36	1193.68
泉州市	2600.56	3020.97	3527.68	4009.81	4673.64
漳州市	798.97	961.71	1148.23	1362.10	1569.32
南平市	615.25	718.47	796.68	910.98	1006.33
龙岩市	723.39	874.55	1038.97	1177.96	1291.90
宁德市	718.56	850.58	1006.84	1164.28	1317.89

注：以上数据不含外资银行。

3-3-8　各设区市房地产业

福州　2014年，福州市房地产开发投资增长平稳，全年房地产开发投资1455.07亿元，比上年增长15.0%。保障性安居工程稳步推进，完成投资额129.33亿元，增长32.1%，全年保障性安居工程在建面积833.35万平方米，竣工216.49万平方米。

厦门　2014年，厦门市房地产开发投资704.06亿元，比上年增长32.4%，其中土地购置费242.17亿元，增长82.5%，占房地产投资的34.4%，占全社会固定资产投资的15.4%。全市商品房施工面积4219.86万平方米，增长11.5%；商品房新开工面积739.58万平方米，增长7.3%；商品房销售面积790.21万平方米，增长0.4%，其中住宅销售510.37万平方米，下降12.2%。

莆田　2014年，莆田市房地产开发投资346.87亿元，比上年增长22.4%。其中，住宅投资200.62亿元，增长20.5%；办公楼投资34.81亿元，增长130.0%；商业营业用房投资60.21亿元，增长1.4%。

三明　2014年，三明市房地产开发投资176.76亿元，比上年增长9.1%。其中，商品住宅投资124.28亿元，增长15.1%；办公楼投资4.31亿元，增长201.5%；商业营业用房投资27.83亿元，增长0.5%。

泉州　2014年，泉州市房地产开发投资775.95亿元，比上年增长32.5%。其中，商品住宅投资513.39亿元，增长33.9%；办公楼投资51.30亿元，增长29.6%；商业营业用房投资110.16亿元，增长25.7%。商品房销售面积801.73万平方米，下降11.8%。商品房销售额530.10亿元，下降15.2%。

漳州　2014年，漳州市房地产开发投资472.24亿元，比上年增长32.6%。其中，住宅投资336.17亿元，增长38.5%；办公楼投资9.39亿元，增长4.2%；商业营业用房投资62.63亿元，增长16.3%。

南平　2014年，南平市房地产开发投资150.02亿元，比上年增长12.5%。商品房建筑施工面积1441.86万平方米，增长12.0%（本年新开工面积339.18万平方米，下降32.6%）；商品房竣工面积214.21万平方米，增长23.7%；商品房销售面积238.21万平方米，下降9.0%。

龙岩　2014年，龙岩市房地产开发投资212.09亿元，比上年增长28.4%。其中，商品住宅投资132.84亿元，增长46.8%。商品房销售面积175.67万平方米，下降26.0%；商品房销售额99.36亿元，下降36.1%。

宁德　2014年，宁德市房地产开发投资274.33亿元，比上年增长24.1%。其中，住宅投资198.70亿元，增长29.6%；办公楼投资10.90亿元，增长6.3%；商业营业用房投资33.98亿元，增长9.6%。

注：本文数据均为公报数。

（摘编：林舒）

3-3-9 各设区市旅行社及相关服务业

福州 2014年，福州市旅游业加快发展。福州入选首批国家智慧旅游试点城市，闽都文化、温泉养生、海峡度假、生态旅游等特色旅游品牌逐步形成。截至2014年末，全市共有一般旅行社118个，A级景区35家，其中4A级旅游景区13家。全年共接待境内外游客 4114.07 万人次，比上年增长16.3%，其中境外游客 90.69 万人次，国内游客4023.38万人次；实现旅游总收入468.03亿元，增长16.1%，旅游外汇收入12.45亿美元。

厦门 截至 2014 年末，厦门市共有一般旅行社184个。全年接待国内外游客5337.86万人次，比上年增长14.5%；旅游总收入722.09亿元，增长16.3%。其中，接待入境游客266.82万人次，增长10.8%；入境过夜游客182.89万人次，增长9.6%；旅游创汇18.09亿美元，增长9.8%。

莆田 截至 2014 年末，莆田市共有一般旅行社 31 个。全年接待入境游客 24.81 万人次，比上年下降3.6%。其中，接待外国人4.42万人次，增长22.1%；台湾同胞15.64万人次，下降6.5%；港澳同胞4.75人次，下降11.5%。国际旅游外汇收入2.00亿美元，下降0.4%。全年接待国内旅游人数1700.31万人次，增长18.5%；国内旅游收入123.95亿元，增长22.0%。旅游总收入136.23亿元，增长19.5%。

三明 截至 2014 年末，三明市共有一般旅行社 50 个。全年入境旅游、商务、探亲等人数 5.24 万人次，比上年增长 14.4%；国际旅游外汇收入0.44 亿美元，增长 12.1%；旅游总人数 1724.41 万人次，增长16.1%；旅游总收入131.10亿元，增长19.2%。

泉州 截至 2014 年末，泉州市共有一般旅行社80个。全年共接待国内外游客4428.26万人次，比上年增长18.7%；实现旅游总收入528.65亿元，增长18.3%；旅游创汇12.3亿美元，增长14.4%。

漳州 截至 2014 年末，漳州市共有一般旅行社 58 个。全年国内出游人数 1901.35 万人次，比上年增长19.6%；国内旅游收入187.72亿元，增长23.3%。

南平 截至 2014 年末，南平市共有一般旅行社110个。全年共接待旅游总人数2503.10万人次，比上年增长18.9%。实现旅游总收入312.46亿元，增长 20.9%，其中旅游创汇 1.41 亿美元，增长21.3%。

龙岩 截至 2014 年末，龙岩市共有一般旅行社37个。全年旅游总收入165.45亿元，比上年增长 23.9%，其中国内旅游收入 162.5 亿元，增长23.8%。

宁德 2014年，宁德市接待游客总人数1601.03万人次，比上年增长 18.7%，旅游总收入 127.49亿元，增长 22.5%。其中，接待国内旅游人数1598.74万人次，增长18.7%；接待入境旅游人数2.30万人次，增长22.7%。实现旅游外汇收入0.12亿美元，增长19.6%。宁德世界地质公园中期评估顺利通过，白云山成功创建 4A 级景区，上金贝、霍童古镇、九龙井成功创建 3A 级景区。全年新增4A级和3A级旅行社各6家。

注：本文数据来源福建省旅游局及各设区市公报。

（摘编：林舒）

3-3-10 各设区市环境保护主要指标

3-3-10-1 各设区市工业“三废”排放及处理率情况

（2014 年）

地　区	工业废水						
	重复用水率（%）	生产耗水率（%）	COD 去除率（%）	石油类去除率（%）	挥发酚去除率（%）	氰化物去除率（%）	氨氮去除率（%）
福州市	79.43	9.24	92.89	97.89	99.99	98.55	74.56
厦门市	90.93	29.93	93.24	98.43	76.39	96.23	87.28
莆田市	84.13	13.30	90.35	69.02		76.59	81.08
三明市	90.36	7.77	84.19	78.58	91.14	82.42	57.08
泉州市	90.09	6.51	91.28	96.01	99.98	95.28	90.44
漳州市	81.18	41.82	92.41	81.38	89.19	98.80	76.31
南平市	65.25	28.56	86.12	57.21	22.50	36.15	90.79
龙岩市	81.59	12.80	76.49	83.90	44.81	77.49	39.54
宁德市	64.18	19.82	65.12	81.14			78.57

3-3-10-1 续表

地　区	工业废气			工业固废			
	SO_2去除率（%）	氮氧化物去除率（%）	烟（粉）尘去除率（%）	综合利用率（%）	贮存率（%）	处置率（%）	排放率（%）
福州市	75.59	40.17	96.34	95.97	0.04	3.99	
厦门市	70.13	72.06	98.92	91.15	1.97	7.72	
莆田市	70.86	47.42	97.66	92.58		7.45	
三明市	52.30	36.36	98.11	89.54	2.75	7.79	
泉州市	58.88	28.09	96.55	97.63	1.54	0.83	
漳州市	74.89	15.90	97.97	98.17	0.32	1.51	
南平市	1.68	22.91	97.48	59.13	0.01	40.86	
龙岩市	60.24	33.81	99.47	75.84	0.92	24.33	<0.01
宁德市	74.09	77.46	98.33	95.86		4.14	

3-3-10-2 各设区市工业污染排放及处理利用情况

（2014 年）

项目	全省	福州市	厦门市	莆田市	三明市
工业企业数（个）	5767	461	395	370	707
工业用水量（万吨）	729422.21	50653.04	91494.14	19795.87	155621.47
废水治理设施数（套）	3529	384	340	146	556
废水治理设施处理能力（万吨/日）	718.38	135.69	36.14	19.72	171.16
废水治理设施运行费用（万元）	173516.72	25196.80	23382.10	4384.10	21393.72
工业废水处理量（万吨）	163571.74	16935.79	28785.36	2491.33	50730.27

3-3-10-2 续表

项目	泉州市	漳州市	南平市	龙岩市	宁德市
工业企业数（个）	1460	794	491	505	571
工业用水量（万吨）	295810.28	57304.64	25266.35	25903.54	7552.46
废水治理设施数（套）	852	530	281	272	167
废水治理设施处理能力（万吨/日）	129.24	119.96	44.34	48.50	13.61
废水治理设施运行费用（万元）	37373.00	26154.80	9291.30	23390.40	2944.50
工业废水处理量（万吨）	25434.25	22476.88	7951.50	7100.21	1662.55

4

民营企业

2014年福建省民营工业发展综述

一、经济总量突破7000亿元，增幅逐年回落

2014年，福建省民营工业增加值首次突破7000亿元大关，达7348.91亿元（快报数，下同）。其中，规模以上民营工业实现增加值6429.51亿元，规模以下民营工业实现增加值919.40亿元。

但从近几年增幅情况看，福建省民营工业增加值增幅逐年回落，2014年增幅为10.8%，比2013年回落3.3个百分点，比2012年回落5.6个百分点，比2011年回落7.2个百分点。其中，规模以上民营工业增幅逐年回落，2014年增幅为10.7%，分别比2013年、2012年回落3.9个百分点、6.8个百分点；规模以下民营工业增幅逐年提高，2014年增幅为11.5%，分别比2013年、2012年提高0.7个百分点、2.1个百分点。

从全年增幅情况看，福建省规模以上民营工业增加值增幅逐季回落，从一季度的12.2%回落至四季度的9.1%。

受增幅回落影响，福建省民营工业对全部工业增加值增长的贡献率和拉动作用均下降。2014年，福建省民营工业对全部工业增加值增长的贡献率为61.6%，比上年下降11.1个百分点；拉动全部工业增加值增长6.5个百分点，下降2.9个点。

二、出口低速增长，增幅持续回落

受全球经济复苏乏力、生产成本上升、资金和用工短缺以及贸易摩擦加剧等多种因素影响，2014年福建省规模以上民营工业出口交货值低速增长。全年全省规模以上民营工业实现出口交货值4065.81亿元，比上年增长5.1%，增幅比规模以上工业平均水平低0.7个百分点，比上年回落8.8个百分点，比2012年低9.8个百分点。

从全年增幅情况看，福建省规模以上民营工业出口交货值增幅前高后低，一、二季度增幅较高，三季度大幅回落至0.1%，四季度回升至4.6%，仍处于较低水平。

三、销售增长乏力，盈利水平下降

2014年，福建省民营工业（不含个体工业）实现主营业务收入24987.56亿元，比上年增长9.7%，增幅比上年回落3.7个百分点，比全部工业平均水平低0.7个百分点。其中，规模以上民营工业实现主营业务收入22928.73亿元，增长9.5%，增幅回落4.0个百分点；规模以下民营工业（不含个体工业）实现主营业务收入2058.92亿元，增长12.0%，增幅提高0.4个百分点。

从全年增幅情况看，福建省规模以上民营工业主营业务收入增幅逐季回落，从一季度的11.5%回落至四季度的8.0%。

受主营业务收入增幅回落、生产成本上升等因素影响，福建省民营工业（不含个体工业）盈利水平下降，亏损程度加深。2014年，福建省民营工业（不含个体工业）实现利润总额1505.50亿元，比上年增长5.4%，增幅比上年回落3.0个百分点。其中，规模以上民营工业实现利润总额1389.88亿元，增长5.0%，增幅回落3.6个百分点；规模以下民营工业（不含个体工业）实现利润总额115.62亿元，增长10.7%，增幅提高4.3个百分点。全年全省规模以上非公有企业亏损企业数为1087户，增加62户；亏损企业亏损额为89.28亿元，增长23.2%，增幅提高17.1个百分点。

从全年增幅情况看，福建省规模以上民营工业

利润总额增幅也呈逐季回落，从一季度的25.0%一路走低，至四季度的-9.9%，回落了34.9个百分点。

四、企业总量进一步壮大

截至2014年末，福建省共有民营工业企业73852个，比上年末增长3.9%，占全部工业企业数的比重达95.9%，比上年末提高0.6个百分点。其中，规模以上民营工业企业有12843个，增长4.1%；规模以下民营工业企业有61009个，增长3.9%。

五、对吸纳就业的贡献率大幅提高

截至2014年末，福建省民营工业企业（不含个体工业）有从业人员399.24万人，比上年末增长0.2%，对全部工业企业吸纳就业的贡献率超过100%，达122.1%，比上年末提高76.0个百分点。其中，规模以上民营工业企业有从业人员282.49万人，下降0.8%；规模以下民营工业企业（不含个体工业）有从业人员116.75万人，增长2.8%。

五、竞争力指标一升一平一降

一是偿债能力上升。2014年，福建省规模以上民营工业资产负债率为49.9%，产权比率为99.4%，分别比上年降低0.6个百分点、2.7个百分点。二是营运能力持平。2014年，福建省规模以上民营工业总资产周转率为1.6次，流动资产周转率为2.7次，均与上年持平。三是获利能力下降。2014年，福建省规模以上民营工业总资产报酬率为9.7%，下降0.2个百分点。

（执笔：赵清）

4-1　福建省农林牧渔业民营经济增加值

（2010-2014年）　　　　单位：亿元

行业	2010	2011	2012	2013	2014
总　计	**1363.67**	**1612.23**	**1790.14**	**1938.98**	**2085.04**
农业	616.32	716.77	797.14	867.36	963.23
林业	122.08	153.08	165.06	188.88	207.75
畜牧业	198.53	250.14	264.16	267.78	272.43
渔业	376.37	436.93	504.31	550.21	571.39
农林牧渔服务业	50.37	55.31	59.48	64.75	70.24

注：农林牧渔业民营经济是指农林牧渔业中扣除国营农场部分。由于近年来国营农场比重越来越小，且国营农场大部分由个人承包，因此可将农林牧渔业全部视为民营经济。

4-2 福建省规模以上民营工业经济总量

（2010-2014 年）

年份	企业数（个）	工业总产值（亿元）
2010	15340	12776.51
2011	9722	16798.65
2012	11607	18999.52
2013	12338	21465.31
2014	12843	24127.05

续上表

年份	工业增加值（亿元）	从业人员平均人数（万人）
2010	3609.85	257.40
2011	4740.64	241.90
2012	5159.87	282.38
2013	5773.86	278.96
2014	6429.51	282.49

注：鉴于资料可得性原因，规模以上民营工业包括集体、私营、港澳台独资企业和联营经济中的民营部分。

4-3 福建省民营建筑业企业经济总量

（2010-2014 年）

年份	企业数 （个）	建筑业总产值 （亿元）
2010	105	94.60
2011	109	114.90
2012	111	141.28
2013	79	163.11
2014	72	178.67

续上表

年份	竣工产值 （亿元）	年末从业人员 （万人）
2010	65.00	5.92
2011	81.26	6.85
2012	97.31	6.04
2013	94.81	6.37
2014	95.10	6.55

注：鉴于资料可得性原因，建筑业民营企业仅包括集体、港澳台商投资企业。

4-4 福建省限额以上民营批发业企业经济总量

（2010-2014 年）

年份	企业数（个）	销售额（亿元）
2010	1064	1876.53
2011	1490	2598.38
2012	1978	3080.21
2013	2596	3915.69
2014	3040	4951.71

续上表

年份	主营业务收入（亿元）	营业利润（亿元）
2010	1711.53	
2011	2336.15	32.12
2012	2777.05	35.00
2013	3553.31	58.10
2014	4462.07	70.71

注：限额以上民营批发业企业包括集体、私营、港澳台商投资企业。

4-5　福建省限额以上民营零售业企业经济总量

（2010-2014 年）

年份	企业数（个）	销售额（亿元）
2010	1033	612.36
2011	1248	730.15
2012	1502	909.34
2013	1941	1193.13
2014	2377	1542.71

续上表

年份	主营业务收入（亿元）	营业利润（亿元）
2010	561.84	
2011	658.94	15.80
2012	800.52	13.58
2013	1058.95	31.61
2014	1374.16	34.75

注：限额以上民营零售业企业包括集体、私营、港澳台商投资企业。

4-6　福建省限额以上民营住宿业企业经济总量

（2010-2014 年）

年份	企业数（个）	营业额（亿元）
2010	264	43.75
2011	314	54.02
2012	344	58.93
2013	388	66.03
2014	428	70.57

续上表

年份	主营业务收入（亿元）	营业利润（亿元）
2010	43.18	
2011	53.11	2.65
2012	57.61	1.96
2013	65.24	0.85
2014	68.89	0.44

注：限额以上民营住宿业企业包括集体、私营、港澳台商投资企业。

4-7 福建省限额以上民营餐饮业企业经济总量

（2010-2014 年）

年份	企业数 （个）	营业额 （亿元）
2010	391	70.55
2011	431	78.08
2012	499	104.28
2013	547	117.50
2014	574	100.72

续上表

年份	主营业务收入 （亿元）	营业利润 （亿元）
2010	70.26	
2011	77.25	4.55
2012	102.80	5.68
2013	116.66	7.00
2014	99.80	4.41

注：限额以上民营餐饮业企业包括集体、私营、港澳台商投资企业。

5

专题研究

新常态下福建经济发展路径研究

新常态下，我国经济增长速度正从高速增长转向中高速增长；经济发展方式正从规模速度型粗放式增长转向质量效率型集约式增长；经济结构正从增量扩能为主转向调整存量、做优增量并存的深度调整；经济发展动力正从传统增长点转向新的增长点。福建经济发展如何适应新常态、引领新常态？在新常态下如何扬长避短，谋求转型，实现科学发展跨越发展？这些问题值得认真思考。

一、福建经济发展具有自身特点

长期以来，福建经济发展过程中形成了一些显著特点，例如经济增长速度较快、民间资本较为活跃、经济外向度较高、山海特色明显、自然生态环境良好等。

（一）经济增长速度较快

改革开放以来，福建经济总体上保持了强劲增长，经济增速持续高于全国平均水平。地区生产总值增速保持两位数的年份有26年，1979-2014年年均增长12.6%，增幅比同期全国平均水平高2.9个百分点。2014年，全省地区生产总值达24055.76亿元，在全国位次从1978年的第22位前移到2014年的第11位，人均GDP居全国位次从第22位前移到第8位。2015年一季度，福建地区生产总值增速居全国第7位，东部地区第2位。

（二）民间资本较为活跃

福建作为改革开放的前沿阵地，民间资本一直以来较为活跃。2014年，福建民营经济实现增加值16171.80亿元，比上年增长9.8%，民营经济实现增加值占福建GDP比重达67.2%，对GDP增长贡献率为66.3%，拉动经济增长6.5个百分点。全省规模以上工业企业中，非公有企业增加值占全部规模以上工业增加值比重达85.6%。2014年，福建民间投资10731.33亿元，增长23.7%，占投资的比重由上年56.9%升至59.1%，对福建投资增长的贡献率达71.0%，拉动福建投资增长13.5个百分点。

（三）经济外向度较高

改革开放以来，作为东部沿海省份，福建依靠优越的地理位置，通过出口导向型的经济发展模式取得了巨大成就，确立了福建作为外经贸大省和外贸强省的显著地位，成功实现了经济的起飞与经济总量的快速扩张。1981年，福建进出口总值仅6.08亿美元，至2014年福建进出口规模已达1774.99亿美元，增长达291倍。经济对外依存度（货物进出口总额/地区生产总值）高于全国平均水平，改革开放以来对外依存度最高的年份高达68%，即便是经济危机后对外依存度仍保持在50%左右。2014年，福建省进出口总额、出口总额、进口总额规模分别居全国第7位、第6位、第8位，保持全国领先水平。

（四）对台经贸交流具有优势

福建与台湾一衣带水，隔海相望，同根同祖，台湾在历史上长期属于福建管辖。福建籍的台湾同胞数量众多，在语言、文化、生活习俗等各方面与台湾相近，具有人缘、文缘、地缘、法缘、商缘等优势，在闽台经贸合作尤其是两岸农业合作上走在全国前列。台湾是福建的第一大进口市场和第二大外商直接投资来源地，2014年福建从台湾进口商品贸易额达86.19亿美元，占福建进口总额的13.5%。福建捷联电子有限公司、友达光电（厦门）有限公司、翔鹭石化股份有限公司、华阳电业有限公司、东南（福建）汽车工业有限公司、腾龙芳烃（漳州）

有限公司等一大批知名台资企业在福建落地开花。台湾在福建的投资大部分流向工业生产性项目，并带来先进技术、现代管理经验与国际营销渠道，有力推动了福建产业结构调整和产业技术升级。

（五）山海特色明显

福建“八山一水一分田”的地形地貌特征决定了福建生产GDP的地域空间有限，因此，福建必须因地制宜，在打好“山海牌”上做文章。特色林业、茶叶、食用菌种植、海洋渔业、临港工业等山海经济特色明显。茶叶总产量居全国第1位，食用菌产量居全国第4位；林业产值居全国首位，木材产量居全国第3位；水产品产量居全国第3位，人均水产品占有量居全国第2位，其中鲍鱼、牡蛎、大黄鱼、鲷鱼、海带、紫菜等产量居全国首位。福建沿海已形成福州港、厦门港、湄洲湾港（包括泉州港和莆田港）等主要港口，其中福州港和厦门港被列为全国沿海规模以上主要港口。借助沿海主要港口便利的交通运输条件，近年来福建涌现了福建炼化一体化、福清核电、宁德核电、中化（泉州）石化、漳州古雷石化基地等一批特大临港工业项目。

（六）生态建设发展良好

得天独厚的地理区位赋予了福建良好的生态环境，生态环境也成为福建在全国最大的比较优势，福建已经成为全国首个生态文明先行示范区，生态建设已经率先迈出步伐并取得良好成效。森林覆盖率连续37年居全国之首，高达66.0%；12条主要河流135个常规水质监测断面整体水质位优，水质保持稳定。2014年，福建23个城市平均达标天数比例为99.3%，9个设区市空气质量优、良比例天数为99.0%。按照空气质量新标准评价，福州、厦门和泉州达标天数比例分别为92.0%、95.3%和95.3%，福州、厦门在全国74个城市空气质量排名中分别居第3位和第6位。

二、新常态下福建经济发展面临的困难和问题

当前，福建经济发展面临的问题和困难较为突出。一方面，经济下行压力不断加大，经济增速放缓较明显，回落幅度较大。另一方面，结构调整不够明显、转型升级步伐较慢、新的增长动力较弱、对外开放水平不高等。换言之，就是福建经济发展还没有很好地融入和适应新常态。

（一）经济增长：下行压力较大，回落趋势明显

“十二五”以来福建经济增速不断下行，2011-2014年GDP增速分别为12.3%、11.4%、11.0%和9.9%，呈现逐年回落趋势，2014年GDP增速降至自2002年以来13年的最低水平，2011-2014年GDP年均增长11.1%，比“十一五”时期年均增速回落2.7个百分点。2015年一季度经济增长更是进一步回落至8.5%，预计未来福建经济增速将进入个位数的常态。

（二）经济结构：优化升级步伐较慢，提质增效任重道远

1. 从需求结构看：经济发展过度依赖投资，且投资效益呈现下降态势。长期以来，投资为福建经济的高速增长立下了汗马功劳，福建也由此形成了典型的投资拉动型经济增长模式。“十二五”以来，福建投资对经济增长的贡献率都在70%以上，远高于全国47%左右的平均水平，而消费对经济增长的贡献则持续低位徘徊。与此同时，这种经济增长模式也会造成经济结构失衡，大量的投资是在政府主导下完成的，有些投资项目是以行政政策而不是以市场为导向，使经济中行业利润结构和投资结构不合理，降低了投资效率，加重资源消耗、加剧环境破坏等问题。再者扩大投资必须有强大的消费需求作基础，否则就会形成大量无效产能，出现产能过剩。近年来在投资规模大幅增长的同时，投资的效益不断下滑，每万元固定资产投资形成的固定资本出现下降，投资效果系数和投资弹性系数持续下滑，分别从2010年的0.30和0.68回落到2014年

的0.12和0.53。也就是说总投资中有效投资在下降，无效投资在增长，投资产生的边际效益不断减少，即投入产出率在下降。

2.从产业结构看：经济发展过度依赖工业，且工业结构不佳。改革开放以来，福建始终把工业化作为经济发展的重中之重，工业经济持续、健康发展。2014年，福建实现工业增加值10426.71亿元，占GDP的比重为43.3%，高于全国平均水平7.5个百分点；第二产业对GDP增长的贡献率为65.2%，远高于全国46.3%的平均水平，其中工业对GDP增长的贡献率达56.0%。与此同时，福建服务业发展较为滞后，对经济增长的拉动作用比较薄弱，2014年福建第三产业增加值对 GDP 增长的贡献率仅为31.5%，远低于全国48.9%的平均水平，服务业发展规模明显滞后于全国平均水平。此外，福建工业内部结构不佳，具体表现为：一是高技术制造业处于较低发展水平。2014年，福建高技术制造业实现增加值917.71亿元，比上年增长10.2%，增幅低于福建规模以上工业1.7个百分点，而同期全国高技术制造业增加值增长12.3%，增幅高于全国规模以上工业4.0个百分点。2014年，福建高技术制造业增加值占规模以上工业增加值的比重为9.1%，占比低于全国1.5个百分点，比2010年还低1.3个百分点。“十二五”时期高技术制造业占规模以上工业的比重不升反降，与全国工业向高端化转型演变的趋势相反。二是装备制造业发展滞后。金属切削机床、汽车、工程机械、家用电器等产品产量均落后于中东部地区其他省份。2014年，福建装备制造业（机械装备）增加值比上年仅增长7.9%，比全国低2.6个百分点，全国装备制造业增速快于规模以上工业增速2.2个百分点，而福建则比规模以上工业增速慢4.0个百分点。三是产品结构低端化。福建工业产品居全国前列的是罐头、瓷砖、天然花岗岩板材、伞类、糕点、运动鞋等初级产品，高技术含量、高附加值的产品少。近年重点培育的产业集群也同样存在产品档次不高、附加值低问题。如福安电机产业集群，大部分企业的产品仍以通用中小型电机为主，技术水平仍处于中低档次，产品技术含量不高，以价廉占有市场。再如拥有“中国名牌”称号和“中国驰名商标”最多的、产业链最为完整的制鞋业，其出口的产品中仍以中、低档产品为主，主要依靠价格优势与国外同类产品竞争。在福建产品结构中，大型家电制造领域如家用电冰箱、冰柜、空调、洗衣机等产量均是空白。

3.从收入分配结构看：收入差距扩大，群体差距悬殊。一是城乡居民收入差距扩大。2014年，全省城镇居民人均可支配收入比农村居民高18072元，差距比2010年扩大3718元。二是城乡居民内部高收入和低收入群体差距悬殊。2014年，城镇居民占总数20%的最高收入群体与占总数20%的最低收入群体收入比为5.0倍，农村居民最高收入组与最低收入组收入比为5.4倍。三是区域收入差距过大。在全省9个设区市中，仅有厦门市、泉州市、福州市的居民可支配收入高于全省平均水平。全省城镇居民人均可支配收入最高的厦门市与最低的宁德市的绝对收入差距从2010年的12438元扩大到2014年的15669元；农民人均纯收入差距由2010年的3491元扩大到2014年4918元。四是不同行业收入差距悬殊。从各行业城镇单位在岗职工平均工资来看，2014年工资最高行业（金融业）与最低收入行业（住宿和餐饮业）相差近3倍，具有一定垄断性质的电力、热力、燃气及水的生产和供应业、卫生和社会工作平均工资分别居第2位和第3位。

4.从城乡结构看：城镇化水平总体较高，地区发展差距较大。福建城镇化总体发展水平在全国居于前列，但省内各地区之间发展差距较大。2014年，福建城镇化率为61.8%，居全国第8位，除去北京、天津、上海3个直辖市，在各省中仅次于广东（68.0%）、辽宁（67.1%）、江苏（65.2%）和浙江（64.9%），居第5位。省内仅厦门、福州、泉州3个设区市城镇化率高于全省，城镇化水平最高的厦门市和最低的龙岩市，城镇化率水平相差37.2个百分点，全省仍有漳州、南平、龙岩和宁德4个设区市城镇化率低于全国平均水平。

（三）增长动力：过度依赖要素驱动，创新驱动动力不足

长期以来，福建经济增长形成了对土地、资金、劳动力、优惠政策（税收、资源价格）等要素投入的高度依赖。除土地、资金、廉价劳动力等要素外，技术进步、人力资本都是生产要素，相对于要素禀赋决定的比较优势，教育、科技等内生变量决定的比较优势更容易发生转变，其作用也更加突出。然而，福建高等教育水平和科研水平总体比较低，高等学校、科研院所、研究机构数量偏少，与经济发展水平不相适应，创新对经济发展的驱动力严重不足。2014年，全省拥有普通高等学校88所，其中本科院校仅33所，“211工程”高校仅2所，“985工程”高校仅1所，高等学校尤其是名牌高校落后于北京、天津、上海、山东、江苏，浙江、广东、辽宁等东部地区，也落后于湖北、湖南、河南、陕西、四川等中西部教育大省。受人才的制约，福建科技与创新的水平较低，创新投入不足。2014年，福建R&D经费投入强度（R&D经费投入与地区生产总值之比）为1.5%，低于全国2.1%的平均水平。2013年，福建规模以上工业企业开发新产品经费投入265.61亿元，落后于江苏（1669.32亿元）、广东（1406.57亿元）、山东（1020.63亿元）、浙江（821.66亿元）、上海（528.26亿元）、辽宁（336.05亿元）、北京（293.19亿元）等东部地区，也落后于安徽（324.47亿元）、湖北（331.72亿元）、湖南（295.98亿元）、河南（266.01亿元）等中部地区。

（四）对外开放：引进来水平总体不高，走出去步伐缓慢

一是引进来水平总体不高。从进口商品结构看，福建主要大宗进口商品中原材料等初级产品较多，先进技术设备、关键零部件、高端消费品较少。2014年，福建进口商品总额中工业制成品占比仅为54.6%，低于全国平均水平12.4个百分点，其中机电产品进口额为180.71亿美元，比上年下降8.8%，仅占进口商品总额的28.2%。从外商直接投资看，很多外商投资企业都属于“两头在外”的企业，设计研发和产品销售都在境外，尤其是一些被认定为高新技术的外资企业本质上只是一些跨国公司在福建的加工组装车间。受人才、服务等软环境的制约，一些大的跨国公司都把在华研发机构设立在北上广、长三角地区，包括成都、西安、武汉等人才和科技实力较强的中西部地区，而这方面福建不具有竞争优势。二是走出去步伐相对缓慢。实施“走出去”战略是经济全球化发展的客观需要，是增强全球化资源配置能力和运作能力的有效手段，也是释放国内过剩产能的有效手段，但福建多数企业规模较小，竞争力较弱，因此，走出去的步伐比较艰难。2013年，全省新批境外企业112家，中方协议对外投资额6.99亿美元。福建企业“走出去”的步伐与山东、江苏、浙江、广东等东部发达省份相比，还存在非常大的差距，上述省份2013年中方协议对外投资额分别为45.1亿美元、61.4亿美元、55.2亿美元和52.4亿美元。

三、扬长避短，开辟新常态下经济发展的新路径

根据福建经济发展阶段的新环境和新要求，适应增速换挡、经济转型的新常态，使得“十三五”时期经济增长从根本上实现提质增效转型升级，是福建加快科学发展跨越发展、实现赶超任务的关键，经济增长速度在全国位居前列也为福建调结构、促转型赢得了更大的空间和回旋余地。在“十三五”时期，福建应充分发挥自身特色和已有优势，围绕扩大有效需求、优化经济结构、增强科技创新、

提升对外开放水平等方面培育经济增长新引擎，努力实现机制活、产业优、百姓富、生态美的发展目标。

（一）发挥消费的基础性作用和投资的关键性作用，使经济增长路径立足于扩大有效内需尤其是消费需求

一是下大力气扩大消费需求，着力解决长期以来福建消费率偏低的问题，补齐经济发展中的“短板”。建立居民收入和消费与经济同步增长的联动机制，保证劳动工资增长与经济增长、企业利润增长同步。扩大旅游消费，利用生态环境良好的优势，做大做强“美丽福建，清新福建”的品牌，吸引国内外游客来福建旅游，让蓝天白云、青山绿水、生态优美成为福建的第一资源。促进信息消费，鼓励电子商务创新发展。电子商务和网络消费是消费领域的重大变革，近年来发展形势迅猛，未来十年甚至有赶超传统消费的可能。2015 年 1-4 月，福建限额以上网上消费零售额同比增长了 114.7%，拉动全省社会消费零售总额增长 1.6 个百分点。但其规模还不够大，还有巨大的发展空间。福建应当积极推动消费转型创新，推动本省消费模式革新，引发新的消费增长点，挖掘出潜力巨大的新市场，进而牵引本省的制造业和服务业同步升级。二是要发挥好投资的关键作用，积极增加有效投入，优化投资结构。发挥好政府投资的引导带动作用，进一步突出重点，加大民生领域投入，主要投向保障性安居工程和城乡基础设施。充分利用民间资本较为活跃的优势，明确和细化鼓励民间投资的各项政策措施，为民间投资发展营造更多发展机遇、创造更大发展空间，充分释放民间投资潜力。

（二）加快产业等结构调整步伐，使经济增长路径立足于结构优化

一是优化产业结构。以培育壮大战略性新兴产业和先进制造业来调“高”，以加快发展现代服务业来调“轻”，以改造提升传统产业来调“优”，以增强自主创新能力来调“强”，加快产业结构转型升级，构建现代产业体系。三次产业结构调整重点在服务业，服务业是制约福建经济发展的瓶颈之一，服务业发展滞后很大程度上制约了消费需求的扩大，影响了产业结构升级。充分利用自贸区建设契机和中央赋予福建先行先试政策，加快服务业对外开放步伐，利用对台优势和民间资本优势，在金融、保险、医疗、教育、文化等领域加快闽台合作，支持民间资本和社会力量兴办服务业。利用当前工业结构性回落的契机，做好产业结构调整和产业动力转化，逐步摆脱经济增长对工业的过度依赖，把工作的重心和政策的着力点向潜力更大的服务业尤其是生产性服务业转移，想尽一切办法促进服务业发展提速、比重提高、水平提升。工业内部结构调整重点在于紧密结合已经出台的“中国制造 2025”战略规划，优先发展高技术产业、战略性新兴产业和高端装备制造业，改造提升传统产业，做大做强龙头企业，切实提升高技术产业、装备制造业和大企业比重，提升纺织鞋服等传统优势产业的科技含量，做强做优自主品牌，使工业增长的动力立足于优化结构、转型升级和劳动生产率的提高。二是优化收入分配结构和城乡结构。关键在于缩小差距，缩小不同地区、不同行业和城乡之间的差距，利用福建的山海特色，加强沿海与山区的合作，建立优势互补、合作共赢的山海协作模式，以达到先富带后富，最终实现共同富裕的目标。

（三）加快培育创新的核心驱动作用，使经济增长路径立足于科技创新和人力资本素质提高

要尽快弥补福建科技人才资源短缺的劣势，扎实推进创新型省份建设，建立以企业为主体、市场为导向、产学研相结合的技术创新体系，充分释放科技创新潜力，不断凸显创新驱动的倍增效应。突出企业创新主体地位，建立健全企业主导产业技术研发创新的体制机制，着力将创新资源引入企业，将研发机构建在企业，将科技服务覆盖到企业，将创新政策落实到企业，鼓励企业加大研发投入和人才储备。下大力气解决高技术产业、战略性新兴产业的发展长期居于产业链的低端环节，没有掌握核心技术和现代化的运营模式的问题，向产业链两端推进，对于市场前景较好的高技术产业、新兴产业，要尽力掌握整个产业链的设计、研发、生产、销售环节。深入实施与省外及本省高校的对接，加大人才引进力度，围绕产业链部署创新链，围绕创新链完善资金链，推动创新成果产业化和商品化，促进科技与经济紧密结合。全面提高劳动者素质，开发、培育和创造“新人口红利”，努力做到人才强省、科技兴省、创新塑省，使经济增长的动力更多依靠创新驱动。

（四）抢抓“一带一路”和自贸区建设重大历史机遇，使经济增长路径立足于提升对外开放水平

“一带一路”是新时期国家全方位扩大对外开放的重大战略部署，是中国与其他国家互联互通的重要手段，福建位于 21 世纪海上丝绸之路核心区和国家批准建立的四个自由贸易试验区之一，对于福建而言是重大的历史性机遇。福建必须抓住“一带一路”和自贸区的政策叠加效应，充分利用经济外向度较高的优势和对台优势，凝聚分布于世界各地的闽籍商人力量，在更高层面上全方位扩大对外开放。福建是古代海上丝绸之路的起点，早在元代泉州就是当时世界上最大的港口，福州、厦门也是我国最早对外开放的通商口岸。一方面要继续发挥自古以来的区位优势，加强与“21 世纪海上丝绸之路”沿线国家和地区的互联互通；一方面积极融入“丝绸之路经济带”，加强与内地省份及中亚、西亚、东欧各国的联系。通过“一带一路”让企业走出去，把产品推出去，将生产能力释放出去；同时通过“一带一路”把需要的、短缺的资源、人才引进来。利用好“两个市场”和“两种资源”，努力实现高水平引进来和大规模走出去。

（执笔：刘喆）

福建省传统产业企业转型升级调查报告

为了解和掌握企业家对转型升级的看法，以及当前影响和制约传统产业转型升级的主要困难和问题，有关部门于 2015 年 6 月在莆田、三明、泉州、漳州、龙岩等地的传统产业企业中通过问卷、电话和实地走访等方式开展了产业转型升级情况调查。调查结果显示：福建省传统产业的企业家转型升级意识较为强烈，六成以上企业从长远发展考虑将进行转型升级；主要谋求依靠开发新产品、采用电子商务和打造名牌产品实现转型。但“资金紧张”“技术人才缺乏”“成本上升快”仍是传统产业企业转型升级中遇到的主要困难。

一、调查企业的基本情况

本次调查的纺织、服装鞋帽、农副食品、建材、家具制造等传统产业企业共 720 家，有效样本 707 家，主要以私营、劳动密集型企业为主。从经济类型看，国有企业占 2.3%，集体企业占 0.2%，私营企业占 61.5%，港澳台商投资企业占 18.8%，外商投资企业占 9.6%，其他占 7.6%；从成立年限看，10 年以上占 48.2%，6-10 年占 31.0%，3-5 年占 15.6%，3 年以内占 5.2%；从要素类型看，劳动密集型占 53.5%，资金密集型占 6.6%，技术密集型占 14.0%，其他类型占 25.9%；从产品主要市场看，省内为主的占 45.4%，省外为主的占 27.0%，出口为主的占 26.2%，为大企业配套的占 1.4%。从企业当前生产经营状况看，盈利的占 38.8%，基本持平的占 40.4%，亏损的占 20.8%。

二、传统产业企业转型升级情况

（一）企业家对企业转型升级的认识

1. 四分之一传统产业企业曾经历过转型升级。调查结果显示，有 25.3%的传统产业企业经历过转型升级。问及“企业转型升级需要多长时间”时，认为在“1 年以内”的企业占 9.5%，认为需要“1-2 年”和需要“2-3 年”的均占 26.8%，认为需要“3 年以上”占 27.9%，另有 9.0%的企业无法确定转型周期。

2. 超六成企业家认为转型升级对企业发展重要。调查结果显示，有 31.3%的企业家认为转型升级对企业发展“很重要”，30.0%的企业家认为“重要”，二者所占比重超过六成，28.3%的企业家认为“一般”，9.6%和 0.8%的企业家分别认为“不重要”和“非常不重要”。盈利企业对转型升级更为关注，有 274 家生产经营盈利的企业认为转型升级对企业发展“很重要”和“重要”的分别占 44.5%和 35.0%，两者合计占比总体样本高 18.2 个百分点。反之，有 147 家生产经营亏损的企业认为转型升级对企业发展“很重要”和“重要”的分别占 23.1%和 15.0%，两者合计占比总体样本低 23.2 个百分点。

3. 三成企业家认为转型升级正当其时。在“怎样看当前经济形势下企业的转型升级”这一问题中，有 29.1%的企业家认为“当前经济形势为企业转型升级创造了条件，是企业转型升级的有利时机”，有 21.5%的企业家选择“当前经济形势不利于企业转型升级，但是强化了企业转型升级的决心”，有 14.9%的企业家选择“转型升级本身存在很大风险，不会考虑转型升级问题”，9.3%的企业家选择“本行业发展前景良好，不会考虑转型升级问题”，25.2%的企业家“没有考虑过这个问题”。

4. 逾七成企业家认为政府在企业转型升级中作用重要。在“政府在企业转型升级中的作用”这一问题中，认为政府在企业转型升级中作用“很重要”的企业家占41.6%，认为“重要”的占34.8%，二者所占比重达76.4%，认为“一般”占19.0%，认为“不重要”占3.8%，认为“完全没有必要”占0.8%。

（二）传统产业企业转型升级的动因情况

1. 三成以上传统产业企业对转型表现迫切。调查结果显示，有9.9%的企业家认为企业对转型升级“非常迫切”，23.4%的企业家认为“比较迫切”，二者合计占33.3%，有43.4%的企业家认为“一般”，8.6%和14.7%的企业家分别认为“可有可无”和“不需要”。盈利企业对转型升级表现更为迫切，分经营情况看，盈利企业认为企业对转型升级“非常迫切”和“比较迫切”的占34.3%，持平企业的二者合计占32.9%，亏损企业的二者合计占32.0%。

2. 六成以上传统产业企业从长远发展考虑将转型升级。随着企业的发展，部分企业由于产能过剩、成本上升等诸多因素，企业现有的发展模式和管理模式已经落后。为加快企业的发展步伐，不少企业主动或者不得不主动地进行转型升级。从转型升级的主要原因看，在603家有转型意向的企业中，有60.7%的企业认为是“从企业的长远发展考虑”，占首位，紧随其后的是“企业成本难以消化”“对当前的经济形势判断”“市场萎缩”“产能过剩、恶性竞争”，分别为31.3%、28.7%、26.2%、24.0%。由此可以看出，多数企业家还是认识到企业转型升级对企业长远发展的重要性，能够主动去考虑转型升级，但仍然有一部分企业家由于现实经济环境所逼，被动选择转型升级。企业考虑转型升级的主要原因（多选）见图1。

图1　企业考虑转型升级的主要原因（多选）

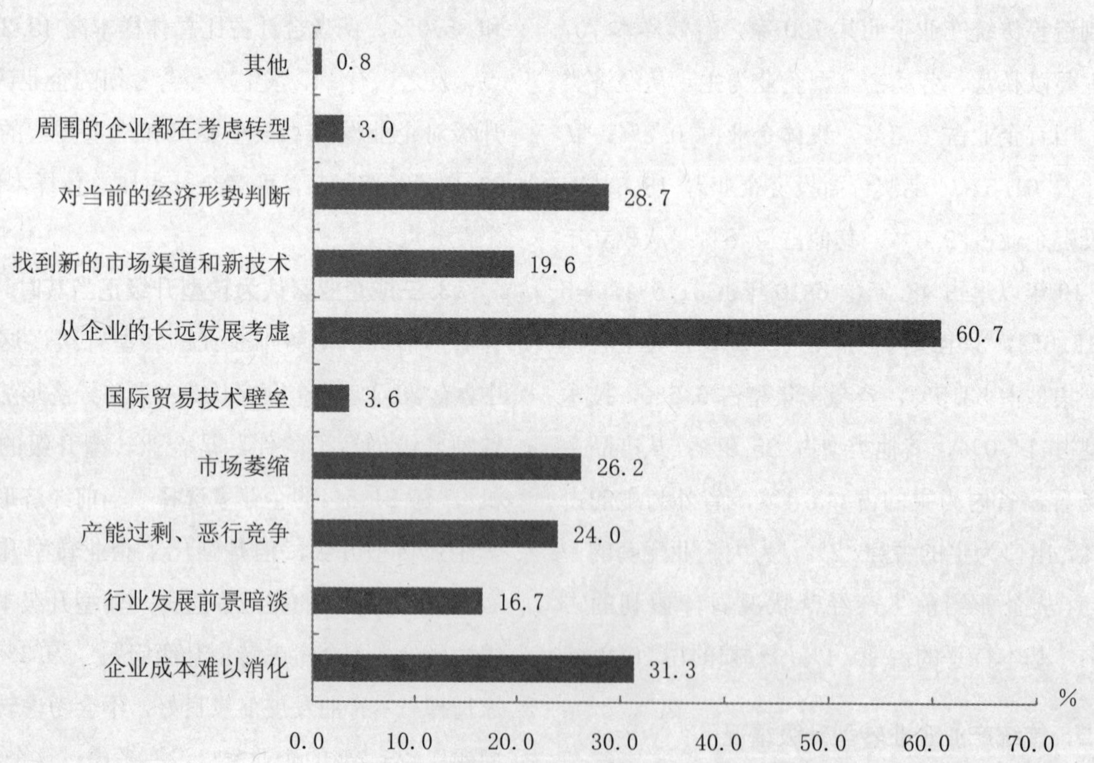

（三）传统产业企业转型升级的方向

1. “主业不变，进入新行业”和“向本行业上游或下游产业延伸”是企业产业转型的主要方式。产业转型升级是传统产业企业转型升级的重要方式。不少企业从自身行业出发，寻求其上下游相关联的产业，通过整合产业链的资源，完成企业的转型升级；也有一部分企业，由于自身行业附加值低，产能落后，同质化强，恶性竞争问题严重，因此，选择新的产业来完成企业的“脱胎换骨”。在本次的调查中，对于“如果转型，企业打算从哪方面入手”问题，519 家选择“产业转型”的企业，选择“主业不变，进入新行业”的占 43.9%，选择“向本行业上游或下游产业延伸”的占 35.8%，选择“主业转向新行业，保留原行业”的占 15.0%。

2. 企业主要依靠“开发新产品”和“提高产品技术含量”寻求产品转型升级。产品转型升级是传统企业转型升级的重要组成部分。在本次的调查中，对于“如果转型，企业打算从哪方面入手”问题，519 家选择“产品转型”的企业，选择“开发新产品”和“提高产品技术含量”的分别占 65.4%和 36.7%，选择“增加产品使用功能”和“采取新的外观设计”的分别占 8.6%和 8.4%。

3. “采用电子商务”和“打造名牌产品”是企业商业模式转型的主要途径。在本次的调查中，对于“如果转型，企业打算从哪方面入手”问题，517 家选择“商业模式转型”的企业，选择“采用电子商务”和“打造名牌产品”的分别占 39.1%和 40.0%，选择“进行连锁经营”“从委托或者代理营销转为渠道营销”和“与经销商合作建立联销体”的分别占 5.2%、7.5%和 13.9%。

三、传统产业转型升级的主要困难

（一）资金紧使传统企业转型升级捉襟见肘

企业转型升级一般见效慢，不能够得到立竿见影的效果，加上技术改造、设备更新、产品研发等，因此需要较多的升级资金。调查结果显示，对于“企业在转型升级中有哪些困难”问题，69.2%的企业选择了“流动资金紧张”；对于“您认为当前妨碍企业转型升级的最大困难是什么”问题，61.9%的企业选择了“资金投入过大”，均居各选项之首。由此可见，资金问题成为传统企业转型升级中的首要难题。

（二）技术人才缺制约传统企业转型升级

高技术人才是企业提升技术水平的前提，而提升技术水平是提升企业核心竞争力不可或缺的部分。引进和培养掌握先进技术和具有精湛技能的高技术人才，是企业成功实现转型升级的人力资源保证。调查结果显示，有 50.1%的企业家认为“缺乏技术人才”是企业在转型升级中遇到的主要困难，32.0%的企业家认为“缺乏高端人才”是当前妨碍企业转型升级的最大困难，同时，分别有 7.1%和 10.1%的企业家认为当前妨碍企业转型升级的最大困难是“技术门槛过高”和“企业员工素质偏低”。

（三）成本上升快陡增转型升级难度

由于招工难、各地最低工资标准不断上调，致使企业用工成本上升较快，已成为企业当前面临的主要问题之一。据本次调查结果，有 52.9%的企业家认为“用工成本上升快”是企业在转型升级中遇到的主要困难，29.0%的企业家认为“能源与原材料上涨”是主要困难。

（四）市场风险大和政策支持弱影响转型升级

调查结果显示，有 30.2%的企业认为“国家政策支持力度不够”是转型升级中的主要困难，9.1%的企业则认为“获取信息渠道不畅”是主要困难；59.2%的企业认为当前妨碍企业转型升级的最大困难是“市场风险太大”，6.1%的企业认为是“市场准入的限制”，13.6%的企业认为是“产业政策的限制”。

四、促进传统产业企业转型升级的对策建议

（一）转变观念，培养企业家的危机意识和前瞻思维

当前企业正面临着技术变革的巨大挑战。企业家的观念对一个企业的发展起决定性作用。具有危

机意识及前瞻思维的企业家，往往能带领企业先人一步，制定符合产业发展规律的战略，在竞争中拔得头筹。企业家的危机意识和前瞻思维，体现在企业的管理、机构设置各个方面。在危机来临之前，企业家已经在技术、经营管理、人才储备等方面做好了准备，用转型升级来化解危机。因此，传统企业家自身要转变观念，与时俱进，积极利用对自身发展有利的优惠条件，不断提升自身的经营管理水平，包括注重信息的利用与共享，注重人才的引进与培养，焕发企业自身的活力应对市场挑战。

（二）勇于创新，增强企业自身发展能力

创新在传统企业转型升级中具备自身“造血”功能，目前传统企业科技活动水平总体偏低。以2012年福建省规模以上工业为例，778家纺织服装服饰业企业中，有R&D活动仅13家，206家家具制造业企业中，有R&D活动仅4家，占比均不到2%。传统企业应加强科研投入，积极提升自主创新能力，统筹规划转型升级，培育核心竞争力。一是改善管理经营模式，二是创建品牌占领市场，三是依托电子商务带动升级。

（三）优化政策环境，提高社会化服务水平

扶持传统产业企业实现转型升级，必须坚持充分发挥市场机制作用与政府因势利导相结合，用足用活国家优惠政策与解决突出问题相结合，加大政策扶持力度与提高企业自身素质相结合，提高政策的针对性、实用性、有效性。具体来说，一是拓展融资渠道；二是改善市场环境；三是引导人才流向；四是规划引领方向；五是提升科技水平。

（执笔：康梅华）

福建商事制度改革情况调查分析

推进商事制度改革是党中央、国务院关于全面深化改革的一项重大决策。2013 年 12 月 1 日起，福建先后在平潭、厦门、泉州等地试点改革，并在此基础上稳步扩大改革实施范围。经过一年来的持续推进，先照后证、注册资本实缴改认缴、废除年检制度推行企业年报等各项改革措施落地生根，商事制度改革取得明显的社会效应和经济效应，但在改革过程中也不可避免遇到一些问题，亟待解决。

一、商事改革初见成效，有效激发市场活力

（一）市场主体快速增长，积蓄了经济增长能量

受国内外经济形势的影响，近年福建省各地市场主体发展缓慢，商事登记制度改革迅速拉动了福建企业的发展。截至 2014 年末，全省新登记内资主体 41.41 万户，注册资金总额 5925.63 亿元，分别比上年末增长 36.2%、130.0%。其中，新登记内资企业 11.91 万户，注册资金 5420.77 亿元，分别增长 72.4%和 155.4%；新登记内资个体工商户 28.98 万户，注册资金 328.05 亿元，分别增长 26.3%和 35.0%。市场主体的发展为福建挖掘经济增长潜力打下了较好的基础，积蓄了能量。

（二）审批手续化繁为简，提高了行政工作效率

实缴转认缴，企业无需再提交验资报告，大幅缩短了登记材料准备时间，节约了办事成本。简化住所登记，市场主体登记提交材料大幅简化，登记手续更为方便快捷。据测算，改革后个体工商户设立登记需提交材料减少约 40%，企业设立登记需提交材料减少约 30%，在个体户材料齐全的情况下 20 分钟可办结。前置改后置走在全国的前列，目前福建省前置审批项目由原来的 337 项简化为 134 项，现仅剩 17 项，市场准入便利化改革进入快车道。承诺办件时间由改革前的 5 个工作日压缩至 3 个工作日，办结时间缩短 40%，部分县市办结时间压缩至 2 个工作日。

（三）政府职能转变加快，提升了社会治理能力

注册资本认缴制缓解了投资人资金压力，将资本实缴的政府背书转为企业对出资行为真正负责，把自主决定权归还市场主体，“只管该管的，不该管的依法由市场负责”，促进政府真正将工作重点转到创造良好发展环境、提供优质服务和维护社会公正上来。“先照后证”登记制使主体资格和经营资格分离成为可能，从根本上破解了长期困扰基层的无照经营监管难题，厘清了工商职能定位，降低了监管执法风险；同时也形成“倒逼”机制，使相关许可审批部门重新评估许可设置的合理性，厘清许可与监管的关系，逐步改变“只许可不监管”或“重许可轻监管”的观念，促进协同共治，监管到位。

（四）商改政策释放红利，创造了社会经济效益

由于商事登记制度改革后手续便捷，缩短了办照时间，使得投资者能够随行就市，迅速把握投资机会，既有利于行业发展补漏拾遗作用的发挥，使各行各业的发展更加均衡充分。同时企业的迅速发展，也为进一步缓解当前的就业压力产生积极作用，尤其是对振兴地方经济，扩大税源，增加地方政府财税收入发挥了积极作用。据对全省 1232 家新设小微企业调查，截至 2015 年 3 月末，已为社会提供了 6635 个就业岗位，户均就业人数 5.4 人；

人均月薪2662元，对社会的稳定起到了积极作用。2015年一季度，仅1232家新设小微企业缴纳各种税金583.52万元，费用372.13万元。

（五）信用体系逐步完善，提升了企业自律意识

按照商事制度改革的要求打造商事主体信用信息公示平台，将年检、验照制度改为年报公示制度，不仅减轻了市场主体的负担，为交易对象及社会公众查询信息提供方便，也为政府部门及社会监督创造了良好条件。如泉州市截至2015年1月27日，全市年报的市场主体数已达9.42万家，其中内资企业年报数5.26万家，申报率为62.8%；外资企业年报数4093家，申报率为73.5%；个体工商户3.76万家，申报率为17.2%。市场主体年报的信息向社会公开，使市场主体从向监管部门负责转为向社会负责，促进市场主体树立诚信意识，规范自身行为。改革后，市场主体登记数量大幅上升，无照经营案件数及罚没款数同比下降30%，也从另一个方面反映了市场主体合规经营的自觉性增强。

二、商改问题日渐显见，面临难题亟待解决

（一）宣传力度不够，社会知晓率低

虽然各级政府及相关部门通过会议、宣传周、网络等方式大力开展宣传活动，但是收效没有达到预期，企业对改革认识较为模糊，对改革的内容了解不全面、不准确，甚至产生“误读”。如年度报告制度，企业认为随意性大，想报多少报多少，不知道乱报会被列入黑名单，更不知道会被取消营业执照，甚至限制人身自由；将认缴理解为不缴，盲目投资设立与自身经济实力不符的公司，忽视由此可能产生的责任风险和信用风险，如莆田市工商局通过走访发现有近六成的企业将出资期限定在“营业期限届满前”。据对全省120户新设小微企业调查显示，65.8%的企业主认为此次工商登记制度改革宣传力度不够。另据对福鼎企业调查，有70%表示从未了解过《企业信息公示暂行条例》的有关规定，对于年度报告公示具体内容、填写格式、操作规范等几乎一无所知，也没有收到相关通知和接受有关培训。

（二）监管措施缺失，后续监管无力

1.监管力量不足。随着商事制度改革的进一步深入，企业数量的增多，加上工商机构改革，药监、质监、工商三合一，监管的面更宽了，领域更广了，作为监管市场主体的基层工商任务日趋繁重、责任日益重大。有限的工商机构人力资源与量大面广的监管任务之间，存在着较大的矛盾，监管力量不足已成为不争的事实。主要表现在：一是人员缺乏。在此次调查中，各县（区）工商局反映，商事制度改革以来，并未增加人员编制数量，而注册窗口要增加人员还需是年轻力壮肯吃苦的工作人员，加上原有队伍老龄化现象较为严重，加剧了人员紧缺。二是经费紧张。因为营业执照都是免费发放的，据平和县工商局反映，一本营业执照成本近5元，一年约发放3万多张，需增加经费10万-20万元。由于办照不用钱，市场主体不珍惜营业执照随意变更。加上平和县柚农多，拿个执照可以申请项目补助款，一个地址有多张营业执照现象相对普遍。

2.监管难度加大。注册资本由实缴制改为认缴制，企业登记不再需要居委会提供经营场所证明，降低了市场准入门槛，将增加企业虚拟数量。

3.监管职责不清。商事制度改革的重点内容之一是将“先证后照”改为“先照后证”，遵循“谁许可谁监管，谁审批谁负责”原则，各部门各司其职，各负其责。但在实际推进过程中，工商部门与各许可审批部门的监管界限难以厘清。最为常见的如在食品安全问题上工商、农业、公安、卫生、环保等众多部门都负有监管责任，但由于职能交叉，经常出现推诿现象，致使食品安全事件频发；又如在环境保护方面环保、国土、水利、农业、林业、交通等部门都负有责任，但由于职责不清，使执法

难以到位，导致环境污染事件频发。

（三）法律法规欠缺，导致执法风险

据统计，实施商事主体登记与经营许可分离，改变证照办理顺序，调整后续监管职责等，涉及修改几十项的法律、行政法规以及部门规章，改革后对企业的监管措施不可避免会与现行的法律法规发生冲突。实行注册资本认缴制也需要修改或废止许多法律、法规和国务院的决定。企业年检改年报制，企业经营异常名录也没有法律可依。工商登记场所改革，对登记场所是住宅部分企业，引起投诉后，执法人员到该住宅检查就面临缺乏相应法律支撑的问题。上述问题可能导致实行改革地区登记、审批及其他监管部门的具体行政行为无效，甚至违法被追究。如不及时修订有关部门法律、法规，势必厚积执法风险，引发隐患。

（四）共享平台滞后，信息查询困难

当前，福建省各地及各部门的信息共享平台建设滞后，商事信用公示平台的建设还不完善。首先是部分主管部门“缺席”，监管信息存在盲区，主要是部分信息或分散在各主管部门的信息平台，或未实现信息化管理，不利于政府对市场主体形成统一的目录式信用管理，也不利于公众对企业资质进行快速查询、开展社会监督。其次是信息流转脱节，难以形成闭环管理。商事登记变以往的“先证后照”为“先照后证”，监管的重点在于照与证的衔接。目前信息共享平台未建立，各部门的信息平台仅汇总其本部门的信息，对企业办照后是否按期办证无法进行有效跟踪，使信息平台在查处无证经营过程中仅能作为辅助线索，而非主要线索。如调查企业反映，企业年度报告申报依托于“福建省市场主体信息公示平台”，但该平台有时无法登录、反应较慢或是登录后无法正常保存等问题，影响年报申报进度。据宁德市调查，外商企业在设立及变更的审批流程中，非常希望能在一个部门或者通过一个部门的网站获得完整的咨询服务，但由于缺乏相关部门的链接，外商投资者查询信息的难度加大。

（五）“三证合一”受阻，跨地使用困难

实行工商营业执照、组织代码证和税务登记制“三证合一”登记制度，是工商登记制度改革的重要内容。2015 年 1 月 1 日以来，各地均积极配合行政服务中心，试行“三证合一”改革工作。但由于各种原因，目前各地“三证合一”并非真正意义上的“三证合一”，而只是将工商营业执照、组织代码证和税务登记制合并在同一张证书上，证书上仍存在 3 个号码，一旦跨部门跨地区便无法使用。如银行业按照《人民币银行结算帐户管理办法》及相关实施细则的规定，办理开户许可证时仍要求企业法人提供营业执照正本原件、税务登记正本原件、组织机构代码证书原件等等。

三、全面深化商事改革，携手改善市场环境

（一）推进商事立法工作，为“严管、善管”提供法律支撑

高度重视发挥法治的引领和推动作用，加强对相关立法工作的协调，确保改革有法可依、有章可循。如大力推动商事制度前置审批改为后置审批相关法律法规的修订工作，积极协调出台住所管理规定，积极强化市场主体信用监管立法工作，对一些屡屡整治不能肃清、危害严重的违纪行为和失信行为应订立较重的处罚条款，使不法分子不敢越雷池半步，保障商事制度改革在法治轨道上运行。

（二）建立社会信用体系，实现信息实时传递对接

由福建省工商局、数字办牵头组织各职能部门，按照统一的规范和标准，建立完善集政府公共信用、企业信用、个人信用为一体，完善信用信息收集记忆功能、提示查询功能、预警功能的信用信息管理平台。使信用信息成为政府监管执法和社会监督的重要手段，企业、消费者安全经营和消费的可靠依据，不法分子一处违法将处处受限，同时倒

逼市场主体如实、按时公示相关信息。

（三）厘清部门各自职责，完善市场监管制度

大量减少行政审批后，政府各部门管理要由事前审批更多地转为事中事后监管。一要落实监管责任。各级政府要建立行之有效的考评、督查和问责机制，使各职能部门在后续监管中机制到位、责任到位、职能到位。二要加强协同监管。各职能部门要加强协同，强化执法联动，探索统一执法模式，形成协同监管全力。三要推行社会共治。在促进企业自我管理、自我规范的基础上，充分发挥行业协会对企业的组织、协调、规范、引导功能，促进行业自律，构建“政府负责、部门协同、行业规范”的市场监管新格局。

（四）加大监管执法力度，促进市场公平竞争

对涉及范围广、影响大的案件要挂牌督办、限期办结；对存在问题较多的市场主体，及时进行行政约谈，通报情况，督促整改；对消费者反映强烈的重点商品和行业，加强商品质量监管，有针对性地开展跟踪抽检，集中进行专项整治。实时保持对违法经营行为的高压打击态势，维护公平竞争的市场秩序。

（五）加快顶层设计步伐，切实推进“三证合一”

国务院总理李克强在国家工商总局考察时强调，要抓紧推进“三证合一”等改革，年内力争实现“一照一号”，进一步激发市场活力。“一照一号”改革涉及到工商、质监、税务等证照登记部门，还涉及到社会各界特别是银行等部门对使用新照新号的认可，涉及面广，需要顶层设计。同时现行的营业执照、组织机构代码证、税务登记证已经使用多年，各有独立的编码规则，要实现“单一号码”也需要国家层面进行顶层设计，合并号码库、重设编码规则并解决新旧号码的前后衔接等问题。

（执笔：翁丽玉）

福建省扶持小微企业“七条措施”落实情况调查

小微企业是经济和社会发展的重要力量，促进小微企业又好又快发展是促进经济平稳较快发展的重要基础。2015年1月1日，福建省出台了扶持小微企业加快发展“七条措施”。为了解其落实情况及实施效果，有关部门于5月就“七条措施”在各地的落实情况开展调研，并对305家小微企业开展问卷调查。本文根据调查结果和走访情况，剖析“七条措施”落实过程中存在的问题，提出进一步完善“七条措施”的对策建议。

一、“七条措施”落实情况

（一）落实税收政策方面

调查显示，各地税收政策落实情况普遍较好。据厦门地税资料显示，2015年第一季度共有2263户企业享受了小型微利企业所得税优惠，共计减免企业所得税1231.31万元；共有80449户纳税人享受小微企业营业税优惠政策，共计免征营业税2673.29万元。厦门国税资料显示，2015年第一季度月销售额在2万-3万元（或季销售额在6万-9万元）申报户数3332户，减免增值税768.10万元。辖区内符合条件的小型微利企业中盈利企业3031户，全部享受到小型微利企业所得税优惠，优惠面达100%，减免企业所得税832.72万元。2015年第一季度，厦门国税系统享受固定资产加速折旧政策的企业共计253户次，加速折旧额为5257.05万元；龙岩市累计享受小微企业增值税优惠10.11万户（次），减免增值税37382.00万元，享受小微企业所得税优惠企业4458户，减免企业所得税1343.00万元；漳州市共有1.86万户（次）企业享受减免营业税2399.00万元，19.75万户小微企业享受免征增值税1248.21万元，6835户小微企业减免企业所得税额2519.11万元。

（二）支持直接融资方面

1.设立专项基金。漳州市出台《漳州市区域集优直接债务融资专项基金管理办法》，引入地方政府财政资金建立风险共担机制，对漳州市区域内中小企业，通过“区域集优”中小企业票据发行融资提供支持。现已设立“漳州市中小企业区域集优直接债务融资发展基金”，资金规模为1亿元。福建省经信委、省财政厅、海峡股权交易中心设立的“福建省小微企业发债资金池”拟专项安排1000万元与泉州市政府共同设立泉州增信子基金，将建立“泉州市政府+1000万种子基金+保险公司”三方风险共担机制，重点为“数控一代”企业提供债务性融资增信。龙岩市武平县成立中小微企业过桥资金，至2015年5月8日止，有18家企业使用过桥资金共13695.00万元。

2.支持企业在资本市场融资。连城县计划出台该县扶持企业赴“新三板”等股权交易市场挂牌融资若干意见，拟与兴业证券公司签订战略合作协议，共梳理出注册资本500万元以上企业26家作为县“新三板”挂牌融资后备企业。永安市出台了《关于支持企业利用资本市场发展的若干政策》，明确进入“新三板”挂牌交易的企业最高奖励100万元，进入海峡股权交易中心挂牌交易的企业最高奖励50万元，另外，对进入“主板”“中小企业板”“创业板”等证券市场上市的企业给予奖励400万元；对各类债券融资企业最高奖励50万元；对企业因股改形成的税收地方留成部分全额给予奖励。泉州市鼓励小微企业发行债券，引导国有企业发行小微企业增信集合债，以委托贷款形式支持小微企业发展，泉州路桥和城建国投2家企业开展发行小微企业增信集合债前期工作。莆田市推进非上市企业进入场外市场（“新三板”、海峡股权交易中心等）挂牌和融资，对挂牌后备企业完成改制并设立股份有限公司的，在办理工商注册登记后由市财政给予20万元奖励；对挂牌后备企业完成股改后在场外市场成功挂牌的，市财政再给予40万元奖励；对成功发行企业债券、中期票据、集合票据、短期融资券、私募债等的挂牌后备企业，市财政按票面利息的10%给予贴息，每年贴息额度不超过10万元，贴息期限不超过3年。

（三）强化融资服务方面

1.加大信贷投放。截至2015年一季度末，厦门市辖区内小微企业贷款余额1554.14亿元（含个体工商户、小微企业主贷款），占全部贷款的22.5%，较年初增加16.88亿元，比上年同期增长1.1%；小微企业贷款户数4.54万户，增加1.24万户，增长37.6%；全辖区小微企业授信户数达到4.99万户，比年初增加2128户，增长4.5%。漳州市开展全市食品行业融资对接会，组织16家银行机构与27家企业进行现场签约，签约金额达11亿元。明溪县至4月末累计发放经济发展促进基金1098万元，支持11户中小微企业应急转贷23次，解决企业资金周转困难。

2.开展小微企业贷款保证保险试点工作。漳州市积极开展小微企业贷款保证保险试点工作，现已开始选择合作银行机构，初步与漳州农商行、市建设银行、市邮储银行探讨有关合作方案条款。泉州市出台《泉州市人民政府关于开展小微企业贷款保证保险试点的实施意见》，已开展小微企业贷款保证保险业务2笔，金额60万元。

3.设立贷款风险补偿资金。漳州市出台《漳州市中小企业贷款风险补偿基金管理暂行办法》，由市财政局安排1亿元，为外经贸类、农业类、工业类等不同属性中小企业群设立贷款风险补偿基金。莆田市对政府主导的融资性担保机构为有市场有订单有效益的小微制造业企业提供政策性担保服务，给予年担保责任额8.0‰的风险补偿，并参照福建省中小企业再担保有限公司将代偿率的容忍度定为3.0%。

4.推动设立政府主导的融资性担保公司。泉州市明确由市、县两级政府及行业协会或龙头企业共同出资，分别设立石狮市纺织服装行业、晋江市纺织鞋服行业、南安建筑石材行业和南安水暖厨卫等4家行业性融资担保公司（资金规模均为1.5亿元）。

5.支持小额贷款公司发展。泉州市推动小额贷款公司在境内外资本市场和区域性股权交易市场上市或挂牌融资，泉州汇鑫小额贷款股份有限公司、泉州市丰泽区创鑫小额贷款有限公司和南安市鑫宇小额贷款有限公司等列入2015年省重点上市后备企业名单，其中泉州汇鑫小额贷款股份有限公司已向港交所递交上市申请，泉州市丰泽区创鑫小额贷款有限公司和南安市鑫宇小额贷款有限公司正在筹备挂牌融资。

（四）加强用工保障方面

1.积极筹措资金加强小微企业用工保障。2015年1-5月，福建省财政厅已向漳州市下拨省级就业专项资金达3120万元，漳州市正加紧制定分配方案，以便尽快下达各县（市、区）用于落实各项就业政策的补助。2015年，龙岩市财政拟安排100万元，由中小企业服务中心组织免费培训2000名以上企业管理人员。

2.及时发放各类补贴。2015年一季度，厦门市共有574家企业（包括小微企业）招收4454名应届高校毕业生，领取社会保险补贴566.42万元；共有1512家企业（包括小微企业）招收6020名就业困难人员，领取社会保险补贴1106.28万元。泉州市已为安置残疾人的企业发放社保补贴共计23万元。惠安县受理审批用人单位招收就业困难人员社保补贴，并兑现发放补贴金额23.53万元。永安市已有24家小微企业申请一次性引工奖励金15.72

万元，21 家企业申请养老、医疗保险补贴 24.34 万元。

3. 免费保管高校毕业生档案。按照规定“高校毕业生到小微企业就业的，其档案可由当地市、县一级的公共就业人才服务机构免费保管”。截至 2015 年 3 月末，泉州市、县两级人才中心共为 135 名到小微企业就业的高校毕业生免费保管档案。2015 年 1 月 1 日起，厦门市对高校毕业生到小微企业就业的，其档案由所在区的公共就业人才服务机构免费保管。

（五）发展公共服务方面

各地加大对中小企业公共服务平台建设的培育和扶持。漳州市加快推进漳州市电动门窗产业集群窗口服务平台和云霄光电产业集群窗口服务平台建设，尽快实现与全省中小企业公共服务平台网络的互联互通、资源共享和服务协同。2015 年，龙岩市计划完成龙岩市中小企业综合服务窗口平台、龙岩市金铜产业集群窗口服务平台建设。龙岩市中小企业综合服务窗口平台在建项目已经安排财政预算 350 万元，龙岩市金铜产业集群窗口服务平台建设已安排财政资金 100 万元。龙岩市连城县搭建首家金融与企业信息综合服务平台，解决小微企业与银行信息不对称、融资难问题，2013 年 11 月至 2015 年 4 月末，有 225 家企业应用信息平台与银行进行对接，申请贷款金额 16.1 亿元，小微企业贷款覆盖率为 32.2%，已放款 211 家企业，累计贷款金额 14.1 亿元，小微企业申贷获得率为 96.8%，小微企业金融服务覆盖率达 100%。泉州市对列入工信部中小企业公共服务平台网络的综合窗口平台和产业集群窗口平台，每年按窗口平台运营实际费用的 30%给予补助，对获得国家级、省级中小企业公共服务示范平台分别给予一次性奖励 20 万元、10 万元。2015 年，莆田市基本建成互联互通、资源共享、服务协同的莆田市中小企业公共服务平台网络，支持工业设计、研发、培训、加工、检测、技术推广、设备共享、信息咨询等公共服务平台建设，按平台投资额及运行成本的 10%给予补助，单个平台最高不超过 50 万元。

（六）支持基地建设方面

泉州市建设文创园、电商园、商贸集聚区等，为大学生创业、小微企业发展提供创业场所。目前，现已培育丰泽区领 show 天地、石狮 Yi 服饰创意博览园、鲤城源和 1916 创意产业园等一批具有特色的小微企业创业基地。福州永泰县马洋工业集中区已通过福建省经济和信息化委员会、省财政厅“省级小微企业创业基地”认定，下一步将继续发挥小微企业创业基地的培育作用，争取将长庆镇李梅加工园区列入“省级小微企业创业基地”。闽侯大学城大学生创业基地有福州大学、福建师大、福建农林大学、福建医大、福建中医药大学、福建工程学院等 10 所高校遴选的 83 个大学生创业项目正式入驻，每所院校通过举办创业大赛的形式遴选出优秀的创业团队入驻基地，同时由院校跟踪监测各自基地内项目运营情况，完善项目入驻和退出机制。漳州市对经认定的市级孵化器，一次性给予 10 万元奖励，新通过省级认定的孵化器，一次性给予 50 万元奖励。莆田市对经认定的国家级和省级科技企业孵化器，市级财政一次性分别奖励 200 万元和 100 万元。

（七）完善信息平台方面

1. 建设和完善企业信用信息公示平台。漳州市加快市场主体的信用信息公示步伐，推进小微企业信用信息共享，2015 年一季度，全市共新增公示市场主体信息（含各类小微企业、个体户）1.26 万户，公示信息的类型包括市场主体的登记、备案、资质资格、年报、信用良好、信用不良和经营异常名录等信息，有效推进了市场主体信用信息共享。

2. 健全小微企业信息库。泉州市结合泉州市“中小微企业信用信息交换共享平台”，建设“重点小微企业融资项目库”，在传统优势产业、成长型产业和战略性新兴产业中筛选 2200 家成长型企业入库。

二、“七条措施”对小微企业的积极影响

据对 305 家小微企业调查显示，企业对“七条措施”的满意度达到 85.6%，其中 43.3%的企业对“七条措施”表示“满意”，42.3%的企业表示“基本满意”。30.8%的企业认为“七条措施”对促进企业发展“作用很大”，57.7%的企业认为“七条措施”对促进企业发展“有一定作用”。“七条措施”中的“落实税收政策”“完善信息平台”“支持直接融资”等措施对企业帮助较大，排在企业认可率前三位，其中 81.6%的企业认为“七条措施”中的“落实税收政策”措施对小微企业帮助较大，企业对“完善信息平台”措施认可率为 43.3%，企业对“支持直接融资”措施认可率为 41.6%。

（一）税负减轻

“七条措施”中的“落实税收政策”在一定程度上减轻了小微企业税收负担，企业受益面最广而且最实惠，62.3%的企业反映“落实税收政策”让企业受益。

（二）小微企业融资环境有所改善

“七条措施”出台以来，小微企业融资环境有所改善，20.7%的企业反映“七条措施”中的“支持直接融资”“强化融资服务”措施让企业受益。如截至 2015 年 4 月末，惠安县已为 4 家企业提供 8880 万元周转金支持。

（三）企业为员工缴纳社会保险的积极性提高

16.4%的企业反映“七条措施”中的“加强用工保障”措施让企业受益。如三明市教育印刷厂反映通过向小微企业提供补助，降低企业在社保、医疗等方面的压力，员工基本生活保障的提高，能减少员工频繁跳槽；泰宁县古城旅行社合作有限公司反映，新措施能够调动企业为员工缴纳五险一金的主动性，提高了员工的福利待遇。

（四）享受到更加便捷的服务

41.0%的企业反映“七条措施”中的“发展公共服务”“完善信息平台”措施让企业受益。公共服务力度的加大，为企业创造便利的发展环境；信息平台的完善；让企业能够及时了解各类扶持政策及企业信用信息，“七条措施”的落实让企业享受到了更加便捷的服务。如网上平台的开通，办事手续更加简便，信息资源也可以共享，为企业带来便利。

三、“七条措施”落实过程中存在的问题

（一）宣传指导力度不够

被调查企业对扶持小微企业加快发展“七条措施”知晓率达 80%，仍有 20%的企业不知晓“七条措施”。部分企业负责人和财务人员表示知道政府有出台“七条措施”，但对“七条措施”的具体内容知之甚少。宣传指导的不到位，政策的“不知情”“不会用”导致这些有益小微企业发展的政策措施无法及时落实到企业。

（二）部分政策手续繁琐、灵活性不高

“七条措施”为小微企业创造了良好的发展环境，增强了企业发展信心。然而一些政策在执行过程中存在手续繁琐、灵活性不高问题。如支持融资方面就存在程序多、放款时间长等问题。

（三）税收优惠政策力度不够

按目前出台的优惠政策，营业额或销售额在 3 万元以下缴纳增值税的企业每月最多可以免交 900 元税收，缴纳营业税的企业每月最多的可以免交 1500 元税收，而超过 3 万元的纳税人应按营业额全额缴纳税款，但月度 3 万元的起征点对于不少企业而言仍然偏低，造成这部分企业想方设法降低定额从而能享受优惠，这给正常的税收秩序带来不利的影响。

（四）部分措施效果不明显

1. 减征所得税政策效果不明显。由于小微企业

规模小，实际利润较低，而且多数企业处于亏损经营状态，企业的所得税减免金额仅为几千几百元，甚至几元，扶持效果不明显。

2.招收高校毕业生优惠政策效果不明显。虽然“七条措施”对小微企业招用高校毕业生给予扶持，但是小微企业工资待遇低，福利体系尚不完善的现状成为高校毕业生拒绝小微企业的重要因素之一，一些企业反映此项政策效果不明显。

3.相关融资政策效果不明显。“七条措施”中“支持直接融资”措施鼓励小微企业在资本市场上进行融资，只能缓解一小部分小微企业的融资难问题，大部分小微企业仍面临融资难的困境。另外，“强化融资服务”措施在对强化对保机构服务上还需加大力度。

四、进一步落实和完善“七条措施”的对策建议

（一）采取措施确保政策落到实处

一是增强政策宣传与解读。通过多种形式拓宽宣传渠道做好政策宣传与解读，让企业了解扶持政策的具体内容和操作方式。加快政府信息化建设，继续推进政务公开，完善政府网站内容，方便企业政策咨询。简化扶持政策申报手续，适时开展政策落实情况督查，让政策红利落到实处。二是及时出台具体配套实施办法。应尽快制订相应配套扶持措施，出台针对性、实效性、可操作性的细化配套政策，提高政策对接的广度和深度。尽可能缩短政策出台“滞后”的过程，不影响政策执行的效率。

（二）进一步完善税收优惠政策

一是将所有小微企业和个体户税前一律扣去3万元营业额后再起征，体现公平竞争和发展的原则。二是拓宽税收优惠方式，将其他税费也纳入暂免范围，使税收优惠政策真正惠及企业。

（三）提高财政资金运行效率

目前，省、市财政已经有多项支持小微企业发展的专项资金，应对各种资金进行整合，明确资金扶持事项，积极改进资金支持方式，扩大政策辐射面，及时做好政策落实工作。同时完善资金管理办法，制定具体的财政资金分配和管理方法，实现财政资金的有效配置，同时强化相关资金使用的监督及效率考核，提高财政资金使用效益。

（四）增强政策适用性

在“七条措施”中如进口国外先进设备、挂牌交易等政策门槛高，小微企业在现实经营情况中较难达到这些措施要求的申报条件，因此相关政策具体条件的设定应根据企业情况而定，不可设置高难度达标条件，造成有政策而没法适用的空优惠。

（五）进一步改善小微企业融资环境

营造宽松的信贷环境，扭转信贷市场始终处于卖方市场的局面，提高小微企业应急能力。增设小微企业资产贷款品种，降低小微企业资产贷款门槛，简化小微企业资产贷款流程，缩短放款时间。鼓励银行最大限度发放小微企业贷款，银行可根据小微企业提供给税务机关的财务及纳税记录，给小微企业核定最低流动资金贷款额度，提高抵押率。

（执笔：吴永嵘）

“一带一路”背景下的福建开放型经济发展研究

作为 21 世纪海上丝绸之路核心区，福建过去的快速发展，靠的是改革开放，未来应实施更加积极主动的开放战略，突出基础设施互联互通、经贸合作和人文交流，大力发展开放型经济。只有顺应“一带一路”发展战略全面推进的时代潮流，强化开放理念，提升开放型经济竞争力，优化开放型经济结构，增强开放型经济辐射能力，福建才能充分发挥21世纪海上丝绸之路核心区的龙头引领作用，全面提高开放型经济水平和质量，形成全新的开放型经济格局。

一、“一带一路”发展战略概述

近年来，全球经济复苏缓慢，加强区域合作已经成为推动世界经济发展的重要动力。2013 年 9 月和 10 月，习近平总书记出访中亚和东南亚国家期间，先后提出共建“丝绸之路经济带”和“21 世纪海上丝绸之路”的发展战略，依靠既有的双多边机制，借助既有的区域合作平台，主动发展与沿线国家的经济合作伙伴关系，共同打造政治互信、经济融合、文化包容的利益、命运和责任共同体，得到国际社会高度关注和有关国家积极响应。

共建“一带一路”这一跨越时空的战略构想，是我国根据当前国际和地区形势深刻变化，以及我国发展面临的新形势新任务，致力于维护全球自由贸易体系和开放型经济体系，不仅顺应世界求和平、谋发展、促合作、图共赢的大势，更是我国构建开放型经济新体制、形成全方位对外开放新格局的重大战略决策。2015 年博鳌亚洲论坛发布了“一带一路”建设愿景与行动文件，进一步明确共建原则、框架思路、合作重点、合作机制及具体举措；2015 年 3 月 28 日，国家发展和改革委员会、外交部、商务部联合发布了《推动共建丝绸之路经济带和21世纪海上丝绸之路的愿景与行动》，阐述了“一带一路”的主张与内涵，提出了共建“一带一路”的方向和任务。丝绸之路经济带重点畅通中国经中亚、俄罗斯至欧洲（波罗的海）；中国经中亚、西亚至波斯湾、地中海；中国至东南亚、南亚、印度洋，形成欧亚大陆经济整合的大趋势。21 世纪海上丝绸之路重点方向从中国沿海港口过南海到印度洋，延伸至欧洲；从中国沿海港口过南海到南太平洋，从海上联通欧亚非三个大陆和丝绸之路经济带战略形成一个海上、陆地的闭环。

“一带一路”发展战略的合作机制，重点是加强双边合作，开展多层次、多渠道沟通磋商，推动双边关系全面发展。推动签署合作备忘录或合作规划，建设一批双边合作示范。建立完善双边联合工作机制，研究推进“一带一路”建设的实施方案、行动路线图；强化多边合作机制作用，发挥上海合作组织、中国—东盟“10+1”、亚太经合组织、亚欧会议、亚信会议、中亚区域经济合作等现有多边合作机制作用；发挥沿线各国区域、次区域相关国际论坛、展会以及博鳌亚洲论坛、中国—东盟博览会、中国西部国际博览会等平台的作用，支持沿线国家地方、民间挖掘“一带一路”历史文化遗产，联合举办专项投资、贸易、文化交流活动，倡议建立“一带一路”国际高峰论坛。

在“一带一路”战略合作中，经贸合作是基石，主要是通过政策沟通、道路联通、贸易畅通、货币流通、民心相通等渠道来推动“一带一路”建设。一是政策沟通，积极构建多层次政府间宏观政策沟通交流机制，深化利益融合，促进政治互信，达成合作新共识。二是设施联通，加强基础设施建设规划、技术标准体系的对接，共同推进国际骨干通道建设，逐步形成连接亚洲各次区域以及亚欧非之间的基础设施网络。三是贸易畅通，着力研究解决投资贸易便利化问题，消除投资和贸易壁垒，构建区域内和各国良好的营商环境，积极同沿线国家和地区共同商建自由贸易区。四是资金融通，积极推进亚洲货币稳定体系、投融资体系和信用体系建设；加快推进亚投行的运营，大力支持亚洲各国的基础设施项目建设，振兴包括交通、能源、电信、农业和城市发展在内的各个行业投资。五是民心相通，通过广泛开展文化交流、学术往来、媒体合作、志愿者服务等，为深化双多边合作奠定坚实的民意基础。

二、福建开放型经济发展现状

改革开放以来，福建作为全国最早实行对外开放的省份之一，不断提高经济外向度和市场化程度。特别是 1994 年以来，福建在引进外国资金、技术和人才，推进与台港澳地区的经贸交流合作，主动融入中国—东盟的国家合作框架，对接中国—东盟自贸区建设，开展对外经济技术合作，推动开放型经济发展等方面取得积极成效。同时也面临新机遇和新挑战。

（一）1994 年以来福建开放型经济发展成效

1994 年以来，福建逐步形成包括经济特区、保税区、经济开发区、沿海开放城市和开放区、台商投资区的全方位、宽领域、多层次的对外开放格局。据福建省工商行政管理局公布数据显示，截至 2015 年 4 月 25 日，福建实有各类外商投资市场主体 26068 户，其中外商投资企业 24665 户，占实有主体总数 94.6%；外国（地区）企业常驻代表机构 1367 户，占 5.3%；在中国境内从事生产经营活动的外国（地区）企业 36 户，占 0.1%。全省实有外商投资企业 24665 户，同比增长 4.8%，其中法人企业 18350 户、分支机构 6297 户、合伙企业 18 户；外商投资企业合计投资总额达到 1790.36 亿美元、注册资本 979.90 亿美元，外方认缴 804.94 亿美元，分别增长 10.5%、10.4%和 10.0%。

1.“引进来”合作带动经济发展。招商引资，不仅是为了解决发展资金瓶颈问题，更重要的是扩大投资，既可增加总需求，又能增加总供给，具有明显的乘数效应。表 1 数据显示，2008-2013 年期间，全省实际利用外商直接投资的规模不断扩大，总额达到 364.30 亿美元，年均增长 2.2%；吸引外商直接投资的结构不断优化，以传统制造业为代表的第二产业呈现下滑趋势，以农、林、牧、渔业种植养殖业为代表的第一产业出现摆动式下降态势，以金融业、建筑业与房地产业、租赁和商务服务业、交通运输业、仓储和邮政业等为代表的第三产业异军突起，呈现快速增长势头；虽然外商直接投资增速保持连续正增长态势，受经济转型和投资结构影响，制造业投资占外商直接投资份额由 2008 年的 67.0%下滑至 2013 年的 48.9%，总体规模增长明显放缓。

1994-2013 年外商固定资产投资额为 3715.85 亿元，年均增长 6.6%，占同期全社会固定资产投资总额 79926.40 亿元的 4.6%；外商固定资产投资数额呈“M”字型走势，由 1994 年的 75.84 亿元逐年攀升至 1998 年最高点的 230.08 亿元，之后逐年下降至 2003 年最低点 124.06 亿元，2006 年开始回升，特别 2009 年增值税转型以后，一般纳税人购进固定资产可抵扣进项税额、递延纳税时间、减轻当期税收负担，增加投资成为各类型经济摆脱国际金融危机影响、拉动全省经济增长的主要动力，2011 年到达顶点 388.41 亿元，不过 2012 年、2013 年相继回落；从所占比重看，呈现抛物线态势，由 1994 年的 14.1%逐年攀升至 1998 年最高点的 21.9%，之后逐年下降至最低点 2013 年的 1.7%。

表1 福建省实际利用外商直接投资情况

（2008-2013 年）　　　　单位：万美元

行业	2008	2009	2010	2011	2012	2013
合 计	**567171**	**573747**	**580279**	**620111**	**633774**	**667896**
农林牧渔业	10168	9485	14040	14153	12483	9769
制造业	379931	382543	371139	391243	351982	326452
电力、燃气及水的生产和供应业	8459	25027	20756	4153	1684	16286
建筑业	289	2176	3016	881	5670	8648
批发和零售业	20489	30559	25724	43986	45317	75184
交通运输、仓储和邮政业	17949	24897	8265	15319	12677	14758
金融业	426	2193	1517	2235	7057	39822
房地产业	76580	46434	72368	81908	79505	105590
租赁和商务服务业	27255	17431	24911	23525	13656	53027

随着经济结构转型升级，原先那种以牺牲环境追求 GDP 的制度安排逐步被修正，加上福建省已全面融入全球经济一体化，资本流动既有“走进来”，又有“走出去”，外商直接投资、外商固定资产投资的增减变动趋势，表明外商投资影响力正在下降的同时，反映出福建省综合实力逐步增强。

2. 加强经贸交流带动出口增长。受益于出口退税政策调整、出口退税加速及政府相关部门优化服务举措，出口企业不断扩大国际市场份额，成为拉动福建开放型经济持续发展的重要力量。表 2 数据显示，2013 年涉外企业进出口商品贸易额达到 754.45 亿美元，是 2005 年的 5.4 倍；主要年度呈逐年下滑态势，2005 年、2010 年、2011 年、2012 年和 2013 年分别占全省进出口商品贸易总额的 66.2%、65.7%、53.6%、47.4%和 44.6%，与内资出口企业反向而行。

3. 开放型经济发展拉动税收增长。随着引进外国资金、技术和人才的增多，外商投资企业和外国企业的发展，福建省涉外税收呈现快速增长态势。表 3 数据显示，涉外税制改革 20 年，福建省累计实现涉外税收 7204.14 亿元，由 1994 年的 24.12 亿元增至 2013 年的 1088.87 亿元，年均增长 22.2%，增速比同期税收总收入的 19.8%高出 2.4 个百分点。

表 2 福建省主要年度进出口商品贸易情况表

单位：万美元

项目	2005	2010	2011	2012	2013
进出口总额	2122332	5441130	10878027	15593796	16932174
出口总额	1290828	3484195	7149313	9783259	10647442
#外企	759661	2175297	3495247	3912712	4165028
进口总额	831504	1956935	3728715	5810536	6284731
#外企	646028	1400940	2338407	3478546	3379514

表 3 福建省涉外税收主要指标

（1994-2013 年）

单位：万元

年度	合 计	货物和劳务税	企业所得税	个人所得税	城市房地产税	车船使用牌照税	其他各税
累计	72041420	53731676	12523553	2190541	1008133	10211	2577306
1994	241239	196943	33886	2945		195	7270
1995	314491	253985	40346	6433	8221	223	5283
1996	321385	259037	36909	10512	10290	222	4415
1997	399596	270700	49891	16566	10712	143	51584
1998	427978	323294	61466	23612	15188	153	4265
1999	615278	480920	80203	31404	17197	160	5394
2000	805058	606864	128522	41010	20717	137	7808
2001	1185431	943648	149662	58104	24468	324	9225
2002	1752684	1388974	259337	59850	31262	295	12966
2003	2083532	1647965	310246	73144	35981	233	15963
2004	2750440	2205541	396195	93732	37712	129	17131
2005	3297179	2647888	451434	117050	47531	149	33127
2006	3762352	2970472	550005	126135	54669	158	60913
2007	4432889	3431652	662730	164291	63786	146	110284
2008	5583964	4148765	915063	199179	70376	677	249904
2009	6352558	4831800	1032001	186644	76143	931	225039
2010	7621798	5551535	1450124	236470	89401	845	293423
2011	8837795	5962118	1890808	279397	115425	920	589127
2012	10367041	7679230	1973281	222036	81930	1113	409451
2013	10888732	7930345	2051444	242027	197124	3058	464734

注：1. 涉外税收含海关代征税；2. 货物和劳务税含增值税、营业税、消费税。

从税收总量上看，1994-2013 年涉外税收呈现逐年增长态势，是涉外税制改革促进涉外经济快速发展的成果体现。从所占比重上看，涉外税收占全省税收总收入的比重，由 1994 年的 17.2%增至 2013 年的 25.4%；但涉外税收增幅曲线呈现抛物线形状，从 1994 年的 17.2%摆动式增长至 2003 年的 35.8%，期间出现 1996 年和 1998 年两次小幅下滑，1999 年和 2000 年持平，2003 年达到最高点 35.8%之后振荡下行，2013 年跌至最低点 25.4%，期间虽然也出现 2005 年、2008 年、2009 年和 2012 年比上一年度有所回升走势，但均低于 2003 年，表明涉外税制改革在促进涉外经济发展的同时，相应推动了全省经济实力的快速增长，降低了外向依存度。

4. 吸纳就业推动社会进步。随着涉外经济的快速发展，加上民政福利企业、大学生就业、军转人员安置等一系列税收优惠政策，激励涉外企业吸纳了大量的就业人员，有效缓解了社会就业压力。2000-2013 年，全省涉外企业吸纳从业人员数量，从 2000 年的 91.77 万人增至 2013 年的 187.97 万人，年均增幅高达 5.7%；除 2013 年有所回落外，其余年度均呈持续上升态势。

5. “走出去”交流促进开放发展。1994-2013 年，“走出去”合作交流不断扩大，期间实现对外承包工程合同金额 52.53 亿美元，“走出去”承包工程高峰期是 1994 年、2011 年、2012 年，合同金额分别为 4.85 亿美元、4.90 亿美元和 4.98 亿美元；期间劳务人员合同工资总额达到 65.69 亿美元，“走出去”劳务人员合同工资最高年份是 2011 年，总额达到 6.34 亿美元，是最低年份 2002 年 1.71 亿美元的 3.7 倍；年末在外劳务人员，最高峰的 2001 年在外劳务人数高达 59688 人，最低谷的 2010 年也有 24240 人。

6. 福建东盟间合作关系紧密。福建与东盟国家具有良好的经贸合作基础，2013 年福建与东盟双边贸易额达 242.90 亿美元，实际利用来自东盟的外资 3.47 亿美元，东盟已成为福建的第二大贸易伙伴和第四大外资来源地；截至 2013 年末，福建赴东盟设立的境外企业和分支机构共 156 家，对外投资额达 4.5 亿美元，东盟已成为闽企“走出去”的重要地区；2012 年以来，先后成功举办了“中国（福建）—东盟合作与互联互通研讨会”“中国（福建）—东盟工作交流会”等一系列交流活动，“中国—东盟教育培训中心”落户福建。东盟是福建重要的入境旅游客源市场。2013 年，全省接待入境东南亚游客 51.51 万人次，占境外游客总人数的 10.0%。福建积极推进海洋经济对外交流合作，目前全省出口东盟的水产品已占全国出口东盟水产品的 60%左右、在海外建有 7 个远洋渔业综合基地。完善来往交流交通体系，目前福建沿海港口已开通至东南亚海上航线 51 条。此外，福建海峡蓝色经济试验区的设立和中国（福建）自由贸易试验区的成立，将为福建打造 21 世纪丝绸之路核心区增添动力。

（二）福建开放型经济发展面临的挑战

据《中国沿海省市开放型经济发展水平综合评价研究》表明，受地缘条件、政策倾斜、跨国公司产业配置、国际分工以及人流、物流、信息流等要素的全球流动因素影响，在落实建设海洋强国和全面提升开放型经济水平的发展战略中，福建的开放型经济竞争优势总体偏弱，与辽宁、山东同处在一般开发区类型，开放型经济水平只是略高于弱开放区类型河北、广西，但远低于强开放区类型上海，与开放区类型天津、广东、江苏、浙江也有一定差距。

表 4　各省市开放型经济水平排名

地区	竞争力因子得分	排名	开放型结构因子得分	排名	辐射型结构因子得分	排名	总得分	排名
辽宁	0.28	3	-0.31	8	-0.12	10	-0.14	6
河北	-0.35	7	-0.35	10	-0.03	6	-0.73	9
天津	0.78	1	-0.33	9	0.13	2	0.58	2
山东	-0.12	6	-0.23	6	0.00	4	-0.36	8
江苏	0.06	4	0.01	5	0.12	3	0.18	4
上海	0.63	2	0.51	1	-0.08	8	1.06	1
浙江	0.02	5	0.22	4	-0.11	9	0.14	5
福建	-0.35	7	0.23	3	-0.05	7	-0.17	7
广东	-0.38	9	0.48	2	0.14	1	0.24	3
广西	-0.55	10	-0.24	7	-0.01	5	-0.80	10

资料来源：《资源开发与市场》2014 第 2 期马慧强等撰写的《中国沿海省市开放型经济发展水平综合评价研究》。

表 4 因子的选择分析表明，福建开放型经济总得分位居沿海省市的第 7 位，通过竞争力因子、结构型因子、辐射型因子三个方面进行比较分析，“一带一路”背景下福建的经济发展战略重点应放在大力发展开放型经济。

1. 竞争力偏弱，开放型经济资源未能充分发掘。竞争力因子包括人均港口货物吞吐量、人均 GDP、人均社会零售额等 7 项指标，主要反映社会发展的整体水平，既体现人们的生活水平，也反映区域自然资源和人力资源优势。表 4 数据显示，福建竞争力因子排名与河北并列第 7 位，得分仅 -0.35，略高于广西、广东，与拥有的开放型经济资源不相匹配，值得深入研究。福建东隔台湾海峡与台湾岛相望，闽台关系最为密切，台湾同胞中 80%祖籍福建；福建是中国著名侨乡，旅居世界各地的闽籍华人华侨超过千万人，其中菲律宾、马来西亚、印尼三地的闽籍华人华侨最多；福建是历史上“海上丝绸之路”的起点，居于东海与南海的交通要冲，拥有海岸线 3324 公里，长度居全国第 2 位，由海路可以到达南亚、西亚、东非，也是历史上重要的海上商贸集散地；福建海湾众多，三沙湾、福宁湾、罗源湾、湄洲湾、厦门湾和东山湾等环绕东面，天然海港资源丰富，有沙埕港、三都澳、福州港、厦门港和古雷港；福建凭借优越地理位置和丰富岸线资源，加快与航空网、铁路网、高速公路网、信息网的协调发展，构建东南沿海经济对外贸易最佳“黄金口岸”。这些足以证明福建在社会物质财富创造和资源可获得性方面具有较大优势，是福建构建开放型经济体系提供了必不可少的物质基础和人力基础，为融入“一带一路”发展战略和提升开放型经济水平奠定基石。

2. 开放度偏低，开放型经济有待转型升级。开放型结构因子是福建开放型经济水平得分最高的指标，排名第 3 位，略高于浙江，外贸依存度、外资依存度、旅游开放度、对外贸易结构整体水平等因素作用明显，但与上海、广东差距较大。该指标包括外商经济贡献度、外资依存度、外贸依存度、旅游开放度等 8 项内容，主要是反映经济结构和对外开放程度两个方面。与上海、广东相比，福建的贸易结构还不够合理、人均 GDP 偏低，特别是传统制造业比重较大、先进服务第三产业比重偏低。产业结构调整对福建开放型经济发展意义重大，应加快用高新技术改造传统产业，大力发展先进服务第三产业，以促使产业协调发展；加强区域合作，拓宽引资领域，优化外资产业流向，以提高福建经济的开放度。

3. 辐射面偏窄，开放型经济缺乏硅谷效应。辐射型结构因子包括高新技术产品出口比重、对外直接投资比重等 4 项指标，主要是反映辐射外流程度和对社会经济发展贡献率。表 4 数据显示，福建辐射型结构因子排名第 7 位，得分仅为-0.05，与高新技术产业发展较快的天津和广东差距较大，表明福建开放型经济存在对外直接投资结构不科学、对外贸易结构不合理、要素聚集能力与收益能力极不匹配等问题，这是目前福建开放型经济处于局限阶段的重要原因，需要认真研究。因此，在“一带一路”背景下，福建经济发展战略的重点是大力发展开放型经济，这就需要进一步提升利用国内、国外两种资源的能力，优化对外直接投资水平和产业结构，大力培育在国际市场有竞争力的高科技战略型产业，加强“引进来”和“走出去”国际交流合作。

三、促进福建开放型经济发展

党中央作出的“一带一路”建设战略决策，为促进福建开放型经济发展一个难得机遇。福建要依托“一带一路”发展战略机遇，发挥经贸优势、人文优势和历史优势，统筹经贸与人文、官方与民间、“走出去”与“引进来”，提升核心竞争力，优化开放经济结构，增强经济辐射能力，扩大对外开放、加强国际经贸合作与文化交流，进一步巩固港澳台，深耕东盟、东亚、扩展中亚、中东，实现互利共赢、共同发展。

（一）提升开放型经济竞争力

1. 拓展开放型经济新空间。要抓住用好福建开发开放上升为国家战略，大力挖掘港澳台合作开发开放优势，做好重大项目建设的配套服务，推动产业相互融合和错位发展；充分利用自由贸易协定带来的贸易创造和贸易转移效应，扩大货物贸易规模，加大服务业人才、技术和管理理念的引进；既要及时掌握重大项目的进展情况和税收产出，以及发展的新动向、新问题，又要对重大项目进行跟踪分析，能够更好地评价重大项目的质量和效益。

2. 打造开放型经济好环境。要着力优化投资环境，进一步强化开放型经济税收政策支持，大力扶持产业关联度高、技术含量高、附加值高、符合可持续发展要求的先进制造业、现代服务业外资大项目发展做强；强化开放型经济环境平台，加强知识产权保护，引导金融机构开展产品和服务创新，进一步完善风险补偿机制，拓宽跨境贸易人民币结算，加强相关产品技术壁垒的预警，推进已批准立项目的资金到位率，加快已签约和在谈重大项目的进度，督导项目尽早签约、履约和资金到位。

3. 推进开放型税收国际化。随着涉外税制改革、税收国际化日益向纵深推进，抓住用好税收现代化建设机遇，促进开放型经济稳步快速发展。应重点做好以下几方面功课：

一是由政府牵头，督促相关经济职能部门通力合作，将税收信息化建设纳入社会诚信化体系，形成境外信息、国内信息、典型案例和征管系统互为补充的信息管理机制；通过创新纳税服务渠道，建立税收权责“正面清单”，适应“一带一路”发展战略的国际化要求；通过创新大数据比对分析，筛选过滤“走出去”企业涉税风险，构建具有现代纳税服务特征的智能纳税服务渠道；通过取消传统税收优惠备案审批制度，改为税务机关依托数据分析筛选或自动实现或定向向纳税人推送优惠政策提醒，实施网上填报、以报代备、即时享受。

二是税务部门要深入开展“税基侵蚀和利润转移”专题研究，梳理现行涉外税制，查找政策漏洞，完善跨境交易税收管理体系并推动税收征管法、个人所得税法修订，推进专业化反避税模式和预约定价安排，加强非居民税收管理和国际税收征管协作，积极参与国际反避税信息交换，遏制跨境逃避税和不良税收筹划，防止税收流失。要进一步规范居民企业境外所得信息报告制度，维护“走出去”企业和个人的税收权益，减少企业税收风险和防止地方税源的流失。

三是发挥出口退税服务功能，努力实现加工贸易从贴牌加工向自主品牌加工出口的转变，进一步提高加工贸易产品的附加值；大力发展机电和高新技术产品的出口，继续做好相关产业链的“扩容”；支持具有自主知识产权、自主品牌产品和高附加值产品出口，进一步限制高耗能、高污染和资源性产品出口。

（二）优化开放型经济结构

1. 加快产业经济转型升级。福建应强化投资引导，促进工业结构调整优化升级，重点支持产业链关联度高、有效带动未来经济增长的大企业集团、龙头骨干企业和优势品牌企业，掌握高新技术领域核心和关键技术、拥有自主知识产权的企业，生产“专精特新”产品的中小企业，科技含量高、资源消耗低、环境污染少的节能降耗企业。同时要大力发展以现代服务业为代表的第三产业，从强化政策、健全体制入手，优先发展金融保险、现代物流、商务会展、旅游服务、科技信息为等重点行业，鼓励和引导传统制造业企业分离研发、物流、采购、营销及其他专业配套服务环节，促进生产性服务业发展壮大，以提升福建经济的整体实力和核心竞争力。税收方面，福建应将进口政策与产业结构调整、技术改造紧密结合起来，有秩序的进口当前福建经济建设急需的资源、原材料以及先进的技术、设备，优先安排有利于福建产业优化的进口商品结构，适度加大高科技产品和先进技术的进口，确保福建产业结构的不断优化；税务部门要帮助这些企业用好用足税收政策，促进规模企业产业结构优化调整，解决市场的有效需求不足。

2. 加大技术进步改造投入。立足福建高新经济发展现状，建立稳定的各级财政科技投入增长机制，综合运用政策、投入、金融、服务等多种方式和手段，鼓励社会技术、资金、人才、管理等各类创新要素流向高新科技产业，切实发挥科技支撑引领作用，打造一批特色产业基地，促进形成高新技术产业集群。同时，引导福建用好用足国家现行税制中促进科技进步的税收优惠政策，鼓励企业加大技术开发资金投入，加速产品的升级换代；鼓励企业利用“三废”产品，提高资源使用效率；促进企业加强与科研院所、高等学校的合作，增强企业技术研发能力；加速企业技术成果的转化，促进科技成果的产业化和商品化；推进企业机器设备的更新。

3. 积极培育外资龙头产业。与上海、广东、浙江、江苏等沿海地区相比，福建外资龙头产业规模偏小、发展不够、辐射效应不足，无论在户数和税收体量上都有一定的差距。要用好税收功能导向，培育外资龙头产业，大力引进新能源、新材料、新医药、环保、软件和服务外包、新传感网等战略性新兴产业，鼓励外资投向现代农业、高新技术、先进制造、现代服务业，支持设立跨国公司地区总部和功能性机构，打造开放型经济新优势，增强企业的核心竞争力。

4. 促进外商投资转型升级。要善于抓住外商直接投资传统制造业下滑契机，用好用足研发投入加计扣除、固定资产加速折旧等税收优惠，鼓励外资企业技术改造和设备革新，加大研发投入比重，加快为制造业配套的现代金融、现代物流、科技服务、信息服务、商务服务、市场集群等生产性服务业发展，突出抓好软件、文化创意等发展潜力大的新兴服务业，依托厦门特区大力发展总部经济，借助平潭综合试验区抓好海峡两岸示范基地建设，通过古雷石化产业园区加强闽南服务外包产业带的整体推进，全力推进现代服务业发展。

（三）增强开放型经济辐射能力

1.加强海洋经济合作。立足福建海峡蓝色经济试验区，鼓励民间资本和外来资本进入海洋领域，采取直接投资、合资、项目融资、支持企业上市等方式投资海洋产业；实施海洋经济合作规划，积极推动与东盟建立长期、稳定的渔业合作会谈机制，支持福建企业建设境外渔业综合基地和水产养殖基地；推动财税政策向蓝色海洋经济合作领域倾斜，打造海洋渔业资源市场化配置平台，加快建设中国—东盟海产品产业合作暨交易平台；推进海洋经济专业人才培养，加大对东盟国家渔业人力资源培训力度，完善国际海洋科技交流合作机制，加强海洋科技创新、教育培训等领域合作。

2.拓宽产业合作领域。重点加强现代农业、先进制造业、现代服务业等领域合作，拓宽技术研发能力、对外辐射能力、海外销售渠道和境外战略资源交流空间，弥补福建开放型经济辐射偏窄的短缺；借鉴上海自贸区金融制度创新经验，加强与境外金融机构的双边或多边交流合作，鼓励金融机构大力发展各类贸易融资产品，为“走出去”企业提供金融支持；以自贸实验区和台商投资区为载体，推动闽港澳台电子信息、机械、石化、海洋生物技术等产业深度对接；深化旅游合作，带动物流、资金流的聚集，加快厦门邮轮母港建设，开拓与东南亚、港澳台等国家和地区间的邮轮航线，发挥福建沿海的物流中转作用；构建闽港澳台电子商务信息平台、物流中心和数据中心，以信息共享、互设海外仓等方式，为闽港澳台中小微企业协同合作提供金融、信息、交易物流平台和渠道。

3.扩大双向投资规模。主动到东盟、东亚、中亚、中东、港澳台等国家和地区宣传推广福建，特别是福建自由贸易实验区的建设成就及良好投资环境，扩大双边投资规模；组织招商队伍赴新加坡、马来西亚等国家和地区开展招商活动，引进福建短缺的科技创新型、生态环保型、资源节约型、服务贸易类投资项目；抓住福建“走出去”条件逐步成熟的有利时机，鼓励引导本土有竞争优势的企业通过境外投资进行海外战略布局，积极寻求企业合资、合作和建立战略联盟，多渠道参与境外资源项目合作开发，拓展境外投资合作领域，提升对外经济技术和劳务合作层次；运用税收杠杆支持福建企业赴东盟、中东等地区投资建设资源开发、境外生产加工、营销网络等项目，实现在全球范围内配置资源。

4.研究经贸交流创新。贸易自由化方面，建立“一次申报、一次查验、一次放行”监管制度和国际贸易“单一窗口”服务平台，简化贸易手续，提高进出口贸易效率；投资自由化方面，投资服务业、高新产业、生态环保产业、旅游业和海洋产业等与港澳台对接的各类企业，可不受股权比例和经营范围的限制；金融自由化方面，鼓励金融创新，建立金融离岸中心，设立闽港澳台股权交易所和外汇综合交易市场，组建闽港澳台产业并购基金，为园区内闽港澳台企业提供债券发行、信用担保、融资上市等金融服务；航运自由化方面，允许闽港澳台合资设立航运公司。

（执笔：陈文裕）

2014年福建省产业损害预警分析报告

一、2014年福建省工业发展概况

（一）增加值首次突破万亿元

2014年，福建省工业生产稳步增长，全省规模以上工业实现增加值10038.20亿元，首次突破万亿元，比上年增长11.9%，增幅高于全国平均水平3.6个百分点，居全国第3位，比上年前移1位。分大类行业观察，除有色金属矿采选业增加值比上年下降4.7%外，其余37个行业增加值均比上年增长。其中，石油加工、炼焦和核燃料加工业（63.9%），有色金属冶炼和压延加工业（34.0%），化学原料和化学制品制造业（29.9%）增幅居行业前3位。分产品观察，列入统计的396种产品中有257种产品产量比上年增长，增长面达64.9%。其中，炼油、化工生产专用设备以40.4%的增速居装备类产品首位，电饭锅以197.0%的增速居家电、电子类产品首位，运动服类服装以179.9%的增速居一般消费类产品首位，单晶硅以132.9%的增速居原材料产品首位。

（二）主营业务收入增幅继续回落

2014年，福建省规模以上工业实现主营业务收入36300.09亿元，比上年增长10.1%，增幅自2011年起连续回落（见图1）。分大类行业观察，除煤炭开采和洗选业、有色金属矿采选业2个行业外，其余36个行业主营业务收入比上年均有不同程度增长。从增幅情况看，有27个行业主营业务收入增幅比上年回落。其中，燃气生产和供应业（回落17.2个百分点），文教、工美、体育和娱乐用品制造业（回落13.3个百分点），医药制造业（回落13.2个百分点）3个行业回落幅度较大。

图1　2010-2014年福建省规模以上工业主营业务收入增速

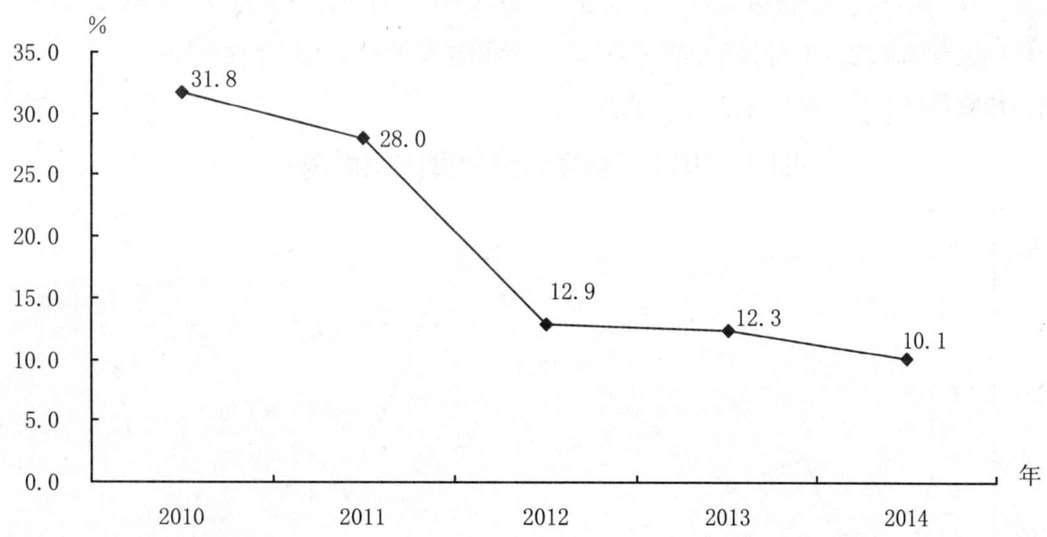

（三）企业获利能力减弱

一是利润总额增幅继续回落。2014年，福建省规模以上工业实现利润总额2081.74亿元，比上年增长5.3%，增幅自2011年起连续回落（见图2）。分大类行业观察，除石油加工、炼焦和核燃料加工业亏损外，其余37个行业均盈利。其中，13个行业利润总额比上年减少，28个行业利润总额增幅低于上年，水的生产和供应业（回落87.3个百分点），黑色金属冶炼和压延加工业（回落 47.6 个百分点），电力、热力生产和供应业（回落 46.3 个百分点），黑色金属矿采选业（回落 40.6 个百分点）增幅回落幅度均超过 40 个百分点。二是企业创利能力下降。2014 年，全省规模以上工业主营业务收入利润率为 5.7%，比上年下降 0.3 个百分点。分大类行业观察，37 个盈利行业中，26 个行业主营业务收入利润率比上年下降。

图 2　2010-2014 年福建省规模以上工业利润总额增速

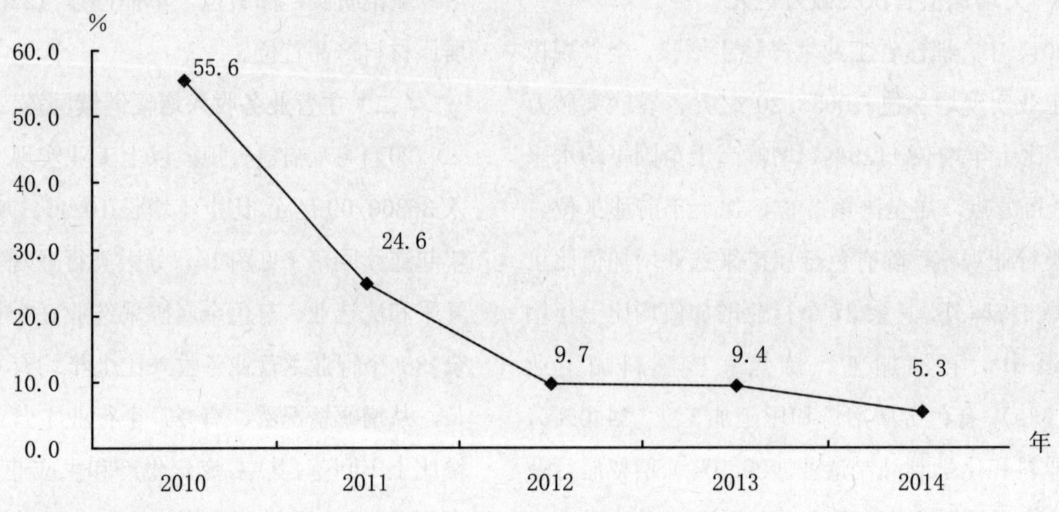

（四）外贸出口增幅高于全国平均水平

2014年，福建省外贸出口额为1135.08亿美元，比上年增长 6.6%。出口额居全国第 6 位，位次与上年持平，增幅比全国平均水平高 0.5 个百分点。

1. 月出口增幅总体上升。除 2 月份、3 月份外，其余月份出口额均在 90 亿美元以上，增幅呈波状上升。从增幅情况看，2 月份为全年最低，降幅为 27.0%；7 月份为全年最高，增幅为 22.5%。2014 年福建省分月度出口增速见图 3。

图 3　2014 年福建省分月度出口增速

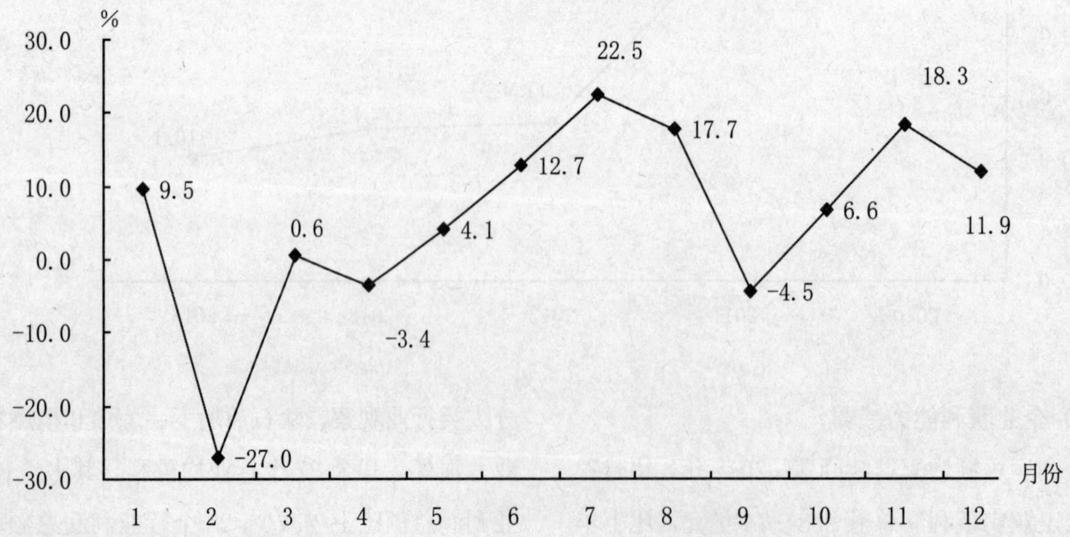

2. 一般贸易出口占全省出口总额比重继续提高。2014 年，全省一般贸易出口 810.90 亿美元，比上年增长 7.0%，增幅比全省进出口平均水平高 1.5 个百分点；占全省进出口总额的比重为 70.1%，比上年提高 1.0 个百分点，比 2012 年提高 2.4 个百分点。

3. 传统优势商品出口乏力，高新技术产品出口下降。2014 年，全省传统优势商品出口乏力。其中，石材及其制品、冻鱼、服装等商品增速分别为 7.3%、5.2%和 3.5%，分别比上年回落 27.9 个百分点、36.2 个百分点和 9.7 个百分点；纺织品、轮胎、食品罐头等商品出口均下降，出口额分别为 59.45 亿美元、7.13 亿美元、6.36 亿美元，分别比上年下降 9.1%、4.4%、13.0%。高新技术产品出口额为 150.44 亿美元，增幅从上年的增长 10.8%转为下降 3.1%。

4. 五大传统市场出口比重下降。2014 年，全省对东盟、日本、欧盟、美国、香港五大传统市场出口 746.80 亿美元，比上年增长 5.6%，增幅比全省平均水平低 1.0 个百分点，比上年回落 5.1 个百分点；出口比重由上年的 66.4%下降到 65.8%。其中，对欧盟、美国市场出口比重分别提高 1.0 个百分点和 0.3 个百分点，对香港、东盟、日本市场出口比重分别下降 1.0 个百分点、0.6 个百分点、0.3 个百分点。

二、2014 年福建省部分产业安全状况评估

（一）纺织产业

列入福建省纺织产业安全监测的行业有纺织业，纺织服装、服饰业，皮革、毛皮、羽毛及其制品和制鞋业 3 个行业。2014 年，福建省规模以上纺织产业增加值、主营业务收入和利润总额分别为 1974.22 亿元、6458.26 亿元和 426.97 亿元，比上年均增长，但增幅有所回落（见表 1）。全省纺织品、服装出口总额为 229.83 亿美元，增幅由上年的增长 22.0%转为下降 0.1%。

影响福建省纺织产业安全的主要因素如下：

1. 主要市场经济复苏仍未全面稳固。继美国之后，欧洲也开启了 QE 模式，日本经济短期内难有起色，新兴经济体经济增速进一步放缓。由经济的不确定性导致的需求变数将继续影响纺织品、服装出口增长。据对福建省 428 家纺织企业调查显示，28.3%的企业反映新签外贸订单额比上年下降。其中，65.3%的企业反映主要是由于市场需求下降造成的，比重比上年提高 7.1 个百分点。

2. 国内外棉花价差收窄，但仍倒挂。2014 年，受政策调整、储备棉投放价格下调、国内外需求不旺等因素影响，我国棉花现货价格全年呈现阶梯式下跌，但仍高于进口棉花价格。2014 年 12 月，我国棉花价格指数为 13743 元，比 1 月份下降 5704 元，但仍比 1%关税和滑准税下价格指数高出 2537 元和 85 元。

表 1 福建省规模以上纺织产业主要指标

（2013-2014 年）

指标	绝对值（亿元）	2014 年增速（%）	2013 年增速（%）
增加值	1974.22	8.9	12.0
主营业务收入	6458.26	10.1	11.1
利润总额	426.97	7.6	0.5

3. 国际竞争力优势趋弱。纺织产业是劳动密集型行业，企业生产成本中 15%-30%是人工成本。近年来由于人工成本的不断攀升，我国纺织产业国际竞争优势不断被削弱，出口订单不断转移至越南、印尼等劳动成本低廉的东南亚国家。2008-2014 年，我国纺织品服装的出口额同比增速分别为 8.0%、-10.0%、24.0%、21.0%、2.0%、11.0%、5.1%；2014 年福建省纺织品服装出口额占全国的比重为 7.7%，出口额增幅从上年的增长 22.3%转为下降 0.4%，而越南同期的纺织品服装出口额增速 2009 年以来的均值在 40%以上。

（二）石化产业

列入福建省石化产业安全监测的行业有化学原料及化学制品制造业、化学纤维制造业。2014 年，福建省规模以上石化产业增加值和主营业务收入分别为 571.63 亿元和 2448.49 亿元，均保持两位数增长，且增幅上升；利润总额为 67.93 亿元，比上年下降，但降幅收窄（见表 2）。全省化学工业及其相关工业的产品出口总额 29.03 亿美元，增长 13.4%，增幅提高 12.9 个百分点。

表 2　福建省规模以上石化产业主要指标

（2013-2014 年）

指标	绝对值（亿元）	2014 年增速（%）	2013 年增速（%）
增加值	571.63	28.6	15.8
主营业务收入	2448.49	23.7	20.9
利润总额	67.93	-0.2	-5.4

影响福建省石化行业安全的主要因素：

1. 原油价格骤跌。石化行业具有较强的上下游产业联动性特点。原油作为基础能源和化工原料，其价格的变动会对下游行业产生重要的影响。2014 年下半年，国际油价如美国纽约 WTI 原油下跌 40%以上，国内成品油价格 10 次下调。这种变化增加了对未来市场营销的不确定性，一些原料供应商为了降低自身经营风险，将合同报价的周期缩短为一个月左右，远远短于传统的半年至一年，报价期的缩短影响了化工企业的盈利能力。

2. 生产成本上升。在当前市场疲软、原材料价格波动频繁的情况下，企业成本不断上升。2014 年，全省规模以上石化行业主营业务成本为 2207.55 亿元，比上年增长 27.3%；每百元主营业务收入所需的生产成本由上年同期的 87.60 元提高到 90.16 元，增长了 2.9%，增幅居 9 个监测产业第 1 位。

3. 资源环境安全压力较大。当前，环境污染已成为制约化工行业发展的重要问题，尤其是以化工生产为主导的中小型化工厂，由于工厂规模较小、厂点分散，生产过程中的三废量较大，而建设三废治理装置需要较大的投入，超出一般工厂的承受能力，因此大多数工厂的三废治理尚未达标，对环境造成的污染较大。据福建省环保厅 2014 年公布的福建省较大环境风险企业名单中，95%以上的企业均为化工企业。

（三）汽车制造业

2014 年，福建省规模以上汽车制造业产销同步增长，增加值和主营业务收入分别为 233.57 亿元和 924.69 亿元，分别比上年增长了 4.1%和 0.4%，但增幅均回落；利润总额为 51.71 亿元，由上年的增长 6.0%转为下降 8.9%（见表 3）。全省汽车及其零附件出口总额 19.75 亿美元，增长 16.3%，增幅提高 11.1 个百分点。

表 3 福建省规模以上汽车制造业主要指标

（2013-2014 年）

指标	绝对值（亿元）	2014 年增速（%）	2013 年增速（%）
增加值	233.57	4.1	9.0
主营业务收入	924.69	0.4	11.3
利润总额	51.71	-8.9	6.0

影响福建省汽车制造业安全的主要因素如下：

1. 核心技术受制于人。近年来，福建省汽车生产企业通过车间、生产线、产品等技术改造，创新能力提高，但总体上自主研发能力较弱，尤其是核心技术和工艺均掌握在他人手里。

2. 产能过剩问题日趋显现。根据我国汽车工业协会调查，目前新车平均要在店里放 45 天才能售出，而一年前仅为 36 天，表明汽车市场正在出现饱和迹象。特别是自主品牌汽车库存积压比较严重，许多自主汽车品牌在本土市场占有率不断下降，销量减少。

3. 品牌满意度低。全国汽车用户满意度 CACSI 测评调查已连续举办 12 届，近几年全国汽车用户满意度停滞不前，将在一定程度上影响行业发展前景。2014 年我国汽车行业用户满意度指数（CACSI）为 79 分（满分 100 分）。与前三年相比，总体处于停滞不前的状态。品牌形象和预期质量下降是导致满意度不高的主要原因，自主品牌满意度指数明显低于外资品牌。在 2014 年全国汽车品牌用户满意度排行榜中，福建省的东南汽车品牌得分低于比亚迪、上汽荣威、一汽奔腾等国产品牌。

（四）计算机、通信和其他电子设备制造业

2014 年，福建省规模以上计算机、通信和其他电子设备制造业增加值和主营业务收入分别为 700.49 亿元和 2936.45 亿元，均比上年增长，但增幅均回落；利润总额增速提高（见表 4）。计算机及相关电子元气件出口总额 80.90 亿美元，增幅由上年的增长 14.5%转为下降 15.2%。

表 4 福建省规模以上计算机、通信和其他电子设备制造业主要指标

（2013-2014 年）

指标	绝对值（亿元）	2014 年增速（%）	2013 年增速（%）
增加值	700.49	10.2	11.4
主营业务收入	2936.45	0.3	6.6
利润总额	122.43	7.3	-5.7

影响福建省通信设备、计算机和其他电子设备制造业安全的主要因素如下：

1. 整机市场萎缩明显。由于移动设备应用领域的不断拓宽，消费者对购买台式机和笔记本电脑的意愿大幅降低，整机市场特别是消费类整机市场萎缩速度已超过预期。面对不利的市场形势，国际厂

商纷纷做出调整，2014年初索尼宣布出售PC业务；惠普将个人电脑和打印机业务单独拆分出来；国内计算机整机行业的企业个数由2008年的185家，下降为2014年160家；整机市场萎缩，也影响了福建计算机整机的出口，2014年福建省出口计算机整机1.31亿美元，比上年下降85.3%。

2.企业用工难，用工成本攀升。近年来，尽管多数企业常年招工，但由于制造业流水线作业，长时间简单重复，工作枯燥，员工频繁跳槽，企业依旧用工紧缺。据对福建省107户通信设备、计算机及其他电子设备制造业企业调查，73.8%的企业存在缺工现象，缺工面居9个监测产业第2位。企业用工紧缺，导致企业用工成本不断攀升。主要表现为：一是工人工资提高，当前企业普通工人月均工资已达3000-3500元，工资成本每年平均以20%的速度递增；二是员工福利提高。企业为稳定员工队伍，加大了在企业文化建设、人文环境建设、娱乐设施建设等方面的投入；三是招工、培训成本提高。员工频繁跳槽，也加大了企业在招工和培训上的成本。

3.产业链不完整，企业发展受限。据工信部数据显示，我国约95%的通用高端芯片传感器和数据库，90%以上的中间件都是依赖于进口。福建省显示器件产业基本集中在产业链中下游，产业发展受到上游供货商牵制。目前福建省还没有企业有生产大屏幕面板的能力，所需的面板都要向省外厂家采购，生产受制，比较被动。

4.自有品牌产品营销环节薄弱。研发技术、关键零部件和营销物流是价值链的三大关键环节，占据利润大头。福建省电子信息产业除了在前两个环节中相对不足外，第三个环节中的品牌营销也较为薄弱。据《2014年中国电视产业白皮书》公布的消费者认知度十大品牌中，福建省的夏新、夏华、AOC电视机品牌均未入选。

（五）轻工业

列入福建省轻工业安全监测的行业有家具制造业、造纸和纸制品业、橡胶和塑料制品业、金属制品业、其他制造业。2014年，福建省规模以上轻工业产销保持增长，增加值和主营业务收入分别为1040.55亿元和3672.69亿元，分别比上年增长10.1%和8.1%，但增幅回落；利润总额为228.06亿元，增幅由上年的增长13.3%转为下降3.0%（见表5）。全省塑料及其制品、橡胶及其制品，木及制品、木炭、软木、编结材料制品，木浆等、废纸、纸、纸板，杂项制品出口总额达152.32亿美元，增长15.0%，增幅提高20.1个百分点。

表5 福建省规模以上轻工业主要指标

（2013-2014年）

指标	绝对值（亿元）	2014年增速（%）	2013年增速（%）
增加值	1040.55	10.1	14.0
主营业务收入	3672.69	8.1	14.1
利润总额	228.06	-3.0	13.3

影响福建省轻工业安全的主要因素如下：

1.产品同质化严重，竞争力较弱，盈利水平持续下降。福建省轻工业企业主要为劳动密集型企业，以低端产品为主，产品同质化情况严重，附加值偏低，竞争力较弱，盈利水平持续下降。一是利润总额增幅持续下降。2014年，福建省规模以上轻工业中，除造纸和纸制品业利润总额增幅下降6.8个百分点外，其余4个行业利润总额增幅均下降10

个百分点以上（见表 6）。二是主营业务收入利润率下降。2014 年，福建省规模以上轻工业主营业务收入利润率为 6.2%，比上年下降 0.7 个百分点。其中，橡胶和塑料制品业下降了 1.3 个百分点，其他制造业下降了 0.8 个百分点。

表 6　福建规模以上轻工业分行业利润总额增幅情况

（2012-2014 年）　　　单位：%

行业	2012	2013	2014
家具制造业	46.9	18.7	6.8
造纸和纸制品业	19.9	7.9	1.1
橡胶和塑料制品业	51.5	12.8	-10.5
金属制品业	1.1	23.1	7.0
其他制造业	15.0	6.7	-5.2

2. 成本上升，资金短缺程度加深。尽管 2014 年福建省涉及轻工业生产的黑色金属材料类，燃料、动力类，化工原料类，木材及纸浆类工业生产者购进价格分别比上年下降 7.3%、2.2%、1.8%、1.5%，但原材料成本下降难以弥补企业劳动力、融资成本上涨带来的损失，企业总体生产成本仍然上升。2014 年，福建省规模以上轻工业每百元主营业务收入的成本为 86.46 元，比上年增加 0.73 元，增幅居 9 个监测产业的第 3 位。成本上升使得企业生产压力增大，加剧了企业资金紧张状况。据对 1171 户福建规模以上轻工业企业调查，在反映流动资金短缺的企业中，资金缺口 20%以上的企业占 27.3%，比上年提高 3.2 个百分点。

3. 贸易壁垒加剧。一是技术性贸易壁垒不断升级。近年来，欧、美、日、韩等国家和地区已出台了增塑剂使用标准和法规，2014 年 3 月份欧盟出台了对有关食品接触塑料材料及制品的新规。而目前国内现行法规中尚未明确增塑剂的最大允许量，福建省部分塑料制品企业仍在使用增塑剂，从而导致福建省塑料制品对上述国家出口受阻。二是贸易摩擦加剧。近年来，包括美国、巴西、阿根廷等在内的 10 多个国家对原产我国的轮胎展开了反倾销调查或征收反倾销税。特别是 2014 年 7 月美国商务部对华乘用车和轻型货车轮胎进行双反调查，福建佳通轮胎有限公司做为全国两家强制性应诉企业之一，涉案金额高达 2.56 亿美元，占福建 1-7 月二反一保涉案金额的 68.6%。

（六）冶金产业

列入福建省冶金产业安全监测的行业有黑色金属冶炼和压延加工业、有色金属冶炼和压延加工业。2014 年，福建省规模以上冶金产业增加值和主营业务收入分别为 635.47 亿元和 2990.74 亿元，产销均保持两位数增长，且增幅提高；利润总额为 92.03 亿元，比上年下降，但降幅收窄（见表 7）。全省珠宝、贵金属及制品、贱金属及其制品出口额达 68.83 亿美元，增长 22.5%，增幅提高 10.8 个百分点。

表 7　福建省规模以上冶金产业主要指标

（2013-2014 年）

指标	绝对值（亿元）	2014 年增速（%）	2013 年增速（%）
增加值	635.47	21.5	18.2
主营业务收入	2990.74	14.6	9.5
利润总额	92.03	-8.2	-23.3

影响福建省冶金产业安全的主要因素如下：

1. 市场供大于求，价格继续下行。近年来，全国钢材价格总体水平不断走低。2014 年 12 月末，我国钢材价格综合指数跌至 83.1 点，为 2003 年 1 月以来最低水平。其中，三级螺纹钢跌至 2791 元/吨，较年初下降 785 元/吨；热轧卷板跌至 3131 元/吨，较年初下降 528 元/吨。

2. 国际贸易保护日益加剧。2014 年，共有 13 个国家（地区）对我国冶金产品启动 22 起贸易救济调查，在受到贸易救济调查的七大产业中居第 2 位。在 22 起贸易救济调查中，12 起涉及板材，涉案产品为碳钢合金盘条、混凝土钢筋、不规则盘卷的热轧条和杆、无缝钢管。从初裁和终裁税率来看，反补贴税率提高。2014 年，美国和加拿大先后对 4 起钢材反补贴案作出初裁和终裁结果，除无取向电工钢终裁税率比初裁上升 25%外，其余 3 个项目均提高 3 倍以上。从福建的情况看，2014 年共遭遇“两反一保”案件 50 起，其中涉及冶金产品的达 19 起。

3. 来源国限出政策的实施，原料供应风险大增。2014 年 1 月 12 日，原矿出口禁令在印度尼西亚正式生效。在印度尼西亚确定延续铝土矿禁令政策后，印度也上调出口关税和采矿税，铝土矿开采税从 0.5%提升至 0.6%，出口关税从 10%提升至 20%。印度抬高铝土矿出口门槛，推升国内铝加工企业的生产成本，不仅压缩行业利润空间，还增加原料供应风险。2014 年，福建省铝矿砂及其精矿进口量 14.29 万吨，比上年增长 2.4%，增幅下降 13.4 个百分点。

（七）机械设备制造业

列入福建省机械设备制造业安全监测的行业有通用设备制造业、专用设备制造业、电气机械及器材制造业、仪器仪表制造业 4 个行业。2014 年，福建省规模以上机械设备制造业增加值、主营业务收入、利润总额分别为 923.81 亿元，3294.36 亿元和 228.17 亿元，均比上年增长，但增幅均回落（见表 8）。全省机电、音像设备及其零件、附件，光学、医疗等仪器、钟表、乐器及其零件、附件出口额达 292.58 亿美元，增长 2.0%，增幅回落 7.7 个百分点。

表 8　福建省规模以上机械设备制造业业主要指标

（2013-2014 年）

指标	绝对值（亿元）	2014 年增速（%）	2013 年增速（%）
增加值	923.81	9.0	14.9
主营业务收入	3294.36	6.7	12.2
利润总额	228.17	7.6	14.1

影响福建省机械设备制造业安全的主要因素如下：

1. 资金短缺。目前，资金短缺已成为制约福建省机械设备制造业特别是专用设备制造业企业生产发展的一大问题。据对274户福建规模以上专用设备造业企业调查，2014年43.8%的企业反映流动资金短缺，比全省平均水平高6.6个百分点。

2. 行业集中度较低。当前，我国整个机械设备工业产业集中度较低，前10大企业总量的比重，美日等发达国家可以超过50%，而我国不足10%。从福建省情况看，2013年工业总产值超100亿元的机械设备制造业企业仅为1家。

（八）非金属矿物制品业

2014年，福建省规模以上非金属矿物制品业增加值、主营业务收入、利润总额分别为729.53亿元、2511.21亿元和186.76亿元，均比上年增长，但增速均回落，其中利润总额增速回落较大（见表9）。全省矿物材料制品、陶瓷品、玻璃及其制品出口总额66.21亿美元，增长11.7%，增幅提高4.1个百分点。

表9　福建省规模以上非金属矿物制品业主要指标

（2013-2014年）

指标	绝对值（亿元）	2014年增速（%）	2013年增速（%）
增加值	729.53	11.2	16.0
主营业务收入	2511.21	11.6	17.0
利润总额	186.76	9.5	22.0

影响福建省非金属矿物制品业安全的主要因素如下：

1. 产品竞争力偏弱。一是产品附加值低。福建大部分非金属矿物制品业企业缺乏自主创新能力，R&D投入强度低。据对福建133家非金属矿物制品业企业调查，2014年30.8%的企业有R&D经费支出，其R&D经费支出占其主营业务收入的比重仅为1.2%，比全省规模以上工业平均水平低1.0个百分点。由于R&D投入强度低，产品附加值难以提升，福建非金属矿物制品业产品在国际市场售价不高。以陶瓷为例，2014年福建陶瓷产品平均出口价格约合5757美元/吨，比全国平均水平低47.6%。二是缺乏国际知名品牌。以陶瓷为例，虽然福建部分陶瓷企业已实施了品牌战略，但品牌战略和品牌经营水平与国外或先进省份差距较大，品牌影响力有限，产品知名度不高，在市场上缺乏竞争力。据世界品牌实验室发布的“2014年我国最具价值品牌500强”显示：全国陶瓷行业共有21个品牌入选我国最具价值品牌榜，其中广东有15个品牌入选，而福建仅有2个品牌入选。

2. 出口频遭国外反倾销调查。以陶瓷为例，近年来我国陶瓷出口不仅来自发达国家的贸易摩擦不断增多，而且新兴市场的贸易摩擦也呈扩大化趋势。2013年，欧盟对我国产相关陶瓷产品征收长达5年的反倾销税后，多个新兴市场如巴西、印尼等国家和地区对我国出口陶瓷也实施了反倾销措施。福建陶瓷年出口额居全国前3位，欧盟作为福建陶瓷四大出口市场之一，欧盟反倾销对福建陶瓷企业造成较大的影响。据对部分陶瓷企业调查，欧盟反倾销对福建日用陶瓷企业造成较大影响。一是51.9%的被调查企业反映新签订单减少；二是70.3%的被调查企业反映企业利润下降；三是37.0%的被调查企业反映产值下降。

3. 资金紧张局面没有明显缓解。据对福建省

464 户非金属矿物制品业企业调查，36.6%的企业反映流动资金短缺。其中，资金缺口 10%-20%的企业占 31.8%，比上年提高 4.1 个百分点；资金缺口 20%以上的企业占 20.6%，提高 5.9 个百分点。在激烈的市场竞争环境下，企业流动资金短缺，使得企业的经营难度加大，限制了企业的发展。

（九）食品产业

列入福建省食品产业安全监测的行业是农副食品加工业、食品制造业。2014 年，福建省规模以上食品产业增加值、主营业务收入、利润总额分别为 823.58 亿元、3372.23 亿元和 193.07 亿元，均比上年增长，但增幅均回落（见表 10）。全省活动物、动物产品，植物产品，动、植物油、脂、蜡、精制食用油，食品、饮料、酒及醋、烟草、烟草及烟草代用品的制品出口总额达 87.43 亿美元，增长 6.5%，增幅回落 2.3 个百分点。

表 10　福建省规模以上食品产业主要指标

（2013-2014 年）

指标	绝对值（亿元）	2014 年增速（%）	2013 年增速（%）
增加值	823.58	11.3	13.5
主营业务收入	3372.23	12.4	15.5
利润总额	193.07	6.8	19.6

影响福建省食品产业安全的主要因素如下：

1. 技术性贸易壁垒不断升级。2014 年 1 月 1 日，韩国正式开始执行 2014 年度进口水产品检验计划，其中针对我国水产品启动了更严格的进口壁垒。共有 10 大类药物活性物质，其中孔雀石绿在 15 种鱼类的抽样比例均为 100%；硝基呋喃在虾中的抽样比例为 100%。2014 年 2 月 27 日，FDA 提出食品营养标签改革方案，这是美国食品营养标签实施 20 年以来首次大幅度修改。修改后的法案将增加企业的应对成本，企业需要改进标签、检测和认证，运营成本增加。随着欧美、日韩等发达国家日益提高的食品进口要求，使得福建省食品出口阻力日渐增加。

2. 农产品加工程度低。福建省农产品加工业发展水平相对落后，出口农产品中初级产品如水海产品、蔬菜、水果等占大多数，精深加工产品比重低。2014 年，福建省共出口水海产品、蔬菜和水果 69.05 亿美元，合计占福建省农产品出口总值的 78.9%，而出口烤鳗、蘑菇罐头、番茄酱等精深农产品 10.16 亿美元，仅占 11.6%。粗加工产品比重较高，精深加工产品较少，产品附加值不高，影响福建省农产品行业的发展。

三、2015 年产业安全状况预测及对策建议

（一）2015 年预测

1. 有利形势。从国内看，一是对外贸易政策环境继续优化。国务院办公厅 2014 年 5 月印发了《关于支持外贸稳定增长的若干意见》，各级政府先后出台了专项对外贸易政策和配套措施。这些政策使贸易便利化水平得以提升，不合理税费得到进一步清理，企业对外贸易成本下降，新型贸易业态发展加速。2015 年政策作用将持续，对外贸易政策环境继续优化。二是福建作为古海上丝绸之路的重要地点和发祥地，我国实施的“一带一路”政策将对福建产生较大的影响，给福建的对外贸易带来新的机遇。三是自贸区建设取得新进展。2014 年 12 月，国家又新增三个新的自由贸易实验区，分别为广东省、福建省以及天津市，自贸区的成立将推动制造

商从低端制造业升级。新开放型经济平台的建设，有利于构建一个更加透明、更加稳定、可预期的投资环境。四是电子商务发展迅猛。2014 年，我国电子商务市场交易规模 12.3 万亿元，增长 21.3%，其中网络购物增长 48.7%，在社会消费品零售总额渗透率年度首次突破 10%，成为推动电子商务市场发展的重要力量。通过加大电子商务平台的建设，将为经济复苏提供新空间、新动力。从国际看，在全球货币政策总体宽松、美国再工业化和全球经济结构调整影响下，2015 年全球经济继续回暖。国际货币基金组织预计，2015 年全球经济增速为 3.5%，增速比 2014 年小幅上升 0.2 个百分点；发达经济体为 2.4%，其中美国为 3.6%，欧元区为 1.2%，均高于上年水平。

2. 不利形势。①国际市场需求增长仍显乏力。2014 年，全球经济复苏步伐低于预期，一些国家仍然在消化包括高负债、高失业率在内的金融危机的后续影响。同时，由于劳动力人口老龄化、劳动生产率增长缓慢导致全球经济潜在增速下降，也导致全球贸易增长缓慢。根据世界贸易组织（WTO）发布的全球贸易增长预测，将 2015 年全球贸易额增长预期下调为 4%，远远低于 2008 年金融危机前 10 年平均贸易年增长率 6.7%的水平。②各国经济复苏格局分化加剧多重风险。世界各国走势分化、结构分化、周期分化导致政策进一步分化。美联储退出量化宽松政策、美元步入升值周期，以及主要经济体货币政策分化将导致国际金融市场动荡的风险增大，加剧全球主要汇率波动以及多重经济金融风险。③外贸传统竞争优势弱化。当前，我国劳动力成本处于快速上涨期，近几年年均涨幅超过 10%，沿海地区出口产业劳动力成本普遍相当于周边国家的 2-3 倍甚至更高，劳动密集型出口产业竞争力不断萎缩，制造业利用外资持续下降，不仅纺织服装等产品在发达市场份额明显下降，而且低端机电产品对发达市场出口增速也开始落后于部分周边国家，出口订单和产能快速向周边国家转移。④贸易摩擦加剧。我国已连续 19 年成为遭遇反倾销调查最多的国家，2014 年共有 22 个国家和地区对我国出口产品发起贸易救济调查 97 起。其中，反倾销 61 起，反补贴 14 起，保障措施 22 起，涉案金额 104.9 亿美元。此外，还遭受美国 337 调查 12 起，遭受欧盟发起的反规避调查和反吸收调查各 1 起。⑤人民币汇率双向波动。2014 年以来，人民币从长期单边升值模式，进入双向波动"新常态"。2015 年人民币汇率改革步伐加快，预计未来人民币走势以双向波动为主，浮动区间有所扩大。人民币双向波动，增大了人民币汇率走向的不确定性，增加了企业报价、谈判难度，影响了企业接单积极性。

总体上看，全球经济复苏疲软、国内成本优势削弱、贸易壁垒加剧等影响因素在 2015 年仍将存在，但是，美国等主要贸易市场的经济复苏态势已较为稳固，发展中经济体和新兴市场经济也增长平稳，增速将略高于发达经济体，我国支持外贸稳定增长的政策效应还将继续显现，这些对于稳定福建省的外贸出口都将起到积极作用。据对部分大中型出口企业调查，2015 年企业订单平稳，出口信心提振，出口订单预期良好，出口增速将高于 2014 年。

（二）对策建议

1. 加快转型升级，增强企业效益。随着人力成本不断增长，依靠成本竞争优势为主的传统加工制造也将难以为续。招工难和用工成本上升，已成为当前阻碍企业经营发展的共性问题。因此，鼓励优势传统产业企业加大技术改造力度，抓好核心技术产业化、先进装备更新、信息技术应用、品质提升、工业设计等主要环节的升级突破，提高企业技术层次，增加产品附加值，释放福建省产业的聚集优势，实现从成本竞争优势到技术竞争优势的转变。

2. 进一步完善自主创新政策法规体系。推进自主创新拥有核心技术是保障国家和地区经济和产业安全的根本所在。虽然福建省已出台了一系列创新规划和政策，但仍存在一些扶持创新的政策措施落实不到位、配套实施细则跟不上、对知识产权保护力度不够等问题。因此，要进一步加大对企业自主创新的扶持力度，引导企业根据市场经济导向开展科技创新活动，创造具有自主知识产权的新主品、新材料、新技术，提高企业的市场竞争力。同时，要进一步加大知识产权保护力度，为科技自主创新创造良好的社会环境。

3. 有效发挥出口信用保险作用，开拓国际市场。由于世界经济复苏缓慢，出口企业面临收汇风险增长的问题。而出口信用保险的短期出口保险、中长期出口保险、海外投资保险等业务对保障企业应收账款安全，了解买家实际情况，避免战争及政治暴乱等风险具有积极作用，有助于企业破解“有单不敢接”等难题，开拓国际市场。为此建议，进一步完善出口信用保险财政扶持政策，通过保费补助和融资贴息等方式，鼓励企业投保出口信用保险，降低企业出口收汇风险，进一步提高了投保出口信用保险的积极性。

4. 应用应收账款融资服务平台，缓解企业融资难。近年来，依托应收账款进行融资是许多国家缓解中小企业融资难的一种有益实践。我国也在不断探索中。如 2013 年 12 月 31 日，中国人民银行征信中心依托应收账款质押登记公示系统，组织建设了应收账款融资服务平台。自 2014 年 1 月 9 日达成首笔融资交易以来，该平台已累计促成融资金额 921.1 亿元，其中中小微企业的融资笔数占比近 80%，融资金额占 58.1%。通过应收账款融资服务平台，有助于提高全社会资金流动效率，释放产业链上由于长期“三角债”带来的巨大压力，降低产业链运行风险；有利于大企业通过抵付实现应收、应付账款“双降”，并使处于产业链条远端的中小企业借助大企业的高信用实现融资易、融资快、融资廉。因此，建议推广应用应收账款融资服务平台，并培育和引导金融机构开展应收账款融资业务，缓解企业融资难。

（执笔：张琛）

"清新福建"旅游品牌体系实施情况调查分析

"清新福建"旅游品牌，是福建省政府在建设生态省的背景下为推动旅游产业转型升级，于2013年底提出。随着2014年元旦"清新福建"以旅游形象宣传广告在中央电视台新闻联播节目倒计时播出，标志着"清新福建"旅游品牌全面打响。据对9个设区市及部分市县调查表明，2014年以来，各地致力于"清新福建"旅游品牌体系建设，取得了初步成效。

从接待旅游人数上看，2014年全省接待国内外游客2.34亿人次，比上年增长16.8%。其中，接待国内旅游人数2.29亿人次，增长17.1%，比全国高出6.4个百分点；接待入境游客544.98万人次，增长6.4%，增幅提高2.7个百分点，比全国（下降0.5%）高出6.9个百分点。从接待旅游收入看，接待国内外游客旅游总收入2707.67亿元，增长18.4%，增幅提高0.7个百分点。其中，国内旅游收入2405.84亿元，增长20.1%，增幅提高2.4个百分点，比全国高出4.7个百分点；国际旅游外汇收入49.12亿美元，增长7.4%。2015年第一季度，继续保持较好的发展势头，接待国内外旅游人数5421.16万人次，同比增长12.9%，其中接待国内旅游人数5308.08万人次，增长13.1%，增幅提高1.7个百分点；旅游总收入641.56亿元，增长13.3%，增幅提高2.5个百分点。

一、"清新福建"旅游品牌体系实施情况

2014年3月，国务院印发《关于支持福建省深入实施生态省战略加快生态文明先行示范区建设的若干意见》，为全面打响"清新福建"旅游品牌带来重大的机遇。全省各地紧紧抓住这个机遇，以强化体制机制改革和优惠政策为先导，以旅游宣传为途径，以项目建设为动力，致力于实施"清新福建"旅游品牌体系建设。

（一）强化体制机制改革，形成旅游发展合力

1. 改革旅游管理体制。围绕清新福建品牌，持续深化改革，创新发展理念。首先，开展景区招商。2014年，全省首次面向全国推出26个中小旅游景区对外托管招商；其次，下放旅行社行政许可，将旅行社行政许可项目审批权下放到各设区市旅游局和平潭综合实验区经发局；第三，创新旅游专项资金管理和使用机制，制定行之有效的旅游专项资金管理模式和办法，优化专项资金使用，改变以往"撒胡椒面"的方式，实现从"人分钱"到"制度分钱"转变。

2. 制定出台相关规划与政策。福建省政府办公厅下发《全省旅游产业发展2014年行动计划》，内容包括构建"大旅游、大产业、大发展"新格局、打响"清新福建"旅游品牌8个方面的重点任务及保障措施等。从部门看，福建省海洋与渔业厅、环保厅、住建厅、体育局、旅游局等相关省直部门联合下发了《推进无居民海岛旅游开发指导意见》等4个实施意见，为发展海洋旅游、生态旅游、全域化旅游、体育旅游等提供政策支撑；福建省台办、公安厅、交通厅等多部门相互配合，向国家有关部门争取了漳州成为赴台个人游试点城市、赴金马澎个人旅游签证便利化等对台旅游先行先试政策；福建省国土资源厅、林业厅优先保障旅游建设用地、用林指标配给。从地区看，各地相应制定出台关于加快旅游产业发展的实施意见与政策，对3A级以上旅游景区、三星级以上乡村旅游景区、四星级以上旅游饭店、4A级以上旅行社、获得省级和国家级工农业旅游示范点、获得优秀旅游县称号的单位分别给予一定金额的奖励。

3. 加强部门协作形成合力。完善各级各部门综

合协调机制。2014 年，福建省旅游局联合省海洋与渔业厅推动 20 个无居民海岛旅游开发建设；联合福建省交通厅推进全年旅游标识标牌、旅游景区最后一公里道路建设；联合福建省住建厅启动旅游全域化县市试点工作，合力推动一批历史文化名村名镇建设；联合福建省住建厅、农业厅、水利厅推进全省 A 级景区创建工作，2014 年完成 53 家 A 级景区创建；联合福建省委宣传部、省新闻办、省外办共同宣传推广“清新福建”；联合公安、交通、消防、工商、物价、税务等部门进行春节、国庆旅游市场督查检查等。强化部门联合跟踪督查，联合福建省委宣传部、省文化厅成立专门督察组，赴各地开展文旅融合 8 大示范工程重点项目督查；联合福建省发展和改革委员会、省财政厅对 9 个重大旅游项目进行实地考察；联合福建省住建厅对全省乡村旅游与美丽乡村建设进行督导。

（二）强化营销宣传，打响“清新福建”旅游品牌

一年多来，通过“省级搭台、地方唱戏”等各种形式开展各具特色的旅游营销宣传工作，有力地提升了“清新福建”旅游品牌效应。

1.“省级搭台”，构建全省统一的营销平台。全省统一实施“清新福建”品牌营销推广战略，出台旅游品牌宣传资金奖励政策，构建全省联动营销格局；搭建网络营销平台，福建省旅游局官方微博成为全国政务微博百强，官方微信位居全国旅游微信前五；推出“清新福建四季行”“清新福建新发现”等全省营销大平台；通过举办第十届旅博会，实现旅博会向专业化、市场化办会转变，为各地旅游资源展搭桥牵线；2014 年全年在央视新闻频道黄金时段播出“清新福建”宣传片；在全国首发“清新指数”并建立常态发布机制；在厦门举办“第八届中美省州旅游局长合作发展对话会议”；拓展省外市场，开展“清新福建高铁旅游八省推广季”“百万游客 V 游清新福建”等营销活动，全面拓展高铁沿线和长三角、珠三角、华中以及内陆省份的旅游市场；启动国际网络旅游营销项目，在斯里兰卡等海丝沿线国家和城市举办“美丽中国·清新福建”专场旅游推介会，开展以“发现福建·发现厦门·发现土楼”为主题的欧洲营销推介活动等，扩大品牌影响度。

2.“地方唱戏”，各地多渠道、多形式开展旅游营销宣传活动。如福州市创新营销模式，开发微博等新兴媒体宣传手段，举办“骑二维码到福州享福”“爱旅游、行文明”等系列主题活动，组织参与新浪微博“让红包飞”活动，启动《有福之州、让梦想更绚烂》大型旅游公益网络活动，开通“遇见福州”政务微信订阅号。截至 2014 年末，福州旅游政务微博粉丝数量已达到 302 万人，比上年末增长近 10 倍，位居福州市政务微博首位。厦门市实施“清新福建·美丽厦门·游客共享”宣传营销行动；积极参加国内各类展会和福建旅游推介活动，组团参加 2014 上海国际旅游交易会、海峡旅游博览会、武汉华中旅博会、中国邮轮产业大会等。南平开展“清新福建行·一元门票游大武夷”活动，游客比上年增长 78.0%。龙岩市投入 200 余万元，以“清新福建·欢乐龙岩”为主题，举办 2014 年海峡客家旅游欢乐节；投入近 60 万元在省内主要线路动车上通过广播、头枕巾、视频、海报等载体宣传“清新福建·欢乐龙岩”品牌；投入 20 万元搭建成海外英文版官方营销网站，并通过中国日报英文网在欧美进行推广宣传，提升海外营销效果。宁德市在央视 CCTV-4“走遍中国”栏目、福建东南卫视新闻栏目各投放“清新福建”宁德旅游宣传片；与人民网福建频道合作，开展网络营销“清新福建”宁德旅游宣传活动；在所有经停宁德的动车上播放宁德旅游广告；推出白水洋动车组冠名广告；开展微信宣传，截至 2014 年末，宁德旅游官方微信单条信息最高阅读量近 5000 人次。全省形成“月月有活动、季季有高潮”的营销格局，有力地提升了

"清新福建"旅游品牌的效应。

（三）强化项目支撑，激发旅游产业活力

1.强化项目带动，引进和培育龙头企业。2014年，全省全面启动6个百亿以上重大项目，即"六大工程"建设。全年推进263个重点旅游项目建设，总投资2568亿元;全年累计完成投资452.66亿元，比上年增长24.1%，超过当年计划投资完成额14.5%。全省累计签约旅游项目178个，总投资2245亿元，增长11.5%。策划包装70个总投资超2000亿重大项目和新业态项目，赴北京、上海等地召开"投资福建旅游招商会"，推动旅游资源招商向创新创意招商转变。福州市全力推进省、市重点旅游项目，2014年重点在建项目共30项，计划总投资865.69亿元，年度完成投资50.58亿元。厦门市推进高端旅游休闲项目建设，发展包括游艇、高尔夫球、直升飞机以及房车露营地等高端旅游休闲项目。如东渡邮轮母港项目总投资预计180亿元，规划建筑总面积约270万平方米，已完成投资11.92亿元，其中2014年已投资10.88亿元；2个"带着房子出游"的房车露营地项目投入运营，独创了"房车+闽南特色式庭院"的经营模式；还完善五缘湾国际游艇会综合配套设施。泉州市稳步实施项目带动，2014年对外招商共签订合同和意向协议17个旅游项目，总投资125.64亿元。同时推进如晋江五店市传统文化街区等13个市级旅游重点在建项目及安溪海峡茶博园等省旅游六大工程，总投资19.92亿元。漳州滨海火山国家地质公园二期项目，截至2015年3月末，完成投资3亿元，建设完成火山地质博物馆、爱巢集装箱酒店、紫竹苑、无边界泳池及配套设施、景区夜景工程及监控、房车自驾车营地接待服务中心、自驾车营地、房车营地、拓展营地，并投入使用；漳浦翡翠湾旅游开发一期项目，截至2015年3月末，完成投资3.2亿元。其余各市相应开展了不同形式的项目建设，有效地增进了"清新福建"旅游品牌的魅力。

2.加快培育旅游新业态项目，丰富旅游产品。通过推动旅游与相关产业融合，如召开全省旅游产品体系建设和景区提升现场会，推动新业态项目落地；发展厦门邮轮为重点的邮轮旅游，2014年运送旅客突破10万人次。各地结合当地实际，推出了一批新的旅游业态。如以福建师范大学、福建农林大学等"闽台修学旅游基地"为依托，组织台湾学生来福州修学旅游，并组织参加第二届海峡青年节的台湾学生考察福州，促进两地学生互动交流；漳浦县举办全国青少年"圆梦蒲公英"暑期主题活动、"花漾年华"艺术主题夏令营活动；莆田市湄洲岛景区结合东环景观带建设，引导海鲜美食、咖啡馆、酒吧、自行车租赁等旅游业态集聚；策划举办啤酒节、沙雕节、音乐节、风筝节等节事活动，发展摩托艇、卡丁车等海上游乐项目；上杭县"福阿哥户外露营地"项目建成投入使用，增加了新的旅游产品。

3.打造多种融合旅游元素的特色产业，延伸旅游产业链条。首先，在新型城镇建设中融入生态旅游元素。2014年，全省组织实施乡村旅游"百镇千村"行动计划，重点推进22个休闲集镇和80个特色村建设，延伸旅游产业链条。如福州市把马尾闽安村、长乐青山村、永泰嵩口镇、闽侯孔元村列入"闽台乡村旅游试验基地"和最美乡村建设。其次，积极推进文旅融合。如龙岩市重点推进客家古镇、客家博览园、上杭客家缘文化中心、武平客都汇文化旅游综合体、古田客家风情街、土楼风情街等一批文旅融合旅游项目建设；三明市凸显客家文化、朱子文化、红土地文化、抗战文化等地域特色文化，启动五夫镇十项保护修缮和文旅项目，策划纪念朱熹诞辰885周年朱子文化交流十项活动等。第三，推进工业与旅游融合。各地在有条件的新区、开发区探索打造工业旅游示范区，引导有条件的工业生产场所和设施打造工业旅游项目。第四，推进生态旅游与科技融合。如建设全省"智慧旅游"平台，推进旅游信息化工程，推广旅游网上超市、智能酒店、三维生态景区等智能旅游项目，积极发展旅游电子商务、网上咨询服务，提高生态旅游企业信息化水平。

（四）优化旅游公共环境，提升旅游服务质量

1. 完善旅游公共服务。把旅游集散中心及标识标牌建设纳入省政府为民办实事项目，2014 年完成 14 个旅游集散中心和全省主要景区旅游交通标识标牌建设任务；启动建设 45 条通往景区景点道路，完成 25 条道路建设任务。

2. 加强旅游市场治理。首先，完善旅游市场执法监督机制。组织 31 个省直部门开展联动，形成“大行管”机制，集中治理强迫消费、零负团费、承包挂靠等游客反映比较集中的问题。其次，完善旅游市场投诉受理机制。建立统一投诉受理办理转办工作机制，开发“福建省旅游团队服务监管平台”，2014 年全省旅游质监部门正式立案处理的旅游投诉案件同比下降 19.6%。第三，完善旅游安全保障机制。在全省星级饭店、旅行社开展“安全标准化提升三年行动”。

3. 提升旅游服务质量。首先，制定《全面推动旅游标准化建设三年行动计划（2014-2016）》，制定 7 个“清新福建”特色旅游标准。其次，实施星级饭店动态管理，对不符合标准的 31 家星级酒店实施摘星。第三，完成全省智慧旅游总规划及大平台建设方案，扎实推进智慧旅游一期基础工作，确定福州马尾区、漳州漳浦县等首批 10 个省级智慧旅游工作试点。第四，发布“清新指数”，福建省旅游局从 2014 年 3 月 19 日起发布全省 50 个生态旅游景区的“清新指数”，每天实时监测景区 $PM_{2.5}$ 和负氧离子数据以反映景区内的空气质量现状及变化趋势。公众可通过福建省旅游局官方网站、微博等渠道查询。

二、“清新福建”旅游品牌体系实施过程中存在的困难与问题

由于“清新福建”品牌处于培育期，发展时间尚短，整体影响力有待提升，各地反映存在一定的困难与问题。

（一）旅游规划对地方指导性欠具体

《福建省旅游产业发展 2014 年行动计划》及《福建省生态旅游标准化体系试点建设方案》等指导性文件，主要是针对全省情况制定的，对各市县的建设发展指导性不够具体。各市、县在规划与建设重点上存在一定程度的项目重复建设、同质竞争的现象。

（二）市县对外旅游宣传力度仍需加强

市县两级对外宣传渠道相对狭窄，尤其是对省外、国外宣传。同时，宣传多为政府行为，旅游企业主动融入宣传意识不强，导致一些具有当地特色的旅游资源得不到宣传。宁德市反映，福鼎、屏南旅游宣传面不广，客源多来自于本省及与闽东交界的浙江东南地区；霞浦滩涂摄影至今还未建立滩涂摄影官方网站对外宣传，主要是通过“驴友”、摄友之间相传。莆田市反映，华亭镇龟山寺为莆田四大丛林名寺之一，拥有真身宝像和大片的茶场旅游资源，因没有得到有效的宣传与开发，客源稀少。厦门市 2015 年财政计划下拨用于旅游宣传营销经费比上年下降约 11%，因而无法在中央电视台上进行旅游宣传广告；据对同安区北辰山景区、同安影视城随机的36位游客进行问卷调查表明，有44.5%的受访游客是通过亲友介绍来旅游的。

（三）旅游市场开发程度仍不够

旅游市场主体“小、散、弱、差”局面尚未根本改观，特别是缺乏有影响力的龙头企业。漳州市反映，全市 58 家旅行社，大部分都是“小社”，“弱、小、散、差”，综合竞争力、抗风险能力有限，难以吸引省外游客。全市国内游客来源地以省内为主，占 80%以上，其中漳州本地游客占比达 42%。尽管近年来福建旅游业取得较快发展，但福建旅游业与广东省差距仍然很大。2014 年，福建口

岸入境旅游总人数为 544.98 万人次，仅为广东省5.6%，其中外国人入境过夜游人数 195.06 万人次，仅为广东省的 29.0%；接待国内游客 2.29 亿人次，总收入为 2405.84 亿元，分别仅为广东省的 34.8%和 29.3%。

（四）旅游产业链短板问题仍较为突出

旅游业涵盖“食、宿、行、游、购、娱”，而福建在旅游资源开发上，仍以游览观光为主，休闲度假型少，景区“门票经济”特征明显。如福鼎中亚旅行社反映，到福鼎旅游的主要为该市周边 300 公里左右居民，其中一、二日游人群占 85%以上。同时，一些季节性的景区或旅游产品由于配套延伸产品开发不足，淡旺季效应过于明显。如屏南县白水洋和鸳鸯溪景区，夏季旅游旺季时宾馆客房供不应求，而冬季因游客少造成客房大量空置；福鼎前歧过海石景区，三四月份桃花盛开，游人如织，花期一过，乏人问津。

（五）旅游公共服务设施不够完善

旅游开发是资金集约型的产业，从基础设施、公共服务设施的建设完善到景区建设、景区维护都需要大量资金的投入。由于地方财力限制，旅游交通设施、公共服务设施、餐饮住宿等条件欠完善。龙岩市反映，漳平市因资金缺乏，城区还没有游客集散中心，南洋、永福旅游名镇游客服务中心至今未建成，旅游标识系统、景区（景点）停车场、星级公厕等公共设施不完善，致使永福樱花节期间，游客“三等”（等用餐、等上卫生间、等车）现象严重；宁德市反映，屏南全县仅有 1 家 4 星级饭店，2 家 3 星级饭店，在夏日旅游高峰期难以满足游客的需求。

（六）旅游市场发展不够规范

主要是一些景区缺乏有效管理，存在无序竞争乱象。如霞浦县摄影旅游市场主要由无导游资质的摄影协会会员、摄影爱好者甚至非摄影个体组团带团操作，存在“黑摄”“黑导”“黑车”等无证照经营旅游业务现象，相互之间竞相拉客，恶性竞争，严重扰乱摄影旅游市场秩序。

三、打响“清新福建”旅游品牌的几点建议

（一）继续推进规划建设，优化旅游产业布局

在《福建省旅游产业发展 2014 年行动计划》及《福建省生态旅游标准化体系试点建设方案》框架下，有关职能部门发挥统筹协调、指导推动作用，制定针对市县具体可操作的“清新福建”旅游品牌体系实施细则；立足各地旅游资源优势和交通区位条件，出台健全和完善全省旅游产业发展规划体系，指导市县旅游产业发展，推进旅游区域分工合作，避免同质化现象产生，优化旅游产业布局。

（二）加大宣传力度，注重品牌营销

加大“清新福建”品牌推广体系建设力度。继续采取“省级搭台，地方唱戏”的模式，省级继续加大品牌的宣传力度，重点是多渠道、多形式地向省外、国外宣传“清新福建”旅游品牌。地方政府应积极利用省级宣传平台，重点根据当地特色旅游资源策划旅游营销宣传方案，实现“省、地互动”。加大区域旅游营销合作力度，继续“走出去、请进来”，创新活动载体，不断巩固长三角、珠三角传统客源市场，开拓京津冀市场、高铁沿线旅游客源市场以及西部、东北等相对薄弱客源市场，积极拓展港澳台及日韩美与东南亚等国（境）外市场。同时要动员集聚社会合力，努力形成“人人都是旅游形象，处处都是旅游环境”全社会积极参与和促进旅游产业跨越发展的良好氛围。

（三）积极培育旅游市场主体，创新景区管理机制

坚持抓龙头、铸链条、建集群，促进旅游产业提质增效。主要针对福建及各地旅游产业现状和市场需求，建立公开透明的市场准入标准和运行规则，打破行业、地区壁垒，推动旅游市场向社会资本全面开放，引进一批全国有影响的旅游企业集

团，培育龙头企业；通过合资合作、产权流转和股权置换等多种形式，整合旅游资源，组建培育若干旅游投资企业集团；支持旅行社和旅游车船公司跨地区连锁经营，整合重组现有旅行社，培育扶持一批龙头旅行社。同时，鼓励境内外投资者和各类经济组织及个人投资开发、经营旅游景区；鼓励和支持中小型旅游景区以托管的形式将经营管理委托给相关旅游企业，引入先进的经营机制和科学的管理手段，推动景区专业服务连锁经营。

（四）整合旅游资源，延伸产业链

加大“清新福建”旅游产品体系建设。在省级规划的框架下，加强地方之间旅游资源的整合，打造以生态游为主题的休闲产品，突破景区单一的门票经济，走复合型、多业态、多形式的发展道路。如加快建设以休闲农业、森林旅游、生态养生、休闲渔业、海岛度假等休闲集镇、特色村旅游，推动旅游景区与相关产业融合发展；加强工业旅游创意设计和时尚品牌塑造，发展观光工厂，提升购物消费；发展山地越野、野外探险、户外露营、骑行、攀岩、漂流以及低空飞行等山地户外体育运动旅游产品以及潜水、独木舟、冲浪、帆板、摩托艇等海上运动旅游产品，推动景区与体育融合发展；利用福建滨海旅游优势，借鉴马尔代夫、塞班岛、韩国济州岛等的成功经验，打造旅游者的“清新蜜月圣地”。延伸旅游“产业链”，丰富景区产品类型，实现从单一“景区点”向具有观光休闲度假功能的旅游产品转变。

（五）强化旅游项目建设，完善公共服务体系

一方面，要强化旅游项目建设。主要是加强项目招商引资，精心策划包装重大旅游投资项目和新业态项目，采取“一对一”“点对点”的方式对外招商。另一方面，要加大“清新福建”旅游公共服务体系建设力度。要全力推进省和地方旅游咨询服务中心建设，提升优化旅游资讯网络服务功能；完善景区特色文化展示系统、导游标识和信息导游系统，加快旅游电子商务发展；建立集信息咨询、电子地图、酒店预订、导游服务、交通服务、旅游商品等功能于一体的覆盖全域的旅游公共信息服务体系；推进旅游行业标准化建设，严格实施旅游目的地、旅游产品、旅游服务、旅游设施等方面的规范标准，全面优化旅游服务环境。

（六）加强执法，规范旅游市场

加强旅游市场监管，深入开展旅游市场秩序专项整治工作，强化部门间联合执法，查处景区内无证照经营、宰客、强买强卖、假冒伪劣、提供不合格产品等扰乱旅游市场秩序的违法行为，规范旅游市场，切实保护游客合法权益。

（执笔：何钦）

福建龙头企业带动效应研究

作为产业化经营的主要组织形式，龙头企业对福建经济发展做出了较大贡献。但随着经济全球化、信息化、网络化，市场竞争日益激烈化，对龙头企业发展提出了新的要求，尤其是目前经济正处于转型升级的重要阶段，龙头企业如何更好地发挥带动效应，对福建实现科学发展、跨越发展有积极的意义。

由于数据来源有限，不同产业龙头企业定义标准不同，本文农业龙头企业指规模和经营指标达到规定标准并经福建省农业厅认定的企业，工业龙头企业指大中型规模以上工业企业，服务业龙头企业指主营业务收入位于福建省同行业前 100 名的企业。

一、龙头企业发展现状

“十二五”以来，福建国民经济继续保持平稳发展态势，产业结构进一步优化，增长方式进一步转变，各产业呈现良好的发展态势。农业生产保持平稳增长，工业效益继续提升，服务业发展步伐加快，三次产业协同带动经济增长。

（一）农业龙头企业稳步发展

在农业规模化、产业化相关政策推动下，福建农业龙头企业一方面通过扩大生产经营规模、延伸农业产业链、资本运作等多种方式，提高市场竞争力，其产业主导作用不断加强；另一方面，各龙头企业围绕自身资源特色，着力农产品深加工，加强产业链上下游协作，推动特色农业资源优势转化为产业优势。从规模上看，2013 年全省省级以上农业产业化龙头企业 428 家，其中国家级 52 家，总数比上年增加 131 家；完成总产值 2236.4 亿元，比上年增长 25.3%；年末从业人员达 30.7 万人，增长 23.6%；年末固定资产原值 593.6 亿元，平均每家企业拥有固定资产 1.4 亿元，平均固定资产比上年末增长 10.8%。从效益上看，2013 年龙头企业实现产品销售收入 2101.6 亿元，增长 26.4%；完成增加值 479.2 亿元，增长 27.4%；实现净利润 126.0 亿元，增长 27.3%，平均每家净利润 0.3 亿元；上缴税额 56.0 亿元，增长 11.8%（见表 1）。

表 1　福建省农业龙头企业发展情况

（2013 年）　　单位：亿元、%

指标	绝对值	比上年增长
总产值	2236.4	25.3
增加值	479.2	27.4
销售收入	2101.6	26.4
净利润	126.0	27.3
上缴税额	56.0	11.8
固定资产原值	593.6	59.5

注：数据来源于 2013 年和 2014 年《福建农业产业化龙头企业统计年鉴》，本表数据系省级以上农业龙头企业。

（二）工业龙头企业作用突出

2013 年，全省工业龙头企业 3441 家，比上年增加 48 家；实现总产值 21223.9 亿元，比上年增长 12.6%；实现增加值 5670.0 亿元，增长 13.4%。龙头企业增加值占全省工业增加值的 60.0%，对全省工业增长贡献率达 84.0%，对全省地区生产总值的贡献率达 32.6%。在企业效益方面，龙头企业拥有资产 16999.7 亿元，增长 17.0%；实现主营业务收入 20746.1 亿元，增长 12.1%；实现利润总额 1462.1 亿元，增长 6.6%；实现税金总额 990.1 亿元，增长 9.9%；全部从业人员平均数 273.7 万人，增长 1.5%；龙头企业全员劳动生产率（以工业增加值计）为 20.41 万元/人，增长 11.8%（见表 2）。作为工业和全省经济主要支撑的制造业，其龙头企业发展对推动经济发展起了重要作用。2013 年，全省制造业龙头企业实现增加值 5165.9 亿元，增长 12.8%，占全省工业增加值的 54.6%，对全省工业增长贡献率达 73.2%。在制造业中，作为全省三大主导产业的电子信息业、机械装备业、石油化工业，其龙头企业发展进一步巩固了三大产业的主导地位。2013 年，三大产业的龙头企业实现增加值 1991.9 亿元，增长 10.1%，其增加值比重占三大主导产业增加值的 66.8%。从贡献率看，龙头企业对三大主导产业的增长贡献率达 55.7%，对全省工业的增长贡献率达 22.9%。

表 2　福建省工业龙头企业发展情况

（2013 年）　　单位：亿元、%

指标	绝对值	比上年增长	占规模以上工业比重
总产值	21223.9	12.6	62.7
增加值	5670.0	13.4	63.4
总资产	16999.7	17.0	68.1
主营业务收入	20746.1	12.1	62.7
利润总额	1462.1	6.6	65.7
税金总额	990.1	9.9	70.9

注：数据来源于 2013 年和 2014 年《福建工业能源交通统计年鉴》，本表数据系规模以上大中型工业企业。

（三）服务业龙头企业加快发展

近年来，福建通过重点发展现代服务业，培育龙头企业，发展服务业集聚区，实施服务业重大项目等政策措施，推动服务业取得了较快发展。据统计，2013 年全省服务业实现增加值 8508.0 亿元，比上年增长 9.6%。其中，龙头企业发展超过了全行业平均水平，以信息服务业、物流业、文化创意产业等为代表的现代物流业蓬勃发展，推动服务业结构调整和转型升级。据统计，2013 年服务业龙头企业实现主营业务收入 1350.5 亿元，增长 21.5%；实现利税总额（包括增值税和营业税金及附加）42.1 亿元，增长 17.3%；实现利润总额 206.4 亿元，增长 5.9%，三项指标分别占全省规模以上服务业的 58.0%、52.0%、64.3%（见表 3）。全省形成了一批全国领先的创新型服务业龙头企业，如福州福大自动化科技有限公司在数控领域规模及技术创新水平居全国之首；网龙网络有限公司在网游原创开发领域居全国第一梯队；新大陆通信科技股份有限公司开发的自主创新软件产品“二维码”技术全国领先。

表3 福建省服务业龙头企业发展情况

（2013年）

单位：亿元、%

	绝对值	比上年增长	占规模以上服务业比重
主营业务收入	1350.5	21.5	58.0
利润总额	206.4	5.9	64.3
利税总额	42.1	17.3	52.0

注：本表数据系营业收入前100名的服务业企业。

二、龙头企业带动效应分析

（一）延伸了产业链条

在龙头企业推动下，目前福建省已初步形成石油加工、化学原料及制品—化纤、纺织—服装—皮革制品—塑料制品产业链，以及冶金、金属制品—专用、通用设备—汽车船舶—电气机械—电子信息产业链这两大较完善、链条较长的产业链。部分龙头企业通过产业配套的集群效应，向上下游延伸产业链条。泉港石化基地形成以中国石化福建炼油化工有限公司为龙头，以聚丙烯、烧碱等中游项目为延伸，以塑胶、塑料等下游项目为配套的石化产业链条；福州以东南（福建）汽车工业有限公司为龙头，在形成整车、改装车、总成、零配件的产业链条后，又向下游汽车销售、汽车维修延伸；长乐纺织由中游的面料行业向上游的原料、纺机延伸，鑫港纺织机械有限公司的经编机占据全国90%以上的份额。

（二）引领了产业集群发展

截至2013年末，全省26个重点产业集群中，产值超千亿元产业集群达到8个，产值500亿-1000亿元产业集群7个，产业集群已形成一定规模。龙头企业通过将一些配套件及特定的生产工艺分离出来，形成了一批上下游配套企业，吸引了更多相关企业集聚，形成产业集聚效应。东南（福建）汽车工业有限公司、福建奔驰汽车工业有限公司落户青口汽车城后，围绕整车生产，形成了170多家零部件配套企业和30多家汽车销售企业的产业集群，其中不少零部件配套企业还供给上海通用汽车有限公司、上海大众汽车有限公司、广汽本田汽车有限公司、北汽福田汽车有限公司等整车厂；晋江运动鞋产业在安踏（中国）有限公司、特步（中国）有限公司、361°（中国）有限公司等龙头企业引领下，集聚了各类鞋业生产经营企业3000多家，鞋成品、鞋机、鞋材、皮革、鞋业化工等配套产业链完善，单是专门为成品鞋从事配套生产的鞋底、鞋面、皮革、五金制品等专业厂家就达到1500多家，2013年产值达1496亿元；闽东电机电器产业由原闽东电机厂带动，经过50余年的发展，目前已形成300多家整机厂、1000多家配套与商贸企业的产业集群，名列“中国百佳产业集群”、国家创新型产业集群培育试点。

（三）对园区经济贡献大

全省共建成各类工业园区272个，入园工业企业2.93万家，占全省工业企业的40.4%，其中规模以上工业园区实现总产值和增加值分别为13376.2亿元、3314.4亿元，占全省工业总产值和增加值的36.4%、35.0%。而作为许多工业园区的发展支撑，2013年龙头企业在园区实现总产值9470.1亿元、增加值2332.8亿元，分别占规模以上工业园区产值的70.8%、70.4%。厦门厦工集团通过建设厦工机械工业园，吸引了包括厦门齿轮厂、厦门工程机械股份有限公司、厦门叉车总厂等多家企业进驻园区，带动园区发展成为专业配套程度高、技术创新能力强，综合性、开放性的国内一流工程机械生产基地；福清融侨经济技术开发区作为全球最大的显示器生产基地，进驻了全球最大的显示器制造商冠捷集团，同时还吸引了 70 多家配套企业。2012 年，显示器产量 5600 多万台，全球占有率达 37.3%。

（四）推动产业区域集中

农业方面，全省根据区域资源优势，推动已初具规模的闽东南高优农业、沿海蓝色农业、闽西北绿色农业三大特色产业带建设。目前，全省已建成国家农业产业化示范基地、现代农业示范区、台湾农业创业园、福建农民创业园等多个农业产业园区，形成了如莆田果蔬、安溪茶叶、福清水产、漳浦花卉、建瓯林竹等具有地方资源特色的产业分布特点。工业方面，工业龙头企业较集中于福州、厦门、泉州三地，2013 年福、厦、泉三地工业龙头企业共有 2320 家，占全省工业龙头企业比重的 67.3%；实现总产值 14894.8 亿元，占全省工业龙头企业产值的 70.1%；实现增加值 3849.4 亿元，占全省工业龙头企业增加值的 67.9%；实现利税总额 1583.4 亿元，占全省工业龙头企业利税总额的 68.4%；实现出口交货值 4051.5 亿元，占全省工业龙头企业出口交货值的 81.1%（见表 4）。从对全省的经济贡献看，福、厦、泉三地工业龙头企业的增加值占全省规模以上工业增加值的 43.1%，对全省规模以上工业增长贡献率达 36.1%，对全省地区生产总值的增长贡献率达 19.8%。

表 4　福建省工业龙头企业分地区分布情况

（2013 年）　　单位：亿元、家

	福州	厦门	泉州	莆田	三明	漳州	南平	龙岩	宁德
企业数	553	411	1356	240	124	364	108	125	160
占比（%）	16.1	11.9	39.3	7.0	3.6	10.6	3.2	3.7	4.6
总产值	4738.9	3806.7	6349.2	1069.9	835.2	1998.7	578.6	844.7	1002.0
占比（%）	22.3	17.9	29.9	5.1	4.0	9.4	2.7	4.0	4.7
增加值	1168.6	938.2	1742.6	343.2	208.6	569.4	143.6	293.8	262.0
占比（%）	20.6	16.6	30.7	6.1	3.7	10.0	2.5	5.2	4.6
利税总额	474.2	331.3	777.9	120.4	52.5	190.3	53.8	199.2	115.4
占比（%）	20.5	14.3	33.6	5.2	2.3	8.2	2.3	8.6	5.0
出口交货值	1182.9	1800.2	1068.4	286.8	23.9	448.3	56.4	29.8	98.9
占比（%）	23.7	36.0	21.4	5.7	0.5	9.0	1.1	0.6	2.0

（五）提升高技术产业产值

近年来，福建龙头企业科技与创新投入不断加大。2013 年，全省规模以上大中型工业企业 R&D（研究与试验发展）经费投入 218.95 亿元，比上年增长 18.1%。全省规模以上大中型工业企业 R&D 经费投入占企业 R&D 经费投入的 78.3%，提高 1.9 个百分点；占全省 R&D 经费投入的 69.7%，提高 1.3 个百分点。研发经费投入的较快增长，带动了全省高技术产业产值的增长。据统计，2013年全省规模以上大中型工业企业实现高技术产业总产值3004.7亿元，增加值676.1亿元，分别增长6.7%、8.7%，其总产值和增加值占全省规模以上工业的8.9%、7.6%。

（六）推动产业转型升级

在推动产业结构调整方面，全省以产业转型升级为抓手，加强技术改进，推广信息化管理以及产品，逐步形成了业态创新为特点的内涵型发展方式。同时通过龙头企业的带动效应，全省加快传统行业高端化、高新技术产业化、新兴产业规模化，取得了一定成效。以泉州数控产业为例，政府通过扶持龙头企业，围绕上下游产业链部署创新链，推动产业链企业转型升级。目前泉州高端数控装备已在国内占有重要地位，当地纺织鞋服企业已使用国产数控和伺服系统1000多套，数控机床产业使用100多套，建材行业使用200多套，大大降低了劳动力使用量和工业生产能源消耗。

三、提升龙头企业发展水平的对策思考

（一）实施品牌提升工程，提升企业品牌竞争力

品牌是一个企业整体素质的综合体现，对企业提高市场竞争力、产品附加值具有重要意义。因此，应根据福建行业特点，通过如“福建省品牌监测与研究”等平台或渠道，开展龙头企业品牌提升研究，引导龙头企业加大品牌培育力度。一是制定品牌培育规划，分行业推动。定期筛选符合一定条件的龙头企业，根据企业发展情况和品牌建设情况，指导企业科学评价并持续改进品牌培育绩效，同时支持企业进行品牌专业人才培养。二是做好品牌保护工作。在加大龙头企业知识产权保护的同时，指导企业加强网络品牌建设与保护意识。对农业龙头企业与专业合作社等组织创立的农产品品牌，加大保护力度，同时对联营创品牌给予一定补贴。三是深化品牌推广工作。在省内通过“6·18”“9·8”等平台继续深化品牌推广工作；同时推动优秀企业“走出去”，参加世界知名展会的参展活动，塑造福建工业企业质量品牌国际形象。

（二）扶持龙头企业推动产业结构调整，加快服务业发展

近几年，全省第三产业产值比重一直在40%左右徘徊，而且第三产业企业规模普遍偏小、缺少具有带动性作用的大型龙头企业，导致服务业龙头企业带动作用不明显。服务业龙头企业的生产诱发系数和影响力系数分别仅为0.2569和0.5828，均远低于工业龙头企业。因此，对于第三产业龙头企业，尤其是现代服务业龙头企业，一方面应进一步加大扶持力度，深入落实各项扶持政策，为企业推行“一企一策”，在企业上市、总部经济建设、资质认定、特殊行业准入等方面给予重点扶持；同时，对制造业发展具有拉动作用的现代物流、技术研发、金融保险、软件和信息服务等高端服务业，应着重培育行业龙头，通过龙头引领作用壮大高端服务业的市场，推动现代服务业和现代制造业互动融合、相互促进。另一方面，根据全省已形成电子信息产业为主导的高技术产业格局，重点推进软件和集成电路、新一代网络和计算机、物联网、数字视听、新型显示器件等电子信息龙头企业做大做强，培育一批主业突出、市场占有率较高的龙头企业。同时，以产业集群为依托，加速建设专业服务中心，大力支持建立行业技术开发中心、信息服务中心、融资担保机构等，推动生产性服务业的发展。

（三）鼓励龙头企业兼并重组，提高企业资本运营能力

兼并重组是企业资本运营的重要表现形式，鼓励龙头企业通过兼并重组壮大规模，既有利于提高资源配置效率，调整优化产业结构，提高企业的竞争力，对企业提升资本运营能力也有重大帮助。因此要根据本省产业发展特点，鼓励龙头企业开展跨

地区、跨所有制兼并重组，对通过兼并重组提升自身实力的企业，在税收、费用、土地、人力等方面予以一定支持；同时鼓励龙头企业通过合资合作、产权流转和股权置换等方式实施产业链、价值链并购重组，推动产业链整合和链条延伸。此外，根据全省产业发展特点，编制金融产业发展规划，以金融产业化发展为突破口，通过“6·18”“9·8”等平台，开展金融产业大会、金融讲堂、重点企业战略发展融资对接等形式，破解企业直接融资瓶颈，提高企业资本运营能力；同时通过积极推进企业上市、发行债券、设立产业基金等多种方式，加快推进“资源资产化、资产资本化、资本证券化”步伐，为龙头企业资本运作提供资金保障。

（四）鼓励龙头企业加大科技投入，促进产业转型升级

目前福建正处在向创新驱动转型的新时期，但是 2013 年全省 R&D 投入强度（占全省 GDP 比重）仅有 1.4%，落后于全国 2.1%的水平，科技投入不足制约着全省产业转型升级步伐。因此，推动全省产业向创新驱动转型，需大力推动龙头企业加大研发投入，引导企业不断提高传统产业的层次和水平，提高产品附加值和产业竞争力。第一，要加大力度支持龙头企业引进新技术新品种项目、实施科技成果产业化技术改造项目。鼓励企业发挥资本优势，通过投资参股科技型中小企业、与高校科研院所合作进行科技成果转化等方式，进入高新技术产业领域，或进入新兴产业的产业链配套，实现传统企业向科技创新型企业的转变。第二，根据全省工业园区的优势和特点，着力引进国内外带动强的龙头型、科技型项目，优先发展战略性新兴产业。第三，着力推动创新型产业集聚、创新型企业培育、创新平台构建、创新人才引进、创新环境营造等，打造高新技术产业集群，培育科技型产业基地，形成龙头带动、创新推动的新兴产业格局。

（执笔：张琳琅 陈晓艳 方长青）

福建水泥产业转型升级情况调查分析

水泥是国民经济建设的基础原材料，水泥行业在经济发展中具有重要地位和作用。现代水泥工业发展经历了新型干法准备阶段和大发展阶段后，现在已进入新型干法可持续发展的新阶段。为贯彻节约资源、节能减排、发展循环经济的战略决策，水泥产业亟需转型升级。近年来，中央和福建省委、省政府出台了一系列鼓励和扶持水泥企业转型升级的政策，有力地支持相关企业进行转型升级。然而，在水泥产能过剩、需求萧条的大背景下，全省水泥产业的转型升级进程依然困难重重。如何在新一轮结构调整中抢抓机遇，加快产业转型升级，构建现代产业发展新体系，推动经济科学发展跨越发展，已成为当前和今后一个时期水泥产业发展的重要任务。本调研旨在剖析福建水泥产业转型升级的主要成效，了解当前水泥企业在转型升级中存在的问题与面临的困难，并就如何帮助指导企业顺利实现转型升级提出对策建议。

一、福建水泥产业转型升级的主要成效

从总量数据看，近年来福建水泥产业转型升级成果颇丰。一是通过产业结构调整，以新型干法工艺替代落后产能，有效地提高了石灰石、煤炭等自然资源的利用率，扩大了工业固体废弃物的利用率，节约了资源。2010-2013 年，全省共淘汰落后水泥产能 2260.8 万吨，新型干法水泥开始迅速发展，2013 年水泥产量达 7890.4 万吨，比 2010 年的 5921.2 万吨增加 1969.2 万吨。全省水泥企业加快转型升级步伐，其中福建水泥和福建龙麟集团两家企业列入全国 60 家水泥工业结构调整重点支持大型企业名单。二是加速推广应用国内外水泥工业先进节能装备与技术，实现了企业和行业的节能降耗，全省新型干法企业能耗低于国内行业平均水平。三是全省 80%以上新型干法生产线配套建设纯低余热发电站，实现水泥生产用电三分之一自供，有效减少了水泥生产废热排放，间接大量减少了火力电厂的二氧化碳排放，实现了企业效益和社会效益的双赢。

从重点水泥工业企业的实地调查情况看，此次在全省 9 个设区市共调查水泥企业 57 家。其中，实地走访调查 19 家，问卷调查 24 家，电话调查 14 家。其中，已经进行转型升级的有 29 家，占全部调查企业的 50.9%。准备转型升级的有 5 家，有转型升级愿望但尚未开始的有 3 家，没有转型升级意愿的有 15 家。调查显示，福建水泥产业转型升级成效主要体现在五个方面：

（一）产业结构从单一生产型向生产加工一体化、多元化转型

多元发展就是要延伸水泥产业链，扩大企业规模内涵，做强水泥产品主业，做大多元产业规模，提高经济效益和社会效益。一方面，综合利用本厂矿山和人力资源，延伸上游产业链，开创混凝土骨料产业，解决了细骨料自然资源日渐稀缺问题；另一方面，整合本厂资源，延伸商品混凝土等下游产业，克服了因当前混凝土骨料民采方法落后造成的矿山资源浪费、自然环境破坏等弊端。如福建省德化海峡水泥股份有限公司拥有的矿山为地下开采矿山，公司按设计院提出的开采方案，可以按最优的开采回采率、选矿回收率和综合利用率进行生产开采。福建龙麟集团在主营水泥生产的基础上向水泥上游、下游产品进行延伸，2011 年在漳浦大南坂建设水泥粉磨站、管桩、新型 PC 墙体建材及商品混凝土等生产基地，提高了产品附加值，缓解了项目区域内基础设施建设、房地产开发及其他大项目建设对原材料需求的压力。

（二）结构布局从小而散向大而强、专而精的区域龙头转型

加快兼并重组，提高水泥行业集中度和规模效益，是近几年福建省区域内水泥企业的发展重点。以福建水泥股份有限公司为例，2012年起加快兼并重组的步伐收购多家水泥生产企业，截至 2013 年末，福建水泥股份有限公司分别生产熟料、水泥510.6万吨、620.8万吨，分别增长17.4%、20.7%，成为福建省内名副其实的龙头企业。再如，福建省永安万年水泥有限公司 2011 年收购某水泥生产企业，使其产能扩大100万吨，跃升为三明市内产量第二大水泥企业。

（三）能源利用从化石能源的一次性消耗向高效化、减量化、循环利用转型

对生产设备进行技术升级降低能耗，改变以石化类燃料为主的能源结构，加大可再生能源的利用力度，开发城市污泥、生活垃圾、废旧轮胎等替代燃料，采用清洁能源是当前多数水泥企业转型的主要方向。如福州金牛水泥有限公司 2011 年对水泥磨进行了技术升级，技改前总产量为180万吨，综合耗电量约为42千瓦时/吨。技改后产量提高至230万吨，综合耗电量降至39千瓦时/吨。福建永安建福水泥有限公司采用的低温余热发电技术的工艺设备，每吨水泥用电量从原有 25 千瓦时下降至目前 14 千瓦时左右，通过安装变频器使电器类用电量减少 20%左右。福建安溪三元集发水泥有限公司、福建省德化海峡水泥股份有限公司在加大废弃物利用、发展循环经济方面，采用了二代新型干法窑技术，处置城市生活垃圾，其生产原料中掺兑污泥、废渣等均达到30%以上。

（四）生产装备从大型化向节能化、高效化、智能化转型

福建多数水泥企业的生产制造装备近年来转型升级成效明显：水泥窑从小立窑发展到日产五千、上万吨的分解窑，水泥粉磨从小球磨机发展到5m以上的大型管磨、立磨、辊压机，控制方式由岗位制到DCS集散控制，再到专家操作系统、仿真技术的应用，低压损预热器的采用、两支承回转窑的开发等，水泥生产设备逐渐向节能化、高效化、智能化转型。如福建春驰集团水泥有限公司对干法回转窑的核心设备——分解炉进行了更新换代，改离线炉为在线炉，炉容由原来的260立方米扩大到420立方米，熟料产量由1000T/D提高到1500T/D，也降低了能源损耗；对篦冷机进行升级换代，不仅增加冷却面积，而且提高了热回收效率，进一步降低了熟料煤耗。福州炼石水泥有限公司 2014 年进行技术改造，使得企业粉尘颗粒物排放由原先 30 毫克/立方米显著降至20毫克/立方米。

（五）质量品种从单一化向多功能化、高性能化、生态化转型

扩大水泥品种，就是在扩大高标号硅酸盐水泥的基础上，加快铝酸盐、低碱、白水泥、海洋工程水泥等特种水泥的开发。如沙县高砂水泥有限公司，2011年被列入福建省落后产能淘汰之列，面对即将被关停的严峻形势，2012年3月公司以化工企业的煤碴、粉煤灰等工业废碴为原料，于2013年7月研发出海工水泥产品。目前，该公司已完成 30万吨海工水泥生产线技改，100 万吨生产线全部建成投产后，通过自主研发使沙县高砂水泥有限公司从濒临淘汰的普通水泥企业，一跃成为福建省第一家、国内第三家拥有自主生产技术配方的海洋工程水泥企业，填补了福建省海洋工程水泥生产的空白。福建省泉州美岭水泥有限公司致力于开发具有特殊性能的水泥和用于特种工程的专用水泥，如适用于高速公路、铁路的P052.5水泥等。

二、福建水泥企业转型升级过程中的问题及困难

（一）竞争激烈

一方面，在全国性水泥产能过剩的经济背景下，外省尤其是华东区的江苏、安徽、山东等地大型水泥集团凭借资源成本和海运费用低廉等优势抢占省内水泥和熟料市场，约占全省销量12%-15%。

以三明市为例，全市共有 13 家、17 条新型干法水泥生产企业，近 70%的企业销售区域在省内。另一方面，省内水泥行业自律不够，加剧了市场的恶性竞争。个别企业为了降低成本，减少袋装水泥分量或大幅增加水泥辅料比例，甚至冒用水泥商标，无序竞争，制约水泥产业的转型升级及有序发展。

（二）资金压力

在水泥企业经营下滑的情况下，流动资金趋紧。水泥行业在商业银行贷款政策方面属于限制准入类行业，水泥企业贷款总体上属于“维持类”贷款，贷款总量基本维持不变，部分中小型水泥生产企业贷款有所压缩。在银行贷款总量收紧的情况下，部分中小企业采取民间融资方式筹措流动资金。

三、促进水泥产业转型升级的建议

（一）有条件地进行梯度转移

市场经济规律表明，企业会自发由成本偏高地区转向成本偏低地区。因此，水泥工业企业适合通过梯度转移的途径完成转型升级。龙岩、三明、南平等内陆地区加快优化承接梯度转移的产业政策，在沿海地市考虑建立熟料加工处理基地及分销中心，克服成本劣势。而且，沿海地区的基础设施、配套服务、交通运输等也在日臻完善，为梯度转移提供了条件。

（二）鼓励企业技术创新

技术开发和创新是水泥企业转型升级的基础，生产与科研相结合是技术开发和创新的重要措施。第一次转型升级过程中省内水泥企业利用新型干法工艺在节能减排方面取得了不小成果。中国中材近两年开发出的低温余热发电、协同处置城市废弃物、污水厂污泥和水泥窑尾气脱氮等环保技术，正推动着水泥行业践行水泥工业第二次转型升级。目前，省内多数水泥企业虽然都采用新型干法，但它们的工艺和设备参差不齐，众多新型干法生产线还要改造，特别是在节能减排、保护环境的新形势下更须进行技术创新。

（三）加强政府政策的引导和支持

水泥工业转型升级离不开政府政策的引导和支持。一方面，对具体企业转型升级过程中的新情况、新问题进行具体评估，不一刀切，在不违背水泥发展原则的前提下区别对待，给企业以循序渐进地转型升级的机会与条件；另一方面，对水泥企业在开发新能源方面的转型提供相关的政策支持。近期，国内许多水泥企业建设了协同处置城市废弃物和污水厂污泥作业线，凡是长期能顺利运行的作业线都由当地政府的有效政策作后盾。水泥企业节能环保技术的开发和推广，不仅提高企业效益，更是社会责任的体现，需要政府政策的引导与支持。

（四）发挥协会、商会等组织的沟通协调作用

发挥福建省建材协会和福建省水泥主产区的龙岩市、三明市水泥同业商会的信息沟通和市场协调作用，积极提供市场行情与最新动态，引导水泥企业继续正确把握方向，及时转变经营理念，由单一的产品经营转变为产品经营、资本经营和可持续发展三者同时并举，在新型干法生产的基础上选择节省资源、减少排放和保护环境的可持续发展道路。

（五）推动企业兼并重组，提高产业集中度

南方水泥公司的经验值得借鉴。“十一五”期间东部地区浙江等省份水泥产量过剩，市场恶性竞争激烈，水泥企业全面亏损。此时，中国建材成立南方水泥公司，兼并重组浙江等省份的困难企业，在该地区形成由若干大企业主导水泥市场的格局，恢复了市场秩序，价格也回归到合理水平。南方水泥公司的实践表明，整合改造可以合理配置企业资源，实现转型升级。因此，全省应积极推动行业的兼并重组，改善企业组织结构，提高行业集中度，避免无序竞争。

（执笔：笪贤流）

闽台经济合作新增长领域分析

加快区域经济合作，已成为区域经济发展后劲的重要着力点。闽台两岸的产业发展阶段有所差异，总体上来讲，海峡东岸的台湾产业发展领先于海峡西岸福建，这种结构上的差异为闽台两岸产业合作提供巨大的增长空间。

一、拓展闽台经济合作新增长领域分析

（一）高科技电子产业合作是未来闽台合作重点领域

台湾是全球重要的电子信息基地，在光电、集成电路和通讯三大高科技领域极具优势，在全球也占重要位置，是世界第四大集成电路生产地区，有十多项产品如监视器、主板机、鼠标等市场占有率位居世界前茅，芯片产值约占全球的70%，资讯产业产值位居世界前列。闽台高科技电子信息产业合作日趋深入，成果显著。2013年，在闽电子信息类台资企业超过500家，年产值2000亿元以上，占全省信息产业产值的三分之一以上，全省8家超百亿元电子信息企业中，台资企业占5家。

1.深层次开展光电领域合作。在闽台两岸近年不断深入的投资经贸合作当中，光电是最具代表性的合作领域之一。两岸光电产业各具特色，优势互补，具有巨大合作潜力和广阔合作空间。在LED及光伏电子方面，福建LED产业已形成涵盖衬底、外延、芯片、应用产品产业链较为完整，目前拥有企业300多家。随着开发晶兆元光电、汉晶光电等项目的落地建设，台资企业有望成为福建LED产业的重要合作伙伴。两岸的LED照明产业应该通过互相激发优点，优势互补，共同打造华人品牌。台湾的LED照明研发早，经验丰富，在半导体方面优势突出，福建作为对台前沿更是LED外延芯片和高端LED球泡灯制造、出口的重镇，产业集群效应显著。根据国家半导体照明工程研发及产业联盟的调查显示，2014年我国LED行业将延续2013年的上升势头，迎来新一轮的增长，预计2014年产值增长率达到40%左右，到2015年全国LED总产值将达5000亿元，成本下降50%；在功能性照明市场渗透率达30%，节约用电1000亿千瓦时；到2020年产值甚至超过万亿元，市场渗透率达到70%以上，可节约用电3400亿千瓦时。闽台光电领域合作有着广阔的空间，福建省要争取承接一批台湾先进技术及工艺，吸引液晶面板及上游关键零组件、有机发光二极管（OLED）生产线落地福建，促进两岸光电产业竞争力共同提升，进军多元化的国际市场。

2.引领LED向农业、医疗、通信等领域延伸。未来LED的应用领域极为宽广，将由此引发新一代光的革命。植物生长发育依赖光合作用，光合作用又受到光质的影响，而LED照明光质容易组合与调控。可以运用LED技术培育植物的生长发育。蔬菜可通过特种LED灯照射促进生产，品质和产量大幅提高。在医疗领域，补牙的填充物可通过LED灯照射瞬间凝固，缩短修复时间；日常我们破裂的小伤口可通过涂抹一种特殊材料，并照射LED灯光瞬间修复，无痛且卫生。在通信领域，未来可在LED照明灯具中植入WiFi模块，实现信号传输，真正体验无所不在的信号。

（二）推动农业合作向更宽领域更高层次迈进

福建与台湾自然条件相似，具有发展对台农业的独特优势。闽台农业合作从引进台商从事农业小规模生产开始，逐步向品种、技术、市场、资金、经营管理等一揽子引进转变，从种植养殖等第一产业，向农产品加工、运销以及休闲农业等第二产业、

第三产业发展，呈现合作领域不断扩展、规模不断扩大、层次不断提升的态势。在台商对大陆各领域的投资中，福建最具优势，发展潜力及成果最显著的是农业领域的投资与合作。改革开放以来，福建率先建立海峡两岸农业合作试验区和林业合作实验区，在创建台湾农民创业园、零关税进口台湾农产品、制定两岸农业合作地方性法规、开展两岸特色乡镇交流等方面，一直走在全国前列，起到引领、示范、带动作用。近年来，闽台农产品贸易保持快速增长势头，农产品贸易规模由2005年的0.62亿美元扩大到2013年的12.50亿美元，8年增长近19倍，位居大陆各省（市、自治区）首位。2013年，福建批准台资农业项目48个，合同利用台资1.20亿美元，实际到资7690万美元。截至2013年末，全省累计引进台湾良种2500多个，其中150多个规模推广，引进农业设备8000多台（套）；累计批准农业合资项目2474个，合同利用台资33.70亿美元，实际利用台资19.10亿美元，占大陆两岸农业合作试验区实际利用台资总量的70%以上，农业利用台资的数量和规模居大陆各省（市、区）第1位。

1. 稳步推进台湾农民创业园建设，注入农业产业化发展新动力。福建是第一批设立海峡两岸农业合作试验区的省份，现已覆盖全省。大陆首个台湾农民创业园——漳浦台湾农民创业园2013年产值达35亿元，2013年全省台湾农民创业园区涉台农业产值达65亿元，建成了大陆最大的台湾蝴蝶兰、台湾高山茶和台湾甜柿生产基地，建成了福建最大的鲜切花种植基地。当前要加快推进漳浦、漳平永福、仙游、清流、福清、惠安6个国家级台湾农民创业园规划，按照核心区、示范区、辐射区三个层面布局，推动花卉苗木、食用菌、药用植物三大主导产业建设，培育壮大农业会展、科研教育、生态农业休闲观光旅游等新兴产业。加快推进台湾水果、水产品集散中心建设，努力推动福建逐渐成为海峡两岸农产品尤其是水果的交易中心，并把引资与技术、管理经验的引进和市场的扩展有机结合起来，促进闽台农业合作向纵深发展，推动福建农业产业结构优化升级。

2. 借鉴台湾农产品精深加工技术，拓展对台食品业合作新空间。台湾岛内食品市场竞争日趋白热化，制约食品行业的发展和企业规模的扩张，大陆市场成为台湾食品经济新一轮发展的必经之路。台湾休闲食品从2012年首次登陆晋江之后，进口量一路攀升，2013年进口量已达数万吨。晋江市是福建食品工业重镇，食品业1995年以来曾经历过痛苦的行业洗牌过程，企业数量从原来的1000多家减少到目前的近500家。晋江食品业以中高档休闲品类为主，与台湾食品相似，且晋江企业具有较强的营销能力，这正是台湾企业拓展大陆市场的良好条件；而台湾食品行业的精深加工技术、研发创新能力在亚洲名列前茅，其经营理念、管理模式值得福建食品企业学习和借鉴，两岸具有很强的互补性。从食品机械工艺设计、加工经验交流、技术人才引进、技术培训、企业经营管理等方面，福建食品企业与台湾业界均有很大的合作潜力。不断拓展闽台两岸农产品精深加工、生物科技合作领域，实现两岸农业食品科技和市场有效对接与整合。

（三）扩大服务业合作

相对于商品贸易，福建服务贸易发展较为滞后，主要是受制于服务业欠发达，因此要扩大服务产品的出口贸易，就要力促服务业有较大发展。福建第三产业发展相对滞后。随着经济的发展，产业结构得到逐步调整，2013年福建第一产业占地区生产总值的比重为8.9%，比2005年降低3.7个百分点；第二产业比重则由2005年的48.5%提高到52.0%，提高3.5个百分点；第三产业调整发展缓慢，由2005年的38.9%调整到2013年的39.1%，8年仅提高0.2个百分点。台湾服务业占地区生产总值比重持续提高，相应的农业、工业比重逐步下降，产业外移趋势明显。2013 年，台湾服务业增加值约折合 3329 亿美元，占地区生产总值的比重为 68.3%。福建现代服务业规模更是远低于台湾。2013 年，台湾现代服务业（包含金融及保险业、不动产业、资讯及通讯传播业）实现增加值约折合 910 亿美元，而福建现代服务业增加值（包含金融业，房地产业，信息传输服务和软件业）约折合 453 亿美元，不到台湾的一半。台湾市场有限，扩大岛内服务业越来越难，福建正在进行经济结构调整，加快发展服务业，市场潜力巨大，台湾服务业应尽早一步到福建市场布局，抢得发展先机。

1. 全力推进环海峡旅游圈合作构建。在旅游业的发展中，两岸旅游合作条件得天独厚，具有较大优势，沟通平台多样，交往频繁，2007 年武夷山与阿里山、大金湖与日月潭的旅游对接取得实质性进展。深化两岸环海峡旅游圈合作，要在产业对接、市场开发、双向交往等方面深化合作，福建要推出高起点的对台交流旅游招商项目，吸引台商投资。进一步拓展文化旅游内涵，提高妈祖文化、陈靖姑文化的知名度，打造民俗文化品牌。以旅游观光带动两岸人民的交流交往，采取各种形式推介闽台旅游项目，吸引更多的台胞来闽观光旅游，使福建成为吸引台湾游客的重要省份。

2. 重点发展地方金融业。加强台商对金融保险业领域的合作，这对促进闽台经济领域合作的全面发展将是重要的措施之一。把金融保险业发展成为推动服务业快速增长的主要动力，是台湾推进经济转型、优化服务业结构的重要内容和重要经验。2013 年，福建金融业增加值达 1175 亿元，占地区生产总值比重为 5.4%，与台湾 1986 年经济开始转型时的 13.0%的水平仍有很大差距。目前，福建民间资金比较充裕，金融生态环境良好，发展金融保险业的潜力巨大。因此，应把发展地方金融产业作为提升服务业的一个重点。在加强风险防控的基础上，进一步加快金融开放步伐，支持和引导农村金融体系建设，推进农村金融组织创新，积极培育多种形式的小额信贷组织，大力发展多层次的金融市场，创造条件培育法人保险公司，努力提高金融保险业在服务业中的比重。

3. 扩大医务合作。台湾医疗业在大陆已发展多年，《海峡两岸服务贸易协议》签署之后，更成为两岸医疗服务合作的焦点。根据《海峡两岸服务贸易协议》，两岸双方将扩大医疗服务市场，如台湾业者到大陆设立独资医院的地区，由原先的 4 省 1 市，扩增至 22 个省会城市和 4 个直辖市。《海峡两岸服务贸易协议》有条件开放大陆业者在台从事医疗服务，两岸彼此开放医疗服务，对提高两岸医疗水平有很大帮助，能够让两岸人民得到实实在在的好处。台湾和大陆医疗水平各有所长，台湾的西医技术高、服务好，来大陆很有优势，可以很好地缓解大陆看病难的问题，而大陆中医历史悠久、人才济济，对一些慢性病的治疗有特殊作用，台湾一些年长的患者很喜欢看中医，大陆中医医生在台湾也有较大的发展潜力。台商对福建的医疗公共服务领域的投资与合作已呈增加趋势，民营医院投资合作也是最有机会获益的投资类型，台塑集团在厦门兴建的长庚医院是医疗服务业领域的最大投资项目之一，两岸医疗合作有着广阔的前景。

4. 合作开发养老服务项目。闽台养老服务能力各有优势，两岸合作恰逢其时。台湾的养老服务业发展得比较早，尤其在养护人才培养和科技应用等方面走在两岸前列。1993 年台湾 65 岁以上老年人口占总人口比重超过 7%，进入老龄化社会，2012 年这一比重更是高达 11.2%。台湾养老服务主要是机构和居家服务。居家服务即由社会和民间组织等提供各种福利活动和社会资源，以入宅服务的方式，充分满足老人的多元需求，协助老人在家养老。目前，台湾养老服务业已涵盖食、衣、住、行、乐、医、健等老年人的多层次、多方面需求，形成较为完整的市场化养老产业链。相较之下，2012 年福建

65 岁以上老人有 308.84 万人，占总人口的比重达 8.2%，比台湾低 3.0 个百分点。福建养老服务业起步虽晚，但发展较为迅速。2014 年初，福建省委、省政府下发了《关于加快发展养老服务业的实施意见》，提出到 2020 年，要全面建成以居家为基础、社区为依托、机构为支撑的覆盖城乡的养老服务体系。把台湾过去 30 多年来的养老业发展经验引进，共同推动福建养老服务业发展。依靠台湾成熟的养老产业模式，闽台在合作发展养老房地产业、加快养老产业服务人才的培养、吸引台湾民间资本来闽投资养老机构等方面将大有作为。双方应以建构居家为基础、小区为依托、机构为支撑的服务体系模式为目标，优先从养老人力培训入手，成立“小区养老服务中心”，推动居家服务，争取建立多元化的养老本土化服务。培训养老产业服务与管理人才，建立养老产业示范基地，形成覆盖全省的养老产业网络布局。

5. 推进信息服务合作。在智慧信息服务创新应用方面，台湾起步早，做得相对成熟，目前在前瞻科技、智慧旅游、健康生活等方面较为领先，如以广泛应用于城市规划管理、防灾监控警示等领域的地理信息技术应用软件，帮助赴台游客以折扣价打包购买景点门票的台湾智游卡，或是能够随时监测、传输健康信息并且在病人出现意外时报警的神奇手表。福建在智慧生活产业方面市场广阔、前景良好，加强两岸交流，支持在闽台资企业利用现有厂房设备发展信息服务、研发设计，共同推动两岸在智慧信息技术、应用、服务产业方面的科技交流和经贸合作，进一步开发物联网市场，促进两岸信息服务业发展。

二、共同打造闽台经济合作互利双赢的发展环境

目前，台湾对大陆制造业、服务业开放范围还非常有限，“陆资还不如外资”，不利于两岸人才、资金流动，不利于台湾利用大陆资源，不利于台湾同胞分享大陆改革开放发展带来的机遇；《海峡两岸服务贸易协议》迟迟未过关，不仅直接影响闽台合作，亦将影响台湾与其他地区签订自由贸易协定意愿，对台湾区域经济合作发展产生负面影响。据台湾 2014 年 5 月份民意调查结果显示，41.3%的受访者支持《海峡两岸服务贸易协议》，47.2%的受访者赞成尽快审查《海峡两岸贸易服务协议》，只有 6.5%不赞成。闽台关系日益密切，两岸关系和平发展已深入人心，两岸交流合作持续深化，是不可阻挡的历史潮流。大力推进两岸产业分工合作，加强先进制造业、战略性新兴产业和现代服务业的对接，深化双向投资和贸易，促进闽台经济深度融合。落实《海峡两岸贸易服务协议》，两岸应放宽人流资金流的管制，两岸应从生产制造合作转向研发合作，技术转移，相互投资培养经济新增长点企业，发展新产品和服务，共同应对国际挑战，实现两岸贸易关系全面正常化。福建要立足海峡西岸实际、优化发展环境、放眼长远发展，积极吸引台湾的项目、资金、技术，实现互利共赢、共同发展。

（一）落实完善优惠政策

目前台商投资用地紧张的现实问题严重制约了发展的空间，要进一步争取扩大台商投资区的范围，争取在中央的支持下通过扩大外延、延伸其功能来获得新的发展动力。积极争取台商投资区在金融、税收、土地、物流等方面享有与天津滨海新区一样的优惠政策。推动闽台科技合作上优惠政策，不断打造交流合作新平台，出台资金补贴扶持政策。在产业引进上，放宽投资领域，降低准入门槛，鼓励承接台湾产业转移，允许除法律法规禁止之外的各类台商投资项目在福建落地，并在规划布点、注册资本、股本结构、规模要求等方面适度放宽条件，以此吸引台湾实力强的大型电子信息企业配套的上下游企业，形成产业集聚。目前两岸金融业合作还处在较低的层次，无法满足需求，应当尽快争

取台湾岛内金融机构在福建设立办事处，加强金融创新，争取中央政策倾斜，把福建作为海峡两岸金融实验区来推动。平潭封关运作后，要认真全面贯彻落实国家赋予平潭综合实验区的免税、保税、退税以及选择性征税等优惠政策，推动闽台深度融合。加快推进福建自贸区建设，推动与台湾自由贸易港区相对接，突破两岸经贸关系的“单向性”和“间接性”，扩大两岸经贸直接、双向往来的范围。

（二）加强两岸政策协商

在《海峡两岸经济合作框架协议》（ECFA）生效的情况下，以及两岸经济交流合作全面深化的大背景下，对台港口更是发挥越来越重要的作用。商品检验检疫局、海关等口岸联检部门要 24 小时全天候预约加班服务、开通绿色通道等便利帮扶措施，为对台贸易创造良好的发展条件。推进《海峡两岸服务贸易协议》后续协议的政策落实，重点抓好 15 项区域性先行先试条款的实施，充分发挥平潭综合实验区和台商投资区等各类涉台园区的载体平台作用，推动闽台通关合作模式创新，争取在福建保税港区与台湾自由经济示范区之间先行试点通关查验结果互传互认等。

（三）重视光伏产品标准体系建设

加强两岸光电检测技术标准交流合作，加快推动两岸在专利方面的实质性合作。两岸共同以自主知识产权为基础，结合产业技术实际水平，推动制定多晶硅、硅锭/硅片、太阳能电池等产品和光伏系统相关标准，积极参与制定国际标准，建立健全产品检测认证、监测制度，促进行业的规范化、标准化发展。支持“LED 光电集成一体化技术两岸联合研发中心”等一批两岸企业联合攻关平台建设，继续推动闽台标准共通、检测互认。

（四）搭建海峡两岸“大农业、大市场、大流通”平台

一是认真贯彻落实促进两岸农业合作的地方性法规。如《福建省促进闽台农业合作条例》，深化闽台农业合作和加快台湾农民创业园发展的《关于进一步深化闽台农业合作的若干意见》等，推动闽台农业合作全方位发展。二是继续利用农博会、林博会、茶博会和渔博会等展会平台，推动人员交流，促进闽台农业经贸进一步合作。三是加快推进厦门台湾水果销售集散中心、霞浦台湾水产品集散中心、海峡两岸（福建东山）水产品加工集散基地、海峡（福建漳州）花卉集散中心、海峡两岸（泉州）农产品交易物流中心等一批台湾农产品集散中心建设，促进农业大市场、大流通格局的形成。

（执笔：余正光）

福州市工业转型升级分析与思考

2011年，国务院在《工业转型升级规划（2011-2015年）》里指出，工业是我国国民经济的主导力量，是转变经济发展方式的主战场。此后五年，我国工业发展环境发生深刻变化，长期积累的深层次矛盾日益突出，粗放型增长模式难以为继，已进入到必须以转型升级促进工业又好又快发展的新阶段。工业转型升级是我国加快转变经济发展方式的关键所在，是走中国特色新型工业化道路的根本要求，也是实现工业大国向工业强国转变的必由之路。

作为福州经济增长的主要力量，近年来，工业经济总量稳步增长，但传统发展方式所带来的问题也日渐突出，转型升级已迫在眉睫。本文将2010-2014年这五年间福州工业发展情况做一个梳理，对福州工业转型升级情况进行分析，并提出相应的对策建议以供参考。

一、福州工业转型升级之“机”

（一）政策扶持构筑坚强后盾

继2011年国务院发布《工业转型升级规划（2011-2015年）》，从经济运行、技术创新、产业结构、“两化”融合、资源节约和环境保护等方面提出了工业转型升级的目标后，2015年初，福建省人民政府发布1号文件《关于促进工业创新转型稳定增长十条措施的通知》，聚焦工业创新转型，部署2015年促进经济稳定增长、培育产业龙头、强化创新驱动、加大力度支持中小企业发展的系列政策，推出了多项重点措施，对促进企业技术改造创新、调整经济结构、实现稳定增长产生长远影响。2015年4月30日，福州市人民政府发布《关于贯彻省政府促进工业创新转型稳定增长十条措施的实施意见》，“真金白银”激励企业做大做强、创新创业，确保工业经济健康发展。

（二）自贸区建设开创广阔天地

福州是祖国大陆距离台湾最近的省会中心城市，也是国家“一带一路”战略规划确定的“21世纪海上丝绸之路合作战略支点”。独特的战略地位，赋予福州在中国（福建）自由贸易试验区中的特殊定位。根据实施方案，福州围绕立足两岸、服务全国、面向世界的战略要求，充分发挥改革先行优势，营造国际化、市场化、法制化的营商环境，把福州自贸区建设成为改革创新的试验田。自贸区的建设，将为福州工业转型升级搭建更为便利的技术交流平台，提供更为广阔的市场空间。

（三）互联网技术革命提供重要契机

近年来，传统工业正在加快与以互联网、大数据、云计算等新一代信息技术为代表的信息化融合，催生出多种具有活力的新业态和新商业模式，并逐渐成为经济增长的新动力，为工业经济的转型升级和稳定发展带来新的机遇。同时，随着“互联网+”“中国制造2025”等战略规划的加速推进，高端基础设施建设项目的启动和投资的逐步到位，将带来稳定的市场需求和订单，为工业的转型升级提供强大动力。

二、福州工业转型升级之“况”

（一）工业经济总量逐年增长

2010-2014年，福州工业经济保持稳定增长的势头。从图1可以看出，不论是规模以上工业总产值还是规模以上工业增加值，均保持逐年增长的态势，规模以上工业增加值年均增速达13.2%，规模以上工业总产值年均增速达13.3%。从全省各设区市发展情况看，福州无论是工业总产值还是工业增加值，均位居全省9个设区市前列。福州工业经济的稳步发展，为工业转型升级打下了良好基础。

图1　2010-2014年福州规模以上工业产值情况

	2010	2011	2012	2013	2014
■规模以上工业增加值	1117.55	1283.99	1464.51	1690.19	1837.93
■规模以上工业总产值	4544.17	5321.18	5954.89	6786.33	7500.22

资料来源：2010-2013年数据来自《福州统计年鉴》，2014年数据为快报数。

（二）区域布局趋于优化

随着福州工业经济的发展，工业企业逐渐从五城区转移到八县市，空间布局调整和产业转移的同步进行，不仅利于环境保护，而且为企业扩能增效预留空间，促进了全市工业产业的优化发展，为福州工业经济后续发展打下了坚实的基础。一是发展协调性显著提高，市区工业比重减少，县区比重增加。从表1可以看出，2010-2014年，福州五城区的规模以上企业工业总产值的比重由36.4%逐年下降至32.1%，而八县市规模以上企业工业总产值的比重由63.6%逐年提高至67.9%。五城区工业企业逐步减少，为高新技术企业和生产性服务业企业入驻提供广阔的空间，同时，传统工业企业向县区迁移，也为县区发展提供了契机。二是产业聚集度增强。2010-2014年，福州两翼四县市（福清、长乐、连江、罗源）的规模以上企业工业总产值占全市工业总产值的比重均超过50%，并呈逐年递增的态势。产业聚集度的增强，为产业园区内企业提高生产效率，加快转型升级和技术研发提供了更为便利的条件。

表1　福州规模以上工业企业总产值比重

（2010-2014年）

单位：%

指　标	2010	2011	2012	2013	2014
全市	100.0	100.0	100.0	100.0	100.0
五城区	36.4	34.6	33.4	32.4	32.1
八县市	63.6	65.4	66.6	67.6	67.9
其中：两翼四县市	50.8	52.8	53.8	54.6	54.8

注：2010-2013年数据根据《福州统计年鉴》测算，2014年数据根据快报数测算。

（三）节能降耗取得一定成效

节能降耗不仅对能源成本降低和经济效益提

高有所帮助，更对工业经济的可持续发展具有深远意义，也是工业转型升级必不可少的条件之一。

1. 规模以上工业企业单位增加值能耗持续下降。 单位增加值能耗作为综合能源消费量与规模以上企业增加值的比值，是反映当地规模以上工业企业能源经济的重要指标。2011-2014 年间，福州规模以上工业企业单位增加值能耗增速分别为-13.3%、-12.3%、-11.1%和-9.9%，始终保持在负增长区间，单位增加值能耗持续降低与规模以上工业总产值的持续提升，说明福州工业在发展中经济效益逐步提升，节能降耗已初见成效。

2. 行业节能与产品降耗取得较大成效。 2014 年，福州规模以上工业涵盖的 35 个大类行业中，有 29 个行业增加值能耗比上年下降，下降面达 82.9%。全年综合能耗万吨以上企业涉及的 22 种主要产品单耗中，有 16 个产品单耗比上年有所下降，下降面达 72.7%。

（四）重点行业发展迅速，园区效应逐步显现

1. 重点行业发展迅速。 2014 年，福州计算机、通信及其他电子设备制造业，纺织业，农副食品加工业，黑色金属冶炼和压延加工业，化学纤维制造业等五大重点行业规模以上工业总产值达 3365.27 亿元，比上年增长 10.6%，占全市规模以上工业总产值的 44.9%。全市工业企业中，总产值在 5 亿以上企业共 301 家，比上年增加 31 家，累计完成工业产值 5141.30 亿元，占全市工业总产值比重达 68.5%。

2. 产业园区初具规模。 以福建捷联电子有限公司、捷星显示科技（福建）有限公司为代表的福清电子产业，以东南（福建）汽车有限公司、福建奔驰汽车工业有限公司为核心的青口汽车产业，以福建省金纶高纤股份有限公司、福建省长乐市金源纺织有限公司为典型的长乐纺织化纤产业，以宝钢德盛不锈钢有限公司、福建亿鑫钢铁有限公司为重点的罗源钢铁产业等四大产业园区已初具规模。龙头企业在园区内充分发挥产业发展的带动作用，促进相关企业技术升级和产品结构调整，为工业的快速发展和技术进步打下了坚实的基础。

三、福州工业转型升级之“需”

（一）工业发展后劲不足

工业是地区经济发展的稳定器和助推器，在经济发展中起主导作用。近五年来，福州工业经济虽然在总量上保持了增长，但增速却呈逐年放慢态势。工业发展后劲不足已经成为制约福州工业经济发展的最大问题。2010 年，规模以上工业增加值和工业总产值，增速均在 20%以上；而 2014 年，两者增速大幅下滑，分别为 12.1%和 12.4%（见图 2）。工业增速的放缓，一定程度上受国内外经济环境持续低迷的影响，但更重要的是福州工业经济结构难以适应工业现代化的要求，发展模式转变已迫在眉睫。

从规模以上工业增加值看，福州与其他部分省会城市仍有较大差距。2014 年，福州规模以上工业增加值仅为 1837.9 亿元，远落后于广州（4872.1 亿元）、沈阳（3716.7 亿元）、南京（2974.2 亿元）。

图 2　2010-2014 年福州规模以上工业经济增速

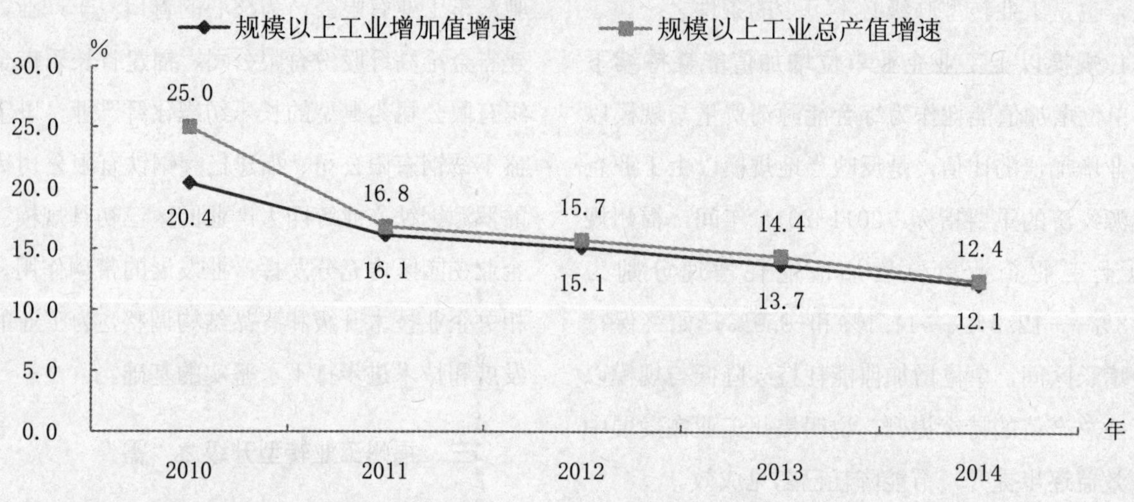

资料来源：2010-2013 年数据来自《福州统计年鉴》，2014 年数据为快报数。

（二）经济效益有待提高

工业经济效益是反映工业经济增长质量的重要指标。总资产贡献率、资产负债率、流动资产周转率、成本费用利润率和产品销售率等 5 个指标，分别从盈利能力、负债水平、营运能力、经济效率和产销衔接状况等不同角度反映了工业经济效益的不同侧面。从表 2 可以看出，2014 年福州规模以上工业企业的总资产贡献率和成本费用利润率已下降到五年来最低值，而资产负债率则升至五年来最高值。总资产贡献率和成本费用利润率两类正指标的下降，说明工业企业的盈利能力出现较大幅度的降低，而逆指标资产负债率的提高，说明企业负债水平不断上升；流动资产周转率和产品销售率的徘徊不前，说明企业资产利用程度较低，且在日常经营中产品的销售问题仍没有得到较好的解决，运营能力仍有待提高。

表 2　福州规模以上工业企业主要经济效益指标

（2010-2014 年）

年份	总资产贡献率（%）	资产负债率（%）	流动资产周转率（次/年）	成本费用利润率（%）	产品销售率（%）
2010	15.1	56.6	2.6	7.9	96.9
2011	15.2	55.6	2.8	7.0	97.2
2012	16.7	56.2	2.8	7.2	96.9
2013	15.9	56.6	2.7	6.8	96.0
2014	13.8	57.5	2.8	5.6	97.6

注：2010-2013 年数据来自《福州统计年鉴》，2014 年数据为快报数。

从其他省会城市情况来看，福州在成本费用利润率和产品销售率这两个指标方面均落后于杭州和南京，在总资产贡献率方面大幅落后于南京，在资产负债率方面落后于杭州，只有流动资产周转率高于其他两个城市。究其原因，福州传统制造业比重仍较大，产业结构层次有待提升，发展先进技术，开发高科技产品，实现工业转型已成为福州工业发展的必由之路。

表 3　部分省会城市规模以上工业经济效益指标

（2014 年）

城市	总资产贡献率（%）	资产负债率（%）	流动资产周转率（次/年）	成本费用利润率（%）	产品销售率（%）
福州	13.8	57.5	2.8	5.6	97.6
杭州	13.4	56.7	1.6	7.6	98.6
南京	17.9	57.5	2.4	7.3	98.9

（三）产业结构亟待优化

近五年福州工业经济虽取得较大发展，但是从产业结构来看，劳动密集型产业比重仍然较大。在工业发展初期，劳动密集型工业对于地区经济发展的推动作用不容忽视。但随着经济的发展，劳动密集型工业的弊端也不断显现，资本利用率低、能耗高而效益低等问题已逐步成为地区经济发展的重要障碍。同时，劳动成本的不断上升也给企业的经营发展造成了较大压力。在福州工业发展过程中，以皮革、毛皮、羽毛及其制品及制鞋业，纺织业，计算机、通信及其他电子设备制造业为代表的劳动密集型工业长期占据主导地位。在这些行业中，大型企业多数为加工类企业。

（四）节能降耗任重道远

1. 结构优化实现的节能总量较小。福州规模以上工业覆盖的 35 个大类行业中，前十大行业有 3 个行业为高耗能行业。2014 年，全市规模以上工业增加值能耗下降 10.8%，形成节能量 170.45 万吨标准煤，其中通过调整、优化产业和产品结构实现的节能总量约为 21.68 万吨，仅占 12.7%，其余 87.3%的节能量都是通过技术节能、管理节能或者减少产能实现。

2. 耗能大户对经济贡献小。2014 年，福州综合能源消费量在 10 万吨以上的企业有 16 家，较上年增加 4 家，累计耗能 1033.97 万吨，占到规模以上工业耗能的 73.1%，累计创造工业总产值 849.23 亿元，仅占规模以上工业的 11.3%。

四、福州工业转型升级之“路”

随着社会经济发展方式和全球工业发展趋势的转变，工业领域转型升级已不再局限于简单的产能扩大和产品结构优化，而转为关注生产方式及生产技术的变革和创新对发展的驱动作用。因此，积极利用新的生产和组织方式努力改造传统工业，大力发展战略性新兴产业，以技术创新作为工业转型升级的持久驱动力，将成为福州工业未来发展的必然选择。

（一）强化创新培育，辅以多元激励

强化创新精神培育，不仅能直接作用于国家的经济建设发展，更能塑造民族团结和民族发展的信仰和价值观。创新是一个国家和民族发展的不竭动力，是企业得以成长、发展和延续的保障，也是培育企业核心竞争力的重要来源。培育创新精神，一要思想创新，克服“权威”“经典”垄断和急功近利的思想，尊重科研规律，形成百家争鸣、共谋创新的生动局面；二要体制创新，建设有中国特色的国家创新体系，围绕提高自主创新能力，建立以企业为主体，政府为保障的创新体系；三要强化产权保护制度，切实保护自主创新收益和创新动力。

同时，辅以多元的激励方式。可以借鉴德国经验。在德国，企业享有多样化的研发资金来源，可以在欧盟、联邦和地区层面申请不同的研发激励，具体形式包括贷款、补贴、担保、股权和权益资本等。在制度设计上，企业获得研发激励的总体规律是，中小微企业比大企业更有机会获得扶持，在基础性和实验性研究方面投入较大的企业或选择与大学、科研机构联合研发的企业往往能够获得更多的激励资金。探索高效、多元的激励机制，让创新之种生根发芽，为福州工业转型升级提供源源不断的动力。

（二）发挥行业优势，壮大新兴产业

1. 发挥重点行业优势，加快产业链建设。扩大电子信息产业、化学纤维制造业和纺织业等重点产业优势，着力打造一批拥有自主品牌、自主知识产权和高附加值产品的示范企业；加快产业链建设，鼓励同一行业中相关联的上下游企业入驻产业园区，打造完整产业链，促进企业间融合，共同研发新技术、新产品，推动产业良性发展。以恒申集团为例，其预计于 2016 年底在连江县投产的全球最大聚酰胺生产基地建成后将成为全球最大的己内酰胺、锦纶聚合和锦纶纺丝生产基地，集团将突破原料瓶颈，实现产业链的整合，进一步奠定全球锦纶化纤行业的龙头地位，国内己内酰胺长期依赖国外供应问题将在很大程度上改观，福州化纤纺织业的发展将迈上一个新台阶。

2. 改造传统产业，壮大新兴产业。改造传统产业，一要针对高能耗低收益的企业进行技术改造，淘汰落后生产设备和能耗高而产能低的工业企业，推动新技术、新能源企业的发展；二要摆脱福州依靠劳动密集型产业发展工业的“老路”，走上依托资本要素密集型工业发展的“新路”。同时，积极培育壮大生物医药、核能发电、3D 打印、物联网等战略新兴产业，形成新的经济增长点和综合竞争优势，提高经济结构的抗风险能力。

（三）加快“两化”融合，发展智能工业

国务院在《中国制造 2025》中提出，要推进工业化与信息化的深度融合，加快推动新一代信息技术与制造技术融合发展，把智能制造作为两化深度融合的主攻方向；着力发展智能装备和智能产品，推进生产过程智能化；培育新型生产方式，全面提升企业研发、生产、管理和服务的智能化水平。结合福州现状，发展智能工业一要鼓励和扶持，目前福州生产智能化设备和智能化产品的企业较少，智能化水平总体偏低，要实现从“福州制造”向“福州智造”转变，还需从政策倾斜与资金扶持两方面着手。二要引进和培养人才。发展智能工业，关键依靠技术和人才。福州高校众多，应着力打造产学研完整链条，在本地区能够独立实现新技术从研发到使用的全过程；建立企业间合作机制，实现技术交流，关注新技术在产业中的应用，实现资源共享，走竞争性合作道路；完善人才库系统，将本地区甚至更大范围的人才信息搜集汇总，针对不同企业的需求进行推荐，帮助企业解决人才短缺的问题。

（执笔：柯文婷 张南男）

基于生产要素视角的宁德工业转型升级路径思考

近年来，随着资源的紧缺和人口红利的逐步衰竭，各种要素价格开始攀升，主要依靠物质成本、劳动力等要素投入扩张的宁德工业经济快速增长难以为续，2006-2011 年间，宁德工业总产值基本保持以 25%以上增速增长，到 2012 年增速开始呈波动式回落，2012-2014 年，分别比上年增长 17.1%、21.1%和 15.3%。宁德工业经济需要从依靠生产要素数量扩张的粗放型增长模式转向依靠技术进步、优化生产要素组合、提高生产要素使用效率的集约型增长模式，在转型升级中实现可持续发展。本文在分析宁德市工业经济发展的基本情况的基础上，通过新经济增长理论及索罗模型探讨资本、劳动和技术进步这三大生产要素在宁德市工业经济增长中的贡献状况、特点及存在的问题，进而提出推动宁德市工业经济转型升级的对策建议。

一、工业经济发展的基本情况

（一）总量规模持续扩张，增速进入换档减速期

2014 年，全市规模以上工业实现增加值 649.91 亿元，总产值 2736.78 亿元，增加值和总产值总量均创历史新高，与 2000 年相比，分别增长了 38.0 倍和 57.3 倍（名义增速）。工业经济总量扩张明显，但发展速度有所减缓。2000 年以来，宁德市工业经济的增长大体上经历了三个阶段：

第一阶段：2000-2005 年的增长提速期。这一阶段为工业经济发展的启动阶段。经济发展的各项指标增长加快，工业总产值增速逐步提高，由 2000 年前后的 10%左右的增速提高到 2005 年 22.4%，这一阶段年均增长 15.9%。

第二阶段：2006-2011 年的高速发展期。这一阶段工业经济发展起飞阶段。工业企业从业人员数量与固定资产数量先后出现了较快的增长，有利促进了工业总产值保持以 25%以上的增速高速增长（除 2009 年增长 20.1%外），年均增速达 27.6%。

第三阶段：2012 年至今的换挡减速期。这一阶段为工业经济发展的调整阶段。这一时期，全市经济正面临各种困境，部分行业产能过剩，同时资源紧缺、要素价格攀升等问题逐步凸显，工业经济快速增长的动力逐步减弱。工业总产值增速放缓，年均增长 17.8%。

（二）单体规模偏小，产业优化状况不佳

从单体规模看，宁德市工业企业单位规模仍然偏小，全市到 2011 年才有大型工业企业，到 2013 年也仅 6 家，2014 年规模以上企业户均产值仅为全省平均水平的 87.0%。从产业结构看，高新技术企业发展缓慢、占比偏低，产业优化状况有待提高，2014 年全市规模以上高新技术企业实现工业增加值 37.96 亿元，比上年增长 2.8%，增幅低于规模以上工业增加值 12.4 个百分点，占全市规模以上工业增加值的比重仅为 5.8%，比全省平均水平低 3.3 个百分点。截至 2014 年末，全市培育高新技术企业 26 家，仅占全省高新技术企业数的 1.5%。

（三）生产效率偏低，单位能耗增长快

近年来，宁德虽然实现了工业总体规模上的高速增长，但是其工业的发展水平并没有随之向高端化转变，反而在一定程度上呈现出经济效益下降、单位能耗增长快的趋势。从工业的附加值水平看，2000-2014 年，全市规模以上工业总产值年均增长 33.7%（名义增速），而 2000-2014 年全市工业增加值年均增幅仅为 29.9%（名义增速）。工业增加值率也由 2000 年的 35.5%下降到 2014 年 23.7%，低于全省 2014 年工业增加值率 2.6 个百分点。从

能源消耗看，规模以上工业能源消耗增长较快。2014年，全市规模以上工业能耗、万元工业增加值能耗分别比上年上升40.3%、21.8%，两项增幅均仅低于漳州市，居全省第2位。

（四）主要依靠增量扩张，存量运营质量偏低

从宁德工业分行业发展情况看，新投产工业项目对工业经济增长的拉动作用大，而传统行业增长则相对缓慢。前些年，宁德大量承接浙南产业转移，大批塑料人造革、合成革企业的入驻，宁德市塑料制品业快速发展，占产值的比重由2005年的1.4%提高至2010年的10.7%，成为当时宁德市发展最快的行业；2011年，福建鼎信实业有限公司投产，当年的规模以上有色金属冶炼及压延加工业实现工业总产值108.28亿元，比上年增长113.8%（现价速度），拉动全市规模以上工业增长6.3个百分点。有色金属冶炼及压延加工业占产值的比重由2010年的5.5%提高到2014年的16.4%。但作为宁德市传统优势行业的电气机械及器材制造业，铁路、船舶、航空航天和其他运输设备制造业，在行业发展中缺乏竞争力，运营质量偏低，占产值的比重均有所回落，2014年占产值的比重分别为11.1%和5.0%，分别比2005年低8.0个百分点和4.8个百分点。

二、工业经济增长动力测算与分析

（一）工业经济增长动力测算

根据新经济增长理论，经济增长主要由资本投入、劳动投入和广义技术进步推动。本文以新经济增长理论、索罗模型为基础，运用2000-2014年宁德市规模以上工业的总产值（产出Y）、规模以上工业固定资产合计（资本投入K）、规模以上工业从业人员年平均人数（劳动投入L）等指标数据（为简化测算过程，这里不考虑价格因素的影响），测算三大要素对工业经济增长的贡献。

经回归拟合，适合宁德市工业经济的科布—道格拉斯生产函数为：

$$Y_t=AK_t^{0.913}L_t^{0.087}$$

式中0.913和0.087分别表示资本和劳动投入对工业产出的弹性。然后，将这两个弹性系数引入索罗经济增长模型，

即 $\Delta Y/Y=0.913*\Delta K/K+0.087*\Delta L/L+\Delta A/A$

测算得出历年工业总产值增长率中资本、劳动投入和广义技术进步的构成，如表1所示。

将资本、劳动投入和技术进步的增长率分别除以工业总产值增长率，可分别求出历年资本、劳动投入和技术进步对工业总产值增长的贡献率。

从测算结果得知，2000-2014年，资本投入、劳动投入、技术进步的平均贡献率分别为87.5%、3.4%和9.1%。总体上看，宁德市工业经济的增长主要依赖于资本要素投入的增长，技术进步贡献次之，劳动投入贡献最低。

（二）工业经济增长动力分析

1.资本投入是工业经济增长的主要动力。根据测算结果，近十多年来，资本投入在所有投入要素中占有绝对优势，可以判定宁德工业经济增长属于资本驱动型，工业投资与工业经济增长高度相关，基本上投资高增长的年份，工业经济也表现为较高速的增长。2000-2014年间，一批重大工业投资项目陆续开工建设，宁德市规模以上工业固定资产合计由2000年的31.9亿元增长到2014年的698.7亿元，年均增长率达24.7%，较高的投资水平拉动宁德工业经济快速发展。资本投入对工业经济增长的平均贡献率高达87.5%，远高于其他要素的贡献。

2.劳动投入对工业经济增长贡献稳定。从测算结果看，2000-2014年间，劳动投入对工业经济增长贡献在-3.3%至6.6%之间波动，平均贡献率为3.4%，总体上维持在低位平稳运行。近年来，工业从业人员数除2000年、2001年有所下降外，其余年份基本保持稳定增长，工业从业人员从2000年的3.9万人增长到2014年的20.8万人，年均增

长 12.7%。但由于劳动投入对工业产出的弹性偏低，导致劳动投入增长率基本维持在 2.0%以内，平均增长率仅为 1.0%（算术平均数）。

表 1　宁德市工业总产值增长率构成

（2000-2014 年）　　单位：%

年份	工业总产值	资本投入	劳动投入	技术进步
2000	18.1	12.6	-0.2	5.7
2001	17.3	26.0	-0.6	-8.1
2002	26.1	18.3	0.7	7.1
2003	37.3	13.1	1.7	22.5
2004	29.2	-1.2	1.9	28.5
2005	33.8	29.8	1.1	2.9
2006	36.2	101.2	1.3	-66.3
2007	37.9	12.9	1.4	23.7
2008	31.5	32.8	1.8	-3.1
2009	22.7	3.8	0.8	18.1
2010	42.6	23.7	1.5	17.4
2011	28.4	8.4	1.8	18.2
2012	17.8	8.0	1.0	8.8
2013	21.6	52.2	1.0	-31.5
2014	15.5	15.1	0.4	0.1

3. 技术进步贡献率呈波动特征。从测算结果看，包括制度、技术、管理等在内的广义技术进步对工业经济增长的贡献率波动特征较为明显，在走势上与资本贡献率呈此消彼长的趋势。2000 年以来，技术进步增长率总体上可以分为三个阶段：2000-2004 年的上升阶段，增幅由下降 8.1%提高到增长 28.5%，年均增长 10.3%，同期资本投入增长率呈下降趋势，年均增长 13.4%；2005-2008 年的剧烈波动阶段，其间最高增幅与最低增幅相差 94.8 个百分点，年均下降 19.8%，同期资本投入年均增长 40.6%；2009-2014 年的下降阶段，由 2009 年的增长 18.1%到 2013 的下降 31.5%，2014 年有所回升，但仅增长 0.1%，年均增长 3.4%，同期资本投入年均增长 17.5%。

三、工业经济生产要素投入存在的问题

工业转型升级的目的就是提升要素使用效率，减少资源浪费，而通过依靠科技进步、优化资源配置效率，则可以很有效的达到这一目的。但目前宁德市工业经济增长过度依赖资本投入，技术进步和劳动投入贡献偏低、资源配置效率较低等制约了工业经济的顺利转型。

（一）技术进步贡献率偏低

2000-2014 年间，技术进步对工业经济增长的年均贡献率仅为 9.1%，且 2009 年以来，贡献率呈现出下降的趋势。研发投入水平低、工业企业研发

积极性不高等是造成技术进步贡献率偏低的主要原因。2013 年，全市仅 14.5%的规模以上工业企业有开展 R&D 活动；规模以上工业企业办科技机构数 102 家，仅占规模以上工业企业数的 7.7%；企业 R&D 经费投入强度低，按照国外有关理论，占销售收入 3%的研发经费只能维持企业的技术水平不落后于当前的水平，7%的水平才能保证开发上台阶，而要保持技术水平在行业内领先，至少要 13%以上的研发经费，但目前全市该比例还不足 1%，与上述标准存在较大的差距。由于整体研发投入不足，科技创新能力差，使得工业经济仅表现为数量的增长，而质量未有效提高，后续的发展缺乏推动力。

（二）劳动投入对工业经济增长贡献不显著

从测算结果看，劳动投入对工业产出的弹性系数仅为 0.087，即劳动力投入每增长 1 个百分点，仅拉动工业总产值增长 0.087 个百分点，劳动投入对工业经济增长的平均贡献率为 3.4%。工业经济的较快发展，劳动投入也稳步增长，但劳动者素质不高使得增长的多数为劳动力，而非人力资本。2013 年，全市大专及以上、初中及高中文化程度人口占总人口的比重分别为 7.7%和 44.1%，分别比全省平均水平低 0.7 个百分点和 7.7 个百分点。多数企业缺乏有效的人才引进、选拔和激励机制，高层次科研技术人才占人才总量的比例偏低，2013 年工业企业 R&D 人员合计 4929 人，仅占工业企业从业人员的 2.5%。

（三）工业经济增长对资本要素依赖性高

宁德市在工业经济发展过程中对生产要素的投入存在结构上的不平衡。主要体现在对资本要素的投入较多，相对的其他要素的投入较少。工业固定资产投资占工业增加值的比重较高，2005-2014 年间，这一比重的平均值达 67.9%，比全省平均水平高 21.8 个百分点，其中 2009 年高达 78.1%（全省为 45.6%），2013 年达 75.0%（全省为 59.8%）、2014 年 71.9%（全省为 60.2%）。近年来，工业投资效果系数徘徊不前且有所回落，由前几年的 0.32-0.41 之间波动（除 2009 年为 0.15），回落到 2012 年的 0.21、2013 年的 0.25、2014 年的 0.16，表明固定资产投资对工业经济的促进作用出现了瓶颈。而工业经济增长对资本要素的依赖性过大，将不利于工业经济的持续增长。

四、推动工业经济转型升级的对策建议

通过前文分析，资本要素对宁德工业经济起到了主要贡献作用，而广义技术进步贡献相对较低，劳动要素质量不高。工业经济要实现转型升级就要让技术进步、管理能力、规模效应等要素贡献提升，以更少的资源投入获得更大的产出，就要重视要素投入质量，提高要素配置效率。

（一）以提升科技实力促进工业转型升级

1. 多元化科技投入资金渠道，增加科技投入。 目前，R&D 经费来源渠道中，九成以上为企业自筹资金，R&D 科技投入低且资金渠道单一。因此，首先要增加政府的投入，尤其对于影响到当地长远发展的可持续发展科技项目，政府要全力投入。其次，加强科技与金融及资本市场的结合，吸引资本市场向相关的科技产业化项目倾斜。再次，积极尝试新的运行机制，多渠道、多层次筹措资金，积极吸引社会各界和企业参与可持续发展科技事业。

2. 深化科研体制改革，建立科技创新体系。 首先，以企业为创新主体，引导企业以需求为导向开展创新，提高科技成果的转化率。其次，推进产学研合作，以市场化途径优化技术创新所需各种生产要素的配置，不断提升工业企业的科技创新能力。再次，建立技术创新平台，依托科技创业园，制定相应的财政补贴措施，吸引中小企业入园创业，尽快在园区内孵化出一批科技型企业。

（二）以教育和培训促进工业转型升级

1. 加大教育投资，增加人力资本积累。 首先，

要加大基础教育的投入力度，通过均衡各区域的基础教育水平为培养更多的人才奠定基础。其次，要加强高等教育的投入，为工业企业提供更多的高层次人才，以缓解企业在转型升级过程中所面临的人才紧缺局面。再次，充分利用现有的教育系统和大众宣传媒介，建立形式多样的职业技术培训中心，为企业提供更多的技术型人才。

2.营造良好环境，加强企业人才培养和队伍建设。首先，建立人才激励、合作竞争的有效机制，培养学科、结构合理的人才队伍。其次，调动企业在人力资本开发和利用方面的积极性，引导企业加强职工岗位培训、改革企业内部劳动人事、人力资本管理制度等。

（三）以提高投资效能促进工业转型升级

1.重视资本积累，提高利用效率。资本存量是推动工业经济持续增长的第一推动力，并且在今后的很长一段时间仍将起关键作用。提高现有物质和人力资源的质量，通过发明、革新和技术进步提高资源效率等，往往都是需要通过投资才能实现。因此重视资本积累，并且将资本积累扩大与知识、技术进步相结合，提高资本的利用效率，将对推动工业经济转型升级发挥重要的作用。

2.优化工业投资结构。提高资本投入效能，除了保持适度的投资规模，提高投资效益之外，还必须优化投资结构。首先要完善和落实支持企业技术改造的财政、金融、土地等政策，支持一批重点行业、重点领域的重大技术改造项目，支持中小企业加强技术改造，逐步提高技术改造投资在工业投资中的比重。其次加强准入管理和产能预警，严格控制产能过剩行业固定资产投入，抑制盲目扩张和重复建设。

（执笔：蒋清浴）

莆田市医疗器械产业发展现状及对策建议

医疗产业是莆田的特色产业，莆田市委、市政府把医疗产业列入莆田经济发展的支柱产业之一。据不完全统计，全国莆籍民营医疗企业有 8800 多家，占全国民营医疗 80%左右的市场份额，年营业额达 2500 亿元，药品药材、医疗器械等年采购额超过 1000 亿元，年诊疗量约为 5 亿人次，带动从业人员 200 多万人。本文分析莆田市医疗器械产业发展现状及存在问题，探寻医疗器械产业发展对策。

一、发展现状及主要做法

近年来，伴随着我国医疗器械产业的持续发展，莆田市医疗器械产业发展较快。近三年来，莆田市医疗器械产业工业总产值从 2012 年的 1300 万元，提升到 2013 年的 1800 万元，进而到 2014 年的 2500 万元，年均增长 24.4%。截至 2014 年末，莆田市共有 12 家医疗器械生产企业，其中一类企业 4 家，二类企业 6 家，三类企业 2 家，全市医疗器械行业从业人员 1000 多人。莆田市医疗器械产品主要有一次性使用无菌注射器、一次性使用静脉输液器、医用卫生材料及敷料、金属烤瓷牙、体外诊断试剂、牙科洗髓针、牙科拔髓针、染色液、激光治疗仪、冷红光治疗仪、智能体温计、电子血压计等，产品以内销为主，部分出口非洲、中东。其主要做法：

（一）出台优惠政策

2014 年 3 月，福建省政府出台的《福建省人民政府关于加快医药产业发展十二条措施的通知》（闽政文[2014]98 号）提出："支持医疗器械引进、研发和产业化，并给予配套扶持资金"。莆田市委书记在市委六届八次会议上提出："积极培育高端装备、医疗健康、电子信息三个新兴产业，建设好产业园区平台，培育一批龙头企业"。为进一步推进莆田市医疗器械产业的发展，2014 年 12 月，莆田市委、市政府出台《莆田市人民政府关于扶持福建省健康产业园的若干意见》（莆政综[2014]143 号）和《莆田市人民政府关于扶持药品及医疗器械采购平台的若干意见》（莆政综[2014]144 号），提出多项扶持政策，加快推进医疗产业发展。对符合条件的企业，给予总部办公大厦用地支持、办公租金及装修补助支持、电商采购平台资金支持、信息资源支持、手续办理支持和财政支持、金融支持和人才保障等多方面支持。

（二）大力建设 ECO 城医疗器械专业市场

ECO 城是全国首个专属民营医院的医疗器械专业市场，采取"集中展示、委托仓储"特许经营模式，为入驻客户提供接待中心、会议场所、集中经营展示区域和仓储区域。入驻医疗器械企业可以不另设仓库，注册医疗器械经营企业时办公面积可降低至 40 平方米，比以前下降 80%以上，有效地降低了医疗器械经营企业注册门槛及经营成本。目前已有 53 家企业通过莆田市食品药品监督管理局的经营许可入驻。2015 年上半年，入驻企业销售额近 5000 万元，上缴税收 150 多万元。

（三）积极打造福建健康产业园

为进一步深化医改、壮大全市医疗健康产业，全市规划 3000 亩建设福建健康产业园，建设依托莆田、覆盖全省、辐射全国的医疗健康产业总部，打造集"总部经济、高端医疗、特色专科、医疗旅游、养生保健、健康体检、药械交易、会展经济、医疗地产"为一体的医疗健康产业集群，吸引相关医药投资、医院管理公司入驻园区。该产业园将产生辐射作用，带动医疗器械产业的发展。

二、存在的主要问题

莆田市医疗器械产业虽在政府支持下及通过企业自身努力取得了一定发展，但在规模、人才、技术、管理等方面，还存在诸多制约因素。

（一）产业规模小，品种单一

据调查，全市 12 家医疗器械生产企业中，产品年销售额在 500 万元以下的企业有 7 家，占企业总数的 58.3%；年销售额在 1000 万元以上的仅 1 家。从近年来莆田市医疗器械注册申报情况看，医疗器械品种主要集中于耗材、染色液、卫生护理垫等。按照国家食品药品监督管理局第 15 号局令规定医疗器械分类规则将医疗器械分成 77 类，并编排序号，从 6801 的基础外科手术器械到 6877 的介入器材。目前莆田市医疗器械仅有 6801 基础外科手术器械等共 83 种，未包含医用高能射线设备、介入器材等风险高、技术水平也较高的产品。莆田市医疗器械产品技术水平低、品种单一、产品同质化严重，导致莆田市医疗器械产业无法发挥规模效益，整体行业竞争力弱。

（二）高技术人才匮乏，管理水平低

医疗器械是高技术、高风险的产业，人才是高技术产业发展的瓶颈之一。莆田市高技术人才尚且不足，处于发展中的医疗器械产业技术人才更是捉襟见肘。高级管理人才是企业发展的核心要素，对医疗器械产业显得尤为重要，而莆田医疗器械产业中民营企业较多，且多为家族式管理，团队也是在一种松散和粗放式管理机制内建立的，普遍缺乏商业化管理理念和经验，这就制约了莆田医疗器械企业做强做大。

（三）风险高，创新能力不足

与一般的工业产业相比，医疗器械品种更加纷繁复杂，涉及几十个大类，每个大类都有成百上千个型号和品种，医疗器械产业需要更高的技术基础和更多的资金投入。此外，从技术研发到产品上市周期长，以及相对偏低的成果转化率，使得投资医疗器械产业具有很高的风险。创新能力是企业成长的保障，预示着企业未来的发展潜力和动力。而莆田部分医疗器械企业负责人没有开发新技术的勇气和决心，也不愿意投入巨大的人力和物力做长期规划。2014 年，莆田市部分医疗器械生产企业 R&D 投入为零。此外，企业获取信息的途径较少，融资难使许多企业对于技术创新“心有余而力不足”，直接影响企业的创新发展。

（四）与客户沟通不够到位，关系营销有待加强

近年来，市场营销策略从“4p”向“4R”（即 Relevance 关联、Reaction 反应、Relationship 关系、Reward 回报）过渡。“4R”关系营销策略提出，要从消费者角度出发，加强与消费者之间的互动与沟通，通过建立与消费者相互信任的长期合作关系，最终打造出与消费者能实现合作共赢的利益共同体。调查发现，莆田市部分医疗器械生产企业在客户关系营销方面存在两方面问题：一是缺乏与客户的沟通反馈。部分企业由于缺乏与客户的沟通反馈，对客户的需求变化不了解，以至于产品不能满足客户的需求，严重阻碍企业与客户长期关系的建立和发展。二是不注重客户关系维护。医疗器械企业业务员由于利益驱使和业绩压力，比较注重与新客户发展关系营销，而忽视对老客户的关系维护和管理。同时，没有对客户的价值进行详细分析并划分等次，以至于企业在分配资源时没有区别对待，导致资源没发挥最大效用。

（五）配套产业发展不足，协同能力差

莆田市医疗器械产业集群内企业间的协调配套较差，竞争有余而协作不足。大、中、小企业之间没有建立起上下游的产业链关系，企业的专业化分工与合作网络没有形成。目前在医疗器械医药产业链上游进行医疗器械研发创新的主要是科研机构，而处在下游的医疗器械生产企业开发能力薄

弱，且不愿承担开发前期巨大的风险，因此医疗器械产业链上下游严重脱节，科技成果转化率较低。

三、对策与建议

（一）用足用好政策，发挥政策引导效应

在医疗器械产业发展进程中，政府的调控、规划、引导具有不可取代作用，合理有效的产业政策是医疗器械产业发展的根本保障。各级各部门要将莆田市委市政府出台的《莆田市人民政府关于扶持福建省健康产业园的若干意见》和《莆田市人民政府关于扶持药品及医疗器械采购平台的若干意见》中对医疗器械生产企业的各项利好政策落到实处。要积极打造具有海西特色的医疗健康产业园，从而形成产业集聚效应。建议选择部分科技含量高、创新能力强、管理水平高、发展基础好的医疗器械企业作为培植重点，在政策、资金、项目、人才、土地等方面给予支持，推动其向规模化发展。另外，根据成长性和企业年产值选出“种子”企业，在税收、借贷资金、研发补贴方面给予优惠政策等。

（二）共享平台，扩大产业规模

一是建立医疗器械研发中心。莆田在外莆商多，具有很好的自然资源和外资环境。建议建立一个政府出资为支撑，企业联盟为主体、科研院所为技术支持和市场需求为导向的研发平台，向全市医疗器械企业提供技术指导和信息支持。在研发中心的辐射下，医疗器械企业优化资源配置，整合行业的核心竞争力。二是加快健康产业园和医疗器械专业市场建设。按照规划，有序推进健康产业园和ECO城建设，充分发挥健康产业园和ECO城的辐射作用，在地理位置上集中若干企业，共享人才、市场、技术、信息等产业要素，从而提高资源配置效率，促进有序竞争，推动产业规模不断扩大。

（三）引进人才，提高管理水平

高技术人才和管理人才是产业发展的核心资源，在医疗器械产业的生存和发展中具有决定性作用。《莆田市人民政府关于扶持药品及医疗器械采购平台的若干意见》在人才保障方面提出，医疗器械采购平台高级管理人员、专业技术人员享受莆田市和秀屿区有关《关于引进高层次人才和青年专业人才的暂行规定》政策规定；在该平台工作满两年的可申购限价房等政府的优惠房。要用足用好人才保障政策，建立行业高级人才培养机制，吸引高端人才来莆就业，保证医疗器械技术人才和管理人才输送的稳定性和高质量。

（四）转变观念，提升创新能力

创新能力是企业能突破现有市场格局获得垄断性利润的根本性能力。医疗器械生产企业要切实转变观念，实现销售模式和技术上的创新。一是创新销售模式。传统销售方式是生产厂家整合代理商的资源把设备卖给医院，具有成单周期长、费用高、竞争激烈和利润空间低的特点。近年来，民营医院的数量大幅增加，对医疗器械的需求也在不断增加，且民营医院采购无需招投标，中间环节少，各类营销费用较低，回款速度也更快。因此，建议医疗器械企业转变观念，在民营医院和社区医院拓展市场。二是采取差异化技术创新策略。对于那些价格弹性较大产品的生产企业，鼓励其在生产过程和工艺上创新；对于自身研发能力较强的企业，鼓励其研发差异化较大的核心竞争力产品，获得自主知识产权；对于中小企业，鼓励其实施集中化策略，集中自身优势资源主攻单一领域或相关产品，对原有技术进行更深层次的创新开发，在单一品种生产数量和质量上脱颖而出。

（五）强化服务沟通，做好关系营销

一是确定以服务为核心的客户关系营销理念，加强与客户沟通反馈。成立专门的客户服务部门，通过强大的服务网络、平台以及专业的团队，为客户提供快捷、专业、高效的服务。利用网络和信息管理技术，建立服务信息管理系统和客户呼叫及管理平台，为客户提供快捷、专业、高效的服务，保

障与客户的双向沟通快速及时。二是注重对客户关系的管理、维护和控制。要从客户角度出发，从满足客户的需求、认可、信任、忠诚四个维度建立关系，并归类分析客户的价值，获取客户对产品和品牌的忠诚度，从而推进产品销售额的持续提高。

（六）加强协作，提高竞争力

建议医疗器械生产企业充分利用资源，与各方加强协作，实现抱团取暖，从而提高行业整体竞争力。一是与国内外大企业合作进行 OEM 生产，借助大企业的研发优势及运营管理经验进行技术、质量的不断完善，力争成为行业内的知名品牌；二是两个中小企业进行合作经营，处理好产权问题，共享规模化优势；三是选择优秀的代理商，建立战略共赢关系，共同开发市场；四是与高校或科研单位进行产学研合作，提高科研开发创新能力，并吸引优秀的毕业生资源到企业就业。

（执笔：郑顺清）

推动金融服务创新　助力实体经济腾飞

——泉州市创新金融服务推进实体经济成长的情况调查与分析

2012年12月21日，经国务院批准中国人民银行等12个部委联合发布了《福建省泉州市金融服务实体经济综合改革试验区总体方案》。至此，泉州市成为继浙江温州、广东珠江三角洲之后，第3个国家级金融综合改革试验区。为了解泉州金融改革（以下简称“金改”）一年多来取得的成效以及社会各界尤其是广大小微企业对金改成效的反映，福建调查总队组织开展了泉州市金融改革促进实体经济成长的情况调查，总结梳理金改取得的阶段性成效，剖析金改服务实体经济面临的难点，提出进一步深化金融体制改革，更加充分有效地推动实体经济发展的的对策建议。

一、实施金融改革，大力支持实体经济

泉州金融改革方案获批后，福建省委、省政府全力支持，泉州市委市政府强力推进，以解决小微企业金融服务为突破口，以打开金融资本进入实体经济和民间资本进入金融领域“两个通道”为抓手，以推进规范发展民间融资、扩大直接融资和加强泉台金融合作为重点，推动金改逐步上轨运作并取得阶段性的突破进展和成效。

（一）创新金融组织体系，贴近服务实体经济

泉州市政府以引进、培育、设立各类金融和准金融机构为抓手，出台了鼓励金融业发展、鼓励股权投资业发展、开展民间资本管理公司试点等20多项配套政策，大力发展银行、保险、证券、租赁、财务公司、基金等各类金融和准金融机构，尽快构建多层次、开放型的实体金融服务体系。

1. 多元发展，构筑普惠金融。一是构建专业化的金融机构。建立小微企业金融服务机构143个、“小微合作社”44家、小微企业互助合作基金13支，全市升格2家和设立37家银行业机构，入驻融资租赁公司3家，新设小贷、典当、担保、民间资本管理公司等42家、注册资金超80亿元。

二是创新商圈金融合作。搭建11个融资合作平台，设立高新区科技金融服务中心、海洋产业金融中心，引导金融机构对电商企业、高新企业授信125亿元，引入民生电商发展互联网金融。

三是运作好国有资本出资的担保公司。全市37家融资性担保公司累计为1737家企业提供担保98.35亿元。

2. 引银入泉，“输血”实体经济。福建银监局对泉州市在银行业机构准入方面实行政策倾斜，推动在福建设立机构的银行全部在泉州设立分支机构。泉州市政府也出台许多优惠政策引银入泉。如晋江市2013年7月出台了《关于促进金融业发展的若干意见》，对在晋江新设的金融机构、金融配套机构、金融中介服务机构等多个适用对象，给予一次性设立奖励及购地、购房或者租房补贴等优惠政策。其中，在晋江新设立并运营1年后的金融机构，最高可获得1000万元奖励；金融机构自建、购买或租用办公、营业场所给予资金补助，补助金额最高200万元等。

3. 网点下沉，延伸服务触角。中信银行、招商银行泉州分行升格为总行直管分行，兴业银行、泉州银行等中小银行首设社区银行，邮储银行获批设立区域审批中心、票据中心，交通银行获批设立国际业务部，新设银行机构和基层网点37个，实现

县域村镇银行规划全覆盖。在居民社区和工业园区新设一批社区银行和金融便利店，金融服务网络拓展延伸。泉州农信社、农商银行加快普及农村电子金融服务，加大自助机具投放力度，不断扩大服务半径。

（二）构筑企业征信体系，促进银企信息畅通

围绕构筑有利于金融业充分竞争的环境，从最顶端进行设计，从最基础开始做起，着力完善中小微企业信用信息数据交换与共享平台建设，构筑金融业加快发展的“底座”。信息平台的建设以实现数据共享为主要目标，涵盖企业基本信息、用水用电用气、金融服务需求情况、社会公共信息、鼓励及处罚信息等，涉及了包括工商税务、质监局、市政公用事业、电力等12个部门和单位，已有13万多家中小微企业信用信息可查询，实现银行与企业供需对接。

（三）建设风险补偿基金，谨防金融操作风险

泉州市从财政扶持、政策导向等方面着手建立融资风险补偿共担体系，设立1亿元的小微企业信贷风险补偿共担资金（以下简称“风险金”）并滚动发展，1亿元的中小企业直接债务融资发展基金；2000万元“助保贷”资金池；2000万元的外贸中小企业融资风险共担资金池，分散和降低贷款风险，调动银行业增加信贷投放的积极性。

风险金实行政府主导、市场运作原则，采取市级财政引导、县级财政配套的方式共同出资设立，专项用于对辖区内银行业金融机构发放的小微企业贷款进行风险补偿，以及对所发生的不良贷款损失进行有限共担。风险补偿部分，以上一年度银行业金融机构对小微企业贷款季均余额为基数，由各县（市、区）、开发区、台商区按本年度辖区内小微企业贷款季均余额比上年季均余额净增加额的0.1%比例予以风险补偿。

（四）推进金融法庭创新，护航金改顺利实施

为了让金融改革在经济法制的轨道上平稳地运行，泉州各级人民法院积极研究大力推出保障泉州金融改革的“先行先试”措施。短短一年时间里，全市新收案件11664件，比上年增长11.4%；收案标的43.52亿元，增长15.1%。2014年一季度，新收案件2418件，同比增长32.8%；收案标的7.81亿元，增长22.6%。

1.设立巡回法庭，及时受理金融纠纷。为了简化金融纠纷、民间借贷的法院审理、判决、执行的程序和时间，晋江法院主动作为，创造性地在福建省首家民间借贷登记中心设立巡回法庭，只要是在服务中心登记过的民间借贷，产生的纠纷案件依法由晋江市人民法院管辖的，就在巡回法庭进行审理。据统计，2014年1至5月，晋江地区涉金融纠纷民事案件514件，涉及金额2.5亿元，而在民间借贷登记中心，不良案件仅2件，金融风险、纠纷诱因较低。

2.实施网上曝光，有效遏止拖欠现象。法院执行人员通过网络执行查控系统，对拖欠人的房产、土地、车辆、户籍、股权、高消费等信息进行批量查询，全国首创由各自银行自行领回在显示屏上暴光，一旦被列入失信人，将限制其消费，并通过公安边防限制其出境，使失信被执行人的社会生存空间大幅度缩小，只能通过履行义务来消除不良社会影响。

3.创新债务治理，妥善处置风险企业。针对欠款企业及个人，泉州市法院积极创新债务清理的模式，并跟进采取相应的冻结、查封、限制、处罚等执行措施。对资金暂时短缺但仍正常经营的企业，尽量采取不妨碍企业正常生产经营的“反担保”等措施，避免因为措施不当而产生不利于企业生产经营的连锁反应；但是对于确已无法正常经营的企业，则迅速采取保全措施，以防止资产流失。对有房产的企业，在遵守一套房不予拍卖的原则上，采取大套换小套、小套换租房，在保障欠款人最低的生活标准的前提下促其还款。

二、金改初显成效，切实利好实体经济

2013年以来，泉州市借助金改契机，各部门和各金融机构加强对小微企业的金融服务，小微企业的融资环境逐步得到改善，金融服务取得一定成效。

（一）加大信贷投放力度，增加金融有效供给

据泉州银监局初步统计，2013年银行业小微企业贷款余额1011.62亿元，个体户251.96亿元，分别比上年增长10.5%和36.9%，高于大中型企业0.5个百分点和26.9个百分点；小微企业授信户数1.36万户，个体户6.98万户，分别增长26.4%和40.3%。2014年一季度，银行业小微企业贷款再度扩面增量，小微企业贷款余额1031.75亿元，个体户246.38亿元，分别增长18.8%和23.4%，高于大中型企业13.7个百分点和18.3个百分点；小微企业授信户数1.42万户，个体户7.38万户，分别增长22.9%和67.9%。

（二）量身定制金融产品，满足多元金融需求

为解决小微企业贷款期限与经营周期不匹配，还款难、续贷难等问题，泉州市各金融机构坚持“立足实体、立足特色”的思路，积极探索并创新近70项结合地方特色和针对小微企业的新型金融产品。其中，最受小微企业热捧的当属2013年4月泉州银行在国内首批、全省首家推出“小微·无间贷”业务。其最大的亮点，在于续贷无需先还本。即符合续授信条件的优质小微企业，在原流动资金贷款到期前向银行提出申请，经审查通过，无需归还贷款本金即可享受“无还本续贷”的便利。截至2013年末，泉州银行累计办理196笔，金额3.95亿元；截至2014年5月末，累计办理贷款365笔、金额7.74亿元。“无间贷”破解了小微企业续贷困局，也在一定程度上遏制了民间借贷中的不规范行为，有利于构建良好的金融秩序。目前，在泉州类似“无间贷”的业务还有海峡银行的“转贷通”、德化联社的“续贷宝”业务等。

此外，其他各金融机构也纷纷开辟绿色通道，量身定制一系列专属金融产品，提供差异化服务。如兴业银行推出的“兴业流水贷”，不用资产抵押通过结算流水量就可贷款，目前已有79家企业通过“兴业流水贷”获得贷款金额13.23亿元。泉州信用社推出的“惠村通”累计发放95笔1020万元、“联贷宝”2706笔1.83亿元，以及建设银行推出的助保贷等，品种五花八门，不断翻新。

（三）优化信贷业务流程，提高金融服务效率

为让小微企业能够更好地获得金融服务，金融机构均简化程序，加快了对小微企业的放款速度。如泉州农行配备专职小微企业信贷调查、审查、审批人员，推行小微企业信贷业务的“一次调查、一次审查、一次审批”一站式服务模式；兴业银行采用标准化计分卡方式，推出“易速贷”满足小企业短、频、急融资需求，企业只要贷款申请资料齐备，审批时限不超3个工作日。

（四）规范涉企收费标准，降低金融交易成本

为了切实减轻小微企业融资成本，各金融机构充分考虑小微企业的承受能力和生产经营状况，合理定价，主动让利。金融机构均承诺不向小微企业收取承诺费、资金管理费、财务顾问费等不合理费用，以及发放贷款时不强制搭售理财、保险等金融产品。据泉州银监分局开展的千户小微企业融资情况问卷调查显示，金改获批以来，93.6%的样本企业认为融资利率、收费水平基本合理，约55.9%的被调查企业认为融资成本小幅下降，7.5%认为明显下降。部分产品本身就为小微企业节约大量的融资成本，如享受“无间贷”的企业反映，以贷款100万元计算，短时间内筹集资金只能靠民间渠道，一个月要2分利息甚至更高，“无间贷”无形中可节省了2万元融资成本。据初步统计，“无间贷”已为小微企业节省650万元融资成本。

三、金改破冰艰难，融资难题依旧严峻

金融改革一年多来，虽然泉州市在着力解决小微企业融资难问题上取得了积极成效，但融资难与难融资矛盾依然突出。据对泉州市 117 家小微企业调查，仅有 18.8%的企业向银行借款能够得到满足或大部分满足，小微企业融资推进过程中遇到的困难仍然较多，实现的突破还比较有限。

（一）规模小起点低，小微企业金融服务供给遭受不公待遇

1. 利率上浮。在与银行业金融机构的业务往来中，小微企业的信贷风险相对较高，因此银行往往会要求较高的资金价格来覆盖信贷风险，而议价能力较弱的小微企业只能被动接受。小微企业贷款利率一般要在基准利率基础上上浮 30%以上，这种较高的资金价格也推高了民间借贷利率。如今的小微企业，利润率大多都只有 3%-5%，有的行业甚至只有 1%-3%，对于他们来说，别说 2 分、3 分，甚至 1 分的月息都难以承受。但又不得不借，不借就可能马上倒闭，而借还存在转机的可能。

2. "嫌贫爱富"。银行服务小微企业积极性不高，一般不敢贸然对其发放贷款。截至 2013 年末，泉州市小微企业人民币贷款余额占全市企业贷款余额的 36.6%，仅比上年末提高 1.1 个百分点；如果将个人经营性贷款全部并入小微企业贷款，2013 年末全市小微企业贷款余额占比也仅比上年末提高 2.5 个百分点。而且这些贷款增加的小微企业大多是经济效益好的规模以上小微企业，这是国家推出"两个不低于"目标后，银行为了完成任务，对经营状况好的小微企业抢着贷款，甚至超额放贷，真正微型企业仍难获得贷款。

（二）银行接地气不够，小微企业金融服务需求多样化难以满足

由于泉州是地级市，除了泉州银行、农村合作金融机构、村镇银行外，其他均为各商业银行在泉分支机构，金融资源控制权和税收都在各自的北京、上海总部，产品设计、服务创新、管理创新要经过总行层层审批，在经营上很难灵活依托地方特色提供针对性强的金融服务，因此小微企业金融产品"接地气"仍然不够。从泉州市银监局反映情况看，尽管辖内各银行纷纷创新推广小微企业金融产品，但除泉州银行外，多数银行机构的小微企业金融产品均由其上级行负责开发，未能与泉州当地的民企特点和实际需求等有效结合，很难满足小微企业个性化需求。如跨产业转型的企业需要大额启动资金支持、制造型企业产品研发和技术改造需要长期贷款周转、出口型企业随着贸易额扩大，需要银行提供贸易融资、跨境结算、汇率避险等服务，单一的发放贷款已很难满足这类小微企业的需求。

（三）信息不对称，小微企业金融服务效果缩水打折

1. 企业划型不准确，制约服务政策制定。2011 年，工信部、统计局、发展和改革委员会、财政部印发了《关于印发中小企业划型标准规定的通知》（工信部联企业[2011]300 号）明确了企业划型标准，但实际运行中，金融机构主要依据企业提供的财务数据自行划型，普遍存在对企业规模认定不准确，导致同一企业在不同银行归属不一，由此产生的信贷统计数据将可能影响信贷政策导向效果评估的准确性。走访的泉州银行，其规模划分是以企业贷款规模进行划分的，这便出现并不是真正意义上的小微企业，却享受了小微企业的扶持政策，使部分小微企业被拒之门外。

2. 财务制度不健全，小微企业不被银行认可。小微企业信用体系建设还不完善，诚实守信尚未成为自觉行为，多数企业在融资时无法提供合格、可信的财务信息，部分企业不遵守财务管理制度，随意粉刷财务报表，报送税务机关的尽量做差点，报送银行机构的尽量做好点，信息透明度不高。银行机构在进行贷前调查时，无法准确判断企业的真实

资金需求，只能简单地从企业面上的资产估值判断其信贷风险。对于不了解的企业，银行出于风险考虑，惜贷在所难免。

（四）金融意识淡薄，小微企业金融服务工具运用能力较弱

小微企业由于大多处于发展起步阶段，主要依赖银行贷款，对金融工具和金融产品的认知运用能力较弱。大部分小企业生产经营规模、资产负债率、销售收入、利润水平都达不到评级要求，难以达到直接融资的相关要求，因此企业对用好、用足融资政策的能力和水平有限。

四、推进金融创新，服务小微企业发展

面对小微企业融资存在的问题，泉州金融改革应以促进小微企业发展为目的，加强对小微企业的金融服务引导，逐步建立全方位、多层次的金融体系，不断挖掘小微企业不同种类的金融需求，坚持以市场为导向、金融需求为基础，大胆开发和创新金融产品，才能满足小微企业发展的客观要求，真正提高金融的服务水平和自身经营效益。

（一）打造特色金融产品，创新企业融资方式

1. 创新推广小微企业信贷还款方式。针对企业贷款期限与实际经营周期错配，贷款到期还贷、续贷压力大的问题，推出符合条件的小微企业，在原流动资金贷款到期前向银行提出申请，经银行审查通过后，即可享受贷款自动续期的业务。进一步创新还款方式，并推广扩大泉州银行“无间贷”、晋江农商银行年审制贷款、厦门银行“接力贷”、兴业银行“连连贷”、海峡银行“续贷通”的覆盖面。

2. 创新推广小微企业信贷担保抵押方式。小微企业一般缺少可以作为抵押的不动产，所以不能通过传统的抵押贷款获得资金。央行做过的一项调查表明，我国小微企业有60%以上是应收账款和存货等动产，因而开发订单融资、应收账款融资和存货融资产品有利于更好地服务小微企业。

3. 创新推广小微企业信贷合作方式。泉州市小微企业产业集群发达，产业链上下游企业、与核心企业之间的交易活跃，相互依存，金融机构要以“产业链金融”取代传统的“企业金融”。把对小微企业的信用风险评估从对单个小微企业的静态数据评价，转移到对整个产业链交易风险的评价，通过产业链的信息流来获知小微企业的信息，并通过相互验证有关企业所提供的信息，解决小微企业金融服务的成本控制难、风险控制难和信息收集难问题。

（二）培育草根金融体系，支持草根经济发展

草根金融是基层的微型金融机构，是指有别于正规金融机构，为小微企业提供金融服务的非银行金融机构、合作社和专业银行等，最典型的就是小额贷款公司和村镇银行。发展微型金融是泉州金融改革的重要方向。草根金融适应草根经济的特点，与传统金融业务相比，草根金融有三大显著特点，即简单、方便、快捷。草根金融业务对抵押物的要求不高，不需要太多的审批手续，资金周转快，节约小微企业的时间成本和人力成本。因此，政府应积极培育面向小微企业的微型金融机构，通过制定扶持草根金融发展，使民间资本“过剩”和小微企业“融资难”的现状得到平衡。

1. 发展村镇银行。加快南安、永春、德化、石狮、晋江、台商投资区村镇银行筹建开业，向上争取在洛江区、泉港区设立村镇银行。

2. 做大小额贷款公司。在风险可控、规模管理的基础上，开展小额贷款公司跨县域经营试点，探索推动小额贷款公司通过增资扩股和发行私募债、资产收益权产品等方式，扩大融资渠道。

3. 规范发展民间资本市场。泉州市民间资本约4000亿元人民币，如果加上海外泉籍侨资，可能超过2万亿元人民币。若能引导民间资本市场规范化发展，使民间资金有序渗入各个小微企业集群中，则将对泉州民营经济“二次创业”起到巨大推动作

用。

（三）全方位落实差异化监管政策，强化小微企业金融服务支持

为了敦促银行业金融机构不折不扣地落实好服务小微企业这一基本要求，政府出台了对小微企业的金融服务采用差异化的监管政策。今后要引导和督促银行业金融机构进一步落实四个差异化监管措施即在授权授信、利率定价、绩效考核、对不良贷款容忍度等四个方面给予小微企业政策倾斜；要加快小微企业专营机构建设，进一步发挥现有小企业信贷专营机构的作用，对符合条件的银行机构，支持批量设立专门从事小微企业和“三农”贷款的支行和专营机构，对专营机构实行差异化考核；鼓励银行机构进一步下放经营权限，缩短审批流程，提高小微企业金融服务效率；将小企业金融服务纳入监管评级，通过调整相应指标权重，把银行业金融机构信贷投放引向小微企业。

（四）强化征信管理，实现银企双赢

一是建成用好征信系统。有关部门应出面整合金融机构、中介服务机构、工商、税务、司法等部门的信息资源，力争完成对全市小微企业的信息覆盖，实现多部门信用信息共享共用。二是建立小微企业互助联盟。全市设立小微企业互助会，为会员提供信息、培训、法律、金融咨询等服务；促进会员企业之间的交流与合作，帮助会员企业发展；依托互助会成立中小企业互助基金，帮助企业解决银行授信临时性还款的资金需求；进一步增强银行对企业的信任度。

（五）规范企业自身管理，提升内在融资能力

小微企业要逐步建立法人治理结构，提升经营管理决策的连续性、科学性和透明度；改变作坊式的传统管理模式，建立现代企业制度，不断提高企业的经营管理水平；健全财务会计制度建设，加大对企业财会人员的培训力度；采用科学的管理方法，合理降低产品生产成本，狠抓产品质量，从而提高经营效益；加快产品结构调整和技术革新，针对市场需求研发新产品。

（执笔：翁丽玉）

新常态下长乐纺织业发展状况浅析

长乐是福州市乃至全国重要纺织业基地，经过三十多年发展，形成了化纤、纺纱、针织、染整、纺织机械等产业体系。近年来，长乐纺织业跟随国内外经济形势变化，视金融危机为行业转机，善抓机遇砥砺前行，在国家《纺织工业调整和振兴规划》指引下，依靠创新驱动、力促转型升级，保持年均两位数的增长。但是，在当前经济下行压力下，作为重要传统支柱、民生产业之一的长乐纺织业发展状况如何，引人关注。

一、金融危机前后长乐纺织业各要素对比分析

长乐纺织业从“草根工业”到产业集群，再到今天的“中国纺织产业特色基地”，于金融危机逆境中阔步前行。2012 年，长乐被授予“全国纺织模范产业集群”和“中国经编名城”，成为全国县级纺织产业三强。

（一）发展增速较快

2008 年，长乐有各类纺织企业 862 家，从业人员 10.3 万人，全行业产值 367.8 亿元，占该市工业总产值的 56.8%。国际金融危机发生后，长乐人坚持只做自己熟悉的行业和业务，勇于面对危机，抱团合作与创新，困境中拼博。2014 年，各类纺织企业发展至 1053 家，从业人员达 12 万人，规模以上企业实现产值 1270 亿元，约占该市工业总产值的 67.6%，年均保持 20.8%的增长态势。

（二）产能大幅提升

2008 年来，长乐纺织业在砥砺中前行，当时已年产化纤短纤、长丝、混纺纱近 120 万吨，其中棉纺拥有 330 万锭纺纱规模，年产纱线 60 多万吨；锦纶民用丝产能为 15 万吨左右，以经编纬编为主的织造业年产面料 20 万吨，花边产品约占全国市场份额的五分之一。金融危机后，长乐纺织业在微利中坚守、在创新中生存，到 2014 年化纤短纤、长丝、混纺纱年产近 330 万吨，拥有 600 万锭纺纱规模，锦纶民用丝年产能达 80 万吨。并涌现 “东龙”“永丰”“HG•锦艺纺”及“衣韵”等全国知名品牌，还有“万家丽”“衣韵”等省名牌，成为全国最大的化纤混纺纱生产基地和锦纶民用丝切片生产基地，产能居亚洲之首，其经编产品占全国市场份额的 60%。

（三）技术更加先进

长乐纺织业一度中低端、粗放型，仿复制等同质化现象严重，只要有资金和胆量，一间几十平方米厂房、几台有梭织布机就可以上马生产了。金融危机成为纺织行业“试金石”。为直面国际国内市场，长乐民营纺织企业积极引进国际战略合作伙伴、大胆吸纳国际、国内包括台湾方面的纺织人才、加快“产学研”合作步伐，实施创新驱动，努力变“织造”为“智造”。加强创新研发，长乐企业现拥有 1 个院士工作站、5 个国家级产品开发基地（研发中心）、8 个省级企业技术研发中心、17 个市级企业技术研发中心。投入资金技术改造，每年实施 40 多项技术改造项目，年投入创新资金超过 40 亿元，每年都有 20 多个项目获得国家或福建省科技资金补助。积极更新设备，引进国际、国内最先进的生产工艺及进口自动络筒机、高速并条机、清梳联合机等高效高产设备，约 85%的棉纺企业设备水平和产品质量达到国内领先水平，成为全国自动机增加最快地区之一。

（四）产业集中完善

为实现无棉之乡铸纺城，长乐政企无间合作。地域集中布局，在原有金峰经编、松下花边、江田棉纺等分散板块和经编花边园区的基础上，加快建设航空港工业集中区、滨海工业集中区和闽江口工业区三大特色园区，满足纺织企业上下游发展与配套要求。产业链延伸布局，近年来加快向 CPL、PTA

等上下游以及横向纺机配套、工艺研发等行业延伸，进一步整合提升“化纤—经编—染整—面料”等产业链，加强“棉纺—织布—染整—面料”等产业链，形成特色鲜明分工协作衔接有序的产业链条，提高产业集中度和综合配套能力。鼓励企业做大做强，进一步向上下游延伸配套发展，如长乐力恒锦纶科技有限公司近年来致力于降低生产运营成本、完善产业链，投资扩建申远己内酰胺项目，成为国内锦纶业中唯一完成从“己内酰胺—锦纶 6 聚合切片—锦纶 6 纺丝—锦纶 6 弹力丝—经编花边织造—染整”六道产业链整合的企业。

二、长乐纺织产业集群发展前景分析

长乐人曾经用木织机把塑料丝织成蚊帐，被誉为“草根工业”，今处“而立之年”的长乐纺织业，已从初期的块状经济发展成为一定层次的区域经济，从自发聚集、简单复制逐渐发展成创新驱动、产业配套的产业集群，形成了 CPL、化纤原料、经编、染整和化学短纤维、棉纺两条产业链。尤其近年来，长乐纺织业抱团创新，加快结构调整与转型升级，增强了产业生机与活力。

（一）前景看好的化纤产业群

经编业带动下的长乐化纤业自 20 世纪 90 年代起步，通过大规模技术改造和基本建设，现有规模以上企业 26 家，主要生产涤纶短纤、长丝和锦纶长丝、切片，2014 年实现产值 552.11 亿元，比上年增长 22.1%。在经编业形成一定规模优势后，为克服原材料的制约瓶颈，积极向化纤原料、石油化工领域拓展，逐步形成上下游配套细分化的产业链竞争优势。目前长乐锦纶产业在国内处于垄断地位，成为全国最大规模的锦纶切片生产基地，全球最大的锦纶民用丝生产基地，奠定了长乐纺织行业在国内的领先优势。

（二）仍有作为的棉纺产业群

20 世纪 90 年代开始的长乐市民营棉纺企业蓬勃发展，现有规模以上纺纱企业 35 家，产值 435.44 亿元，比上年增长 14.3%，纱锭产能 600 万锭，其设备水平在全国处于领先地位，是全国最大的纯涤纶生产地区，拥有纯涤纱全国话语权，其产品从 8-60 支俱全，以 32 支纯涤纱的主导产品占全国同类产品 60%以上。其粘胶、纯棉以及粘涤、棉涤混纺产品在国内纱线市场也有较强影响力。虽然受国内棉花价格下跌、国内外纺织市场需求增长乏力等因素影响面临形势较为严峻，但未来国内棉花价格与国际接轨后，其市场前景与赢利能力将逐渐可观。

（三）传统优势的针织产业群

针织经编业为长乐纺织业发展最早、企业最多、成熟最快的传统支柱行业，也是长乐市的优势产业，以经编、纬编为主的织造业年产面料占据全国市场份额的五分之三、花边占据全国市场份额的 70%，拥有金峰镇和松下镇两个产业名镇，2012 年被授予“中国经编名城”。2014 年，全市规模以上企业 158 家，完成产值 222.24 亿元，比上年增长 7.6%。目前，经编行业产品档次正在向高端、高附加值、差别化方向发展，企业向集团，行业向集群与集聚化方向发展，其区域品牌效益将更加明显。

（四）方兴未艾的配套产业群

长乐纺织业积极完善产业链，提高产业细分程度，直接带动了物流、餐饮、住宿等服务业的繁荣，推动了纺织机械、工艺研发等配套产业的发展，同时提高了设计、研发、物流、营销等各个环节的掌控和整合能力。近年来，长乐纺织业积极依托国家战略性新兴产业相关政策，开展基础研究和引进成熟高技术，在异型纤维、吸湿除臭、抗静电、舒适性等新型功能纤维方面加大科研，与下游纺织的仿毛、仿真丝、仿棉麻、仿兽皮等产品实现一条龙开发链接，做大做强工艺设计等纺织细分项目，有效提升了产品竞争力与市场份额。纺织机械的创新发展也打破了德国卡尔迈耶在中国市场的垄断地位，弥补了长乐纺织机械发展空白。

三、新常态下发展长乐纺织业的建议

长乐纺织业已在全国 30 个同类产业集群中名

列前茅，但与江浙等知名地区相比还有差距，主要体现在原材料采购和终端产品销售“两头在外”，供应链相对脆弱，产业链的延展性和完整性有待进一步强化，须采取有力措施积极应对。

（一）认清发展大势，创新作为

中国纺织行业正处于重要的发展转折时期，面对当今世界经济不稳定、不确定因素，面临国家经济增速换挡、结构调整、政策转型宏观形势，纺织行业一些长期积累的内在结构性矛盾将更加凸显，增长压力将进一步加大。与此同时，国际纺织品服装市场同步多元化，发达市场的长期稳定性和新兴市场的快速成长性，全球对纤维消费的刚性需求、我国新型城镇化与新收入分配政策未来红利等，为开拓多元市场、优化贸易结构提供了有利条件。长乐纺织业应进一步深化产业结构调整，加快转型升级，努力适应世界和中国经济“新常态”：一要更新经营理念，更加主动创新进取，积极深入与市场、与国际接轨；二要坚持制度管理创新，切实扭转固有的家庭经营、抱团取暖思维定势，积极建立现代企业制度，强化企业管理；三要更加积极引进先进纺织人才，加强企业间合作，强化产学研创新力度，力促产品推陈出新等，确保同行领先地位。

（二）认识自身不足，积极作为

业内人士认为，长乐纺织业自身产业链相对短促，主要体现在“四高四低”上：中低端、同质化、常规性产品比例高，精深加工产品比例较低；初加工产能比重较高，功能性家用纺织品和高技术含量、高附加值的产业用纺织品产能比重较低；原材料采购和产品销售成本占生产总成本比例较高（约占九成），先进技术设备转换效益的能力和通过市场整合资源能力较低；外部市场依存度较高，本土市场培育和调控能力较低。对此，长乐纺织业要实施分类扭转：一是坚持以质量为先，提升经编、花边产业链，大力支持经编花边产业健康发展，提升经编花边产业配套能力，发展其装备机械制造配套能力；二是创新求变，做强化纤行业，积极扶持其龙头企业发展，延伸做强产业链，提升化纤产品差别化和功能性比重，控制涤纶产能规模；三是稳健推进升级棉纺产业，继续加大其技术改造和装备升级步伐，提高集约程度，建设超仿棉生产研发功能示范区；四是不断提升染整、化纤浆粕、浆料、助剂等关键技术环节，加快专用装备及通用设施创新，实现全流程低碳、清洁加工制造，为促进低碳、绿色、循环发展作出积极贡献。

（三）认真服务保障，导向作为

近年来，长乐市贯彻落实《纺织工业调整和振兴规划》，大力实施“千亿集群、百亿企业”工程，优化行业区域布局，扶持培育龙头企业，强化创新驱动，有效整顿印染企业，力促产业调整与结构转型升级，取得极大成效，涌现一大批产值超 10 亿元、甚至上百亿的纺织企业，提升了长乐纺织行业在国内的领先优势，但与此同时传统制造业的“三高两低”、本土纺织业的“四高四低”问题，行业运作的资金流、物流、用工等服务保障未得到根本改善。面对国内经济下行压力，长乐政企至少做好三方面工作：首先，发挥市场资源配置导向功能。围绕产业特点，继续实施机器换人、腾笼换鸟、电商换市和科技创新战略；进一步强化企业交流合作平台作用，牵头组织企业集中区域布局；深入实施企业抱团合作、外向发展与创新发展战略；突破产业发展瓶颈，促进集群升级和产业链完善延伸。其次，加快产业结构调整与转型升级步伐。鼓励深化企业增资裂变、股份改造、联合兼并，淘汰落后产能；扶持鼓励化纤、棉纺、针织、机械、印染龙头企业加强自主科技创新力度，积极研创自有品牌名牌，提升产品细分度和顾客满意度。第三，积极做好服务保障。立足当前，在企业融资减负、用工用地、物流环保等生产要素上，加强服务保障力度，着力解决其现实困难和问题；着眼长远，引导纺织企业积极应对国际金融危机和国内经济下行压力，提升防抗风险能力，大胆积累能量，勇于拼博进取。

（执笔：刘绍月）

霞浦：滩涂摄影产业建设调查与思考

落日熔金，渔舟唱晚，碧海金沙，霞光变幻……一幅幅摄影作品映现出霞浦滩涂的美丽景象。霞浦滩涂，被誉为“中国最美滩涂”，独特的自然景观，吸引无数来自海内外的摄影爱好者、游客前来摄影、旅游。2014年，全县共接待游客人数191.6万人次，旅游收入14.3亿元，均比上年增长20.2%。滩涂摄影产业，正逐步成为推动霞浦经济社会发展的“新增长极”。近年来，霞浦加大资金投入，积极推进滩涂摄影产业建设，实现了“从无到有，从小到大”，但存在的问题也日益凸显，亟待解决。本文拟通过对霞浦滩涂摄影产业建设情况进行调查，分析发展过程中存在的问题，并就如何发挥资源优势，更好地建设霞浦滩涂摄影产业提出对策建议。

一、滩涂摄影产业建设情况

（一）自然条件优越独特

霞浦的海域面积达29592.6平方公里，海岸线长480公里，浅海滩涂面积696平方公里，居全国县域首位。广阔的海域和绵长的海岸线，孕育出如北岐、东壁、花竹、涵江、文岐等众多天然的、独一无二的滩涂美景，为霞浦滩涂摄影产业发展提供天然的基地。东线摄影点北岐，距城关5公里，以虎皮样的滩涂斑纹和满滩满海的竿影、人影和船影闻名；东壁，是霞浦三沙镇的一个小渔村，以滩涂日落美景、渔民修补渔网为特色；涵江，地处霞浦南部、东冲半岛北端，得名于滩涂上“竹竿纵立，海带挂晒”之景；文岐，东冲半岛最美丽的内海湾的拍摄点之一，壮丽的日落景观、岸上停泊的小船、独特的“S”湾风光成为摄影师眼中最亮丽的风景线。

（二）品牌营销层层推进

1.多方位开展广告宣传。一是在央视投放宣传广告。从2013年开始，霞浦连续3年以与宁德市其他县、区共同宣传的形式在CCTV-4《走遍中国》等栏目投放宁德旅游宣传广告，取得较好的宣传效果，游客量和旅游收入明显增长。2014年，宁德市在CCTV-4《走遍中国》栏目亚洲版投放的15秒广告中，霞浦播出1.5秒，全年播出186天，播出次数达1488次，由霞浦承担广告费用90万元；2015年，播出1.5秒广告，费用86万元。二是在福建电视台投放宣传广告。2014年3月至2015年3月，借助福建电视台为省内部分县市提供电视宣传平台的机会，与福建电视台达成制作播出《中国最美滩涂》电视广告，时长10秒，每季度更新一版，在福建电视台公共频道播出1年，每天1次。三是在央视春晚投放广告。2015年，中央电视台春晚片头摄制组走进霞浦，先后到松港街道北岐村、下浒镇上澳村渔排、长春镇斗米村等地取景录制春晚片头，在2015年，春晚片头播出2-3秒霞浦渔排画面。四是印制霞浦滩涂摄影指南。2014年，霞浦县旅游部门共印制1.3万份《霞浦滩涂摄影指南》，分发到各个酒店、旅行社等，为摄影游客提供摄影点攻略、摄影点线路、特色、拍摄贴士等信息。

2.大规模举办滩涂摄影比赛。自2007年开始，霞浦分别联合《中国摄影》《大众摄影》杂志社和福建省海洋与渔业厅等单位，举办了三届“霞浦：我心中的那片海”全国摄影大赛，成功地将霞浦滩涂摄影推上国际舞台，霞浦滩涂亦被《数码摄影》杂志列为“十大摄影人必去的摄影圣地”首位，成为摄影人趋之若鹜的创作基地。2014年7月，霞浦县政府与福建省海洋与渔业厅联合举办第三届“海洋杯”中国·霞浦国际摄影大赛，前后历时8个月，共收到来自美国、韩国、加拿大、新加坡、印尼、马来西亚、澳大利亚、新西兰等国家，以及来自中国大陆各省和台湾、香港地区的800多位作者选送的10000多幅作品，引起极大反响，有力提高了霞浦滩涂摄影旅游业的知名度和影响力。

3. 高水平打造产业品牌。2012年，霞浦滩涂摄影作品《霞浦风光》以绢制作打印，随神舟九号飞船遨游太空。2013年，霞浦滩涂风光登上腾讯QQ登陆窗“画卷·中国”，并入选国家邮政局发行的《美丽中国》邮票。从此，霞浦滩涂摄影这张“金名片”熠熠生辉、炙手可热，引来无数摄影爱好者驻足。

（三）基础建设方兴未艾

为方便摄影游客，更好地打造“霞浦——中国滩涂摄影基地”品牌，2012年霞浦县政府委托厦门北林城景园林景观设计有限公司设计编制《霞浦县摄影基地景观规划》及部分重要摄影点施工方案。2013年，投入650万元对沙塘里、北岐、小皓、围江、东壁等5个摄影点的景观设施进行建设；2014年投入280万元，用于提升小皓摄影点建设、新建花竹摄影点。总投资12亿元、规划用地1400亩的宁德（霞浦）国际滩涂摄影基地项目已投入3389万元，完成一期项目北兜摄影酒店和名人名家摄影艺术创作室建设用地平整，以及边坡、施工道路和牛头岛工程的建设；小皓摄影点已完成停车场和道路建设，正动工建设摄影平台等设施；花竹摄影点正在建设施工，已完成地基。为方便摄影游客，在城区双子铂金广场建设以摄影为主题的爱摄汇摄影酒店，配套68间标间和套房、餐厅、摄影书吧等设施，为摄影游客提供食宿行、免费“导摄”、摄影交流、摄影讲座等特色摄影服务。

（四）产业带动日益彰显

从2010年开始，每年约有20多万摄影家、摄影爱好者前来霞浦滩涂进行采风、创作，2014年前来的爱好者人数创出新高，达30多万人次，极大程度上促进了霞浦旅游服务业的发展，不仅使酒店、旅社等服务业“遍地开花”，更催生出“导摄”“渔民模特”等新职业，带动民宿、餐饮等行业逐渐壮大，进一步增加居民收入。据霞浦摄影协会不完全统计，霞浦县共有40多个“渔民模特”，主要集中于北岐、东壁、小皓摄影点，“表演”收入约每2小时100元，而“导摄”人员大多为兼职，年均收入可达1万-2万元。

二、发展中存在的主要问题

（一）资金投入需加大

霞浦滩涂遍布沿海乡村，全县规划建设15个摄影点，分布于7个乡镇（社区），摄影资源的开发、建设和保护存在很大难度，需要大量财力投入。由于投资建设时间长、投资回报相对缓慢，目前无论是政府投入还是社会投入，都明显不足，且尚未形成专门的融资渠道，致使部分建设项目停滞不前。如宁德（霞浦）国际滩涂摄影基地虽完成部分设施建设，但由于投资公司实力不足，融资渠道偏窄，缺乏后续资金投入，项目已暂时停工。

（二）市场秩序欠规范

霞浦滩涂摄影市场经营较为分散，尚无专门、权威的机构或旅行社统一运营。大多数外地摄影者通过微信、新浪微博等方式报名，由一些没有组团导游资质的摄影协会会员、本地的摄影爱好者或非摄影个体带队引导。这些“导游”相互之间恶性竞争、拉客的现象较为严重，且素质较低。此外，“黑导摄”“黑车”等无证经营旅游业务较为普遍，扰乱市场秩序。在黄金周期间，部分滩涂摄影景点的一些商贩坐地起价，故意抬高商品、住宿、餐饮等的价格，造成恶劣影响。

（三）官方宣传待丰富

目前，霞浦滩涂摄影的宣传仍以“非官方”层面为主，大多通过驴友、摄友之间口耳相传，或在个人网站、论坛、微博、微信上进行推荐和传播。除了举办国际摄影大赛等活动，霞浦官方宣传形式较为单一，以电视广告为主，官方微博、微信等大众推介方式力度不够，尚未建立滩涂摄影宣传的官方网站，也无专门用于介绍和展示滩涂摄影艺术的空间场所，更缺乏专业解说团队，大大降低了宣传的权威性和广泛度。

（四）基础设施未完善

霞浦县规划的 15 个摄影点中，目前已初步完成 5 个摄影点的基础建设，但部分摄影点无公共停车场和公共厕所等配套设施，游客只能将车辆停靠在公路旁边，造成不便。北岐摄影点建有一个临时停车场，仅可容纳 7-8 部小车停放，按车型收费 15-50 元左右，村民根据车辆归属地等情况抬高收费。已投入使用的部分摄影点由于管辖主体不明确等，无专人跟踪管理，管护不到位。此外，沙塘里滩涂受到福宁湾围垦工程建设影响，长期无人管理，摄影点已基本报废。

三、对策及建议

（一）加强政策引导，规范摄影市场

释放政策信息，将滩涂摄影点和摄影基地建设等项目的开发权和经营权推向市场，如成立霞浦滩涂摄影接待中心和专题摄影旅行社等，统一运作摄影市场，解决分散经营的问题。开展摄影市场专项整治，重点查处“黑导游”“黑导摄”“黑车”等无证照经营行为。加强对“导摄”人员的培训，试行开展“导摄”人员专业资格考试，逐步推广持证上岗，提高滩涂摄影服务水平。

（二）拓宽宣传平台，加大推介力度

如加大举办“霞浦：我心中的那片海”国际滩涂摄影大赛等高规格赛事的频率，固定每年或每两年举办一次，邀请国内外摄影界名人、国内知名媒体人参与颁奖；突出特色，打造霞浦国际摄影节，促其成为全国诸多摄影节中的佼佼者。从智慧旅游建设的管理、服务、营销入手，开发“霞浦县旅游微信服务平台”，建立霞浦滩涂摄影旅游官方网站，制作霞浦摄影宣传电子画册、霞浦摄影旅游电子指南等，在城区主要公共场所、公交车站点、主要动车线路等开展宣传。在霞浦九大馆设立滩涂摄影作品展示中心，安排并培训摄影文化解说员，定期组织摄影艺术展览。

（三）加大资金投入，推动基础建设

积极向国家、省、市争取项目建设资金，制定出台相关优惠政策，吸引社会资金参与宁德（霞浦）国际滩涂摄影基地建设项目。对部分摄影点规划设计进行优化，加快 15 个规划摄影点道路、停车场、公共厕所等基础配套设施的建设，加强对已建摄影点的维护管理，在摄影点制作统一的宣传栏，用于介绍摄影点独特的自然景观，并标注安全提示等拍摄注意事项。建设摄影服务集散中心，完善摄影基地和摄影点的公共交通，为摄影者提供潮汐、路线、行程等滩涂摄影知识和信息咨询，以及完善的交通服务。

（四）挖掘资源优势，丰富摄影内涵

打破滩涂摄影资源的单一性，充分挖掘霞浦悠久的历史文化遗存，如妈祖文化、畲族文化、渔耕文化等，将其与摄影文化相结合，形成一个以滩涂摄影为主题的多层次、多内容的系列摄影文化组合。同时，依托发达的交通网络，整合周边县市旅游资源，以霞浦摄影资源为中心，将两个小时车程内的特色旅游资源纳入霞浦摄影市场，丰富摄影资源。发挥“霞浦——中国海带、紫菜之乡”“霞浦鱼丸”等品牌效应，打造滩涂海鲜一条街，在滩涂摄影点景区出售滩涂宣传画册、明信片、工艺品等，最大限度挖掘外来消费力和购买力，让摄影爱好者同时成为旅游观光客，在霞浦“玩得欢、住得久、吃得好、购得多”。

（执笔：李香妹）

6

企业风采

6-1 福建入选中国企业500强名单

（2012-2014年）

序号	排名	企业名称	营业收入（亿元）
2012年			
1	95	兴业银行股份有限公司	1184.39
2	133	厦门建发集团有限公司	828.57
3	161	厦门国贸控股有限公司	658.48
4	179	福建联合石油化工有限公司	584.29
5	239	厦门海翼集团有限公司	400.73
6	241	紫金矿业集团股份有限公司	397.64
7	253	厦门象屿集团有限公司	359.75
8	336	福建省三钢（集团）有限责任公司	269.32
9	380	福建省能源集团有限责任公司	239.15
2013年			
1	75	兴业银行股份有限公司	1718.83
2	127	厦门建发集团有限公司	941.33
3	177	厦门国贸控股有限公司	649.13
4	220	紫金矿业集团股份有限公司	484.15
5	317	厦门象屿集团有限公司	323.82
6	368	福建省三钢（集团）有限责任公司	279.42
7	411	永辉超市股份有限公司	246.84
8	450	福建省交通运输集团有限责任公司	227.53
2014年			
1	62	兴业银行股份有限公司	2140.18
2	128	厦门建发集团有限公司	1046.64
3	161	厦门国贸控股有限公司	816.35
4	243	紫金矿业集团股份有限公司	497.72
5	301	厦门象屿集团有限公司	392.47
6	378	福建省三钢（集团）有限责任公司	306.82
7	379	永辉超市股份有限公司	305.43
8	402	福建中烟工业有限责任公司	285.98
9	481	福建省能源集团有限责任公司	243.00

注：该名单由中国企业联合会发布。

6-2 福建入选中国民营企业500强名单

（2012-2014年）

序号	排名	企业名称	主营业务
2012年			
1	152	福建恒安集团有限公司	造纸及纸制品业
2	216	中国龙工控股有限公司	专用设备制造业
3	315	福耀玻璃工业集团股份有限公司	非金属矿物制品业
4	328	冠城大通股份有限公司	房地产业
5	425	贵人鸟股份有限公司	纺织服装、服饰业
6	448	福建百宏聚纤科技实业有限公司	纺织化纤业
7	451	福建建州闽光物资有限公司	批发和零售业
8	457	三六一度（中国）有限公司	纺织服装、服饰业
9	458	乔丹体育股份有限公司	纺织服装、服饰业
10	468	兴业皮革科技股份有限公司	轻工业
11	473	福建龙峰纺织科技实业有限公司	纺织服装、服饰业
2013年			
1	162	福建恒安集团有限公司	造纸及纸制品业
2	358	福耀玻璃工业集团股份有限公司	非金属矿物制品业
3	447	福建建州闽光物资有限公司	批发和零售业
4	465	兴业皮革科技股份有限公司	轻工业
5	470	福建龙峰纺织科技实业有限公司	纺织服装、服饰业
6	488	中国龙工控股有限公司	专用设备制造业
2014年			
1	191	融信（福建）投资集团有限公司	房地产业
2	214	福晟集团有限公司	土木工程建筑业
3	228	福建恒安集团有限公司	综合
4	255	大生（福建）农业有限公司	批发业
5	370	冠豊实业集团有限公司	综合
6	385	福耀玻璃工业集团股份有限公司	非金属矿物制品业
7	445	福建建州闽光物资有限公司	综合
8	461	兴业皮革科技股份有限公司	制造业
9	490	福建省金纶高纤股份有限公司	化学纤维制造业
10	498	福建龙峰纺织科技实业有限公司	纺织服装、服饰业

注：该名单由中国民营企业联合会发布。

6-3 福建企业获中国驰名商标名单

（2008-2014 年）

企业名称	商　标	使用商品/服务	认定时间
三六一度（福建）体育用品有限公司	361°	运动鞋等	2008
福建东亚机械有限公司	DY 及图	活塞环	2008
福建雅客食品有限公司	雅客 YAKE	糖果等	2008
厦门金日制药有限公司	金日及图	洋参茶；洋参丸	2008
漳州市花卉协会	漳州水仙花 ZHANGZHOU SHUIXIANHUA 及图	水仙花、水仙花鳞茎	2008
厦门明发集团有限公司	明发 MINGFA 及图	商品房销售、不动产管理	2008
厦门舫昌佛具有限公司	梅春及图	卫生香	2008
古田县食用菌办公室	古田银耳 GUTIANYINER 及图	银耳	2008
福安市闽东安波电器有限公司	ABLE	电机	2008
石狮市爱登堡制衣发展有限公司	爱登堡	休闲装	2008
飞毛腿（福建）电池有限公司	飞毛腿 SCUD 及图	电池、电池充电器	2008
乔丹（中国）有限公司	乔丹	足球鞋、爬山鞋等	2009
福建华泰集团有限公司	华鸿 HUA HONG 及图	建筑砖瓦	2009
厦门中盛粮油企业有限公司	盛洲 SHENGZHOU 及图	食用油	2009
福建省红太阳精品有限公司	國聖及图	酱菜、蔬菜罐头、牛奶制品	2009
福清市阳光食品有限公司	光阳及图	皮蛋、蛋品	2009
福建圣农发展股份有限公司	圣农 SUNNER 及图	冻肉等	2009
厦门茶叶进出口有限公司	海堤 SEA DYKE 及图	茶	2009
福建鸿星尔克体育用品有限公司	Erke 及图鸿星尔克	服装、鞋等	2009
利胜电光源（厦门）有限公司	曼佳美	照明器、灯泡	2009
福建福安闽东亚南电机有限公司	YANAN	发电机、电动机	2009
福建百联实业有限公司	百联	加工过的瓜子	2009

6-3 续表 1 （2008-2014 年）

企业名称	商标	使用商品/服务	认定时间
厦门宏达洋伞工业有限公司	宏達	伞环、雨伞或阳伞骨等	2009
福建大吉刀剪五金有限公司	大吉 Daji 及图	剪刀、修剪剪刀等	2009
厦门豪享来餐饮娱乐有限公司	豪享来	餐馆、自助餐馆等	2009
福建省永安轴承有限责任公司	飞捷	工业轴承	2009
厦门兴盛食品有限公司	兴盛	挂面、面条	2009
福建泉州匹克体育用品有限公司	PEAK 及图	运动鞋	2009
福建省盛辉物流集团有限公司	盛辉	汽车运输	2009
紫金矿业集团股份有限公司	第 1560573 号图形	金锭	2009
厦门科华恒盛股份有限公司	KELONG	不间断电源设备	2009
厦门安妮股份有限公司	安妮	复印纸	2009
福建省佳美集团公司	第 1010069 号图形	陶瓷工艺品	2009
福建双赢集团有限公司	双赢及图	磷肥（肥料）、化学肥料、混合肥料	2009
福建新大陆科技集团有限公司	新大陆 Newland 及图	计算机外围设备	2009
连城红心地瓜干协会	连城红心地瓜干	地瓜干	2009
泉州克拉克体育用品有限公司	洲克	紧身衣裤	2009
福建省足友体育用品有限公司	足友	童鞋	2009
厦门国贸集团股份有限公司	ITG 及图	进出口代理	2009
福建省建阳武夷味精有限公司	武夷 WU YI 及图	味精、鸡精	2009
中宇建材集团有限公司	中宇及图	水龙头等	2009
伟士（厦门）体育用品有限公司	WISH	网球拍、羽毛球拍	2010
梅花伞业股份有限公司	梅花 PLUM BLOSSOM	雨伞	2010
福建省晋江福源食品有限公司	盼盼及图	虾条、米乐	2010

6-3 续表 2 （2008-2014 年）

企业名称	商　标	使用商品/服务	认定时间
沙县宏盛塑料有限公司	宏光 HONGGUANG 及图	酚醛塑料粉	2010
福建紫山集团股份有限公司	紫山 ZISHAN 及图	蔬菜罐头、酱菜、蘑菇罐头等	2010
福建省三农碳酸钙有限责任公司	东南 ND	碳酸钙	2010
建宁县建莲产业协会	建宁通心白莲 Jntxbl 及图	莲子	2010
武夷山市茶叶科学研究所	武夷山大红袍	茶	2010
福安市茶业协会	坦洋工夫	茶	2010
福建省强力体育用品有限公司	QL 图形强力	网球拍、羽毛球拍	2010
福建柒牌集团有限公司	第 1283610 号图形、第 1509243 号图形	服装等	2010
福建天下农庄食品发展有限公司	天下农庄	米	2010
福建保兰德箱包皮具有限公司	保兰德 PowerLand 及图	手提包、旅行包、公文箱	2010
福建省安溪八马茶业有限公司	八马 Bama 及图	茶叶	2010
福建省南安市帮登鞋业有限公司	帮登 BANGDENG 及图	鞋	2010
福建省安溪茶厂有限公司	凤山 FENGSHAN 及图	茶叶	2010
福建省闽发铝业股份有限公司	闽发 MINFA 及图	铝型材	2010
福建茶花家居塑料用品有限公司	茶花	塑料箱、非金属管、塑料包装容器	2010
南靖县兰花协会	南靖兰花 NANJING LANHUA 及图	兰花	2010
福鼎市茶业协会	福鼎白茶 FUDING WHITE TEA	茶	2010
福建省远山农业发展有限责任公司	远山 YUANSHAN	生猪、肉食鸡	2010
泉州寰球鞋服有限公司	第 1280938 号图形	运动鞋	2010
厦门禹洲集团股份有限公司	禹洲及图	不动产管理、商品房销售	2010
厦门市建安集团有限公司	第 1691769 号图形	建筑、室内装潢	2010
厦门正新橡胶工业有限公司	樱花	轮胎	2010

6-3 续表 3　　　　　　　　　　（2008-2014 年）

企业名称	商　标	使用商品/服务	认定时间
厦门立林科技有限公司	LEELEN	内部通讯装置、信号铃、报警器	2010
厦门市建潘卫厨有限公司	金牌橱柜 GOLDENHOME	橱柜	2010
福建福泉集团有限公司	宏浪 HongLang	水龙头、水暖装置	2010
恒安国际集团有限公司	安儿乐 Anerle 及图	纸质和纤维制婴儿尿裤（一次性）	2010
福建鑫展旺集团有限公司	鑫展旺 XZW 及图	油漆、涂料	2010
厦门如意集团有限公司	如意情及图形	速冻方便菜肴、腌制蔬菜、水果蜜饯	2010
顺昌县幸福来保健品有限公司	幸福来及图	非医用营养品	2010
政和县茶叶技术推广总站	政和工夫及图	茶	2010
诚丰家具（中国）有限公司	诚丰 SHINGFENG 及图	家具	2010
厦门万里石有限公司	万里石 WANLI STONE 及图	石头、混凝土或大理石艺术品	2010
福建百祥车饰有限公司	百祥 BESTRONG 及图	车辆座套、车辆内装饰品	2010
莆田市华昌首饰有限公司	第 1680810 号图形	珠宝首饰	2010
永辉超市股份有限公司	永辉 YH	推销（替他人）	2010
厦门宏发电声股份有限公司	宏发 HONGFA 及图	继电器	2010
福清市友谊胶粘带制品有限公司	友日久 YOU RI JIU 及图	文具或家用胶带；文具用胶带；文具和家用粘合剂（胶水）；不干胶纸	2010
厦门三圈电池有限公司	三圈及图；THREE CIRCLES 及图	电池	2010
福建同发食品集团有限公司	同发 TONGFA 及图	水果罐头、蘑菇罐头、蔬菜罐头、水产罐头、肉罐头	2010
福建冠达星五金制品有限公司	冠达星 GDX 及图	家具、金属家具等	2010
厦门华顺民生食品有限公司	安井及图	鱼制食品	2010
太阳城（厦门）雨具有限公司	太阳城 SUNCITY 及图	伞、女用阳伞	2010
福州金飞鱼柴油机有限公司	金飞鱼 GOLDEN FLYING FISH 及图	柴油机、农业机械	2011
福建亚达集团有限公司	亚达及图	笋干、熟蔬菜	2011

6-3 续表 4　　（2008-2014 年）

企业名称	商　标	使用商品/服务	认定时间
福建富顺电子有限公司	富顺达、F 及图	计算机周边设备、计算机软件（录制好的）	2011
厦门红相电力设备股份有限公司	红相、HX 及图	电度表、成套电器校验装置、电测量仪器	2011
厦门康乐佳运动器材有限公司	康乐佳	锻炼身体器械	2011
福建省尤溪县三林木业有限公司	龙杉及图	已加工木材	2011
福建龙马环卫装备股份有限公司	福龙马	清洁车	2011
晋江集成轻工有限公司	集成 jicheng 及图	伞	2011
福建诺奇股份有限公司	诺奇	推销（替他人）	2011
福建达利食品集团有限公司	可比克 capicao	土豆片（油炸）	2011
福建省泉州得盛集团有限公司	第 3343067 号图形	陶瓷	2011
厦门建发集团有限公司	建发、C&D	进出口代理	2011
福建盈丰食品集团有限公司	盈丰及图	蜜饯果类	2011
福建省泉州市安记食品有限公司	安记及图	调味品	2011
日春股份公司	日春 RICHUN	茶、茶叶代用品	2011
福建泉州南星大理石有限公司	东星 DONG XING 及图	石板、花岗石、大理石、建筑石材等	2011
辉煌水暖集团有限公司	HHSN	水净化装置、水暖装置、水龙头、压力水箱	2011
福建雪人股份有限公司	SNOWKEY	制冰机和设备、冷冻设备和装置、冷却装置和机器、烟草冷却装置、冷冻设备和机器	2011
金强硅酸钙板（福州）有限公司	金强 JINQIANG 及图	石膏板等	2011
正兴车轮集团有限公司	正兴	汽车钢圈	2011
厦门市双丹马实业发展有限公司	燕之屋	食用鸟窝	2011
福建省卓越鸿昌建材装备股份有限公司	鸿昌 HONCHA 及图	制砖机、搅拌机（建筑）、混凝土搅拌机（机器）	2011
特步（中国）有限公司	图形	运动鞋	2011
福建正大集团有限公司	正大 ZHD 及图	鞋	2011

6-3 续表 5　　　　　　　　　（2008-2014 年）

企业名称	商　标	使用商品/服务	认定时间
厦门春保精密钨钢制品有限公司	春保及图	未加工或半加工的钨、粉末冶金、金属杆	2011
厦门求实智能网络设备有限公司	QSA	报警器、电动关门器	2011
厦门彰泰隔热膜有限公司	雷朋	隔热纸、滤光隔热片、汽车隔热片	2011
嘉华建材（福建）有限公司	第 1815336 号图形	非金属门、非金属门板、非金属门框	2011
宁德市南阳实业有限公司	海阳及图	猪肉食品	2011
厦门国际航空港集团有限公司	XIAGC	空中运输、航行安排、运货	2011
厦门市舒友海鲜大酒楼有限公司	第 983770 号图形、舒友、舒友及图	餐馆、饭店	2011
福建金鑫钨业股份有限公司	石雁及图	钨酸、碳化钨、钨酸铵、钨酸钙、三氧化钨	2011
福建三祥工业新材料有限公司	三祥	耐磨金属、硅铁、普通金属合金、普通金属锭	2011
福建南方路面机械有限公司	南方路机 NFLG 及图	混凝土搅拌机（机器）、搅拌机（建筑）	2011
厦门全圣实业有限公司	PROSUN、保圣	眼镜、眼镜框	2011
九牧集团有限公司	九牧 JOMOO	龙头、浴室装置	2011
厦门市东林电子有限公司	FIREFLY	节能灯	2011
福建新文行灯饰有限公司	WENTON 及图	照明器、灯、灯罩、照明器械及装置	2011
泉州市艺达车用电器有限公司	金笛及图	车辆喇叭、汽车电启动器	2011
福建省闽东力捷迅药业有限公司	力捷迅	人用药、针剂、中药成药	2011
厦门明发集团有限公司	明发商业广场	推销（替他人）	2011
武夷星茶业有限公司	武夷星 WU YISTAR 及图	茶	2011
福建敖峰闽榕茶业有限公司	崟露及图	茶叶	2011
福建省晋江优兰发纸业有限公司	优兰发 you lan fa 及图	纸、包装和再生纤维纸	2011
云霄县枇杷协会	云霄 YUNXIAO 及图	枇杷	2011
福建省德化协发光洋陶器有限公司	Luzerne	家庭用陶瓷制品、日用瓷器	2011

6-3 续表 6 （2008-2014 年）

企业名称	商　标	使用商品/服务	认定时间
福建欧美龙体育用品有限公司	图图	服装	2012
依凌（泉州）服饰有限公司	依瑶	服装	2012
福建银嘉机电有限公司	YINJIA 及图	泵（机器，发动机或马达部件）	2012
泉州安超鞋业有限公司	安超 ANCHAO	鞋	2012
永安市宝华林实业发展有限公司	宝华林	无纺布	2012
傅天甫/福建春伦茶业集团有限公司	春伦及图	茶	2012
厦门象屿集团有限公司	第 1382823 号图形	进出口代理	2012
福建省南安市华兴雨具日用制品有限公司	华兴	伞；雨伞或阳伞骨	2012
闽清聚福工艺品有限公司	Big Fortune 及图	普通金属艺术品	2012
厦门海沧投资集团有限公司	海投	建筑、港湾建设、商品房销售服务	2012
福建东方食品集团有限公司	含羞草；含羞草 MiMoSa 及图	蜜饯、精制坚果仁、干食用菌	2012
泉州恒昂工贸有限公司	DeLANDIS 及图	家具、头靠（家具）、长沙发	2012
金冠（中国）食品有限公司	金冠 GOLDEN CROWN 及图	糖果	2012
福建省闽清豪业陶瓷有限公司	精藝瓷 jinGYi CERAMIC 及图	瓷砖	2012
厦门绿进食品有限公司	綠進及图	猪肉食品；肉冻；鱼制食品	2012
福建省漳平木村林产有限公司	美丽家园及图	家具（户外），家庭爱畜窝	2012
福建南纺股份有限公司	南纺及图	布、无纺布、衬料（纺织品）	2012
华安县茶叶协会	华安铁观音	茶	2012
泉州市泉岩茶业有限公司	泉岩 QUANYAN 及图	茶	2012
雀氏（福建）实业发展有限公司	雀氏 CHIAUS 及图	纸巾、纸制或纤维制婴儿尿裤（一次性）、纸制和纤维制婴儿尿布（一次性）	2012
福建省南安市新厅皮塑有限公司	DA SHU 及图	帐篷、车辆盖罩（未安装）、蒙古包	2012
福建仙洋洋食品科技有限公司	仙洋洋	茶、茶叶代用品	2012

6-3 续表 7　　　　　　　　　　（2008-2014 年）

企业名称	商 标	使用商品/服务	认定时间
泉州市信和涂料有限公司	信和及图	油漆；木材涂料（油漆）；油胶泥（腻子）	2012
福建友达胶粘制品有限公司	友达及图	文具用胶带	2012
泉州宝峰鞋业有限公司	宝人 BAOREN 及图	鞋	2012
厦门喜盈门家具制品有限公司	喜梦宝	家具；弹簧床垫	2012
信诚集团（福建）有限公司	XC 及图	纺织品化学处理	2012
福建省银象电器有限公司	ESE 及图	水泵	2012
福建磊艺石业有限公司	磊艺	石头、混凝土或大理石艺术品；石头、混凝土或大理石半身雕塑像；墓碑	2012
福建青松股份有限公司	青松及图	合成樟脑粉	2012
厦门厦晖橡胶金属工业有限公司	第 700678 号图形	轮胎气门嘴	2012
厦门正新橡胶工业有限公司	第 846308 号图形	轮胎（力车胎）	2012
厦门欧迈家居有限公司	好兆头	餐具柜、碗柜	2012
福建品品香茶叶有限公司	品品香	茶	2012
福建省闽中有机食品有限公司	闽中及图	新鲜蔬菜	2012
福建省招宝生态农庄有限公司	招宝及图	种家禽、活动物	2012
福鼎市福鼎芋协会	福鼎槟榔芋 FUDING BINGLANG TARO 及图	芋	2012
福建省台福食品有限公司	台福及图	非酒精饮料	2012
厦门厦化实业有限公司	鹭岛及图	过磷酸钙、混合肥料、硫酸	2012
福建省邵武市永飞化工有限公司	永飞及图	氢氟酸、氟化铵、氟化氢铵	2012
福建力佳股份有限公司	力佳及图	柴油机	2012
凯捷利集团有限公司	凯捷利 KAIJIELI	发电机（小功率发电机）	2012
福建欧联卫浴有限公司	欧联 OLE 及图	淋浴器、水冲洗设备、水龙头	2012
厦门市台亚塑胶有限公司	台亚 FL 及图	非金属管道、非金属或非塑料的水管阀、非金属管道接头	2012

6-3 续表 8　　　　　　　　　　　（2008-2014 年）

企业名称	商　标	使用商品/服务	认定时间
富隆（福建）洋伞有限公司	金欧 Jinou 及图	雨伞	2012
福建省泉州龙鹏集团有限公司	龙鹏 LONGPENG 及图	瓷、赤陶或玻璃艺术品、瓷器装饰品	2012
厦门华纶印染有限公司	三角梅 SAN JIAO MEI 及图	印花棉布	2012
福建岳海水产食品有限公司	岳海及图	鱼制食品、水产罐头	2012
厦门嘉琪贸易有限公司	绿帝 LUDI 及图	冬菇、桂圆	2012
华祥苑茶业股份有限公司	华祥苑 HUAXIANGYUAN 及图	茶、茶叶代用品	2012
福建天马饲料有限公司	健马及图	饲料	2012
福建康之味食品工业有限公司	康之味	无酒精果汁饮料、水（饮料）、汽水	2012
源兴包装（中国）有限公司	源鑫 YUANXIN 及图	印刷	2012
厦门日月谷温泉渡假村有限公司	日月谷 RIYUEGU 及图	公共卫生浴	2012
石狮市荣誉大酒店有限责任公司	荣誉 RONGYU 及图	餐饮、住宿	2012
泰山企业股份有限公司/泰山企业（漳州）食品有限公司	泰山	矿泉水（饮料）、汽水、乳清饮料	2012
厦门圣达威服饰有限公司	圣达威 san david	服装	2012
雅客（中国）有限公司	雅客 yake 及图	糖果、糕点	2012
飙山狼体育用品有限公司	飙山狼 BIAOSHANLANG 及图	鞋	2012
厦门市盈众汽车销售有限公司	盈众	推销（替他人）	2012
明一（福建）婴幼儿营养品有限公司	明一	婴儿奶粉	2012
诚益光学（厦门）有限公司	派丽蒙 PARIM	眼镜	2012
福州天使日用品有限公司	爹地宝贝及图	失禁用尿布、吸收式失禁用尿布裤、卫生紧身内裤	2013
福清市东威水产食品实业有限公司	东威及图	鱼（非活的）、虾（非活）、鱼制食品	2013
恒亿集团有限公司	恒亿 HENG YI	建筑、商品房建造、室内装潢	2013
漳平市茶叶协会	漳平水仙 ZhangPingShuiCha 及图	茶饼	2013

6-3 续表 9　　　　　　　　(2008-2014 年)

企业名称	商　标	使用商品/服务	认定时间
福建国泰沙利食品有限公司	国泰沙利 GUO TAI SHA LI 及图	糕点；谷类制品；饺子	2013
宁德市金盛水产有限公司	三都港 DUGANG 及图	鱼（非活的）	2013
袁茂财/福建永德利刀剪有限公司	永德利	剪刀	2013
宁德市夏威食品有限公司	夏及图	活鱼	2013
福安远东华美电机有限公司	M JIANMING	泵（机器）、空气压缩器、柴油机	2013
宁德市海洋技术开发有限公司	海名威及图	鱼制食品、腌制鱼、蛏干	2013
南日鲍协会	南日鲍 NAN RI ABALONE 及图	鲍鱼（活）	2013
方敏/方家铺子（莆田）绿色食品有限公司	方家铺子	干蔬菜、鱼制食品、干食用菌	2013
福建山中古典工艺家具有限公司	第 6232261 号图形	家具；竹木工艺品；漆器工艺品	2013
福建新世纪电子材料有限公司	Karser	计算器	2013
福建亿发集团有限公司	手心缘	纸、纸餐巾、纸巾	2013
雨中鸟（福建）户外用品有限公司	雨中鸟 yuzhongniao 及图	伞、伞套、女用阳伞	2013
泉州益源鞋业有限公司	策乐 Cele	鞋（脚上的穿着物）、鞋垫、皮带（服饰用）	2013
福建晋江市祥达陶瓷有限公司	祥达及图	瓷砖	2013
石狮市华宝明祥食品有限公司	明祥 MING-XIANG-PAI	鱼制食品、紫菜、海带	2013
福建省闽华电源股份有限公司	MINHUA 及图	蓄电池、电池极板	2013
泉州佰源机械有限公司	BAIYUAN 及图	纺织机；编织机；织布机	2013
福建泉州市金穗米业有限公司	金润及图	米	2013
福建魏氏茶业有限公司	中闽魏氏	茶、茶叶代用品、茶饮料	2013
泉州格林服装有限公司	嗒滴嗒 dadida 及图	服装、童装、鞋	2013
福建中天妇幼用品有限公司	可爱宝贝 MIGNON BABY	纸制和纤维制婴儿尿布（一次性）	2013
达派（中国）箱包有限公司	dapai 及图	旅行包（箱）、旅行用具（皮件）、旅行袋	2013

6-3 续表 10　　　　　　　　　　　（2008-2014 年）

企业名称	商　标	使用商品/服务	认定时间
福建省清流县闽山化工有限公司	闽山及图	松油醇	2013
福建绿宝食品集团有限公司	绿鲜及图	水果罐头、蔬菜罐头、肉罐头	2013
漳州万佳陶瓷工业有限公司	Bolina Italiana	浴室装置、卫生器械和设备、坐便器	2013
福建省东山县海魁水产集团有限公司	海魁及图	鱼片、冻虾、螃蟹肉、水产罐头	2013
青蛙王子（中国）日化有限公司	青蛙王子及图	洗发液、浴液、化妆品	2013
福建中能电气股份有限公司	CE 及图	电缆接头套	2013
东南（福建）汽车工业有限公司	图形	汽车（轻型客车）	2013
福建思嘉环保材料科技有限公司	思嘉 SIJIA	半加工塑料物质、非纺织用塑料纤维、橡胶或塑料制（填充或衬垫用）包装材料	2013
福建网龙计算机网络信息技术有限公司	图形	（在计算机网络上）提供在线游戏	2013
福建德诚黄金有限公司	德诚	贵重金属锭	2013
福建锦江科技有限公司	锦江科技及图	纱	2013
福建海壹食品饮料有限公司	海旺及图	加工过的鱼	2013
江铭福	江船长 captian jiang 及图	水产罐头	2013
福建满堂香茶业股份有限公司	满堂香	茶	2013
福建奋安不锈钢有限公司	奋安及图	普通金属合金	2013
福建海源自动化机械股份有限公司	海源 HY 及图	陶瓷工业用机械器设备（包括建筑用陶瓷机械）	2013
来奇偏光科技（中国）股份有限公司	AP	液晶屏偏光膜、眼镜、太阳镜	2013
来明工业（厦门）有限公司	蓝色沸点 BLUE POINT	眼镜、太阳眼镜	2013
厦门蒙发利科技（集团）股份有限公司	轻松伴侣及图	振动按摩器、按摩器械、健美按摩设备	2013
厦门通士达有限公司	通士达 TOPSTAR	照明器械及装置	2013
厦门正新橡胶工业有限公司	CST	车辆用轮胎、自行车轮胎、充气外胎（轮胎）	2013
厦门华特集团有限公司	HUATE 及图	铺路沥青、沥青	2013

6-3 续表 11　　　　　　（2008-2014 年）

企业名称	商　标	使用商品/服务	认定时间
厦门东纶股份有限公司	东纶 DongLun 及图	长丝、弹力丝（纺织用）、纺织用弹性纱和线	2013
厦门向阳坊食品有限公司	向阳坊及图	蛋糕、面包、月饼	2013
厦门金达威集团股份有限公司	第 5159044 号图形	医用饲料添加剂、兽医用酶	2013
厦门翔球集团有限公司	玉鹭 Yulu 及图	家具	2013
厦门中骏集团有限公司	图形	建设项目的开发	2013
福建省晋江市佶龙机械工业有限公司	佶龙 JILONG 及图	染色机（印花机）	2013
厦门银鹭食品集团有限公司	银鹭	八宝粥、花生牛奶（软饮料）	2013
厦门中药厂有限公司	鼎炉	中成药	2013
厦门日上车轮集团股份有限公司	第 3065413 号图形	车轮；车轮毂；车轮圈	2013
厦门金龙联合汽车工业有限公司	金龙	客车（汽车）	2013
漳州水仙药业股份有限公司	水仙及图、水仙	风油精	2013
金冠（龙海）塑料包装有限公司	今冠及图	包装用纸袋或塑料袋（信封、小袋）	2013
平和县白芽奇兰协会	白芽奇兰	茶	2013
福建南海食品有限公司	南胜 NANSHENG 及图	速冻方便菜肴、干蔬菜	2013
福建省丰盛食品有限公司	洋乐贝	甲壳动物（非活）	2013
诏安红星乡青梅技术研究会	诏安红星	新鲜青梅	2013
福建省特瓷卫浴实业有限公司	特瓷卫浴 TECI	水龙头、喷水器、压力水箱	2013
宗艺石材发展有限公司	宗艺 ZONGYI	花岗石、大理石、石料	2013
福建森源股份有限公司	森源 SENYUAN 及图	家具、办公家具、沙发	2013
锦兴（福建）化纤纺织实业有限公司	锦兴 Jinxing 及图	纺织用弹性纱、弹力丝（纺织用）、长丝、人造丝	2013
谊嘉宝实业有限公司	谊嘉寳	鞋（棉鞋）	2013
福建恒利纸业有限公司	好吉利	纸巾	2013

6-3 续表 12　　　　　　　　　　　　　　　　　　（2008-2014 年）

企业名称	商　标	使用商品/服务	认定时间
福建雨丝梦洋伞实业有限公司	YUSIMENG 及图	伞	2013
泉州海日星工艺美术有限公司	海日星	树脂工艺品	2013
福建省南安市波辉鞋服有限公司	七波辉 7-POOVE 及图	运动鞋	2013
福建索力鞋业有限公司	索力 ULTRASONIC 及图	鞋	2013
福建天线宝宝食品股份有限公司	天线宝宝	食品用胶	2013
福建省金燕海洋生物科技股份有限公司	乘风及图	琼脂（食用）	2013
泉州盛世三和茶业有限公司	三和	茶	2013
福建归真堂药业股份有限公司	归真堂 GREETOWN 及图	熊胆粉	2013
晋江富永雨具有限公司	FUYONG 及图	雨伞或阳伞骨；伞	2013
福建腾飞园林古建筑有限公司	腾飞石业；TENGFEI STONE	石头、混凝土或大理石艺术品	2013
三六一度（福建）体育用品有限公司	361°	服装；童装；运动鞋；帽；袜	2013
福建省好邻居食品工业有限公司	好邻居 HAOLINJU 及图	糖果	2013
福建众和股份有限公司	图形	布、棉织品、纺织织物	2013
莆田市集友艺术框业有限公司	JIYOU1985 及图	画框	2013
福建省仙游县贡品轩古典家俱有限公司	贡品轩 GONG PIN XUAN 及图	家具	2013
莆田市双威体育用品有限公司	思威琪	鞋	2013
莆田市海帝食品有限公司	海帝及图	甲壳动物（非活）	2013
福建南平太阳电缆股份有限公司	太阳 SUN 及图	电源材料（电线、电缆）、电缆、光纤电缆	2013
福建顺昌虹润精密仪器有限公司	虹润 HR 及图	压力指示计、速度计、流量计、温度指示计	2013
福建正山堂茶业有限责任公司	元正及图	茶；红茶	2013
福建正盛无机材料股份有限公司	正字及图	水合二氧化硅、水玻璃（可溶玻璃）、水合物	2013

6-3 续表 13　　　　　　　　　　（2008-2014 年）

企业名称	商　标	使用商品/服务	认定时间
福建好日子食品有限公司	土楼及图	茶、茶叶代用品	2013
福建省武平县茶叶协会	武平绿茶 Wuping Green Tea	茶	2013
陈俭敏	华益及图	化油器（摩托车用）	2013
福建省福安市华微电机有限公司	第 756905 号图形	电机、电泵	2013
福安市珍华工艺品有限公司	珍华堂 ZHENGHUATANG 及图	银饰品、链（珠宝）、项链（宝石）	2013
福建福鼎海鸥水产食品有限公司	九洋 JIUYANG 及图	鳀鱼、鱼片	2013
宁德市蕉城区茶叶协会	天山绿茶 TIANSHAN GREENTEA 及图	茶	2013
福建省天湖茶业有限公司	绿雪芽及图	茶叶	2013
福建惠泽龙酒业有限公司	惠泽龙及图	黄酒	2013
泉州市泉永机械发展有限公司	quanyong	推土机；铲运机；传动装置（机器）	2014
霞浦县农副产品产业协会	霞浦海带	海带	2014
安发（福建）生物科技有限公司	甘诺宝力	医用营养食物，医用食物营养制剂，医用营养品	2014
冠城大通股份有限公司	武夷及图	漆包线；电源材料（电线、电缆）；电线	2014
福建省三福古典家具有限公司	三福	家具；沙发；竹木工艺品	2014
福清朝辉水产食品有限公司	第 4892766 号图形	贝壳类动物（非活）；虾（非活）；鱼制食品	2014
福建环科化工橡胶集团有限公司	环科 HUANKE 及图	再生胶	2014
福建茗匠竹艺科技有限公司	茗匠及图	非贵重金属茶具；非贵重金属餐具；非贵重金属茶托	2014
福建省万华电子科技有限公司	万华	防盗报警器；网络通讯设备；半导体	2014
奔达金银丝线（中国）有限公司	BT 及图	纺织用纱；丝	2014
福建天清食品有限公司	天清食品及图	肉；鱼制食品（鱼糜、肉糜制品）	2014
厦门信达股份有限公司	XINDECO 及图	进出口代理	2014

6-3 续表 14

（2008-2014 年）

企业名称	商　标	使用商品/服务	认定时间
福建龙净环保股份有限公司	龙净及图	静电工业设备；电子工业设备	2014
闽东宏宇冶金备件有限公司	第 1394169 号图形	管道金属接头	2014
漳州市恒丽电子有限公司	MOVEBEST；第 3437587 号图形	钟；手表；电子钟表	2014
福建三都澳食品有限公司	威尔斯 weiers 及图	鱼制食品	2014
旗牌王（中国）纺织服饰有限公司	旗牌王 KLPONE 及图	服装	2014
福建省建瓯黄华山酿酒有限公司	福矛 FUMAO	酒	2014
莆田市华峰工贸有限公司	华峰及图	纺织织物；布；鞋和靴用织物	2014
美佳爽（福建）卫生用品有限公司	奇酷 CHIKOOL	卫生纸；纸垫；纸或纤维素制婴儿尿布裤（一次性）	2014
莆田标准木业有限公司	第 8820953 号图形	木材；非金属建筑材料；非金属建筑物	2014
连城县朋口镇兰花协会	连城兰花及图	兰花	2014
福建省泉州市裕园茶业有限公司	裕园 YUYUAN 及图	茶；茶叶代用品	2014
力达（中国）机电有限公司	罗威 luowei	空气压缩机；电焊机	2014
福建省天丰源茶产业有限公司	六妙	茶	2014
福建省尤溪县沈郎食用油有限公司	沈郎乡 SHEN LANG XIANG 及图	食用菜子油；食用油脂；笋干	2014
红苹果化工（福建）有限公司	红苹果及图	油漆、水溶性内外墙有关喷塑料、油胶泥（油灰、腻子）	2014
福建固美金属有限公司	固美及图	普通金属合金、金属板条	2014
群峰智能机械股份有限公司	群峰	制砖机	2014
福建神州电子股份有限公司	SHENZHOU 及图	音像接收机	2014
厦门松霖科技有限公司	Solex	水龙头、沐浴器	2014
威兰西（中国）服饰有限公司	威兰西 weles	服装	2014
福建达利食品集团有限公司	好吃点	饼干、糕点、谷类制品	2014

注：2013、2014 年驰名商标名单来源于福建省商标协会，不包含司法认定的驰名商标。

6-4 福建省已注册和初步审定地理标志名单

（截至2014年末）

序号	注册人	注册商标	商　品	注册号
1	永泰县生产力促进中心	永泰芙蓉李	李子（鲜水果）	3899569
2	福州市园艺学会	福州茉莉花茶	茶	4939090
3	永泰县生产力促进中心	永泰柿饼	柿饼	6160169
4	福州市橄榄行业协会	福州橄榄	橄榄蜜饯；冰橄榄	4880151
5	闽侯县橄榄行业协会	闽侯橄榄	鲜橄榄	6644323
6	福清市山羊协会	高山山羊	山羊	8509769
7	福建省闽清县粉干协会	闽清粉干	粉干	8794404
8	连江县晓澳镇百胜海水养殖协会	百胜缢蛏	缢蛏（活的）	9112727
9	长乐市漳港海蚌场	漳港海蚌	海蚌（活）	8851809
10	罗源县茶叶协会	七境茶	茶	10226541
11	安溪县茶业总公司	安溪铁观音	茶叶	1388991
12	安溪县茶业总公司	安溪黄金桂	茶叶	1388992
13	永春县柑桔同业公会	永春芦柑	柑桔	6655467
14	永春县茶叶同业公会	永春佛手	茶	6655468
15	德化县陶瓷同业公会	德化陶瓷	瓷器；陶器等	4523004
16	德化县陶瓷同业公会	德化瓷雕	瓷器；陶器等	4523005
17	德化县养殖技术推广中心	德化戴云黑鸡	鸡（活的）	3636696
18	永春县茶叶同业公会	永春闽南水仙	茶	6655469
19	惠安县石雕石材同业公会	惠安石雕	石雕	8605351
20	石狮市古浮紫菜协会	古浮紫菜	紫菜	8770533
21	泉州市洛江区虹山乡果蔬行业协会	虹山红心地瓜	地瓜	8820222
22	晋江市深沪镇渔业协会	深沪鱼丸	鱼丸	9625935
23	武夷山茶叶科学研究所	武夷山大红袍	茶	1687896
24	政和县茶叶技术推广总站	政和工夫	茶	6495869
25	政和县茶叶技术推广总站	政和白茶	茶	6228806
26	松溪县茶叶管理总站	松溪绿茶	茶	6534378
27	武夷山市茶叶科学研究所	正山小种	茶	7430842

6-4 续表 1　　　　　　　　　　　（截至 2014 年末）

序号	注册人	注册商标	商　品	注册号
28	邵武市进士茶树良种推广专业合作社	邵武碎铜茶	茶	6914478
29	政和县茶叶技术推广总站	政和工夫	茶	7667931
30	政和县茶叶技术推广总站	政和白茶	茶	7667932
31	建瓯市锥栗协会	建瓯锥栗	锥栗	7569724
32	建瓯市东峰镇科技特派员工作站	东峰矮脚乌龙	乌龙茶（茶）	9785311
33	浦城薏米产业协会	浦城薏米	薏米（米）	8965756
34	建阳市茶业协会	建阳白茶	茶	10033173
35	柘荣县太子参协会	柘荣太子参	太子参	1608000
36	古田县食用菌办公室	古田银耳	银耳	1607999
37	古田县经济作物站	古田油奈	油柰（水果）	2016457
38	古田县黄田镇企业管理站	黄田马蹄笋	新鲜马蹄笋	4914014
39	古田县黄田镇企业管理站	黄田马蹄笋	马蹄笋干等	4914013
40	福鼎市四季柚协会	福鼎四季柚	柚	2016482
41	福鼎市福鼎芋协会	福鼎芋	芋	2016481
42	福鼎市福鼎芋协会	福鼎槟榔芋	芋	3453951
43	福鼎市茶业协会	福鼎大白茶	茶	4350700
44	福鼎市茶业协会	福鼎白毫银针	茶	4350696
45	福鼎市茶业协会	福鼎白琳工夫	茶	4350701
46	福鼎市茶业协会	福鼎白茶	茶	6595730
47	福安市茶业协会	坦洋工夫	茶	5379787
48	福安市茶业协会	坦洋工夫	茶	6190797
49	福安市穆阳镇线面协会	穆阳线面	线面	8972826
50	福安市竹业协会	福安绿竹笋	绿竹笋	9113703
51	霞浦县农副产品产业协会	霞浦海带	海带	7127315
52	霞浦县农副产品产业协会	霞浦紫菜	紫菜	7127316
53	宁德市蕉城区晚熟龙眼产业协会	蕉城晚熟龙眼	龙眼	4957601
54	宁德市蕉城区茶业协会	天山绿茶	茶	6888311

6-4 续表 2　　（截至 2014 年末）

序号	注册人	注册商标	商　品	注册号
55	宁德市蕉城区三都澳晚熟荔枝产业协会	三都澳晚熟荔枝	荔枝	7170017
56	宁德市渔业协会	宁德大黄鱼	大黄鱼（非活）	9654729
57	宁德市渔业协会	宁德大黄鱼	大黄鱼（活）	9654730
58	周宁县茶叶协会	官司云雾茶	茶	8644027
59	屏南县米烧兔行业协会	屏南米烧兔	米烧兔	9015569
60	寿宁县茶业协会	寿宁高山乌龙茶	乌龙茶（茶）	9883861
61	连城红心地瓜干协会	连城红心地瓜干	地瓜干（熟）	3571139
62	连城县朋口镇兰花协会	连城兰花	兰花	5393515
63	漳平市茶叶协会	漳平水仙茶	茶饼	5011405
64	龙岩市新罗区花生产业协会	龙岩咸酥花生	加工过的花生	5130282
65	福建省武平县茶叶协会	武平绿茶	茶	6524922
66	连城县白鸭研究所	连城白鸭	鸭（活的）	6965123
67	连城县白鸭研究所	连城白鸭	鸭（非活）	7023724
68	福建省武平县梁野山中草药协会	武平金线莲	金线莲（中草药）	7304623
69	长汀县河田鸡产业协会	长汀河田鸡	活家禽（鸡）	7891271
70	武平县梁野花卉协会	武平富贵籽	富贵籽（自然花）	7622475
71	上杭县槐猪产业协会	上杭槐猪	活猪	8605841
72	上杭县园艺产业协会	上杭乌梅	乌梅	10003749
73	永定县菜干协会	永定菜干	菜干	8196341
74	漳州市果业发展中心	漳州香蕉	新鲜香蕉	2024522
75	漳州市花卉协会	ZHANGZHOU NARCISSUS	水仙花	2016475
76	漳州市花卉协会	漳州水仙花	水仙花	2016476
77	漳州市花卉协会	漳州水仙花	水仙花	2016477
78	南靖县兰花协会	南靖兰花	兰花	5819164
79	南靖茶商会	南靖丹桂	茶	5819161
80	南靖茶商会	南靖铁观音	茶	5819162
81	南靖县和溪镇中药材协会	南靖和溪巴戟天	巴戟天（中药药材）	9665597

6-4 续表 3　　（截至 2014 年末）

序号	注册人	注册商标	商　品	注册号
82	南靖县龙山镇农产品协会	南靖麻笋	麻笋（新鲜）	9649494
83	南靖县养蜂协会	南靖正冬蜜	蜂蜜	10202339
84	福建省平和琯溪蜜柚发展中心	平和琯溪蜜柚	蜜柚	1388988
85	福建省平和琯溪蜜柚发展中心	平和红柚	柚子	8938890
86	平和县白芽奇兰茶协会	平和白芽奇兰	茶	9813932
87	平和县特产协会	平和青花瓷	瓷器等	9871924
88	平和县特产协会	平和芦溪晒烟	烟草；烟丝；烟末	9975573
89	平和县特产协会	平和芦溪咸菜	咸菜（腌制芥菜）	10003960
90	平和县特产协会	平和坂仔香蕉	香蕉	10003961
91	平和县特产协会	平和大溪豆干	豆腐干	10003962
92	平和县特产协会	平和小溪枕头饼	枕头饼（糕点）	10064381
93	诏安县红星乡青梅技术研究会	诏安红星	新鲜青梅	2016463
94	诏安县水产技术推广站	林头珠蚶	珠蚶(贝壳类动物(活的))	10221082
95	诏安县四都镇后港青壳荔枝协会	后港青壳荔枝	荔枝（鲜水果）	10221116
96	华安县茶叶协会	华安铁观音	茶	7401817
97	华安县经济作物站	华安坪山柚	柚子	9527545
98	漳浦县杜浔酥糖协会	杜浔酥糖	酥糖	8090682
99	漳浦县深土镇农产品产业协会	深土紫菜	紫菜	8371641
100	漳浦县旧镇镇农产品产业协会	旧镇白鳗	白鳗	9300873
101	漳浦县沙西榕树协会	沙西榕树	榕树	9413347
102	漳浦县盘陀镇茶叶协会	盘陀金萱茶	茶	9642018
103	云霄县枇杷协会	云霄枇杷	枇杷	3418548
104	云霄县水产养殖协会	竹塔泥蚶	泥蚶（活的）	8518148
105	云霄县农作物科学研究所	东厦锯缘青蟹	锯缘青蟹（活）	9552702
106	云霄县农作物科学研究所	下河杨桃	杨桃	9552703
107	云霄县农作物科学研究所	列屿巴非蛤	巴非蛤（活）	9552743
108	云霄县农作物科学研究所	马铺淮山	淮山（新鲜蔬菜）	9552744

6-4 续表 4　　（截至 2014 年末）

序号	注册人	注册商标	商　品	注册号
109	云霄县农作物科学研究所	东厦文蛤	文蛤（活）	9954948
110	云霄县农作物科学研究所	下河金枣	金枣（新鲜水果）	9954949
111	龙海市浮宫镇杨梅协会	浮宫杨梅	杨梅	8681587
112	龙海市程溪镇菠萝协会	程溪菠萝	菠萝	9552249
113	福建省长泰县柑桔协会	长泰芦柑	芦柑（水果）	7718009
114	漳州市芗城区天宝香蕉协会	天宝香蕉	香蕉	8771238
115	福建省东山县芦笋协会	东山芦笋	芦笋	8699182
116	长泰县农产品流通协会	长泰吴田蜜薯	番薯	9921549
117	长泰县农产品流通协会	长泰状元蜜桔	桔	9921550
118	仙游县度尾镇文旦柚协会	度尾	文旦柚	1388985
119	莆田市枇杷协会	莆田枇杷	枇杷	3984456
120	莆田市兴化桂圆协会	莆田兴化桂元	干桂元	3895434
121	南日鲍协会	南日鲍	鲍鱼（活）	6595645
122	建宁县建莲产业协会	建宁通心白莲	莲子	1607998
123	尤溪县竹业协会	尤溪绿笋	绿笋（新鲜）	3984436
124	尤溪县茶叶协会	尤溪绿茶	茶	7741538
125	尤溪县油茶协会	尤溪茶籽油	茶籽油（食用油）	9854263
126	明溪县肉脯干行业协会	明溪肉脯干	肉脯干	5713312
127	永安市农学会	永安黄椒	辣椒（新鲜蔬菜）	6862869
128	永安市蔬菜产销协会	永安莴苣	莴苣	8972825
129	宁化县河龙贡米协会	河龙贡米	米	7953105
130	福建省将乐县食用菌协会	将乐大球盖菇	鲜食用菌	8279341
131	将乐县龙池砚文化研究协会	将乐龙池砚	砚（墨水池）	8271157
132	厦门市同安区农村经纪人协会	同安凤梨穗	干桂元	10852973
133	厦门市同安区农村经纪人协会	同安凤梨穗	龙眼	10852974
134	永泰县生产力促进中心	永泰李干	李干（蜜饯）	8715207
135	福清市一都镇经济发展服务中心	一都枇杷	枇杷（鲜水果）	10865125

6-4 续表 5　　（截至 2014 年末）

序号	注册人	注册商标	商　品	注册号
136	平潭水仙花协会	平潭水仙花	水仙花球茎；水仙花	10694024
137	泉州市洛江区河市镇槟榔芋协会	河市槟榔芋	芋	11180200
138	南安市石亭绿茶研究会	石亭绿茶	茶	8757651
139	邵武市笋制品行业协会	邵武笋干	笋干	10236834
140	建阳市经济作物技术推广站	建阳桔柚	桔柚	10231607
141	建阳市小湖镇三农服务中心	小湖杨梅	杨梅	11083255
142	光泽县水产研究所	光泽溪鱼	活鱼	11132352
143	古田县红曲行业协会	古田红曲	曲种	10786824
144	福安市茶业协会	坦洋工夫	茶	11499122
145	福安市茶业协会	坦洋工夫	茶	11499123
146	福安市茶业协会	坦洋工夫	茶	11499124
147	福安市穆云畲乡刺葡萄协会	溪塔刺葡萄	鲜葡萄	10180903
148	福安市油茶协会	福安油茶油	食用油	11345819
149	霞浦县茶业协会	霞浦元宵茶	茶	10430782
150	霞浦县茶业协会	霞浦元宵茶	茶	10430783
151	宁德市蕉城区缢蛏协会	宁德缢蛏	蛏（活的）	10729939
152	宁德市蕉城区缢蛏协会	宁德缢蛏	蛏干	10729940
153	武平县猪胆肝协会	武平猪胆肝	猪胆肝（猪肉食品）	11186858
154	永定县巴戟天协会	永定巴戟天	巴戟天（中药药材）	11251004
155	漳州市果业发展中心	漳州芦柑	柑橘	10032250
156	漳州市果业发展中心	漳州芦柑及图形	柑橘	10032251
157	漳州市果业发展中心	漳州芦柑及图形	柑橘	10032252
158	平和县特产协会	平和南胜咸水鸭	咸水鸭	10208093
159	平和县特产协会	山格查某囡仔肉	生仁饼（糕点）	9975572
160	诏安县白洋灰鹅协会	诏安灰鹅	鹅（活家禽）	10126597
161	诏安县红星乡青梅技术研究会	诏安红星青梅	加工过的青梅	10462581
162	诏安县茶叶协会	诏安八仙茶	茶	9466590

6-4 续表 6　　（截至 2014 年末）

序号	注册人	注册商标	商品	注册号
163	漳浦县深土镇农产品产业协会	深土花菜	花菜（新鲜蔬菜）	10221005
164	漳浦县旧镇镇农产品产业协会	旧镇大蚝	牡蛎（活的）	10181305
165	漳浦县大南坂农产品协会	大南坂菠萝	菠萝	9814817
166	漳浦县蔬菜出口协会	漳浦大葱	新鲜大葱	11192112
167	漳浦县官浔镇淡水生态虾养殖协会	官浔淡水虾	淡水虾（活的）	10103610
168	云霄县农作物科学研究所	东厦缢蛏	缢蛏（活）	10737564
169	龙海市白水糖果协会	白水贡糖	糖果	9871237
170	龙海市养鸭协会	金定鸭	鸭（活家禽）	11476392
171	龙海市九湖镇荔枝协会	九湖兰竹荔枝	荔枝	11014904
172	明溪县淮山行业协会	明溪淮山	山药（新鲜蔬菜）	10191790
173	清流县嵩溪豆腐皮营销协会	清流豆腐皮	豆腐皮	10600558
174	安溪县山格淮山产业技术研究会	山格淮山	山药（蔬菜）	10447781
175	福清市渔溪镇经济发展服务中心	渔溪龙眼	龙眼（鲜水果）	10461152
176	南安市官桥镇曙光甘薯产业协会	曙光甘薯	鲜地瓜	10374727
177	松溪县茶业协会	松溪红茶	茶	10034709
178	武夷山市岚谷乡“三农”服务中心	岚谷熏鹅	熏鹅（加工过的）	13245793
179	南平市延平区林木种苗站	延平百合	百合花（自然花）	12877266
180	柘荣县太子参协会	柘荣太子参	太子参（中药药材）	11870936
181	福鼎市福鼎黄栀子协会	福鼎黄栀子	黄栀子（原料药）	11794318
182	福鼎市福鼎黄栀子协会	福鼎黄栀子	黄栀子（植物）	12038423
183	福鼎市福鼎黄栀子协会	福鼎黄栀子	黄栀子（植物）	12038424
184	福鼎市福鼎黄栀子协会	福鼎黄栀子	黄栀子（果皮、果肉）	12038425
185	福鼎市福鼎黄栀子协会	福鼎黄栀子	黄栀子（果皮、果肉）	12038426
186	福鼎市福鼎黄栀子协会	福鼎黄栀子	黄栀子（原料药）	12038427
187	福安市葡萄协会	福安葡萄	新鲜葡萄	11273163
188	福安市葡萄协会	福安葡萄	新鲜葡萄	11273164
189	宁德市蕉城区黄家蒸笼行业协会	虎贝黄家蒸笼	蒸笼	10779425

6-4 续表 7　　　　（截至 2014 年末）

序号	注册人	注册商标	商　品	注册号
190	屏南县黄酒酿造技艺协会	屏南老酒	黄酒	11898122
191	长汀县河田鸡产业协会	长汀河田鸡	鸡肉	12080346
192	南靖县名优农产品协会	南靖金线莲	金线莲（中药药材）	12853757
193	南靖县名优农产品协会	南靖香蕉	香蕉	12122166
194	平和县特产协会	平和窑瓷器	瓷器	13215417
195	诏安县秀篆镇苦丁茶协会	诏安苦丁茶	茶	11599107
196	诏安县桥东镇水产养殖协会	甲洲鸡母埭大虾	虾（活的）	11708370
197	诏安县桥东镇水产养殖协会	仙塘红蟳	红蟳（活的）	11708371
198	漳浦县旧镇镇农产品产业协会	乌石荔枝	荔枝	11435975
199	漳浦闽台花卉协会	漳浦蝴蝶兰	蝴蝶兰（自然花）	10779426
200	龙海市榜山镇江东鲈鱼养殖协会	江东鲈鱼	鲈鱼（非活）	11994880
201	龙海市榜山镇江东鲈鱼养殖协会	江东鲈鱼	鲈鱼（活的）	11994881
202	龙海市程溪镇金蝉协会	程溪金蝉	蝉花（中药材）； 蝉脱（中药材）	13098212
203	仙游县金沙薏米产业发展技术协会	金沙薏米	薏米（脱壳后的）	11178479
204	尤溪县果树技术推广站	尤溪金柑	金柑（新鲜水果）	12988689
205	福州市琅岐经济区养殖协会	琅岐红	活青蟹	13631771
206	连江县鲍鱼行业协会	连江鲍鱼	鲍鱼（活的）	13600377
207	连江县鲍鱼行业协会	连江鲍鱼	鲍鱼（非活）	13600378
208	厦门市翔安区新圩镇经济发展服务中心	古宅大蒜	大蒜（新鲜蔬菜）	12877116
209	建瓯市建泽泻协会	建泽泻	药材（泽泻）	12609480
210	顺昌县柑桔行业协会	顺昌芦柑	芦柑（鲜水果）	11708379
211	福鼎市鲈鱼养殖协会	桐江鲈鱼	鲈鱼（活的）	12721807
212	福鼎市鲈鱼养殖协会	桐江鲈鱼	鲈鱼（非活）	12721808
213	宁德市蕉城区茶业协会	天山红	茶	11836552
214	连城县文亨镇红衣花生协会	连城红衣花生	新鲜花生	13341781
215	连城县文亨镇红衣花生协会	连城红衣花生	加工过的花生	13341782
216	南靖县名优农产品协会	南靖郑店菜脯汁	菜脯汁（调味酱汁）	13304988

6-4 续表 8　　（截至 2014 年末）

序号	注册人	注册商标	商　品	注册号
217	平和县特产协会	平和粗鳞鱼	粗鳞鱼（非活）	11448151
218	平和县特产协会	平和棕包梨	梨	11448152
219	平和县特产协会	平和大溪荔枝	荔枝	11448153
220	平和县特产协会	平和夫人李	李子	11448155
221	平和县特产协会	平和大溪米粉	米粉	11448156
222	平和县特产协会	灵通七叶胆	药茶；药用草药茶	11448157
223	华安县华安玉同业公会	华安玉雕	玉雕	11937842
224	漳浦县深土镇农产品产业协会	深土三角文蛤	文蛤（活的）	13597610
225	漳浦县深土镇农产品产业协会	深土皱纹盘鲍鱼	鲍鱼（活的）	13597611
226	漳浦县沙西海产品协会	沙西红蟳	蟳（活的）	11571857
227	漳浦县沙西海产品协会	沙西血鳗	血鳗（活的）	11571858
228	漳浦县沙西海产品协会	沙西泥蚶	蚶（活的）	11571859
229	漳浦县前亭镇农产品产业协会	前亭珠蚶	蚶（活的）	11632810
230	漳浦县前亭镇农产品产业协会	前亭沙虾	虾（活的）	11632811
231	漳浦县大南坂农产品协会	大南坂红肉橙	新鲜橙	12170641
232	东山县水产技术推广站	东山鲍鱼	鲍鱼（活）	13890624
233	建宁县黄埠乡农业服务中心	桂阳萝卜	新鲜萝卜	13111566
234	明溪县红豆杉行业协会	明溪红豆杉	红豆杉	12821614
235	明溪县金线莲协会	明溪金线莲	金线莲（药草）	13732502
236	永安市槐南镇新农村建设服务中心	安贞旌鼓	鼓（乐器）	13776367
237	永定县红柿专业技术协会	永定红柿	柿子（新鲜水果）	12584748
238	诏安县四都镇大梧村水产养殖协会	大梧蚝	蚝（牡蛎（活的））	13148116
239	诏安县太平镇水果营销协会	诏安柿饼	柿饼	13858673
240	福建省云霄县水产开发中心	漳江口大蚝	大蚝（活的牡蛎）	12980693
241	长泰县农产品流通协会	长泰砂仁	砂仁（中药药材）	13571587
242	长泰县农产品流通协会	长泰天竺岩茶	茶	13571586
243	沙县夏茂茶叶协会	沙县红边茶	茶	13908849

注：该名单由福建省商标协会发布。

6-5 福建省纳税百强企业名单

（2014 年）

位次	企业集团名称	位次	企业集团名称
1	兴业银行股份有限公司	26	福建奔驰汽车工业有限公司
2	龙岩烟草工业有限责任公司	27	中石化森美（福建）石油有限公司
3	中国烟草总公司福建省公司（含所辖单位）	28	厦门经济特区房地产开发集团有限公司
4	福建联合石油化工有限公司	29	福清万达广场有限公司
5	厦门烟草工业有限责任公司	30	国家开发银行股份有限公司福建省分行
6	中化泉州石化有限公司	31	漳州市海滨城置业有限公司
7	国网福建省电力有限公司	32	厦门正新橡胶工业有限公司
8	福建省农村信用社联合社	33	福建世茂置业限公司
9	中国移动通信集团福建有限公司	34	厦门银鹭食品集团有限公司
10	戴尔（中国）有限公司	35	兴业国际信托有限公司
11	中国建设银行股份有限公司福建省分行	36	泉州浦西万达广场投资有限公司
12	中国工商银行股份有限公司福建省分行	37	福建海峡银行股份有限公司
13	华阳电业有限公司	38	名城地产（福建）有限公司
14	融侨集团股份有限公司	39	福建大唐国际宁德发电有限责任公司
15	厦门海投房地产有限公司	40	厦门 ABB 低压电器设备有限公司
16	中国银行股份有限公司福建省分行	41	兴业证券股份有限公司
17	中国农业银行股份有限公司福建省分行	42	福建省龙岩市新罗煤炭工业有限公司
18	紫金矿业集团股份有限公司	43	福建三钢闽光股份有限公司
19	中国电信股份有限公司福建分公司	44	华能国际电力股份有限公司福州电厂
20	厦门国际银行股份有限公司	45	罗源湾滨海新城置业有限责任公司
21	福建欢乐天地置业有限责任公司	46	中国人民财产保险股份有限公司福建省分公司
22	百威英博雪津啤酒有限公司	47	中信银行股份有限公司福州分行
23	中海福建天然气有限责任公司	48	中国建设银行股份有限公司厦门市分行
24	厦门航空有限公司	49	中国平安财产保险股份有限公司福建分公司
25	厦门兆裕房房地产开发有限公司	50	厦门华夏国际电力发展有限公司

6-5 续表　　　　　　　　　　　　　　　（2014 年）

位次	企业集团名称	位次	企业集团名称
51	中建海峡建设发展有限公司	76	福建宁德核电有限公司
52	欣贺股份有限公司	77	福建中联盛房地产开发有限公司
53	华福证券有限责任公司	78	国电福州发电有限公司
54	福建省鸿山热电有限责任公司	79	福建世欧投资发展有限公司
55	招商银行股份有限公司福州分行	80	中国工商银行股份有限公司厦门市分行
56	国电泉州热电有限公司	81	福建华电可门发电有限公司
57	厦门银行股份有限公司	82	利郎（中国）有限公司
58	福建中烟工业有限责任公司	83	中国光大银行股份有限公司福州分行
59	中国民生银行股份有限公司福州分行	84	中国人民财产保险股份有限公司厦门市分公司
60	厦门 ABB 开关有限公司	85	厦门建发股份有限公司
61	厦门富铭杏博置业有限公司	86	福建省中马建设工程有限公司
62	福州中鼎投资有限公司	87	中海福建燃气发电有限公司
63	宁德万达广场有限公司	88	莆田万达广场有限公司
64	融信（厦门）房地产开发有限公司	89	福建佳通轮胎有限公司
65	福建南平南孚电池有限公司	90	厦门市特房筼筜开发有限公司
66	世纪宝姿（厦门）实业有限公司	91	中国邮政储蓄银行股份有限公司福建省分行
67	福建达利食品集团有限公司	92	东南（福建）汽车工业有限公司
68	福建龙净环保股份有限公司	93	招商银行股份有限公司厦门分行
69	中国联合网络通信有限公司福建省分公司	94	建发房地产集团有限公司
70	富贵鸟股份有限公司	95	翔鹭（厦门）房地产开发有限公司
71	泉州东海开发有限公司	96	上海浦东发展银行股份有限公司福州分行
72	厦门正新海燕轮胎有限公司	97	福建省三钢（集团）有限责任公司
73	乔丹体育股份有限公司	98	泉州南海建设开发有限公司
74	厦门新景地集团有限公司	99	晋江万达广场有限公司
75	华电福新能源股份有限公司	100	中国石油天然气股份有限公司福建销售分公司

注：该名单由福建省地方税务局发布。

6-6 福建省主营业务收入前300家工业企业

（2014年）

位次	企业名称	位次	企业名称
1	福建省电力有限公司	31	福建奋安铝业有限公司
2	福建联合石油化工有限公司	32	戴尔（厦门）有限公司
3	宸鸿科技（厦门）有限公司	33	华阳电业有限公司
4	戴尔（中国）有限公司	34	国网福建晋江市供电有限公司
5	友达光电（厦门）有限公司	35	石狮市佳龙石化纺纤有限公司
6	中化泉州石化有限公司	36	厦门金龙联合汽车工业有限公司
7	腾龙芳烃（漳州）有限公司	37	捷星显示科技（福建）有限公司
8	福建捷联电子有限公司	38	福建三安钢铁有限公司
9	福建省三钢（集团）有限责任公司	39	祥兴（福建）箱包集团有限公司
10	特步（中国）有限公司	40	翔鹭石化（漳州）有限公司
11	龙岩烟草工业有限责任公司	41	长乐恒申合纤科技有限公司
12	福建省金纶高纤股份有限公司	42	福建百宏聚纤科技实业有限公司
13	冠捷显示科技（厦门）有限公司	43	福建福欣特殊钢有限公司
14	紫金铜业有限公司	44	福建明辉电力系统有限公司
15	正兴车轮集团有限公司	45	福建省正和钢管有限公司
16	福建华映显示科技有限公司	46	福建奔驰汽车工业有限公司
17	福建鼎信镍业有限公司	47	福建锦江科技有限公司
18	中海福建天然气有限责任公司	48	福建吴航不锈钢制品有限公司
19	厦门烟草工业有限责任公司	49	长乐力恒锦纶科技有限公司
20	厦门银鹭食品集团有限公司	50	福建元成豆业有限公司
21	达运精密工业（厦门）有限公司	51	厦门正新橡胶工业有限公司
22	紫金矿业集团股份有限公司	52	福建鼎信科技有限公司
23	福建鑫海冶金有限公司	53	南靖万利达科技有限公司
24	华映光电股份有限公司	54	厦门金龙旅行车有限公司
25	翔鹭石化股份有限公司	55	厦门太古飞机工程有限公司
26	福建鼎信实业有限公司	56	福建省长乐市长源纺织有限公司
27	联想移动通信科技有限公司	57	华能国际电力股份有限公司福州电厂
28	连江清禄鞋业有限公司	58	国网福建长乐市供电有限公司
29	福建三宝特钢有限公司	59	晋江市金莎珠宝首饰有限公司
30	宝钢德盛不锈钢有限公司	60	福建圣农发展股份有限公司

6-6 续表 1　　　　　　　　　　（2014 年）

位次	企业名称	位次	企业名称
61	福建大唐国际宁德发电有限责任公司	91	明达实业（厦门）有限公司
62	福建三宝钢铁有限公司	92	联盛纸业（龙海）有限公司
63	厦门厦工机械股份有限公司	93	鞍钢冷轧钢板（莆田）有限公司
64	九牧集团有限公司	94	福建通达集团有限公司
65	福建罗源闽光钢铁有限责任公司	95	福建省南平铝业有限公司
66	泉州福海粮油工业有限公司	96	景智电子（厦门）有限公司
67	福建省长乐市金源纺织有限公司	97	福建省马尾造船股份有限公司
68	福建龙净环保股份有限公司	98	福建金山黄金冶炼有限公司
69	泉州市燃气有限公司	99	路达（厦门）工业有限公司
70	泉州明恒纺织有限公司	100	福建省鸿山热电有限责任公司
71	福建宁德核电有限公司	101	百威英博雪津啤酒有限公司
72	福建佳通轮胎有限公司	102	福建省长乐市锦源纺织有限公司
73	福建凯邦锦纶科技有限公司	103	厦门 ABB 开关有限公司
74	国电泉州热电有限公司	104	福建亿鑫钢铁有限公司
75	福建铂阳精工设备有限公司	105	厦门 ABB 低压电器设备有限公司
76	福建省晋江福源食品有限公司	106	厦门中盛粮油集团有限公司
77	福建三钢小蕉实业发展有限公司罗源分公司	107	中铝瑞闽股份有限公司
78	国网福建南安市供电有限公司	108	闽东赛岐经济开发区福华轧钢有限公司
79	东南（福建）汽车工业有限公司	109	福建省长乐市第二棉纺织厂
80	福建省长汀金龙稀土有限公司	110	中国重汽集团福建海西汽车有限公司
81	金莱克（中国）体育用品有限公司	111	林德（中国）叉车有限公司
82	福建星网锐捷通讯股份有限公司	112	福建欧美龙体育用品有限公司
83	宁德新能源科技有限公司	113	捷太格特转向系统（厦门）有限公司
84	万利（中国）有限公司	114	福建省金盛钢业有限公司
85	中宇建材集团有限公司	115	福建金牛水泥有限公司
86	福建永强力加动力设备有限公司	116	福州吴航钢铁制品有限公司
87	福建省闽发铝业股份有限公司	117	厦门正新海燕轮胎有限公司
88	福耀玻璃工业集团股份有限公司	118	立达信绿色照明股份有限公司
89	厦门众达钢铁有限公司	119	厦门钨业股份有限公司
90	厦门厦顺铝箔有限公司	120	喜得龙（中国）有限公司

6-6 续表 2　　（2014 年）

位次	企业名称	位次	企业名称
121	泉州市天纶纺织科技有限公司	151	长乐力源锦纶实业有限公司
122	漳州旗滨玻璃有限公司	152	福建省辉源金属制品有限公司
123	鸿一粮油资源股份有限公司	153	福建省冠海造船工业有限公司
124	福建龙和食品实业有限公司	154	国电福州发电有限公司
125	厦门船舶重工股份有限公司	155	福建省福丰实业有限公司
126	安踏（中国）有限公司	156	福建省长乐市金磊纺织有限公司
127	福建东南造船有限公司	157	厦门 TDK 有限公司
128	厦门太古发动机服务有限公司	158	厦门金鹭特种合金有限公司
129	厦门翔鹭化纤股份有限公司	159	福建石狮市富贵鸟集团有限公司
130	飞毛腿（福建）电子有限公司	160	石狮市雄豹狼服装发展有限公司
131	福建冠盖金属包装有限公司	161	福建华电可门二期发电有限公司
132	国网福建福安市供电有限公司	162	厦门华夏国际电力发展有限公司
133	福州福泰钢铁有限公司	163	九牧厨卫股份有限公司
134	安踏体育用品集团有限公司	164	福建华电可门发电有限公司
135	三六一度（中国）有限公司	165	腾龙特种树脂（厦门）有限公司
136	福建南平太阳电缆股份有限公司	166	福建龙麟集团有限公司
137	漳州百佳实业有限公司	167	石狮市斯舒郎体育用品有限公司
138	福州翔隆纺织有限公司	168	国网福建石狮市供电有限公司
139	龙工（福建）机械有限公司	169	漳州傲农牧业科技有限公司
140	联港金属制品（福建）有限公司	170	欣贺股份有限公司
141	石狮市大帝集团有限公司	171	锐珂（厦门）医疗器材有限公司
142	福建省洪泰铜业有限公司	172	福建亚通新材料科技股份有限公司
143	厦门中禾实业有限公司	173	福州开发区钜联鞋业有限公司
144	福建省福清供电有限公司	174	乔丹体育股份有限公司
145	玖龙纸业（泉州）有限公司	175	长乐市聚泉食品有限公司
146	晋江新奥燃气有限公司	176	三六一度（福建）体育用品有限公司
147	宁德祥全工贸有限公司	177	福建万华实业有限公司
148	福建上杭太阳铜业有限公司	178	福建省长乐市华源纺织有限公司
149	福建康宏股份有限公司	179	福建泉州宝辉珠宝首饰有限公司
150	中国国际钢铁制品有限公司	180	纬恒（福建）轻纺有限公司

6-6 续表 3　　　　　　　　　　　　（2014 年）

位次	企业名称	位次	企业名称
181	兴业皮革科技股份有限公司	211	福建新华威化纤染织有限公司
182	双翔（福建）电子有限公司	212	国网福建罗源县供电有限公司
183	福建美明达鞋业发展有限公司	213	福建海和实业有限公司
184	福建省东鑫石油化工有限公司	214	泉州闽华电器有限公司
185	厦门宏发电声股份有限公司	215	欧浦登（顺昌）光学有限公司
186	匹克（中国）有限公司	216	福建南平南孚电池有限公司
187	福建省海安橡胶有限公司	217	华昌珠宝有限公司
188	莆田市力天红木艺雕有限公司	218	福建柒牌集团有限公司
189	莆田市鑫龙鞋业有限公司	219	漳州华荣纸业有限公司
190	蜡笔小新（福建）食品工业有限公司	220	福建翔升纺织有限公司
191	福建省源威涤锦科技有限公司	221	利郎（中国）有限公司
192	飞毛腿电池有限公司	222	福建恒利集团有限公司
193	青蛙王子（中国）日化有限公司	223	周宁县和兴工贸有限公司
194	福建龙峰纺织科技实业有限公司	224	中海福建燃气发电有限公司
195	厦门松下电子信息有限公司	225	福建省长乐市正隆纺织有限公司
196	福建省永安万年水泥有限公司	226	福建永春县图图服饰有限公司
197	福建达利食品集团有限公司	227	福建乐隆隆食品科技有限公司
198	福建经纬新纤科技实业有限公司	228	国网福建龙海市供电有限公司
199	福州利亚船舶工程有限公司	229	福建新世纪电子材料有限公司
200	祥达光学（厦门）有限公司	230	九牧王股份有限公司
201	福建正麒高纤科技股份有限公司	231	漳州联盛纸业有限公司
202	辉煌水暖集团有限公司	232	福建三山集团有限公司
203	玉晶光电（厦门）有限公司	233	福州集佳油脂有限公司
204	宝宸（厦门）光学科技有限公司	234	福州大通机电有限公司
205	贵人鸟股份有限公司	235	福建东山县海之星水产食品有限公司
206	福建公元食品有限公司	236	厦门建松电器有限公司
207	福建冠福现代家用股份有限公司	237	福建思嘉环保材料科技有限公司
208	福建晋江天然气发电有限公司	238	福建三和果蔬股份有限公司
209	周宁县华夏钢业工贸有限公司	239	莆田市集友艺术框业有限公司
210	漳州灿坤实业有限公司	240	厦门银祥油脂有限公司

6-6 续表 4

（2014 年）

位次	企业名称	位次	企业名称
241	赛得利（福建）纤维有限公司	271	福建建华管桩有限公司
242	漳州蒙发利实业有限公司	272	福建省闽华电源股份有限公司
243	厦门泓信特种纤维有限公司	273	福州祥龙鞋业有限公司
244	雀氏（福建）实业发展有限公司	274	福建省永安林业（集团）股份有限公司
245	福建太平洋电力有限公司	275	国网福建安溪县供电有限公司
246	福建统一马口铁有限公司	276	福建省福安市万利漆包线有限公司
247	宸阳光电科技（厦门）有限公司	277	福州瑞芯微电子有限公司
248	福建福南铜材有限公司	278	福建申达钢铁有限公司
249	漳州泉丰食品开发有限公司	279	福建省蓝建集团公司
250	福建省晋江市浩沙制衣有限公司	280	福建省万达汽车玻璃工业有限公司
251	福建省大众金属有限公司	281	泉州鸿荣轻工有限公司
252	南平市双友金属有限公司	282	福州百洋海味食品有限公司
253	福建上润精密仪器有限公司	283	荣兴（福建）特种钢业有限公司
254	福建海壹食品饮料有限公司	284	福建恒安集团有限公司
255	福建省德化县佳美工艺品有限责任公司	285	福建联迪商用设备有限公司
256	福建省联盛纸业有限责任公司	286	国网福建惠安县供电有限公司
257	福建省长乐市金沙港针纺实业有限公司	287	福建省长乐市华亚纺织有限公司
258	申鹭达股份有限公司	288	福建省晋江优兰发纸业有限公司
259	福建省轻工机械设备有限公司	289	福建经纬集团有限公司
260	晋江市锦福化纤聚合有限公司	290	漳州大北农农牧科技有限公司
261	福建新大陆电脑股份有限公司	291	福建福马食品集团有限公司
262	福建省长乐市金鑫纺织有限公司	292	福建省长乐市金林生织造有限公司
263	莆田市永丰鞋业有限公司	293	福建省台福食品有限公司
264	福建水口发电有限公司	294	厦门通士达照明有限公司
265	福建宝德集团有限公司	295	厦门太古可口可乐饮料有限公司
266	福建省名乐体育用品有限公司	296	金冠（中国）食品有限公司
267	福州瑞华印制线路板有限公司	297	漳州天福茶业有限公司
268	贝莱胜电子（厦门）有限公司	298	福州德通容器有限公司
269	莆田标准木业有限公司	299	福建晋工机械有限公司
270	厦门长塑实业有限公司	300	福建力道鞋服有限公司

6-7 福建省建筑业总产值前300家建筑企业

（2014年）

位次	企业名称	位次	企业名称
1	中建海峡建设发展有限公司	31	中铁二十二局集团第三工程有限公司
2	福建省泷澄建设集团有限公司	32	福建省恒基建设股份有限公司
3	福建六建集团有限公司	33	福建省杭辉建设工程有限公司
4	福建省闽南建筑工程有限公司	34	福建登凯成龙建设集团有限公司
5	福建九鼎建设集团有限公司	35	福建路港（集团）有限公司
6	福建省中马建设工程有限公司	36	福建省八方建筑工程有限公司
7	中交一公局厦门工程有限公司	37	中国水利水电第十六工程局有限公司
8	葛洲坝集团第六工程有限公司	38	福建发展集团有限公司
9	福建省九龙建设集团有限公司	39	福建省南安市第一建设有限公司
10	福建省惠五建设工程有限公司	40	福建省安泰建筑工程有限公司
11	福建建工集团总公司	41	福建省惠建发建设工程有限公司
12	福建宏盛建设集团有限公司	42	福建宏鼎项目管理有限公司
13	福建省第五建筑工程公司	43	福建省隧道工程有限公司
14	宏峰集团（福建）有限公司	44	福州市一建建设股份有限公司
15	福建省惠东建筑工程有限公司	45	厦门中联建设工程有限公司
16	福建省永泰建筑工程公司	46	福建省晓沃建设工程有限公司
17	福建省第一建筑工程公司	47	福建省荔隆建设工程有限公司
18	福建省永富建设集团有限公司	48	福建省透堡建筑工程有限公司
19	福建二建建设集团公司	49	厦门思总建设有限公司
20	恒晟集团有限公司	50	福建省吴航建筑工程有限公司
21	鑫泰建设集团有限公司	51	福建省同源建设工程有限公司
22	福建璟榕工程建设发展有限公司	52	宏晖建设工程有限公司
23	福建省泉州市东海建筑有限公司	53	福建环宇建筑集团有限公司
24	中铁十七局集团第六工程有限公司	54	福建方圆建设发展有限公司
25	福建卓越建设工程开发有限公司	55	中标建设集团有限公司
26	福建省中木建设集团有限公司	56	福建省隆盛建设工程有限公司
27	福建成森建设集团有限公司	57	福建名城建工有限公司
28	星华昌源集团有限公司	58	福建省来宝建设工程有限公司
29	福州建工（集团）总公司	59	福州市第三建筑工程公司
30	福建巨岸建设工程有限公司	60	福建海峡金岸建设工程有限公司

6-7 续表 1 （2014 年）

位次	企业名称	位次	企业名称
61	福建地矿建设集团公司	91	飞阳建设工程有限公司
62	福建三建工程有限公司	92	中城建设有限责任公司
63	福建章诚隆建设工程有限公司	93	华盛置业集团建设工程有限公司
64	福建省第一公路工程公司	94	中泛建设集团有限公司
65	福建联泰建设工程有限公司	95	福建华通路桥建设有限公司
66	福建省泉发建设工程有限公司	96	福建省水利水电工程局有限公司
67	厦门安能建设有限公司	97	福建省亿方建筑工程有限公司
68	福建省工业设备安装有限公司	98	福建省百盛建设发展有限公司
69	福建省华航建设工程有限公司	99	神州建设集团有限公司
70	福建博业建设集团有限公司	100	福建亨立建设集团有限公司
71	福建路桥建设有限公司	101	福建省长汀县第一建筑工程有限公司
72	福建省融旗建设工程有限公司	102	福建七建集团有限公司
73	福建省榕源建设工程有限公司	103	福建华鸿建设工程有限公司
74	福建省高华建设工程有限公司	104	福建省惠三建设发展有限公司
75	厦门源昌城建集团有限公司	105	中建（福建）建设有限公司
76	福建省东风建筑工程有限公司	106	中闽建设有限公司
77	名筑实业集团有限公司	107	福建恒盛建筑集团有限公司
78	福建省华荣建设集团有限公司	108	中建远南集团有限公司
79	福建联美建设集团有限公司	109	福建省九建建筑工程有限公司
80	厦门市建安集团有限公司	110	福建省中大工程建设有限公司
81	福建第二公路工程有限公司	111	福建省高德工程建设有限公司
82	中铁二十四局集团福建铁路建设有限公司	112	福州三桥建筑工程有限公司
83	福建省涵城建设工程有限公司	113	石狮市协和建筑工程有限公司
84	福建省长乐市新纪建筑工程有限责任公司	114	福建省长鸿建筑工程有限公司
85	福建省送变电工程有限公司	115	厦门中宸集团有限公司
86	福建省海天建设工程有限公司	116	永太建设集团有限公司
87	福建省桃城建设工程有限公司	117	福建省国泰建设有限公司
88	福建省正泰建设工程有限公司	118	中交四航局第五工程有限公司
89	厦门特房建设工程集团有限公司	119	福建省东霖建设工程有限公司
90	福建省海坛隧道建设工程有限公司	120	福建蓝桥建设集团有限公司

6-7 续表 2　　　　　　　　　　　　（2014 年）

位次	企业名称	位次	企业名称
121	福州亿力电力工程有限公司	151	中国武夷实业股份有限公司
122	福建省利恒建设工程有限公司	152	福建省兴创建设集团有限公司
123	莆田市建工投资集团有限公司	153	福建省三明市阳光工程建设有限公司
124	福建磊鑫（集团）有限公司	154	福建省华辉建设发展有限公司
125	福建省中嘉建设工程有限公司	155	福建景翔建设工程有限公司
126	福建四海建设有限公司	156	福建省永泰县第三建筑工程公司
127	福建省亿鑫建设有限公司	157	福建省雄盛建筑工程有限公司
128	福建煤炭工业基本建设有限公司	158	福建京源建设工程有限公司
129	福州铁建建筑有限公司	159	福建大舟建设集团有限公司
130	福建省惠房建设工程有限公司	160	福建省成业建设工程有限公司
131	福建省龙津建筑工程有限公司	161	福建省上杭县才溪建筑工程有限公司
132	福建省惠一建设工程有限公司	162	福建省正辉建设工程有限公司
133	大成工程建设有限公司	163	福建十建建设有限公司
134	福建士联建设有限公司	164	福建省榕圣市政工程股份有限公司
135	福建弘祥建设工程有限公司	165	福建凌志建设工程有限公司
136	福建惠丰建筑工程有限公司	166	福建新华夏建工有限公司
137	福建省土木建设实业有限公司	167	福建省中禹水利水电工程有限公司
138	福建省兴岩建设集团有限公司	168	福建宏禹市政园林有限公司
139	福建省顺安建筑工程有限公司	169	福建创邦建筑工程有限公司
140	福建中森建设有限公司	170	福建省莆田市联发建筑工程有限公司
141	福建省天闽建筑装饰有限公司	171	泉州市亿民建设发展有限公司
142	恒亿集团有限公司	172	福建金山建设工程有限公司
143	龙岩市西安建筑工程有限公司	173	福建省大源建设工程有限公司
144	福建省华厦建设发展有限公司	174	福建省金正建设工程有限公司
145	福建兴万祥建设集团有限公司	175	福建联谊建筑工程有限公司
146	福建省隆恩建设集团有限公司	176	福建纵横建筑工程有限公司
147	福建勘察基础工程公司	177	福建省八闽建设工程有限公司
148	永同昌建设集团有限公司	178	福建兴艺建设集团有限公司
149	福建恒声建设发展有限公司	179	福建省安立信实业集团有限公司
150	福建闽盛建设工程有限公司	180	厦门市政工程公司

6-7 续表 3　　　　　　　　　　　　　　（2014 年）

位次	企业名称	位次	企业名称
181	福建恒泰建设工程有限责任公司	211	福建屹立建设工程有限公司
182	福建中联建设工程有限公司	212	福建省邮电工程有限公司
183	福建金鼎建筑发展有限公司	213	宁德市海军第六工程建筑处
184	福建省第一电力建设公司	214	福建恒丰万骏建筑工程有限公司
185	福建中尧建筑工程有限公司	215	福建中宏建设投资有限公司
186	福建建隆建筑工程有限公司	216	福建众诚建设工程有限公司
187	厦门市吉兴集团建设有限公司	217	福建省汤头建筑工程有限公司
188	福建荣建建设工程集团有限公司	218	福州第七建筑工程有限公司
189	福建省锦秋建筑工程有限公司	219	福建省麒麟建设工程集团有限公司
190	福建省高速公路养护工程有限公司	220	福建省浦口建筑工程有限公司
191	福建省交建集团工程有限公司	221	三明客家源建设工程有限公司
192	厦门市嘉颐建筑工程股份有限公司	222	厦门海投工程建设有限公司
193	漳州新源电力工程有限公司	223	福建省日晟建设工程有限公司
194	福建新纪建设集团有限公司	224	福建红建工程有限公司
195	福建省上杭县宏庄建筑工程有限公司	225	厦门第一建筑工程有限公司
196	福建龙舜建设工程有限公司	226	福建普尔泰集团有限公司
197	漳州市一建工程有限公司	227	福建省闽楚建设工程有限公司
198	福建省新华都工程有限责任公司	228	厦门市捷安建设集团有限公司
199	福建省德信建设工程有限公司	229	金建集团（福建）有限公司
200	福州联丰建筑装饰工程有限公司	230	福建益新建筑工程有限公司
201	福建省凯源市政园林有限公司	231	福建省富茂建筑工程有限公司
202	福建福阳建筑工程有限公司	232	福建省明通建设工程有限公司
203	福建宏亨建设工程集团有限公司	233	福建省中晟建设投资有限公司
204	福建省泰宁县金湖建设有限责任公司	234	福建五岳建设工程有限公司
205	福建兴港建工有限公司	235	福建省兴盛建设工程有限公司
206	福建省城乡建设工程有限公司	236	福建省南铝铝材工程有限公司
207	福建省福圣建设发展有限公司	237	厦门市环海华建设集团有限公司
208	福建凤凰山装饰工程有限公司	238	福建省双源路港园林有限公司
209	厦门集三建设集团有限公司	239	福建省汀江水电工程有限公司
210	福建益建建筑工程有限公司	240	福州晋丰市政工程有限公司

6-7 续表 4 （2014 年）

位次	企业名称	位次	企业名称
241	福建城建建设有限公司	271	厦门市安港港口疏浚工程有限公司
242	福建省惠裕建设工程有限公司	272	福建大华鑫建设工程有限公司
243	永安市海宇建设有限责任公司	273	福建省泰成建设工程有限公司
244	福建省蓝海市政园林建筑有限公司	274	福建省远大工程建设有限公司
245	厦门鲁班源屋营造有限公司	275	福建省代兴建设发展有限公司
246	福建省金泉建设集团有限公司	276	福建祥瑞建设发展有限公司
247	永安市华宇建设工程有限责任公司	277	福建省国筑建设工程有限公司
248	福建元宏建筑工程有限公司	278	厦门港航建设有限公司
249	福建宏基建设工程有限公司	279	福建省富林建设工程有限公司
250	福建省嘉亿扬市政园林有限公司	280	福建省友诚建设有限公司
251	福建隆晟集团有限公司	281	福建省凯信建设工程有限公司
252	福建省信通工程建设有限公司	282	冠林电子有限公司
253	福建恒富建设有限公司	283	福州电业工程有限公司
254	厦门金腾装饰集团有限公司	284	福建省上杭县亿鑫钢业有限公司
255	宏都建设集团有限公司	285	福建省力天建设发展有限公司
256	福建南阳建筑工程有限公司	286	福清市第二建筑工程公司
257	福建省燕城建设工程有限公司	287	福建省崇禹水利水电建设工程有限公司
258	福建福华建设工程有限公司	288	厦门辉煌装修工程有限公司
259	成信绿集成股份有限公司	289	福建省龙芝建筑工程有限公司
260	福建省永辉霞建设工程有限公司	290	福建天微建设工程有限公司
261	厦门万安智能股份有限公司	291	福建根茂建筑有限公司
262	福建省上杭县广厦建筑工程有限公司	292	凯辉集团（福建）有限公司
263	厦门市广厦工程建设有限公司	293	福建省畅元建筑工程有限公司
264	福建省金通建设集团有限公司	294	福建省鸿达电子技术开发有限公司
265	华宇（福建）置业集团有限公司	295	福建华建工程建设有限公司
266	福建求实建设工程有限公司	296	福建省启光钢构有限公司
267	福建华星建设工程有限公司	297	福建九天建设工程有限公司
268	福建三明市第一建设工程有限公司	298	福建省盛威建设发展有限公司
269	厦门地山建设发展集团有限公司	299	福建省富森建设工程有限公司
270	厦门纵横集团建设开发有限公司	300	福建建盛建设工程有限公司

6-8 福建省主营业务收入前300家贸易企业

（2014年）

位次	企业名称	位次	企业名称
1	厦门建发股份有限公司	31	福建省烟草公司厦门烟草分公司
2	中石化森美（福建）石油有限公司	32	集岭（厦门）石化有限公司
3	福建中烟工业有限责任公司	33	厦门安踏有限公司
4	厦门国贸集团股份有限公司	34	厦门特步投资有限公司
5	厦门象屿物流集团有限责任公司	35	福建省烟草公司南平市公司
6	厦门信达股份有限公司	36	福建省龙岩烟草分公司
7	华信石油有限公司	37	晋江市深沪海上供油有限公司
8	中石化化工销售（福建）有限公司	38	福建闽侯永辉商业有限公司
9	中国石化销售有限公司福建石油分公司	39	福建石油化工集团华南联合营销有限公司
10	中石化炼油销售（福建）有限公司	40	龙工（中国）机械销售有限公司
11	福建省烟草公司泉州市公司	41	冠捷（福州保税区）贸易有限公司
12	福建省福能电力燃料有限公司	42	中国航油集团福建石油有限公司
13	福建闽海石化有限公司	43	厦门嘉联恒进出口有限公司
14	福建省烟草公司福州市公司	44	厦门夏商农产品集团有限公司
15	福建炼油化工有限公司	45	晋江市进出口有限公司
16	福建省石油化工集团联合营销有限公司	46	福建图图儿童用品有限责任公司
17	厦门市信达安贸易有限公司	47	厦门益电能源股份有限公司
18	福建三钢国贸有限公司	48	一丁集团股份有限公司
19	福建阳光集团有限公司	49	福州喜盈门实业有限公司
20	永辉超市股份有限公司福建福州鼓楼分公司	50	中国石油天然气股份有限公司泉州销售分公司
21	中海石油气电集团有限责任公司福建贸易分公司	51	福建海峡农博汇商业管理有限公司
22	均和（厦门）控股有限公司	52	福建山福国际能源有限责任公司
23	福建省烟草公司漳州市公司	53	福建省烟草公司莆田市公司
24	福建国能化工有限公司	54	国投京闽（福建）工贸有限公司
25	福建省烟草公司三明市公司	55	福州唐颂寿山石文化艺术传播有限公司
26	厦门海翼国际贸易有限公司	56	厦门轨道物资有限公司
27	厦门市嘉晟对外贸易有限公司	57	福建信通贸易有限公司
28	厦门成大进出口贸易有限公司	58	福建省烟草公司宁德市公司
29	中化石油福建有限公司	59	鑫东森集团有限公司
30	厦门市鑫浩联合能源有限公司	60	达芙妮投资（集团）有限公司

6-8 续表 1 （2014 年）

位次	企业名称	位次	企业名称
61	中海石油福建新能源有限公司	91	厦门华澄集团有限公司
62	厦门万翔网络商务有限公司	92	新华都购物广场股份有限公司
63	厦门育哲进出口有限公司	93	福建大生进出口有限公司
64	大生（福建）农业有限公司	94	中国厦门国际经济技术合作公司
65	厦门青岛啤酒东南营销有限公司	95	中国轻鑫工程厦门有限公司
66	福建汇丰物流有限公司	96	厦门港务贸易有限公司
67	福建省商业（集团）有限责任公司	97	福建省兴大进出口有限公司
68	福建柯普森物流发展有限公司	98	华信（福建）石油有限公司
69	福建大生控股有限公司	99	中国石油天然气股份有限公司福建厦门销售分公司
70	厦门市明穗粮油贸易有限公司	100	五洲贸发（福建）进出口有限公司
71	中国石油天然气股份有限公司福建福州销售分公司	101	中国抽纱福建进出口公司
72	厦门海投经济贸易有限公司	102	莆田启峰木业有限公司
73	北新集团厦门国际贸易有限公司	103	福州麦多万嘉超市有限公司
74	泉州市泉港区爱德利贸易有限公司	104	福建裕华石油化工有限公司
75	晋江锦兴贸易有限公司	105	泉州新华都购物广场有限公司
76	福建盛世欣兴格力贸易有限公司	106	三和进出口贸易（三明）有限公司
77	荣鑫盛（厦门）商贸有限公司	107	福建省经贸发展有限公司
78	福建漳龙实业有限公司	108	福州民天实业有限公司
79	宁德海螺水泥有限责任公司	109	福建省福农农资集团有限公司
80	福州联合实业有限公司	110	厦门信和达电子有限公司
81	厦门宝拓资源有限公司	111	福建福日实业发展有限公司
82	晋江市大长江钢管贸易有限公司	112	厦门大亮贸易有限公司
83	黑金（厦门）能源有限公司	113	福建三木建设发展有限公司
84	福建省三农碳酸钙有限责任公司	114	福建华闽进出口有限公司
85	漳州路桥物资发展有限公司	115	福建苏闽石油有限公司
86	中国石油天然气股份有限公司华南化工销售厦门分公司	116	福建省榕江进出口公司
87	福建漳龙三宝进出口有限公司	117	厦门航空开发股份有限公司
88	青拓实业集团有限公司	118	福建新华发行（集团）有限责任公司
89	福建南方建材发展有限公司	119	中京联（厦门）石油制品有限公司
90	厦门路桥工程物资有限公司	120	厦门市海澳石油有限公司

6-8 续表 2 （2014 年）

位次	企业名称	位次	企业名称
121	厦门华特集团有限公司	151	福建同春药业股份有限公司
122	中粮粮油厦门有限公司	152	厦门维多利商贸有限公司
123	厦门融银贸易有限公司	153	厦门新立基股份有限公司
124	福建省三明钢联有限责任公司	154	福建新华都综合百货有限公司
125	沃尔玛深国投百货有限公司福州山姆会员商店	155	泉州港丰能源有限公司
126	国盛（厦门）石油化工有限公司	156	福建省南安市华龙石油有限公司
127	厦门华特沥青实业有限公司	157	福州国美电器有限公司
128	晋江裕福集团有限公司	158	厦门合胜贸易有限公司
129	厦门海翼厦工金属材料有限公司	159	厦门新五菱汽车销售有限公司
130	福州建发实业有限公司	160	东琦（厦门）石化有限公司
131	厦门展志投资有限公司	161	厦门市鹭甬石油化工有限公司
132	鹭燕（福建）药业股份有限公司	162	福州中维实业有限公司
133	厦门市荣鑫行化工有限公司	163	福建中天药业有限公司
134	海西商品交易所有限公司	164	福建津福贸易有限公司
135	国药控股福建有限公司	165	厦门海沧保税港区供应链有限公司
136	福建七匹狼实业股份有限公司	166	福建苏宁云商商贸有限公司
137	福州开发区新电燃料有限公司	167	厦门恒兴集团有限公司
138	厦门东华兴工贸有限公司	168	福建闽钢实业发展有限公司
139	福州联合闽津茶业有限公司	169	中国石油天然气股份有限公司福建漳州销售分公司
140	厦门鑫通贸易有限公司	170	福建省晋江市长城石化有限公司
141	福建省闽粮购销有限公司	171	福建闽台农产品市场有限公司
142	均和（厦门）石化有限公司	172	福州之星汽车贸易有限公司
143	福建国海燃料有限公司	173	厦门古龙进出口有限公司
144	福建九州通医药有限公司	174	厦门佳事通贸易有限公司
145	福建省储备粮管理有限公司	175	金潞（厦门）能源有限公司
146	连城县供销合作社农资配送中心	176	泉州中国水暖城有限公司
147	福建泉州市嘉晟供应链有限公司	177	厦门锦厦科技有限公司
148	福建省物资（集团）有限责任公司	178	中国卷烟销售公司厦门卷烟调拨站
149	泉州五矿（集团）公司	179	国澳（厦门）实业有限公司
150	全骏达实业有限公司	180	泉州市粮油食品进出口公司

6-8 续表 3　　　　　　　　　　　　（2014 年）

位次	企业名称	位次	企业名称
181	厦门中兵贸易有限公司	211	泰地集团（厦门）石油有限公司
182	长乐国际机场航空油料有限责任公司	212	石狮市卡宾服饰发展有限公司
183	厦门中佰龙贸易有限公司	213	厦门海润进出口有限公司
184	宸泽（厦门）石油有限公司	214	厦门夏商粮食发展有限公司
185	漳州商贸集团有限公司	215	中油海峡（厦门）有限公司
186	厦门市旺紫洲工贸有限公司	216	厦门市东之星汽车销售有限公司
187	福建省旅游贸易公司	217	福建山野物流有限公司
188	福建协兴实业有限公司	218	福建省家具进出口公司
189	厦门森宝集团有限公司	219	福州臻盛贸易有限公司
190	福建省农资集团厦门公司	220	均达升（厦门）控股有限公司
191	福建福泰钢铁有限公司	221	福建景信实业集团有限公司
192	福州朝畅贸易有限公司	222	福建晋江市福明鑫实业有限公司
193	泉州市恒远服饰有限公司	223	福建省亿炜贸易有限公司
194	福建省莆田富力进出口有限公司	224	福建省漳州市对外贸易有限责任公司
195	厦门启润实业有限公司	225	晋江昌博贸易有限公司
196	福州永力通汽车贸易有限公司	226	福建中鹭医药有限公司
197	泉州亲亲商贸有限公司	227	厦门创裕兴进出口贸易有限公司
198	福州计通信息技术有限公司	228	福建原动力汽车销售服务有限公司
199	福州常春药业有限公司	229	福州龙泽投资有限公司
200	凯盈（福建）进出口有限公司	230	福建华贸进出口有限责任公司
201	道普（厦门）石化有限公司	231	福州建发汽车销售服务有限公司
202	厦门中宝汽车有限公司	232	中国石油天燃气股份有限公司福建龙岩销售分公司
203	晋江辉豪化工有限公司	233	厦门宾捷汽车有限公司
204	厦门大正贸易有限公司	234	厦门市成易进出口有限公司
205	住重中骏（厦门）建机有限公司	235	国药控股福州有限公司
206	福州中宝销售服务有限公司	236	厦门瀚龙贸易有限公司
207	泉州福宝汽车销售服务有限公司	237	福建中农农业生产资料有限公司
208	厦门市天虹商场有限公司	238	厦门隆鑫泰贸易发展有限公司
209	福建福宏商贸集团有限公司	239	厦门市华东海石油仓储有限公司
210	厦门同歆贸易有限公司	240	厦门夏商国际贸易有限公司

6-8 续表 4　　（2014 年）

位次	企业名称	位次	企业名称
241	加怡（福建）进出口贸易有限公司	271	泉州恒义信贸易发展有限公司
242	隆鑫集团（福建）有限公司	272	中化（泉州）石油销售有限公司
243	福建省医药有限责任公司	273	厦门空港航星汽车维修服务有限公司
244	福建省三明市浩伦园艺植保有限公司	274	厦门漳龙进出口有限公司
245	福建省润通汽车销售服务有限责任公司	275	厦门市金佳鹏经贸有限公司
246	福州轻工进出口有限公司	276	福建省安溪荣晟矿业有限公司
247	福建中糖糖业发展有限公司	277	中国石油化工股份有限公司福建龙岩石油分公司
248	神华（福建）能源有限责任公司	278	福建鑫凯润实业有限公司
249	厦门市金华穗商贸有限责任公司	279	福建省超盛化工工贸有限公司
250	厦门新华都购物广场有限公司	280	厦门良和国际贸易有限公司
251	中纤联合石化有限公司	281	福州宝淦建材有限公司
252	福州鼎诚贸易有限公司	282	厦门新成功路捷汽车有限公司
253	福建永胜进出口贸易有限公司	283	福建远翔贸易有限公司
254	厦门七匹狼服装营销有限公司	284	福建省金顿贸易发展有限公司
255	福建省森田汽车连锁服务有限公司	285	三明市永达物资贸易有限公司
256	福建省鑫保利商贸发展有限公司	286	厦门新日精工贸易有限公司
257	泉州鹏润国美电器有限公司	287	福州航源经贸有限公司
258	福建福宏物流有限公司	288	石狮中油通用石油销售有限公司
259	厦门市中鹭达进出口有限公司	289	福建省晋江市电商发展有限公司
260	厦门墩峰进出口有限公司	290	福建景信商贸有限公司
261	福建裕华能源有限公司	291	厦门信达通宝汽车销售服务有限公司
262	石狮市龙整进出口贸易有限公司	292	福建东百集团股份有限公司
263	天音通信有限公司厦门分公司	293	中国石油天然气股份有限公司福建莆田销售分公司
264	厦门中艺抽纱进出口有限公司	294	福建锦鼎贸易有限公司
265	厦门金华南进出口有限公司	295	重庆新日日顺家电销售有限公司福州分公司
266	福州福百祥壹玖伍捌文化创意园有限公司	296	厦门国贸化纤有限公司
267	福建省泉州万国发展有限公司	297	福建藏天园艺术品工贸有限公司
268	厦门市诚丰瑞贸易有限公司	298	福建金牛贸易有限公司
269	厦门海澳石化仓储有限公司	299	福建三木进口贸易有限公司
270	厦门宏仁医药有限公司	300	厦门嘉鑫盛进出口有限公司

6-9 福建名牌产品名单

（2014年度）

序号	商标及产品名称	企业名称
1	图形牌汽车玻璃	福耀玻璃工业集团股份有限公司
2	健马＋图形牌水产配合饲料（鳗鲡配合饲料、大黄鱼配合饲料）	福建天马科技集团股份有限公司
3	华龙＋图形牌畜禽饲料	福建省华龙集团饲料有限公司
4	DBN＋图形牌猪繁殖与呼吸综合征活疫苗（CH-1R株）	福州大北农生物技术有限公司
5	海昌牌水产配合饲料	福建大昌生物科技实业有限公司
6	大昌＋图形牌鳗鲡系列配合饲料	福州大昌盛饲料有限公司
7	福人＋图形牌刨花板	福人木业（福州）有限公司
8	xzoyi＋图形牌民用家具	福建兴中艺轻工制品有限公司
9	多宝牌食用植物油（一级大豆油）	福建元成豆业有限公司
10	红冠牌小麦粉	福建红冠面粉工业有限公司
11	福旺家＋图形牌食用植物油（食用调和油）	福建旺家喜油脂有限公司
12	真福、旺龙顺、金满贯、富嘉福、福到家＋图形牌食用植物油	福建旺龙顺粮油食品有限公司
13	海旺＋图形牌速冻食品（速冻肉制品）	福建海壹食品饮料有限公司
14	百洋牌速冻食品（速冻鱼丸）	福州百洋海味食品有限公司
15	胜田＋图形牌速冻食品［速冻其他食品（速冻肉制品）］	胜田（福清）食品有限公司
16	聚泉＋图形牌速冻食品（冷冻烤鳗）	长乐聚泉食品有限公司
17	东威＋图形牌速冻食品（冻面包虾）	福清市东威水产食品实业有限公司
18	百洋牌水产加工品（虾皮）	福州百洋海味食品有限公司
19	图形牌速冻食品［速冻其他食品（速冻肉制品）］	福清市谊华水产食品有限公司
20	SY＋图形牌丁香鱼	连江信洋水产有限公司
21	CHAO HUI＋图形牌速冻食品（冻虾）	福清朝辉水产食品有限公司
22	江船长＋CAPTIAN JIANG＋图形牌罐头（鲍鱼罐头）	福州日兴水产食品有限公司
23	台福牌罐头（八宝粥）	福建省台福食品有限公司
24	李都＋图形牌永泰李干	福建省永泰县顺达食品有限公司
25	桐口牌桐口粉干	福州桐口白鹤粉干有限公司
26	台福牌饮料（蛋白饮料类）	福建省台福食品有限公司
27	春伦＋图形牌茶叶（花茶、绿茶、乌龙茶）	福建春伦茶业集团有限公司

6-9 续表 1　　　　　　　　　　　　　（2014 年度）

序号	商标及产品名称	企业名称
28	九峰茗牌茶叶（红茶）	福建九峰农业发展有限公司
29	福民王牌茶叶（茉莉花茶）	福州福民茶叶有限公司
30	民天牌调味品（酿造酱油、鱼露、酿造食醋）	福州民天集团有限公司
31	明一＋图形牌婴幼儿配方乳粉	明一国际营养品集团有限公司
32	光阳＋图形牌再制蛋（皮蛋、咸鸭蛋）	福建光阳蛋业股份有限公司
33	仙芝楼牌灵芝孢子油软胶囊	福建仙芝楼生物科技有限公司
34	百联＋图形牌炒货食品及坚果制品（烘炒类、油炸类）	福建百联实业有限公司
35	贝奇＋图形牌蔬菜制品（脆萝卜）	贝奇（福建）食品有限公司
36	皓光＋图形牌涤纶纱	福建省长乐市长源纺织有限公司
37	皓光＋图形牌涤棉纱	福建省长乐市长源纺织有限公司
38	恒越＋图形牌粘胶纱	福建省长乐市恒源纺织有限公司
39	FJHY＋图形牌粘胶纱	福建省长乐市华源纺织有限公司
40	延年＋图形牌普梳涤与棉混纺本色纱线	福建省长乐市华亚纺织有限公司
41	延年＋图形牌涤纶本色纱	福建省长乐市华亚纺织有限公司
42	FJHY＋图形牌涤粘混纺本色纱	福建省长乐市华源纺织有限公司
43	HJHY＋图形牌涤棉纱	福建省长乐市华源纺织有限公司
44	宝圈＋图形牌涤棉混纺纱	福建经纬集团有限公司
45	三泰＋SANTAI 牌精梳棉粘混纺本色线	福州开发区正泰纺织有限公司
46	恒申＋图形牌锦纶丝（FDY、HOY、DTY、POY）	长乐恒申合纤科技有限公司
47	锦创牌锦纶长丝	福建锦江科技有限公司
48	liHENG＋图形牌锦纶长丝	长乐力恒锦纶科技有限公司
49	容纺＋图形牌再生聚酯（PET）	濠锦化纤（福州）有限公司
50	凯邦＋图形牌锦纶牵伸丝	福建凯邦锦纶科技有限公司
51	卡德龙＋KADELONG＋图形牌涤纶单丝	长乐卡德龙化纤有限公司
52	凯邦＋图形牌锦纶 6 弹力丝	福建凯邦锦纶科技有限公司
53	KOLUMB 牌户外登山服装	福建哥仑步户外用品有限公司
54	末・未牌女装	福州茶色服饰有限公司

6-9 续表 2　　（2014 年度）

序号	商标及产品名称	企业名称
55	新琪牌婴幼儿服装	福州新琪美妇幼用品有限公司
56	33，000ft＋图形牌户外休闲服	福州尚飞制衣有限公司
57	KingYlem＋图形牌服饰面料	福州华冠针纺织品有限公司
58	xingsheng＋图形牌花边	福州德盛织染有限公司
59	Lita 牌经编网布	长乐力天针纺有限公司
60	爹地宝贝＋Daday baby＋图形牌、爹地宝贝牌纸尿裤（片）	爹地宝贝股份有限公司
61	天鸿＋图形牌体育彩票系列产品	鸿博股份有限公司
62	景牌包装＋图形牌普通用途双向拉伸聚丙烯薄膜	福建时代包装材料有限公司
63	BAOLITE＋图形牌 PU / PVC 人造革	福建宝利特集团有限公司
64	思嘉＋SIJIA 牌高强工业聚酯夹网布	福建思嘉环保材料科技有限公司
65	鸿盛＋图形牌组合式公寓床	鸿盛家具（福建）有限公司
66	HIGHLAND＋图形牌背包	祥兴（福建）箱包集团有限公司
67	Big Fortune＋图形牌铁制工艺品	闽清聚福工艺品有限公司
68	心艺＋图形牌助力车（电动自行车）	福州心艺企业管理有限公司
69	KCPP 坤彩珠光颜料＋图形牌珠光颜料	福建坤彩材料科技有限责任公司
70	凤美＋图形牌工业涂料	福州金凤涂料有限公司
71	锦隆粒牌纤维级聚己内酰胺切片	福建锦江科技有限公司
72	福源鑫＋FUYUANXIN＋图形牌水泥（通用水泥）	福建源鑫建材有限公司
73	宝丰管桩＋图形牌先张法预应力混凝土管桩	福建宝丰管桩有限公司
74	长乐大力牌 PHC 管桩	福建大力管桩有限公司
75	亚通＋图形牌塑料管材管件	福建亚通新材料科技股份有限公司
76	恒杰＋图形牌塑料管材及管件	福建恒杰塑业新材料有限公司
77	振云＋图形牌塑料管材管件	福建振云塑业股份有限公司
78	晟扬＋SHENGYANG＋图形牌、SINYO 牌塑料管材管件	福建晟扬管道科技有限公司
79	图形、合晟牌高压电力电缆 HFB 波纹保护管	福建和盛塑业有限公司
80	图形、合晟牌 MPP 高压电力电缆保护管	福建和盛塑业有限公司
81	乐意＋图形牌塑料管材管件	融林塑胶（福建）有限公司

6-9 续表 3　　（2014 年度）

序号	商标及产品名称	企业名称
82	Botta 牌塑料管材管件	福建博大塑业新材料有限公司
83	富士山＋FUJSISAN 牌铝合金门窗	福清市晨晖五金制品有限公司
84	三艺＋图形牌钢质隔热防火门	福建三艺门业有限公司
85	图形＋ZILONG 牌红外线感应水嘴	福州志荣感应设备有限公司
86	新福兴＋图形牌安全节能玻璃	福建新福兴玻璃有限公司
87	奋安＋图形牌铝合金建筑型材	福建奋安铝业有限公司
88	百得斯金＋BTSKING 牌铝合金建筑型材	福建旭晖铝业有限公司
89	XIN HAI YEJIN 牌钢筋混凝土用热轧光圆钢筋	福建鑫海冶金有限公司
90	吴钢＋WUGANG、图形牌不锈钢盘条	福建吴航不锈钢制品有限公司
91	中钢＋图形牌钢筋混凝土用热轧钢筋	中国国际钢铁制品有限公司
92	XIN HAI YEJIN 牌钢筋混凝土用热轧带肋钢筋（普通热轧钢筋）	福建鑫海冶金有限公司
93	图形牌易拉罐	昇兴集团股份有限公司
94	V3＋菱悦牌 V3 菱悦轿车（系列）	东南（福建）汽车工业有限公司
95	图形牌轻型客车（得利卡、希旺系列）	东南（福建）汽车工业有限公司
96	图形、HYM、海源机械牌蒸压砖全自动液压机	福建海源自动化机械股份有限公司
97	AOLAN＋澳蓝牌蒸发式冷气机	澳蓝（福建）实业有限公司
98	鑫港＋xingang 牌多梳栉经编机	福建省鑫港纺织机械有限公司
99	图形＋LEEGA 牌 LG 发电机组	福建永强力加动力设备有限公司
100	KJ＋科杰机械＋KEJIE ENGINE 牌门、桥式起重机	福建科杰起重机械有限公司
101	JCC＋图形牌汽车、摩托车用铝合金活塞	福州钜全汽车配件有限公司
102	图形牌高低压成套开关设备	福建森达电气股份有限公司
103	图形牌 C-GIS 户外环网柜	福建中能电气股份有限公司
104	图形牌中压挤包绝缘电力电缆可分离连接器	福建中能电气股份有限公司
105	TY＋天一同益牌 VB5 型户内高压交流真空断路器	天一同益电气股份有限公司
106	TY＋天一同益牌 KYN44 型交流金属封闭开关设备	天一同益电气股份有限公司
107	上善星＋SHANGSHANXING＋图形牌铜芯交联聚乙烯绝缘聚氯乙烯护套耐火电力电缆	福建世纪电缆有限公司
108	图形、超阳＋CHAOYANG 牌电线电缆（架空绞线、额定电压 1kV 和 3kV 挤包绝缘电力电缆、额定电压 35kV 及以下挤包绝缘电力电缆、架空绝缘电缆）	福州通尔达电线电缆有限公司

6-9 续表 4 （2014 年度）

序号	商标及产品名称	企业名称
109	奇东＋图形牌铜芯聚氯乙烯绝缘电线	福建奇东电线电缆有限公司
110	图形、超阳＋CHAOYANG 牌额定电压 450 / 750V 及以下聚氯乙烯绝缘电线电缆	福州通尔达电线电缆有限公司
111	瑞鑫＋图形牌电线电缆	瑞鑫集团（福州）实业有限公司
112	福硕＋图形牌额定电压 450 / 750V 聚烯烃绝缘阻燃电缆	福建福硕线缆有限公司
113	图形牌 87 米平台供应船	福建省马尾造船股份有限公司
114	图形＋FSES 牌 75M 平台供应船	福建东南造船有限公司
115	FJ＋图形牌汽缸套	福建龙生机械有限公司
116	升腾资讯＋图形牌网络终端	福建升腾资讯有限公司
117	新大陆＋Newland＋图形牌移动式追溯信息读写器	福建新大陆电脑股份有限公司
118	图形牌云支付终端	福建升腾资讯有限公司
119	新大陆＋Newland＋图形牌地面数字电视发射机	福建新大陆通信科技股份有限公司
120	智恒＋图形牌远传抄表系统	福建智恒电子新技术有限公司
121	KJ＋科杰＋KEJIE 牌全电子汽车衡	福州科杰电子衡器有限公司
122	福光牌光学镜头	福建福光数码科技有限公司
123	图形牌密集型波分复用器	福州高意通讯有限公司
124	REIDA 牌石英钟	福建瑞达精工股份有限公司
125	飞毛腿＋图形牌移动电源	飞毛腿（福建）电子有限公司
126	图形＋LANDI＋联迪牌无线 POS 终端 E550	福建联迪商用设备有限公司
127	冠林＋AURINE 牌 AH 系列楼宇对讲（可视）系统	福建省冠林科技有限公司
128	EZON＋宜准牌液晶式石英手表	福州宜美电子有限公司
129	图形、德诚牌黄金首饰（金 9999 首饰）	福建德诚黄金有限公司
130	月亮河＋MOONRIVER＋图形牌陶瓷工艺品	福建德艺集团股份有限公司
131	嘉叶农业＋图形牌甘蓝	福建嘉叶现代农业有限公司
132	圣叶＋图形牌甜椒	福清市圣禾现代农业有限公司
133	光阳＋图形牌清洁蛋	福建光阳蛋业股份有限公司
134	鑫星源＋图形牌商品猪	福建省星源农牧科技股份有限公司
135	融鳳牌鸡蛋	福清市文华实业有限公司

6-9 续表 5　　　　　　　　　　　　　　　　（2014 年度）

序号	商标及产品名称	企业名称
136	牛大佬牌排酸冷鲜牛肉	福建省远方牧业股份有限公司
137	菇品世家＋GU PIN SHI JIA 牌金针菇	福建益升食品有限公司
138	容益牌绣球菌（鲜品）	福建容益菌业科技研发有限公司
139	福铭牌速冻罗非鱼	福建福铭食品有限公司
140	海民＋图形牌干海带	福建省连江远嘉冷冻食品有限公司
141	贸旺＋图形牌速冻食品（速冻带鱼）	福清市贸旺水产发展有限公司
142	海思源牌冻鲨鱼片	福州宏东食品有限公司
143	龙庭＋图形牌冻章鱼	福清龙威水产食品有限公司
144	野马屿海珍品＋图形牌鲍鱼	福建宏峰泰海洋生物开发有限公司
145	LANDI 牌联迪终端管理系统（TMS）	福建联迪商用设备有限公司
146	IQ Board、IQ 牌互动电子白板系统	锐达互动科技股份有限公司
147	榕基＋图形牌 RJ-WAS 榕基 WEB 应用安全评估系统	福建榕基软件股份有限公司
148	图形牌山洪灾害监测预警系统	福建四创软件有限公司
149	NEW DOONE 牌新东网电信电子渠道软件	新东网科技有限公司
150	B＋百穗行＋BAISUIHANG 牌配合饲料	厦门百穗行科技股份有限公司
151	图形＋嘉盛牌水产饲料	厦门嘉康饲料有限公司
152	海嘉＋图形牌面粉	厦门海嘉面粉有限公司
153	图形＋银祥牌同安封肉	厦门银祥肉制品有限公司
154	银鹭＋图形牌八宝粥	厦门银鹭食品集团有限公司
155	古龙＋图形牌肉类罐头	厦门古龙食品有限公司
156	好粥道＋图形牌粥类罐头	厦门银鹭食品集团有限公司
157	Sunmile＋向阳坊＋图形牌糕点	厦门向阳坊食品有限公司
158	黄则和＋图形牌糕点	厦门市黄则和食品有限公司
159	青岛啤酒＋图形牌青岛啤酒	青岛啤酒（厦门）有限公司
160	图形＋丹凤牌白酒	亚洲酿酒（厦门）有限公司
161	银鹭＋图形牌花生牛奶	厦门银鹭食品集团有限公司
162	惠尔康＋图形牌菊花茶饮料	厦门惠尔康食品有限公司

6-9 续表 6 （2014 年度）

序号	商标及产品名称	企业名称
163	海堤＋图形牌茶叶（花茶、绿茶、袋泡茶、黑茶、红茶、乌龙茶）	厦门茶叶进出口有限公司
164	图形＋清雅源＋CHEERTEA 牌茶叶（乌龙茶、红茶）	福建清雅工贸有限公司
165	雅毫＋图形牌乌龙茶	厦门市同安区恒利茶叶有限公司
166	图形＋新阳洲牌紫菜	厦门新阳洲水产品工贸有限公司
167	图形＋如意情牌腌制果蔬（酱腌菜、蜜饯）	如意情集团股份有限公司
168	鼎炉＋图形牌中成药	厦门中药厂有限公司
169	恩经复 NOBEX 牌注射用鼠神经生长因子	未名生物医药有限公司
170	星鲨＋图形牌维生素系列制剂	国药控股星鲨制药（厦门）有限公司
171	图形牌骨科植（介）入物	厦门大博颖精医疗器械有限公司
172	图形＋INTEC 牌医用诊断制剂	英科新创（厦门）科技有限公司
173	鹭纺＋LuFang 牌纱线	厦门夏纺纺织有限公司
174	普耐＋图形牌针刺毡滤料	厦门三维丝环保股份有限公司
175	姚明＋图形牌织带	厦门姚明织带饰品有限公司
176	鹭岛丝、翔鹭＋图形牌聚酯纤维	厦门翔鹭化纤股份有限公司
177	图形＋三角梅＋SJM 牌纺织纤维	厦门华诚实业有限公司
178	HMT＋图形牌特种工业布	华懋（厦门）新材料科技股份有限公司
179	三角梅＋图形牌印染织物	厦门华纶印染有限公司
180	鸦狸居牌尼龙坯布	厦门华诚实业有限公司
181	王者＋图形牌打印纸	厦门安妮股份有限公司
182	HXPP＋图形牌纸箱	厦门合兴包装印刷股份有限公司
183	图形＋太阳城＋SUNCITY 牌晴雨伞	太阳城（厦门）户外用品科技股份有限公司
184	宏達牌晴雨伞	厦门宏达洋伞工业有限公司
185	瀚邦牌塑料包装袋	厦门市瀚邦包装制品有限公司
186	ecco 牌鞋	ECCO（厦门）有限公司
187	图形＋yanjan 牌 PE 打孔膜	厦门延江工贸有限公司
188	鹭岛＋图形牌过磷酸钙	厦门厦化实业有限公司
189	KUCK 固克＋图形牌涂料	厦门固克涂料集团有限公司

6-9 续表 7　　　　（2014 年度）

序号	商标及产品名称	企业名称
190	翔鹭＋图形牌精对苯二甲酸	翔鹭石化股份有限公司
191	万里石＋WANLISTONE＋图形牌石材	厦门万里石股份有限公司
192	台亚＋图形牌塑料管材管件	厦门市台亚塑胶有限公司
193	LAB 牌卫浴水箱配件	厦门立业卫浴工业有限公司
194	金鹭＋图形牌钨系列产品（仲钨酸铵 / 氧化钨）	厦门钨业股份有限公司
195	金鹭＋图形牌钨系列产品（钨粉、碳化钨粉）	厦门金鹭特种合金有限公司
196	虹鹭牌钨丝	厦门虹鹭钨钼工业有限公司
197	虹鹭牌钼丝	厦门虹鹭钨钼工业有限公司
198	图形＋众达牌钢筋混凝土用热轧带肋钢筋	厦门众达钢铁有限公司
199	谊瑞、YIREE 牌商品展示架	厦门谊瑞货架有限公司
200	图形牌不锈钢栏杆	厦门群力金属制品有限公司
201	厦工＋图形牌装载机	厦门厦工机械股份有限公司
202	厦工＋图形牌挖掘机	厦门厦工机械股份有限公司
203	厦工＋图形牌压路机	厦门厦工机械股份有限公司
204	LM 图形商标＋图形牌辊式冷轧成型设备	厦门正黎明冶金机械有限公司
205	日上牌车轮圈	厦门日上车轮集团股份有限公司
206	图形＋达真牌微电机	厦门达真电机有限公司
207	LU HAI 牌轮胎气门嘴	厦门厦晖橡胶金属工业有限公司
208	YUSIN＋图形牌汽车制动器	厦门永裕机械工业有限公司
209	图形＋银华＋YINHUA 牌液压油缸	厦门银华机械有限公司
210	SJHI＋图形牌电热管	中日电热（厦门）有限公司
211	图形＋育明牌装载机驾驶室	厦门市育明工程机械有限公司
212	明翰＋Minghan 牌智能高低压配电开关设备	厦门明翰电气股份有限公司
213	图形＋Suctrn 牌 0.4kV-10kV 高低压开关柜	厦门协成实业有限公司
214	图形＋中骏电气牌成套开关设备	中骏电气（厦门）有限公司
215	COWELL 牌跑步机	厦门钢宇工业有限公司
216	PV-ezRack、清源易捷牌光伏支架	清源科技（厦门）股份有限公司

6-9 续表 8　　　　　　　　　　　　（2014 年度）

序号	商标及产品名称	企业名称
217	图形＋CONjOIN 牌微型气泵	厦门坤锦电子科技有限公司
218	图形＋奥力龙牌健身车	厦门奥力龙科技有限公司
219	图形＋立林牌楼宇对讲（可视）系统	厦门立林科技有限公司
220	图形＋雅迅网络＋YAXONNET WORK 牌车载无线终端	厦门雅迅网络股份有限公司
221	TOPSTAR、通士达、TOPSTAR＋图形牌紧凑型荧光灯	厦门通士达照明有限公司
222	TOPSTAR、通士达牌 LED 灯及灯具	厦门通士达照明有限公司
223	图形＋海莱牌节能灯	厦门海莱照明有限公司
224	强力巨彩＋QIANGLI＋图形牌 LED 显示屏	厦门强力巨彩光电科技有限公司
225	图形＋海莱牌 LED 灯	厦门海莱照明有限公司
226	萤火虫＋Firefly＋图形牌全角度调光 LED 灯	厦门市东林电子有限公司
227	THERMASTER 牌温控器	厦门升明电子有限公司
228	祺力特＋图形牌节能灯、LED 灯	厦门祺力特照明有限公司
229	宏发＋图形牌继电器	厦门宏发电声股份有限公司
230	KELONG、科华牌不间断电源（UPS）	厦门科华恒盛股份有限公司
231	鹭岛牌＋图形牌薄膜电容器	厦门法拉电子股份有限公司
232	华联＋图形牌微电脑控制器	厦门华联电子有限公司
233	弘信电子 HON-Flex＋图形牌挠性印制电路板	厦门弘信电子科技股份有限公司
234	图形＋HOLLYLAND 牌保险丝管	好利来（中国）电子科技股份有限公司
235	三圈＋图形牌电池	厦门三圈电池有限公司
236	三圈・霸道＋图形牌电池	厦门三圈电池有限公司
237	哈隆＋HELLO＋图形牌遥控器	厦门哈隆电子有限公司
238	AHT＋图形牌眼镜（偏光镜片）	来奇偏光科技（中国）股份有限公司
239	OGAWA 奥佳华＋图形牌按摩器械	厦门蒙发利科技（集团）股份有限公司
240	Suntar 牌膜过滤设备	三达膜科技（厦门）有限公司
241	EVERE 艾威＋图形牌健身器材	厦门群鑫机械工业有限公司
242	KONLEGA＋KPOWER＋康乐牌健身器材	厦门康乐佳运动器材有限公司
243	图形牌充气艇	厦门飞鹏工业有限公司

6-9 续表 9 （2014 年度）

序号	商标及产品名称	企业名称
244	爱得利＋IVORY＋图形牌奶瓶（嘴）	厦门帝尔特企业有限公司
245	GFF＋图形牌新鲜蔬菜（胡萝卜、包菜、白萝卜）	厦门青田食品工业有限公司
246	图形＋如意情牌毛豆	如意情集团股份有限公司
247	图形＋银祥牌猪肉	厦门银祥肉业有限公司
248	图形＋新乐仕牌新鲜水果	厦门福慧达果蔬股份有限公司
249	图形＋源水＋yuanshui 牌罗非鱼	厦门市同安源水水产有限公司
250	图形牌金融社保卡平台	易联众信息技术股份有限公司
251	问道＋图形牌网络游戏	厦门吉比特网络技术股份有限公司
252	图形牌面向劳动就业的智能服务平台	易联众信息技术股份有限公司
253	AONONG、AONONG＋图形牌猪系列饲料	漳州傲农牧业科技有限公司
254	海新＋图形牌配合饲料	漳州市海新饲料有限公司
255	安佑＋图形牌猪饲料系列产品	漳州日高饲料有限公司
256	中福＋图形牌中密度纤维板	漳州中福木业有限公司
257	guohui＋图形牌木制家具	漳州市国辉工贸有限公司
258	SINGS HUA＋图形牌肉制品	信华食品（漳州）有限公司
259	燕锋＋YANFENG＋图形牌速冻食品（冻虾、蟹产品）	漳州市燕锋水产食品有限公司
260	盈豐＋图形牌速冻食品（冷藏巴氏灭菌蟹肉）	盈丰食品股份有限公司
261	盈豐＋图形牌速冻食品（冷冻虾系列）	漳州泉丰食品开发有限公司
262	元新＋图形牌速冻食品（冻熟裹粉牡蛎）	漳州元新食品有限公司
263	HL＋图形牌速冻食品（面包虾）	福建省诏安县海利水产有限公司
264	大有食品＋图形牌炭烤原味鱿鱼丝	诏安县安邦水产食品有限公司
265	LB＋图形、绿鲜＋图形牌果蔬罐头	福建绿宝食品集团有限公司
266	同发＋图形牌果蔬罐头	漳州市同发食品工业有限公司
267	兴福＋图形牌茄汁鲭鱼罐头	龙海海昌食品有限公司
268	宝石＋图形牌罐头（果蔬罐头）	福建平和宝峰罐头食品有限公司
269	益龙＋图形牌蔬菜罐头	南靖益龙食品有限公司
270	嘉昌＋JIACHANG＋图形牌冷藏巴氏杀菌蟹肉	龙海市嘉昌水产有限公司

6-9 续表 10 （2014 年度）

序号	商标及产品名称	企业名称
271	奇客（正三角形）＋图形、奇客＋图形、奇客（倒三角形）＋图形牌饼干	奇客食品有限责任公司
272	含羞草＋图形牌蜜饯	福建东方食品集团有限公司
273	盐典＋图形、康之味＋图形牌运动饮料	福建康之味食品工业有限公司
274	天福 TIAN FU 牌乌龙茶	漳州天福茶业有限公司
275	哈龙峰＋图形牌铁观音	福建哈龙峰茶业有限公司
276	睿轩＋图形牌铁观音	佳香源（福建）茶业工贸有限公司
277	天醇＋图形牌白芽奇兰茶	福建省天醇茶业有限公司
278	彭溪＋图形牌白芽奇兰茶	平和县阳山茶厂
279	TYSP＋图形牌酱腌菜	福建同益食品有限公司
280	片仔癀、PIENTZEHUANG 牌片仔癀	漳州片仔癀药业股份有限公司
281	小浣熊＋图形牌儿童护肤品	福建省梦娇兰日用化学品有限公司
282	图形、水仙＋图形牌风油精	漳州水仙药业股份有限公司
283	图形牌箱纸板［瓦楞（芯）原纸］	福建省联盛纸业有限责任公司
284	敦信＋图形、水仙花＋图形、鲤鱼新一代＋图形牌扑克牌	敦信纸业有限责任公司
285	今冠＋图形牌塑料包装袋	金冠（龙海）塑料包装有限公司
286	红梅 RED PLUM 牌金属家具	漳州红梅家具有限公司
287	标新＋图形牌马口铁空罐	福建标新集团（漳州）制罐有限公司
288	龙江＋图形牌工业涂料	福建省腾龙工业公司
289	wanan＋图形牌热固性粉末涂料	福建万安实业有限公司
290	中达＋图形牌水泥	福建省漳州中达集团有限公司
291	TOP、万利＋WANLI＋图形牌陶瓷砖	万利（中国）有限公司
292	Bolina Italiana＋图形牌卫生洁具	漳州万佳陶瓷工业有限公司
293	FDV＋图形牌阀门	福建菲达阀门科技股份有限公司
294	图形牌铝合金建筑型材	福建省漳州安泰铝材有限公司
295	三宝＋图形、图形牌钢筋混凝土用钢热轧带肋钢筋	三宝集团股份有限公司
296	三宝＋图形、图形牌钢筋混凝土用钢热轧光圆钢筋	三宝集团股份有限公司
297	图形牌 PPGI 钢卷	福建凯景新型科技材料有限公司

6-9 续表 11 （2014 年度）

序号	商标及产品名称	企业名称
298	图形牌 CGI 钢卷	福建凯景新型科技材料有限公司
299	图形牌马口铁罐	福建福贞金属包装有限公司
300	RC＋图形牌高频电阻焊铜线	漳州市荣昌企业发展有限公司
301	力佳＋图形牌多缸柴油机（功率≤58.60kW，58.82kW＜功率≤105.00kW）	福建力佳股份有限公司
302	华麟＋图形、新麒王＋图形牌电动卷门机	漳州市长泰新麒麟机械有限公司
303	大力士＋图形牌半挂车	福建泰华交通设备有限公司
304	LS＋图形、浪升＋图形牌关节轴承	福建龙溪轴承（集团）股份有限公司
305	OUTDO＋图形牌铅酸蓄电池	漳州市华威电源科技有限公司
306	ERLING＋图形牌数字电视机顶盒	福建二菱电子有限公司
307	科诺＋KENUO＋图形牌电能表	漳州科能电器有限公司
308	国绿＋GUOLU＋图形牌太阳能道路照明灯	漳州国绿太阳能科技有限公司
309	TECNON＋图形牌嵌入式灯具	太龙（福建）商业照明股份有限公司
310	KELONG＋图形、科华技术＋图形牌不间断电源	漳州科华技术有限责任公司
311	吉邦 JIBANG＋图形牌石英钟	福建吉邦电子有限公司
312	万利达牌空气净化器	漳州万利达生活电器有限公司
313	国安＋图形牌中型玻璃钢高速客运艇	福建国安船业有限公司
314	进丰＋图形牌新鲜蔬菜（胡萝卜）	漳浦县进丰冷冻食品有限公司
315	趴趴跑＋图形牌生鲜猪肉	福建趴趴跑生态农业综合开发有限公司
316	琯溪蜜柚＋图形牌琯溪蜜柚	福建锦溪集团有限公司
317	闽溪红＋图形牌红肉蜜柚	福建天意红肉蜜柚开发有限公司
318	嘉蕈＋JIAXUN＋图形牌白背毛木耳	福建嘉田农业开发有限公司
319	绿源宝菌＋图形牌杏鲍菇	福建绿宝食品集团有限公司
320	F＋图形牌速冻果蔬（毛豆、马蹄）	福建省福龙冷冻食品有限公司
321	图形＋FUMEI 孚美牌速冻果蔬	漳州市孚美实业有限公司
322	友鱼＋图形牌速冻鱿鱼	福建东山县顺发水产有限公司
323	水中港＋图形牌冻鱿鱼	中港（福建）水产食品有限公司
324	海魁＋图形牌冻螃蟹块	福建省东山县海魁水产集团有限公司

6-9 续表 12 （2014 年度）

序号	商标及产品名称	企业名称
325	海魁＋图形牌冻罗非鱼片	福建省东山县海魁水产集团有限公司
326	洋乐贝＋图形牌冻海水鱼（马鲛鱼）	福建省丰盛食品有限公司
327	美丽家香＋图形牌新鲜海蛎	漳州市美丽家香食品有限公司
328	美丽家香＋图形牌新鲜海带	漳州市美丽家香食品有限公司
329	新华东＋xinhuadong 牌速冻虾	福建新华东食品有限公司
330	格林氏＋GREENS＋图形牌冻虾	龙海市格林水产食品有限公司
331	铭海＋图形牌冻水产品（冻沙丁鱼、冻罗非鱼）	福建铭兴食品冷冻有限公司
332	张福来＋图形牌冻鲍鱼	东山县福来食品有限公司
333	嘉荣＋图形牌速冻罗非鱼片	龙海市嘉荣食品有限公司
334	森源 SENYUAN＋图形牌木家具	福建森源股份有限公司
335	驼鸟＋图形牌食用植物油	泉州市金华油脂食品有限公司
336	金润＋图形、迪香＋DIXIANG＋图形牌大米	福建泉州市金穗米业有限公司
337	闽水+MINSHUI＋图形牌速冻食品［速冻其他食品（速冻肉制品）］	晋江市闽南水产开发有限公司
338	喜多多＋图形牌什锦椰果罐头	福建省泉州喜多多食品有限公司
339	乐隆隆＋LELOLO＋图形牌椰果什锦罐头	福建乐隆隆食品科技有限公司
340	盼盼＋图形牌糕点（烘烤类糕点）	福建省晋江福源食品有限公司
341	盼盼＋图形牌膨化食品	福建省晋江福源食品有限公司
342	爱尚非＋图形、爱尚＋图形牌蛋糕	福建福马食品集团有限公司
343	福马＋图形牌派类食品（蛋糕）	福马咪咪（福建）食品工业有限公司
344	回头客＋图形牌蛋糕（烘烤类糕点）	回头客食品集团股份有限公司
345	金冠＋图形牌糖果	金冠（中国）食品有限公司
346	天线宝宝＋图形牌果冻	福建天线宝宝食品股份有限公司
347	一麦＋图形、惠泉牌啤酒	福建省燕京惠泉啤酒股份有限公司
348	堂生春＋图形牌秘制酒	福建泉州市春生堂酒厂有限公司
349	和其正牌凉茶	福建达利食品集团有限公司
350	优先乳牌含乳饮料	福建达利食品集团有限公司
351	八马＋Bama＋图形牌铁观音	福建八马茶业有限公司

6-9 续表 13 （2014 年度）

序号	商标及产品名称	企业名称
352	凤山＋图形牌铁观音	福建省安溪茶厂有限公司
353	日春 RICHUN＋图形、红方＋图形牌铁观音	福建日春实业有限公司
354	中闽魏氏＋图形牌铁观音	安溪中闽魏氏生态茶业有限公司
355	感德龙馨＋图形牌铁观音	福建龙馨茶业有限公司
356	安记＋图形牌调味品（固态）	安记食品股份有限公司
357	香格里＋图形牌鸡精调味料	福建亲亲股份有限公司
358	顺德堂＋图形牌永春老醋	福建永春顺德堂食品有限公司
359	双塔＋图形牌 99%味精	泉州中侨（集团）股份有限公司味精厂
360	鑫恒＋XINHENG＋图形牌混纺纱	泉州明恒纺织有限公司
361	鑫盛达＋X・S・D XINSHENGDA＋图形牌织带	鑫盛达控股集团有限责任公司
362	B（图形）牌涤纶长丝	福建百宏聚纤科技实业有限公司
363	锦兴、JinXing＋图形牌涤纶低弹丝	锦兴（福建）化纤纺织实业有限公司
364	SEPTWOLVES＋狼标图形牌茄克衫	福建七匹狼实业股份有限公司
365	ANTA、安踏、图形、ANTA＋图形牌运动服装	安踏（中国）有限公司
366	SEPTWOLVES＋狼标图形牌 T 恤衫	福建七匹狼实业股份有限公司
367	柒牌＋seven＋图形牌茄克	福建柒牌集团有限公司
368	金苑＋JINYUAN＋图形牌女休闲服	福建金苑服饰有限公司
369	图形 AGG＋图形牌针织内衣	百佳（福建）内衣有限公司
370	太阳海 sunsea＋图形牌运动服	太阳海（福建）制衣有限公司
371	LF（图形）牌化纤面料	福建龙峰纺织科技实业有限公司
372	凤竹牌＋图形牌针织面料	福建凤竹纺织科技股份有限公司
373	ITM＋图形牌多种纤维交织面料	宏太（中国）有限公司
374	春江花月＋图形牌棉本色布	福建翔升纺织有限公司
375	龙兴隆＋L. X. L＋图形牌羽绒服系列面料	晋江市龙兴隆染织实业有限公司
376	沃尔康牌 3D 间隔织物垫枕	福建福联精编有限公司
377	通亿＋图形牌针织成品布	通亿（泉州）轻工有限公司
378	可爱宝贝 MIGNON BABY＋图形牌婴儿纸尿裤	中天（中国）工业有限公司

6-9 续表 14　　　　（2014 年度）

序号	商标及产品名称	企业名称
379	雀氏 chiaus＋图形牌婴儿纸尿裤／片	雀氏（福建）实业发展有限公司
380	优兰发、youlanfa＋图形牌拷贝纸	福建省晋江优兰发纸业有限公司
381	好吉利＋图形牌纸巾纸	福建恒利纸业有限公司
382	优兰发、youlanfa＋图形牌干法静电复印纸	福建省晋江优兰发纸业有限公司
383	EnCaier＋图形牌婴儿纸尿裤	元龙（福建）日用品有限公司
384	凤竹＋图形牌纸巾纸	福建晋江凤竹纸品实业有限公司
385	东华 DONGHUA＋图形牌晴雨伞	东华（泉州）洋伞有限公司
386	兰峰＋LANFENG＋图形牌聚氨酯合成革	福建兰峰制革有限公司
387	凯达＋KAIDA＋图形牌塑料复合膜、袋	福建凯达集团有限公司
388	特步＋图形牌旅游鞋	特步（中国）有限公司
389	ANTA、安踏、图形、ANTA＋图形牌运动鞋	安踏（中国）有限公司
390	富贵鸟＋图形、fuguiniao＋图形、富贵鸟图形牌皮鞋	富贵鸟股份有限公司
391	图图＋图形、欧美龙＋OUMEILONG＋图形牌童鞋	福建欧美龙体育用品有限公司
392	PEAK＋图形牌旅游鞋	泉州匹克鞋业有限公司
393	boree、宝人＋图形牌拖、凉鞋	泉州宝峰鞋业有限公司
394	bangdeng 帮登＋图形牌童鞋	福建省南安市帮登鞋业有限公司
395	图形牌鞋底	福建隆盛轻工有限公司
396	卡丁＋图形牌儿童旅游鞋	卡丁（福建）儿童用品有限公司
397	昂川 Angchuan＋图形牌运动鞋	福建南安市顺昌鞋业有限公司
398	飙山狼＋图形牌旅游鞋	飙山狼体育用品有限公司
399	图形牌运动鞋	泉州盛达轻工有限公司
400	力道＋LIDAO＋图形牌旅游鞋	福建力道鞋服有限公司
401	DIMAN＋狄猛＋图形牌童鞋	晋江华坤鞋业有限公司
402	喜得狼＋图形牌运动鞋	福建省晋江市喜得狼体育用品有限公司
403	图形牌旅游鞋	金苹果（中国）有限公司
404	得顺＋deshun＋图形牌旅游鞋	福建得尔顺体育用品有限公司
405	恒发＋HENGFA 牌金属家具	福建省恒发家居饰品有限公司

6-9 续表 15　　　　（2014 年度）

序号	商标及产品名称	企业名称
406	FOKIN＋福康＋图形牌耐热陶瓷煲	福建冠福现代家用股份有限公司
407	龙鹏＋LONGPENG＋图形牌地理标志产品德化白瓷（日用瓷器）	福建省泉州龙鹏集团有限公司
408	德化陶瓷＋图形牌地理标志商标产品日用陶瓷	福建省德化环宇陶瓷有限公司
409	德化瓷雕、华达陶瓷 HUADA、甲栈窑＋图形牌地理标志商标产品日用陶瓷	福建省德化县华达陶瓷有限公司
410	德化陶瓷＋图形牌地理标志商标产品日用陶瓷	福建省德化县锦福陶瓷有限公司
411	恒忆＋图形牌地理标志产品德化白瓷（日用瓷器）	德化恒忆陶瓷艺术股份有限公司
412	3F＋图形牌拉链	晋江福兴拉链有限公司
413	图形牌胶乳胶丝	福建三信织造有限公司
414	ZIYAN＋图形牌背提包	泉州子燕轻工有限公司
415	DELANDIS＋图形牌软体家具沙发	泉州恒昂工贸有限公司
416	MONKKING＋图形牌包袋、箱包	泉州鸿圣轻工有限公司
417	芳源牌箱包	泉州芳源旅游用品有限公司
418	跃茂＋图形牌涤纶包袋	泉州跃茂皮塑有限公司
419	圆梦＋YUANMENG 及图形牌蚊香	元龙（福建）日用品有限公司
420	联发图案牌永春篾香	永春县达埔联发香业有限公司
421	兴隆制香世家＋图形、林挺明＋图形牌永春篾香	福建兴隆香业有限公司
422	彬达＋图形牌永春篾香	永春县达埔彬达制香厂有限公司
423	信和＋图形牌工业涂料	信和新材料股份有限公司
424	sansd＋图形牌 EVA 发泡材料	三斯达（福建）塑胶有限公司
425	坚石牌＋图形牌环形混凝土电杆	福建坚石水泥制品有限公司
426	坚石牌＋图形牌 PHC 管桩	福建坚石水泥制品有限公司
427	HHSN＋图形牌卫生陶瓷（坐便器、面盆）	辉煌水暖集团有限公司
428	华辉＋HUAHUI 及图牌大理石建筑板材	福建省华辉石业股份有限公司
429	蓝飞＋图形牌干压陶瓷砖	福建省安泰建材实业有限公司
430	豪山、HOUSON＋图形牌建筑陶瓷室外砖	福建省晋江豪山建材有限公司
431	晋成＋图形牌陶瓷砖	福建省晋江晋成陶瓷有限公司
432	QICAI＋图形牌陶瓷墙地砖	福建七彩陶瓷有限公司

6-9 续表 16 （2014 年度）

序号	商标及产品名称	企业名称
433	美胜＋图形牌陶瓷烧结瓦	晋江市美胜陶瓷实业有限公司
434	联兴＋lianxing＋图形牌陶瓷砖	福建省晋江市联兴建材有限公司
435	信源＋XINYUAN＋图形牌干压陶瓷砖	晋江远东陶瓷有限公司
436	图形牌装饰石材	福建省凤山石材集团有限公司
437	港龙城＋图形牌建筑板材	港龙（泉州）石材有限公司
438	共荣＋GONGRONG＋图形牌异型建筑石材	福建共荣石业有限公司
439	新鹏飞＋XINPENGFEI＋图形牌大理石板材	福建省新鹏飞实业发展有限公司
440	宗艺＋图形牌花岗石建筑板材	宗艺石材发展有限公司
441	纳川＋NACHUAN＋图形牌 HDPE 缠绕增强管	福建纳川管材科技股份有限公司
442	熊猫＋Xiongmao＋图形牌塑料管材、管件	泉州兴源塑料有限公司
443	冠益＋GUAN YI＋图形牌高密度聚乙烯（HDPE）缠绕增强排水管	福建省华益塑业股份有限公司
444	VOSO 牌金属门（防火门）	福建辉盛消防科技股份有限公司
445	HHSN＋图形牌陶瓷片密封水嘴	辉煌水暖集团有限公司
446	JOMOO 九牧＋图形牌陶瓷片密封水嘴	九牧集团有限公司
447	HHSN＋图形牌铜制螺纹连接阀门	辉煌水暖集团有限公司
448	JOMOO 九牧＋图形牌花洒	九牧集团有限公司
449	宏浪＋图形、hona＋图形牌陶瓷片密封水嘴	福建福泉集团有限公司
450	图形牌钢化玻璃	华辉玻璃（中国）有限公司
451	闽发＋MINFA＋图形牌铝合金建筑型材	福建省闽发铝业股份有限公司
452	双恒＋图形牌铝合金建筑型材	福建省永春双恒铝材有限公司
453	固美＋图形牌不锈钢管	福建固美金属有限公司
454	辉源＋图形牌镀锌钢管	福建省辉源达钢铁制品有限公司
455	TTM、TM＋图形牌沥青混合料再生成套搅拌设备	福建铁拓机械有限公司
456	BAI YUAN＋图形、佰源牌针织圆型纬编机	泉州佰源机械科技股份有限公司
457	lida＋图形牌空气压缩机	力达（中国）机电有限公司
458	QUNFENG＋图形、群峰＋图形牌混凝土砌块成型机	群峰智能机械股份公司
459	成功＋CHENG GONG＋图形牌立式车床	福建成功机床有限公司

6-9 续表 17　　　　（2014 年度）

序号	商标及产品名称	企业名称
460	QUANYONG＋图形、泉永＋图形牌工程机械配件四轮一带产品	永春县泉永机械配件有限公司
461	聪勤机械＋CONGQIN MACHINE＋图形牌陆地车辆传动链	泉州市聪勤机械制造有限公司
462	LDK 牌轴承	泉州市德源轴承实业有限公司
463	LJ＋图形牌高强度螺栓	福建省晋江市励精汽配有限公司
464	LK＋图形牌带座外球面轴承	泉州国兴轴承有限公司
465	图形牌箱式交流金属封闭开关设备（SF6 环网柜）	泉州七星电气有限公司
466	众志牌金刚石圆锯片	泉州众志金刚石工具有限公司
467	金山（图形）牌石材磨具	泉州金山石材工具科技有限公司
468	佳格＋图形牌充电式手电筒	福建省安溪雅斯达电器有限公司
469	MINHUA＋图形牌密封式铅酸蓄电池	福建省闽华电源股份有限公司
470	火炬牌＋图形牌陶瓷电容器	福建火炬电子科技股份有限公司
471	KAIYING＋凯鹰＋图形牌阀控密封式铅酸蓄电池	泉州市凯鹰电源电器有限公司
472	图形、中骏电气＋SCE＋图形牌电力变压器	中骏电气（泉州）有限公司
473	SHENZHOU＋图形牌有线数字电视机顶盒	福建神州电子股份有限公司
474	荣发石材＋图形牌石雕工艺品	福建荣发石业有限公司
475	威尔夫＋Weierfu＋图形牌羽毛球拍	石狮市非凡运动器材有限公司
476	图形牌工艺陶瓷	福建省佳美集团公司
477	SMG＋SHUNMEI＋顺美＋图形牌工艺陶瓷	福建泉州顺美集团有限责任公司
478	DINGSHENG＋鼎晟＋图形牌地理标志产品德化白瓷（工艺陶瓷）	德化宏晟陶瓷有限公司
479	HONGHU＋图形牌甜玉米	晋江鸿盛果蔬综合特色农产品有限公司
480	DAI YUN＋戴云＋图形牌德化黑鸡	德化县戴云黑鸡养殖有限公司
481	顺盛＋SHUNSHENG 牌牡蛎	石狮市顺盛水产养殖专业合作社
482	DareGlobal 牌刨花板	大亚木业（福建）有限公司
483	永林蓝豹＋图形牌中密度纤维板	福建省永安林业（集团）股份有限公司
484	明通＋图形牌混凝土模板用胶合板	永安市吉通板业有限公司
485	鹭林＋LULIN＋图形牌装饰用木门框、木板条	福建大自然林业股份有限公司
486	三阳牌＋图形牌竹胶合板	永安市吉通板业有限公司

6-9 续表 18　　　　（2014 年度）

序号	商标及产品名称	企业名称
487	航翔牌细木工板	福建三明家园木业有限公司
488	青化牌松油醇	福建省沙县青州日化有限公司
489	沈郎乡牌油茶籽油	福建省尤溪县沈郎食用油有限公司
490	三老＋图形牌肉脯干	福建省明溪三老食品有限公司
491	栖息园牌水煮笋罐头	福建三和食品集团有限公司
492	双林＋图形牌水煮笋罐头	永安市绿健食品有限公司
493	崇圣岩＋图形牌茶叶（乌龙茶）	大田县高峰茶业有限公司
494	允宣＋图形牌茶叶（红茶）	大田县易津茶业有限公司
495	天宝岩＋TIANBAOYAN＋图形牌茶叶（乌龙茶）	福建天宝岩茶业发展有限公司
496	留芳园＋图形牌茶叶（乌龙茶）	留芳园（福建）茶城管理有限公司
497	九道山＋图形牌茶叶（乌龙茶）	福建省九道山茶业有限公司
498	宏苑牌茶叶（乌龙茶）	福建省沙县宏苑茶业有限公司
499	梦园牌茶叶（绿茶）	福建省清流县苏福茶业有限公司
500	山富＋图形牌茶叶（乌龙茶）	福建省沙县山富企业有限公司
501	七星岩牌豆腐皮	福建省清流七星岩食品有限公司
502	图形牌普梳涤棉混纺纱	福建省永安京朋纺织实业有限公司
503	金雀牌精梳涤棉混纺纱	福建省三明纺织股份有限公司
504	宝华林牌水溶性无纺布	永安市宝华林实业发展有限公司
505	宝华林牌高强高模聚乙烯醇（PVA）纤维	永安市宝华林实业发展有限公司
506	英汉凯丰牌 PU 革基布	福建英汉凯丰纺织染整有限公司
507	大帽山＋图形牌 PU 革基布	福建省尤溪洋益纺织服装有限公司
508	铙山牌 17g/m² 拷贝纸	福建铙山纸业集团有限公司
509	开心一百＋图形牌卫生纸	福建华闽纸业有限公司
510	铙山牌半透明纸	福建铙山纸业集团有限公司
511	青山＋图形牌纸袋纸	福建省青山纸业股份有限公司
512	TENGRONGDA 牌绒毛浆	福建腾荣达制浆有限公司
513	辉捷牌集装吨袋	福建省三明辉捷织造有限公司

序号	商标及产品名称	企业名称
514	一支花＋YI ZHI HUA＋图形牌尿素	智胜化工股份有限公司
515	琉璘牌过磷酸钙	福建省三联化工股份有限公司
516	斑竹牌尿素	福建三钢（集团）三明化工有限责任公司
517	岩花＋图形牌工业炸药	福建海峡科化股份有限公司
518	淘金山＋TAOJINSHAN 牌白炭黑	福建省沙县金沙白炭黑制造有限公司
519	海斯福牌六氟异丙基甲醚	三明市海斯福化工有限责任公司
520	巨丰牌白炭黑	福建省三明巨丰化工有限公司
521	金牛牌水泥	福建金牛水泥有限公司
522	红狮＋图形牌通用水泥	大田红狮水泥有限公司
523	永安萬年牌通用水泥	福建省永安万年水泥有限公司
524	金牛牌通用水泥	三明金牛水泥有限公司
525	闽丰牌预应力混凝土电杆	三明闽丰通信有限公司
526	龍杉牌建筑木构件及装饰型材	福建省尤溪县三林木业有限公司
527	恒立牌钢质隔热防火门	福建省恒立门业有限责任公司
528	图形牌钢筋混凝土用热轧带肋钢筋	福建三钢闽光股份有限公司
529	图形牌船体用结构钢	福建三钢闽光股份有限公司
530	图形牌钢筋混凝土用热轧光圆钢筋	福建三钢闽光股份有限公司
531	图形牌碳素结构钢和低合金结构钢热轧厚钢板	福建三钢闽光股份有限公司
532	闽光牌冷镦钢热轧盘条	福建三钢闽光股份有限公司
533	宝山＋图形牌 V 法铸造型砂冷却装置设备	福建省宝山机械有限公司
534	豪曼牌自卸汽车	中国重汽集团福建海西汽车有限公司
535	集辰农林牌畜禽养殖场有机废弃物处理机	集辰（福建）农林发展有限公司
536	LMZG＋图形牌轧钢机生产线成套设备	黎明重工集团（福建）有限公司
537	飞捷、fj 牌圆锥滚子轴承	福建省永安轴承有限责任公司
538	鹤鸣牌气缸套	福建汇华集团东南汽车缸套有限公司
539	博莱珂瑞牌摩托车制动圈	福建得邦机械制造有限公司
540	图形牌固定封闭式低压开关设备	三明亿力森达电气设备有限公司

6-9 续表 20　　　　　　　　　（2014 年度）

序号	商标及产品名称	企业名称
541	SYPM-fj 牌压榨洗浆机	福建省三明市三洋造纸机械设备有限公司
542	东南牌碳酸钙	东南新材料股份有限公司
543	建莲、文鑫牌建莲莲子	福建文鑫莲业食品有限公司
544	闽翠源＋MinCuiYuan 牌獭兔	福建鑫鑫獭兔有限公司
545	仙峰＋图形牌大田肉兔	大田县种兔场
546	乐子牌鸡蛋	沙县大通农牧有限公司
547	依欣源＋图形牌猪肉	三明市食品集团楼源畜牧有限责任公司
548	华融禽业牌鲜冻鸭肉	福建省华融禽业有限公司
549	洪梅＋HONGMEI 牌猪肉	三明市育生农牧开发有限公司
550	竹洲＋图形牌脐橙	福建省恒祥农牧集团有限公司
551	活水＋HuoShui＋图形牌后楼瓯柑	尤溪县后楼瓯柑专业合作社
552	石燕＋图形牌黄花梨	建宁县石燕果业有限公司
553	日慧牌金针菇	福建省菌芝堂生物科技有限公司
554	绿田牌速冻鲜莲	福建闽江源绿田实业投资发展有限公司
555	尤溪绿笋＋图形牌尤溪绿竹笋	尤溪县永恒绿竹专业合作社
556	晏清牌淡水鱼（鳙鱼、鲢鱼、鳡鱼）	泰宁县大金湖渔业发展有限公司
557	淘金＋TAOJIN＋图形牌杂交水稻种子	福建六三种业有限责任公司
558	金日兴＋图形牌饲料	莆田市金日兴生物科技开发有限公司
559	兴华都＋图形牌畜禽配合饲料	福建省莆田市华都饲料有限公司
560	图形牌针叶树锯材	莆田标准木业有限公司
561	海圆牌＋图形牌集成材（指接拼板）	福建省海宏木业有限公司
562	山中＋图形牌古典工艺家具	福建山中古典工艺家具有限公司
563	连天红＋图形牌古典工艺家具	莆田市力天红木艺雕有限公司
564	名艺名居＋图形牌古典工艺家具	福建省仙游县鲁艺古典家具有限公司
565	华名华居＋图形牌古典家具	福建省华名华居家居实业有限公司
566	聚仙堂＋图形牌古典工艺家具	福建省仙游县聚仙堂艺术家俱有限公司
567	龙虎御韵＋图形牌古典工艺家具	仙游县龙虎山古典家俱有限公司

序号	商标及产品名称	企业名称
568	陈氏龙宝轩＋图形牌古典工艺家具	福建仙游龙宝轩古典艺术家俬有限公司
569	华之华＋HUAZHIHUA＋图形牌古典工艺家具	仙游县华之华家私有限公司
570	庆全精雕＋图形牌古典工艺家具	福建省仙游县天外天古典家具有限公司
571	王大福＋图形牌古典工艺家具	仙游县大福工贸有限公司
572	唐结＋图形牌古典工艺家具	福建省唐结仿古家具有限公司
573	吾家王府＋图形牌古典工艺家具	莆田市中南洋木业有限公司
574	海凌仙艺＋图形牌古典工艺家具	福建仙游海凌古典家俬装饰有限公司
575	古木匠＋图形牌古典工艺家具	仙游县盈丰古典家具有限公司
576	忆万朝牌古典工艺家具	福建省仙游县铭牌红木家具有限公司
577	皇辉＋HUANGHUI＋图形牌古典工艺家具	福建省福辉世家古典艺术设计有限公司
578	永盛艺坛＋图形牌古典工艺家具	莆田市永盛艺坛红木古典家具有限公司
579	海升＋图形牌古典工艺家具	仙游县海升古典家私有限公司
580	大家之家牌古典工艺家具	莆田市大家之家古典家具有限公司
581	五岳泰＋图形牌古典工艺家具	福建省仙游县五岳泰古典家具有限公司
582	华邦*御尊＋图形牌古典工艺家具	福建省华邦经典家俬有限公司
583	海峡仙艺牌古典工艺家具	海峡红木馆（福建）古典家具有限公司
584	贡木一居牌古典工艺家具	仙游县嘉艺轩古典家具有限公司
585	冠壹＋图形牌古典工艺家具	莆田市海神木业有限公司
586	一贡红＋YIGONGHONG＋图形牌古典工艺家具	福建省帝宝古典家具有限公司
587	坝下永新＋图形牌古典工艺家具	仙游县坝下永新古典家具有限公司
588	文华阁＋图形牌古典工艺家具	仙游县文华金阁古典家具有限公司
589	大享红＋图形牌古典工艺家具	福建省大享古典家具有限公司
590	世纪源＋图形牌大米	莆田市利源米业有限公司
591	水手＋SailorFoods＋图形、水旺美食＋Shuishou gourmet＋图形、好帮厨＋HAOBANGCHU＋图形牌速冻肉制品	福建省水手食品有限公司
592	渔太太＋图形牌速冻水产制品	莆田市汇丰食品工业有限公司
593	海一百＋图形牌鱼干	福建莆田市海一百食品有限公司
594	海帝＋图形牌鲍鱼罐头	莆田市海帝食品有限公司

6-9 续表 22　　(2014 年度)

序号	商标及产品名称	企业名称
595	康来家＋图形牌米粉	福建来康家食品发展有限公司
596	三紫＋图形牌乌龙茶	福建省三紫有机茶叶有限公司
597	仙溪牌乌龙茶（铁观音）	福建金溪茶业有限公司
598	牧童牌皮蛋	福建大老古食品有限公司
599	贝登牌乳粉	贝登（福建）婴幼儿营养品有限公司
600	牧童牌咸蛋	福建大老古食品有限公司
601	涵兴记＋图形牌豆腐乳	莆田市涵兴食品有限公司
602	国圣＋图形牌系列酱菜	福建省红太阳精品有限公司
603	大家发＋图形牌无铅松花皮蛋	福建省中源食品有限公司
604	才子 TRiES＋图形牌衬衫	才子服饰股份有限公司
605	众和＋图形牌棉印染布	福建众和股份有限公司
606	华峰牌弹性鞋面针织布	莆田市华峰工贸有限公司
607	柔爱、雪薇＋图形牌卫生巾	福建莆田佳通纸制品有限公司
608	佳爽牌纸尿裤	福建省莆田市荔城纸业有限公司
609	百花＋图形牌文件夹	百花（福建）文具有限公司
610	双驰 SEMS 牌足球鞋	双驰实业股份有限公司
611	VOIT＋图形、沃特＋图形牌运动（旅游）鞋	福建省莆田市华丰鞋业有限公司
612	辉特 huite＋图形牌旅游运动鞋	莆田市辉特体育用品有限公司
613	图形＋X·GUAN＋图形牌足球鞋、棒球鞋	莆田市祥冠鞋业有限公司
614	洪洋＋图形、三棵树＋图形牌胶粘剂	三棵树涂料股份有限公司
615	图形牌乳胶漆	莆田市红日涂料有限公司
616	铭港达＋图形牌钢化玻璃	福建省港达玻璃制品有限公司
617	远大＋图形牌热轧光圆钢筋	莆田市远大钢业有限公司
618	万鑫＋图形牌冷轧硅钢系列	新万鑫（福建）精密薄板有限公司
619	LING YING＋图形牌刀模钢	莆田市恒达机电实业有限公司
620	华隆 hualong＋图形牌矿山圆盘式石材荒料锯切机	福建省华隆机械有限公司
621	JINPU 牌数控铣床	福建省金浦机械工业有限公司

序号	商标及产品名称	企业名称
622	莆兴＋图形牌摩托车刹车蹄块	福建福通金属有限公司
623	锐马＋图形牌称重传感器	锐马（福建）电气制造有限公司
624	超捷能＋图形、wanban＋图形牌 LED 灯系列	福建省万邦光电科技有限公司
625	恋尔 LIANER＋图形牌即热式电热水器	莆田市清华园电器发展有限公司
626	十分银饰牌银饰品	莆田市秀屿区十分首饰有限公司
627	金福全 JINFUQUAN＋图形牌银饰品	莆田市金福全珠宝首饰有限公司
628	迎禧＋图形牌银饰品	莆田市迎禧珠宝有限公司
629	点石＋图形牌画框	福建省点石工艺有限公司
630	新美＋图形牌西红柿	福建省莆田新美食品有限公司
631	新美＋图形牌结球甘蓝	福建省莆田新美食品有限公司
632	闽强＋图形牌番茄	莆田市华林蔬菜基地有限公司
633	天兰 TIANLAN＋图形牌结球甘蓝	福建天兰农业综合开发有限公司
634	鸿达＋图形牌种猪	福建莆田鸿达牧业有限公司
635	普甜＋图形牌鲜猪肉	天怡（福建）现代农业发展有限公司
636	莆阳人家＋图形牌生猪	福建省亿生农业开发有限公司
637	书峰＋图形牌枇杷	仙游县书峰优质枇杷开发有限公司
638	方家铺子＋图形牌桂圆干	方家铺子（莆田）绿色食品有限公司
639	度尾牌度尾文旦柚	福建省仙游县度尾农工贸果品开发有限公司
640	摩天岭＋图形牌甜柿	莆田市摩天岭农业有限公司
641	西海岸＋图形牌菲律宾蛤仔苗种（花蛤苗）	福建省莆田市海源实业有限公司
642	18 列岛＋图形牌鲍鱼	莆田市秀屿区悦华养殖有限公司
643	浩瀚＋图形牌鲍鱼	福建海珍品实业有限公司
644	平海湾＋图形牌鲍鱼	莆田市胜德水产开发有限公司
645	仙意牌薏米	福建省仙游县金沙食品有限公司
646	Lifecome＋图形牌杆菌肽系列产品（杆菌肽锌预混剂、亚甲基水杨酸杆菌肽预混剂）	绿康生化股份有限公司
647	施豪＋SHIHAO＋图形牌预混剂（饲用金霉素）	浦城正大生化有限公司
648	施豪＋SHIHAO＋图形牌非无菌原料药（盐酸金霉素）	浦城正大生化有限公司

6-9 续表 24　　　　（2014 年度）

序号	商标及产品名称	企业名称
649	FUXIANFUXIAN＋图形牌竹地板	福建省建瓯市华宇竹业有限公司
650	森竹＋图形牌指接拼板	福建省顺昌县升升木业有限公司
651	快活林＋图形牌室内高效活性炭吸附剂	福建省鑫森炭业股份有限公司
652	元力＋YL＋YUANLI CREATOR 牌植物活性炭（糖用活性炭）	福建元力活性炭股份有限公司
653	芝星＋ZHIXING＋图形牌木质活性炭	福建省芝星炭业股份有限公司
654	XSC＋图形牌车用活性炭	福建省鑫森炭业股份有限公司
655	鑫慧通＋xinhuitong＋图形牌深色名贵硬木茶盘	福建省慧通工艺品有限公司
656	武夷＋图形牌猪鬃漆刷	武夷山市美华实业有限公司
657	世竹科技＋SIVIZU＋图形牌竹纤维餐厨用具	福建省世竹环保科技有限公司
658	祥福牌竹茶盘	福建省祥福工艺有限公司
659	畅宏＋changhong 牌深色名贵硬木茶盘	福建畅宏工艺品有限公司
660	老知青、图形牌山茶油	老知青集团有限公司
661	旭禾＋图形牌大米	福建旭禾米业有限公司
662	龍凌＋图形牌山茶油、山茶籽调和油	福建龙凌植物油开发有限公司
663	圣农＋SUNNER＋图形牌速冻肉制品	福建圣农食品有限公司
664	盾顶＋图形牌食用螺旋藻	福建省神六保健食品有限公司
665	亚达＋图形牌水煮笋	福建亚达集团有限公司
666	宇乐＋图形牌水煮笋	福建三信食品有限公司
667	木樨园＋图形牌蜜饯（浦城桂花－丹桂茶）	福建省浦城县木樨园营养食品有限公司
668	三叶＋图形牌浦城桂花	福建浦城县三叶食品有限公司
669	黄华山＋图形牌、福矛＋FUMAO＋图形牌白酒	福建省建瓯黄华山酿酒有限公司
670	天游流香＋图形牌、天游飘香＋图形牌黄酒	武夷山绿洲酒业进出口有限公司
671	武夷＋wuyi＋图形牌、武夷星＋WUYIJIAR＋图形牌茶叶（乌龙茶、红茶、白茶、袋泡茶）	武夷星茶业有限公司
672	元正＋图形牌茶叶（红茶、乌龙茶）	福建武夷山国家级自然保护区正山茶业有限公司
673	胖壶＋图形牌、图形牌茶叶（乌龙茶）	福建御壶春茶业有限公司
674	湛峰＋图形牌绿茶	福建湛峰茶业有限公司

6-9 续表 25　　　　（2014 年度）

序号	商标及产品名称	企业名称
675	老苑北＋Laoyuanbei＋图形牌茶叶（乌龙茶）	福建省建瓯市苑北茶叶有限公司
676	骏德＋JUNDE＋图形牌茶叶（红茶）	武夷山市骏德茶厂
677	山尔牌茶叶（红茶）	武夷山市绿洲茶业有限公司
678	雲根红牌政和工夫红茶	福建省政和云根茶业有限公司
679	图形牌茶叶（乌龙茶）	福建省武夷山瑞泉茶业有限公司
680	际浩＋JI HAO 牌政和工夫红茶	福建省政和县茗香轩茶厂
681	留仙峰、留仙峰碎铜茶+Liuxianfengsuitongcha 牌茶叶（红茶、绿茶、乌龙茶）	邵武市留仙峰茶业有限公司
682	英杰山＋图形牌政和工夫红茶	政和县神农茶业有限公司
683	湛龙茗韵、图形牌工夫红茶	福建双龙茶业有限公司
684	武夷＋WUYI＋图形牌味精	福建省建阳武夷味精有限公司
685	武夷＋WUYI＋图形牌鸡精调味料	福建省建阳武夷味精有限公司
686	闽牌＋图形、南纺＋图形牌革基布	福建南纺股份有限公司
687	南孚、NANFU、南孚＋图形牌一次碱性锌锰电池	福建南平南孚电池有限公司
688	HC＋图形牌仿皮革	福建海川塑胶有限公司
689	常溪＋图形牌硝酸铵	福建邵化化工有限公司
690	台轮＋图形、武夷＋图形牌载重汽车斜交轮胎	福建省邵武市正兴武夷轮胎有限公司
691	冠通＋GUANTONG 牌蒸压加气混凝土砌块	福建省邵武市远通新建材有限公司
692	诚盾＋CHENG DUN＋图形牌钢质隔热防火门	福建诚安蓝盾门业有限公司
693	闽铝、闽铝＋ML＋图形牌铝合金建筑型材	福建省南平铝业有限公司
694	闽铝、闽铝＋ML＋图形牌变形铝及铝合金圆铸锭	福建省南平铝业有限公司
695	闽铝、闽铝＋ML＋图形牌一般工业用铝及铝合金挤压型材	福建省南平铝业有限公司
696	闽鑫＋图形牌铝合金建筑型材	福建省华银铝业有限公司
697	闽铝、闽铝＋ML＋图形牌一般工业用铝及铝合金板、带材	福建省南铝板带加工有限公司
698	闽铝、闽铝＋ML＋图形牌铝幕墙板　氟碳喷漆铝单板	福建省南铝板带加工有限公司
699	双友＋图形牌合金工具钢	南平市双友金属有限公司

6-9 续表 26　　　　　　　　　　　　（2014 年度）

序号	商标及产品名称	企业名称
700	长风＋FUJIANJIANYANG＋图形牌空气压缩机	福建长风压缩机有限公司
701	闽字＋图形牌活塞环	华闽南配集团股份有限公司
702	金鸥＋图形牌齿轮	福建省建瓯精工齿轮（机械）有限公司
703	太阳＋图形牌电线电缆	福建南平太阳电缆股份有限公司
704	南线＋图形牌电线电缆	福建省南平南线电缆有限公司
705	福阳＋FUYANG＋图形牌电线电缆	福建南平华阳电线电缆有限公司
706	亚亨＋YAHENG＋图形牌 12V（6V）电动助力车用密封铅酸蓄电池	福建亚亨动力科技集团有限公司
707	jk＋图形牌灯具（无电极荧光灯具）	福建源光亚明电器有限公司
708	闽根王＋MINGENWANG＋图形牌木质根雕	福建省闽根王木业有限公司
709	享通农业＋XIANGTONG GRICCLTURE＋图形牌绿叶类蔬菜	南平市享通生态农业开发有限公司
710	圣农＋SUNNER＋图形牌冻鸡肉	福建圣农发展股份有限公司
711	一春、yichun、图形牌种猪	福建一春农业发展有限公司
712	鑫富兴＋图形牌鲜、冻分割牛肉	福建鑫富牧业发展有限公司
713	辰山＋图形牌辰山牧鸡	福建辰山有机食品开发有限公司
714	洪瑞＋HONG RUI＋图形牌真姬菇	福建省顺昌县宏瑞菇业有限公司
715	木樨园＋图形牌其他粮食加工品（浦城薏米）	福建省浦城县木樨园营养食品有限公司
716	森宝＋图形牌饲料（肉种鸡配合饲料，肉用仔鸡配合饲料）	福建森宝食品集团股份有限公司
717	美丽家园＋图形牌防腐木	福建省漳平木村林产有限公司
718	派森奥特＋图形牌木制家具（家居用品）	福建省亿隆家庭装饰品有限公司
719	金果实 J＋图形牌连城地瓜干系列产品	连城县福农食品有限公司
720	联香园＋图形牌蜜饯（地瓜干）	连城县联香园食品有限公司
721	乐第＋图形牌连城地瓜干系列产品	福建紫心生物薯业有限公司
722	宏峰＋图形牌绿茶	福建鑫宏峰茶业有限公司
723	台品＋图形牌永福高山茶	福建漳平台品茶业有限公司
724	鼎＋永福鸿鼎＋图形牌永福高山茶	福建漳平鸿鼎农场开发有限公司
725	採善堂＋图形牌万应茶	永定采善堂制药有限公司

6-9 续表 27　　(2014 年度)

序号	商标及产品名称	企业名称
726	民信牌＋图形牌普梳涤棉混纺本色纱	福建省金泰纺织有限公司
727	鸿程＋图形牌精梳涤棉混纺本色纱	福建鸿程纺织有限公司
728	宏鑫＋HONGXIN＋图形牌粘胶纤维本色纱	福建省宏鑫纺织有限公司
729	卡鑫隆＋图形牌休闲服	福建省卡鑫隆服饰制造有限公司
730	优儿爽＋图形牌纸尿裤	福建铭丰纸业股份有限公司
731	优爽＋图形牌卫生巾	福建铭丰纸业股份有限公司
732	天乐＋图形牌卫生巾（卫生护垫）	长汀县天乐卫生用品有限公司
733	雨燕 SWIFT＋图形牌晴雨伞	雨燕（福建）伞业有限公司
734	闽赛特 SUPERTECH＋图形牌真空绝热板（VIP）	福建赛特新材股份有限公司
735	百花＋图形牌工业涂料	福建百花化学股份有限公司
736	福龙＋图形牌工业炸药	福建省民爆化工股份有限公司
737	正字牌＋图形牌白炭黑	福建正盛无机材料股份有限公司
738	塔泉＋图形牌发泡剂	福建省龙岩龙化化工有限公司
739	龙麟牌、闽强牌通用硅酸盐水泥	福建龙麟集团有限公司
740	润丰＋RUNFENG、润丰＋图形牌通用硅酸盐水泥	华润水泥（龙岩曹溪）有限公司
741	润丰＋RUNFENG、润丰＋图形牌通用硅酸盐水泥	华润水泥（龙岩）有限公司
742	宏悦 HY＋图形牌管材管件	福建万联塑胶有限公司
743	zijin＋图形牌金锭	紫金矿业集团股份有限公司
744	石雁＋图形牌钨酸	福建金鑫钨业股份有限公司
745	福龙马＋图形牌环卫车辆	福建龙马环卫装备股份有限公司
746	海德馨＋图形牌电源车	龙岩市海德馨汽车有限公司
747	图形牌除尘器	福建东源环保有限公司
748	FJDELI＋图形牌圆木多片开料机	福建省得力机电有限公司
749	LH＋图形、Zyatwork＋图形牌货叉	福建龙基机械设备制造有限公司
750	龙环牌电除尘器	龙岩市五环环保设备有限公司
751	D、德泓、dahom 牌 LED 球泡灯	德泓（福建）光电科技有限公司

6-9 续表 28　　　　　　　　　　　　（2014 年度）

序号	商标及产品名称	企业名称
752	CH＋图形牌树脂＆ABS 喷泉工艺品	千百汇（漳平）工艺有限公司
753	派森奥特＋图形牌木制工艺品（相框）	福建省亿隆家庭装饰品有限公司
754	卓能、图形牌生物柴油	龙岩卓越新能源股份有限公司
755	启煌＋图形牌槟榔芋	长汀县启煌槟榔芋专业合作社
756	ROHESEN＋图形、容和盛＋图形牌猪肉（鲜、冻片猪肉、分割鲜、冻猪瘦肉）	福建容和盛食品集团有限公司
757	养宝＋图形牌生猪	福建养宝生物股份有限公司
758	长汀河田鸡＋图形牌河田鸡	福建省长汀县远山河田鸡发展有限公司
759	米禾牌肉鸡	永定县石鼓生态种养殖专业合作社
760	古木督＋GUMUDU＋图形牌美蕉	永定县古木督美蕉专业合作社
761	春荣＋图形牌兰花	福建连城兰花股份有限公司
762	夏＋图形牌调味大黄鱼	宁德市夏威食品有限公司
763	九洋＋图形牌虾皮	福建福鼎海鸥水产食品有限公司
764	品品香＋图形牌福鼎白茶	福建品品香茶业有限公司
765	仙洋洋＋图形、seian＋图形牌茶浓缩汁系列	福建仙洋洋食品科技有限公司
766	裕荣香＋图形牌福鼎白茶	福建省裕荣香茶业有限公司
767	绿雪芽＋图形牌茶叶（福鼎白茶、绿茶）	福建省天湖茶业有限公司
768	新坦洋、图形牌坦洋工夫红茶	福建新坦洋茶业（集团）股份有限公司
769	仙山八骏 XIAN SHAN BA JUN＋图形牌茶叶（红茶、绿茶）	宁德市白马山茶叶有限公司
770	大翔＋DAXIANG＋图形牌红茶	宁德市奇隆翔农业有限公司
771	广林福＋图形牌福鼎白茶	福建省广福茶业有限责任公司
772	隽永＋Juanyong＋图形牌茶叶（茉莉花茶、坦洋工夫红茶）	福建隽永天香茶业有限公司
773	誉达＋图形牌福鼎白茶	福建誉达茶业有限公司
774	凤凰舌＋图形牌绿茶	寿宁县春伦茶业有限公司
775	仙岗峰＋图形牌茉莉花茶	周宁县华兴茶叶有限公司
776	南阳之星＋图形牌纸巾纸	福鼎市南阳纸业有限公司
777	聚鑫＋图形牌钢化玻璃	宁德市聚鑫玻璃有限公司

6-9 续表 29　　　　（2014 年度）

序号	商标及产品名称	企业名称
778	FSM＋三祥牌氧化锆	三祥新材股份有限公司
779	闽泰＋图形牌钢筋混凝土用热轧钢筋	福建申达钢铁有限公司
780	鑫强＋图形牌钢筋混凝土用热轧钢筋（HRB400 / 400E 6mm-10mm 盘卷）	闽东赛岐经济开发区福华轧钢有限公司
781	ABLE＋图形、AEC 牌中小型异步电动机	安波电机（宁德）有限公司
782	ABLE＋图形牌中小型电动机	福安市闽东安波电器有限公司
783	KAIJIELI＋图形牌中小型电动机	福建闽东德丰电机有限公司
784	ESE＋图形牌 SUB 系列水泵	福建省银象电器有限公司
785	惠恒＋图形牌三相异步电动机	福建惠丰电机有限公司
786	TEMCO＋图形牌清水离心泵（≤6.4MPa，≤105℃，＞1.5kW）	福建天工电机有限公司
787	HLIC＋图形牌小型汽油机化油器	福建华龙化油器有限公司
788	凯捷利＋KAIJIELI＋图形牌中小型发电机	凯捷利电机（福建）有限公司
789	闽东电机＋图形牌 EM 系列三相异步电动机	三禾电器（福建）有限公司
790	一华＋YIHUA＋图形牌 TFKX－H 系列船用相复励三相交流同步发电机	福建一华电机有限公司
791	金隆＋图形牌三相同步发电机	福建金隆动力机电有限公司
792	特波＋图形牌三相异步电动机	宁德特波电机有限公司
793	海暘＋图形牌无公害猪肉	宁德市南阳实业有限公司
794	吉尔发＋图形牌古田银耳	古田县吉发食用菌有限公司
795	利智源＋图形牌金针菇	宁德市益智源农业开发有限公司
796	湖心泉＋图形牌古田银耳	古田县顺达食品有限公司
797	永佳＋图形牌鲜香菇	福建省宁德市永佳贸易有限公司
798	夏＋图形牌速冻大黄鱼	宁德市夏威食品有限公司
799	夏＋图形牌大黄鱼（活鱼）	宁德市夏威食品有限公司
800	威尔斯＋图形牌速冻大黄鱼	福建三都澳食品有限公司
801	味尔佳＋图形牌速冻大黄鱼	宁德市蔡氏水产有限公司
802	溢源＋yiyuan＋图形牌海带	霞浦县溢源海洋食品开发有限公司
803	洁大师＋图形牌食品用塑料自粘保鲜膜	福州永鑫塑料包装用品有限公司
804	绿洋＋图形牌鸡蛋	福州市绿洋生态农牧有限公司

注：该名单由福建省人民政府发布。

6-10 福建省优秀企业家名单

（第十五届）

姓名 （排名不分先后）	企业名称	职务
尤玉仙	鸿博集团有限公司	董事长
王　华	福建省邮政公司南平市分公司	总经理
王光文	三宝集团股份有限公司	董事长、总经理
王存奇	福建恒杰塑业新材料有限公司	总经理
王伯瑶	溪石集团发展有限公司	董事长
王启联	日春股份公司	总裁
王希仁	福建铁拓机械有限公司	董事长
王志福	福建省中美投资集团	总裁
王跃荣	龙岩市交通发展集团有限公司	董事长
邓忠华	永安市宝华林实业发展有限公司	总裁
乐玉海	宁德市南阳实业有限公司	董事长、总经理
白　浪	厦门国贸控股有限公司	总经理
买彦州	中国联合网络通信有限公司福建省分公司	总经理
任芝生	福建省建瓯精工齿轮（机械）有限公司	董事长
刘用辉	盛辉物流集团有限公司	董事局主席兼总裁
刘庆捷	莆田市清华园电器发展有限公司	董事长
刘捷明	福建省电子信息（集团）有限责任公司	董事长
刘路远	福建网龙计算机网络信息技术有限公司	总裁
吕竹风	宁德市星宇科技有限公司	总经理
汤志强	福建省桃城建设工程有限公司	董事长
许志华	福建泉州匹克体育用品有限公司	总经理
何一心	武夷星茶业有限公司	董事长
何红梅	福建闽安企业	董事长
何振斌	福建庐江科技建材有限公司	董事长
吴建伟	漳州科晖专用汽车制造有限公司	董事长兼总裁

6-10 续表 1　　　　　　　　　　（第十五届）

姓名 （排名不分先后）	企业名称	职务
吴松青	福建省长汀盼盼食品有限公司	总裁
吴毅禧	福建科能电子科技开发有限公司	董事长
张丽萍	福建山中古典工艺家具有限公司	总经理
张其聪	福建省奇达利集团有限责任公司	董事长
张国王	华昌珠宝有限公司	董事长、总经理
张谋亭	福建省谋成水泥发展有限公司	董事长
张耀华	戴尔（中国）有限公司	总经理
李冬敏	厦门市嘉晟对外贸易有限公司	董事长
李立新	福建省建州汽贸集团有限公司	董事长兼总裁
李国平	福建广生堂药业股份有限公司	董事长
李建波	永辉超市股份有限公司	总裁
李祖安	福建南纺股份有限公司	总经理
李振安	福清市贸旺水产发展有限公司	董事长
杨光平	福建阳光生态农业发展有限公司	董事长
杨庆伟	厦门轻工集团有限公司	董事长
杨旺章	福建大成电机集团有限公司	董事长兼总裁
汪坤明	福建赛特新材股份有限公司	董事长、总经理
沈龙山	福建省福能新能源有限责任公司	总经理
肖文华	华祥苑茶业股份有限公司	董事长
苏亚帅	泉州佳泰数控有限公司	董事长
邵跃明	漳州市恒丽电子有限公司	董事长
陈　龙	联发集团有限公司	董事长
陈　健	福建华威股份有限公司	董事长兼总裁
陈　辉	华能国际电力股份有限公司福州电厂	厂长
陈本佑	福建省福能电力燃料有限公司	董事长

6-10 续表 2　　　　　　　　　　　　（第十五届）

姓名 （排名不分先后）	企业名称	职务
陈庆堂	福建天马科技集团股份有限公司	董事长
陈江坤	泉州闽中燃港丰石化有限公司	总裁
陈希方	厦门夏商集团有限公司	董事长
陈秀玉	天广消防股份有限公司	董事长
陈国鹰	福建国脉集团有限公司	董事长
陈建华	福建省第一公路工程公司	总经理
陈香麟	福建省东南造船厂	厂长
陈振平	福建省福能新型建材有限责任公司	总经理
陈振魁	福建省东山县海魁水产集团有限公司	董事长
陈新楚	福建中海创集团有限公司	董事长
林　曼	恒亿集团有限公司	总裁
林孝发	九牧厨卫股份有限公司	董事长兼总裁
林秀成	三安光电股份有限公司	董事长
林奋勉	福建漳龙实业有限公司	总经理
林建肯	莆田市永丰鞋业有限公司	总经理
林秋云	福建省莆田市海源实业有限公司	董事长
林积銮	福建世纪电缆有限公司	董事长
欧国原	福建盛威建设发展有限公司	董事长
欧宗洪	融信（福建）投资集团有限公司	董事局主席
罗祥波	厦门市三维丝环保股份有限公司	董事长、总经理
郑振欣	龙岩紫金集团有限公司	总裁
施　峰	鸿程控股集团有限公司	总裁
柯金鏘	福建晋工机械有限公司	总经理
柯清松	福建省晋江市佶龙机械工业有限公司	总经理
段建祥	中国电信股份有限公司福建分公司	总经理

6-10 续表 3　　　　　　　　　　　　　　（第十五届）

姓名 （排名不分先后）	企业名称	职务
骆少鸣	中国人民财产保险股份有限公司福建省分公司	总经理
郭　健	福建福安闽东亚南电机有限公司	董事长
郭东泽	泉州安盛船务有限公司	董事长
曹　晖	福耀玻璃工业集团股份有限公司	总裁
黄立伟	中国移动通信集团福建有限公司	董事长、总经理
黄再兴	向兴（中国）集团有限公司	董事长兼总裁
黄如健	世纪金源（福建）集团	总裁
傅天龙	福建春伦集团有限公司	董事长
傅开实	泉州佰源机械科技股份有限公司	董事长
曾兴富	福建省三钢（集团）有限责任公司	总经理
温雅国	福建省泉州市创意集团有限公司	董事长
蒋艾青	大闽食品（漳州）有限公司	董事长
蒋国兴	福建福矛酒业集团	董事长
蒋锦龙	泉州奇星机械有限公司	董事长
谢俊钢	福建煤电股份有限公司	董事长、总经理
雷和孙	福建省和顺碳素有限公司	董事长
蔡吉林	中宇建材集团有限公司	总裁
蔡明通	福建火炬电子科技股份有限公司	董事长
蔡裕泰	晋江市天守服装织造有限公司	总裁
潘　杰	漳州片仔癀药业股份有限公司	总经理
潘伟明	福州福晟房地产开产有限公司	董事长
潘德滨	古田天宝矿业有限公司	总经理
薛行远	祥兴（福建）箱包集团有限公司	总裁

注：该名单由福建省企业与企业家联合会发布。

6-11 福建省企业高级经营管理人才名单

（第一批）

序号	姓名 （排名不分先后）	企业名称
1	张清苗	福建安井食品股份有限公司
2	王　晶	福建新大陆科技集团有限公司
3	吴兴群	福建七匹狼实业股份有限公司
4	王诗榕	信和新材料股份有限公司
5	陈　斌	厦门松霖科技有限公司
6	曾凡沛	福建龙溪轴承（集团）股份有限公司
7	肖智勇	漳州万晖洁具有限公司
8	张桂丰	福建龙马环卫装备股份有限公司
9	邓志清	福建天泉药业股份有限公司
10	李树荣	福建省鸿山热电有限责任公司
11	陈香麟	福建省东南造船厂
12	罗如生	福建龙净环保股份有限公司
13	曾兴富	福建省三钢（集团）有限责任公司
14	李良光	福建海源自动化机械股份有限公司
15	何建平	百威英博雪津啤酒有限公司
16	柯吉熊	福建省晋江优兰发纸业有限公司
17	许志刚	福建源光亚明电器有限公司
18	谢伟东	三明市海斯福化工有限责任公司
19	滕　达	厦门市美亚柏科信息股份有限公司
20	郑永光	福建省长乐市长源纺织有限公司

注：该名单由中共福建省委人才工作领导小组发布。

7

附 录

科技部关于进一步推动科技型中小企业创新发展的若干意见

国科发高[2015]3号

各省、自治区、直辖市及计划单列市科技厅（委、局），新疆生产建设兵团科技局：

为深入贯彻党的十八大、十八届三中全会精神，全面落实《中共中央国务院关于深化科技体制改革加快国家创新体系建设的意见》（中发[2012]6号），实施创新驱动发展战略，深化科技体制改革，充分发挥市场在资源配置中的决定性作用和更好发挥政府作用，激发科技型中小企业技术创新活力，促进科技型中小企业健康发展，现提出以下意见：

一、推动科技型中小企业创新发展的重要意义

科技型中小企业是指从事高新技术产品研发、生产和服务的中小企业群体，在提升科技创新能力、支撑经济可持续发展、扩大社会就业等方面发挥着重要作用。长期以来，在党中央国务院和各部门、各地方的大力支持下，科技型中小企业取得了长足发展。但是，我国科技型中小企业仍然面临创新能力有待加强、创业环境有待优化、服务体系有待完善、融资渠道有待拓宽等问题。因此，需要进一步凝聚各方力量，培育壮大科技型中小企业群体，带动科技型中小企业走创新发展道路，为经济社会发展提供重要支撑。

二、鼓励科技创业

（一）支持创办科技型中小企业

鼓励科研院所、高等学校科研人员和企业科技人员创办科技型中小企业，建立健全股权、期权、分红权等有利于激励技术创业的收益分配机制。支持高校毕业生以创业的方式实现就业，对入驻科技企业孵化器或大学生创业基地的创业者给予房租优惠、创业辅导等支持。

（二）加快推进创业投资机构发展

鼓励各类社会资本设立天使投资、创业投资等股权投资基金，支持科技型中小企业创业活动。探索建立早期创投风险补偿机制，在投资损失确认后可按损失额的一定比例，对创业投资企业进行风险补偿。

（三）加强创新创业孵化生态体系建设

推动建立支持科技创业企业成长的持续推进机制和全程孵化体系，促进大学科技园、科技企业孵化器等创业载体功能提升和创新发展。加大中小企业专项资金等对创业载体建设的支持力度。

三、支持技术创新

（四）支持科技型中小企业建立研发机构

支持科技型中小企业建立企业实验室、企业技术中心、工程技术研究中心等研发机构，提升对技术创新的支撑与服务能力。对拥有自主知识产权并形成良好经济社会效益的科技型中小企业研发机构给予重点扶持。

（五）支持科技型中小企业开展技术改造

鼓励和引导中小企业加强技术改造与升级，支持其采用新技术、新工艺、新设备调整优化产业和产品结构，将技术改造项目纳入贷款贴息等优惠政策的支持范围。

（六）通过政府采购支持科技型中小企业技术创新

进一步完善和落实国家政府采购扶持中小企业发展的相关法规政策。各级机关、事业单位和社团组织的政府采购活动，在同等条件下，鼓励优先采购科技型中小企业的产品和服务。鼓励科技型中

小企业组成联合体共同参加政府采购与首台（套）示范项目。

四、强化协同创新

（七）推动科技型中小企业开展协同创新

推动科技型中小企业与大型企业、高等学校、科研院所开展战略合作，探索产学研深度结合的有效模式和长效机制。鼓励高等学校、科研院所等形成的科技成果向科技型中小企业转移转化。深入开展科技人员服务企业行动，通过科技特派员等方式组织科技人员帮助科技型中小企业解决技术难题。

（八）鼓励高校院所和大型企业开放科技资源

引导和鼓励有条件的高等学校、科研院所、大型企业的重点实验室、国家工程（技术）研究中心、大型科学仪器中心、分析测试中心等科研基础设施和设备进一步向科技型中小企业开放，提供检验检测、标准制定、研发设计等科技服务。

（九）吸纳科技型中小企业参与构建产业技术创新战略联盟

以产业技术创新关键问题为导向、形成产业核心竞争力为目标，引导行业骨干企业牵头，广泛吸纳科技型中小企业参与，按市场机制积极构建产业技术创新战略联盟。

五、推动集聚化发展

（十）充分发挥国家高新区、产业化基地的集聚作用

以国家高新区、高新技术产业化基地、现代服务业产业化基地、火炬计划特色产业基地、创新型产业集群等为载体，引导科技型中小企业走布局集中、产业集聚、土地集约的发展模式，促进科技型中小企业集群式发展。

（十一）引导科技型中小企业走专业化发展道路，提升产品质量、塑造品牌

支持科技型中小企业聚焦“新技术、新业态、新模式”，走专业化、精细化发展道路。鼓励科技型中小企业做强核心业务，推进精益制造，打造具有竞争力和影响力的精品和品牌。

六、完善服务体系

（十二）完善科技型中小企业技术创新服务体系

充分发挥地方在区域创新中的主导作用，通过政策引导和试点带动，整合资源，加快建设各具特色的科技型中小企业技术创新公共服务体系。鼓励通过政府购买服务的方式，为科技型中小企业提供管理指导、技能培训、市场开拓、标准咨询、检验检测认证等服务。

（十三）充分发挥专业中介机构和科技服务机构作用

开放并扩大中小企业中介服务机构的服务领域、规范中介服务市场，促进各类专业机构为科技型中小企业提供优质服务。充分发挥科技服务机构作用，推动各类科技服务机构面向科技型中小企业开展服务。

七、拓宽融资渠道

（十四）完善多层次资本市场，支持科技型中小企业做大做强

支持科技型中小企业通过多层次资本市场体系实现改制、挂牌、上市融资。支持利用各类产权交易市场开展科技型中小企业股权流转和融资服务，完善非上市科技公司股份转让途径。鼓励科技型中小企业利用债券市场融资，探索对发行企业债券、信托计划、中期票据、短期融资券等直接融资产品的科技型中小企业给予社会筹资利息补贴。

（十五）引导金融机构面向科技型中小企业开展服务创新，拓宽融资渠道

引导商业银行积极向科技型中小企业提供系统化金融服务。支持发展多种形式的抵质押类信贷业务及产品。鼓励融资租赁企业创新融资租赁经营模式，开展融资租赁与创业投资相结合、租赁债权与投资股权相结合的创投租赁业务。鼓励互联网金融发展和模式创新，支持网络小额贷款、第三方支付、网络金融超市、大数据金融等新兴业态发展。

（十六）完善科技型中小企业融资担保和科技保险体系

引导设立多层次、专业化的科技担保公司和再担保机构，逐步建立和完善科技型中小企业融资担保体系，鼓励为中小企业提供贷款担保的担保机构实行快捷担保审批程序，简化反担保措施。鼓励保险机构大力发展知识产权保险、首台（套）产品保险、产品研发责任险、关键研发设备险、成果转化险等科技保险产品。

八、优化政策环境

（十七）进一步加大对科技型中小企业的财政支持力度

充分发挥中央财政资金的引导作用，逐步提高中小企业发展专项资金和国家科技成果转化引导基金支持科技创新的力度，凝聚带动社会资源支持科技型中小企业发展。加大各类科技计划对科技型中小企业技术创新活动的支持力度。鼓励地方财政加大对科技型中小企业技术创新的支持，对于研发投入占企业总收入达到一定比例的科技型中小企业给予补贴。鼓励地方政府在科技型中小企业中筛选一批创新能力强、发展潜力大的企业进行重点扶持，培育形成一批具有竞争优势的创新型企业和上市后备企业。

（十八）进一步完善落实税收支持政策

进一步完善和落实小型微利企业、高新技术企业、技术先进型服务企业、技术转让、研究开发费用加计扣除、研究开发仪器设备折旧、科技企业孵化器、大学科技园等税收优惠政策，加强对科技型中小企业的政策培训和宣传。结合深化税收制度改革，加快推动营业税改征增值税试点，完善结构性减税政策。

（十九）实施有利于科技型中小企业吸引人才的政策

结合创新人才推进计划、海外高层次人才引进计划、青年英才开发计划和国家高技能人才振兴计划等各项国家人才重大工程的实施，支持科技型中小企业引进和培养创新创业人才，鼓励在财政补助、落户、社保、税收等方面给予政策扶持。鼓励科技型中小企业与高等学校、职业院校建立定向、订单式的人才培养机制，支持高校毕业生到科技型中小企业就业，并给予档案免费保管等扶持政策。鼓励科技型中小企业加大对员工的培训力度。

（二十）加强统计监测与信用评价体系建设

建立公平开放透明的市场规则，加大对市场中侵害科技型中小企业合法利益行为的打击力度。研究发布科技型中小企业标准，建立科技型中小企业资源库，健全科技型中小企业统计调查、监测分析和定期发布制度。加快科技型中小企业信用体系建设，开展对科技型中小企业的信用评价。

推动科技型中小企业创新发展既是一项事关创新型国家建设的长期战略任务，也是加快转变经济发展方式的迫切需求，更是进一步落实创新驱动发展战略的关键路径之一。各地方科技管理部门要高度重视科技型中小企业工作，加强与有关部门的沟通协调，结合各地情况，制定本意见的贯彻落实办法，采取有效政策措施，切实推动科技型中小企业创新发展。

科技部
2015 年 1 月 10 日

国务院关于推进国际产能和装备制造合作的指导意见

国发[2015]30号

各省、自治区、直辖市人民政府，国务院各部委、各直属机构：

近年来，我国装备制造业持续快速发展，产业规模、技术水平和国际竞争力大幅提升，在世界上具有重要地位，国际产能和装备制造合作初见成效。当前，全球产业结构加速调整，基础设施建设方兴未艾，发展中国家大力推进工业化、城镇化进程，为推进国际产能和装备制造合作提供了重要机遇。为抓住有利时机，推进国际产能和装备制造合作，实现我国经济提质增效升级，现提出以下意见。

一、重要意义

（一）推进国际产能和装备制造合作，是保持我国经济中高速增长和迈向中高端水平的重大举措

当前，我国经济发展进入新常态，对转变发展方式、调整经济结构提出了新要求。积极推进国际产能和装备制造合作，有利于促进优势产能对外合作，形成我国新的经济增长点，有利于促进企业不断提升技术、质量和服务水平，增强整体素质和核心竞争力，推动经济结构调整和产业转型升级，实现从产品输出向产业输出的提升。

（二）推进国际产能和装备制造合作，是推动新一轮高水平对外开放、增强国际竞争优势的重要内容

当前，我国对外开放已经进入新阶段，加快铁路、电力等国际产能和装备制造合作，有利于统筹国内国际两个大局，提升开放型经济发展水平，有利于实施“一带一路”、中非“三网一化”合作等重大战略。

（三）推进国际产能和装备制造合作，是开展互利合作的重要抓手

当前，全球基础设施建设掀起新热潮，发展中国家工业化、城镇化进程加快，积极开展境外基础设施建设和产能投资合作，有利于深化我国与有关国家的互利合作，促进当地经济和社会发展。

二、总体要求

（四）指导思想和总体思路

全面贯彻落实党的十八大和十八届二中、三中、四中全会精神，按照党中央、国务院决策部署，适应经济全球化新形势，着眼全球经济发展新格局，把握国际经济合作新方向，将我国产业优势和资金优势与国外需求相结合，以企业为主体，以市场为导向，加强政府统筹协调，创新对外合作机制，加大政策支持力度，健全服务保障体系，大力推进国际产能和装备制造合作，有力促进国内经济发展、产业转型升级，拓展产业发展新空间，打造经济增长新动力，开创对外开放新局面。

（五）基本原则

坚持企业主导、政府推动。以企业为主体、市场为导向，按照国际惯例和商业原则开展国际产能和装备制造合作，企业自主决策、自负盈亏、自担风险。政府加强统筹协调，制定发展规划，改革管理方式，提高便利化水平，完善支持政策，营造良好环境，为企业“走出去”创造有利条件。

坚持突出重点、有序推进。国际产能和装备制造合作要选择制造能力强、技术水平高、国际竞争优势明显、国际市场有需求的领域为重点，近期以亚洲周边国家和非洲国家为主要方向，根据不同国家和行业的特点，有针对性地采用贸易、承包工程、投资等多种方式有序推进。

坚持注重实效、互利共赢。推动我国装备、技术、标准和服务“走出去”，促进国内经济发展和产业转型升级。践行正确义利观，充分考虑所在国国情和实际需求，注重与当地政府和企业互利合作，创造良好的经济和社会效益，实现互利共赢、共同发展。

坚持积极稳妥、防控风险。根据国家经济外交整体战略，进一步强化我国比较优势，在充分掌握和论证相关国家政治、经济和社会情况基础上，积极谋划、合理布局，有力有序有效地向前推进，防止一哄而起、盲目而上、恶性竞争，切实防控风险，提高国际产能和装备制造合作的效用和水平。

（六）主要目标

力争到 2020 年，与重点国家产能合作机制基本建立，一批重点产能合作项目取得明显进展，形成若干境外产能合作示范基地。推进国际产能和装备制造合作的体制机制进一步完善，支持政策更加有效，服务保障能力全面提升。形成一批有国际竞争力和市场开拓能力的骨干企业。国际产能和装备制造合作的经济和社会效益进一步提升，对国内经济发展和产业转型升级的促进作用明显增强。

三、主要任务

（七）总体任务

将与我国装备和产能契合度高、合作愿望强烈、合作条件和基础好的发展中国家作为重点国别，并积极开拓发达国家市场，以点带面，逐步扩展。将钢铁、有色、建材、铁路、电力、化工、轻纺、汽车、通信、工程机械、航空航天、船舶和海洋工程等作为重点行业，分类实施，有序推进。

（八）立足国内优势，推动钢铁、有色行业对外产能合作

结合国内钢铁行业结构调整，以成套设备出口、投资、收购、承包工程等方式，在资源条件好、配套能力强、市场潜力大的重点国家建设炼铁、炼钢、钢材等钢铁生产基地，带动钢铁装备对外输出。结合境外矿产资源开发，延伸下游产业链，开展铜、铝、铅、锌等有色金属冶炼和深加工，带动成套设备出口。

（九）结合当地市场需求，开展建材行业优势产能国际合作

根据国内产业结构调整的需要，发挥国内行业骨干企业、工程建设企业的作用，在有市场需求、生产能力不足的发展中国家，以投资方式为主，结合设计、工程建设、设备供应等多种方式，建设水泥、平板玻璃、建筑卫生陶瓷、新型建材、新型房屋等生产线，提高所在国工业生产能力，增加当地市场供应。

（十）加快铁路“走出去”步伐，拓展轨道交通装备国际市场

以推动和实施周边铁路互联互通、非洲铁路重点区域网络建设及高速铁路项目为重点，发挥我国在铁路设计、施工、装备供应、运营维护及融资等方面的综合优势，积极开展一揽子合作。积极开发和实施城市轨道交通项目，扩大城市轨道交通车辆国际合作。在有条件的重点国家建立装配、维修基地和研发中心。加快轨道交通装备企业整合，提升骨干企业国际经营能力和综合实力。

（十一）大力开发和实施境外电力项目，提升国际市场竞争力

加大电力“走出去”力度，积极开拓有关国家火电和水电市场，鼓励以多种方式参与重大电力项目合作，扩大国产火电、水电装备和技术出口规模。积极与有关国家开展核电领域交流与磋商，推进重点项目合作，带动核电成套装备和技术出口。积极参与有关国家风电、太阳能光伏项目的投资和建设，带动风电、光伏发电国际产能和装备制造合作。积极开展境外电网项目投资、建设和运营，带动输变电设备出口。

**（十二）加强境外资源开发，推动化工重点领

域境外投资

充分发挥国内技术和产能优势，在市场需求大、资源条件好的发展中国家，加强资源开发和产业投资，建设石化、化肥、农药、轮胎、煤化工等生产线。以满足当地市场需求为重点，开展化工下游精深加工，延伸产业链，建设绿色生产基地，带动国内成套设备出口。

（十三）发挥竞争优势，提高轻工纺织行业国际合作水平

发挥轻纺行业较强的国际竞争优势，在有条件的国家，依托当地农产品、畜牧业资源建立加工厂，在劳动力资源丰富、生产成本低、靠近目标市场的国家投资建设棉纺、化纤、家电、食品加工等轻纺行业项目，带动相关行业装备出口。在境外条件较好的工业园区，形成上下游配套、集群式发展的轻纺产品加工基地。把握好合作节奏和尺度，推动国际合作与国内产业转型升级良性互动。

（十四）通过境外设厂等方式，加快自主品牌汽车走向国际市场

积极开拓发展中国家汽车市场，推动国产大型客车、载重汽车、小型客车、轻型客车出口。在市场潜力大、产业配套强的国家设立汽车生产厂和组装厂，建立当地分销网络和维修维护中心，带动自主品牌汽车整车及零部件出口，提升品牌影响力。鼓励汽车企业在欧美发达国家设立汽车技术和工程研发中心，同国外技术实力强的企业开展合作，提高自主品牌汽车的研发和制造技术水平。

（十五）推动创新升级，提高信息通信行业国际竞争力

发挥大型通信和网络设备制造企业的国际竞争优势，巩固传统优势市场，开拓发达国家市场，以用户为核心，以市场为导向，加强与当地运营商、集团用户的合作，强化设计研发、技术支持、运营维护、信息安全的体系建设，提高在全球通信和网络设备市场的竞争力。鼓励电信运营企业、互联网企业采取兼并收购、投资建设、设施运营等方式“走出去”，在海外建设运营信息网络、数据中心等基础设施，与通信和网络制造企业合作。鼓励企业在海外设立研发机构，利用全球智力资源，加强新一代信息技术的研发。

（十六）整合优势资源，推动工程机械等制造企业完善全球业务网络

加大工程机械、农业机械、石油装备、机床工具等制造企业的市场开拓力度，积极开展融资租赁等业务，结合境外重大建设项目的实施，扩大出口。鼓励企业在有条件的国家投资建厂，完善运营维护服务网络建设，提高综合竞争能力。支持企业同具有品牌、技术和市场优势的国外企业合作，鼓励在发达国家设立研发中心，提高机械制造企业产品的品牌影响力和技术水平。

（十七）加强对外合作，推动航空航天装备对外输出

大力开拓发展中国家航空市场，在亚洲、非洲条件较好的国家探索设立合资航空运营企业，建设后勤保障基地，逐步形成区域航空运输网，打造若干个辐射周边国家的区域航空中心，加快与有关国家开展航空合作，带动国产飞机出口。积极开拓发达国家航空市场，推动通用飞机出口。支持优势航空企业投资国际先进制造和研发企业，建立海外研发中心，提高国产飞机的质量和水平。加强与发展中国家航天合作，积极推进对外发射服务。加强与发达国家在卫星设计、零部件制造、有效载荷研制等方面的合作，支持有条件的企业投资国外特色优势企业。

（十八）提升产品和服务水平，开拓船舶和海洋工程装备高端市场

发挥船舶产能优势，在巩固中低端船舶市场的同时，大力开拓高端船舶和海洋工程装备市场，支持有实力的企业投资建厂、建立海外研发中心及销售服务基地，提高船舶高端产品的研发和制造能力，提升深海半潜式钻井平台、浮式生产储卸装置、海洋工程船舶、液化天然气船等产品国际竞争力。

四、提高企业“走出去”能力和水平

（十九）发挥企业市场主体作用

各类企业包括民营企业要结合自身发展需要和优势，坚持以市场为导向，按照商业原则和国际惯例，明确工作重点，制定实施方案，积极开展国际产能和装备制造合作，为我国拓展国际发展新空间作出积极贡献。

（二十）拓展对外合作方式

在继续发挥传统工程承包优势的同时，充分发挥我国资金、技术优势，积极开展“工程承包+融资”“工程承包+融资+运营”等合作，有条件的项目鼓励采用BOT、PPP等方式，大力开拓国际市场，开展装备制造合作。与具备条件的国家合作，形成合力，共同开发第三方市场。国际产能合作要根据所在国的实际和特点，灵活采取投资、工程建设、技术合作、技术援助等多种方式，与所在国政府和企业开展合作。

（二十一）创新商业运作模式

积极参与境外产业集聚区、经贸合作区、工业园区、经济特区等合作园区建设，营造基础设施相对完善、法律政策配套的具有集聚和辐射效应的良好区域投资环境，引导国内企业抱团出海、集群式“走出去”。通过互联网借船出海，借助互联网企业境外市场、营销网络平台，开辟新的商业渠道。通过以大带小合作出海，鼓励大企业率先走向国际市场，带动一批中小配套企业“走出去”，构建全产业链战略联盟，形成综合竞争优势。

（二十二）提高境外经营能力和水平

认真做好所在国政治、经济、法律、市场的分析和评估，加强项目可行性研究和论证，建立效益风险评估机制，注重经济性和可持续性，完善内部投资决策程序，落实各方面配套条件，精心组织实施。做好风险应对预案，妥善防范和化解项目执行中的各类风险。鼓励扎根当地、致力于长期发展，在企业用工、采购等方面努力提高本地化水平，加强当地员工培训，积极促进当地就业和经济发展。

（二十三）规范企业境外经营行为

企业要认真遵守所在国法律法规，尊重当地文化、宗教和习俗，保障员工合法权益，做好知识产权保护，坚持诚信经营，抵制商业贿赂。注重资源节约利用和生态环境保护，承担社会责任，为当地经济和社会发展积极作贡献，实现与所在国的互利共赢、共同发展。建立企业境外经营活动考核机制，推动信用制度建设。加强企业间的协调与合作，遵守公平竞争的市场秩序，坚决防止无序和恶性竞争。

五、加强政府引导和推动

（二十四）加强统筹指导和协调

根据国家经济社会发展总体规划，结合“一带一路”建设、周边基础设施互联互通、中非“三网一化”合作等，制定国际产能合作规划，明确重点方向，指导企业有重点、有目标、有组织地开展对外工作。

（二十五）完善对外合作机制

充分发挥现有多双边高层合作机制的作用，与重点国家建立产能合作机制，加强政府间交流协调以及与相关国际和地区组织的合作，搭建政府和企业对外合作平台，推动国际产能和装备制造合作取得积极进展。完善与有关国家在投资保护、金融、税收、海关、人员往来等方面合作机制，为国际产能和装备制造合作提供全方位支持和综合保障。

（二十六）改革对外合作管理体制

进一步加大简政放权力度，深化境外投资管理制度改革，取消境外投资审批，除敏感类投资外，境外投资项目和设立企业全部实行告知性备案，做好事中事后监管工作。完善对中央和地方国有企业的境外投资管理方式，从注重事前管理向加强事中事后监管转变。完善对外承包工程管理，为企业开展对外合作创造便利条件。

（二十七）做好外交服务工作

外交部门和驻外使领馆要进一步做好驻在国政府和社会各界的工作，加强对我国企业的指导、协调和服务，及时提供国别情况、有关国家合作意向和合作项目等有效信息，做好风险防范和领事保护工作。

（二十八）建立综合信息服务平台

完善信息共享制度，指导相关机构建立公共信息平台，全面整合政府、商协会、企业、金融机构、中介服务机构等信息资源，及时发布国家“走出去”有关政策，以及全面准确的国外投资环境、产业发展和政策、市场需求、项目合作等信息，为企业“走出去”提供全方位的综合信息支持和服务。

（二十九）积极发挥地方政府作用

地方政府要结合本地区产业发展、结构调整和产能情况，制定有针对性的工作方案，指导和鼓励本地区有条件的企业积极有序推进国际产能和装备制造合作。

六、加大政策支持力度

（三十）完善财税支持政策

加快与有关国家商签避免双重征税协定，实现重点国家全覆盖。

（三十一）发挥优惠贷款作用

根据国际产能和装备制造合作需要，支持企业参与大型成套设备出口、工程承包和大型投资项目。

（三十二）加大金融支持力度

发挥政策性银行和开发性金融机构的积极作用，通过银团贷款、出口信贷、项目融资等多种方式，加大对国际产能和装备制造合作的融资支持力度。鼓励商业性金融机构按照商业可持续和风险可控原则，为国际产能和装备制造合作项目提供融资支持，创新金融产品，完善金融服务。鼓励金融机构开展PPP项目贷款业务，提升我国高铁、核电等重大装备和产能“走出去”的综合竞争力。鼓励国内金融机构提高对境外资产或权益的处置能力，支持“走出去”企业以境外资产和股权、矿权等权益为抵押获得贷款，提高企业融资能力。加强与相关国家的监管协调，降低和消除准入壁垒，支持中资金融机构加快境外分支机构和服务网点布局，提高融资服务能力。加强与国际金融机构的对接与协调，共同开展境外重大项目合作。

（三十三）发挥人民币国际化积极作用

支持国家开发银行、中国进出口银行和境内商业银行在境外发行人民币债券并在境外使用，取消在境外发行人民币债券的地域限制。加快建设人民币跨境支付系统，完善人民币全球清算服务体系，便利企业使用人民币进行跨境合作和投资。鼓励在境外投资、对外承包工程、大型成套设备出口、大宗商品贸易及境外经贸合作区等使用人民币计价结算，降低“走出去”的货币错配风险。推动人民币在“一带一路”建设中的使用，有序拓宽人民币回流渠道。

（三十四）扩大融资资金来源

支持符合条件的企业和金融机构通过发行股票、债券、资产证券化产品在境内外市场募集资金，用于“走出去”项目。实行境外发债备案制，募集低成本外汇资金，更好地支持企业“走出去”资金需求。

（三十五）增加股权投资来源

发挥中国投资有限责任公司作用，设立业务覆盖全球的股权投资公司（即中投海外直接投资公司）。充分发挥丝路基金、中非基金、东盟基金、中投海外直接投资公司等作用，以股权投资、债务融资等方式，积极支持国际产能和装备制造合作项目。鼓励境内私募股权基金管理机构“走出去”，充分发挥其支持企业“走出去”开展绿地投资、并购投资等的作用。

（三十六）加强和完善出口信用保险

建立出口信用保险支持大型成套设备的长期制度性安排，对风险可控的项目实现应保尽保。发挥好中长期出口信用保险的风险保障作用，扩大保险覆盖面，以有效支持大型成套设备出口，带动优势产能“走出去”。

七、强化服务保障和风险防控

（三十七）加快中国标准国际化推广

提高中国标准国际化水平，加快认证认可国际互认进程。积极参与国际标准和区域标准制定，推动与主要贸易国之间的标准互认。尽早完成高铁、电力、工程机械、化工、有色、建材等行业技术标准外文版翻译，加大中国标准国际化推广力度，推动相关产品认证认可结果互认和采信。

（三十八）强化行业协会和中介机构作用

鼓励行业协会、商会、中介机构发挥积极作用，为企业“走出去”提供市场化、社会化、国际化的法律、会计、税务、投资、咨询、知识产权、风险评估和认证等服务。建立行业自律与政府监管相结合的管理体系，完善中介服务执业规则与管理制度，提高中介机构服务质量，强化中介服务机构的责任。

（三十九）加快人才队伍建设

加大跨国经营管理人才培训力度，坚持企业自我培养与政府扶持相结合，培养一批复合型跨国经营管理人才。以培养创新型科技人才为先导，加快重点行业专业技术人才队伍建设。加大海外高层次人才引进力度，建立人才国际化交流平台，为国际产能和装备制造合作提供人才支撑。

（四十）做好政策阐释工作

积极发挥国内传统媒体和互联网新媒体作用，及时准确通报信息。加强与国际主流媒体交流合作，做好与所在国当地媒体、智库、非政府组织的沟通工作，阐释平等合作、互利共赢、共同发展的合作理念，积极推介我国装备产品、技术、标准和优势产业。

（四十一）加强风险防范和安全保障

建立健全支持“走出去”的风险评估和防控机制，定期发布重大国别风险评估报告，及时警示和通报有关国家政治、经济和社会重大风险，提出应对预案和防范措施，妥善应对国际产能和装备制造合作重大风险。综合运用外交、经济、法律等手段，切实维护我国企业境外合法权益。充分发挥境外中国公民和机构安全保护工作部际联席会议制度的作用，完善境外安全风险预警机制和突发安全事件应急处理机制，及时妥善解决和处置各类安全问题，切实保障公民和企业的境外安全。

国务院
2015 年 5 月 13 日

国务院办公厅转发银监会关于促进民营银行发展指导意见的通知

国办发[2015]49号

各省、自治区、直辖市人民政府，国务院各部委、各直属机构：

银监会《关于促进民营银行发展的指导意见》已经党中央、国务院同意，现转发给你们，请认真贯彻执行。

国务院办公厅

2015年6月22日

关于促进民营银行发展的指导意见

银监会

为落实党中央、国务院关于推进民营银行发展的部署和要求，提升银行业对内开放水平，银监会积极推动民营银行试点工作，不断完善监管配套措施，取得了阶段性成果。为进一步鼓励和引导民间资本进入银行业，促进民营银行持续健康发展，为实体经济特别是中小微企业、“三农”和社区，以及大众创业、万众创新提供更有针对性、更加便利的金融服务，根据《中华人民共和国银行业监督管理法》《中华人民共和国商业银行法》等法律法规规定，制定本指导意见。

一、指导思想

全面贯彻落实党的十八大和十八届二中、三中、四中全会精神，按照党中央、国务院决策部署，坚持社会主义市场经济改革方向，遵循市场规律，在加强监管前提下，积极推动具备条件的民间资本依法发起设立中小型银行等金融机构，提高审批效率，进一步丰富和完善银行业金融机构体系，激发民营经济活力。促进民营银行依法合规经营、科学稳健发展，鼓励民营银行创新发展方式，提高金融市场竞争效能，增强对中小微企业、“三农”和社区等经济发展薄弱环节和领域的金融支持力度，更好服务实体经济。

二、基本原则

（一）积极发展，公平对待

促进民营银行发展是深化金融体制改革、激发金融市场活力、优化金融机构体系的具体举措，是加强中小微企业、“三农”和社区金融服务的重要突破口。要对民间资本、国有资本和境外资本等各类资本公平对待、一视同仁，积极鼓励符合条件的民营企业依法发起设立民营银行。通过鼓励民营银行开展产品、服务、管理和技术创新，为银行业持续发展、创新发展注入新动力。

（二）依法合规，防范风险

严格按照现有法律法规，坚持公平、公正、公开原则，成熟一家，设立一家，防止一哄而起；由民间资本自愿申请，监管部门依法审核，民营银行合规经营，经营失败平稳退出。在促进民营银行稳健发展的同时，坚守风险底线，引导民营银行建立风险防范长效机制，着力防范关联交易风险和风险外溢，确保守住不发生系统性区域性金融风险的底线，保障金融市场安全高效运行和整体稳定。

（三）循序渐进，创新模式

通过存量改造，鼓励民间资本入股现有银行业金融机构，支持民间资本通过增资扩股、股权受让、二级市场增持等方式进入现有银行业金融机构，依法合规推进混合所有制改革，支持民间资本参与农村信用社改制为农村商业银行，支持民间资本参与高风险银行业金融机构风险处置等；通过增量改革，积极稳妥推进新设民营银行，鼓励民营银行探索创新“大存小贷”“个存小贷”等差异化、特色化经营模式，提高与细分市场金融需求的匹配度。

三、准入条件

根据《中华人民共和国银行业监督管理法》《中华人民共和国商业银行法》《中国银监会中资商业银行行政许可事项实施办法》等法律法规的规定，积极支持民间资本与其他资本按同等条件进入银行业。

（一）坚持依法合规，鼓励符合条件的民营企业以自有资金投资银行业金融机构

投资入股银行业金融机构的民营企业应满足依法设立、具有法人资格，具有良好的公司治理结构和有效的组织管理方式，具有良好的社会声誉、诚信记录和纳税记录，具有较长的发展期和稳定的经营表现，具有较强的经营管理能力和资金实力，财务状况、资产状况良好，最近 3 个会计年度连续盈利，年终分配后净资产达到总资产 30%以上，权益性投资余额不超过净资产 50%等条件。

（二）防范风险传递，做好民营银行股东遴选

拟投资民营银行的资本所有者应具有良好的个人声望，奉公守法、诚信敬业，其法人股东的公司治理结构与机制符合《中华人民共和国公司法》要求，关联企业和股权关系简洁透明，没有关联交易的组织构造和不良记录。

（三）夯实发展基础，严格民营银行设立标准

设计良好的股权结构与公司治理结构，确定合理可行的业务范围、市场定位、经营方针和计划，建立科学有效的组织机构和管理制度、风险管理体系及信息科技架构等。发起设立民营银行应制订合法章程，有具备任职所需专业知识和业务工作经验的董事、高级管理人员和熟悉银行业务的合格从业人员，有符合要求的营业场所、安全防范措施和与业务有关的其他设施。民营银行注册资本要求遵从城市商业银行有关法律法规规定。

（四）借鉴试点经验，确定民间资本发起设立民营银行的五项原则

有承担剩余风险的制度安排；有办好银行的资质条件和抗风险能力；有股东接受监管的协议条款；有差异化的市场定位和特定战略；有合法可行的恢复和处置计划。

四、许可程序

根据《中华人民共和国商业银行法》《中国银监会中资商业银行行政许可事项实施办法》等法律法规规定，不断提高银行业市场准入透明度，加强对各地民营银行发起设立工作的指导和服务。

（一）筹建程序

筹建申请由发起人共同向拟设地银监局提交，拟设地银监局受理并初步审查，报银监会审查并决定。银监会自收到完整申请材料之日起 4 个月内作出批准或不批准的书面决定。民营银行筹建期为批准决定之日起 6 个月，未能按期筹建的，筹建组应当在筹建期限届满前 1 个月向银监会提交延期筹建报告。筹建延期不得超过一次，筹建延期的最长期限为 3 个月。筹建组应当在规定期限届满前提交开业申请，逾期未提交的，筹建批准文件失效，由银监会办理筹建许可注销手续。

（二）开业程序

民营银行开业申请由筹建组向所在地银监局提交，由所在地银监局受理、审查并决定。银监局自受理之日起 2 个月内作出核准或不予核准的书面决定。民营银行在收到开业核准文件并按规定领取

金融许可证后，根据工商行政管理部门的规定办理登记手续，领取营业执照。民营银行应当自领取营业执照之日起6个月内开业，未能按期开业的，应当在开业期限届满前1个月向所在地银监局提交开业延期报告。开业延期不得超过一次，开业延期的最长期限为3个月。民营银行未在规定期限内开业的，开业核准文件失效，由所在地银监局办理开业许可注销手续，收回金融许可证，并予以公告。

五、稳健发展

（一）明确定位，创新发展

民营银行应当确立科学发展方向，明确差异化发展战略，制定切实可行的经营方针，发挥比较优势，坚持特色经营，与现有商业银行实现互补发展，错位竞争。鼓励民营银行着力开展存、贷、汇等基本业务，定位于服务实体经济特别是中小微企业、“三农”和社区，提供高效和差异化金融服务。支持民营银行发挥市场化机制优势，稳步推进业务创新、服务创新、流程创新、管理创新，提高金融服务水平，以市场需求为导向，利用大数据、云计算、移动互联等新一代信息技术提供普惠金融服务。

（二）完善治理，防范风险

牢固树立风险意识，加强社会风险管理。民营银行应加强自我约束，完善公司治理和内控体系，建立多层次风险防范体系，切实防范风险。一是建立符合发展战略和风险管理需要的公司治理架构，建立健全股东大会、董事会、监事会制度，明晰职责和议事规则。二是提高董事会履职能力，董事会应勤勉尽责、诚实守信，并承担银行经营和管理的最终责任。三是明晰股东责任，大股东应明确治理责任，提高治理效率；明确发展责任，支持银行持续补充资本，提高抗风险能力；明确合规责任，不借助大股东地位干预民营银行正常经营，不施加不当的经营指标压力。四是加强风险管理，科学设定风险偏好，完善风险管理政策和程序，提高全面风险管理水平。五是加强关联交易管理，严格控制关联授信余额，防范不当关联交易风险。六是强化市场约束和提高透明度，维护消费者合法权益，鼓励将股东承诺作为重大事项纳入信息披露范围。

六、加强监管

监管部门要加快转变职能，明确监管责任，形成规制统一、权责明晰、运转协调、安全高效的民营银行监管体系，为民营银行稳健发展提供保障。

（一）坚持全程监管

监管部门要加强审慎监管，制定民营银行监管制度框架，健全系统性风险监测评估体系；严格市场准入，构筑风险防范的第一道防线；加强事中、事后监督和风险排查，加强对重大风险的早期识别和预警；提高监管的科学化、精细化水平，避免出现监管真空，防止监管套利。地方各级人民政府要抓紧研究建立与监管部门之间信息共享、风险处置等方面的协作机制，就处置民营银行突发事件及市场退出等建立协调机制，明确各方责任，细化工作程序，强化制度约束。

（二）坚持创新监管

监管部门应深入研究民营银行的业务特点和发展趋势，坚持“鼓励与规范并重，创新与防险并举”的监管原则，以提高民营银行综合竞争力为基本导向，加强监管引领，创新监管手段，不断丰富监管工具箱，适时评估和改进监管安排；简化监管流程，提高监管透明度；优化监管资源，突出属地银监局联动监管，更好贴近民营银行发展的新要求，探索建立既适应民营银行发展实践又符合国际惯例的有效监管机制。

（三）坚持协同监管

在强化监管的同时，各有关部门和地方各级人民政府应加强沟通协调，加快推进有利于民营银行发展的金融基础设施建设，加快相关金融创新的制度研究与机制完善，同时不断完善金融机构市场退出机制，尽量减少个别金融机构经营失败对金融市场的冲击，切实促进民营银行持续健康发展。

七、营造环境

各地区、各有关部门要高度重视促进民营银行发展工作，进一步解放思想，深化改革，开拓进取，抓好落实，及时研究新情况，解决新问题，营造良好金融环境，引导民营银行科学发展。

（一）加强工作指导，营造良好改革环境

监管部门要结合各地区经济社会发展需求和银行业金融机构布局特点，引导各地区合理、有序推动民营银行发展，统筹规划，稳步推进，加强辅导，完善筹建方案和风险防范安排，及时总结成功经验和良好做法，保护民间资本合法权益，努力营造促进民营银行发展的改革环境。

（二）推进制度建设，营造良好信用环境

良好的社会诚信环境是民营银行控制信用风险的重要保障。要从社会监督等方面完善监控体制，积极推进金融信用信息基础数据库和统一信用信息共享交换平台的建设和运用，建立健全违约通报惩戒机制，通过增加失信成本，提高借贷关系的质量和稳定性。加大对恶意逃废债行为的打击力度，建立对逃废债企业责任人的追究制度。

（三）做好组织落实，营造良好经营环境

地方各级人民政府有关部门要结合区域金融发展战略，定期发布指导意见，引导银行业金融机构明确市场定位和阶段性发展目标，调整信贷结构、优化资源配置。组织协调金融机构加强信息交流、资源共享和同业合作，努力营造有利于民营银行发展的经营环境。

（四）强化行业自律，营造良好竞争环境

针对当前银行业特点和发展趋势，以规范经营为重点，强化行业自律，整顿和规范金融市场秩序，限制恶性竞争，构建良好的市场竞争环境。

（五）加强宣传引导，营造良好舆论环境

各有关部门和地方各级人民政府要做好政策解读，加强舆论引导，主动回应社会关切，为民营银行健康发展创造良好的舆论环境。

国务院办公厅关于加快推进“三证合一”登记制度改革的意见

国办发[2015]50号

各省、自治区、直辖市人民政府，国务院各部委、各直属机构：

为加快推进“三证合一”登记制度改革，经国务院同意，现提出如下意见。

一、充分认识推行“三证合一”登记制度改革的重要意义

“三证合一”登记制度是指将企业登记时依次申请，分别由工商行政管理部门核发工商营业执照、质量技术监督部门核发组织机构代码证、税务部门核发税务登记证，改为一次申请、由工商行政管理部门核发一个营业执照的登记制度。全面推行“三证合一”登记制度改革，是贯彻党的十八大和十八届二中、三中、四中全会精神，落实国务院决策部署，深化商事登记制度改革的重要举措。加快推进这一改革，可以进一步便利企业注册，持续推动形成大众创业、万众创新热潮。这是维护交易安全、消除监管盲区的有效途径，是推进简政放权、建设服务型政府的必然选择，对于提高国家治理体系和治理能力现代化水平，使市场在资源配置中起决定性作用和更好发挥政府作用，具有十分重要的意义。各地区、各部门要站在全局高度充分认识这一改革的重要意义，提高思想认识，加强协调配合，确保这一利国利民的改革举措顺利实施。

二、改革目标和基本原则

（一）改革目标

通过“一窗受理、互联互通、信息共享”，将由工商行政管理、质量技术监督、税务三个部门分别核发不同证照，改为由工商行政管理部门核发一个加载法人和其他组织统一社会信用代码的营业执照，即“一照一码”登记模式。

（二）基本原则

1. 便捷高效。要按照程序简便、办照高效的要求，优化审批流程，创新服务方式，提高登记效率，方便企业准入。

2. 规范统一。要按照优化、整合、一体化的原则，科学制定“三证合一”登记流程，实行统一的“三证合一”登记程序和登记要求，规范登记条件、登记材料。

3. 统筹推进。大力推行一窗受理、一站式服务工作机制，将“三证合一”登记制度改革与全程电子化登记管理、企业法人国家信息资源库建设、企业信用信息公示系统建设、政务信息共享平台建设、统一社会信用代码制度建设等工作统筹考虑、协同推进。

三、改革步骤和基本要求

（一）改革步骤

现阶段，已试行“一窗受理、并联审批、三证统发”登记模式改革和“一窗受理、并联审批、核发一照、一照三号”登记模式改革的省、自治区、直辖市可继续试点；支持上海、广东、天津、福建自贸试验区率先推行“一照一码”登记模式改革试点。各地区要积极推进“三证合一”登记制度改革各项工作，做好实施“一照一码”登记模式改革各项准备工作，待统一社会信用代码实施后，2015年底前在全国全面推行“一照一码”登记模式。

（二）基本要求

1. 统一申请条件和文书规范。要以方便企业办事、简化登记手续、降低行政成本为出发点，按照企业不重复填报登记申请文书内容和不重复提交

登记材料的原则，依法梳理申请事项，统一明确申请条件，整合简化文书规范，实行“一套材料”和“一表登记”申请，并在“一窗受理”窗口公示申请条件和示范文本。

2. 规范申请登记审批流程。按照“三证合一”登记制度改革的新要求，整合优化申请、受理、审查、核准、公示、发照等程序，缩短登记审批时限。“一个窗口”统一受理企业申请并审核后，申请材料和审核信息在部门间共享，实现数据交换、档案互认。电子登记档案与纸质登记档案具有同等法律效力。各地区要结合本地区实际，制定简明易懂的“三证合一”登记办事指南，明确企业设立（开业）登记、变更登记、注销登记等各个环节的操作流程。

3. 优化登记管理服务方式。适应实行“三证合一”登记制度改革的需要，加快推进“一个窗口”对外统一受理模式，方便申请人办理。要坚持公开办理、限时办理、透明办理，坚持条件公开、流程公开、结果公开。除涉及国家秘密、商业秘密或个人隐私外，要及时公开登记企业的基础信息。各相关部门要切实履行对申请人的告知义务，及时提供咨询服务，强化内部督查和社会监督，提高登记审批效率。

4. 建立跨部门信息传递与数据共享的保障机制。要加大信息化投入，按照统一规范和标准，改造升级各相关业务信息管理系统，实现互联互通、信息共享。充分利用统一的信用信息共享交换平台，推动企业基础信息和相关信用信息在政府部门间广泛共享和有效应用。积极推进“三证合一”申请、受理、审查、核准、公示、发照等全程电子化登记管理，最终实现“三证合一”网上办理。

5. 实现改革成果共享应用。实行“三证合一”登记制度改革后，企业的组织机构代码证和税务登记证不再发放。企业原需要使用组织机构代码证、税务登记证办理相关事务的，一律改为使用“三证合一”后的营业执照办理。实行更多证照合一的，只要与本意见的原则和要求相一致，都可以先行先试。各地区、各部门、各单位都要予以认可和应用。

四、保障措施

（一）加强组织领导

县级以上地方各级人民政府要建立“三证合一”登记制度改革领导机制，切实加强组织领导和协调，落实工作责任，为顺利实施“三证合一”登记制度改革提供必要的人员、场所、设施和经费保障。要加强对“三证合一”登记制度改革的跟踪了解和检查指导，加大统筹和督查力度，及时协调解决改革中出现的重大问题。

（二）加强协同推进

“三证合一”登记制度改革涉及工商行政管理、质量技术监督、税务及其他相关职能部门，各地区、各部门要建立协同推进工作机制，加强信息化保障，形成工作合力。有序做好已登记企业（包括已试点“三证合一”登记制度改革的企业）原发证照换发工作，与统一社会信用代码的过渡期相衔接，变更换证不能收费。过渡期内，原发证照（包括各地探索试点的“一照三号”营业执照、“一照一号”营业执照）继续有效，过渡期结束后一律使用加载统一社会信用代码的营业执照，原发证照不再有效。强化法制保障，认真梳理“三证合一”登记制度改革涉及营业执照、组织机构代码证、税务登记证的法律、法规、规章及规范性文件，及时进行修订和完善，努力使“三证合一”涉及的各个环节衔接顺畅，保证“三证合一”登记制度改革顺利实施。

（三）加强宣传引导

要充分利用各种新闻媒介，加大对“三证合一”登记制度改革的宣传解读力度，及时解答和回应社会关注的热点问题，在全社会形成关心改革、支持改革、参与改革的良好氛围。

国务院办公厅

2015 年 6 月 23 日

国务院关于积极推进“互联网+”行动的指导意见

国发[2015]40号

各省、自治区、直辖市人民政府，国务院各部委、各直属机构：

“互联网+”是把互联网的创新成果与经济社会各领域深度融合，推动技术进步、效率提升和组织变革，提升实体经济创新力和生产力，形成更广泛的以互联网为基础设施和创新要素的经济社会发展新形态。在全球新一轮科技革命和产业变革中，互联网与各领域的融合发展具有广阔前景和无限潜力，已成为不可阻挡的时代潮流，正对各国经济社会发展产生着战略性和全局性的影响。积极发挥我国互联网已经形成的比较优势，把握机遇，增强信心，加快推进“互联网+”发展，有利于重塑创新体系、激发创新活力、培育新兴业态和创新公共服务模式，对打造大众创业、万众创新和增加公共产品、公共服务“双引擎”，主动适应和引领经济发展新常态，形成经济发展新动能，实现中国经济提质增效升级具有重要意义。

近年来，我国在互联网技术、产业、应用以及跨界融合等方面取得了积极进展，已具备加快推进“互联网+”发展的坚实基础，但也存在传统企业运用互联网的意识和能力不足、互联网企业对传统产业理解不够深入、新业态发展面临体制机制障碍、跨界融合型人才严重匮乏等问题，亟待加以解决。为加快推动互联网与各领域深入融合和创新发展，充分发挥“互联网+”对稳增长、促改革、调结构、惠民生、防风险的重要作用，现就积极推进“互联网+”行动提出以下意见。

一、行动要求

（一）总体思路

顺应世界“互联网+”发展趋势，充分发挥我国互联网的规模优势和应用优势，推动互联网由消费领域向生产领域拓展，加速提升产业发展水平，增强各行业创新能力，构筑经济社会发展新优势和新动能。坚持改革创新和市场需求导向，突出企业的主体作用，大力拓展互联网与经济社会各领域融合的广度和深度。着力深化体制机制改革，释放发展潜力和活力；着力做优存量，推动经济提质增效和转型升级；着力做大增量，培育新兴业态，打造新的增长点；着力创新政府服务模式，夯实网络发展基础，营造安全网络环境，提升公共服务水平。

（二）基本原则

坚持开放共享。营造开放包容的发展环境，将互联网作为生产生活要素共享的重要平台，最大限度优化资源配置，加快形成以开放、共享为特征的经济社会运行新模式。

坚持融合创新。鼓励传统产业树立互联网思维，积极与“互联网+”相结合。推动互联网向经济社会各领域加速渗透，以融合促创新，最大程度汇聚各类市场要素的创新力量，推动融合性新兴产业成为经济发展新动力和新支柱。

坚持变革转型。充分发挥互联网在促进产业升级以及信息化和工业化深度融合中的平台作用，引导要素资源向实体经济集聚，推动生产方式和发展模式变革。创新网络化公共服务模式，大幅提升公共服务能力。

坚持引领跨越。巩固提升我国互联网发展优势，加强重点领域前瞻性布局，以互联网融合创新为突破口，培育壮大新兴产业，引领新一轮科技革命和产业变革，实现跨越式发展。

坚持安全有序。完善互联网融合标准规范和法律法规，增强安全意识，强化安全管理和防护，保障网络安全。建立科学有效的市场监管方式，促进市场有序发展，保护公平竞争，防止形成行业垄断和市场壁垒。

（三）发展目标

到 2018 年，互联网与经济社会各领域的融合发展进一步深化，基于互联网的新业态成为新的经济增长动力，互联网支撑大众创业、万众创新的作用进一步增强，互联网成为提供公共服务的重要手段，网络经济与实体经济协同互动的发展格局基本形成。

——经济发展进一步提质增效。互联网在促进制造业、农业、能源、环保等产业转型升级方面取得积极成效，劳动生产率进一步提高。基于互联网的新兴业态不断涌现，电子商务、互联网金融快速发展，对经济提质增效的促进作用更加凸显。

——社会服务进一步便捷普惠。健康医疗、教育、交通等民生领域互联网应用更加丰富，公共服务更加多元，线上线下结合更加紧密。社会服务资源配置不断优化，公众享受到更加公平、高效、优质、便捷的服务。

——基础支撑进一步夯实提升。网络设施和产业基础得到有效巩固加强，应用支撑和安全保障能力明显增强。固定宽带网络、新一代移动通信网和下一代互联网加快发展，物联网、云计算等新型基础设施更加完备。人工智能等技术及其产业化能力显著增强。

——发展环境进一步开放包容。全社会对互联网融合创新的认识不断深入，互联网融合发展面临的体制机制障碍有效破除，公共数据资源开放取得实质性进展，相关标准规范、信用体系和法律法规逐步完善。

到 2025 年，网络化、智能化、服务化、协同化的“互联网+”产业生态体系基本完善，“互联网+”新经济形态初步形成，“互联网+”成为经济社会创新发展的重要驱动力量。

二、重点行动

（一）“互联网+”创业创新

充分发挥互联网的创新驱动作用，以促进创业创新为重点，推动各类要素资源聚集、开放和共享，大力发展众创空间、开放式创新等，引导和推动全社会形成大众创业、万众创新的浓厚氛围，打造经济发展新引擎。（发展改革委、科技部、工业和信息化部、人力资源社会保障部、商务部等负责，列第一位者为牵头部门，下同）

1. 强化创业创新支撑。鼓励大型互联网企业和基础电信企业利用技术优势和产业整合能力，向小微企业和创业团队开放平台入口、数据信息、计算能力等资源，提供研发工具、经营管理和市场营销等方面的支持和服务，提高小微企业信息化应用水平，培育和孵化具有良好商业模式的创业企业。充分利用互联网基础条件，完善小微企业公共服务平台网络，集聚创业创新资源，为小微企业提供找得着、用得起、有保障的服务。

2. 积极发展众创空间。充分发挥互联网开放创新优势，调动全社会力量，支持创新工场、创客空间、社会实验室、智慧小企业创业基地等新型众创空间发展。充分利用国家自主创新示范区、科技企业孵化器、大学科技园、商贸企业集聚区、小微企业创业示范基地等现有条件，通过市场化方式构建一批创新与创业相结合、线上与线下相结合、孵化与投资相结合的众创空间，为创业者提供低成本、便利化、全要素的工作空间、网络空间、社交空间和资源共享空间。实施新兴产业“双创”行动，建立一批新兴产业“双创”示范基地，加快发展“互联网+”创业网络体系。

3. 发展开放式创新。鼓励各类创新主体充分利用互联网，把握市场需求导向，加强创新资源共享与合作，促进前沿技术和创新成果及时转化，构建开放式创新体系。推动各类创业创新扶持政策与互联网开放平台联动协作，为创业团队和个人开发者提供绿色通道服务。加快发展创业服务业，积极推广众包、用户参与设计、云设计等新型研发组织模式，引导建立社会各界交流合作的平台，推动跨区域、跨领域的技术成果转移和协同创新。

（二）“互联网+”协同制造

推动互联网与制造业融合，提升制造业数字化、网络化、智能化水平，加强产业链协作，发展基于互联网的协同制造新模式。在重点领域推进智能制造、大规模个性化定制、网络化协同制造和服务型制造，打造一批网络化协同制造公共服务平台，加快形成制造业网络化产业生态体系。（工业和信息化部、发展改革委、科技部共同牵头）

1. 大力发展智能制造。以智能工厂为发展方向，开展智能制造试点示范，加快推动云计算、物联网、智能工业机器人、增材制造等技术在生产过程中的应用，推进生产装备智能化升级、工艺流程改造和基础数据共享。着力在工控系统、智能感知元器件、工业云平台、操作系统和工业软件等核心环节取得突破，加强工业大数据的开发与利用，有效支撑制造业智能化转型，构建开放、共享、协作的智能制造产业生态。

2. 发展大规模个性化定制。支持企业利用互联网采集并对接用户个性化需求，推进设计研发、生产制造和供应链管理等关键环节的柔性化改造，开展基于个性化产品的服务模式和商业模式创新。鼓励互联网企业整合市场信息，挖掘细分市场需求与发展趋势，为制造企业开展个性化定制提供决策支撑。

3. 提升网络化协同制造水平。鼓励制造业骨干企业通过互联网与产业链各环节紧密协同，促进生产、质量控制和运营管理系统全面互联，推行众包设计研发和网络化制造等新模式。鼓励有实力的互联网企业构建网络化协同制造公共服务平台，面向细分行业提供云制造服务，促进创新资源、生产能力、市场需求的集聚与对接，提升服务中小微企业能力，加快全社会多元化制造资源的有效协同，提高产业链资源整合能力。

4. 加速制造业服务化转型。鼓励制造企业利用物联网、云计算、大数据等技术，整合产品全生命周期数据，形成面向生产组织全过程的决策服务信息，为产品优化升级提供数据支撑。鼓励企业基于互联网开展故障预警、远程维护、质量诊断、远程过程优化等在线增值服务，拓展产品价值空间，实现从制造向“制造+服务”的转型升级。

（三）“互联网+”现代农业

利用互联网提升农业生产、经营、管理和服务水平，培育一批网络化、智能化、精细化的现代“种养加”生态农业新模式，形成示范带动效应，加快完善新型农业生产经营体系，培育多样化农业互联网管理服务模式，逐步建立农副产品、农资质量安全追溯体系，促进农业现代化水平明显提升。（农业部、发展改革委、科技部、商务部、质检总局、食品药品监管总局、林业局等负责）

1. 构建新型农业生产经营体系。鼓励互联网企业建立农业服务平台，支撑专业大户、家庭农场、农民合作社、农业产业化龙头企业等新型农业生产经营主体，加强产销衔接，实现农业生产由生产导向向消费导向转变。提高农业生产经营的科技化、组织化和精细化水平，推进农业生产流通销售方式变革和农业发展方式转变，提升农业生产效率和增值空间。规范用好农村土地流转公共服务平台，提升土地流转透明度，保障农民权益。

2. 发展精准化生产方式。推广成熟可复制的农业物联网应用模式。在基础较好的领域和地区，普及基于环境感知、实时监测、自动控制的网络化农业环境监测系统。在大宗农产品规模生产区域，构建天地一体的农业物联网测控体系，实施智能节水灌溉、测土配方施肥、农机定位耕种等精准化作业。在畜禽标准化规模养殖基地和水产健康养殖示范基地，推动饲料精准投放、疾病自动诊断、废弃物自动回收等智能设备的应用普及和互联互通。

3. 提升网络化服务水平。深入推进信息进村入户试点，鼓励通过移动互联网为农民提供政策、市场、科技、保险等生产生活信息服务。支持互联网企业与农业生产经营主体合作，综合利用大数据、云计算等技术，建立农业信息监测体系，为灾害预警、耕地质量监测、重大动植物疫情防控、市场波动预测、经营科学决策等提供服务。

4. 完善农副产品质量安全追溯体系。充分利用现有互联网资源，构建农副产品质量安全追溯公共服务平台，推进制度标准建设，建立产地准出与市场准入衔接机制。支持新型农业生产经营主体利用互联网技术，对生产经营过程进行精细化信息化管理，加快推动移动互联网、物联网、二维码、无线射频识别等信息技术在生产加工和流通销售各环节的推广应用，强化上下游追溯体系对接和信息互通共享，不断扩大追溯体系覆盖面，实现农副产品“从农田到餐桌”全过程可追溯，保障“舌尖上的安全”。

（四）“互联网+”智慧能源

通过互联网促进能源系统扁平化，推进能源生产与消费模式革命，提高能源利用效率，推动节能减排。加强分布式能源网络建设，提高可再生能源占比，促进能源利用结构优化。加快发电设施、用电设施和电网智能化改造，提高电力系统的安全性、稳定性和可靠性。（能源局、发展改革委、工业和信息化部等负责）

1. 推进能源生产智能化。建立能源生产运行的监测、管理和调度信息公共服务网络，加强能源产业链上下游企业的信息对接和生产消费智能化，支撑电厂和电网协调运行，促进非化石能源与化石能源协同发电。鼓励能源企业运用大数据技术对设备状态、电能负载等数据进行分析挖掘与预测，开展精准调度、故障判断和预测性维护，提高能源利用效率和安全稳定运行水平。

2. 建设分布式能源网络。建设以太阳能、风能等可再生能源为主体的多能源协调互补的能源互联网。突破分布式发电、储能、智能微网、主动配电网等关键技术，构建智能化电力运行监测、管理技术平台，使电力设备和用电终端基于互联网进行双向通信和智能调控，实现分布式电源的及时有效接入，逐步建成开放共享的能源网络。

3. 探索能源消费新模式。开展绿色电力交易服务区域试点，推进以智能电网为配送平台，以电子商务为交易平台，融合储能设施、物联网、智能用电设施等硬件以及碳交易、互联网金融等衍生服务于一体的绿色能源网络发展，实现绿色电力的点到点交易及实时配送和补贴结算。进一步加强能源生产和消费协调匹配，推进电动汽车、港口岸电等电能替代技术的应用，推广电力需求侧管理，提高能源利用效率。基于分布式能源网络，发展用户端智能化用能、能源共享经济和能源自由交易，促进能源消费生态体系建设。

4. 发展基于电网的通信设施和新型业务。推进电力光纤到户工程，完善能源互联网信息通信系统。统筹部署电网和通信网深度融合的网络基础设施，实现同缆传输、共建共享，避免重复建设。鼓励依托智能电网发展家庭能效管理等新型业务。

（五）“互联网+”普惠金融

促进互联网金融健康发展，全面提升互联网金融服务能力和普惠水平，鼓励互联网与银行、证券、保险、基金的融合创新，为大众提供丰富、安全、便捷的金融产品和服务，更好满足不同层次实体经济的投融资需求，培育一批具有行业影响力的互联网金融创新型企业。（人民银行、银监会、证监会、保监会、发展改革委、工业和信息化部、网信办等负责）

1. 探索推进互联网金融云服务平台建设。探索互联网企业构建互联网金融云服务平台。在保证技术成熟和业务安全的基础上，支持金融企业与云计算技术提供商合作开展金融公共云服务，提供多样化、个性化、精准化的金融产品。支持银行、证券、保险企业稳妥实施系统架构转型，鼓励探索利用云服务平台开展金融核心业务，提供基于金融云服务平台的信用、认证、接口等公共服务。

2.鼓励金融机构利用互联网拓宽服务覆盖面。鼓励各金融机构利用云计算、移动互联网、大数据等技术手段，加快金融产品和服务创新，在更广泛地区提供便利的存贷款、支付结算、信用中介平台等金融服务，拓宽普惠金融服务范围，为实体经济发展提供有效支撑。支持金融机构和互联网企业依法合规开展网络借贷、网络证券、网络保险、互联网基金销售等业务。扩大专业互联网保险公司试点，充分发挥保险业在防范互联网金融风险中的作用。推动金融集成电路卡（IC卡）全面应用，提升电子现金的使用率和便捷性。发挥移动金融安全可信公共服务平台（MTPS）的作用，积极推动商业银行开展移动金融创新应用，促进移动金融在电子商务、公共服务等领域的规模应用。支持银行业金融机构借助互联网技术发展消费信贷业务，支持金融租赁公司利用互联网技术开展金融租赁业务。

3.积极拓展互联网金融服务创新的深度和广度。鼓励互联网企业依法合规提供创新金融产品和服务，更好满足中小微企业、创新型企业和个人的投融资需求。规范发展网络借贷和互联网消费信贷业务，探索互联网金融服务创新。积极引导风险投资基金、私募股权投资基金和产业投资基金投资于互联网金融企业。利用大数据发展市场化个人征信业务，加快网络征信和信用评价体系建设。加强互联网金融消费权益保护和投资者保护，建立多元化金融消费纠纷解决机制。改进和完善互联网金融监管，提高金融服务安全性，有效防范互联网金融风险及其外溢效应。

（六）“互联网+”益民服务

充分发挥互联网的高效、便捷优势，提高资源利用效率，降低服务消费成本。大力发展以互联网为载体、线上线下互动的新兴消费，加快发展基于互联网的医疗、健康、养老、教育、旅游、社会保障等新兴服务，创新政府服务模式，提升政府科学决策能力和管理水平。（发展改革委、教育部、工业和信息化部、民政部、人力资源社会保障部、商务部、卫生计生委、质检总局、食品药品监管总局、林业局、旅游局、网信办、信访局等负责）

1.创新政府网络化管理和服务。加快互联网与政府公共服务体系的深度融合，推动公共数据资源开放，促进公共服务创新供给和服务资源整合，构建面向公众的一体化在线公共服务体系。积极探索公众参与的网络化社会管理服务新模式，充分利用互联网、移动互联网应用平台等，加快推进政务新媒体发展建设，加强政府与公众的沟通交流，提高政府公共管理、公共服务和公共政策制定的响应速度，提升政府科学决策能力和社会治理水平，促进政府职能转变和简政放权。深入推进网上信访，提高信访工作质量、效率和公信力。鼓励政府和互联网企业合作建立信用信息共享平台，探索开展一批社会治理互联网应用试点，打通政府部门、企事业单位之间的数据壁垒，利用大数据分析手段，提升各级政府的社会治理能力。加强对“互联网+”行动的宣传，提高公众参与度。

2.发展便民服务新业态。发展体验经济，支持实体零售商综合利用网上商店、移动支付、智能试衣等新技术，打造体验式购物模式。发展社区经济，在餐饮、娱乐、家政等领域培育线上线下结合的社区服务新模式。发展共享经济，规范发展网络约租车，积极推广在线租房等新业态，着力破除准入门槛高、服务规范难、个人征信缺失等瓶颈制约。发展基于互联网的文化、媒体和旅游等服务，培育形式多样的新型业态。积极推广基于移动互联网入口的城市服务，开展网上社保办理、个人社保权益查询、跨地区医保结算等互联网应用，让老百姓足不出户享受便捷高效的服务。

3. 推广在线医疗卫生新模式。发展基于互联网的医疗卫生服务，支持第三方机构构建医学影像、健康档案、检验报告、电子病历等医疗信息共享服务平台，逐步建立跨医院的医疗数据共享交换标准体系。积极利用移动互联网提供在线预约诊疗、候诊提醒、划价缴费、诊疗报告查询、药品配送等便捷服务。引导医疗机构面向中小城市和农村地区开展基层检查、上级诊断等远程医疗服务。鼓励互联网企业与医疗机构合作建立医疗网络信息平台，加强区域医疗卫生服务资源整合，充分利用互联网、大数据等手段，提高重大疾病和突发公共卫生事件防控能力。积极探索互联网延伸医嘱、电子处方等网络医疗健康服务应用。鼓励有资质的医学检验机构、医疗服务机构联合互联网企业，发展基因检测、疾病预防等健康服务模式。

4. 促进智慧健康养老产业发展。支持智能健康产品创新和应用，推广全面量化健康生活新方式。鼓励健康服务机构利用云计算、大数据等技术搭建公共信息平台，提供长期跟踪、预测预警的个性化健康管理服务。发展第三方在线健康市场调查、咨询评价、预防管理等应用服务，提升规范化和专业化运营水平。依托现有互联网资源和社会力量，以社区为基础，搭建养老信息服务网络平台，提供护理看护、健康管理、康复照料等居家养老服务。鼓励养老服务机构应用基于移动互联网的便携式体检、紧急呼叫监控等设备，提高养老服务水平。

5. 探索新型教育服务供给方式。鼓励互联网企业与社会教育机构根据市场需求开发数字教育资源，提供网络化教育服务。鼓励学校利用数字教育资源及教育服务平台，逐步探索网络化教育新模式，扩大优质教育资源覆盖面，促进教育公平。鼓励学校通过与互联网企业合作等方式，对接线上线下教育资源，探索基础教育、职业教育等教育公共服务提供新方式。推动开展学历教育在线课程资源共享，推广大规模在线开放课程等网络学习模式，探索建立网络学习学分认定与学分转换等制度，加快推动高等教育服务模式变革。

（七）“互联网+”高效物流

加快建设跨行业、跨区域的物流信息服务平台，提高物流供需信息对接和使用效率。鼓励大数据、云计算在物流领域的应用，建设智能仓储体系，优化物流运作流程，提升物流仓储的自动化、智能化水平和运转效率，降低物流成本。（发展改革委、商务部、交通运输部、网信办等负责）

1. 构建物流信息共享互通体系。发挥互联网信息集聚优势，聚合各类物流信息资源，鼓励骨干物流企业和第三方机构搭建面向社会的物流信息服务平台，整合仓储、运输和配送信息，开展物流全程监测、预警，提高物流安全、环保和诚信水平，统筹优化社会物流资源配置。构建互通省际、下达市县、兼顾乡村的物流信息互联网络，建立各类可开放数据的对接机制，加快完善物流信息交换开放标准体系，在更广范围促进物流信息充分共享与互联互通。

2. 建设深度感知智能仓储系统。在各级仓储单元积极推广应用二维码、无线射频识别等物联网感知技术和大数据技术，实现仓储设施与货物的实时跟踪、网络化管理以及库存信息的高度共享，提高货物调度效率。鼓励应用智能化物流装备提升仓储、运输、分拣、包装等作业效率，提高各类复杂订单的出货处理能力，缓解货物囤积停滞瓶颈制约，提升仓储运管水平和效率。

3. 完善智能物流配送调配体系。加快推进货运车联网与物流园区、仓储设施、配送网点等信息互联，促进人员、货源、车源等信息高效匹配，有效降低货车空驶率，提高配送效率。鼓励发展社区自提柜、冷链储藏柜、代收服务点等新型社区化配送模式，结合构建物流信息互联网络，加快推进县到村的物流配送网络和村级配送网点建设，解决物流配送“最后一公里”问题。

（八）“互联网+”电子商务

巩固和增强我国电子商务发展领先优势，大力发展农村电商、行业电商和跨境电商，进一步扩大电子商务发展空间。电子商务与其他产业的融合不断深化，网络化生产、流通、消费更加普及，标准规范、公共服务等支撑环境基本完善。（发展改革委、商务部、工业和信息化部、交通运输部、农业部、海关总署、税务总局、质检总局、网信办等负责）

1. 积极发展农村电子商务。开展电子商务进农村综合示范，支持新型农业经营主体和农产品、农资批发市场对接电商平台，积极发展以销定产模式。完善农村电子商务配送及综合服务网络，着力解决农副产品标准化、物流标准化、冷链仓储建设等关键问题，发展农产品个性化定制服务。开展生鲜农产品和农业生产资料电子商务试点，促进农业大宗商品电子商务发展。

2. 大力发展行业电子商务。鼓励能源、化工、钢铁、电子、轻纺、医药等行业企业，积极利用电子商务平台优化采购、分销体系，提升企业经营效率。推动各类专业市场线上转型，引导传统商贸流通企业与电子商务企业整合资源，积极向供应链协同平台转型。鼓励生产制造企业面向个性化、定制化消费需求深化电子商务应用，支持设备制造企业利用电子商务平台开展融资租赁服务，鼓励中小微企业扩大电子商务应用。按照市场化、专业化方向，大力推广电子招标投标。

3. 推动电子商务应用创新。鼓励企业利用电子商务平台的大数据资源，提升企业精准营销能力，激发市场消费需求。建立电子商务产品质量追溯机制，建设电子商务售后服务质量检测云平台，完善互联网质量信息公共服务体系，解决消费者维权难、退货难、产品责任追溯难等问题。加强互联网食品药品市场监测监管体系建设，积极探索处方药电子商务销售和监管模式创新。鼓励企业利用移动社交、新媒体等新渠道，发展社交电商、“粉丝”经济等网络营销新模式。

4. 加强电子商务国际合作。鼓励各类跨境电子商务服务商发展，完善跨境物流体系，拓展全球经贸合作。推进跨境电子商务通关、检验检疫、结汇等关键环节单一窗口综合服务体系建设。创新跨境权益保障机制，利用合格评定手段，推进国际互认。创新跨境电子商务管理，促进信息网络畅通、跨境物流便捷、支付及结汇无障碍、税收规范便利、市场及贸易规则互认互通。

（九）“互联网+”便捷交通

加快互联网与交通运输领域的深度融合，通过基础设施、运输工具、运行信息等互联网化，推进基于互联网平台的便捷化交通运输服务发展，显著提高交通运输资源利用效率和管理精细化水平，全面提升交通运输行业服务品质和科学治理能力。（发展改革委、交通运输部共同牵头）

1. 提升交通运输服务品质。推动交通运输主管部门和企业将服务性数据资源向社会开放，鼓励互联网平台为社会公众提供实时交通运行状态查询、出行路线规划、网上购票、智能停车等服务，推进基于互联网平台的多种出行方式信息服务对接和一站式服务。加快完善汽车健康档案、维修诊断和服务质量信息服务平台建设。

2. 推进交通运输资源在线集成。利用物联网、移动互联网等技术，进一步加强对公路、铁路、民航、港口等交通运输网络关键设施运行状态与通行信息的采集。推动跨地域、跨类型交通运输信息互联互通，推广船联网、车联网等智能化技术应用，形成更加完善的交通运输感知体系，提高基础设施、运输工具、运行信息等要素资源的在线化水平，全面支撑故障预警、运行维护以及调度智能化。

3. 增强交通运输科学治理能力。强化交通运输信息共享，利用大数据平台挖掘分析人口迁徙规律、公众出行需求、枢纽客流规模、车辆船舶行驶特征等，为优化交通运输设施规划与建设、安全运行控制、交通运输管理决策提供支撑。利用互联网加强对交通运输违章违规行为的智能化监管，不断提高交通运输治理能力。

（十）“互联网+”绿色生态

推动互联网与生态文明建设深度融合，完善污染物监测及信息发布系统，形成覆盖主要生态要素的资源环境承载能力动态监测网络，实现生态环境数据互联互通和开放共享。充分发挥互联网在逆向物流回收体系中的平台作用，促进再生资源交易利用便捷化、互动化、透明化，促进生产生活方式绿色化。（发展改革委、环境保护部、商务部、林业局等负责）

1. 加强资源环境动态监测。针对能源、矿产资源、水、大气、森林、草原、湿地、海洋等各类生态要素，充分利用多维地理信息系统、智慧地图等技术，结合互联网大数据分析，优化监测站点布局，扩大动态监控范围，构建资源环境承载能力立体监控系统。依托现有互联网、云计算平台，逐步实现各级政府资源环境动态监测信息互联共享。加强重点用能单位能耗在线监测和大数据分析。

2. 大力发展智慧环保。利用智能监测设备和移动互联网，完善污染物排放在线监测系统，增加监测污染物种类，扩大监测范围，形成全天候、多层次的智能多源感知体系。建立环境信息数据共享机制，统一数据交换标准，推进区域污染物排放、空气环境质量、水环境质量等信息公开，通过互联网实现面向公众的在线查询和定制推送。加强对企业环保信用数据的采集整理，将企业环保信用记录纳入全国统一的信用信息共享交换平台。完善环境预警和风险监测信息网络，提升重金属、危险废物、危险化学品等重点风险防范水平和应急处理能力。

3. 完善废旧资源回收利用体系。利用物联网、大数据开展信息采集、数据分析、流向监测，优化逆向物流网点布局。支持利用电子标签、二维码等物联网技术跟踪电子废物流向，鼓励互联网企业参与搭建城市废弃物回收平台，创新再生资源回收模式。加快推进汽车保险信息系统、“以旧换再”管理系统和报废车管理系统的标准化、规范化和互联互通，加强废旧汽车及零部件的回收利用信息管理，为互联网企业开展业务创新和便民服务提供数据支撑。

4. 建立废弃物在线交易系统。鼓励互联网企业积极参与各类产业园区废弃物信息平台建设，推动现有骨干再生资源交易市场向线上线下结合转型升级，逐步形成行业性、区域性、全国性的产业废弃物和再生资源在线交易系统，完善线上信用评价和供应链融资体系，开展在线竞价，发布价格交易指数，提高稳定供给能力，增强主要再生资源品种的定价权。

（十一）“互联网+”人工智能

依托互联网平台提供人工智能公共创新服务，加快人工智能核心技术突破，促进人工智能在智能家居、智能终端、智能汽车、机器人等领域的推广应用，培育若干引领全球人工智能发展的骨干企业和创新团队，形成创新活跃、开放合作、协同发展的产业生态。（发展改革委、科技部、工业和信息化部、网信办等负责）

1. 培育发展人工智能新兴产业。建设支撑超大规模深度学习的新型计算集群，构建包括语音、图像、视频、地图等数据的海量训练资源库，加强人工智能基础资源和公共服务等创新平台建设。进一步推进计算机视觉、智能语音处理、生物特征识别、自然语言理解、智能决策控制以及新型人机交互等关键技术的研发和产业化，推动人工智能在智能产品、工业制造等领域规模商用，为产业智能化升级夯实基础。

2. 推进重点领域智能产品创新。鼓励传统家居企业与互联网企业开展集成创新，不断提升家居产品的智能化水平和服务能力，创造新的消费市场空间。推动汽车企业与互联网企业设立跨界交叉的创新平台，加快智能辅助驾驶、复杂环境感知、车载智能设备等技术产品的研发与应用。支持安防企业与互联网企业开展合作，发展和推广图像精准识别等大数据分析技术，提升安防产品的智能化服务水平。

3. 提升终端产品智能化水平。着力做大高端移动智能终端产品和服务的市场规模，提高移动智能终端核心技术研发及产业化能力。鼓励企业积极开展差异化细分市场需求分析，大力丰富可穿戴设备的应用服务，提升用户体验。推动互联网技术以及智能感知、模式识别、智能分析、智能控制等智能技术在机器人领域的深入应用，大力提升机器人产品在传感、交互、控制等方面的性能和智能化水平，提高核心竞争力。

三、保障支撑

（一）夯实发展基础

1. 巩固网络基础。加快实施“宽带中国”战略，组织实施国家新一代信息基础设施建设工程，推进宽带网络光纤化改造，加快提升移动通信网络服务能力，促进网间互联互通，大幅提高网络访问速率，有效降低网络资费，完善电信普遍服务补偿机制，支持农村及偏远地区宽带建设和运行维护，使互联网下沉为各行业、各领域、各区域都能使用，人、机、物泛在互联的基础设施。增强北斗卫星全球服务能力，构建天地一体化互联网络。加快下一代互联网商用部署，加强互联网协议第6版（IPv6）地址管理、标识管理与解析，构建未来网络创新试验平台。研究工业互联网网络架构体系，构建开放式国家创新试验验证平台。（发展改革委、工业和信息化部、财政部、国资委、网信办等负责）

2. 强化应用基础。适应重点行业融合创新发展需求，完善无线传感网、行业云及大数据平台等新型应用基础设施。实施云计算工程，大力提升公共云服务能力，引导行业信息化应用向云计算平台迁移，加快内容分发网络建设，优化数据中心布局。加强物联网网络架构研究，组织开展国家物联网重大应用示范，鼓励具备条件的企业建设跨行业物联网运营和支撑平台。（发展改革委、工业和信息化部等负责）

3. 做实产业基础。着力突破核心芯片、高端服务器、高端存储设备、数据库和中间件等产业薄弱环节的技术瓶颈，加快推进云操作系统、工业控制实时操作系统、智能终端操作系统的研发和应用。大力发展云计算、大数据等解决方案以及高端传感器、工控系统、人机交互等软硬件基础产品。运用互联网理念，构建以骨干企业为核心、产学研用高效整合的技术产业集群，打造国际先进、自主可控的产业体系。（工业和信息化部、发展改革委、科技部、网信办等负责）

4. 保障安全基础。制定国家信息领域核心技术设备发展时间表和路线图，提升互联网安全管理、态势感知和风险防范能力，加强信息网络基础设施安全防护和用户个人信息保护。实施国家信息安全专项，开展网络安全应用示范，提高“互联网+”安全核心技术和产品水平。按照信息安全等级保护等制度和网络安全国家标准的要求，加强“互联网+”关键领域重要信息系统的安全保障。建设完善网络安全监测评估、监督管理、标准认证和创新能力体系。重视融合带来的安全风险，完善网络数据共享、利用等的安全管理和技术措施，探索建立以行政评议和第三方评估为基础的数据安全流动认证体系，完善数据跨境流动管理制度，确保数据安全。（网信办、发展改革委、科技部、工业和信息化部、公安部、安全部、质检总局等负责）

（二）强化创新驱动

1. 加强创新能力建设。鼓励构建以企业为主导，产学研用合作的“互联网+”产业创新网络或产业技术创新联盟。支持以龙头企业为主体，建设跨界交叉领域的创新平台，并逐步形成创新网络。鼓励国家创新平台向企业特别是中小企业在线开放，加大国家重大科研基础设施和大型科研仪器等网络化开放力度。（发展改革委、科技部、工业和信息化部、网信办等负责）

2. 加快制定融合标准。按照共性先立、急用先行的原则，引导工业互联网、智能电网、智慧城市等领域基础共性标准、关键技术标准的研制及推广。加快与互联网融合应用的工控系统、智能专用装备、智能仪表、智能家居、车联网等细分领域的标准化工作。不断完善“互联网+”融合标准体系，同步推进国际国内标准化工作，增强在国际标准化组织（ISO）、国际电工委员会（IEC）和国际电信联盟（ITU）等国际组织中的话语权。（质检总局、工业和信息化部、网信办、能源局等负责）

3. 强化知识产权战略。加强融合领域关键环节专利导航，引导企业加强知识产权战略储备与布局。加快推进专利基础信息资源开放共享，支持在线知识产权服务平台建设，鼓励服务模式创新，提升知识产权服务附加值，支持中小微企业知识产权创造和运用。加强网络知识产权和专利执法维权工作，严厉打击各种网络侵权假冒行为。增强全社会对网络知识产权的保护意识，推动建立“互联网+”知识产权保护联盟，加大对新业态、新模式等创新成果的保护力度。（知识产权局牵头）

4. 大力发展开源社区。鼓励企业自主研发和国家科技计划（专项、基金等）支持形成的软件成果通过互联网向社会开源。引导教育机构、社会团体、企业或个人发起开源项目，积极参加国际开源项目，支持组建开源社区和开源基金会。鼓励企业依托互联网开源模式构建新型生态，促进互联网开源社区与标准规范、知识产权等机构的对接与合作。（科技部、工业和信息化部、质检总局、知识产权局等负责）

（三）营造宽松环境

1. 构建开放包容环境。贯彻落实《中共中央国务院关于深化体制机制改革加快实施创新驱动发展战略的若干意见》，放宽融合性产品和服务的市场准入限制，制定实施各行业互联网准入负面清单，允许各类主体依法平等进入未纳入负面清单管理的领域。破除行业壁垒，推动各行业、各领域在技术、标准、监管等方面充分对接，最大限度减少事前准入限制，加强事中事后监管。继续深化电信体制改革，有序开放电信市场，加快民营资本进入基础电信业务。加快深化商事制度改革，推进投资贸易便利化。（发展改革委、网信办、教育部、科技部、工业和信息化部、民政部、商务部、卫生计生委、工商总局、质检总局等负责）

2. 完善信用支撑体系。加快社会征信体系建设，推进各类信用信息平台无缝对接，打破信息孤岛。加强信用记录、风险预警、违法失信行为等信息资源在线披露和共享，为经营者提供信用信息查询、企业网上身份认证等服务。充分利用互联网积累的信用数据，对现有征信体系和评测体系进行补充和完善，为经济调节、市场监管、社会管理和公共服务提供有力支撑。（发展改革委、人民银行、工商总局、质检总局、网信办等负责）

3. 推动数据资源开放。研究出台国家大数据战略，显著提升国家大数据掌控能力。建立国家政府信息开放统一平台和基础数据资源库，开展公共数据开放利用改革试点，出台政府机构数据开放管理规定。按照重要性和敏感程度分级分类，推进政府和公共信息资源开放共享，支持公众和小微企业充分挖掘信息资源的商业价值，促进互联网应用创新。（发展改革委、工业和信息化部、国务院办公厅、网信办等负责）

4. 加强法律法规建设。针对互联网与各行业融合发展的新特点，加快“互联网+”相关立法工作，研究调整完善不适应“互联网+”发展和管理的现行法规及政策规定。落实加强网络信息保护和信息公开有关规定，加快推动制定网络安全、电子商务、个人信息保护、互联网信息服务管理等法律法规。完善反垄断法配套规则，进一步加大反垄断法执行力度，严格查处信息领域企业垄断行为，营造互联网公平竞争环境。（法制办、网信办、发展改革委、工业和信息化部、公安部、安全部、商务部、工商总局等负责）

（四）拓展海外合作

1. 鼓励企业抱团出海。结合“一带一路”等国家重大战略，支持和鼓励具有竞争优势的互联网企业联合制造、金融、信息通信等领域企业率先走出去，通过海外并购、联合经营、设立分支机构等方式，相互借力，共同开拓国际市场，推进国际产能合作，构建跨境产业链体系，增强全球竞争力。（发展改革委、外交部、工业和信息化部、商务部、网信办等负责）

2. 发展全球市场应用。鼓励“互联网+”企业整合国内外资源，面向全球提供工业云、供应链管理、大数据分析等网络服务，培育具有全球影响力的“互联网+”应用平台。鼓励互联网企业积极拓展海外用户，推出适合不同市场文化的产品和服务。（商务部、发展改革委、工业和信息化部、网信办等负责）

3. 增强走出去服务能力。充分发挥政府、产业联盟、行业协会及相关中介机构作用，形成支持“互联网+”企业走出去的合力。鼓励中介机构为企业拓展海外市场提供信息咨询、法律援助、税务中介等服务。支持行业协会、产业联盟与企业共同推广中国技术和中国标准，以技术标准走出去带动产品和服务在海外推广应用。（商务部、外交部、发展改革委、工业和信息化部、税务总局、质检总局、网信办等负责）

（五）加强智力建设

1. 加强应用能力培训。鼓励地方各级政府采用购买服务的方式，向社会提供互联网知识技能培训，支持相关研究机构和专家开展“互联网+”基础知识和应用培训。鼓励传统企业与互联网企业建立信息咨询、人才交流等合作机制，促进双方深入交流合作。加强制造业、农业等领域人才特别是企业高层管理人员的互联网技能培训，鼓励互联网人才与传统行业人才双向流动。（科技部、工业和信息化部、人力资源社会保障部、网信办等负责）

2. 加快复合型人才培养。面向“互联网+”融合发展需求，鼓励高校根据发展需要和学校办学能力设置相关专业，注重将国内外前沿研究成果尽快引入相关专业教学中。鼓励各类学校聘请互联网领域高级人才作为兼职教师，加强“互联网+”领域实验教学。（教育部、发展改革委、科技部、工业和信息化部、人力资源社会保障部、网信办等负责）

3. 鼓励联合培养培训。实施产学合作专业综合改革项目，鼓励校企、院企合作办学，推进“互联网+”专业技术人才培训。深化互联网领域产教融合，依托高校、科研机构、企业的智力资源和研究平台，建立一批联合实训基地。建立企业技术中心和院校对接机制，鼓励企业在院校建立“互联网+”研发机构和实验中心。（教育部、发展改革委、科技部、工业和信息化部、人力资源社会保障部、网信办等负责）

4. 利用全球智力资源。充分利用现有人才引进计划和鼓励企业设立海外研发中心等多种方式，引进和培养一批“互联网+”领域高端人才。完善移民、签证等制度，形成有利于吸引人才的分配、激励和保障机制，为引进海外人才提供有利条件。支持通过任务外包、产业合作、学术交流等方式，充分利用全球互联网人才资源。吸引互联网领域领军人才、特殊人才、紧缺人才在我国创业创新和从事教学科研等活动。（人力资源社会保障部、发展改革委、教育部、科技部、网信办等负责）

（六）加强引导支持

1. 实施重大工程包。选择重点领域，加大中央预算内资金投入力度，引导更多社会资本进入，分步骤组织实施“互联网+”重大工程，重点促进以移动互联网、云计算、大数据、物联网为代表的新一代信息技术与制造、能源、服务、农业等领域的融合创新，发展壮大新兴业态，打造新的产业增长点。（发展改革委牵头）

2. 加大财税支持。充分发挥国家科技计划作用，积极投向符合条件的“互联网+”融合创新关键技术研发及应用示范。统筹利用现有财政专项资金，支持“互联网+”相关平台建设和应用示范等。加大政府部门采购云计算服务的力度，探索基于云计算的政务信息化建设运营新机制。鼓励地方政府创新风险补偿机制，探索“互联网+”发展的新模式。（财政部、税务总局、发展改革委、科技部、网信办等负责）

3. 完善融资服务。积极发挥天使投资、风险投资基金等对“互联网+”的投资引领作用。开展股权众筹等互联网金融创新试点，支持小微企业发展。支持国家出资设立的有关基金投向“互联网+”，鼓励社会资本加大对相关创新型企业的投资。积极发展知识产权质押融资、信用保险保单融资增信等服务，鼓励通过债券融资方式支持“互联网+”发展，支持符合条件的“互联网+”企业发行公司债券。开展产融结合创新试点，探索股权和债权相结合的融资服务。降低创新型、成长型互联网企业的上市准入门槛，结合证券法修订和股票发行注册制改革，支持处于特定成长阶段、发展前景好但尚未盈利的互联网企业在创业板上市。推动银行业金融机构创新信贷产品与金融服务，加大贷款投放力度。鼓励开发性金融机构为“互联网+”重点项目建设提供有效融资支持。（人民银行、发展改革委、银监会、证监会、保监会、网信办、开发银行等负责）

（七）做好组织实施

1. 加强组织领导。建立“互联网+”行动实施部际联席会议制度，统筹协调解决重大问题，切实推动行动的贯彻落实。联席会议设办公室，负责具体工作的组织推进。建立跨领域、跨行业的“互联网+”行动专家咨询委员会，为政府决策提供重要支撑。（发展改革委牵头）

2. 开展试点示范。鼓励开展“互联网+”试点示范，推进“互联网+”区域化、链条化发展。支持全面创新改革试验区、中关村等国家自主创新示范区、国家现代农业示范区先行先试，积极开展“互联网+”创新政策试点，破除新兴产业行业准入、数据开放、市场监管等方面政策障碍，研究适应新兴业态特点的税收、保险政策，打造“互联网+”生态体系。（各部门、各地方政府负责）

3. 有序推进实施。各地区、各部门要主动作为，完善服务，加强引导，以动态发展的眼光看待“互联网+”，在实践中大胆探索拓展，相互借鉴“互联网+”融合应用成功经验，促进“互联网+”新业态、新经济发展。有关部门要加强统筹规划，提高服务和管理能力。各地区要结合实际，研究制定适合本地的“互联网+”行动落实方案，因地制宜，合理定位，科学组织实施，杜绝盲目建设和重复投资，务实有序推进“互联网+”行动。（各部门、各地方政府负责）

国务院

2015年7月1日

国务院办公厅关于促进进出口稳定增长的若干意见

国办发[2015]55号

各省、自治区、直辖市人民政府，国务院各部委、各直属机构：

推进新一轮更高水平对外开放，是经济提质增效升级的重要支撑。要进一步推动对外贸易便利化，改善营商环境，为外贸企业减负助力，促进进出口稳定增长，培育国际竞争新优势。为此，经国务院同意，现提出如下意见：

一、坚决清理和规范进出口环节收费

深入开展全国范围内的涉企收费集中整治专项行动。对依法合规设立的进出口环节行政事业性收费、政府性基金以及实施政府定价或指导价的经营服务性收费实行目录清单管理，未列入清单的一律按乱收费查处。加大对取消收费项目落实情况的督查力度，形成外贸企业松绑减负长效机制，防止乱收费问题反弹。增强口岸查验针对性和有效性，对查验没有问题的免除企业吊装、移位、仓储等费用，此类费用由中央财政负担；对有问题的企业依法加大处罚力度。（发展改革委、工业和信息化部、财政部、交通运输部根据各自职责分别牵头）

二、保持人民币汇率在合理均衡水平上基本稳定

完善人民币汇率市场化形成机制，扩大人民币汇率双向浮动区间。进一步提高跨境贸易人民币结算的便利化水平，扩大结算规模。研究推出更多避险产品，帮助企业规避汇率风险，减少汇兑损失。（人民银行、外汇局负责）

三、加大出口信用保险支持力度

进一步扩大短期出口信用保险规模，加大对中小微企业及新兴市场开拓的支持力度。实现大型成套设备出口融资保险应保尽保，进一步简化程序。（财政部、商务部、进出口银行、中国出口信用保险公司负责）

四、加快推进外贸新型商业模式发展

抓紧落实《国务院办公厅关于促进跨境电子商务健康快速发展的指导意见》（国办发[2015]46号）。积极推进中国（杭州）跨境电子商务综合试验区建设。抓紧启动扩大市场采购贸易方式试点工作，将江苏海门叠石桥国际家纺城、浙江海宁皮革城列入试点范围。制订支持外贸综合服务企业发展的政策措施。2015年底前提出进一步扩大相关试点范围和推广外贸新型商业模式的方案，于2016年初开始实施。（商务部、发展改革委、财政部、海关总署、税务总局、工商总局、质检总局、外汇局负责）

五、继续加强进口工作

扩大优惠利率进口信贷覆盖面，将《鼓励进口技术和产品目录》纳入支持范围。2015年7月底前调整出台《鼓励进口技术和产品目录》，相应调整进口贴息政策支持范围，促进国内产业升级。完善消费品进口相关政策，对部分国内需求较大的日用消费品开展降低进口关税试点，适度增设口岸进境免税店，合理扩大免税品种，增加一定数量的免税购物额，丰富国内消费者购物选择。（商务部、发展改革委、财政部、工业和信息化部、海关总署、税务总局、质检总局、进出口银行负责）

六、进一步提高贸易便利化水平

进一步简政放权，提高服务效率。进一步落实出口退税企业分类管理办法，加快出口退税进度，确保及时足额退税。提高口岸通关效率，强化跨部门、跨地区通关协作，加快推进形成全国一体化通关管理格局。加快复制推广自由贸易试验区的贸易便利化措施，在沿海各口岸开展国际贸易“单一窗口”试点。（海关总署、税务总局、质检总局、商务部、财政部、交通运输部、外汇局负责）

七、切实改善融资服务

加大对有订单、有效益企业的融资支持。鼓励采取银团贷款、混合贷款、项目融资等方式支持企业开拓国际市场，开展国际产能合作，推动中国装备“走出去”。支持金融机构开展出口退税账户托管贷款等融资业务。鼓励商业银行按照风险可控、商业可持续原则开展出口信用保险保单融资业务。大力拓展外汇储备委托贷款平台业务，继续扩大外汇储备委托贷款规模和覆盖范围，进一步推进外汇储备多元化运用。在宏观和微观审慎管理框架下，稳步放宽境内企业人民币境外债务融资，进一步便利跨国企业开展人民币双向资金池业务。（人民银行、银监会、财政部、商务部、外汇局、进出口银行、中国出口信用保险公司负责）

各地区、各部门要进一步提高认识，更加重视外贸工作，加强组织领导，顾全大局，增强工作主动性、针对性和有效性。要深化与“一带一路”沿线国家的经贸合作，突出创新驱动，切实加大稳增长政策落实力度，共同推动对外贸易平稳健康发展。各地区要结合实际主动作为，多措并举，促进本地区对外贸易稳定增长和转型升级。各部门要根据本意见制订具体工作方案，并进一步在简化手续、减免收费等方面加力增效，用便利和稳定增长的进出口助力经济发展。商务部要加强指导、督促检查，确保各项政策措施落实到位。

国务院办公厅

2015 年 7 月 22 日

福建省人民政府办公厅关于印发福建省小微企业贷款保证保险试点方案的通知

闽政办[2015]28号

各设区市人民政府、平潭综合实验区管委会，省人民政府各部门、各直属机构，各大企业，各高等院校，各有关金融单位：

《福建省小微企业贷款保证保险试点方案》已经省人民政府研究同意，现印发给你们。小微企业贷款保证保险先在福州、泉州、三明市开展试点，积累经验后再逐步推广。试点过程中遇到的有关问题，请及时反馈我厅。

福建省人民政府办公厅

2015年2月14日

福建省小微企业贷款保证保险试点方案

为贯彻落实《国务院关于加快发展现代保险服务业的若干意见》（国发[2014]29号）、《国务院办公厅关于多措并举着力缓解企业融资成本高问题的指导意见》（国办发[2014]39号）以及《保监会工业和信息化部商务部人民银行银监会关于大力发展信用保证保险服务和支持小微企业的指导意见》（保监发[2015]6号）等文件精神，大力推进银行、保险业更好地支持小微企业发展，结合我省实际，提出如下试点方案：

一、总则

小微企业贷款保证保险（以下简称小贷险）是指小微企业为满足生产经营融资需求，与保险公司签订以银行为受益人的贷款保证保险合同并以此为主要增信方式与银行签订借款合同获得流动性贷款，在发生小微企业未按约定履行还贷义务且银行追索未果等保险合同约定事由时，由保险公司按保险合同约定承担大部分银行贷款损失赔偿责任的业务。

本方案所称小微企业是指符合《工业和信息化部国家统计局国家发改委财政部关于印发中小企业划型标准规定的通知》（工信部联企业[2011]300号）规定的各种所有制小微企业（包括农业种养殖大户、个体工商户等）。

（一）试点原则

1.政府引导、市场运作。由省级政府相关部门牵头、相关设区市政府配合，引导商业银行和保险公司共同参与，以市场化方式开展小贷险试点工作。

2.规范管理、风险共担。加强小贷险业务监管，规范试点金融机构的运营和小微企业的资金管理，贷款资金只能用于满足生产过程中合理的流动资金需要，不得用于消费及其他用途，也不得转借他人；建立健全风险分散和管理机制，对小贷险的业务风险由参与各方共同承担。

（二）参与机构

选择若干愿意履行社会责任、审批流程短、接受本方案条款、有意愿开展小贷险试点的商业银行和保险公司开展此项业务。参与试点的银行与保险公司根据本方案，一对一协商签订合作协议并报试点市金融工作机构备案。鼓励试点保险公司结成共保体，与试点银行开展合作。

（三）工作机制

省金融办和福建保监局牵头，人行、银监、经信、财政、农业、林业、海洋渔业、工商、统计、司法、宣传等部门配合，试点金融机构各司其职、协同配合，共同推动试点工作有效开展。

二、业务管理

（一）满足以下条件的小微企业，可以申请小贷险：

1. 在试点区域内工商管理部门注册登记（农业种养殖大户除外）；有固定经营场所，一年以上经营状况正常；

2. 生产经营符合国家政策、产业导向，产品有市场、有发展潜力；

3. 资信良好，有偿还债务能力，无违法行为；

4. 农业种养殖大户从事土地承包经营或规模养殖满 2 年以上；

5. 试点保险公司和银行规定的其他条件。

（二）小贷险单户贷款金额实行差别上限：试点前两年，小微企业单户贷款金额不超 300 万元，其中农业种养殖大户不超 100 万元，个体工商户不超 150 万元。试点第三年，相应额度在原有基础上可再调高 20%。

（三）小贷险融资成本由银行贷款利率、保证保险费率及附加性保险费率三部分组成，经办金融机构可根据小微企业实际风险与资信状况在如下限额内实行差别利（费）率，但不得收取除保险费和贷款利息以外任何形式的其他费用。

1. 银行贷款利率，上浮不超同期基准利率的 30%；

2. 贷款保证保险费率，不超 2.5%（年化费率）；

3. 附加小微企业主个人意外伤害保险费率，不超 0.1%（年化费率）。

（四）小贷险保险期限与贷款期限相同，不超一年。采取分期或到期一次性偿还本金的还贷方式；利息采取按月或按季收取。

三、运作流程

（一）小微企业可向试点银行或保险公司提出小贷险申请，并按要求附送相关材料试点银行和保险公司在各自职权范围内共同审查，并向小微企业提供相关业务咨询和告知。审查结果由首次受理的银行或保险机构第一时间通知小微企业。

（二）小微企业接到资格审查批准通知后，应先向试点保险公司投保相应保险并交清保费，保险公司给予出具相应的保险合同。小微企业获试点保险公司出具的保险合同后，与试点银行签订借款合同，银行给予放贷。

（三）试点期间，从受理申请到贷款发放一般不超过 10 个工作日。试点银行与保险公司应紧密合作，共同优化操作流程，提高审贷、放贷效率。

（四）贷款期满后，小微企业可向试点银行或保险公司提出续贷续保申请，试点银行和保险公司应按有关续贷政策简化办理手续。

四、风险监管

（一）试点银行对贷款实施全过程风险管控。银行工作人员要根据授信尽职要求，从客户申请受理、贷前调查、贷中分析决策、贷后跟踪管理、逾期催收等各个环节，全程严格把好小额贷款授信的质量关。

（二）试点保险公司成立小贷险专门管理中心，承担保险方尽职调查、风险审核、贷后管理、理赔追偿、培训宣传、市场拓展等职责。

（三）小贷险贷款发放后，试点银行和保险公司应按照各自的管理规定，加强对小微企业日常经营活动的跟踪检查：核实贷款用途的真实性，对小微企业未按约定用途使用资金的，试点银行有权采取宣布贷款提前到期、提前收回贷款等风险控制措施；核实小微企业还贷能力，试点银行对小微企业经营困难发生不能按期还本付息的，采取措施保全或清收；对因小微企业主发生意外而造成企业无法按约定还款的，保险公司应按照个人意外保险合同约定将赔付资金优先支付给第一受益人即贷款银行，偿还小微企业所欠银行贷款。

（四）试点银行与保险公司应于每月 5 日前向省金融办和试点市金融工作机构报送上一个月贷款数据及赔付数据。贷款逾期率超过 3%时，暂停新增业务办理，经整改并报试点市金融工作机构同意后，可重启新增业务办理。

（五）试点市金融工作机构协调当地公安、法院、人行、工商、人社等部门建立联合追偿机制和失信惩戒机制。对保险公司代位追偿欠款案件开辟“绿色通道”，必要时可委托第三方追偿，全力维护金融债权。追偿款及相关追偿费用根据银保合作双方风险损失比例进行分摊。对失信小微企业主采取必要的限制措施，并将其失信信息纳入人民银行征信系统。依法严厉打击小微企业拖欠、逃废金融债务的行为。

五、风险分担及补偿政策

（一）试点银行与保险公司按 3∶7 承担贷款本金风险，贷款利息损失由银行全额承担。在保险期间内，投保人连续三个月完全未履行借款合同约定的还款义务，或借款合同到期后 30 日投保人仍未履行偿还本金的义务，银行追索未果的，可向保险公司提出索赔，保险公司应在收到银行索赔申请后 10 个工作日向银行进行理赔。试点运行稳定后，可视情况调整银保双方风险分担比例。

（二）建立小贷险风险补偿基金。试点期间，省财政首期安排 2000 万元，试点市按 1∶1 配套共同组成小贷险风险补偿基金（风险补偿亦按 1∶1 分担）。小贷险风险补偿基金对试点保险公司保单承保年度内赔付超过实收保费 60%的部分给予逐笔补助：单笔金额在 100 万元（含）以内的，补助金额按照不超过风险损失的 90%计；超过 100 万元的部分，按照不超过风险损失的 70%计。单个试点市在试点期间，以最高 2000 万元为限，承担风险补偿责任。符合条件的补助每半年由保险公司与小贷险风险补偿基金结算一次。经小贷险风险补偿基金补助后发生的追偿所得，在扣除追索费用后，应按原补助比例在下次结算时返还小贷险风险补偿基金。

六、附则

（一）首批试点市试点期限 3 年，扩大试点由省金融办会同福建保监局商相关市确定。

（二）本方案由省金融办负责解释。试点市可结合具体情况，对本地区试点方案进行调整，并报省金融办备案。

福建省人民政府关于加快互联网经济发展十条措施的通知

闽政[2015]10号

各市、县（区）人民政府，平潭综合实验区管委会，省人民政府各部门、各直属机构，各大企业，各高等院校：

当前，全球互联网经济迎来加速发展的新时期，突破性技术创新层出不穷，革命性商业变革此起彼伏，成为最具活力的经济形态和创新先导。为大力发展互联网经济，主动适应新常态，培育增长新动力，加快建设机制活、产业优、百姓富、生态美的新福建，现提出以下措施：

一、坚持规划引领

抓住中央支持福建加快发展、建设海上丝绸之路核心区、设立自贸区的重大机遇，依托数字福建总体战略，科学编制互联网经济发展规划，充分发挥区位、产业、平台、政策等综合优势，把发展互联网经济作为实施创新驱动和打造经济升级版的重要支撑。坚持“造网”和“用网”齐头并举、改造传统和培育新型同步发展、消费互联网和产业互联网双轮驱动、政府引导和企业主体共同发力、优化创业环境和强化安全保障协调推进，推动互联网经济成为科学发展跨越发展的新引擎、新支点。到2016年，全面夯实发展基础，健全互联网经济生态圈，各领域建成一批互联网平台。到2018年，培育一批具有全国影响力的互联网企业，建成一批产业集中区，产业集群效应凸显。到2020年，培育一批知名互联网龙头企业，互联网经济年均增长率25%以上，总规模超过4000亿元。

二、突出发展重点

（一）电子商务

加快推进海峡两岸电子商务经济合作实验区和电子商务示范城市、示范体系建设。重点发展跨境电商，健全跨境电商公共平台和服务体系，推动传统外贸企业向跨境电商转型，支持有条件的设区市创建国家跨境电商试点城市。加快建设一批特色闽货网上专业市场，重点培育、整合一批面向全国、覆盖全产业链的行业垂直电商平台。推动传统商贸业深化电商应用，实现线上线下深度融合。

（二）物联网产业

加强射频识别、传感元器件、北斗终端、基带芯片、无线传感器网络等技术攻关，加快物联网产业园建设，提升智能终端产业水平和规模。优先发展车联网、船联网、智能家居、人体感知、智慧城市等集成应用，深度推进环境监测、基础设施等重点领域应用。

（三）智慧云服务

建设交通、旅游、教育、健康、医疗、环境、城市、社区，以及广电高清电视等智慧应用云平台，构建“平台+应用+终端+内容”、网络化运营的现代服务业。抢先发展网络教育、网络医疗、智慧旅游、养老服务。开发建设经贸、科技、舆情、金融、视频、健康等大数据平台，推动政务、生产、流通、公用事业等领域大数据应用，发展商业智能、机器学习和大数据产业。

（四）文创媒体

壮大厦门、福州、泉州游戏动漫产业，做强三大运营商动漫产业基地，增强创新集聚能力。加快文化遗产和文化旅游资源数字化，发展数字阅读、网络视听、数字影视、数字出版等新兴媒体，支持主流媒体向全媒体转型，加速发展移动媒体和分发服务，支持互联网龙头企业在我省建设阅读、游戏、视听和应用分发基地，发展福建特色数字文化产品。

（五）互联网金融

加快申请全国性网络支付牌照，发展在线支付、电子支付、跨境支付和移动支付等，建设互联网金融服务平台，重点发展网络支付、网贷和股权众筹融资，支持发展网络保险、网络基金、网络彩票等，创新“B2B+P2P+征信服务”三位一体金融服务模式。支持省内金融机构开展互联网金融业务。

（六）工业互联网

推进两化深度融合，推动基于互联网的全流程生产协同和综合集成，建设一批工业互联网行业协同平台，基本覆盖各工业领域的企业。推进“机联网”“厂联网”，发展智能制造，加快数控一代、工业自动化通用技术、信息物理融合系统等平台建设，打造工业4.0。

（七）农业互联网

建设农村电商公共平台，大力发展农产品电商。建设农产品质量和食品安全信息平台。促进生物芯片等先进技术的研究和应用。推动节水、节药、节肥、节劳力、测土施肥、可视化远程诊断、远程控制、灾变预警等农业互联网应用。

（八）互联网基础服务

发展面向不同应用和人群、各具特色的垂直社交网络。加快健全和推广数字证书、电子取证、电子缴费、电子票据、电子阅读、版式文件、数据集中管控等互联网基础平台，积极拓展移动互联网、智能仿真、虚拟化场景等新的基础服务产品，抢占互联网服务新领域。

三、加大专项扶持

（九）强化资金扶持

2015-2017年每年统筹不少于5亿元的省级互联网经济引导资金，其中，整合省级现有相关专项资金不少于2亿元，省级预算新增安排3亿元。其他未纳入整合的相关专项资金也要向互联网经济倾斜。引导资金集中用于支持互联网基础设施提升、公共平台建设、公共服务补助、政府购买服务、重点孵化项目、人才引进培养、龙头企业引进培育、初创企业补助、创业启动资金扶持、市场开拓等。整合的专项资金由省级各有关部门按现有管理办法执行，省级新增引导资金使用管理办法由省财政厅会同省发改委、数字办制定。

责任单位：省财政厅、发改委、数字办、经信委、商务厅、科技厅、省委人才办、省人社厅、教育厅等

（十）强化创业扶持

加快构建“众创空间”互联网创业服务平台，促进创业者与市场充分对接，推动大众创业、万众创新。省级新增引导资金采取资金资助、融资担保等方式，每年扶持一批重点孵化项目；所在地政府为每个企业（项目）提供不少于100平方米工作场所和100平方米人才公寓，三年内免收租金。每年举办互联网创业大赛，省级新增引导资金每年安排500万元奖励竞赛优胜者。

责任单位：省财政厅、发改委、数字办，各设区市政府、平潭综合实验区管委会

（十一）强化研发扶持

经认定的互联网企业研究开发费用，未形成无形资产计入当期损益的，在按规定据实扣除的基础上，再按研究开发费用的50%加计扣除；形成无形资产的，按无形资产成本的150%摊销。对经税务部门核定的研发投入占销售收入比重超过10%且年研发投入超过1000万元的企业，省科技厅按研发投入超过10%以上的部分予以50%后补助，年补助最高100万元，每个企业累计补助最高150万元。互联网企业符合规定的固定资产，参照《关于完善固定资产加速折旧企业所得税政策的通知》（财税[2014]75号）享受加速折旧企业所得税优惠政策。

责任单位：省科技厅、国税局、地税局、财政

厅，各设区市政府、平潭综合实验区管委会

四、创新融资服务

（十二）大力发展创业投资

在省新兴产业创投引导基金下设立不少于10亿元互联网经济子基金，有条件的设区市应在2016年底前设立相应基金。对投入互联网企业的省、市创投引导基金，在确保财政性股权本金安全的前提下，允许财政性资金收益劣后并将收益作为滚存投入，给予基金管理公司特别奖励，以吸引社会资本及国外创投机构参与。创投机构投资互联网企业从产生收益年度起，按照互联网企业发展贡献程度，由所在地政府给予两年资助，最高资助额不超过创投机构投资额，以鼓励创投机构加大对互联网企业的投入。

责任单位：省财政厅、金融办，各设区市政府、平潭综合实验区管委会，省投资集团

（十三）加大增信增贷扶持

政府支持的担保公司要加大对互联网企业融资担保支持力度；对各地政府支持的担保公司开展的互联网企业担保业务，省再担保公司可适当提高再担保代偿比例。“万家小微成长贷”“小微企业保证保险贷款”等应优先向互联网企业倾斜。省内地方法人银行应主动适应互联网企业需求，创新互联网企业金融产品，全面推行“无间贷”“连连贷”等无还本续贷产品，降低企业融资成本。对重大互联网产业项目和基础设施建设项目，鼓励银行业金融机构采取银团贷款等模式给予支持。

责任单位：省金融办、财政厅、经信委，驻闽各金融机构

（十四）扩大直接融资规模

培育有条件的互联网企业作为重点上市后备企业，鼓励各类私募基金和风投资金提前介入互联网企业，积极指导和创造上市融资条件。鼓励中小互联网企业在海峡股权交易中心挂牌融资，积极推动与全国中小企业股份转让系统对接；对实现股权融资的企业，省经信委在挂牌当年给予每家30万元奖励。省、市小微企业发债增信资金池首先支持互联网企业发债，降低互联网企业发债成本。

责任单位：省金融办、发改委、财政厅、经信委

五、加强人才建设

（十五）引进培育聚集领军人才（团队）

将互联网经济人才（团队）纳入省人才工作重点和全省急需紧缺人才引进目录；针对台湾人才特点，在职称评审等方面开辟绿色通道。鼓励互联网经济人才（团队）参加省“海纳百川”高端人才聚集计划评选。研究制定互联网高层次人才评价认定办法，对按程序和公布标准确认的高层次人才，参照自贸区高层次人才支持办法给予支持。凡在国内外知名互联网企业或机构（近三年营业收入行业排名国际前30名或国内前20名）有三年以上工作经历且担任中高级以上职务、带项目来我省创业的管理人员或核心技术人员（团队），由省委人才办按企业发展规模和创新水平，从省级新增引导资金中给予30万-100万元的创业资金支持，并可根据情况连续支持。按照加强自贸区人才工作的政策措施，推进和引导互联网经济企业设立首席信息官岗位，重奖有突出贡献的互联网经济创新人才。

责任单位：省委人才办、省人社厅、财政厅，各设区市政府、平潭综合实验区管委会

（十六）加强互联网教育培训

鼓励高等和职业（技工）院校加强互联网经济相关专业教育和实用型人才培养，推行教产研结合培养模式。鼓励互联网龙头企业设立培训机构，或与科研院所（校）合作建立教育实践基地，由省教育厅认定验收后，一次性给予50万-100万元奖励。到2017年，全省培训互联网经济创业、从业人员40万人，省人社厅按照规定给予培训经费补助。

责任单位：省人社厅、教育厅、财政厅，各设区市政府、平潭综合实验区管委会

六、完善基础设施

（十七）网络设施

“十三五”期间，开通国家级互联网骨干直联点和区域国际互联网转接点，实现运营商网络本地高速交换，大幅度降低网络时延，满足业务竞争和海外布局需要；加强农村、欠发达地区和公益行业光纤网络覆盖和宽带接入，所需省级补助资金由省级新增引导资金安排。深入实施宽带中国战略，提升宽带网络速度，尽快实现上下行同速，支撑数字家庭、智慧城市等物联网深度应用；以政府补贴或购买服务等方式，支持公共场所提供免费无线宽带服务。加快下一代广播电视网建设。

责任单位：省通信管理局，各设区市政府、平潭综合实验区管委会，各电信运营商、省广电网络集团

（十八）数据中心

支持央企、省属大型企业等在大数据产业重点园区建设基于云计算的数据中心，并由数据中心提供低成本、高可靠的云计算服务。鼓励重点扶持的互联网企业购买大数据产业重点园区的数据中心服务，按企业每年租用数据中心服务费用的30%予以补助，单个企业年补助额度最高不超过30万元。由省数字办审核并与数据中心运营商清算，所需资金由省级新增引导资金安排。

责任单位：省发改委、数字办、财政厅，数字福建（长乐）产业园、中国国际信息技术（福建）产业园，省电子信息集团、各电信运营商

（十九）公共平台

加强位置服务、物联网、识别能力、视频能力、数据应用、电子取证、电子缴费、电子票据、网络安全预警、协同应用、创新研发、数据集中管控、测试等基础平台建设。对企业投资超过 1000 万元以上的重点公共平台，经省发改委、数字办认定后给予一次性 300 万元资金补助。

责任单位：省发改委、数字办、财政厅、经信委，省电子信息集团

（二十）物流网络

开展电商与物流协同试点，加快推进智能快递箱（柜）进社区、办公区，完善物流末端配送网络，重点扶持 2-3 家企业尽快覆盖全省市场。发展航空港口货运航线，由所在地政府给予始发的国际国内定期货运航线一定补助，扩大通往世界各地邮路通道，支持邮政企业、快递企业参与跨境电商。支持大型物流企业建立物流枢纽仓储、快件分拨中心，实现仓配一体化，增强物流支撑能力。

责任单位：省经信委、商务厅、交通运输厅、住建厅、邮政管理局，福州市、厦门市政府

七、强化市场带动

（二十一）开放数据资源

加快建设统一的数据资源网，推动公共信息资源向社会开放，鼓励增值开发利用。2015 年，先行开放交通出行、医疗健康、教育文化、食品安全、空间位置、资格资质、经济统计、产品质量等与改善公共服务和支撑经济发展密切相关的数据资源，并逐步扩大开放范围数量，加速数据流动，同时优先向重点推广的各类平台开放。

责任单位：省发改委、数字办

（二十二）加大服务采购

加快制定政府和企业信息化服务采购政策，普遍推行基于云计算和公共服务平台的信息服务外包，大幅减少政府和企业自建数据中心，减少自建应用系统。2015 年起，由省发改委、数字办每年安排一批政务数据采集、平台建设、资源开发项目，委托本省互联网企业建设，所需资金由省级新增引导资金安排；省经信委每年安排一批两化融合公共平台委托本省互联网企业建设并购买服务。

责任单位：省发改委、数字办、财政厅、经信委、商务厅

（二十三）扩大信息消费

按照“企业出一点、政府补一点、平台让一点”，普遍推广企业信息化基础应用，整体提高企业信息化利用水平，所需省级补助资金由省经信委负责。加强居民信息消费引导，推广移动互联网和数字家庭，丰富信息产品供给；加快提高农村信息消费水平，推进省级信息进村入户，开展公益服务、便民服务、电子商务、培训体验服务，实现信息精准到户、服务方便到村。加强欠发达地区电子政务建设，大力推广政务大数据应用，提高政务应用服务水平。

责任单位：省经信委、农业厅、通信管理局、发改委、数字办

八、引进培育龙头

（二十四）引进行业龙头企业

创新招商模式，推进以数据开发换项目、以平台建设招项目、以投资模式创新引项目，大力引进阿里、百度、腾讯、新浪、小米、京东、360 等互联网龙头企业。推动龙头企业优先向我省开放平台接口、数据资源和市场渠道，优先在我省建立培训或创业基地，可参照有关支持政策奖励。对新引进实际到位资本金达到 5000 万元以上、位居行业相关细分领域前 5 名、具有核心技术或创新模式的龙头企业给予总部政策扶持，依据产业水平和贡献程度等情况，由所在地政府一次性给予 300 万元以内的落户奖励。对取得中国人民银行《支付业务许可证》的第三方网络支付平台在闽设立全国性总部的，由省商务厅给予 300 万元落户奖励。

责任单位：省发改委、数字办、财政厅、商务厅、经信委、金融办，各设区市政府、平潭综合实验区管委会，省电子信息集团

（二十五）培育省内骨干企业

支持有较强市场和技术实力的本省互联网平台（产品）纳入数字福建建设重点，加大购买服务力度，加快向全省推广和提供服务。加强资源整合，以特许经营等方式将公共服务平台、公共信息资源优先委托省内企业运营开发，实现“一行业一平台，一平台一公司”，力争催生一批行业龙头。支持省内企业参加境外互联网专业展会，省商务厅优先予以支持；企业所在地政府按照不超过展位费 50%的标准给予补助。企业参与省外招标项目中标，单个中标合同金额 600 万元以上的，按合同金额 3%给予奖励，中标及省级新增配套采购奖励单个项目不超过 200 万元，单家企业年度奖励不超过 300 万元，所需资金由省经信委负责。对年营业收入首次超过 4000 万元和 10000 万元的互联网企业，由省级新增引导资金分别给予 50 万元和 100 万元的奖励，其中工业企业应用电子商务开拓市场，由省商务厅安排。对龙头企业在总部建设用地等方面给予优先保障。

责任单位：省发改委、数字办、商务厅、经信委、财政厅、国土厅，各设区市政府、平潭综合实验区管委会

九、推进产业集聚

（二十六）整合建立产业集中区

各县（市、区）要规划建设与当地经济发展相匹配的互联网产业园、互联网孵化器（含创业园、电商楼宇，下同）等，力争到 2017 年每个设区市建成 1-2 个功能完善的互联网经济集中区。经省发改委、商务厅、数字办认定的互联网经济集中区，参照执行开发区政策，享受相关优惠。互联网孵化器由省科技厅认定，并享受相关政策支持，达到国家科技企业孵化器标准的，由省科技厅推荐上报国家科技部；新建孵化器每平方米补助 100 元，最高不超过 100 万元，扩建孵化器每平方米补助不超过 50 元。现有软件园要推动园区载体资源和公共平台

向互联网企业倾斜，积极引导软件企业适应互联网经济需求，加快产品、业态、服务转型，对支撑转型的公共平台或有发展潜力的新产品、新业态、新模式，由省经信委予以适当经费支持。支持发展民营互联网创业孵化基地或高校毕业生创业孵化基地，纳入中小企业服务体系或高校毕业生就业创业服务体系建设支持范畴；吸纳创业主体超过 20 户以上的，省人社厅一次性给予不超过 100 万元的奖励。支持建设农村互联网创业园，为农村网商提供网站建设、仓储配送、网络技术等服务，从业人数达到 100 人以上的，省人社厅一次性给予 20 万元奖励。鼓励工业企业改造现有厂房，兴办互联网经济孵化器、集中区或电商园区，可不办理土地用途变更手续，不增收土地出让价款。新建互联网经济集中区优先列入建设规划、优先予以用地保障，符合条件的建设项目优先纳入省重点项目管理。

责任单位：省经信委、发改委、数字办、科技厅、国土厅、财政厅、人社厅、商务厅，各设区市政府、平潭综合实验区管委会

（二十七）加快建设大数据重点产业园区

加快数字福建（长乐）产业园、中国国际信息技术（福建）产业园政策落实、招商选资和建设应用，支持全面拓展互联网经济，突出基于云计算数据中心功能，作为全省互联网经济主要承载基地；突出发展政务、金融、电商、物流、健康、新媒体及物联网、北斗卫星等互联网和大数据应用产业，积极发展云服务外包和国际业务。

责任单位：福州、泉州市政府，长乐市、安溪县政府

（二十八）引导企业集聚发展

对入驻政府投资建设、经认定的互联网产业孵化器、集中区或大数据重点园区的重点互联网企业用房，由所在地政府给予 2-5 年的房租减免；对租用非政府投资建设的，给予不超过 30 元/平方米/月的房租补贴。

责任单位：各设区市政府、平潭综合实验区管委会

十、优化发展环境

（二十九）简化行政审批

允许企业名称登记、经营范围使用体现互联网经济特征的用语，支持互联网金融企业办理工商登记。简化省内增值电信业务经营、网络文化经营、软件企业认定等许可证的申办及年检，以及互联网企业上市改制重组等相关手续的审批流程。财政资助建设的科技孵化器运营单位优先安排互联网企业入驻科技企业孵化器、孵化苗圃，并提供代办事务性业务。

责任单位：省工商局、文化厅、科技厅、经信委、金融办、通信管理局

（三十）落实优惠政策

鼓励从事云计算研发、应用和服务以及大数据开发利用的互联网企业申请认定软件企业、国家规划布局重点软件企业、高新技术企业和技术先进型服务企业，经认定的企业享受相关税收优惠政策。优先将互联网创业纳入高校毕业生创业优惠政策支持范围。

责任单位：省国税局、地税局、经信委、科技厅、发改委

（三十一）构建诚信体系

2016 年底前，建成包含全省法人、自然人信用信息平台。支持互联网企业利用信用信息平台管控风险。支持信用服务机构开发信用产品，提供信用评估等服务。深化个人、企业征信，促进各类信用信息互动共用，强化信用监测警示。

责任单位：省发改委、信用办

（三十二）完善市场监管

建立充分发挥市场化机制作用、符合互联网经济发展规律的监管方式，倡导“温和式”“预警式”监管。制定互联网信息服务管理等制度，建成全省

互联网经济主体数据库和以大数据为支撑的协同监管平台，建立健全政府监管、行业自律、网站自律、社会监督、信息披露五位一体的监管体系。完善行业组织，强化分业分类监管，健全网络市场第三方评估和协作监管机制，共同维护秩序和诚信。推广互联网金融负面清单监管模式，鼓励开展第三方资金托管、建立准备金账户制度，建立网络融资监测平台，提高风险防范能力。

责任单位：省工商局、发改委、数字办、商务厅、质监局、知识产权局、公安厅、金融办、通信管理局

（三十三）加强高端交流

依托“6·18”平台，每年举办一次互联网经济不同专题的全国性会议，力争成为跨境电商、数字文创、物联网、大数据等重点领域高峰会议永久举办地，大力宣传我省推进互联网经济规划、政策等，推动我省成为互联网经济热点地区，提升品牌和层级，推进要素汇聚和市场拓展，营造支持创业创新的氛围。

责任单位：省发改委、数字办、商务厅、经信委、通信管理局，各设区市政府、平潭综合实验区管委会

（三十四）强化合力推进

建立省发改委、数字办牵头抓总、相关部门协同配合的推进机制，以及省互联网经济联席会议工作机制，联席会议办公室设在省发改委。涉及互联网经济重大政策、重大规划和实施方案、重大项目、资金安排等重大事项要经过联席会议研究审议。

责任单位：省发改委、数字办，省直相关部门，各设区市政府、平潭综合实验区管委会

以上扶持政策中，省直各部门整合资金安排如有不足，可从省新增引导资金适当追加；涉及省级对高级人才（团队）创业支持、网络支付平台总部引进、重点孵化项目、研发投入、营业收入首超等的补助或奖励，所在地政府应按相同比例安排支持；扶持政策与其他政策交叉重叠的，企业可按就高原则享受，但不得重复享受。

省直有关部门要在本通知印发一个月内出台相关实施细则，各设区市、平潭综合实验区要在两个月内出台相应实施方案。省效能办要会同省发改委、数字办对各地市和省直部门推进工作情况进行监督检查。

福建省人民政府

2015年3月5日

福建省人民政府办公厅关于进一步促进融资担保业健康发展六条措施的通知

闽政办[2015]33号

各市、县（区）人民政府，平潭综合实验区管委会，省人民政府各部门、各直属机构，各大企业，各高等院校，各有关金融机构：

为深入贯彻落实国务院关于促进融资担保业健康发展有关会议精神，进一步发挥我省融资担保的增信作用，努力缓解中小微企业和“三农”融资难融资贵问题，经省人民政府研究同意，提出如下措施：

一、完善融资担保体系

每个设区市和平潭综合实验区至少组建1家注册资本1亿元以上政府主导的融资担保机构，有条件的县（市、区）应组建政府主导的融资担保机构。整合省级担保机构资源，加快组建省再担保集团，支持省再担保集团参股符合条件的市、县（区）政府主导的融资担保机构。推动民营融资担保机构规范发展，鼓励民营融资担保机构转变经营方式、增加资本投入、优化业务结构，并通过兼并重组等方式提升整体实力。逐步建立布局合理、服务完善、监管到位的融资担保体系。

责任单位：省经信委、财政厅、国资委、金融办，各设区市人民政府、平潭综合实验区管委会

二、建立持续补偿机制

省级财政每年安排中小企业融资担保机构风险补偿专项资金，对符合条件的融资担保公司以小型企业和微型企业作为担保对象部分分别给予1%和1.6%的风险补偿。设立省级代偿补偿资金，从省级财政每年安排的中小微企业发展专项资金中连续四年每年安排5000万元，与国家补助资金共同组成规模为5亿元的省级代偿补偿资金，对省级再担保机构开展的比例分担再担保业务进行代偿补偿。各设区市政府、平潭综合实验区管委会和有条件的县（市、区）政府每年应安排配套资金，建立并完善可持续的担保风险补偿（代偿）机制。

责任单位：省财政厅、国资委、经信委，各设区市人民政府、平潭综合实验区管委会

三、推动机构规范发展

开展融资担保机构信用评级，并可将信用评级结果作为融资担保机构分类监管、风险补偿的依据；银行可将信用评级结果作为确定担保放大倍数、风险分担比例的参考要素。探索建立融资担保机构资本金银行托管制度，对融资担保机构资金使用情况实施日常监管。规范客户保证金管理，融资担保机构收取的客户保证金应实行专户管理，并对账户名称标识“客户保证金账户”。各设区市人民政府、平潭综合实验区管委会应制定出台政府主导的融资担保机构管理办法，明确经营范围、担保对象，建立以担保业务规模、担保资金放大倍数、担保费率、风险容忍度、风险补偿、资本金补充、奖惩措施等为主要指标的符合非营利机构性质的绩效考核机制，切实发挥政府主导的融资担保机构的增信作用。

责任单位：省经信委、财政厅、金融办，福建银监局、人行福州中心支行，各设区市人民政府、平潭综合实验区管委会

四、建立银担分担机制

鼓励政府主导的融资担保机构加强与银行合

作，双方应在合作协议中明确合理的风险分担比例；对经营规范的民营融资担保公司和担保对象为战略性新兴产业等符合产业转型升级的融资担保公司，银行可提高放大倍数和风险分担比例。引导省级再担保机构利用专户管理的省级代偿补偿资金，通过公开竞标、竞争性谈判等方式选择 1-2 家银行作为试点银行，开展银担风险分担合作。金融机构要合理确定融资担保机构担保企业的贷款利率，对融资担保机构为小微企业和“三农”贷款担保的，对其担保的小微企业和“三农”贷款利率不上浮或少上浮。银行在向融资担保机构收取业务保证金外不得再收取其他任何形式的保证金，不得摊派存款、保险、基金等。

责任单位：省经信委、财政厅、金融办，福建银监局、人行福州中心支行，各设区市人民政府、平潭综合实验区管委会

五、改善政策支持环境

对融资担保机构开展间接、直接融资担保等经营范围内的担保业务，允许融资担保机构参照银行业金融机构办理抵质押登记（包括二次抵押）。鼓励融资担保机构综合运用车辆、仓单、林权、应收账款、知识产权等进行反担保。各级融资担保机构监管部门可从中小企业融资担保机构风险补偿专项资金中按每年不超过 1%的比例列支融资担保机构监管工作经费，用于开展融资担保机构信用评级、现场检查、非现场监管等。支持融资担保机构接入征信系统，便利与银行及企业开展相关业务。按相关规定给予融资担保机构相关税收优惠政策。

责任单位：省经信委、财政厅、金融办、国税局、地税局，福建银监局、人行福州中心支行，各设区市人民政府、平潭综合实验区管委会

六、强化风险防范处置

各设区市人民政府、平潭综合实验区管委会应按“属地原则”落实日常监管和风险处置第一责任人目标责任制，加强对辖区内融资担保机构的监督管理、风险防范和风险处置。支持司法部门加快办理涉及融资担保机构的诉讼案件，慎重处理融资担保机构保证金账户冻结、资产保全等问题。各级监管部门要按月向省经信委报送融资担保机构监管情况。融资担保机构要加强风险内控制度建设，健全风险管理体系，守住不发生系统性和区域性风险底线。

责任单位：省经信委、财政厅、金融办，公安厅、福建银监局、人行福州中心支行，各设区市人民政府、平潭综合实验区管委会

福建省人民政府办公厅

2015 年 3 月 12 日

福建省人民政府办公厅关于促进工业园区提升发展六条措施的通知

闽政办[2015]50号

各市、县（区）人民政府，平潭综合实验区管委会，省人民政府各部门、各直属机构，各大企业，各高等院校：

工业园区建设是促进工业稳定增长、加快调整经济结构、转变经济发展方式、增强区域经济活力的有效途径。为把工业园区打造成为福建产业升级版的重要平台和载体，加快建设机制活、产业优、百姓富、生态美的新福建，经省政府研究，提出如下措施。

一、强化规划引领

推动工业园区规划与经济社会总体发展规划、城乡规划、产业规划、土地利用规划等有机衔接，并强化刚性约束，促进“多规合一”，实现生产、生活、生态相协调，打造一批产城融合、宜居宜业的现代化产业新城。坚持高起点规划、高标准建设新工业园区，完善功能配套和选址论证；支持一批集约程度较高的省级以上老工业园区重新修订规划，依法依规扩区升级；整合淘汰一批选址不当、规划不科学，入园企业规模小、布局散、产业层次低的县乡工业园区；结合主体功能区规划和石化等七大重点产业布局，加快推进退城入园，促进中心城区工业企业按行业属性向工业园区搬迁，引导全省工业园区朝创新型、集约型、生态型方向发展。力争到 2020 年，全省工业园区总产值占全省工业总产值比重 75%以上；园区规模以上工业万元增加值能耗在 2015 年基础上下降 15%；培育形成年产值超五百亿元工业园区 20 个，其中超千亿元 5 个；建成省级以上新型工业化产业示范基地 30 个以上、循环化示范园区 20 个以上。（责任单位：省住建厅、发改委、经信委、商务厅、科技厅、国土厅、林业厅、海洋渔业厅、环保厅，各设区市人民政府、平潭综合实验区管委会）

二、创新管理体制机制

省政府成立由省经信委牵头，省直相关部门为成员单位的工业园区省级联席会议，统筹推进全省工业园区管理与建设工作，协调解决全省工业园区发展中的重大问题。各市、县（区）人民政府、平潭综合实验区管委会要加强对辖区内工业园区工作的统筹协调，明确牵头工作的职能部门，并由其负责制订工业园区发展目标并组织实施和评价，组织推荐工业园区建设发展基金重点支持的园区公用设施和基础设施建设项目。（责任单位：省经信委、发改委、商务厅、住建厅、科技厅、财政厅、国土厅、环保厅、海洋渔业厅、林业厅、质监局、统计局、金融办，省投资集团，各设区市人民政府、平潭综合实验区管委会）

支持各地结合实际，理顺工业园区与所在地的县（市、区）政府的事权、财权关系，提高园区办事效率；支持引进专业化园区管理机构，为入园企业提供一站式优质服务。（责任单位：省编办，各设区市人民政府、平潭综合实验区管委会）

三、鼓励引进龙头项目

将引进龙头项目入驻工业园区作为全省三维对接工作重点，每年组织工业园区开展专题招商，重点对接世界 500 强、全国 500 强、全国民企百强、台湾百大企业等龙头企业。通过龙头带动，加快培育发展特色鲜明、竞争力强的产业集群。对符合我省产业发展导向和节约集约用地要求、且投资规模较大的龙头产业项目入驻工业园区，优先列入省重点项目，优先保障用地指标，允许按土地等别对应全国工业用地最低价标准的70%为底价，招拍挂出让土地使用权。实行双回路电力保障，支持与发电企业电力直接交易。（责任单位：省发改委、经信委、商务厅、国土厅、物价局，福建能源监管办，省电力公司，各设区市人民政府、平潭综合实验区管委会）

四、加大基础设施投入

发挥省工业园区建设基金的引导作用，鼓励有条件的市、县（区）及工业园区与省工业园区建设基金合作设立子基金，吸引社会资金投入，支持工业园区公用设施和基础设施项目等建设。省级以上工业园区所在市、县（区）政府要统筹安排省级转贷的地方政府债券资金支持园区基础设施建设。支持工业园区盘活经营性资产，构建园区建设投融资实体，吸引各类股权投资基金或国内外专业化园区建设机构，共同开发建设工业园区。强化技术改造，加快工业园区污水及工业固体废物集中处理、集中供热、管网等公用设施建设。开展省级循环化改造、两化融合等试点示范园区建设。（责任单位：省财政厅、发改委、经信委、金融办，人行福州中心支行、福建银监局，省投资集团，各设区市人民政府、平潭综合实验区管委会）

五、提升公共服务水平

加大检验检测机构整合力度，引导在园区内设立区域性综合检验检测机构，对认定为国家级产品质量检测中心的，省财政给予补助1000万元。支持开展创业服务。工业园区设立的省级以上中小企业公共服务平台和小微企业创业基地，由省经信委给予一次性30万元补助。支持工业园区开展科技企业孵化器建设，经审核认定，由省科技厅按新建每平方米100元、最高不超过100万元，改扩建每平方米50元、最高不超过50万元的标准给予孵化用房补助；评为省级、国家级孵化器的，一次性分别奖励50万元和100万元。支持园区搭建一站式金融服务综合平台，为入园企业创业提供全方位、专业化投融资服务。支持创新平台建设，省级行业技术开发基地上一年度服务园区内中小企业达20家以上、实现项目成果对接5项以上、帮助企业解决技术瓶颈5项以上的，省经信委给予30万元奖励。（责任单位：省质监局、经信委、科技厅，各设区市人民政府、平潭综合实验区管委会）

六、鼓励共建工业园区

鼓励沿海地区与山区通过多种方式共建工业园区，共建双方可协议分享共建园区生产总值、规上工业总产值、工业增加值、固投、招商引资等数据；省内开展经济社会发展情况评价及领导干部绩效考核时，允许共建双方将源自共建园区的相关指标各按100%予以考核评价。经省政府认定的山海共建工业园区，自产生财政收入之日起5年内，设区的市级（含市辖区）从园区通过年终结算分回的收入以及分给其他市、县（区）的收入，涉及省级20%体制分成部分全额返还，用于园区滚动发展。鼓励本省工业园区与国内外知名园区共建产业园，给予一事一议支持。（责任单位：省经信委、发改委、商务厅、住建厅、科技厅、财政厅、国土厅、环保厅、海洋渔业厅、林业厅、质监局、统计局、金融办，省投资集团，各设区市人民政府、平潭综合实验区管委会）

福建省人民政府办公厅

2015年4月16日

福建省人民政府办公厅关于培育高成长企业六条措施的通知

闽政办[2015]49号

各市、县（区）人民政府，平潭综合实验区管委会，省人民政府各部门、各直属机构，各大企业，各高等院校：

为培育和推动高成长企业发展，促进全省工业创新转型稳定增长，经省政府研究，提出如下措施。

一、明确培育重点和目标

高成长企业是指行业领先、技术先进、管理高效，具有可持续快速发展能力的企业。在经济发展进入新常态下，以促进制造业创新发展为主题，以提质增效为中心，以两化融合为主线，培育一批高成长企业，实现传统产业转型升级，实现新兴产业倍增发展，对促进全省工业创新转型和稳定增长至关重要。全省力争通过3年努力，至2017年底，推动高成长企业成为拉动全省工业增长的中坚力量，对全省工业经济增长贡献率达10%以上。

二、认真落实各项稳增长政策

高成长企业适用省政府《关于支持龙头企业加快发展促进工业稳定增长七条措施的通知》（闽政[2014]18号）和《关于促进工业创新转型稳定增长十条措施的通知》（闽政[2015]1号）等文件中有关龙头企业的相关优惠政策，其中技术改造项目设备补助单家企业最高不超过500万元，参与省外招标项目中标奖励条件为单个中标合同金额800万元以上，带动省内中小企业进入产业链或采购系统奖励条件为年新增省内配套采购额800万元以上。

三、强化要素保障服务

高成长企业实施全方位动态管理、跟踪服务，每年由省经信委按标准发布高成长企业名单，组织实施培育计划。企业要素保障实行“直通车”服务，在融资服务、煤炭供应、电力调度、油品调用、运输计划等方面给予优先保障。建立健全省、市、县问题会办、分级协调、跟踪服务机制，保障企业稳定生产。加强高成长企业投资项目在规划布局、招商引资、实施建设等方面统筹管理，优化投资项目行政备案和核准流程，提高前期工作效率，重大项目用地、用林、用海、能耗等指标由各地给予优先统筹解决，加快形成新的经济增长点。

四、加大融资服务力度

省级设立不少于30亿元规模的新兴产业创投引导基金，重点支持高成长企业项目跟进投资、科技研发、新产品产业化推广等，有条件的设区市可设立相应基金或由省级投资基金参股设立子基金；对社会资本及国内外创投机构参与高成长企业股权投资，从产生收益年度起按照企业贡献程度，所在地政府可视情给予资助。各地政府主导的融资担保机构开展的高成长企业担保业务，省级再担保机构优先为其开展再担保业务。

五、支持首台（套）装备推广应用

落实国家建立首台（套）重大技术装备保险补偿机制的政策，支持和鼓励重大技术装备制造企业自主投保，保险公司提供定制化综合保险产品进行承保。对生产国家《首台（套）重大技术装备推广应用指导目录》所列装备产品且投保首台（套）重大技术装备综合险的制造企业，及时向国家有关部门推荐申请保费补贴，对获得国家实际投保年度保费80%补贴的制造企业给予实际年度保费20%的补贴，对符合省内首台（套）技术装备推广应用的制造业投保企业给予实际投保年度保费50%的补贴，补贴费用从省级工业和信息化发展资金中安排。

六、推动企业技术创新

对新获得国家技术创新示范、工业设计中心、质量标杆、知识产权应用标杆称号的企业给予一次性奖励80万元；对企业开发具有自主知识产权、国内领先水平的新产品给予一次性奖励，所需资金从省级工业和信息化发展专项资金中安排。实施技术标准战略，对主导制订国际标准、国家标准和行业标准，每项分别给予一次性不高于50万元、30万元和20万元奖励，所需资金从省质监局标准化专项资金中安排。国有及国有控股企业中对科技成果研发和产业化以及对发展做出突出贡献的技术人员、经营管理人员，按省有关规定实行科技创新股权和收益激励。高成长企业岗位培训、职业技术等级培训、高技能人才培训等费用全额计入企业职工教育经费，准予按有关规定在计算企业所得税应纳税所得额时扣除。

福建省人民政府办公厅

2015年4月16日

福建省人民政府办公厅关于印发《福建省产业股权投资基金管理办法（试行）》的通知

闽政办[2015]63号

各市、县（区）人民政府，平潭综合实验区管委会，省人民政府各部门、各直属机构，各大企业，各高等院校：

《福建省产业股权投资基金管理办法（试行）》已经省政府同意，现印发给你们，请认真组织实施。

福建省人民政府办公厅

2015年4月27日

福建省产业股权投资基金管理办法（试行）

第一章　总　则

第一条　为创新财政资金分配方式，更好地发挥财政资金的引导放大作用，提高资金使用效益，推动产业转型升级和中小企业加快发展，根据《私募投资基金监督管理暂行办法》等国家有关规定并结合我省实际，设立福建省产业股权投资基金（以下简称股权基金），并制定本办法。

第二条　本办法所称股权基金，是指以财政性资金为引导、以非公开方式募集社会资金、按市场化方式封闭运作的私募基金。省财政出资主要来源于整合部门涉企专项资金、统筹各类结转结余资金以及股权基金运作所产生的收益等。

第三条　股权基金应科学设计、政府引导、市场运作、规范管理。

第二章　管理模式

第四条　为加强对股权基金的统筹协调，促进股权基金健康发展，成立股权基金协调小组（以下简称协调小组）。协调小组由常务副省长任组长，分管财政的副省长任副组长，省财政厅、金融办、发改委、经信委、国资委等相关部门分管领导为成员。协调小组负责审定股权基金的资金投入、子基金的设立（包括股权基金的出资比例、投资方向等）以及重大投资事项等；研究制定股权基金管理办法。协调小组可根据实际情况，定期或不定期召开协调会议，研究解决基金设立及存续期的重大问题。

协调小组办公室设在省财政厅，负责协调小组日常事务。办公室主任由省财政厅分管领导兼任，办公室成员由协调小组各成员单位相关处室负责人组成。

第五条　股权基金中财政出资部分，由省财政厅筹集并注入福建省投资开发集团有限责任公司（以下简称省投资集团），专项用于股权基金的发起设立。

第六条　省投资集团作为股权基金的运作管理机构，应履行财政资金出资人职责。主要职责包括：

（一）组建福建省产业股权投资基金有限公司（以下简称基金公司），作为其二级子公司，负责股权基金的日常运作；

（二）按照可持续性和低成本的市场化原则，募集社会资金；所募集的资金额不得低于股权基金的50%；

（三）按照协调小组确定的投资政策和投资方

向，提出子基金出资比例建议；

（四）按照财政资金管理的有关规定在托管银行开设账户，专账核算；

（五）对基金公司及基金运作进行监督管理，建立风险防控机制，确保基金安全；

（六）定期向协调小组报告股权基金和子基金运作管理情况及其他重大事项；

（七）协调小组交办的其他事项。

第七条 基金公司主要职责包括：

（一）建立完善的基金管理制度，制定基金具体运作规程；

（二）根据协调小组确定的投资方向和投资原则，按照公开征集等市场化方式选择子基金管理公司；

（三）对拟参股子基金开展尽职调查和入股谈判，草拟、签署子基金（管理公司）章程或协议；

（四）根据子基金协议或章程约定向子基金（管理公司）委派董监事、管理层，行使子基金出资人权益，并及时向省投资集团报送子基金运作和监管情况；

（五）按一定比例注资子基金，并按约定履行对子基金出资义务；

（六）跟踪了解子基金运作情况，确保基金安全；

（七）其他应由基金公司承担的职责。

第八条 为发挥股权基金整体使用效益，基金公司可视子基金实际运行情况，提出股权基金投资额度调整建议，经省投资集团审核后，报协调小组批准。

第三章 市场运作

第九条 股权基金在子基金中参股不控股，不独资发起设立股权投资企业。

第十条 按照省委、省政府决策部署和不同时期的工作重点，设立若干子基金。子基金的设立，根据实际情况可由省级行业主管部门、设区市政府等提出方案经省金融办会同有关部门初审后，报协调小组研究决定。

第十一条 子基金按照市场化方式独立运作，依据协议、章程约定进行基金募集、股权投资、管理和退出。

第十二条 股权基金注资新设立的子基金，应符合以下条件：

（一）应在福建省境内注册，且投资于福建省境内企业的资金比例一般不低于子基金注册资本或承诺出资额的80%；

（二）主要发起人（或合伙人）、子基金管理机构已基本确定，并草签发起人协议、子基金章程；其他出资人（或合伙人）已落实，并保证资金按约定及时足额到位；

（三）股权基金根据各子基金的投资行业等具体情况确定对各子基金的出资额，最高不超过子基金注册资本或承诺出资额的50%；除政府出资人外的其他出资人数量一般不少于3个且不超过法律规定的最多人数；

（四）子基金对单个企业的投资原则上不超过被投资企业总股本的30%，且不超过子基金资产总额的20%。

第十三条 子基金的投资存续期暂定为10年左右。股权基金一般通过到期清算、社会股东回购、股权转让等方式实施退出。确需延长存续期的，须报协调小组批准。

第十四条 子基金管理公司应具备以下基本条件：

（一）具有国家规定的基金管理资质，已完成私募投资基金管理人登记和基金备案，有政策引导基金管理经验的团队优先；

（二）管理团队稳定，专业性强，具有良好的职业操守和信誉，具备严格合理的投资决策程序、风险控制机制以及健全的财务管理制度；

（三）原则上股权投资的经营管理规模不低于20亿元，注册资本不低于1000万元，近2年有较好业绩，或股东具有强大的综合实力及行业龙头地位；

（四）至少有3名具备5年以上股权投资基金管理工作经验的专职高级管理人员，至少主导过3个以上股权投资的成功案例；

（五）机构及其工作人员无违法违纪等不良纪录。

第十五条 未经协调小组同意，股权基金和子基金不得进行股票二级市场、期货、企业债券、金融衍生品等投资，不得对外赞助、捐赠。

第十六条 子基金运作过程中存在违约情况，股权基金可选择终止与基金管理公司合作的相关规定，以保证股权基金的高效运作。中止合作的情形可以包括：子基金存在未按章程或合伙协议约定投资的；与基金管理人签订合作协议超过1年，子基金管理团队未按约定程序和时间要求完成设立手续的；子基金设立1年后，未开展投资业务的，子基金投资领域和阶段不符合规定的。

第四章 收益分配

第十七条 省投资集团对基金公司社会投资人的具体回报水平按照募集时的市场等情况，与社会投资人协商确定。

第十八条 股权基金中省财政出资部分和省投资集团资金允许作为劣后级股东，其他社会投资资金作为优先级股东。

对政策性强、投资期限长、收益率低的子基金应建立收益补差机制。

第十九条 当期自身可分配收益不足以支付社会投资人约定回报时，由省投资集团给予补足。基金公司自身可分配收益超过社会投资人约定回报后，超出部分先补偿省投资集团累计承担补足部分，其余作为对省投资集团的收益分配和基金滚存使用、发展。

第二十条 子基金管理公司可按照子基金实缴资本或出资额的一定比例收取年度管理费用，还可按照子基金增值收益的一定比例提取业绩奖励，具体比例应在委托管理协议中明确。

第五章 基金退出

第二十一条 子基金存续期内，基金公司和其他社会投资人出资到位一年后可按约定依法转让所持股权。

第二十二条 子基金应根据实际情况设置操作性强的回购机制。

第二十三条 子基金存续期满时，由基金公司提出续期或清算方案建议，经省投资集团审核后由省财政厅和省金融办联合报协调小组审议后实施。子基金存续期满时，按子基金协议或章程约定办理。

第六章 强化监管

第二十四条 股权基金及子基金的资金应当委托符合条件的银行进行托管，股权基金及子基金的托管银行由省投资集团根据社会资金募集情况通过公开征集方式进行选择。

第二十五条 托管银行应当具备以下条件：

（一）在福建省设立分支机构，且设立时间在5年以上的全国性国有或股份制商业银行等金融机构；

（二）与我省有良好的合作基础，在支持我省经济建设中发挥积极作用；

（三）具备安全保管和办理托管业务的设施设备及信息技术系统，有完善的托管业务流程制度和内部稽核监控及风险控制制度；

（四）为股权基金和子基金的资金托管业务提供专人和专项服务；

（五）最近3年无重大过失及行政主管部门或

司法机关处罚的不良记录。

第二十六条 省财政厅对受托管理机构进行财务监管、绩效评价和提出收益滚动发展方案，必要时引入第三方对资金使用情况进行风险评估。省金融办会同有关部门提出子基金的设立方案，引导社会资金参与股权基金建设，监管各子基金管理公司运营。省发改委、经信委等部门负责各相关子基金的行业指导，配合做好基金的管理工作。

第二十七条 省投资集团应加强对基金公司的管理，建立有效风险防范体系和激励约束机制，股权基金、子基金及投资项目之间应建立风险隔离机制。每季度结束后 15 日内向协调小组办公室报送参股子基金的运行情况，并于会计年度结束后 4 个月内报送经注册会计师审计的年度子基金会计报告。当子基金的使用出现重大或特殊事件时，应及时向协调小组办公室报告。

第二十八条 股权基金接受财政、审计等部门的监督检查。基金公司和子基金管理公司的管理人员如因滥用职权、玩忽职守或因人为故意、重大过失造成股权基金及子基金不应有的损失的，依法追究法律责任。

第六章　附　则

第二十九条 本办法由省财政厅会同省金融办负责解释。

第三十条 本办法自发布之日起实行。

福建省人民政府关于印发《福建省企业科技创新股权和分红激励试行办法》的通知

闽政[2015]22号

各市、县（区）人民政府，平潭综合实验区管委会，省人民政府各部门、各直属机构，各大企业，各高等院校：

《福建省企业科技创新股权和分红激励试行办法》已经省人民政府研究同意，现印发给你们，请认真组织落实。

福建省人民政府

2015年5月11日

福建省企业科技创新股权和分红激励试行办法

第一章　总　则

第一条　为建立有利于我省企业自主创新和科技成果转化的激励分配机制，充分调动企业技术和管理人员的积极性和创造性，推动科技成果转化和高新技术产业化，依据国家和福建省有关法律法规的规定，借鉴国家自主示范区企业股权和分红激励试点工作经验，结合我省实际，制定本办法。

第二条　本办法适用于我省下列企业：

（一）本省国有及国有控股的院所转制企业、高新技术企业。

（二）具有省级及以上技术中心、或工程（技术）研究中心、或重点（工程）实验室、或博士后工作站的国有及国有控股企业。

（三）本省国有及国有控股企业以科技成果作价入股的企业。

第三条　股权激励，是指以本企业股权为标的，采取股权奖励、股权出售、股票期权的方式，对激励对象实施激励的行为。

（一）股权奖励，是指企业无偿授予激励对象一定份额的股权或者一定数量的股份。

（二）股权出售，是指企业按不低于股权评估价值的价格，以协议方式将企业股权（包括股份，下同）有偿出售给激励对象。

（三）股票期权，是指企业授予激励对象在未来一定期限内以预先确定的行权价格购买本企业一定数量股份的权利。

分红激励，是指企业以科技成果实施产业化、对外转让、合作转化、作价入股形成的净收益为标的，采取项目收益分成方式对激励对象实施激励。

第四条　激励对象是指企业重要的技术人员和经营管理人员，主要是下列人员：

（一）对企业科技成果研发和产业化做出突出贡献的技术人员，包括企业内关键职务科技成果的主要完成人，重大开发项目的负责人，对主导产品或者核心技术、工艺流程做出重大创新或者改进的主要技术人员。

（二）对企业发展做出突出贡献的经营管理人员，包括主持企业全面生产经营工作的高级管理人员，负责企业主要产品（服务）生产经营合计占主营业务收入（或者主营业务利润）50%及以上的中、高级经营管理人员。

企业监事、独立董事、企业控股股东单位的经营管理人员，不得参与本企业股权或者分红激励。企业不得面向全体员工实施股权或者分红激励。

第五条　实施股权和分红激励的企业，应当符合以下要求：

（一）产权明晰，内部治理结构健全、运转有效。

（二）具有企业发展所需的关键技术、自主知识产权和持续创新能力。企业近3年研发费用不低于企业销售收入的2%。

（三）建立规范的内部财务管理制度和员工绩效考核评价制度。企业财务会计报告经过中介机构依法审计，且近3年没有因财务、税收违法违规行为受到行政、刑事处罚。

第六条 企业实施股权和分红激励，应当符合法律、法规和本办法的规定，有利于企业的持续发展，不得损害国家和企业股东的利益，并接受本级政府国资、财政、科技等部门的监督。按照《企业财务通则》和国家统一会计制度的规定，规范财务管理和会计核算。

激励对象应当诚实守信，勤勉尽责，维护企业和全体股东的利益。

第二章 股权奖励和股权出售

第七条 企业以股权奖励和股权出售方式实施激励的，除满足本办法第五条规定外，企业近3年税后利润形成的净资产增值额应当占企业近3年年初净资产总额的20%以上，且实施激励当年年初未分配利润没有赤字。

近3年税后利润形成的净资产增值额，是指激励方案获批日上年末账面净资产相对于近3年年初账面净资产的增加值，不包括财政补助直接形成的净资产、土地转让增值形成的利润和已经向股东分配的利润。

第八条 股权奖励和股权出售的激励对象，除满足本办法第四条规定外，应当在本企业连续工作3年以上，但以下人员除外：企业引进的国家“千人计划”、中科院“百人计划”、人力资源社会保障部“百千万人才工程”、科技部“中青年科技创新领军人才”、教育部“长江学者”、国家有突出贡献的中青年专家、享受国务院特殊津贴专家、国家杰出青年基金获得者、福建省“闽江学者”、福建省科技创新领军人才、享受省政府特殊津贴专家。

股权奖励的激励对象，仅限于技术人员。

第九条 企业用于股权奖励和股权出售的激励总额，不得超过近3年税后利润形成的净资产增值额的35%，其中激励总额用于股权奖励的部分不得超过50%。

企业用于股权奖励和股权出售的激励总额，应当依据资产评估结果折合股权，并确定向每个激励对象奖励或者出售的股权。其中，涉及国有资产的，评估结果应当报经代表本级人民政府履行出资人职责的机构、部门（以下统称“履行出资人职责的机构”）核准或备案。

企业原则上应在3至5年内统筹安排使用股权奖励和股权出售的激励总额，并在激励方案中，与激励对象约定分期实施的业绩考核目标等条件。

第十条 企业以科技成果作价入股其他企业的，可以提取不低于科技成果入股时作价金额的20%但不高于30%的股权，用于对做出重要贡献技术人员的奖励与报酬，不受本章第七、八、九条规定限制。

第三章 股票期权

第十一条 股票期权主要适用处于初创期和成长期、财务不确定性较大的科技创新企业。企业以股票期权方式实施激励的，在激励方案中明确规定激励对象的行权价格，应当综合考虑科技成果成熟程度及其转化情况、企业未来至少5年的盈利能力、企业拟授予全部股权数量等因素，且不得低于经履行出资人职责的机构核准或者备案的每股评估价格。

第十二条 企业要与激励对象约定股票期权

授予，以及行权的业绩考核目标等条件。业绩考核指标可以选取净资产收益率、主营业务收入增长率、现金营运指数等财务指标，但应当不低于企业近3年平均业绩水平及同行业平均业绩水平。

第十三条 企业要在激励方案中明确股票期权的授权日、可行权日和行权的有效期。股票期权授权日与获授股票期权首次可行权日之间的间隔不得少于1年。股票期权行权的有效期不得超过5年。企业应当规定激励对象在股票期权行权的有效期内，分期行权。股票期权行权的有效期过后，激励对象已获授但尚未行权的股票期权自动失效。

第四章 股权管理

第十四条 企业可以通过向激励对象增发股份、向现有股东回购股份和现有股东向激励对象转让其持有的股权等方式，解决标的股权来源。

第十五条 企业不得为激励对象购买股权提供贷款以及其他形式的财务资助，包括为激励对象向其他单位或者个人贷款提供担保。

企业实施股权激励的标的股权，一般应当由激励对象直接持股。激励对象通过其他方式间接持股的，直接持股单位不得与企业存在同业竞争关系或者发生关联交易。

第十六条 除不可抗力因素外，激励对象自取得股权之日起5年内，不得转让、捐赠其股权。

激励对象获得股权激励后5年内本人提出离职，或者因个人原因被解聘、解除劳动合同，取得的股权全部退回企业，其个人出资部分由企业按照审计后净资产计算退还本人；以股票期权方式实施股权激励的，未行权部分自动失效。

企业以股权出售或者股票期权方式授予的股权，激励对象在按期足额缴纳相应出资额（股款）前，不得参与企业利润分配。

第十七条 大型企业用于股权激励的股权总额，不得超过企业实收资本（股本）的10%。大型企业的划分标准按照《大中小微型企业划分办法》（国统字[2011]75号）等有关规定执行。

第五章 分红激励

第十八条 企业可以根据以下不同情形，选择不同方式实施分红激励：

（一）由本企业自行投资实施科技成果产业化的，自产业化项目开始盈利年度起，在3至5年内，每年从当年投资项目净收益中提取不低于10%但不高于30%用于激励。

投资项目净收益为该项目营业收入扣除相应的营业成本和项目应合理分摊的管理费用、销售费用、财务费用及税费后的金额。

（二）向本企业以外的单位或者个人转让科技成果所有权、使用权（含许可使用）的，从转让净收益中，提取不低于25%但不高于50%用于一次性激励。

转让净收益为企业取得的科技成果转让收入扣除相关税费和企业为该项科技成果投入的全部研发费用及维护、维权费用后的金额。企业将同一项科技成果使用权向多个单位或者个人转让的，转让收入应当合并计算。

（三）以科技成果作为合作条件与其他单位或者个人共同实施转化的，自合作项目开始盈利的年度起，在3至5年内，每年从当年合作净收益中，提取不低于10%但不高于30%用于激励。

合作净收益为企业取得的合作收入扣除相关税费和无形资产摊销费用后的金额。

（四）以科技成果作价入股其他企业的，自入股企业开始分配利润的年度起，在3至5年内，每年从当年投资收益中，提取不低于10%但不高于30%用于激励。

投资收益为企业以科技成果作价入股后，从被投资企业分配的利润扣除相关税费后的金额。

企业实施分红激励，应当按照科技成果投资、对外转让、合作、作价入股的具体项目实施财务管理，进行专户核算。

第十九条 大中型企业实施重大科技成果产业化，可以探索实施岗位分红激励制度，按照岗位在科技成果产业化中的重要性和贡献，分别确定不同岗位的分红标准。

企业实施岗位分红激励的，除满足本办法第五条规定外，企业近 3 年税后利润形成的净资产增值额占企业近 3 年年初净资产总额的比例不低于 10%，实施激励当年年初未分配利润没有赤字，且激励对象应在该岗位上连续工作 1 年以上。

企业年度岗位分红激励总额不得高于当年税后利润的 15%，激励对象个人岗位分红所得不得高于其薪酬总水平（含岗位分红）的 40%。

第二十条 企业实施分红激励所需支出计入工资总额，但不纳入工资总额基数。

第二十一条 企业对分红激励设定实施条件的，应当在激励方案中与激励对象约定相应条件及业绩考核办法，并约定分红收益的扣减或者暂缓、停止分红激励的情形及具体办法。

实施岗位分红激励制度的大中型企业，对离开激励岗位的激励对象，即予停止分红激励。

第六章 激励方案的拟订和审批

第二十二条 企业应当由总经理办公会或者董事会（以下统称企业内部管理机构）负责拟订激励方案，必要时可以聘请中介机构共同参与激励方案的制订。激励方案包括但不限于以下内容：

（一）企业发展战略、近 3 年业务发展和财务状况、股权结构等基本情况。

（二）拟订和实施激励方案的管理机构及其成员。

（三）企业符合本办法规定实施激励条件的情况说明。

（四）激励对象的确定依据、具体名单及其职位和主要贡献，激励方式的选择及其考虑因素。

（五）实施股权激励的，说明所需股权来源、数量及其占企业实收资本（股本）总额的比例，与激励对象约定的业绩考核目标条件；拟分次实施的，说明每次拟授予股权的来源、数量及其占比；以及说明股权出售价格或者股票期权行权价格的确定依据。

（六）实施分红激励的，说明具体激励水平及其考虑因素。

（七）每个激励对象预计可获得的股权数量、激励金额。

（八）企业与激励对象各自的权利、义务。

（九）企业未来 3 年技术创新规划，包括企业技术创新目标，以及为实现技术创新目标在体制机制、创新人才、创新投入、创新能力、创新管理等方面将采取的措施。

（十）激励对象通过其他方式间接持股的，说明必要性以及直接持股单位的基本情况，必要时应当出具直接持股单位与本企业不存在同业竞争关系或者不发生关联交易的书面承诺。

（十一）发生企业控制权变更、合并、分立，激励对象职务变更、离职、被解聘、被解除劳动合同、死亡等特殊情形时的调整性规定。

（十二）激励方案的审核、备案、变更、终止程序。

第二十三条 激励方案涉及的财务数据和资产评估价值，应当分别经国有产权主要持有单位同意的具有资质的会计师事务所审计和资产评估机构评估，并按照有关规定，办理备案手续。

企业内部管理机构拟订激励方案时，应当通过职工代表大会或者其他形式，充分听取职工的意见和建议。

第二十四条 企业内部管理机构应当将激励方案和听取职工意见情况先行报经履行出资人职责的机构批准。

由国有资产监督管理委员会代表本级人民政府履行出资人职责的企业，激励方案等相关材料报本级国有资产监督管理委员会批准；其他企业，相关材料报其主管的部门、机构批准。各级有关主管部门要按照职能分工，简化办事程序，加强对企业开展股权和分红激励的指导和服务。

第二十五条 履行出资人职责的机构应当严格审核企业申报的激励方案，对于损害国有股东权益或者不利于企业可持续发展的激励方案，应当要求企业进行修改。

履行出资人职责的机构可以要求企业法律事务机构或者外聘律师对激励方案预案出具法律意见书，对以下事项发表专业意见：

（一）激励方案是否符合有关法律、行政法规和本办法的规定。

（二）激励方案是否存在明显损害企业及现有股东利益的内容。

（三）激励方案是否充分披露影响激励结果的重大信息。

（四）激励可能引发的法律纠纷等风险，以及应对风险的法律建议。

（五）其他重要事项。

第二十六条 激励方案经履行出资人职责的机构审核批准后，提交股东（大）会审议。

在股东（大）会审议激励方案时，国有股东代表应当按照备案文件发表意见。

第二十七条 企业可以在本办法规定范围内选择一种或者多种激励方式，但是对同一激励对象不得就同一职务科技成果或者产业化项目进行重复激励。对已按照本办法实施股权激励的激励对象，企业在5年内不得再对其实施股权激励。

第七章 激励方案管理

第二十八条 除国家另有规定外，企业应当在激励方案经股东（大）会审议通过后5个工作日内，将以下材料报送本级政府国资、财政、科技部门：

（一）经股东（大）会审议通过的激励方案。

（二）相关批准文件、股东（大）会决议。

（三）审计报告、资产评估报告、法律意见书。

企业股东应当依法行使股东权利，督促企业内部管理机构严格按照激励方案实施激励。

第二十九条 企业应当在经审计的年度财务会计报告中披露以下情况：

（一）实施激励涉及的业绩条件、净收益等财务信息。

（二）激励对象在报告期内各自获得的激励情况。

（三）报告期内的股权激励数量以及金额，引起的股本变动和对外投资变动情况，以及截至报告期末的累计额。

（四）报告期内的分红激励和科技成果收益分成金额，以及截至报告期末的累计额。

（五）激励支出的列支渠道和会计核算方法。

（六）股东或相关部门要求披露的其他情况。

第三十条 企业实施激励导致注册资本规模、股权结构、对外投资或者组织形式变动的，应当按照有关规定，根据相关批准文件、股东（大）会决议等，及时依法办理国有资产产权登记和工商变更登记手续。

第三十一条 国有及国有控股企业的国有控股股东应当及时将激励方案的实施进展情况以及激励对象年度行使情况等报履行出资人职责的机构或主管部门备案。

国有控股股东有监事会的，应当同时报送公司控股企业监事会。

履行出资人职责的机构、国有控股股东对企业激励方案的实施进展情况实行动态管理。

第三十二条 因出现特殊情形需要调整激励方案的，企业内部管理机构应当重新履行内部审议和备案的程序。

因出现特殊情形需要终止实施激励的，企业内部管理机构应当向股东（大）会说明情况。

第八章　附　则

第三十三条　对职工个人合法拥有、企业发展需要的知识产权，企业可以按照财政部、国家发展改革委、科技部、原劳动保障部《关于企业实行自主创新激励分配制度的若干意见》（财企[2006]383号）第三条的规定，实施技术折股。

第三十四条　企业以科技成果作价入股其他企业的，没有按照本办法第十条、十七条规定实施股权激励和分红激励的，作价入股经过3个会计年度以后，被投资企业符合本办法规定条件的，可以按照本办法的规定，以被投资企业股权为标的，对重要的技术人员实施股权激励。但是企业应当与被投资企业保持人、财、物方面的独立性，不得以关联交易等手段，向被投资企业转移利益。

第三十五条　国资、财政、科技等部门对本级企业股权或者分红激励方案及其实施情况进行监督，发现违反法律、法规和本办法规定的，应当责令其改正。

第三十六条　企业高层经营管理人员具备经营管理和技术双重身份的人员，可选择执行本办法。省委管理的企业负责人薪酬管理有规定的，从其规定。

第三十七条　省内民营企业、创业投资、股权投资类企业可以参照本办法执行。上市公司股权激励另有规定的，从其规定。省内中央企业可以参照本办法执行，另有规定的，从其规定。

福建省人民政府关于加快发展智能制造九条措施的通知

闽政[2015]36号

各市、县（区）人民政府，平潭综合实验区管委会，省人民政府各部门、各直属机构，各大企业，各高等院校：

为进一步加快创新转型、实施《中国制造2025》，打造产业升级版，现就加快发展智能制造提出如下措施：

一、明确目标与主攻方向

发展壮大智能制造产业，到2020年智能装备制造业产值和工业软件业业务收入均超千亿元，形成20家骨干智能装备企业和若干重点工业软件企业。大力推进企业智能化改造，到2020年累计实施“机器换工”10000台（套）以上，重点领域生产装备数控化率达到70%，建设20个智能制造样板工厂（车间）。主攻方向如下：

（一）数控一代

推动数字化控制技术在各类装备上的应用，集成创新一批数控装备和工业机器人，提升轻工、纺织、电子、机械、建材等传统优势产业装备数控化水平。

（二）智能装备

突破伺服电机及驱动器、智能化传感器及仪器仪表、工业控制系统等智能测控装置；开发高压液压元件及密封件、高速精密轴承、高效高承载传动件等核心基础零部件；发展高档数控机床、工业机器人、增材制造设备，纺织机械、工程机械、建材机械、轻工机械、食品包装机械等智能化专用设备。

（三）机器换工

在机械装备、纺织鞋服、建筑建材、轻工、食品、电子等重复性操作多、劳动强度大的行业领域组织实施“机器换工”，应用数控技术和智能装备对传统生产设施进行自动化智能化技术改造，建设智能工厂、数字化车间。

（四）智能服务

提升软件服务业对智能制造的支撑能力，推动工业控制软件、信息安全软件、集成控制系统的研发和产业化；发展面向智能制造的生产性服务业，提供智能制造设施与系统的方案设计、工程实施和综合集成服务。

二、推进试点示范

（五）深化泉州“数控一代”示范工程

认真落实省政府关于支持泉州加快推进“数控一代”促进智能装备产业发展的若干措施，推动泉州产业智能化跃升。省级财政一次性奖励泉州市3000万元，专项用于发展智能制造。

责任单位：省财政厅、发改委、经信委、科技厅，泉州市人民政府

（六）扩大区域试点

选取若干基础较好的市、县（区），围绕智能制造主攻方向开展区域试点，优先支持区内企业申报智能制造示范项目。省级财政对获国家级智能制造试点示范基地的市一次性奖励3000万元，对获省级试点示范基地的设区市、县（市、区）分别一次性奖励1000万元、500万元，奖励资金专项用于发展智能制造。

责任单位：省经信委、财政厅，各设区市人民政府、平潭综合实验区管委会

（七）推进重点行业企业试点示范

开展省级智能制造企业试点示范，突出流程型制造与离散型制造的智能化、智能装备与产品、模式与业态创新、智能化管理、智能服务等发展方向，

优先推荐省级试点示范企业申报国家级智能制造试点示范和专项项目。

责任单位：省经信委，各设区市人民政府、平潭综合实验区管委会

三、提升企业智能化水平

（八）推广应用智能技术与装备

鼓励企业应用数控技术和智能装备进行智能化技术改造，省经信委选择一批成长性较好的企业，省级财政对其智能化技术改造项目按设备投资额的5%予以补助，最高不超过250万元；对省级龙头企业智能化技术改造项目、优势企业建设智能制造样板工厂（车间），省级财政均按设备投资额的8%予以补助，最高不超过1000万元。支持企业采用省内行业紧缺、技术水平达到国内领先的关键重大智能装备与系统，省经信委按设备购买价格的30%给予补助，最高不超过500万元。

责任单位：省经信委、财政厅，各设区市人民政府、平潭综合实验区管委会

（九）支持两化融合管理体系贯标

鼓励企业开展两化融合管理体系贯标工作，对通过贯标评定的企业给予奖励，优先推荐申报国家级智能制造试点示范项目。对省级两化融合重点项目，择优按不超过近三年信息化相关软硬件投资额的5%予以补助，单个项目最高不超过200万元，所需资金从省工商发展资金中安排。

责任单位：省经信委

四、发展壮大智能制造产业

（十）引进和培育行业龙头企业

加大“三维”项目对接力度，大力引进国内外知名智能装备企业与工业软件企业。对新引进实际到位资本金达到5000万元以上，位居智能制造整机装备、核心功能部件、工业软件等细分领域国内行业前五强、具有核心技术的龙头企业给予总部政策扶持，依据产业水平和贡献程度，由企业所在地财政一次性给予不超过500万元奖励，对引进全球前五强的，给予不超过1000万元奖励。对智能装备企业产值首次超过2亿元、4亿元、10亿元的，由企业所在地财政给予100万元奖励。对总部或子公司在省内的智能制造骨干企业，成功并购海外或省外科技型企业的，省经信委分别按核定后并购金额的10%、5%给予补助，单项补助金额不超过1000万元。支持企业投资生产自动化（智能化）成套装备，省级财政按建设项目的固定资产投资额10%给予补助，最高不超过1000万元。

责任单位：省经信委、财政厅，各设区市人民政府、平潭综合实验区管委会

（十一）建设智能装备专业园区

发挥福建省工业园区建设基金的引导作用，在原有8000万元社会资本收益补差资金基础上，省级财政每年再新增安排2000万元，优先支持智能装备专业园区建设。每年优先支持新增用地用林指标用于智能装备园区项目建设，属省级及以上重点智能装备园区的项目用地由省里统筹保障，其他由地方优先安排用地指标。

责任单位：省经信委、财政厅、国土厅、林业厅，各设区市人民政府、平潭综合实验区管委会，省投资集团

（十二）提升智能制造研发创新能力

省发改、经信、科技等部门加大支持智能制造公共服务平台，对获国家认定企业技术中心、国家技术创新示范企业、国家工程研究中心、国家工程实验室、国家工程技术研究中心的企业，一次性奖励500万元。支持国家级技术创新平台在我省设立研发中心或分中心，符合《福建省重大科技创新平台引进和建设资助办法（暂行）》资助条件的，按重大研发机构新增研发仪器设备实际投资额的30%予以资助，设立具有独立法人资格研发机构的，最高资助可达2000万元，设立非独立法人研

发机构的，最高资助可达1000万元。

责任单位：省经信委、发改委、科技厅，各设区市人民政府、平潭综合实验区管委会

（十三）树立智能制造标准与品牌

支持智能装备企业创立自主品牌和并购品牌，对并购国内外高端品牌的，按合并后并购金额的10%给予补助，单项补助不超过1000万元，所需资金从省工商发展资金中安排。鼓励企业实施技术标准战略，对主导制订智能制造国际标准、国家标准和行业标准的，分别给予每项不高于50万元、30万元和20万元的奖励，所需资金从省质监局标准化专项资金中安排。

责任单位：省经信委、质监局

五、支持市场开拓与服务创新

（十四）支持智能制造企业开拓市场

鼓励企业采购本省生产的智能装备改造生产线，对购买10台（套）以内、11-50台（套）、51-100台（套）的，由企业所在地财政分别按每台（套）采购发票总价（不含税）的20%、15%、10%予以补贴；对列入国家级智能制造试点示范基地、购买51-100台（套）的补贴资金，由企业所在地财政和省级财政各承担50%；单个企业最高补助不超过500万元。支持规模以上智能装备企业参与省外招标，省经信委对项目中标且单个合同金额1000万元以上的，按合同金额5%给予奖励；对智能装备龙头企业通过专业分工、服务外包、订单生产等形式带动省内中小企业进入产业链或采购系统，年新增省内配套采购额1000万元以上的，按新增采购额5%给予奖励；省外中标及新增配套采购奖励单个项目不超过500万元，单家企业年度奖励不超过800万元。对涉及安全及重大项目的工控系统，同等条件优先选用省内企业生产的传感器及智能化仪器仪表等产品。支持本省行业协会组织装备企业参加境内外知名专业展会，对纳入省商务厅年度展会计划的项目，按照规定予以参展费用补助。

责任单位：省经信委、商务厅，各设区市人民政府、平潭综合实验区管委会

（十五）支持智能制造首台（套）与首购突破

支持企业研发首台（套）工业机器人等智能制造装备，开发先进工业控制软件系统。对属于国内首台（套）的智能制造装备和首购的先进工业软件系统，按不超过销售价格的60%给予补助，属于省内装备首台（套）或工业软件首购的，按不超过销售价格的30%给予补助，最高不超过500万元，所需资金从省工商发展资金中安排。对具有较大创新的首台（批）工业机器人等智能制造装备，单价在200万元以下、属于成套技术装备或单台设备的，由企业所在地财政按其售价给予一定比例的补贴，最高不超过100万元。支持重大技术装备制造企业自主投保首台（套）设备保险，鼓励保险公司提供定制化综合保险业务；对企业生产国家《首台（套）重大技术装备推广应用指导目录》装备产品，投保首台（套）重大技术装备综合险并获得国家实际投保年度保费80%补贴的，省经信委再给予实际年度保费20%的补贴；对符合省内首台（套）技术装备推广应用的制造业投保企业给予实际投保年度保费50%的补贴。

责任单位：省经信委，各设区市人民政府、平潭综合实验区管委会

（十六）发展智能制造服务业

鼓励智能装备制造企业创新经营模式，向咨询设计、工程施工、设备租赁等服务型经营转变，成为智能制造工程总承包服务商。对年服务营业收入达3000万元以上且占主营业务收入比例首次超过20%的装备制造企业，给予一次性奖励100万元，所需资金从省工商发展资金中安排。

责任单位：省经信委

六、加强融资租赁服务

（十七）推动智能装备融资租赁公司发展

兴业银行牵头在福建自贸试验区内发起设立省级智能装备融资租赁公司。鼓励融资租赁公司设立智能装备融资租赁事业部。有条件的设区市要发起设立相应的智能装备融资租赁公司。鼓励各类融资租赁公司对“机器换工”“数控一代”等智能装备设施以及智能装备制造、装备技术应用等企业集中开展多种形式的融资租赁业务。支持智能装备融资租赁公司通过借用外债、资产转让、发债等方式多渠道引入境内外资金。

责任单位：省经信委、金融办，人行福州中心支行、福建银监局，各设区市人民政府、平潭综合实验区管委会、兴业银行

（十八）促进融资租赁收益权资产交易

在海峡股权交易中心设立融资租赁资产交易平台，为智能装备融资租赁公司的租赁资产收益权交易流转提供服务。鼓励各智能装备融资租赁公司通过海峡股权交易中心融资租赁资产交易平台或沪、深交易所等交易平台开展资产证券化业务。省产业股权投资基金发起设立智能装备产业股权投资子基金，投资包括融资租赁资产交易平台劣后级产品在内的各类收益权产品，引导、推动社会资金参与智能装备融资租赁公司收益权产品投资。各地市土地和房地产登记管理部门对承租企业将土地和房产抵押给融资租赁公司的，应给予办理抵押登记手续。

责任单位：省经信委、国土厅、住建厅、金融办，各设区市人民政府、平潭综合实验区管委会

（十九）加大智能装备融资租赁支持力度

承租企业通过融资租赁智能装备实施技术改造的，视同企业采购设备享受智能化技术改造与采购本省装备产品补助政策；企业通过融资租赁引进智能装备的，承租企业所在地政府对承租企业按租赁标的物总额的 2%一次性给予补助，单家企业补助额不超过 100 万元（已享受技改资金补助的不再享受）。地方政府主导的融资担保公司对承租企业进行智能装备租赁抵押物不足部分按比例给予担保。加强融资租赁行业的税务辅导与支持，省国税局、地税局梳理融资租赁公司税收政策，避免售后回租业务重复征税以及增值税抵扣链条断链等情形发生。

责任单位：省经信委、金融办、国土厅、住建厅、地税局，省国税局，各设区市人民政府、平潭综合实验区管委会

七、扩大信贷与直接融资

（二十）进一步倾斜信贷规模

鼓励银行业金融机构对智能装备企业给予信贷倾斜，地方法人银行要设立智能装备专项贷款，并有针对性地创新智能装备金融产品。整合相关专项资金，设立不低于 1 亿元的省级智能装备贷款风险资金池，重点扶持智能装备企业发展。各地政府主导的融资担保公司要为智能装备企业贷款提供担保，并适当放大担保倍数；对为智能装备企业提供担保的担保机构，按年度担保额的 1%进行补偿，补偿资金从中小企业融资担保机构风险补助专项资金中安排。

责任单位：省经信委、金融办、财政厅，人行福州中心支行、福建银监局，各设区市人民政府、平潭综合实验区管委会

（二十一）持续扩大直接融资规模

支持符合条件的智能装备企业到境内外资本市场上市，所在地政府对上市企业给予适当补助。鼓励成长性智能装备企业在“新三板”和海峡股权交易中心挂牌交易，对挂牌交易企业一次性给予不超过 30 万元的奖励。海峡股权交易中心加快设立创柜板，引导优质智能装备企业在创柜板挂牌。统筹全省智能装备企业到银行间债券市场和交易所市场发行中小企业集合债券、集合票据、增信集合债券及私募债等债券，省再担保公司和海峡股权交

易中心“中小企业发债增信资金池”提供增信支持。企业所在地财政每年对发行集合债的智能装备企业按不高于发债金额2%的标准给予贴息。

责任单位：省发改委、金融办、经信委，人行福州中心支行、福建证监局，各设区市人民政府、平潭综合实验区管委会

八、加大财税支持

（二十二）落实财税政策

省直部门和各地政府应加大对智能制造企业、项目、平台的扶持力度，加强对政策兑现的督促检查，确保奖补资金按时拨付到位。落实固定资产加速折旧、设备投资按比例抵免税额、研发费用加计扣除、重大技术装备进口等税收政策。智能装备企业为开发新技术、新产品、新工艺发生的研发费用计入当期损益未形成无形资产的，允许再按当年研发费用实际发生额的50%加计扣除；形成无形资产的，按照该无形资产成本的150%在税前摊销，除法律另有规定外，摊销年限不低于10年。企业所在地财政按企业实际加计扣除的25%予以资金奖励。

责任单位：省财政厅、地税局、科技厅，省国税局，各设区市人民政府、平潭综合实验区管委会

（二十三）加大产业股权投资力度

在省新兴创投产业投资基金中，设立智能装备产业股权投资子基金，重点投资智能装备企业及融资租赁公司转让的资产及各类收益权产品。鼓励有条件的设区市相应设立智能装备产业股权投资基金。引导各类天使基金、风险投资基金、并购基金、夹层基金等加大对智能装备企业的投资力度。

责任单位：省金融办、财政厅，各设区市人民政府、平潭综合实验区管委会，省投资集团

九、强化人才支撑

（二十四）加快紧缺人才培养

实施智能制造人才培养计划，制定扶持措施，支持高校和职业院校开展智能制造学科体系和人才培养体系建设，培养一批紧缺的跨学科、复合型、高学历人才和具有实际技术操作能力的技能人才。支持智能制造企业设立培训机构，或与科研院所（校）合作建立教育实践基地，开展职工在岗、转岗技能培训。对智能制造院校教育平台、企业培训平台，由省教育厅、人社厅按相关规定给予补助或奖励。

责任单位：省教育厅、人社厅、财政厅、发改委、经信委，各设区市人民政府、平潭综合实验区管委会

（二十五）加强高层次人才引进

将高层次智能制造人才（团队）纳入省人才工作重点，鼓励智能制造人才（团队）参加省“海纳百川”高端人才集聚计划评选。研究制定智能制造高层次人才评价认定标准，对按程序和公布标准直接确认的高层次人才（团队），参照自贸区高层次人才支持办法，由省级人才专项经费给予25万-200万元的安家支持，并相应纳入设区市（平潭综合实验区）或省直、中直单位引进高层次人才计划给予相应的政策支持。对新引进国内外知名智能制造总部企业的高层次人才，由用人单位所在地政府按其当年在本地缴纳的个人所得税地方留成部分的50%，给予住房和生活补助。

责任单位：省人才办、人社厅、财政厅、经信委，各设区市人民政府、平潭综合实验区管委会

以上措施自发布之日起执行，由省经信委会同有关部门组织实施，各级政府要督促相关部门予以落实。

福建省人民政府

2015年7月10日